KB126513

제주 방언 통사의 몇 측면

Some Aspects of Syntax in Jeju Korean

제주 방언 통사의 몇 측면

Some Aspects of Syntax in Jeju Korean

김지홍 지음

평생 공부에만 전념할 수 있도록
시종여일 뒷받침을 해 준
아내에게 바칩니다

머릿글

제주 방언이 한국어가 아니고, 다른 언어라고 주장한 외국 학자의 잘못된 글에 저자는 개인적으로 받은 충격이 컸었다. 그런 이면에는 지금까지 이 방언을 왜곡하고 별개의 언어인 양 '제주어'라고 부르며 이질적이고 별난 것만 다뤄 왔던 일들이 깔려 있었다. 이 방언은 아직까지도 변변히 그리고 탄탄히 그 언어 사실들이 학문적으로 깊이 있게 다뤄진 적이 없다. 더 구체적으로 말하여, 이 책에서 다루는 통사 영역에서는 기본 형태소들에 대한 분석조차 철저하게 이뤄진 바 없다. 이른바 '특별하다'는 형태소들에 대한 논의조차, 형태소 확정과 개념 부여에서 심각한 오류를 담고 있는 것이다. 그럼에도 이런 오류와 잘못을 공공연하게 드러내어 밝히고자 하는 적극적인 시도가 거의 없었던 듯하다. 그런 만큼 이 방언의 연구에서는 어두운 그늘만이 지속돼 오고 있는 것이다.

이런 사정이 저자로 하여금 「모어 방언이 더 이상 왜곡되게 방치되어서는 안 되며」, 그간의 왜곡과 오류를 학문적으로 명백히 밝혀야 하겠다는 결심을 하게 되었다. 저자가 모어로 쓰는

「이 방언이 한국어의 질서를 그대로 따르고 있다」

는 엄연한 언어 사실을 가감없이 있는 그대로 밝히고, 그 현상들을

설명하는 이론적 얼개까지 명시적으로 드러내려고 했던 일이 엊그제 같다. 그렇지만 벌써 7~8년이 훌쩍 지나 버렸고, 힘없이 마침표를 찍어야 할지도 모르겠다. 그런 초발심에 기대고서 이 방언에 대한 연구의 첫 작업으로서 기본 구문의 문법 형태소들을 놓고서 김지홍(2014: 577쪽)를 출간한 바 있다. 이어 복합 구문의 문법 형태소들을 놓고서 김지홍(2020: 1,342쪽)을 출간하였다. 세 번째로 내는 이 책도 520쪽에 불과하지만 이런 일의 열매이다. 이 방언을 놓고서 이미 발간된 두 권의 책자는 우연히 대한민국 학술원의 우수학술도서로 선정되어, 이미 전국의 주요 도서관에 배부된 바 있다. 그렇지만 정작 고향으로부터는 아무런 반향도 느낄 수 없다. 앞으로도 내내 적막강산이 아닐까 싶다.

이 방언을 다룬 지 1백 년이 지났다고 하는데, 일본 학자로부터 쳐서 그러하다. 그렇지만 언어 자료 및 이론 확립의 측면으로 따지면, 2021년 현재 아직까지도 함량 미달의 상태를 벗어나지 못하였음을 뼈저리게 느낀다. 아직도 이 방언의 연구에서 「실제 참된 자료를 제대로 드러내 주지 못하였을 뿐만 아니라, 또한 있는 그대로를 받아들이고 해석할 수 있는 이론상의 토대가 변변히 마련된 적조차 없는 것」이다. 이를 타개하기 위해서 저자가 최근에 선택한 방식이 다음 세 가지 원칙이다.

첫째, 이미 1980년대에서부터 채록되어 발간된 참된 실제 자료들을 중시한다.
둘째, 해당 자료는 항상 담화가 전개되는 거시적 차원 속에서 파악해야 한다.
셋째, 실제 언어 사실들로부터 일반화를 진행하면서 이론적 토대를 제안한다.

이런 일이 더욱 절박한 것은, 이 방언을 왜곡하는 일에 그치지 않고,

이 방언을 한국어가 아니라는 주장까지 더해지면서, 새삼 거듭거듭 느끼게 된다. 이것이 꼭 저자 혼자에만 국한되는 것일까?

새로운 이론적 토대로서 김지홍(2020)에서는 상위 차원의 양태 개념으로부터 하위 개념으로 시상이 도출될 수 있음을 주장하였다. 또한 복합 구문이 접속 및 내포로 양립되는 것이 아니라, 이 방언의 중요한 언어 사실들을 토대로 하여, 내포 구문 속에 접속문이 들어 있음을 논증해 왔다. 이는 담화 전개의 거시구조가 '의도'로 귀결된다는 사실과 서로 잘 들어맞을 뿐만 아니라, 적어도 대뇌 피질 속의 다섯 개 층위가 동시에 작동해야 하는 우리 마음 작용과도 정합적이다. 김지홍(2015; 증보판 2021)『여러 학문에서의 언어 산출 접근』(경진출판)에서는 이런 방향으로 언어 산출과 언어 이해의 경로를 다룬 바 있다.

이 방언의 문법 형태소는 공통어와 공유되고 있는 것들을 쓰며, 이를 토대로 하여 좀 더 방언답게 융합된 복합 형태들도 있고, 또한 오랫동안 고립되어 있었기 때문에 고유하게 발달시킨 형태소들도 쓰인다. 고유한 형태소들이 「지각상 두드러져 보이기 때문」에, 오직 이런 부류만이 이 방언의 실재로 오해해 왔다. 그렇지만 일부 고유하게 발달한 형태소들도 엄연하게 공통어의 형태소들과 나란히 중층적으로 쓰이면서 담화 전개의 다양성을 풍부하게 만들고 있다. 이런 「중층적 현상」을 이 방언의 초기 채록 자료들에서 명백히 확인할 수 있다.

그럼에도 불구하고 줄곧 '제주어'를 떠받드는 쪽에서는 왜곡되게 그런 형태소들만이 이 방언의 문법 요소인 양 곡해해 왔다. 지금도 「이 방언이 특별히 달라야만 한다」고 종교 신념처럼 믿는 이들이 더러 있다. 참으로 어처구니 없는 일이지만, 이 방언이 독특해야 한다고 감성적으로 반응하면서, 이 방언의 실제 자료들을 백안시하여 줄곧 왜곡해 오고, 또한 독립된 고유의 언어인 양 잘못된 주장을 서슴지 않는 일이 여태 잦아들지 않는다. 이 방언의 언어 사실은, 전체적인 모습을 대상으로 하여, 냉정히 이성적으로 다뤄나갈 경우에라야 진면목과 마주할 수 있을 것이다. 의식적으로든 무의식적으로든 간에, 아주 편향되고 잘못된 '제주어'에 대한 믿음은, 주변에서 이 방언의 연구에 그리고 전반적으로 한국어의 연구에 큰 해독을 끼치고 있다. 이 책에서는 아직도

「이 방언의 연구는 있는 그대로의 진면목을 드러내야 한다」

고 주장하고 있다. 이런 주장이 성립하는 만큼, 1백 년이나 된다는 이 방언의 연구사는 듬성듬성 흩어져 있는 자갈돌들에 진배 없다.

누구이든지 세월을 이길 수는 없다. 저자도 강산이 세 번 바뀌는 동안에 안거해 오던 둥지를 비우고 떠나야 한다. 스스로 건강한 줄로만 착각했었는데, 여러 가지 신병들이 저자를 성가시게 하여 평상의 마음이 더욱 더 나약해진다. 여러 모로 고민을 하면서 펴내는 이 책에서는 이 방언을 주제로 다룬 통사쪽 글을 7편 모았다. 물론 이를 펴내면서, 현재의 눈으로 바라봄으로써 필요한 수정 및 내용이 추가되어 더 들어가 있다. 결코 복사하듯이 그대로 베껴 놓은 것은 아니다. 현직에서 떠나도록 정해진 나이(定年)가 인생의 여행길에서 하나의 매듭이고, 다시 새로운 일을 시작해야 한다는 얘기를 듣곤 한다. 그런 시작도 또한 몸뚱이가 받쳐 주어야 가능할 것 같다.

이 방언을 쓰는 인구는 대략 추려서 40만~50만 명 정도로 잡을 수 있다. 이렇게 손바닥만한 인구에서 이 방언을 온전히 학문적으로 연구하는 분들의 숫자란 눈을 부릅뜨고 살펴봐야 할 만큼 작다. 그런 만큼 이 방언을 연구하는 이는 운명적으로 고단함을 견디며, 자주 의기소침해지는 자신과 맞서야 한다. 아마도 이런 상황은 자기 정체성을 다루는 한국학 전반이 거의 다 비슷하지 않을까 싶다.

저자는 20대 초반에 우리말 탐구에 뜻을 두었지만, 정년을 앞두고서야 겨우 나름대로 눈이 갖춰지기 시작함을 자각한다. 무의식적으로

말을 하는 일은, 의식적으로 말을 놓고서 다루는 일과는 별개의 영역에 속한다. 연구자의 시각조차 단박 갖춰지는 법이란 없다. 정성과 기량에 따라 때로 평생이 걸릴 수도 있는 것이다. 결국, 이 방언에 대한 연구는 아무렇게나 이뤄지는 것이 아니다. 관심과 열정을 지닌 분들이 한데 모여 기탄없이 토론을 진행함으로써, 서로 터득한 지혜를 나누면서 「집단 지성의 힘」으로 전반적인 지도를 차츰차츰 단계별로 완성할 수 있을 것이다.

저자가 석사학위 논문으로 1982년에 다룬 이 방언의 주제는, 2020년에 두 권으로 분권되어 출간된 책자에서도 접속구문과 내포구문을 다뤘다는 점에서 서로 동일한 영역을 다루고 있다. 돌고 돌고 돌아서 마지막으로 그 자리에 되돌아 온 셈이다. 저자가 지닌 모어 직관은 언제나 그대로이다. 그렇지만 사십 년 세월이 흐르는 동안에 학문을 이해하는 저자의 통찰력은 아주 크게 달라졌다. 가령, 제5장의 양태 형태소 '-으크-'(-겠-)도 그러하다. 이 방언은 '-을 거 같으-'로부터, 공통어는 '-을 거 같았-'으로부터 문법화를 거쳐 융합되었을 것으로 믿는다. 자료를 통해서 이론을 세워 놓는 일에 대한 진척 역시 서로 견줄 수 없을 것이다. 비유를 한다면, 용수철을 위에서 밑으로 내려다 볼 경우에 오직 하나의 원만 보인다. 그렇지만 세워져 있는 용수철을 옆에서 바라본다면, 밑바닥과 꼭대기 사이의 길이가 크게 다름을 느낄 법하다.

지금까지 사십여 종의 책자를 낸 것들 중에서 『제주 방언의 복합 구문: 접속문과 내포문』은 가장 방대하며 수 년 동안 품들인 저작이었다. 그럼에도 불구하고 그 책에서 머릿글을 쓰지 못하였다. 대신 책을 마무리한 뒤에 자그만 꼬릿말만 덧붙였을 뿐이다.

"똑같은 대상이지만, 이론이 다르면 대상도 달라진다!"
(또는 「가려워야 긁는다」)

는 자명한 사실을 스스로 직접 체험했기 때문이다. 사십 년 전 저자 자신의 생각을 무위로 돌려 놓아야 했기 때문에, 무슨 말을 어떻게 써야 할지 고민하다가 마침내 포기할 수밖에 없었다.

춘추 시대에 여러 제후 나라를 돌아다니던 공자가 위나라에 가면 거백옥의 집에 머물렀었다. 공자는 거백옥이 50세가 되자 49년을 잘 못 살았다고 후회하였음(知四九年之非)을 근거로 하여, 참된 인격으로 높였었다. 미리 프로그램된 로봇과 달리, 어제의 잘못을 자각하는 것이 진정한 삶의 방식일지 모를 일이다.

틀림없이, 현재의 저자보다 더 나은 시각을 지닌 분들에게는, 그 책 속의 논의 내용이 전혀 눈에 차지도 않을뿐더러, 왜곡되고 잘못된 것으로 판정할 것임을 자인할 수밖에 없다. 진리를 밝히는 일을 고사 하고서라도, 사십 년에 이르는 시간 간격을 두고서 성취된 두 업적 사이의 양적·질적 차이는, 모두 다 오롯이 우둔한 저자의 더딘 학문적 성장을 가감없이 보여 주는 잣대 정도로만 여겨야 할 듯싶다.

아직도 저자는 공부가 크게 모자람을 절실히 느끼고 있다. 인류 지 성사를 뒤흔든 저작들을 놓고서, 차분히 행간 사이에 숨은 속뜻을 제 대로 터득해 보지 못하였기 때문이다. 그렇지만 저자 자신의 식견이 모자라다고 하여, 황당무계하게

「이 방언이 한국어가 아니다」

라고 주장하는 일을 강 건너 불구경 하듯이 손 놓아 버릴 수는 없다. 평생을 국어학 및 국어교육 공부를 해 온 마당에, 마냥 남의 일로 여기 면서, 이 일을 다른 사람에게 미룰 수도 없는 노릇이다. 만일 그렇다면 작디작은 연구자 숫자 속에서 책임 회피로 비난받아 마땅할 것이다.

목 마른 이가 우물을 파는 법이다. 저자가 쓰는 방언에서는

「물허벅 진 사람이 물팡 찾는다」

고 말한다. 만일 「이 방언을 왜곡하고 별종의 언어로 몰아가는 일이
잘못임」을 통탄스럽게 여긴다면, 이를 넘어서서 왜곡된 부분과 오류
들을 고쳐 나가는 일을 하나하나 시작해 나가야 한다. 현재 이 방언을
한국어가 아니라고 매도하는 주장을 놓고서, 구체적으로 왜 그런 주
장이 잘못인지를 조목조목 논박하거나 올바르게 밝히려는 논의가, 엄
밀한 언어 자료와 해석을 기반으로 하여 학계 차원에서 단 한 번도
이뤄진 바 없다.

「이 방언이 한국어의 방언일 수밖에 없다」

는 주장은 너무나 자명한 결론이다. 그렇기에 지금까지 아무도 상투
적인 결론을 내리고자 하지도 않았고, 지금까지 이런 결론의 입증을
위해서 독립적인 글들이 거의 씌어져 있지도 않았던 것이다. 더군다
나 이 방언의 언어 사실을 밝히면서 공통어에 중요한 통찰력을 주는
글들을 찾더라도, 손가락으로 꼽을 만큼만 있을 뿐이다.

다른 한편으로, 살아갈 일들에 바쁜 토박이들에게는, 이 방언이 한
국어일 수밖에 없다고 한들, 이 방언이 한국어가 아니라고 한들, 그런
일을 돌아볼 여유도 없을 것 같다. 또한 이 방언을 지구에 없는 외계인
언어라고 주장하더라도, 아무 거부감이 들지 않을지도 모를 일이다.
그렇지만 이제 저자의 일을 매듭지어야 하는 시점에서, 스스로를 돌
아보면서 절망에만 젖은 채 더더욱 손과 발을 묶어둘 수만 없는 노릇
이다.

현실적으로 저자가 다룰 수 있는 통사 쪽만을 훑어본다면, 이 방언
의 연구에서는 극소수의 몇몇 글을 빼고서

「문법 형태소들에 대한 분석조차 제대로 이뤄지지 않았다」

그렇다면 지금부터라고 새로운 차원에서 엄격한 체계적 분석을 바탕으로 하여, 차분히 기본 형상들에 대한 논의가 시작되어야 한다. 비록 1백 년 전에서부터 이 방언에 대한 논문이 씌어졌다고 하지만, 그런 기나긴 시간 동안에도 이런 중요한 일이 한 번도 제대로 진행된 적이 없었기 때문이다. 아마 다른 하위 영역에서도 그러할 것으로 본다. 이런 측면에서, 지금도 「이 방언의 연구가 너무나 허무하다」는 인상을 지울 수 없다. 이것이 오직 저자 혼자만의 느낌이겠으랴?

이런 사태를 거꾸로 말하면, 이 방언을 놓고서 어떤 것을 다루더라도 모든 것이 학계에서 처음 논의하는 꼴이 된다. 저자 또한 망망하고 광막한 벌판 위에서, 「한국어 질서」라는 별을 이정표로 삼아, 혼자서만 길을 나서고 있다는 인상을 강하게 받은 적이 있다. 그렇지만 그런 기분에 휩싸이게 되면, 자칫 오만방자해지면서 연구 대상 자체를 손쉽게 여길 소지가 있다. 그런 상황에서 나온 섣부른 결론은, 어떤 것이든 간에, 다음 연구자들에게 잘못된 편견과 왜곡을 심어 놓을 법하다.

삼십 년 전에 저자는 이미 기존 연구에서 시상 선어말어미 '-암시- vs. -아시-'의 하위범주 지정 및 형태소 분석이 잘못되었음을 깨달았다(제5장을 보기 바람). 그렇지만 올바른 시상 선어말어미의 형상인 '-앖- vs. -앗-'을 확정하고, 여기에 문법화되기 이전의 표상으로서 "잇다"(있다)에 영향을 받아 이 선어말어미에 통합되는 어미의 약모음 '으'가 의무적으로 전설화를 거쳐 '이'로 된다는 중요한 사실을 터득하기까지는, 오랜 기간에 걸쳐 몇 차례씩 논문을 발표해 나가면서 단계별로 차츰차츰 성취할 수 있었을 뿐이다. 채록된 설화들을 중심으로 이 방언의 복합구문 자료를 책자로 발간하면서, 상위 차원에서 확대된 양태(양상) 개념이 주어져야 하고, 다시 하위범주로서 시상이 존재해야 함도 뒤늦게 겨우 환갑을 넘어서야 깨우친 바 있다.

12

사십 년 전에 석사논문을 쓸 적에 접속어미 형태소 '-아그네 vs. -아네'가 줄어들어 각각 '-앙 vs. -안'으로 쓰임을 분명히 알고 있었다. 그렇지만 이것이 시상 및 양태의 기능까지도 떠맡고 있다는 사실을 놓고서, 전반적으로 「시상 해석 규칙」을 상정하여 다뤄 나가기 전까지는 본질도 제대로 자각하지 못했었다. 초기 채록 자료들은 이 접속어미가 다시 '-다그네 vs. -다네'(-다가)나 '-으나네'(-으니까)나 '-으멍'(-으면서)에 융합되어 있음을 여실히 보여 준다. 그럴 뿐만 아니라, 유표적인 복합형태소들의 존재가 공통어와 동일한 형태를 전제로 하여 형성될 수 있다는 사실도, 해당 형태소들을 직접 대면하여 하나하나 다룬 다음에라야 새롭게 깨달을 수 있었다. 가령,

'-아설랑으네, -아설랑'(-아서는) vs. '-앙 : -안'(동일기능의 고유 형태소)
'-다가, -다서, -다설라그네, -다설랑'(-다가는) vs. '-당 : -단'(동일기능의 고유 형태소)
'-으멍설랑, -으멍서라'(-으면서는) vs. '-으멍'(동일기능의 고유 형태소)
'-으면은'(-으면은) vs. '-으민, -으문'(동일기능의 고유 형태소),
'-으니까네, -으니까니'(-으니까는) vs. '-으난, -으나네'(동일기능의 고유 형태소),
'-아 둠서'(-아 두면서, -아 두고서) vs. '-아 두멍'(동일기능의 고유 형태소)
'-다곤'(-다라고 하는) vs. '-댄, -단'(동일기능의 고유 형태소)

과 같은 복합형태소들이 이 방언에 중층으로 명백히 존재한다. 제6장에서 언급하였듯이, 공통어와 공유하는 양태 속성을 품은 종결어미 '-지'도, 이 방언에서는 확실성 양태를 품은 종결어미 '-저'와 개연성 양태를 품은 종결어미 '-주'를 중층적으로 쓰고 있다. 그렇지만 이전의 잘못된 시각을 지닌 연구에서는, 공통어와 공유된 형태라면 맹목적으로 '개신파의 영향'이라고만 강변해 왔다. 중층적 쓰임을 명백히

드러내는 이런 중요한 언어 사실들은, 오직 오래 전에 공통어의 문법 형태소가 이미 그대로 쓰이고 있었어야만 만들어질 수 있는 것들이다. 손바닥으로 하늘을 가릴 수는 없다. 앞으로도 이 방언의 연구를 착수하는 일에서, 있는 그대로의 언어 사실을 편견없이 바라보아야 한다. 그리고 이 일을 가능하게 만드는

「참된 실생활 자료의 소중함」

에 대해서는 아무리 강조해도 한참 모자라다. 오직 있는 그대로 전체를 바라보아야만, 이 방언의 참된 얼굴이 명백히 드러나는 것이다. 그런데 저자는 이와 같이 공통어 및 이 방언에서 고유하게 발달시킨 문법 형태소들이 나란히 그리고 다양하게 「중층적 쓰임」을 구현한다는 것 자체가, 당시 설화를 들려 주었던 분들의

「탁월한 언어 구사 능력의 증거」

임도 명백히 밝혀 낼 수 있었다. 담화 전개의 차원에서 다양성을 추구하는 생생한 모습은, 지루함을 없애면서 동시에 청자에게 계속 주의를 기울일 수 있게 하는 중요한 기능을 하는 것이기 때문이다. 「청자로부터의 주의력 확보 전략」 따위는, 만일 저자가 혼자 머릿속에 깃들어 있는 모어 방언의 직관만을 대상으로 하여 복합구문의 책을 썼더라면, 도저히 짐작조차 할 수 없었던 엄청나게 중요한 사실이다.

　몇 가지 이런 사실들만으로도 「이 방언의 자료를 담화 차원에서 종합적으로 해석해야 한다」는 쉽고 자명한 이치를 재확인하게 된다. 이전의 연구에서 안일하게 연구자 스스로 자신의 직관과 맞지 않는다고 하여, 매양 '개신파의 영향'으로 치부했던 일부 주장이 새삼 얼마나 허구인지, 그리고 다른 사람들에게 어떻게 편견과 왜곡을 고착시켜

놓는지를 되돌아보게 된다.

　반면 교사로서, 저자는 설령 처음 드러내고 밝히는 대목들이라 해도, 또한 그런 대목들이 많고 적음에 관계없이, 매우 신중에 신중을 기할 필요가 있다고 믿는다. 이미 이 방언의 연구가 첫 단추에서부터 왜곡된 눈에 의해 잘못 끼워져 있었기 때문에, 최근 「이 방언이 한국어가 아니다」라는 터무니 없는 주장으로까지 이어질 만큼 후유증이 너무 크다. 그럴뿐더러 여태 이전 잘못을 비판도 없이 노예처럼 답습하고 맹종하는 경우들을 종종 본다.

　그렇지만 이 방언이 한국어의 하위방언임을 믿는 저자는, 늘 이 방언의 여러 개별 언어 사실들도 한국어의 기본 질서에 기대어 되돌아봄으로써, 이 방언의 언어 사실을 왜곡해 버린 그런 관점으로부터 벗어나고자 노력하였다. 일곱 편의 논문을 수정하고 편집하는 과정에서 다시 한 번 스스로를 되돌아 본다. 자기모순이겠지만, 똑같은 자료를 놓고서 마치 다람쥐가 쳇바퀴를 돌듯이 맴돌고 있는 듯이 느낀다. 비슷한 유형의 문제가 계속 튀어나온다. 그렇지만 그 문제를 풀어 보려는 시각은 제자리를 맴돌고 있을 뿐이다. 비판과 비난의 커다란 방망이를 맞아 반짝 별을 보면서 깨우치기 전에는, 저자의 생각도 '오십보 백보'일 수밖에 없다. 아무리 통탄한들, 그간 좁다란 독서 범위의 한계에서 조금도 벗어날 수 없다. 이것이 현재 운명적 한계이다.

　오늘날 의무 교육과 대중 매체의 무서운 영향력을 잠시 논의에서 제외한다면, 이전 시기에 이 방언에 직접 영향을 주었던 특정한 방언을 상정하지 않아도 될 만큼, 이 방언은 고립된 채 오랜 기간 동안 있었을 듯하다. 이런 특이한 환경으로 말미암아 이 방언은 여러 가지 보물을 품고 있다. 있는 그대로의 언어 사실을 놓고서, 그 사실들을 해석하면서 전반적 얼개를 세워나가는 이론적 기틀은, 만일 타당한 반석 위에서 추구될 경우에, 공시적이든 통시적이든 한국어의 심층 질서에 대한 논의를 새롭게 열어 줄 수 있다고 믿는다.

이전의 책에서와 같이, 큰 틀에서 이 작은 책자도 이 방언의 언어 사실이 무엇인지를 먼저 밝히고, 그 사실을 설명하는 이론적 토대가 한국어의 기본 질서를 따르면서 어떻게 세워져야 하는지를 논의하려고 애썼다. 여기에서 저자의 주장을 명시적으로 밝혀, 일차적으로 이 방언을 모어로 하는 젊은 연구자들로부터 비판의 표적을 삼을 수 있도록 했다. 그런 주장을 낱낱이 드러내면서도, 저자가 잘 알 수 없는 것들과 한계들에 대해서도 따로 명백히 적어 놓았다.

　　그렇지만 이 책에서의 결론이 어떤 것이든 간에, 독자들로 하여금 결코 옳다는 이념을 덧씌우거나 포장하려는 것은 아니다. 이 방언이 왜 한국어의 하위 방언인지에 대한 논의 및 결론도 충분히 관점과 논의 진전에 따라서 달라질 수 있다. 그러는 과정에서 변증법적으로 한국어에 대한 심층적 이해가 동시에 달성될 것이며, 알타이 언어의 비교 근거나 또는 요마적 인터넷 뉴스로 보도된 요하 일대의 농경문화가 언어 전파의 원점이라는 새로운 주장(2021.11.11, 「네이처」를 인용한 「사이언스 카페」 이영완 기자의 보도)을 검토하는 토대로도 쓰일 수 있기 때문이다.

　　모든 것이 다 열려 있다. 누구나 다 겸손한 마음가짐으로 학문의 공개 토론 마당에서 서로 다른 관점들을 놓고서 공통성 및 상이성을 찾아 확인하면서, 크든 작든 먼저 공유 기반을 점진적으로 마련할 수 있을 것이다. 이 책이 공시적으로도 통시적으로도 한국어 연구를 놓고서 언어 사실 및 그 해석 관점을 좀 더 넓혀 놓는 데 한 톨이나마 기여하기를 바라지만, 저자의 역량으로서는 너무 분에 넘친 기대일 듯하다. 미련하고 우둔한 개인적 생각이지만, 지금에서부터라도 이 방언의 연구에서 열린 마음으로 집단 지성의 힘이 차근차근 쌓여 나갔으면 하는 꿈을 꿔 본다.

　　저자가 느끼는 이런 문제 의식을 놓고서 가끔 바다 건너 어느 벗과 함께 공유할 수 있었는데, 동시에 저자 자신의 생각에서 잘잘못을 스스로 비춰 볼 수 있었다. 하늘이 준 기회이다. 바라건대, 이 방언 연구의 세 번째 매듭으로 펴내는 이 작은 책자가, 제발 독자들의 눈을 버리는 일만은 하지 않았으면 좋겠다. 긴 시간 동안 부끄럼 없이 국립대학교의 교수 노릇을 할 수 있도록 시종여일 탄탄하게 뒷받침을 해 주었고, 이제 막 태어난 둘째 외손녀를 돌보고 있는 안식구한테, 비록 보잘 것없는 수확이나마 일생의 보람으로 여기면서 이 책을 바치고자 한다. 오늘의 저자를 있게 해 준 고마운 분들의 얼굴이 불현듯 하나하나 머릿속을 스쳐 지나간다. 필자의 책 출간에 늘 정성을 다해 주시는 양정섭 사장님한테도 고마움을 적어 둔다.

코로나의 새로운 변이체가 창궐하는 걱정스런 때에,
방배동 우거에서 이농 후인이 삼가 적다
jhongkim@gnu.ac.kr

며칠 전 『제주 방언의 복합 구문』이 국어학회 심악저술상을 받게 됨을 통보받았다. 깊이 감사드린다. 필자는 이를 국어학회 차원에서도 이 방언이 한국어의 질서 위에서 연구되어야 하고, '제주 방언'이 올바른 용어임을 뒷받침해 주는 것으로 받아들인다.

차례

18

제1장 제주 방언의 선어말어미와 종결어미 체계[※]

1. 들머리[1]

제주 방언(이하에서는 '이 방언'으로 부름)에[2] 대한 전사 기록물은, 최

※ 이 글은 『한글』 통권 제313호(한글학회), 2016, 109~171쪽에 실린 글을 토대로 하여, 필요한 수정 및 내용에 대한 추가가 이뤄졌음.

1) 필자의 모자란 생각을 정밀히 읽고서 유익한 비판을 주신 세 분의 심사위원께 깊이 감사드린다. 제주 방언이 2010년 유네스코에 의해 '소멸 위기'의 언어로 지정되면서(양 창용·양세정 2013), 작금에 이 방언을 마치 일본어나 유구어처럼 한국어와는 다른 '별 개의 언어'인 듯이 왜곡하는 '소가 웃을 일'들이 벌어지고 있다. 특히 '제주어'라는 잘못 된 용어를 관공서에서 앞장서서 '조례'에다 그대로 집어넣었다. 제주도라는 부속 도서 가 만일 '제주민국'으로 독립했었더라면(독립국 조건), 그리고 '제주 사람'들이 별종의 사람이었더라면(별개의 민족 조건), '제주어'라고 불러도 상관없었겠지만, 두 조건이 모두 조금도 충족되지 않은 상태에서 '제주어'로 부르는 일은, 부지불식간에 대한민국 헌법을 정면으로 부인하는 일에 다름 아니며, 1898년 3월 20일 제주 삼읍의 호적과 토지대장을 일본에 바치려던 매국노 방성칠(房星七) 무리를 연상시킨다(김봉옥 2013, 『제주 통사』, 제주발전연구원).

　이 방언(Jeju Korean, 여러모로 고민한 끝에 선택한 영어 용어임)의 모어 화자로서, 그 연구가 이미 1백 년이나 되었다고 하나, 필자는 이런 부당하고 왜곡된 흐름을 바로 잡아 줄 변변한 학술 저서가 거의 없다는 사실에 부끄러움을 느낀다. 후핵성 언어로서 의 교착어 특성을 중심으로 계층성 및 융합성에 초점을 모으고 '담화 전개' 전략을 고려

근에 발간된 것을 제외하면 전해 오는 것이 전혀 없다. 오직 입으로 주고받는 발화 형태로만 기억되고 활용되며 전승되어 왔다는 점이 눈길을 끈다. 15세기 훈민정음의 창제 당시에 '변방의 비야한 말(邊野之語)'까지도 소리를 적도록 의도되었다는 점을 고려하면, 이 방언은 그런 혜택을 전혀 누려보지 못한 셈이다. 좀 더 실상을 정확히 기술한다면, 유람객이나 목민관이나 유배객의 인상적인 한두 줄의 지적을 제외한다면, 이 방언의 발화를 글로 적어야 할 동기나 필요성을 느낀 사람이나 집단이 전혀 없었다고 말할 수 있다.

하면서, 왜곡된 주장들에 맞서기 위하여 김지홍(2014b)에서는 가장 초보적인 기능범주들의 분석과 설명에 주력하였다. 그 결론은 전폭적으로 「한국어 형태소와 구조들을 이용하면서 이 방언에서 특징적인 모습들을 만들어내고 있다」는 뻔하고 엄연한 사실의 재확인이었다. 제주 방언은 한국어일 뿐이며, 한국어(더 나아가 장벽에 부딪힌 알타이 어군까지)를 새롭게 논의할 수 있는 결정적 성격들을 밑바닥에 깔고 있는 중요한 언어재이다. 더더구나 한국어의 통시적 좌표계를 확장할 수 있는 언어 사실들을 품고 있으며, 앞으로 이를 드러낼 '밝은 눈'이 필요한 것이다. 가려워야 긁는다 하지 않던가(itch then scratch)! 이 방언을 서술하는 개념들이 올바로 서야 비로소 진면목(그리고 한국어의 하부구조)이 드러나는 것이다.

이 글에서는 그런 논의의 일부로서(부정적으로는, 필자의 편견 속에만 갇힌 채) 선어말어미와 종결어미의 짜임새를 다루었지만, 심사위원들의 지적처럼 방대한 주제를 무모하게 단정적으로만 서술한 측면이 적잖음을 시인한다. 세 분의 지적은 크게 세 범주로 나뉜다. 공통어로서 한국어와 다른 특징을 구현하는 '대우·시상·융합' 논제와 관련되어 있다. 독특한 이 방언의 쓰임과 관련하여, 이런 주제가 모두 단행본으로 심도 있게 다루어져야 할 필요를 다시 절감한다. 여기서는 그분들의 지적을 관련 대목들에다 될 수 있는 한 간략하게 각주 형식으로 필자의 답변을 적어두거나, 문제점의 해결을 일후 과제로 적어 둔다. 필자의 교수 생활 30년 동안 처음 받아본 5쪽 분량(총 17항목의 비판과 질문)이나 되는 그분들의 치밀한 문제점 지적은, 앞으로 필자가 모어 방언을 설득력 있게 설명할 수 있도록 하는 데 큰 밑거름이 될 것이며, 거듭 고마움을 적어 둔다.

2) 필자가 모어 방언으로서 이 방언을 다루는 가장 근본적인 동기는, 바다로 멀리 떨어져 있어서 오랜 기간 동안 다른 방언과의 직접적인 간섭을 가장 덜 받았을 것으로 보이고, 이런 측면이 새로운 한국어 문법 질서를 드러내는 데에 양질의 자료를 제공한다고 믿고 있다. 그러나 이런 접근도 이 방언의 통사 행대들을 놓고서 충실하게 전반적으로 기술해 놓지 못하였기 때문에 일정한 한계가 있다. 즉, 이 방언의 실상을 샅샅이 낱낱이 몇 가지 층위들의 전이 모습까지 전면적으로 모두 다룰 수 없는 것이다. 대략 30년을 주기로 잡는 공시태의 자료들 속에도 엄연히 이전 시기의 통시적 자료들이 크든 작든 맞물려 담화 자료 속에 들어 있기 마련이다. 아마 이런 두 가지 목적을 모두 다 만족시키려면, 여러 연구자들의 공개 토론 마당이 자주 열려야 하고, 상당한 분량의 독립된 책자가 필요할 것이라고 본다.

담화 연구의 시각에서 보면, 비록 '글자'가 기억을 돕기 위하여 만들어지고 특정 집단을 스스로 다른 집단과 구별하기 위하여 만들어졌으나, 글자를 이용하여 일관된 속성을 띠고 씌어진 '덩잇글'은 인쇄 문명의 확산과 더불어 독자적 질서를 지니며, 1차적으로 읽을 사람(의도된 청자)을 전제로 하여 씌어진다. 이런 점에서 우리 문화 속에 전해져 오는 기록들은 음으로 양으로 가치와 이념이 스며들어 있는 것이다. 그렇다면 제주 방언을 매개로 하여 이뤄졌던 문화는 전혀 주류 속에 들어 있지 않고, 주변적이거나 임시적으로 치부되고 무시되거나 배제되어도 하등 문제될 것이 없었기 때문에, 오랫동안 기록될 가치를 전혀 부여받지 못하였던 것이다. 개별성과 이질성이 백안시되던 당시의 이념 체계 속에서는, 실재성을 인정받지 못한 채 없는 듯이 관념되었거나 고쳐져야 할 대상으로 간주되었을 법하다.

제주 방언에 대한 자각은 입말 중심의 언어학을 세운 소쉬르의 영향력 때문에 생겨났으며, 광복이 되고 나서 이뤄진 본격적인 이 방언의 기술에서는 그 가치를 한국어의 역사적 측면과 연관 지으려는 노력이 강하였다. 다른 한편으로 이 방언의 특이성에만 몰입하여, 그 가치를 한국어에서는 찾아지지 않고 오직 이 방언에서만 찾아지는 유일한 내용을 크게 부각시키려고 온힘을 쏟기도 하였다. 결과적으로 후자의 논의는 성급히 잘못된 결론을 내린 경우들이 다수 있었다.

이 방언을 언어학적 측면으로 가치를 드러내려는 연구가 이미 1백 년이 넘었다(고동호 외 2014). 오늘날의 언어학도 크게 발전하여, 언어 사용 및 담화를 거쳐 인지 작용과 맞물려 비로소 통합적인 시각을 갖추게 되었다. 따라서 이 방언의 가치를 드러내는 일 또한 편협하게 특정 언어학의 사조를 옹호하여 거기에 맞추려고 애쓰기보다는, 오히려 「총체적으로 사회와 그 구성원들의 상호작용을 다루는 일반적인 시각」에서 이뤄질 필요가 있다. 이 방언은 특히 오랜 기간 동안 다른 방언들에 의한 간섭이 거의 없었을 것으로 판단된다. 이런 측면에서

이 방언을 새로운 시각으로 볼 경우에 획기적인 틀도 열어 줄 수 있을 것으로 본다. 이 글에서는 특히 선어말어미와 종결어미들을 중심으로 하여 종전의 한국어 및 일반 언어학의 기술과는 다른 새로운 시각을 열어 줄 수 있는지를 놓고서 고민해 보고자 한다.

2. 선어말어미의 하위범주 및 그 짜임

시간상의 흐름을 일직선으로 표현할 경우에, 입으로부터 나오는 공기 흐름인 발화나 글자들의 배열인 문장의 줄 위에 일렬로 정렬되어 있는 언어에서, 제일 먼저 만나게 되는 어미는 선어말어미이다. 생성문법에서는 언어를 크게 어휘범주와 기능범주로 나눈다. 전자는 사건의 내적 구성을 드러내는 일을 하고, 후자는 화자가 한 사건을 파악하는 방식과 청자에게 관련 사건을 제안하는 일을 한다. 사건의 내적 구성은, 관찰된 사건의 전개 방식을 우리의 유전체로 발현되어 공유하는 범주를 가동시켜, 사건의 유형들을 상징적으로 나눠 놓은 것이다. 최근에 이는 논항구조 또는 사건구조로 불리며, 철두철미 '관념론'의 산물이다. 생성문법에서는 어휘범주를 거느리는 핵어(head)로서 기능범주를, 크게 종결에 관여하는 요소와 시간에 관여하는 요소로 나누고, 후자에서 다시 시제 및 일치에 관여하는 요소를 나눠 놓았다. 만일 이런 계층 구분이 보편적이라면, 한국어뿐만 아니라 이 방언에서도 동일한 계층을 따를 것으로 예측할 수 있다.

2.1. 외부 논항에 대우 일치를 부여하는 핵어의 존재

교착어의 질서 위에 문법요소들이 실현되는 우리말에서, 맨 처음 마주치는 선어말어미는 대우 일치에 관련된 요소이다. 대우 일치소는 서구 언어의 '성·수' 일치소에 대응된다. 서구에서는 문법적인 성(본디 '종류, 갈래'의 의미였음)과 대상의 숫자에 따라 필수적 일치를 구현해 놓지만, 우리말에서는 신분이나 나이에 따라 대우 여부를 수의적 일치소로 구현해 주는 차이가 있다. 따라서 언어들 간에서 관찰되는 일치 기능의 차이를 매개인자로 설정해 줄 수 있다. 그런데 대우 일치소라고 하더라도 15세기 한국어 자료와 현대 한국어 사이에 차이가 있으며, 현대 한국어와 이 방언의 질서에서도 다소 차이가 있다.

세 개의 논항을 지닌 사건 구성에서, 제일 층위가 높은 논항은 주격을 받는다. 주격을 부여 받는 기제에 대하여 서로 배타적인 두 가지 가정을 상정할 수 있다. 하나는 주격(또는 주어)이 어느 언어에서나 기본값의 구성을 따르기 때문에, 굳이 특정한 핵어로부터 일치가 주어진다고 말할 필요가 없다. 더 전문 용어로 표현하여, 외부 논항은 일치와 무관하다고 말할 수 있다. 그렇다면 일치소의 역할은 나머지 두 개의 논항(내부 논항)을 주격을 받는 논항(외부 논항)으로부터 구분해 주기 위해 생겨났을 것이라고 가정할 수 있다. 즉, 내부 논항인 대격 또는 사격 논항에만 일치 표시를 부여해 주게 되는 것이다. 이것이 이른바 생성문법에서 시제소(T)가 주격을 부여한다는 논리이다. 이 가정의 강점은 15세기 한국어 자료에서 대격에 대우 일치를 부여하는 형태소 '오'(변이형태로 '아')를 설명할 수 있다는 점이지만, 안정성을 잃고서 왜 급격히 사라져 버렸는지를 설명하는 데에는 아무런 설명력도 지니지 못한다.

다른 가정은 일치 기제가 외부 논항과 내부 논항을 구분해 주기 위한 언어 장치라고 가정하는 것이다. 여기에서는 두 계열의 논항을 구분해 주기 위하여 일치 표시를 배타적으로 어느 하나에만 부여할 수 있다. 한국어에서는 외부 논항인 주어에 대우 표시를 해 주는 방식을 선택하였다. 현대 한국어에서는 '으시'라는 일치소 핵어에 의해서 주격 형태소 '가'가 '께서'로 바뀐다. 그런데 이 방언에서는 줄곧 '으시'

라는 대우 일치소가 특정 계층의 사회방언이며, 이 방언의 다른 하위
방언에서는 이런 핵어가 실현되지 않음이 지적되어 왔다. 이런 지적
은 대우 일치소에 지배를 받고 부여되는 대우형태의 주격 '께서'가[3]
관찰되지 않는다는 조사 보고를 뒷받침해준다(핵어로서 '으시'도 없고,
이 핵어에 지배되어 있음을 표시해 주는 '께서'도 없음).

만일 외부 논항을 지배하는 핵어 '으시'가 존재하지 않음이 사실이
라면, 다른 언어에서 일반적으로 문법상 표시되는 제약을 왜 이 방언
에서만은 따르지 않는 것일까? 굳이 일반 제약이나 조건을 결여해야
할 합리적인 이유가 있는 것일까? 6세기 자료에 있는 일치소 핵어 '으
시, 으샤'가[4] 이 방언에서 기본 형태소가 아니라면, 거꾸로 이 방언은
6세기 이전의 다른 하위방언과 연관되거나, 아니면 계통이 다른 언어

---

3) 국어학계에서는 '께서'가 근대 국어의 자료로부터 관찰되는 것으로 알려져 있다. 허웅
(1989: 72쪽)에서는 처격을 나타내던 것이 주격으로 바뀐 것으로 보았다(16세기 추정
의 무덤 편지 자료를 인용함). 홍윤표(1994: 626쪽 이하)에서는 17세기 문헌에서부터
탈격(~으로부터)이 주격으로 바뀐 것으로 보았고, 18세기에 들어서면 '겨오셔, 께옵셔'
의 형태도 나타난다. 이를 고려하면 외부 논항의 대우를 부여해 주는 방식이 근대 국어
에 와서야 확립된다고 말할 수 있다.
   이와는 달리 대우 일치소의 핵어(head)는 6세기 신라 노래에서부터 관찰할 수 있다.
15세기 자료에서 관찰되는 '으시~으샤'에 대응하는 '줄 사(賜)'가 22군데 나오고, 사(史)
와 교(敎, 『유서 필지』에 '이시'로 읽고, 이를 '敎是'로도 썼음)도 같은 형태소의 다른
표기로 보기도 하는데, 자세한 논의는 김완진(2000: 213쪽 이하, 246쪽 이하)를 보기
바란다. 단, '으샤'는 소수 연구자를 제외하면, 대체로 복합 형태로 본다. 즉, 선어말어
미 '오' 또는 부사형 어미 '아'와 결합된 결과라고 여기는 것이다. 한국어의 역사 자료에
서는 일찍부터 일치소의 핵어(head)는 있었지만 여기에 지배를 받고 있음을 표시해
주는 형태소 '께서'는 근세 국어에 들어서야 뒤늦게 나왔으므로, 핵어 및 지배된 형태
사이에 서로 불일치를 보여 준다고 말할 수 있다.
   심사위원들의 지적과 관련하여, 이 방언의 대우 체계가 공통어와 근본적으로 다른
점이 있음을 밝힌다. 공통어에서는 다른 사람을 높이고 자기를 낮추는 두 가지 축이
동시에 함께 쓰인다. 그렇지만 이 방언에서는 오직 다른 사람을 높이는 하나의 축만이
우세하며, 오직 표준어 내지 공통어에 익숙히 접한 일부 사회 계층에서만 자기 및 자기
와 관련된 대상을 낮추는 일(두 개의 축이 가동됨)이 관찰되기 때문이다. 따라서 일반적
으로 높이는 대우 형식만이 먼저 적용된다고 말할 수 있다. 이는 한국어의 대우 방식의
발달과 관련하여, 대우 이론의 정립에 재료가 될 수 있을 것이다.
4) '오'가 녹아 있는 '으샤'가 사회적 방언을 반영할 가능성이 충분히 있으며, 이 방언에서와
같이 '으샤'가 없이 쓰이는 다른 계층의 존재도 상정해 볼 수 있다. 그렇지만 여기서는
어느 계층의 방언에서이든 이런 대우 형태소가 존재했다는 점에 초점 모으기로 한다.

로 취급할 개연성이 있다. 이를 해석하는 일은 결코 작은 일이 아니지만, 필자는 두 가능성에 모두 부정적인 입장이다. 첫 번째 가능성은 '으시'를 핵어로서 갖고 있지 않는 다른 방언들을 확인한 뒤에 결정될 문제인데, 아직 관련 문헌을 찾아보지 못하였다. 만일 이 방언 이외에도 그런 방언이 있다고 하면, 공범주 요소가 핵어로 들어가 있는 형상(자리가 비어 있는 형상)을 내세워야 할 것이다. 두 번째 가능성은 김지홍(2014b)의 결론을 따른다면 당연히 배제될 수밖에 없다.

첫 번째 가능성에서 설사 공범주(empty category) 핵어나 비어 있는 자리를 설정하더라도, 왜 일치소가 구체적 형태소를 지니고서 실현되지 않는지를 합리적으로 설명해 주어야 한다. 필자는, 마주하고 있는 청자를 대우하는 방식 때문에, 주어를 대우하는 일치소가 선택되지 않았을 개연성이 있다고 본다. 달리 말하여, 이 방언은 화자와 청자 사이의 힘만을 문제 삼는 「현장 중심의 매개인자(parameters)」들을 우선 선택하고 있기 때문에, 현장을 떠나 중립적인 사건에 관한 매개인자들은 선택 범위에서 오랜 기간 동안 멀어졌다고 해석한다. 그렇지만 이 방언의 일부 사회 계층에서, 그리고 표준어 교육을 받은 세대(아마 이 방언을 쓰는 거의 전체 인구가 그러하리라고 봄)에서, 외부 논항에 일치를 부여할 핵어의 비어 있는 자리에 '으시'를 채워 넣는 선택은 아주 쉬웠으리라고 본다. 현재로서는 표준어 교육을 받은 이들과 매일 접하는 대중매체에 강력한 영향으로 말미암아, 공시적 기술로서 '으시'가 동일하게 쓰이고 있다고 서술할 수밖에 없다. 그렇지만 얼굴을 마주보면서 대화하고 있는 상대방을 직접 대우해 주는 '청자 대우' 방식에는 존재의 당위성에 아무도 의문을 제기한 적이 없다.

만일 외부 논항에 일치를 구현하는 '주체 대우'가 일부 사회학적인 하위방언에서 존재하지 않았더라면, 이미 확고히 쓰이는 청자 대우 방식이 비어 있는 주체 대우에로까지 기능을 확대하였을 개연성을 생각해 볼 수 있겠는데, 아직 막연한 작업 가정에 불과하다. 그렇지만 신라 노래에서 확인되며, 이 기록 시점으로부터 오늘날에 이르기까지 장구한 세월 동안 쓰이고 있는 주체 대우 형태소가 이 방언의 일부 사회 방언에서 찾아지지 않는다는 점은, 기원론적으로 람스테트(Ramstedt 1952; 김동소 뒤침 1985) 'Ⅳ. 대명사의 굴절'(75쪽)에서의 지적과 관련하여 흥미로운 가정을 가능케 한다. 람스테트는 한국어의 1인칭, 2인칭 대명사가 사라져 버렸다고 지적하였는데, 조어에서 있었던 명사에 접미되는 대명사가 모종의 연쇄 작용으로 상실되었을 가능성을 생각해 볼 수 있다. 가령 '그 사람 이름'이5) 만일 조어에서 '사람 이름+그의'6)와 같이 한정 접미사 구성이 기본 형상이라면, 이런 구성에 변화를 초래하는 통사 내적 동기를 상정할 수 있다. 다시 말하여 이런 명사구를 지배하는 동사구 기능범주의 필수적 실현 형태소로부터 접미 대명사를 공범주로 바꿔 놓았을 가능성이 있는 것이다. 만일 이런 가정이 성립한다면, 제주 방언의 분기점을 역산하는 일을 시사해 준다. 적어도 6세기 이전에는 분화되어 있어야 하는 것이다.

---

5) 애브니(Abney 1988) 이후로 명사구는 지정사(D)가 투영하는 구성의 내부 논항으로 자리 잡는다는 가정이 일반적이다. 이에 따르면 '그'가 DP와 관련되고, '사람 이름'이 NP 와 관련될 것이다. 이런 구성이 우연하게도 원시 조어의 구성과 일치하는데, 접미된 대명사가 DP의 핵어가 되는 것이다.

6) 그곳의 복잡한 특수기호를 빼고 퉁구스 예를 보이면, '그 사람의 이름'과 '그 사람의 머리'가 각각

  'beje(사람) gerbi(이름)+ni(그의)', 'beje(사람) del(머리)+ni(그의)'

이다. 알타이 조어가 한국어처럼 또한 후핵(headfinal) 언어라면, 뒤에 접미된 대명사가 기능범주(D)의 핵어이며, 이 핵어가 투영하는 내부 논항 속에서 명사구 '사람 이름'이 실현된다. 이런 명사구에서 핵어가 공범주 핵어로 실현되려면, 반드시 이 명사구를 지배하는 상위 핵어가 있어야 한다. 후핵성에 따라 더 뒤에 나올 동사구의 핵어에서 그 후보를 찾을 수 있을 것이며, 이때 응당 '으샤'가 상정되어야 하나. 동사구를 투영하는 대우 일치소 범주가 더 앞에 있는 명사구에서 접미된 대명사를 지배하고, 공범주 핵어로 바꾸어 놓는 1차 원인이 될 수 있는 것이다. 신분 또는 계급 사회에서는, 대명사의 사용이 대등하거나 평등한 '나 : 너'의 관계를 전제하므로, 대신 대명사를 피하고 신분이나 계급을 나타내는 명사로 쓰는 선택을 하였을 것이다. 이런 경향은 현대 한국어에서 상관을 결코 '너' 나 '당신'으로 부르지 못하고, '과장님, 선생님' 따위의 신분 관련 낱말을 쓰고 있는 현상에서 계속 유지되고 있음을 확인할 수 있다.

2.2. 상과 시제를 포괄하는 시상 형태: 무엇을 어떻게 정의할 것인가?

시간 표현은 매우 단순하게 관찰자와 사건의 전개 모습만을 고려할 경우에 상(相, aspect: 측면, 모습)이라고 부른다. 여기서 다시 사건을 전개하는 모습에 대한 어떤 기준점을 전제로 할 경우에, 시점들 사이의 대소 관계를 시제(tense)라고 부른다. 상의 표현에서는「기준점이 그대로 관찰자 속에 녹아들어가 있으며 따로 분화되어 있지 않다」는 점에서 주관적 서술시점(관찰자 시점)으로 부를 수 있다. 관찰자는 자신이 관찰 내용을 말로 표현하므로, 관찰자에게 화자가 또한 잉여적으로 녹아 있다. 그렇지만 시제의 표현에서 내세운 기준점은 상대방과의 공유 기반을 전제로 한다는 점에서, 상대적으로 객관적 서술시점(상대방과 공유하는 시점)을 갖췄다고 말할 수 있다. 가장 흔히 채택되는 기준점은 발화시점이 되고, 더 나아가서 언어 표현 속에 지정되어 있는 임의 사건이 기준점으로 채택될 수도 있다. 그런데 시제의 경우에는 흔히 시점들 사이의 대소 관계만을 따지기 때문에, 시점이 어떤 구간이나 사건 전개의 폭을 가리킬 수 없다는 한계가 있다. 이런 점 때문에 한국어를 서술할 때에는 시점에 근거한 시간 표현을 쓰기보다는, 오히려 사건 전개의 폭을 포착할 수 있는 상(相)의 모습을 끌어와 '시상'이란 말을 자주 쓴다.

이 방언에서도 한국어의 서술 관점에 따라 '시상'이란 개념을 그대로 쓸 수 있다. 과거에 '동작상'이란 용어를 잘못 쓴 바 있다. 이는 오직 자유의지를 지닌 사람이 일으키는 사건에만 국한되어야 하며,[7]

---

7) '동작이 굼뜨다/빠르다'라는 말이나 또는 '동작거지'(舉止는 시작과 멈춤을 뜻함)라는 한자어에서 보듯이 모두 사람(자유의지를 지닌 주체)의 몸놀림을 가리키는 말이다. 반면에 순서를 바꾼 한자어 '작동'은 기계의 움직임과 관련하여 쓰인다. 김지홍(2014b)의 92쪽 각주 10과 322쪽과 514쪽에서 자세한 논의를 읽을 수 있다. 이 방언에서는 사람(특히 얼굴을 마주보고 있는 청자)이 일으키는 사건과 관련해서는 가령 다음처럼 두 가지 종결어미를 찾을 수 있다.

자연계의 무의지적 사건(단순히 인과율로 일어나는 사건)들을 서술해 주는 데에는 결코 알맞지 않다(454쪽의 각주 7 참고). 이 방언의 전형적인 시상 체계에서는 '동작상'의 개념을 나타내어 주는 경우가 없다.

이 방언에서 규칙적으로 관찰되는 시간 표현 형태소는 결코 시점의 개념과 관련되지 않으나, 뒤에서 다룰 청자 경험 가능성 여부를 가리켜 주는 양태 형태소와 관련하여, 현재 발화시점이 '기준점'으로 도입될 수 있다. 이런 점에서 시점들 간의 대소 비교를 가리키는 '시제'는 이 방언을 서술하는 데에 온당하지 않고, 오히려 사건 전개의 모습이나 시간 폭을 가리키는 '시상'이란 용어를 이용하여 서술해야 한다. 소박한 객관적 기준점이 없이 쓰이는 상(相)이라기보다, 마치 시제처럼 객관적 기준점이 도입되어 쓰이므로, 상과 시제의 복합 개념 또는 중간 개념인 것이다. 그렇다면 사건 전개의 모습을 나타내는 시간 폭은 어떻게 포착할 수 있을 것인가? 필자는 임의 상태의 변화로 표상되는 임의의 사건이 언제나 시작점과 종결점이 있다는 사실에 유의하여, [±시작점]이라는 속성과 [±종결점]이라는 두 가지 속성만으로 이 방언의 시상 형태소가 드러내고자 하는 바를 충분히 다 나타낼 수 있을 것으로 본다(※본디 '착수'라는 자질을 썼었는데, 이는 자유의지를 지닌 사람에게만 적용되며, 자연세계의 사건에 적용할 수 없으므로, 이 자질을

---

① 청자를 상대로 하여 '-엄다?, -엄다?'라는 의문 서법의 종결어미가 쓰이는데("느 그 약 먹엄다?"), 이는 반말투 종결어미 '어'에 명사형 어미 '음'이 결합한 뒤에 다시 '디아?'가 결합한 복합 형태소이다(앞의 책, 301쪽 이하 참고). 따라서 직접적으로 시상 형태와 관련되는 것이 아님을 알 수 있다.
② '-음고?, -음이고?'라는 의문사(wh-word)를 수반한 종결어미로서 반드시 청자만을 대상으로 하여 쓰이며("[느 어디 가]음이고?"), 이 또한 명사형 어미 '음'이므로 시상 형태가 아님을 알 수 있다(앞의 책, 244쪽 참고).
따라서 엄격히 말하여 시상 형태소 'ø, 앖, 앗'들 중에서 '동작상'에 해당하는 것은 없다. 오직 명사형 어미 '음'을 매개로 하여 만들어진 복합 형태소들이, 청자의 행동이나 청자가 관련된 사건을 가리키고 있을 뿐임을 알 수 있다. 이 방언 연구자의 숫자가 너무 적기 때문인지, 여태 이런 괴리를 비판한 적이 없는 듯하다. 참고로 이 방언의 시상에 대하여 근년에 나온 박사논문이 홍종림(1991), 우창현(1998), 문숙영(1998) 등이다. 그리고 『형태론』에 실린 문숙영 교수와 이효상 교수 사이에 주고받은 논박들 및 고영진 교수의 수작(秀作)들도 큰 도움이 됨을 적어둔다.

'시작점'으로 수정하였음). 더 나아가 사건의 진행 과정과 종결된 사건의 지속 상태는, 담화에 작용하는 다른 요소들이 도입됨으로써 몇 가지 속뜻이 자연스럽게 깃들 수 있을 것이다.

이 방언의 시상 형태소의 실현은 동사에 따라 크게 서술어의 종류에 따라 형용사와 계사 및 반드시 내포문을 수반한 「양태 투영 동사」 (추측·희망 동사)가[8] 한 부류로 묶이고, 다른 부류로 일반 동사가 묶인다. 전자에서는

'ø : 앗'

이 형태상의 유무 대립을 이루지만, 후자에서는

'앖 : 앗'

와 같이 이항 대립을 구현한다.[9] 이 방언의 시상 형태에서 헷갈리는

---

8) '[~을까/~은가] 보다/싶다'나 '[~을/~은] 것 같다/상 바르다/듯하다'와 같은 추측 동사들과 '[~면] 싶다/하다/바라다/좋겠다'와 같은 희망 동사들이 서로 짝(하위부류의 대립)을 이루고 있다. 이들의 상위 개념으로 아마 '양태 투영 동사'로 부를 수 있다. 아니면 현상학 창시자 브렌타노(Brentano, 1838~1917)의 용어를 빌려 '지향성 동사'를 내세울 수도 있을 듯하다. 엄격히 세 개의 논항을 지닌 동사이며, 외부 논항이 공범주로 나오고, 오직 대상 논항을 평가하고 바라보는 일을 떠맡는 사격 논항의 자리에만 음성 형식이 실현되는데, 김지홍(1992b)를 보기 바란다. 비록 일상 언어에서 자주 쓰임에도 불구하고, 아직 이런 동사 부류에 주목한 연구들이 거의 없기 때문에, 이 범주는 필자의 잠정적 제안에 불과하다. 언어철학이나 논리학에서는 '믿다(believe)'류의 동사 또는 참값을 확정할 수 없는 '불투명(opaque)' 동사로 부른다. 모두가 재귀적인 '자기 평가'의 성격을 띠고 있지만, 아직 그럴 듯한 용어가 제안된 바는 없는 것으로 안다.

9) 종전에 마치 '암 : 암시'라는 대립 형태소가 있는 듯이 잘못 기술되어오기도 하였다. 그렇지만 이는 모두 동일한 '앖'이라는 형태소를 잘못 지정한 것에 지나지 않고, '이'는 어미의 약모음이 전설화된 것이므로, 상 형태소가 아니다. 미완료라는 의미 자체가 지속이라는 상 해석이 깃들게 되는 것이다. 이 형태소의 확정과 관련된 논의는 김지홍(2014a)와 김지홍(2014b)를 참고하기 바란다. 과도기적 조치로서 또한 제주발전연구원(2014: 168~190쪽) 『제주어 표기법 해설』에 있는 필자의 집필 부분도 같이 읽어 보기 바란다.

현재 필자는 이 방언에서 '-아 잇다'에서 비롯되는 '-앗-'이 먼저 발달한 뒤에, 이에 짝이 되는 시상 형태소로서 '-앖-'이 형성되었을 가능성이 추구될 만하다고 판단한다.

문제는 일부 환경에서 시상 형태를 뒤따르는 '이'의 정체성이다. 김지홍(2014b: 180쪽, 285쪽)에서는 미지의 '이' 또는 신비의 '이'로 불렀으며, 그 책 294쪽에서 잘못 판단하여 이를 양태 속성으로

'해당 사건의 시작 또는 착수에 대한 확정성'

이라고 지정한 바 있었다.[10] 현재 '앖 : 앗'만이 대립된 시상 형태소이

이 시상 선어말어미와 통합되는 어미들에 있는 약모음 '으'가 일관되게 전설화되어 '이'로 발음된다. 가령, 조건 접속어미 '-으민'(-으면)이 "잡다"의 어근에 통합되면 "잡으민"(잡으면)과 같이 표면화되지만, 이것이 선어말어미를 통합한 뒤에 조건 접속어미가 붙는다면, 언제나 전설화가 일어나서, "잡앖이민"(잡고 있으면), 잡앗이민"(잡았으면, 잡아 있으면)과 같이 표면화된다. 이는 '-앖- vs. -앗-'에 모두 공통적으로 "잇다"(있다)라는 어근이 녹아 있기 때문으로 추정한다.

만일 '-앗-'으로 문법화가 진행되었다면, 국어사에서 언급되는 시기보다 더 이전에 이런 문법화가 진행되었을 것으로 짐작된다. 그리고 이들 선어말어미가 내재적 동기에 의해서 만들어졌다고 가정할 경우에, '-아 잇-' 사이에 내파음으로서 '읍'이 개입됨으로써 '-앖-'이 나왔을 가능성을 검토해 볼 만하다. 여기서 의미자질의 대립을 유도하는 내파음(받침소리) '읍'도 이 방언의 일부 분포에서 찾을 수 있는데, 문법화에 쓰였을 것인지도 진지하게 고민해 봐야 할 것이다.

10) 포페(1960)에서 계사가 문법 형태소 구성에 참여한다는 지적은 매우 시사적이다. 일전에 사담에서 일본 동지사 대학 고영진 교수도 계사 구성의 가능성을 언급한 바 있다. 이런 가능성을 입증하려면 적어도 두 가지 점이 먼저 입증되어야 한다. 첫째, 수의적으로 실현되는 계사의 특성을 오직 필수적인 계사 어간의 지위로 바꾸는 일이 확정되어야 하고, 둘째, 선접 요소의 명사 속성이 확보되어야 할 것이다. 둘 모두 쉽지 않은 일이다.

※ 수정 사항을 덧붙임: 이 책을 펴내면서, 잠정 생각했던 바를 철회한다. 대신, '이'가 일반적으로 이 방언의 어미 형태소 앞에 있는 약모음 '으'의 전설화 결과라고 본다. 이는 결정적으로 김지홍(2020)을 준비하면서 접속구문의 어미들을 직접 처리하는 동안 매우 명백해졌다. 필자가 '암시, 아시'라는 형태소의 설정에 의문을 품은 동기는 30년 전에 이 방언의 양태 형태소 {-으크-}를 다루면서부터였다. 2014년 이 방언의 표기 방법을 결정하는 일에 참여하면서, 그리고 표기법 해설서의 통사 영역을 집필하면서, 동작상이란 개념도 잘못된 것이며, '존속상'이라는 개념도 시점을 전제하기 때문에 자가 당착의 명명임을 깨달을 수 있었다. 그렇지만 잠정적으로 이 글에서와 같이 '-앖- vs. -앗-'을 대표 형태소로 취급하고, '-앖이- vs. -앗이-'가 변이형태인 듯이 서술해 놓았다. 우연히 한국연구재단의 3년 저술과제를 집필한 뒤 통과 판정을 받고서 이를 1,342쪽의 책자로 발간하면서 4년 동안 해당 문제를 되돌아볼 수 있었다. 그 결과 명백히 '이'가 어미 형태소의 초두에 있는 약모음 '으'가 시상 선어말어미 속에 녹아 있는 "잇다"(있다)에 의해 전설화가 일어난 것임을 결론지을 수 있었다(211쪽의 각주 1 참고).

가령, 조건을 나타내는 접속어미는 이 방언에서 '-으민, -으문, -으면' 따위가 중층적

고, '이'는 어미의 약모음이 전설화된 것이라고 결론짓지만, 다른 사람들의 다양한 비판을 거쳐 공적 개념으로 수립될 필요가 있다.

2.3. 청자의 경험 가능성을 표시하기: '청자 경험'의 양태[11]

교착어에 속하는 한국어의 서술 방식에서 유일한 예외적 처리 방식은 '습니다, 습디다'와[12] 같은 덩어리 종결어미이다. 이는 '종합주의'

으로 쓰이고 있다. 받침을 지닌 어간으로 "먹다"에 통합시킬 경우에, "먹으민, 먹으문, 먹으면"으로 표면화된다. 그렇지만 시상 선어말어미 '-앖- vs. -앗-'을 통합시켰을 경우에는 언제나 "먹없이민, 먹엇이민, 먹없이문, 먹엇이문, 먹없이면, 먹엇이면"과 같이 표면화된다.

왜 시상 선어말어미가 약모음 '으'를 전설화시키는 것일까? 이는 문법화를 촉발하였던 표상에 "잇다"(있다)라는 실사의 어근이 녹아 있기 때문으로 본다. 이유를 나타내는 접속어미 "-으나네, -으난, -으니까, -으니까네"와 같이 중층적으로 쓰이는 것도 모두 다 시상 선어말어미와 통합될 경우에 일사불란하게 전설화가 일어난다. 이런 언어 사실로 미루어, 약모음을 지닌 어미 형태소들이 소수의 경우를 제외하고서 광범위하게 분포하고 있었음을 알 수 있다. 그렇다면 새로운 의문이 제기된다. 왜 접속어미들 중에서

'-곡, -다가, -건, -자마자, -든 말든, -주마는'(241쪽 참고)

과 같은 형태소에는 약모음이 없는 것일까? 이 방언의 자료만으로는 해결책을 모색하기가 쉽지 않다. 공시적인 다른 방언들의 언어 사실과 통시적인 국어사 자료들이 동시에 고려되면서 가능한 답변의 범위를 세워 놓고서, 소거법을 적용하여 가장 그럴 듯한 후보를 찾아야 할 것이다. 아동들의 모어 습득 자료들로부터도 그 후보의 적절성을 재검토할 수도 있을 것이다. 현재 이 문제의 해결책은 필자의 역량을 벗어나 있다.

11) 본디 측정된 분량(a measured amount or quantity)의 의미를 지닌 라틴어 modus로부터 문법 용어 modality(양태, 양상)와 mood(서법)이라는 용어가 만들어졌다고 한다. 서구에서는 흔히 인간의 특성을 '지식/앎'과 '행위/실천'을 지닌 존재로 여겨 왔다. 이 구분 위에다 '가능성/개연성'과 '필연성/확실성'을 덧붙여 기본적으로 양태의 개념을 네 가지로 확립한 뒤에, 몇 가지 부차적인 양태 개념을 추가해 왔다. 전통적으로 지식이나 믿음과 관련된 양태(양상)를 「인식 양태」라고 부르고, 행위나 실천과 관련된 양태를 「의무 양태」라고 부른다. 이는 각각 칸트의 순수 이성과 실천 이성에 대응한다. 영어에서는 특히 조동사와 서법이 양태 범주로 다뤄지며, 부차적으로 관련 부사도 다루게 된다. 오늘날의 연구에서는 양태 범주를 더 확장하여 놓는 일들을 진행해 오고 있다. 언어학에서는 시상 표현과 관련하여 aspect를 '시상(時相, 상, 모습)'이라고 번역해 왔기 때문에, modality를 '양태'라고 번역하지만, 철학이나 논리학에서는 시상(時相)을 전혀 다루지 않기 때문에 동일한 말을 '양상'으로 번역해서 쓰고 있다. 태(態, 모습) 또한 상(相, 모습, 얼굴)과 의미가 서로 겹치는 부분이 있다. 여기서는 '양태'란 용어를 쓰기로 한다.

12) 이들은 형태 배열만으로는 짝을 이루는 것으로 상정할 수 있다. 그렇지만 국립국어원에서 펴낸 『표준 국어 대사전』을 보면 청자에 대한 대우의 등급에서는 차이가 난다. '습니

로 불리는 문법을 계승한 것이며, 공시적 언어 모습에서는 단일한 형태소처럼 행동한다고 주장한다(남기심 1982). 반면에 일부에서는 통시적 정보를 이용하여 교착어의 질서대로

'습+ㄴ/더+이+다'

의 이분 대립이나 유무 대립을 드러내는 구성으로 분석해 놓으며, 이를 '분석주의'라고 부른다(임홍빈 1982). 만일 15세기 한국어에서 화자 겸양(이숭녕 1981 개정판: 367쪽 이하)을 나타내는 '습'이 청자를 향해 있고, 결과적으로 청자를 대우하므로(허웅 1975: 691쪽 이하), 청자 관련 자질이라고 본다면, 더 뒤에 실현된, 화자가 상대하고 있는 청자를 대우하는 '이'와 공통된 질서 위에 있음을 알 수 있다. 서술 서법의 '다' 또한 기능상 청자의 정보 간격을 채워 주는 행위이므로, 청자와 관련하여 다시 서술해 줄 수 있다. 그렇다면

'습+ㄴ/더+이+다'

의 구성에서 아직 언급되지 않은 'ㄴ : 더'만을 제외한다면(중세 국어 문법에서는 대체로 시제 형태소로 간주함), 모두 청자와 관련된 형태소들이다. 여기서 당연히 'ㄴ : 더'가 청자와 관련된 형태소일 가능성이 검토되어야 한다. 이는 단순한 시제일 수 없다. 왜냐하면 ① 청자 관련 형태소인 '습'에 의해 어간으로부터 단절되어 있고, ② 삼분 짝을 이루는 미래 형태소 '리'가 결코 계열체로 실현될 수 없기 때문이다('*습리

다'는 '합쇼' 등급에 배당하였고, '습디다'는 더 낮은 '하오' 등급에 배당되어 있다. 따라서 여기서는 언급하지 않지만, 이들 사이의 대우 등급 차이에 대한 설명도 덧붙여져야 할 것이다. 이 방언에서는 '습'이란 형태소는 없었던 듯하고, 오직 '읍'만 실현되는데, 이것들의 경정도 중요한 논의거리이다. 또한 이 방언에서는 각각 '읍네다 : 읍데다'가 쓰이되, 표준어 서술과는 다르게 대우의 등급에서 차이가 없는 것으로 느껴진다. 여기서 '네 : 데'는 명백히 'ㄴ+이, 더+이'를 반영하는 융합 형태이다.

이다').

  따라서 만일 단순한 시제 형태소가 아니라면, 다음 가능성으로 검
토해 보아야 하는 후보가 '양태'적 기능이다. 청자와 관련하여 김지홍
(2014b)에서는 해당 사건을 경험할 수 있는지 여부를 가리켜 주는 양
태 요소로 주장한 바 있다(본격적인 양태·시상의 통합 개념에 대한 논의는
김지홍 2020, 『제주 방언의 복합 구문 1』, 경진출판, 381쪽 이하를 보기 바람).
'느'는 여전히 청자가 발화로 전달되는 사건을 직접 체험하여 참인지,
거짓인지 여부를 확정할 수 있다. 반면에 '더'는, 비록 관찰자이자 화
자가 해당 사건을 직접 체험해 보았지만, 이미 사건이 완결되어 있으
므로, 해당 사건의 진행 여부를 청자로서는 더 이상 체험할 수 없음을
나타낸다. 만일 이 주장이 옳다면, 왜

  '습니다, 습디다'(단, 이 방언은 '읍네다/읍니다, 읍데다/읍디다'로 쓰임)

가 한 덩어리로 묶이는지(종합주의 관점)를 설명해 줄 수 있다. 모든
형태소들이 청자와 관련되어 있기 때문인 것이다. 따라서 청자 관련
형태소들도 덩어리로 그대로 놔 둘 것이 아니라, 일관되게 분석주의
관점을 그대로 수용하여, 교착어 질서대로 낱낱이 분석되어야 함을
주장할 수 있게 된다. 이 방언의 복합 종결어미 구성체들을 살펴보면,
비단 이항 대립 형태인

  '느 : 더'

만이 이용되는 것이 아니라, 또한 관형형 어미도 또한 이항 대립 형태
로서

  '을 : 은'

이 긴밀하게 이용되고 있음을 확인할 수 있다.[13] 이들이 모두 청자 경험 양태로서 '느'와 '을'이 같은 부류로서 [+청자 경험 가능성] 자질이 배당되고, '더'와 '은'이 같이 묶이어 [−청자 경험 가능성]이 배당된다. 후자는 더 이상 청자가 해당 사건을 체험할 수 없으므로 오직 상대방 화자의 판단을 놓고서 참과 거짓을 따져 볼 수 있을 뿐이다.

현대 한국어에서 '더'라는 형태소를 놓고서 이미 많은 논의들이 쌓여 왔고, 소박하게 「화자가 이미 지나 버린 사건을 직접 경험하였다」는 점에 초점을 모아 여러 가지 이름으로 불러 왔다. 대부분 「① 화자 자신, ② 관찰자, ③ 현재 체험할 수 없다」는 개념 세 가지를 중심으로 언급해 왔지만, 이를 아직 청자 쪽에서 서술해 보지는 못하였다. 화자는 임의의 의사소통 의도를 결정하고 나서, 두 가지 선택지로 된 다음의 세 가지 단계를 놓고서 선택을 해야 한다.

첫째, 의도를 참되게 표현할지, 아니면 속임수를 쓸지에 대한 결정.

둘째, 전자에선 다시 언어로 표현할지, 비언어(행동)로 표현할지를 결정.

셋째, 다시 언어 표현에서는 서술 시각을 결정한 다음, 직접 표현을 할지, 아니면 간접 표현을 할지를 결정. 단, 간접 표현에는우회적 표현과 비유적 표현으로 다시 나뉘게 됨(46쪽의 각주 17에 제시된 모형과 비교 바람).

---

13) 반드시 짝을 이루는 것을 아니지만, 가령 다음처럼 의문 서법의 복합 형태 구성이 있다.
　　① '을카[으카]? : 은가?'(보리 타작 다 끝내없일카? : 다 끝내엇인가?)
　　② '을코[으코] : 은고?'(가이 어디 값이코? : 어디 갓인고?)
　　또 관형형 어미의 특성상 형식 명사와도 쉽게 복합 형태의 구성을 만들 수 있다.
　　③ '을컷가?[으컷가?] : 은것가?'(공붜 흐엾일컷가? : 공붜 흐엿인것가?)
　　④ '을커라[으커라!] : 은거라!'(그디 비 오랎일커라! : 비 다 온거라!)
　　⑤ '을생이어! : 은생이어!'(ㄱ이 서답 안 물를 생이어! : 서답 다 물른 생이어!)
　　관형형 어미 '-은 vs. -을'의 짝은 김지홍(2020)에서 [±상태 불변성]의 의미자질로 내립하는 것으로 상정되었다. 다시 '-은'은 '-는 vs. -던'과 같이 융합된다. 즉, 임의의 상태가 변하지 않는 조건 위에서, '-느- vs. -더-'의 대립 자질 [±청자 경험 가능성]이 덧붙어 있는 것으로 본다. 따라서 '-는'은 양태적 의미로서 청자가 경험할 수 있는 상태가 변하지 않음을 가리키지만, '-던'은 양태적 의미 짝으로서 청자가 경험할 수 없는 상태가 변하지 않음을 가리킨다. 후자는 화자가 해당 사건을 이미 관찰하였다는 속뜻이 깃들 수 있다.

그렇다면 '더'가 들어 있는 언어 표현을 대상으로 하여, 만일 첫 번째 단계에서 '속임수'를 선택한다면, 더 이상 그 화자가 해당 사건을 관찰해 보지도 못하였음에도 그런 것처럼 말을 하고 있는 것이다. 언어 산출의 이런 관점에 유의한다면, [−청자 경험 가능성]은 신중하게 「화자가 청자로 하여금 어떤 믿음을 갖도록 유도하는지」를 놓고서 비판적으로 바라보아야 한다.

이 방언에서는 뚜렷하게 'ㄴ : 더'로써 청자 경험 양태를 찾을 수 있는 경우도 있고, 그러하지 않은 경우도 있다. 전자가 쉽게 파악할 수 있는 전형적인 경우이지만, 후자는 종결어미 뒤에 다시 종결어미가 융합되어 있는 이례적 구성의 경우이다. 모든 한국어 방언에서 가장 쉽게 관찰되는 이른바 반말투 종결어미 '어' 뒤에, 다시 종결어미가 덧붙어 있는 형식이다. '먹었어 : 먹엇어'과 같이 시상 대립을 보여 주는 비격식적 반말 표현이 있다. 대우하지 않은 채 격식적인 표현을 쓴다면 '먹었다 : 먹엇다'처럼 말할 수 있다. 그런데 반말 표현 뒤에 다시 계사의 반말투 종결어미 '라'가 융합될 수 있다(143쪽 참고).

동사: "먹없어+라 : 먹엇어+라"(표면형은 각각 [머검서라 : 머거서라])

형용사: "크어+라 : 컷어+라"(표면형은 각각 [커라 : 커서라])

계사: "책이라+라 : 책이랏어+라"(표면형은 각각 [채기라라 : 채기라서라])

이런 융합 구문은 강조 구문 형식으로 이뤄지며,[14] 심층 표상에 다음처럼 표시될 수 있다.

"내가 관찰한 것이 [＿＿＿]이다"

---

14) 영어의 "it is ＿＿ that~" 구문은 일쩍이 일상언어 철학자 그롸이스(Grice 1957)에 의해서 처음으로 화용적 동기가 논의되었다(Grice 1989 재수록).

단, 밑줄을 친 빈 칸 속에는 '먹없어, 먹엇어, 커, 컷어, 책이라, 책이랏어'가 들어간다. 그 해석도 또한 청자 경험 가능성 양태와 관련하여 이뤄지는데, [−청자 경험 가능성]으로 지정된다. 결과적으로만 보면, 이는 회상 또는 보고 등의 양태 의미와 같아진다.15)

김지홍(2014b)에서는 이 방언을 놓고서 종결어미들의 융합 구성을 처음으로 논의하면서 그 엄격한 체계성을 밝힌 바 있다. 이전에는 어미들의 대립에 대한 이론을 세우려고도 하지 않았고, 아울러 부주의하게 분석 과정에서도 마구잡이식 오류로 말미암아 마치 '서'라는 독자적 형태소가 있는 듯이 잘못 서술하였었다. 회상 형태소로서 '서'를 내세운 현평효(1985)에서는 놀랍게도 이 방언에서 모두 '12가지'의 회상 형태소가 있다고 주장하였다. 과연 인간들에게 회상의 방식이 그렇게 많이 있어야 할 필요가 있는지 강한 의심이 든다. 이미 경험한 사건을 장기기억 속에서 인출해 내는 일이므로, 단순히 하나의 방식이면 충분하고도 적절한 것이다. 고영진(1991)에서 12개나 내세운 회

---

15) 시상 형태소가 들어 있는 경우는 사건 전개의 모습을 가리키므로 회상이나 보고 내용에 문제가 없다. 그렇지만 형용사와 계사에서는 사건 전개 모습이 전혀 없다. 속성이나 상태를 가리키기 때문이다. 따라서 '컷어라, 책이랏어라'(컸더라, 책이었더라)는 반드시 회상이나 보고와는 다른 해석을 받아야 한다. 전형적으로 ø 시상 형태(유무대립에서 '무')를 지닌 '커라, 책이라라'(크더라, 책이더라)는 관찰자로서의 화자의 당시 경험을 회상하거나 보고한다고 해도 흠잡을 게 없다. 그러나 '컷어, 책이랏어'는 필자의 직관에 상대방 청자가 지녔을 법한 믿음(크지 않다/작다, 책이 아니다)이 잘못되었다고 보고, 그 믿음을 시정해 주려는 의도로 해당 사건을 완결지어 표현한 것으로 느껴진다. 이를 막연히 '대과거'라고 기술할 수는 없다. 이 방언에서 과거 시제도 완결 형식의 상에서 도출되어 나오는데, 과거에 대한 과거를 설정할 수는 없을 것이다. 59쪽 이하의 §.3.2에서 언급된 융합 구성의 종결어미에 대한 논의를 참고하기 바란다.
어느 심사위원은 과거에 잘못 회상 형태소로 논의된 '어'에 대한 언급을 하였다. 그러나 고영진(1991), "제주도 방언의 회상법의 형태와 관련된 몇 가지 문제: 회상법의 형태소 정립을 위하여", 『갈음 김석득 교수 회갑기념 논문집: 국어의 이해와 인식』(한국문화사)에서 이미 그 부당성이 설파되고 철저히 반증된 바 있다. 또한 이 방언에서 자연스럽게 쓰이는 동일한 회상 형태소 '더'에 대한 기능과 제약도 같이 논의되었다. 다만 필자가 고영진 교수의 논의에 덧붙여 고인 돌은, 회상의 기능이 고정된 틈새(slot) 하나에 실현된 형태소에만 집착하지 않고, 융합 구성처럼 실현 계층이 다르지만 결과적으로 「회상의 의미를 띠게 되는 다른 구성들도 있다」는 사실이다. 이 사실을 설득력 있게 논증하는 일이 또한 필자의 일후 과제이다.

상 형태의 오류를 처음 지적한 이래, 이런 과장된 주장은 꾸준히 비판의 표적이 되어 왔다. 그렇지만 아직 '서'가 융합된 모습으로서, 시상 형태 '앗'과 반말투 종결어미 '어'의 결합체이며, 왜 회상의 해석이 깃드는지를 설명해 놓지는 못하였다.

이 방언의 시상 체계를 논의하는 경우에 관형형 어미 '은, 을'과 형식명사 구성이나 또는 '음, 기'의 명사형 어미 구성체로 이뤄진 종결어미들도 함께 논의되어 오곤 했었다(이는 66쪽 이하에서 다시 논의되고 〈표 5〉에 정리되어 있음). 필자의 판단으로는 이것들도 양태 형태소를 구성하는 것으로 다뤄져야 옳을 것으로 본다. 만일 이런 시각을 수용한다면, 왜 굳이 고유한 청자 경험 양태 '느 : 더'를 지니고 있음에도 불구하고, 따로 형식명사 구성이나 명사형 어미 구성체를 이용하여 양태 표현을 할 필요가 있는지를 적절하게 변호하고 설명해 주어야 한다.

다소 순환론이 되더라도 원초적인 발상으로, 언어의 형식들은 무의미하게 생겨나거나 까닭 없이 중복될 수 없다고 본다. 흔히 이를 '언어 기제의 제약'에 대한 작업가정으로 부른다. 이 제약은 의미자질을 통해서도 그리고 계층성을 지닌 구조를 통해서도 구현될 수 있다. 필자는 이 방언에서 양태 표현의 확장에 대한 이런 물음을 놓고서, 문법화된 형식 명사들을 살펴봄으로써 대답을 찾아낼 수 있을 것으로 본다. 여기에서도 두 가지 선택이 있다. 하나는 양태 형태소의 속성에 없는 제3의 의미자질 때문에, 양태 구성을 확장하면서 양태 범주로 소속하는 것이다. 다른 하나는 전형적인 양태 형태소의 속성을 서로 겹쳐지는 일부 형식명사의 의미자질로 대신할 수 있기 때문에, 양태 범주 속에 자리 잡을 수 있다고 보는 것이다.

필자는 후자가 더 가능성 있는 추론으로 판단한다. 그렇다면 대표적인 것으로서 형식명사 '상(相, 모양), 터, 바, 것, 이, 디(ᄃ)'와 명사형 어미 '기, 음'를 살펴볼 수 있다. 이런 형태들이 담고 있는 의미 자질이 고유한 청자 경험 양태 '느 : 더' 속에 들어 있는 기능이나 의미 속성과 겹칠 수 있는 속성을 찾아낼 수 있다. 이런 착상의 동기는 아무런 형식 명사이든지 상관없이 모두 다 나올 수 없고, 오직 일부만이 가능하다는 사실 때문이다. 이들의 속성을 부각시켜줌으로써, '느 : 더' 이외에 더 추가된 양태 범주를 확립하는 데 열쇠를 찾을 수 있을 것이다.

먼저 명사형 어미로부터 논의하기로 한다. 김지홍(2014b: 301쪽 이하 및 그곳의 〈표 10〉)에서는 명사형 어미 '기'가 한 사건의 진행 과정에 초점을 모으지만, '음'은 한 사건의 결과 상태에 초점을 모은다고 보았다. 한 사건의 진행 과정과 결과 상태는 임의 사건의 모습에 대한 한 단면을 가리키므로, 명백히 시상 개념 및 양태 개념과 부합될 수 있다. 시상 그 자체가 사건의 전개되는 모습을 가리킬 수 있다. 양태 개념도 또한 한 사건에 대한 필연성과 가능성(인간 행위에 적용될 경우에 각각 당위성이나 선택성, 아니면 의무나 허용 등으로 바뀜), 그리고 증거나 추체험 여부를 가리키므로, '기, 음'이 지닌 의미자질이 양태 범주로도 확장될 수 있는 것이다. 형식명사를 구현하는 복합 종결어미들에서 '을 상(相, 모양)이다'는 '이' 모음 역행동화가 일어나 [생이다]로 발음되는데, 사건 전개의 특정한 모습이나 국면을 가리켜 준다. 또한 일반 장소 명사인 '곳'이 이런 구성에 참여할 수 없고, 유별나게 '터'만이 가능하다는 사실에도 유의할 필요가 있다. "집터, 장터, 샘터, 빨래터"와 같은 합성어에서 밑줄 친 '터'가 '*곳'으로 교체될 수 없다. 전자에는 아마 명확한 경계나 한계가 덧붙어 있지만, 후자에는 그런 제약이 깃들어 있는 않은 듯하다. 그렇다면 특정하게 「닫혀 있는 공간」이라는 뜻을 지닌 '터'가 관습화된 사건의 진행 절차들에서 이어지는 단계들을 명시적으로 가리킬 수 있을 것으로 판단된다. 공통어에서는 '을/은 터'와 '을/은 마당'이 일부 수의적으로 교체될 수 있으나, 이 방언에서 바꿔 쓰기를 한다면 낯설게 느껴진다. '마당' 또한 집과 관련하여 특정하게 경계가 주어져 있는 공간이라는 점에서 '터'와 공통적이다.

이런 형식 명사와는 대조적으로, 특정한 의미를 상정할 수 없이 무표적인 '것'(입말에서는 '거'로 쓰임)이 있고, 보다 제한된 환경에서 쓰일 수 있는 '이'가 있다. 한쪽은 특정하게 범위와 한계가 주어져 있는 유표적인 형식 명사이고, 다른 한쪽은 범위와 한계를 부가할 수 없는 무표적인 형식 명사이다. 만일 이것들이 두 축을 이루어 띠를 만들고 있다면, 중간에 들어갈 후보가 '바'와 '드'(단, 이는 '을디, 은디' 구성으로부터 재구성해 본 형식명사임)이다. 필자는 결과론적으로 다음처럼 추론한다. 아무리 무표적인 형식명사라고 하더라도 관형형 어미와 이어져 양태적인 구문을 이룰 경우에는, 한 사건의 전개 과정에 대한 특정한 지점이나 영역을 가리킬 수 있도록 유표적인 해석을 받는다. 다시 말하여, 관형형 어미와 같이 나오게 됨으로써, 무표적인 형식 명사가 '터'나 '상(모습)'과 같이 사건 전개 과정이나 결과 상태에서 특정 지점을 가리켜 주어야 하는 것이다. 이런 추정이나 추론은 일정 부분 순환론적이다. 따라서 결정적인 반론도 결정적인 증명도 불가능할 수 있다. 오직 하나의 작업가정으로서만 의미를 지닐 뿐이다. 이 점이 한계이다.

한편, 공통어 '겠'과 대응될 수 있는 형태소가 이 방언에는 독특하게 '으크'로 쓰이며, 이 형태소가 '을 것/거'가 하나처럼 융합되어 있는 '으커'라는 형태와 양태상의 대립을 보인다(357쪽 이하 참고). 공통어에서도 아직 '겠'과 '을 것' 사이에 명시적인 차이가 불분명하게 흐려져 있는 경우가 있어서, 더러 동일한 기능을 지닌 듯이 잘못 서술하는 경우도 접할 수 있다. 그렇지만 「미리 예정되어 있는 사건」을 가리키기 위해서는 분명히 형식 명사를 이용한 구문만을 쓰게 된다. 가령, 대통령이 외국을 순방하여 내일 예정된 행사에 참여하는 경우에, 9시 뉴스에서는 반드시 '을 것' 구문만 써서 보도를 한다. 가령,

"내일 정오에 프랑스 대통령과 면담할 것입니다/면담할 예정입니다"

예정된 이런 일을 두고서 뉴스 보도에서 결코 "*면담하겠습니다"로 표현할 수 없는 것이다. 이와는 달리 비록 미리 예정되어 있는지 확인할 수 없다고 하더라도, 미래에 일어날 일을 현재 가능한 일부 단서들을 놓고서 추정 또는 짐작하는 경우도 있다. 내일 날씨를 지금 주어진 증거에 근거하여

　"내일 비가 오겠다"

라고 추정할 수 있는 것이다. 그렇지만

　"내일 비가 올 것이다"

라고 말한다면, 예정된 사건을 미리 말해 주고 있는 셈이다. 따라서 만일 일기 예보에 따른 강한 확신이 없는 경우라면, 적절한 표현이 아니다. 오직 하느님의 시각을 갖춘 경우에라야만 가능하다. 따라서 이런 대립적 의미 자질은 각각

　'미리 예정된 사건 : 현재 단서를 통한 짐작 추정 사건'

으로 표현할 수 있다.
　이 방언에서 '으크'는 짐작 추정 사건에 대하여 쓰일 수 있다. 이는 굳이 미래에 일어날 일에 대해서만 쓰이지 않고, 같은 시간대에 아직 내가 확증적인 경험을 하지 않은, 다른 공간에서 발생하는 일에 대해서도 쓰이며, 과거에 일어났을 법한 특정 사건에 대해서도 현재 남아 있는 일부 단서를 토대로 하여 추정이나 짐작을 할 수 있는 것이다. 반면에 융합된 결과, 발음이 매우 비슷하여, 이미 간행된 이 방언의 사전들에서도 부주의한 실수를 흔히 찾을 수 있는 '으커'(을 것)는, 전

형적으로 예정된 사건과 관련하여 그 미래 일에 대해 강한 확신의 정도가 깃들어 있지 않고서는 쓰일 수 없다. 만일 이 융합 형태소가

[+시작점, +종결점]

의 의미 자질을 지닌 시상 형태소 '앗'을 구현하고서(계사 구문에서는 '랏'으로 나오므로, 형태론적 변이형태임) '으커랏어'로16) 나오는 경우라

---

16) 발음은 재음절화되어 [으커라서]로 나온다. 이 방언에서는 이런 형식들에 대한 초보적인 형태소 분석조차 아직 제대로 이뤄지지 않았다. 이 방언이 1백 년이 넘는 연구 역사가 있다고 한들, 본격적인 형태소에 대한 분석도 전반적으로 이뤄진 바 없다는 사실은, 엄격히 연구의 낙후성에 다름 아니다. 철저한 연구가 이뤄지려면 전제가 일관된 이론의 수립이다. 아직 이 방언을 놓고서 일관된 이론을 수립하거나 적용해 본 바 없다. 일부 연구들에 의해서 과장되게 차이가 나는 자료들만 부각시켜, 이 방언을 마치 별개의 독립 언어인 양 분칠하면서 '제주어'라고 부르기에 골몰해 왔다. 초반기 일본 연구자와 석주명의 글을 제외하면, 아마 고(故) 현평효 교수가 간여한 제주대학교 박물관 엮음(1995) 『제주어 사전』(제주도 간행)이 첫 시발일 듯하며, 계속 제주문화예술재단 엮음(2009) 『개정 증보 제주어 사전』(제주특별자치도 간행)으로 이어졌다. 그렇다면 '제주민족'이나 '제주민국'의 언어란 말인가? 제주섬에 살고 있는 사람들이 고유한 민족도 아니고, 고유한 나라를 갖고 있지도 않으므로(대한민국의 부속도서임) 결코 그럴 수 없다. 이 글에서 제시된 도표들은 모두 전적으로 한국어 일반의 형태들을 이용하여 이 방언의 특수한 용법들로 발전시킨 결과를 극명하게 보여 준다. 어느 하나 한국어의 일반 요소를 이용하지 않는 것이 없다.

비록 최근에 이 방언을 2010년 소멸 위기의 언어로 등록하면서, 이 방언(Jeju Korean or the Jeju dialect)을 마치 한국어와 관련이 없는 '별개의 독립된 언어'(Jeju Language)인 양 호도하는 논의가 있었다. 그렇지만 이런 주장은 비유컨대 손바닥으로 하늘을 가리려는 시도에 불과하다. 이 글에서 정리한 모든 도표들 속에 제시된 형태들만을 주목하더라도, 모두 한국어의 기본 형태소들을 이용하고 있음을 빤히 알 수 있기 때문이다. 오직 운용 방식만이 조금 다를 뿐이다.

그렇다면, 애써 이 방언의 언어 사실을 가리고서, 이례적인 특별성만 부각하여 왜곡하려는 시각은, 우리 자신을 해치는 암과 같은 존재에 다름 아니다. 실증적으로 김지홍(2020) 『제주 방언의 복합 구문: 접속문과 내포문 1~2』(경진출판)에서는 접속 구문과 내포 구문에서 쓰이는 어미 형태소들이 많은 부분 공통어의 형태소와 동일한 것임을, 1980년 대에 채록되고 출간된 입말 문학 자료들을 통해서 입증한 바 있다. 접속문도 순접 형식 중에서 시상 대립을 보이는 '-아그네 : -아네'(또는 줄어든 '-앙 : -안', '-아서'에 대응함) 및 이것이 융합되어 있는 '-당 : -단'('-다가'에 대응함)이나 '-으멍'('-으면서'에 대응함) '-으난'('-으니까'에 대응함)을 제외한 분포에서는 <u>모두 다 공통어의 형태소를 그대로 쓰고 있음</u>을 밝혔다. 이는 엄연히 언어 사실을 무시하면서 이전의 이 방언에 대한 연구가 얼마나 치우쳐져 있는지를 잘 보여 준다. 더구나 이 방언에서 '-아서, -으면서, -으니까'도 이 방언에 오래전부터 존재해 온 형태소임을 새롭게 밝힐 수 있었다. 담화 전개에서 단조로움보다 다양하고 풍부함을 추구하는 담화 전개 원칙

면, 임의의 사건이 과거에 있는 임의 시점을 기준점으로 하여 더 뒤에 일어났을 사건을 가리키며, 화용 맥락에 따라서 현재 시점에서는 그러하지 못하였다는 속뜻도 깃들 수 있다. 예를 들어,

"가이 미국으로 가커랐어/갈커랐어"
(걔 미국으로 갈 거였어, 또는 갈 거였었어)

기준점으로 잡을 수 있는 과거 임의 시점에서, 그 뒤에 일어날 예정 사건을 가리킬 수도 있고, 아니면 현재의 경험이 그러하지 않음을 근거로 하여 반사실적 가정이나, 그런 일이 일어났으면 좋았었겠으나 그렇지 못하였기 때문에 '안타깝다'거나 '후회스럽다'는 속뜻이 깃들 수 있는 것이다.

양태 형태소에 대하여 개관을 마치기 전에, ① 시상 형태소가 없이 양태 형태소만 나와 있는 경우와 ② 양태 형태소 뒤에 다시 시상 형태소가 나와 있는 경우를 어떻게 해석해야 할지 언급해 두기로 한다. 우리말은 핵어가 뒤에 자리를 잡는 후핵성(head-final) 언어로 분류된다. 이 질서에 따라 임의의 형태소가 뒤에 나올수록, 앞에 있는 여타 형태소들을 지배할 수 있다. 따라서 ①의 경우에는 양태 형태소의 의미에 따라 시상 해석이 자리를 잡는다. 그렇지만 ②의 경우에는 양태

을 이 방언의 화자들은 능대능소 멋지게 이용하는 것이다. 따라서 이런 공통어 형태에 다시 공통어에서 찾아볼 수 없는 복합 형태소를 융합시켜 놓은
    '-아설랑으네'[-아서+을+계사+아그네],
    '-으멍서라, -으멍설랑'[-으며+은+아서+을+계사+아그네],
    '-으니까네, -으니깐, -으니까니'[-으니까+아네]
들도 이 방언의 화자들이 수시로 쓰고 있다는 언어 사실을 명백히 드러내었다. 일부 어미 형태소들에 대한 「중층성 현상」이다.
    또한 이 방언의 내포문에서도 공통어 형태소가 그대로 쓰인다. 다만 인용과 관련된 형태소는 왜곡되게 잘못 기술해 왔다. 관형형 어미 '-은'을 매개로 하여 '말'을 꾸며주는 경우와 인용구문 어미 '-고'와 '말하다'로 쓰이는 두 가지 구성이 자유롭게 쓰이고 있는 것이다. 그렇지만, 최근까지 일부 연구에서는 오직 전자만이 있는 듯이 이 방언의 언어 사실을 왜곡해 놓았다. 이 책의 제3장을 보기 바란다.

표현 뒤에 시상 형태소가 나오는 경우이므로, 본디 시상에 대한 의미를 부여한다면, 자가당착이나 뒤죽박죽의 해석이 될 위험이 있다. 필자는 이를 종결어미 뒤에 다시 종결어미가 덧붙어 융합형태를 이루는 질서에 토대를 두고 해석해야 할 것으로 본다. 바로 앞에서 본 예문을 다시 살펴보기로 한다.

"나 그디 가커라"
(나 거기 갈거이라, 갈거다')

는 온전히 종결될 수 있다. 그렇지만 이 뒤에 다시 시상 형태소 '앗'을 매개로 하여 반말투 종결어미 '어'가 융합되어 있으며(앗어), 결국

"가커랏어"['가커라서'로 발음됨]
(갈 거였어, 갈 거였었어)

로 실현되어 있다(융합된 종결어미의 구성은 61쪽 이하를 참고 바람). 이때 융합된 시상 형태소는 앞의 발화를 기준 시점으로 하여, 관련 사건을 더 앞에 일어난 사건으로 배치시켜 놓는 효과가 있다. 이런 때문에 '가커랏어'의 공통어 번역으로 두 가지(였, 었었)를 병렬해 놓은 것이다. 그렇다면 ②의 경우는 무질서하게 양태 표현 뒤에 시상 형태소가 나오는 것이 아니라, 「융합된 종결어미를 구성하는 일정한 제약 속에서 관찰될 뿐임」을 알 수 있다. 이런 제약이 주어져 있으므로, 자의적으로 결코 아무렇게나 시상 형태소를 앞에다 놓든지 뒤에다 놓은 것은 아님을 결론 내릴 수 있다.

2.4. 청자 대우의 표현: 공식성·격식성의 4분 체계

청자의 대우와 관련하여 가장 밑바닥에서 작동하는 개념은 사회관계(또는 인간관계)이며, 미시사회학에서는 공평성 및 체면의 개념으로부터 서술하기 시작한다(Clark 1996). 한국어는 이미 특정한 대우 관련 형태소를 뚜렷이 써 왔기 때문에, 그 연구가 주로 언어 형태를 중심으로 이뤄져 왔다. 이런 접근의 한계는 형태에만 몰입하여, 일정 범위의 언어 표현들을 다룰 수 없다는 점에 있으며, 대우의 궁극적인 원리를 탐색하는 데에 방해물이 되어 왔다. 서구 사회에서는 대우라는 말보다는 '정중성(politeness)'이란[17] 개념에 치중하여 전반적인 언어 표현 선택을 포괄적으로 다루어왔다. 이때 대우라는 개념은 상대방에 대한 배려의 하위개념으로 설정된다(363쪽 이하 참고).

김지홍(2014b: 77쪽 이하, 228쪽 이하)에서는 엄청나게 복잡하고 다양한 이 방언의 종결어미들을 대상으로 하여, 그 체계를 포착하고 제약

---

17) 라틴어 polire의 과거 분사 형태(politus)에서 나온 말인데, polished(잘 닦인 상태), made smooth(미끄럽게 만든 상태)를 가리킨다. 필자의 직관으로 이에 어울리는 말을 고르면, 아마 '정중하다', '예의를 다 갖추다, 예의를 차리다'이다. 여기서는 '정중한 표현'으로 부르기로 한다. '나라 정(鄭)'이란 글자는 술 동아리(樽, 酋)가 제사 지내는 탁자(丌, 臺) 위에 놓이어 제사의 예의를 완벽히 다 갖춘 상태를 가리킨다. 정중(鄭重, 예의 갖춤이 무겁다)이란 예의를 모두 다 갖추어 있는 상태이며, 상대의 체면을 고려하면서 말을 정중히 한다면 기본 표현에서 더욱 더 길어질 수밖에 없다. 미시사회학자 고프먼(Erving Goffman, 1922~1982)의 사회적 자아를 세우려는 '체면 욕구(face wants)'(진수미 뒤침 2013 참고)를 처음으로 언어 표현에 적용한 업적은 Brown & Levinson(1978, 1987 확장판)인데, 그 핵심을 다음 도표로 요약할 수 있다.

```
의도의 표현 ┬ 행동(또는 언어 표현에 딸린 수반 행동)
           │
           └ 언어 ┬ 내용 감춤
                  │
                  └ 내용 드러냄 ┬ 노골적임
                              │
                              └ 체면 배려 ┬ 우회적이며 정중한 부정문
                                         │
                                         └ 직접적이며 정중한 긍정문
```

이에 따르면 '간접 표현'도 또한 매우 중요한 대우 방식임을 잘 알 수 있는데, 이는 형태소 중심의 정태적 자료를 벗어나서 반드시 담화 전반에 걸쳐 역동적인 표현 방식들의 관계를 앞뒤로 따져 가면서 논의가 진행되어야 할 것이다.

을 찾아내기 위하여, 대우 표현에서 공식성과 격식성이라는 두 층위를 먼저 설정하고 나서, 이 층위에 따라 심리적 거리와 사회적 거리를 나누어 주는 하위 두 계열의 대우 체계가 존재한다고 주장하였다. 공식성은 둘 또는 셋 이상의 사람 사이에서 일단 발언이나 발화가 이뤄진다면, 지나간 내용에 대하여 원래의 화자는 '자신의 체면이나 신뢰성을 손상함이 없이는 취소될 수 없다'는 특성을 지닌다(공신력이 유지되든지, 공신력이 떨어지든지와 관련되며, 화자에게 손해를 끼침). 공식성은 다른 말로 '화자 공신력의 지표/지수'가 되는 셈이다. 고의성 여부를 논외로 하더라도, 만일 잦은 말 실수 때문에 신뢰성이 무너진다면, 더 이상 공동체 구성원들에게 받아들여지지 않고 거짓말로서 치부될 뿐이다. '늑대가 나타났다'고 외쳐대던 양치기 소년의 설화가 이를 잘 보여 준다. 그리고 격식성(청자를 대접하는 속성)은 변별적인 고유한 형식이 짜임새 형태로 미리 존재하는지 여부에 따라 판정되어야 하겠지만, 똑같이 고유 형태들이 주어져 있을 경우에는(단, '진지, 춘추' 등과 같이 유표적인 격식투 형식이 없을 경우에는) 격식적인지 여부가 형태소들의 무게(얼마나 긴 형태로 정중성을 표시해 주는지)에 따라 결정될 수 있다. 따라서 네 가지 유형의 언어 표현 갈래가 도출된다.

(1) 공식적이고 격식 갖춘 표현이 있다.
(2) 공식적이면서도 격식을 갖추지 않은 표현이 있다.

여기서는 서술 서법과 의문 서법 등 고유하게 특정 서법에서만 쓰이는 형태들을 갖추고 있다. 공식적이며 격식 갖춘 대우 형태소는 '읍'을 지니고 있으며, 공식적이지만 비격식적인 대우 모습은 '수'(으우)의 형태를 갖추고 있다. 이것들이 모두 대우 형식으로 분류된다. 또한 여기에서도 다시 하위 구분이 이뤄진다.

(3) 비공식적(사적, 개인적)이지만 특정 서법에서만 실현되는 격식 갖춘 표현

(4) 사적이며 동시에 아무 서법에서나 두루 통용되는 격식 없는 표현

이것들은 모두 대우를 하지 않는 평대 형식으로 분류된다.[18] (3)의 경우에, 고유한 서법 형태를 지닌 것으로 서술 서법의 '다', 의문 서법의 '가?', 명령 서법의 '으라!', 청유 서법의 '자!'로 대표된다. 반면에 (4)는 억양을 달리하여 여러 서법에 두루 쓰이는 반말투 형식의 어미인 '어'로 대표된다.

⟨표 1⟩ 제주 방언의 청자 대우 4분 체계

고유 형태 / 사용 장면	격식적임	격식 없음
공식적임 (공신력과 관련됨)	'-읍-'을 지닌 형식으로 '-읍네다, -읍네까?'	'-수-'를 지닌 형식으로 '-수다, -수괴, -수가?, 수과?'
사적임 (의례상 부담 없음)	서법 고유의 형태가 있으며 '-다, -가?, -으라!, -자!'	동일한 '-어'를 쓰되 억양만 달리하여 서법을 구분함

우리 문화는 화자인 '나'를 중심으로 한 수평적인 방사형 인간관계를 얽어 오지 않았고, 오히려 상하 인간관계(수직적 사회관계)에 더욱 친숙하다. 따라서 정중한 표현의 보편적 서술 방식을 직접적으로 한국어 표현에 적용하려면 조금 수정될 필요가 있다. 흔히 공식성과 격식성이 더 높은 경우에는, 화자가 청자와 관련하여 느끼는 사회적 거리감 및 심리적 거리감이 가장 멀지만, 사적이고 격식이 없을 경우에는 사회적 거리감과 심리적 거리감이 매우 짧거나 가깝다고 서술된다.

---

18) 어느 심사위원이 '평대·반말투·하대·대우 불능' 등의 용어가, 기존 논의에서 고유하게 다른 의미로 쓰이고 있기 때문에, 독자들에게 혼란을 불러일으킬 수 있으므로 신중한 용어 선택이 필요함을 지적하였다. 필자가 4분 체계에만 집착하기 때문에 생긴 잘못일 수도 있다. 앞으로 필자가 더 정교하게 용어 사용법을 정해야 할 과제로 삼기로 한다. 여기서 언급한 공식성과 격식성은 각각 화자의 공신력 변수와 청자 대우 변수로 부를 수 있으며, 서로 적용 영역이 다른 것이다.

그렇지만 한국어에서는 처음 만나는 경우(상호간에 공식적으로 인사를 터놓아야 할 경우)가 아니라면, 나이가 어리거나 조직 내부에서 하위 부서에 있는 사람에게 '정중하지 않은' 언어 표현을 쓸 수 있다. 이는 흔히 '말을 내린다'고[19] 표현된다. 반말 또한 이 범주에 속한다. 따라서 반말을 쓴다고 하여 결코 사회적 거리감이나 심리적 거리감이 가깝다고 지정할 수는 없다. 우리 문화에서는 오직 대등한 인간관계(사회관계)에서만 방사형 인간관계를 적용할 수 있기 때문이다.

우리 문화에서는 과거 신분사회에서 높고 낮음에 대한 인식을 신분을 통해 지정해 놓았다. 가장 높은 이(가령, 임금이나 할아버지 등)가 듣는 사람이 될 경우에는, 모두를 청자(임금이나 할아버지)에 맞추어 다른 이들에 대한 대우 표현을 삼감으로써(다른 이들이 청자와 관련하여 대우상 높지 않기 때문에 다만 평대 표현으로 가리킴으로써), 결과적으로 유일하게 청자만을 높이게 된다. 이는 결국 대우 관계를 두 번 적용하는 일이다(한 번은 화자와 청자의 관계에서, 다른 한 번은 청자와 다른 이들과의 관계에서). 이렇게 의도된 '최종 청자'를 고려하면서 새롭게 대우 관계를 부여하는 복잡한 방식은 급격히 쇠퇴하여, 오직 단순하게 화자만을 중심축(가령, 나)으로 하여, 최종 청자(가령, 할아버지)와 다른 사람(가령, 아버지)이 대우 등급이 다르더라도, 똑같이 '할아버님, 아버님'으로 말해도 되는 것처럼 바뀌고 있다. 소위 대우나 존대를 눌러 평대로 바꾼다는 뜻의 압존법(壓尊法)이 거의 유명무실해진 것이 지금의 실정이다(존귀한 사람을 눌러 버릴 더욱 존귀한 사람이 있다는 뜻의 압존이란 개념은, 특정한 청자를 중심으로 하여 일관되게 대우 표현을 새롭게 계산하는 일을 의미하였음).

또한 대우상의 변화는 자기와 관련된 사람들(가령, 자기 집안의 어른

---

19) 반대의 경우는 '말을 높인다'고 한다. 필자가 어렸을 적에 말을 높이는 경우를 일컬어 윗사람에게 "세 고부리다"(혀를 구부리다)라는 표현을 자주 들었었다. 아마 마음대로 아무렇게나 편히 혀를 놀리지 말고, 조심스럽게 생각하여 말하라는 속뜻이 있는 듯하다.

들)을 모두 낮추는 겸양법도 조선 시대에는 중요한 예의범절이었다. 자기와 관련된 사람을 낮춤으로써, 시이소처럼 다른 사람이 상대적으로 높아지는 것이다. 소위 '배운 사람'들은 자기 아버지를 남 앞에서 높이지 않고, 마치 지시 표현인 양 '집 어른'이라고만 부르거나, 자기 자식은 '집 돼지(家豚)'라고 부르는 것이 자기 겸양에 속한 간접 대우 방식이다. 그렇지만 오늘날 이런 역동적인 대우 표현 방식이 일부 보수적인 지역과 계층을 제외하고서는, 제대로 작동하지 않음이, 있는 그대로의 실상이다. 이 방언에서는 아마 일부 계층을 제외하고 외부 논항의 대우 일치를 표시해 주는 '으시'가 없었다는 논의가 있는 만큼 (현평효 1985, 그러나 분명히 사회언어학적 변이임을 김지홍 2014b에서 언급하였음), 그 존재 자체가 의문시되는 상황에서 압존(두 축에 따른 계산 방식)이나 자기 겸양(간접 대우 방식)과 같은 역동적인 이런 대우 표현 방식은 이 방언에서는 작동하지 않았을 법하다.

〈표 2〉 청자 대우의 관련 형태 예시(일부임)

어투 서법	청자 대우[20]		평대(대우하지 않음)	
	격식투 '-읍-'	비격식투 '-수-, -으우-'	서법 고유 형태	반말투
서술	-읍네다, -읍데다	-수다, -수괴, -수게 -으우다, -으웃괴, -으우께	-다(계사, 이어)	-어(계사, 이라) (청유 '-게², -주²도 가능)
의문	-읍네까?, -읍데가?	-수가?, -수과?, -수꽈? -으웃과?, -으우꽈?	-가?(계사, 이가?)	
명령	-읍서!, -읍서!, -읍소서!		-으라!, -거라!, -너라!	
청유	-읍주!		-주!, -자!, -게!	
약속			-마!	
감탄			-고나!	

<hr>

20) 2015년 11월 7일~8일 이틀간 있었던 일본 경도대학의 세미나에서 필자가 이런 구성을

〈표 2〉에서는 대우 관련 형태들을 일부 예시해 준다(김지홍 2014b: 235 쪽). 종결어미들은 대우하지 않는 평대 표현들이 압도적으로 숫자가 많다. 따라서 종결어미의 짜임새들을 살펴보려면 일차적인 대상이 평대 표현에 모아져야 한다.

이숭녕(1957)에서의 4분 체계와는 달리, 현평효(1985: 107쪽 이하)에서

발표하였을 때, 일본 동지사 대학의 고영진 교수와 전북대학의 고동호 교수가 격식투와 비격식투의 상이한 형태소 배열을 염두에 두면서 의문을 제기한 바 있다. 격식투에서는 분명한 이항 대립 형태소(또는 굳어진 모습 속의 형식소)들을 찾을 수 있다. 양태적 요소로서 '-느- : -더-'의 대립이 여전히 뚜렷이 기능하고 있는 것이다. 그렇지만 비격식투의 형태소 배열에서는 이런 모습이 찾아지지 않는다. 특히, 고영진(2007, 2008)에서 지적된 '-읍네다'의 진리 표현의 양태를(2차적 의미로서의 진리 양태), 결코 '-수-, -으우-'에서는 찾을 수 없다. 대신 오직 1회적인 사건 관찰/경험과 관련되어 쓰일 수 있음이 사실이다. 중요한 지적에 두 분께 모두 감사드린다.

여기서 필자는 두 교수가 제기한 의문에 대해 두 가지 점을 임시 답변으로 적어 두고자 한다. 첫째, 여기서는 세부 의미자질에 초점을 모으는 것이 아니라, 거시적 관점에서 틀을 만드는 일에 더 무게를 두고 있으므로, 일단 세세한 사항들을 우선 고려사항에서 제외한다. 이 도표에서는 청자가 개인인지, 아니면 둘 이상의 집단인지에 따라서도 변동이 생기는데, 거시적 관점을 부각하기 위하여 이 사실도 고려해 놓지 않았다. 둘째, 만일 비격식투의 대우 형태소 '-수다'도 종결어미가 다시 융합된 모습에서 나온다면('-소+-이다'→ '-소이다' → '-쇠다' → '-수다'), 종결 형태소의 중가 모습에서도 양태적 의미를 찾을 수 있다. 그렇다면 비록 동일한 자질은 아니라고 하더라도, 2차적 의미에서 양태성을 새롭게 비교할 수 있는 것이다. 60쪽과 68쪽에 제시된 〈표 4〉와 〈표 5〉의 융합된 종결어미 모습들이 분명히 이 방언의 언어 현상으로 실재하고 있고, 이것들에 대한 분석과 해석은 분명히 연구자 개인의 식견과 관련되어 있다. 증거태가 인용문과 관련되어 있다는 통찰도 또한 70쪽의 〈표 6〉에 제시된 이 방언의 사례로 다시 확인될 수 있다. 따라서 양태와 인식 관련 영역에 대한 논의는 독립된 모습으로 다시 다뤄져야 할 것이라고 보며, 일단 양태적 의미자질이 격식투와 비격식투에 모두 들어 있다고만 서술하여 잠시 매듭을 짓기로 한다.

아직 질문이 제기되진 않았지만, 두 사람 사이 대화 상황에서 "밖에/밖의 비 오랎수다, 우산 썽 갑서!"와 같이 비격식투와 격식투의 자연스런 연결도 설명해 주어야 할 대상이다. 아마 비격식투의 명령 형태라면 평대 모습과 구분이 불가능하기 때문에, 〈표 2〉에서 보여 주는 공백에 격식투가 쓰였을 듯하다. 만일 일관되게 모두 격식투로서 대우했더라면 "밖에/밖의 비 오랎읍네다, 우산 썽 가십서!"처럼 될 수 있을 것이다. 이는 임금과 같은 청자를 상대로 하거나, 또는 9시 뉴스의 진행에서와 같이 최고 등급의 공식적인 말투이다. 어느 심사위원의 지적 중에서, 비격식투의 대우와 격식투의 대우가 혼용되는 방식이 문제라고 지적하였다. 이는 공통어에서도 비격식적인 '-요'와 격식적인 '-습니다'가 뒤섞여 쓰이는 경우와도 비견된다(가령 중등 교실 수업에서 그러함). 그런데 담화 전개의 흐름에서 시작 및 마무리 부분의 말투가 전체적인 인상을 지워 놓는 데에 기여할 수 있다(소위 욕조 'bath-tub' 효과임). 이 방언의 '-수다'와 '-습네다'의 혼용도 또한 담화 전개에서 보면 같은 방식으로 설명이 가능하다. 비록 두 가지 대우투가 쓰이더라도 최종적으로는 '-습네다' 말투로 귀착될 수 있는 것이다.

는 이 방언의 대우 체계를 3분 형식으로 나눠서 다음처럼 제시하였다.

'ᄒ라체, ᄒ여체, ᄒᆞᆸ서체'

그러나 이런 3분 체계는 오직 〈표 2〉에 있는 '명령' 서법만 고려한 것임을 알 수 있다. 〈표 2〉에서 각각 '으라!'와 반말투의 '어!'와 '읍서!'에 대응하는 것이다. 그렇지만 〈표 2〉는 이런 3분 형식이 잘못된 결정이며, 부분적임을 한 눈에 확인시켜 준다. 첫째, 3분 형식으로는 포착할 수 없는 비격식투의 청자 대우 형태 '수, 으우'가 엄연히 존재하기 때문이다. 개념상으로나 논리적으로 따져 보면, '비격식투'의 청자 대우 명령은 존재할 수 없다. 이는 곧장 평대 명령으로 표현되거나, 또는 간접 화행으로 대신할 수 있는 것이다. 둘째, 68쪽과 70쪽에서 살펴볼 〈표 5〉와 〈표 6〉에서는 명령 서법이 존재하지 않기 때문이다. 명령 서법에서 나온 대우 체계가 전혀 적용되지 않는 종결어미들이 있다는 사실 자체가, 3분 방식이 이 방언의 질서를 제대로 반영하고 있지 않음을 잘 보여주고 있다(372쪽 각주 5 참고).

기존의 3분 체계를 유도하였던 명령 서법은 행위와 관련되므로, 인간 생활 중 오직 일부분에 지나지 않는다. 인간의 언어는 지식(앎, 순수 이성)과 행동(행실, 실천 이성)에 모두 관련된다. 더군다나 종결어미 형태소의 숫자들은 단연 서술 서법에서 압도적으로 앞선다. 의문 서법 다음이고, 다시 명령·청유 서법이 그 뒤를 따른다. 약속이나 감탄 서법에서 빈칸은 억양을 달리면서 서술 서법의 형태소를 그대로 이용할 수 있다. 결국, 인간의 앎(지식, 순수 이성)은 서술 서법과 의문 서법으로 나오므로, 제일 많이 이용되는 서법인 만큼, 형태소의 숫자도 많을 수밖에 없다. 대우 체계를 구성할 경우에는 마땅히 서술 서법을 대상으로 삼아야 옳은 것이다. 이런 측면에서 이 방언의 대우 체계를 명령 서법에 근거하여 3분법으로 서술해 온 현평효(1985)의 접근은 잘못이다. 명령 서법에만 골몰하여 설정했던 3분 체계는, 반말투 어미가 뒤섞여, 면밀히 이 방언의 종결어미 형태소들을 귀납시켜 도달한 종결어미들의 구성 체계와도 서로 일치하지 않음을 재확인할 수 있다.

〈표 1〉의 [±공식성] 및 [±격식성]의 자질 배합을 더 쉽게 다음처럼 설명할 수도 있다. 〈표 2〉의 4분 체계는 먼저 자신의 사회적 체면을 땅에 떨어뜨리지 않고서는 자신의 발언에 대한 취소가 전혀 허용되지 않는 공신력(또는 공식성)에 따라 두 계열로 나뉜 뒤에, 다시 고유한 서법의 종결어미인지 여부에 따라서 더 자세하게 나뉜다. 물론 처음부터 대우 형식에서 이를 먼저 격식투와 비격식투로 나눈 뒤에, 비대우 형식에서 고유 형태와 여러 서법에 두루 쓰이는 반말 형태로 나눌 수도 있다. 그렇다면 간략히 대우와 비대우로 나뉜 2분법이라 표현할 수 있다. 이런 접근은, 대우의 화용첨사 '마씀, 마씸, 예, 양, 야' 따위가 덧붙어 청자 대우 등급이 달라지는 경우가, 오직 반말투에서만 가능하다라는 명백한 사실을 제대로 포착해 줄 수 없다. 이런 점을 고려하면서 필자는 두 개의 축이 설정된 4분법을 채택한다. 4분 체계의 경우에는 이숭녕(1957; 1978 재판: 153쪽 이하)에 제시되어 있는

　'평칭, 중칭, 존칭, 극칭'

의 구분과 서로 대응할 수 있다. 평칭과 중칭은 비대우 형식들과 관련되고, 존칭과 극칭은 대우 형식들과 관련되며, 화용첨사의 부착에 의해서 변화하는 대우 등급은 '중칭'과 관련될 수 있기 때문이다. 이런 점에서 이 방언의 대우 체계는 한국어의 대우 체계를 새롭게 재구성하는 데에 도움을 줄 수 있을 것으로 판단된다.

3. 종결어미의 하위범주 및 그 짜임

이 방언의 종결어미들은 일견 복잡다기한 듯이 서술해 놓지만, 종결어미들을 포착하는 올바른 그물짜임새만 제대로 갖춘다면 어려울 것이 없다. 이런 그물짜임은 아무 노력 없이 얻어지는 것이 아니다. 만일 그랬더라면 이전의 연구에서 그 체계를 남김없이 산뜻하게 다룰 수 있었을 것이다. 다시 말하여, 종결어미들의 체계를 그물질하려면 특정 관점과 식견을 동원하여야 되는 것이다. 물론 이런 이론적 관점은 자의적으로 꾸며지는 것이 아니다. 현대 학문의 방법론을 준수하면서, 귀납의 경로를 따라 전체를 포괄할 수 있는 연역 개념을 동시에 찾아내어야 하는 것이다. 여기서 제시한 체계는 앞으로 다른 생각을 지닌 연구자들에 의해 다각도로 비판을 받으면서 정합적으로 완성도를 높여 나가야 할 것이다.

이하에서는 주로 김지홍(2014b: 223·349·376·396쪽)에서 다뤄진 평대 관계의 종결어미들을 놓고서 다뤄 나가기로 한다. 대우를 표시해 주는 종결어미들은 평대 관계의 종결어미 일부를 대상으로 하여, 선어말어미 형태('읍' 및 '수')를 실현시키고서 만들어 낼 수 있다. 따라서 평대 관계의 종결어미들을 정밀히 탐사하는 일이 이 방언의 종결어미의 실체를 파악하는 일에 토대를 다지는 셈이다.

평대 관계의 종결어미들은 크게 고유한 서법에서만 관찰되는 형태가 있고, 억양만 달리 하면서 여러 서법에 두루 쓰이는 반말투 형태가 있다. 반말투 형태는 한국어에서 공통적으로 쓰이는 '어'이다. 이는 계사가 서술 서법으로 활용할 때 관찰되는 '이어'("그거 나 책이어")와는 구별해 줄 필요가 있다(143쪽, 395쪽 참고). 따라서 구분 기호로서 첨자를 붙여 '어[1]'로 쓰고, 계사의 서술 서법에서 관찰되는 종결어미는 '이어[2]'로 써서 서로 명백히 구분할 수 있다. 단, 여기서는 번다함을 줄이기 위하여 필요할 경우에만 첨자 표시를 써 놓기로 한다.

3.1. 무표적(전형적) 종결어미

이 방언의 종결어미들을 살펴보면, 본디 고유한 형태를 지닌 부류가 있고, 종결어미를 중첩시키거나(융합 구성으로 불림) 또는 관형형 구성이나 내포문 구성을 이용하여 새로 만들어진 부류가 있다. 여기서는 전자를 '무표적'(또는 전형적) 종결어미로 부르고, 후자를 유표적인 '복합' 종결어미라고 부르기로 한다.

무표적이고 전형적인 종결어미들은 크게 두 부류로 나눌 수 있다. 하나는 서법에 고유한 종결어미들이고, 다른 하나는 억양만 달리하여 두루 여러 서법에 걸쳐 쓰이는 반말투 종결어미이다. 특히 반말투 종결어미에는 비격식투의 대우 화용첨사 '마씀, 마씸'이 덧붙을 수 있다는 점에서 쉽게 반말투 여부를 판정할 수 있다(단, '마씀'은 자주 노년층에서, '마씸'은 젊은 사람들에게서 관찰되므로, 전설화 규칙의 확산이 최근에야 생겨난 것인지 정밀히 추적할 필요가 있음). 대우 화용첨사는 '마씀, 마씸' 이외에도 또한 '예, 양, 야'도 관찰된다. 여기서는 간략한 예시를 위하여, 이것들을 모두 '마씀'으로 대표하여 다루기로 한다. 이와는 달리 서법마다 고유한 종결어미들에는 원칙적으로 선어말어미('읍' 및 '수')를 이용하여 대우를 표시해 주게 된다('읍네다, 수괴/수게[1]'). 따라서 중첩되게 '마씀, 마씸'을 덧붙일 필요가 없는 것이다.

그렇다고 하더라도 서법 고유의 종결어미가 모두 대우를 표시하는 선어말어미를 허용하는 것이 아니므로, 다시 배타적으로 오직 평대에만 쓰이는 일부 형태를 골라내어 하위 구분을 해 주어야 한다. 57쪽의 〈표 3〉에서, 가령 서술 서법의 종결어미 '다'와 '게[1]'에는[21] 대우 선어

---

[21] 윗첨자가 붙은 숫자들은 김지홍(2014b)에서 같은 음성 형식을 지니지만 형태소 결합의 제약에 따라 서로 의미자질이 구분되어야 하는 형태들을 놓고서 편의상 식별의 목적으로 부여한 것에 불과하다. 종결어미를 지닌 '흡네다'와 화용첨사를 지닌 '흡네게'가 관찰되는데, 비록 제2음절의 '네'는 발음이 동일하지만, 서로 다른 형식에서 나온 것이다. 전자는 '흐+읍+ᄂ+이+다(종결어미)'의 기저형을 반영해 주지만, 후자는 '흐+읍+

말어미가 실현되어 'ㅎ다'를 활용시키면 '흡네다, ㅎ없수게[1]'와 같이 쓰인다. 그렇지만, '저[1]'이나 '고라[1]'에는 대우 선어말어미가 결코 실현되지 못한다.

 *흡네저[1], *ㅎ없수저[1],
 *흡네고라[1], *ㅎ없수고라[1]

그 대신 오직 'ㅎ저[1], ㅎ엿저[1]'(단, 'ㅎ저[2]'는 서술이 아니라 의향이나 의도의 의미를 지니는 동음이의 형태소임)나 'ㅎ고라[1], ㅎ없고라[1], ㅎ엿고라[1]'와 같이 대우 선어말어미가 없이 실현될 뿐이다.

그렇지만 왜 이런 차이가 생겨나는 것일까? 필자는 이들이 양태 요소를 내재하고 있기 때문에 빚어지는 것으로 본다(59쪽에서 다룰 유표적인 복합 종결어미도 그러함). 그렇지만 한국어의 구성에까지 새롭게 논의를 요구하게 될 것이므로, 방대하고 자세한 논증은 뒷날 별고에서 본격적으로 이뤄져야 할 것이다.

〈표 3〉은 이 방언에서 전형적인 종결 형식으로서 서법에 고유한 종결어미가 있고, 억양을 바꾸면서 여러 서법에 두루 걸쳐 쓰이는 반말투 종결어미가 있음을 보여 준다. 후자는 또한 '마씀, 마씸'이란 화용첨사를 허용하는데(보수적으로 느껴지는 '마씀'을 대표 형식으로 내세울 수 있음), 그 결과 비격식적 대우 표현이 된다. 고유한 서법에만 나오는 종결 형식에서도 특이한 구분이 들어 있다. 대우 가능한 부류와 오직 평대로만 쓰이는 부류이다. 전자는 '읍네/읍데'('읍니/읍디')에 붙는 '다'와 '수/으우'에 붙는 '게'('괴')가 있다. 그 결과 '읍네다/읍데다'(읍니다/읍디다)와 '수게/으웃게'(수괴/으웃괴)가 나온다. 의문 서법에서는 오직 '가?/과?'만이 관찰된다. 이것들이 모두 격식투의 '읍넷가?/읍데

ㄴ+이어(종결어미)+게(화용첨사)'를 반영해 줄 것으로 본다.

가?'(읍니까/읍디가?) 및 비격식투의 '수가?/으웃가?'(수과?/으웃과?)에 붙을 수 있다.

〈표 3〉 평대 관계에서 관찰되는 종결어미 형태소(일부 예시)

서법 \ 어투		서법 고유의 형태	공통된 반말투 형태
서술법	대우 가능	-다(계사, 이어[2]), -게[1](계사, '이게[1]'), '-괴'	-어[1](계사, 이라[2]), -쥐[1](-주[1])
	대우 불능	-저[1], -저[2], -과라[1], -고라[1], -노라[1], -이, 반모음 -y, -에	
		(감탄 서법을 겸용, 정보 전달적임) -네, -데, -니에, -이에, -나[1]	
의문법	대우 가능	-가?(계사, 이가?), -과?	
	대우 불능	-나[2]?, -고?(자문 형식), 의문사~22) -고?, -냐?(의문사~-니?), -댜?(의문사~-디?), -야?(의문사~-이?)	
명령법		-으라!, -거라!	
청유법		-자!, -주[2]!, -게[2]!	
약속법		-마! -으키어!(으크+이어)	
감탄법 (혼잣말)		-고나!(계사, '이로고나[1]'), '-고낭아!'(늙), '-고!'(젊), -노나[1]!	

서술 서법의 종결 형태 중에서 감탄 서법에도 쓰이는 것은 본디 혼잣말로 쓰이는 부류와 서로 구분될 수 있다. 혼잣말로 쓰이는 감탄 서법

---

22) 'wh-word'(의문사)는 '언제, 무엇, 왜' 따위가 문장 속에 있을 경우에 오름세 억양(상승 어조, ↗)이 내림세 억양(하강 어조, ↘)으로 바뀌며, 또한 종결 형태에서도 '아?'가 탈락 되어 '이'로 되거나, 의문 첨사 '가?'과 '고?'로 바뀌어야 함으로 가리킨다. 이하의 도표 들에서도 모두 동일하다.

종결 형태는 특이한 화용상의 전제가 있다. 수의적으로 화자인 나의 느낌을 그대로 상대방이 들을 수 있도록 소리 내어 발화하지 않는 한, 감탄 서법의 기본값은 언제나 혼잣말로서 존재하기 때문이다. 이를

[+스스로 느낌]

이라는 자질을 줄 수도 있다. 그러하기 때문에 감탄 서법의 형태들은 상대방을 대우하는 대우 형태소를 선행시킬 수 없는 것이다. 그렇지만 서술 서법에서 확장되어 감탄 서법으로도 쓰이는 형태에는, 혼잣말이라는 전제가 전혀 깔려 있지 않다는 점에서 서로 구분이 이뤄진다. 이는

[+스스로 느낌, +상대방에게 통보]

라는 자질을 주어 서로 구분해 줄 수 있다.

이런 종결 형태들을 놓고서 개개의 의미자질이 또한 더 깊이 연구되어야 할 것이다. 그렇지만 오래 전에 이뤄진 연구에서 고유한 서술 서법의 '저¹'과 반말투 형태 '주¹'을 마치 같은 짝인 것처럼 잘못 기술되고 있음을 보면,23) 이런 일이 또한 절로 쉽사리 진행되는 것이 아님을 알 수 있다. 필자는 이것들이 양태상 대립 개념이라고 보며, 412쪽

---

23) 현평효(1985)에서 단지 동일한 초성 소리 'ㅈ'을 지녔다는 피상적인 이유만으로 '저¹'을 '주¹'과 동일한 범주의 종결어미인 것처럼 잘못 논의하였다. 왜냐하면 이들 형태들과 결합하는 방식뿐만 아니라, 전제와 속뜻과 요구 등에서도 확연히 차이가 있기 때문이다. '저¹'은 청자가 모르거나 잘못 알고 있는 어떤 사실이 있고, 화자가 그 사실을 발화하여 깨우쳐 주고자 할 때 쓰인다. 최소한 화자 입장에서는 관련 사건에 대하여 확실성을 품고 있다. 반면에 '주¹'의 의미는 지금 화자가 짐작하거나 추정하는 일이 있고, 이를 언급하여 청자에게 사실 여부를 확인하라는 의미가 깃들어 있다. 앞의 확실성과 대립시켜 개연성으로 부를 수 있다. 그렇다면 전혀 다른 차원의 의미자질이 들어 있는 것이다. 다음 표로 양자를 대립시켜 제시해 둔다(410쪽 각주 29 참고).

의 (14가)를 참고하기 바란다.

3.2. 복합 형태의 유표적 종결어미

복합 형태의 유표적 종결어미 부류들은 첫째, 종결어미 뒤에 다시 종결어미가 융합되어 있는 경우가 있다. 둘째, 관형형 구성(은/을+형식 명사)이나 명사 구성을 이용하는 경우가 있다. 셋째, 접속문 형태로부터 줄어든 종결어미가 있다. 넷째, 내포문 형식으로부터 줄어들어 종결어미로 굳어진 경우가 있다. 이 방언에 이런 복합 형태의 종결어미가 엄연히 존재하고 있었지만, 김지홍(2014b)에서 드러내어 논의하기 이전에는 전혀 주목조차 받지 못하였다. 아마 종결어미들을 포착할 시각이 전혀 없었기 때문에 빚어진 결과로 판단한다. 이런 부류가 모두 양태의 의미를 띠고 있음이 이채롭다. 그렇지만 「왜 양태 관련 형태소가 많아져야 되는지에 대한 존재론적 물음」에 대해서는 대답하기가 참으로 어렵다. 만일 우리 인간의 판단과 결정 과정이 즉각적인 원시 체계('체계1')와 신중한 검토 체계('체계2')가 있음을 고려한다면(카느먼 2011; 이진원 뒤침 2012), 분명히 후자 쪽에서 답변을 모색하여야 할 것이다. 그만큼 양태 관련 요소들이 복합적인 전제와 함의가 뒤섞여 있는 것이 아닐까 한다.

서술 서법의 고유한 종결어미 '-저'와 반말투 종결어미 '-주'의 차이점

결합 특성과 기능 \ 하위범주		고유한 서술 서법 범주의 '-저'	여러 서법에서 두루 쓰이는 반말투 범주의 '-주'
형태 결합	계사, 형용사	계사와 형용사에는 결합하지 않음	계사와 형용사 어간에도 결합됨
	시상 형태소	동사는 '-았저, -앗저'만이 가능함	동사 어간 및 '-았주, -앗주'도 가능함
	양태 형태소	'-으크-'와의 결합은 불가능함	'-을 테주, -을 거주'처럼 결합
화용 관련	깔린 전제	청·화자 사이의 정보 간격 확신	청자가 알고 있을 법한 바를 짐작함
	깃든 속뜻	관련 단언에 대한 사실성이 깃듦	관련 단언에 대한 개연성이 깃듦
	청자에의 요구	청자를 일깨워서 정보 간격 없앰	사실 여부 확인을 청자에게 요구함

3.2.1. 융합체로서의 종결어미

먼저 융합 구성의 종결어미들을 보이면 다음 〈표 4〉와 같이 제시할
수 있다.

〈표 4〉 융합된 복합 구성의 종결어미(일부 예시)

서법＼어투	서법 고유의 형태('*마씀' 결합 불가능)		반말투('마씀'이 결합 가능함)	
서술법	-어(반말)+라(계사의 반말)		-어(반말)+은게 -어(반말)+은(관형형어미)	
	-다(고유)+문24) -어(반말)+니에	감탄 서법 겸용	-어(반말)+고나	감탄 서법 겸용
의문법	-어(반말)+냐?(의문사~-어니?) -어(반말)+은댜?(의문사~-언디?) -어(반말)+음댜?(의문사~-엄디?)		위의 '-어(반말)+은?'이 자주 쓰임	
	혼자 스스로 묻는 자문 형태 -어(반말)+은가?(의문사~-언고?)			
명령법	-어(반말)+으라! -으라(명령)+문! -오+읍서!(대우 표현이며, '-수-'가 나온 '-소+이다'의 융합과 동일함)			

여기에서 특이한 것은 융합을 허용하는 종결어미가 기본적으로 반말
투의 형태 '어'임을 확인할 수 있다.25) 이 방언이 그대로 한국어의 질

---

24) 공통어에서 '려무나!'(하려무나!, 오려무나!)와 비슷한 구성을 지니는데, '음+으나'가
융합된 뒤 '으므나', '으무나'로 바뀌었기 때문이다. 필자는 '문'이 마찬가지로 명사형
어미 '음'과 의문 또는 감탄에 쓰이는 종결어미 '으나'와 융합하여 '음으나'를 이루고,
음운 변화를 거치고(으무나) 마지막 음절의 모음 '아'가 탈락된 뒤에(으문), 언제나 모
음으로 끝나는 종결어미와 융합되기 때문에 '문'으로만 실현되는 것으로 보고 있다.

25) 심사위원 두 분이 각각 '어'와 '지'에 대한 문제점을 지적하였다. 어느 분은 융합 사례들
에서 공통어에서 반말투 '어'는 "상대적으로 최근에 만들어진 어미"인데, 왜 이 방언에
서는 다른 종결어미들이 결합하는지 질문하였고, 공통어의 인용구문에서 보이는 부류
와 구조 및 의미상의 동인이 다르다고 지적하였다. 융합된 어미들에 대한 논의가 심도
있게 진행되어 보지 못한 상황에서, 필자가 한마디로 간단히 명확한 답변을 내 놓을
수는 없다. 현재 필자의 지식으로써 이런 문제점은 다만 융합 범위 및 기능들에 대한

서를 따르기 때문에, 반말투 종결어미를 당연히 갖고 있을 것으로 예상할 수 있다. 그렇지만 여태까지 아무도 반말투 종결어미 '어'의 엄연한 존재를 주목한 적도 없고, 부각시킨 적도 없다. 단지 「이 방언이 유다르다고 선언해야만 남의 주목을 끌고 가치를 인정받을 것」이라는 철저한 착각 때문이었을지도 모를 일이다.

〈표 4〉에서만 보면, 고유한 종결어미로서 서술 서법의 '다'(-다문: "지금 밥 먹없다문, 날이 다 붉앗다문")와 명령 서법의 '-라'(-라문: "흔저이디 오라문!")가 예외에 속할 뿐이다. 공통어를 대상으로 하여 임홍빈(1984; 1998 재수록)에서

'어+으라, 자+ㅅ+구나, 자+ㅅ+으라, (일부 '다+은다'도 그러함)'

등의 융합체가 처음 밝혀진 뒤에(밑줄 그은 형태들이 추가로 융합된 종결어미임), 안명철(1990), 이지양(1998), 김수태(2005), 허경행(2010) 등으로 이어졌다. 그렇지만 현재 '동면기'로 접어든 것 같은 인상을 준다. 앞

면밀한 조사가 이어져야 하는 것으로만 우회적인 대답을 할 밖에 다른 길이 없다.
　다른 분은 공통어(중앙 방언)에서는 반말투 종결어미 '지'가 나타나는데, 왜 '어' 하나만 이 방언에 나타나는지에 대하여 의문을 제기하였고, 융합 구성에서 종결어미 '어'가 회상 형태소 '더'와 유사한 해석이 유도되는지에 대한 보완 논의를 요구하였다(일후 과제인데, 김지홍 2014b의 314쪽과 497쪽, 김지홍 2020의 188쪽과 660쪽, 이 책의 65쪽, 352쪽 참고). 공통어의 어미 '지'에 대하여 언급하면, 필자가 느끼기에 '지'는 각각 의문법과 서술법에 따른 두 가지 양태적 기능을 담고 있다. 올림세 억양의 의문문으로 쓰이면 ① 화자가 지닌 어떤 짐작이나 추정 내용을, 청자로부터 확인하려는 의도를 지니고 있다. 내림세 억양의 서술문으로 쓰이면 ② 미리 알고 있는 어떤 내용을 놓고 이를 모르고 있다고 판단하는 청자에게 통보하여 깨우치려는 의도를 담고 있다. 이런 부류는 59쪽 각주 23에 있는 도표에서 언급한 이 방언의 '저'와 '주' 무리에 비견될 수 있으며, 양태 자질을 띤다는 점에서 자연 부류로 묶인다('지'가 이 방언의 '저', '주'의 기능을 통합한 듯이 보이지만, 본래부터 '지'가 이 방언에서도 쓰였는지에 대한 정밀한 탐사와 분포 확정이 면밀히 더 진행될 필요가 있음). 그렇다면 이런 형태소들이 모두 양태적 자질이나 의미가 이미 그 속에 채워져 있으므로, 더 이상 융합 구성에 참여하지 못한다고 가정할 수 있다. 이와는 달리, '어'는 말을 끝낸다는 반말투의 종결 기능 이외에는, 전혀 그런 양태적 자질이 들어 있지 않으며, 이 때문에 다시 융합 구성을 형성하여 모종의 양태적 특질들을 재구성하는 것이 아닌가 짐작해 본다. 그렇지만 이는 많은 연구자들과 함께 다각도로 더 깊이 논의되어야 할 사안이다(421쪽 이하 참고).

으로 이 방언의 융합 구성체들에 대한 논의로부터 더욱 활발히 심도 있는 논의가 진행되어야 하며, 역사적 단편 자료들에 대한 해석에도 관련성을 찾아보아야 할 것이다.

필자는 한국어의 후핵성 매개인자를 고려하여, 뒤에 덧붙은 종결어미들이 중요하게 현재 발화시점을 기준점으로 고정시키고, 앞선 종결어미의 발화를 전체 시간상으로 더 앞쪽으로 이동시켜 준다고 주장한 바 있다. 「시점 이동」현상인데, 60쪽 각주 25와 65쪽, 352쪽을 보기 바란다.

종결어미 뒤에 종결어미가 융합되어 있는 이런 모습과 매우 비슷한 경우가 내포 구문으로서 인용문 "비가 온다고 한다"(또는 줄어들면서 '비가 온단다')가 구문 형식상 비교될 수 있다. 융합된 복합 종결어미와 인용문(또는 줄어든 인용문) 사이에는 차이가 있다. 엄격히 내포 구문을 이끄는 '교점(node)'이 인용의 기본 표상에선 하위 계층에 사격 의미역을 받는 논항으로 설정되어 있어야 한다. 융합 형식은 결코 그런 교점이 상정되지 않는다. 이런 구조상의 차이만 제외한다면, 시간 해석에서 '일부' 겹치는 대목을 찾아낼 수 있다. 인용문에서의 시간 해석이 더 다양하기 때문이다. '다고 한다'의 내포문에는 다음처럼 시간 표현이 아무런 제약도 없이 어떤 형태소든지 모두 다 나올 수 있다.

'비가 온다고 한다, 왔다고 한다, 왔었다고 한다, 오겠다고 한다, 올 거라고 한다'

뿐만 아니라, '다고 하다'의 상위문에서도 시간 표현이 제약 없이 아무런 형태소이든지 나올 수 있고, '을지 모르다'와 같이 다른 양태 표현도 가능하다.

'비가 온다고 했다, 온다고 했었다, 온다고 하겠다, 온다고 할 거다, 온다고

할지 몰라'

일단 〈표 4〉에서 이 방언의 융합 구성을 이루는 종결어미를 살펴보면, 귀납적으로(결과론적으로) 두 가지 제약을 찾아낼 수 있다. 먼저 나온 종결어미는 '다, 으라, 오'만을 제외하면, 모두 반말투 종결어미 '어' 이다. 한국어가 '격식·비격식', '공식적·사적' 말투를 따로 발달시키지 못하였을 법한 초기 단계에서, 이는 가장 무표적인 종결어미로 쓰였을 개연성을 높여 준다. 그리고 뒤에 이어지는 종결어미에도 엄격한 제약이 관찰된다. 여기에는 인용의 상위문에서처럼 양태를 가리킬 수 있는 'Ø, 은, 음'을 제외하고, 결코 시간 표현 형태소가 나타날 수 없음을 알 수 있다. 또한 이 방언의 자료에서는 서술 및 감탄의 종결어미 '구나'에서도 '구'를 양태 의미로 내세울 수 있도록 하는 분포가 있으며(가령, '수괴, 수과?' 따위), 융합 구성에서도 찾아짐을 적어둔다. 이는 융합되어야 할 이유에 대해서도 추측할 수 있는 발판을 마련해 주는데, 양태 특성이 결국 융합의 동기가 되는 것이다(352쪽, 421쪽 참고). 다만, 양태와 관련을 지을 수 있는 형태들이 유무 대립인지, 이항 대립인지, 다항 대립인지 여부에 대해서는 더 깊은 논의가 필요하다.

필자는 종결어미가 다시 융합한다는 사실을 놓고서, '현재 발화시점'을 시간 해석을 위한 기준점으로 도입하는 계기가 될 수 있다고 주장하였다. 이는 매우 중요하다. 전형적인 '상'은 2원 체제이다. 오직 관찰자 및 관찰사건 사이에 임의의 시폭이나 시점들만 주어질 뿐이며, '감정이입(empathy)' 기제를 통하여 '청자·화자·관찰자'가 모두 하나로 되는 만큼, 원초적이고 원시적인 시간 표현 방식이다. 상(aspect) 의 표현에서는 결코 관찰시점과 발화시점을 따로 언급을 할 수 없는 것이다(외재적 관점 수립이 발달되지 않는 단계임). 그렇지만 기준점이 도입될 경우에26) 3원 체계의 연산이 가능한 '시제'로 발달하며, 비로소 대소 또는 등치 따위 대수적 관계들을 객관적으로 계산할 수 있게 된다. 만일 필자의 주장이 옳다면, 이 방언에서 더 이상 2원 체제의 '동작상'이란 개념은 수립될 수 없는 것이다. 시간 해석에 '기준점'이 깃든 '시제·상'의 혼성 개념 '시상'만이 작동하고 있을 뿐이다.

시간 표현의 해석을 보면, 인용문에서는 내포문 동사와 상위문 동사에서 시간을 나타내는 형태소에 아무런 제약도 없다. 그렇지만 이 방언에서 찾아지는 융합 구성체에서는 현격한 제약이 주어져 있음을 관찰할 수 있다. 첫째, 뒤에 융합된 종결어미들이 'Ø, 은, 음, (구/고)'를 지닐 수 있고, 이것들은 언제나 양태 해석을 유발한다. 둘째, 전형적으로 양태 형태소가 녹아 있는 후행 종결어미들의 구성도 또한 형식명사 구성이나 명사형 구성을 취하고 있다. 셋째, 시간 해석 방식이 고정되어 있다. 가령,

'[비가 온다]고 한다'

라는 인용문에서는 시간 해석이 중의적이다. ① 상위문의 시점과 내포문의 시점이 동일할 수도 있고, ② 내포문이 시점이 상위문의 발화 시점보다 앞설 수도 있다. 그렇지만 귀납적 발견 절차에 따라 찾아낼 수 있는 사실(=귀납적 추론 결과)은, 이 방언의 융합 어미 구성체들이 사건 시점에 전환 또는 이동을 초래한다. 즉, 언제나 앞서 있는 종결어미가 이끌어 가는 사건을 항상 후행 종결어미가 근거하는 시점보다 더 앞선 시점으로 시간 해석을 고정시켜 주는 것이다. 인용문에서는 맥락에 따라 중의적 해석이 언제든 가능하였지만, 융합된 종결어미 구성에서는 오직 ②의 해석만이 주어져 있는 것이다.

반말투 어미 '어'의 서술법 어조의 경우를 한 가지 사례로 살펴보면서, 이런 시간 해석 방식을 설명해 나가기로 한다.

---

26) 일부에서는 '참조시(reference time)'라고도 부른다.

'먹없언게, 먹엇언게'(어+은게: 표면형은 각각 [머검선게, 머거선게])

'ᄒᆞ없어고나, ᄒᆞ엿어고나'(어+고나: 표면형은 각각 [ᄒᆞ염서고나, ᄒᆞ여서고나])

에서 밑줄 그은 종결어미들이 발화시점 현재, '청자 경험 가능성'을 보장해 주는 청자 경험 양태를 나타낸다.[27] 이를 선행한 사건은 1차 종결어미의 영향 때문에, 발화시점에서 전체적으로 끝나 있음을 전제로 한다. 만일 끝나지 않았더라면 굳이 두 번씩 종결시킬 필요는 없었을 것이고, 대신 선행한 제1차 종결어미 앞에다 양태 형태소를 집어넣을 수 있었을 것이다. 따라서 이런 두 차례의 종결이, 앞의 사건을 현재 발화 사건의 이전 시점으로 배치시켜 놓는 것으로 본다. 곧, 사건 시점에 대한 이동이 일어나는 것이다. 그 결과로서 '회상'이니, '보고'니 하는 양태 범주로 서술해 줄 수 있는 것이다. 따라서 더 앞에 일어난 사건이 '없 : 엇'에 의해 표상되고 있으므로, 그 사건들이 각각 [+시작점, −종결점]의 전개 사건 및 [+시작점, +종결점]의 종결 사건을 가리키게 된다. 종결을 표시해 주는 '엇'의 존재('먹엇언게, ᄒᆞ엿어고나')를 우리말에서는 존재하지도 않는 '대과거'라는 엉뚱한 말로 둘러대서는 안 될 것이다.

〈표 4〉에 관한 한, 이 방언에서 융합 구성을 이루는 종결어미들은 결코 자의적으로 만들어진 것이 아니라, 일정한 체계를 따르고 있음을 명백히 보여 준다. "이가 없으면 잇몸으로 씹는다!"는 융통성이 이

---

27) '청자 경험 가능성'이란 용어에 대하여 어느 심사위원이 박재연(2006: 82쪽)에서 '더'의 의미 자질 속에 "청자 지식에 대한 미지 가정이 있음"을 알려 주었고, 필자의 용어로 표현해 보도록 하였다. 필자로서는 이런 자질이, "언어 표현의 참값 여부를 청자로서는 <u>스스로 경험(추체험)할 수 없다</u>(참값 여부를 판정할 수 없다)"고 말하게 된다. 반면에 화자는 이미 그 내용을 체험하였으므로 언제나 참값임이 주어져 있다. 대립적으로 말하여, '느'가 실현된다면, 그 말을 듣는 청자가 과연 그 내용이 사실인지 여부를 확인 점검할 수 있다(추체험할 수 있다)는 뜻으로 썼다. 이와는 달리, '더'가 실현된다면, 결코 청자는 그 말의 내용이 사실인지 직접 체험하면서 확인할 길이 없음을 의미한다. 새로운 개념을 녹여 손쉽게 연상을 일으켜 주도록, 덜 생경한 용어 탐색이 일후 과제이다.

방언의 시간 표현에서도 그대로 찾아지는 것이다. 그렇지만 민간의 지혜가 알려 주듯이, 첫술에 배가 부르는 법은 없다. '융합 구성의 존재론' 그 자체가 교착어 질서의 본질에 관한 주제이기 때문에, 학계 차원에서 앞으로 심도 있게 다뤄야 할 것으로 믿는다.

3.2.2. '관형형 어미+형식 명사' 구성 및 명사형 구성

두 번째 하위범주로서 이 방언에서는 관형형 어미 구성이나 명사형 어미 구성도 풍성하게 찾아진다.[28] 관형형 어미 구성에서는

---

28) 람스테트(1954; 김동소 뒤침 1985)의 §.52 '그밖의 동사 형태는 명사류이다'(verbal nouns)라는 지적과 이기문(1972: 21쪽)에서 "알타이 조어에서 모든 문은 명사문이었다."는 막연한 추정이 이 절의 논의와 관련될 수 있을 듯하다. 람스테트와 포페는 동사에 접미되는 명사화 형태소(또는 '동명사'로도 번역함)가 인도 유럽 언어의 분사(participle)보다 더 확대된 기능을 갖는다고 보았다. 그러나 필자는 직관적으로 이 방언에서 명사 부류를 이용하는 종결어미들이 양태 범주(더 확대하면 믿음 체계)와 관련될 것으로 믿는다.

최근 일련의 러뷘·뢰퍼포엇 호뱝(Levin and Rapporpot Hovav, 1995, 1998, 2005)에서는 현재 분사(ing)와 과거 분사(ed)는 각각 한 사건의 진행 과정과 결과 상태에 대응되는 것으로 논의된다. 이런 사건 전개 과정을 받아들인다면, 모문의 기준시에서 현재 사건이나 임의의 현재시(=아리스토텔레스의 명제가 시간에 대한 시간 연산자가 없이 표현된다는 점에서 명제시라고도 말할 수 있음)가 전제되어야 한다(포페, 유원수 뒤침 1992: 199쪽에서는 모문의 기준시에 의존하는 상대시 'relative time'로 언급함). 그렇지만 상대시의 좌표계로도 화자가 임의의 사건에 부여하는 믿음을 다 다룰 수는 없다. 다른 길을 모색해야 하는데, 양태의 개념에 호소하는 것이다. 이때 양태의 개념은 단순히 서구 언어에서 다뤄온 사고(필연·개연) 및 행위(의무·선택)의 축(이원 좌표계)을 벗어나, 의사소통의 전반적 과정에서 화자와 청자 사이에서 찾아지는 전제와 함의에 관한 새로운 축(삼원 좌표계)이 도입되어야 한다. 곧, 양태를 표현하는 다양한 언어 형식들은, 비단 화자와 세계와의 관계(⟨S, W⟩)뿐만 아니라 다시 화자와 청자 사이의 관계(⟨S, W, H⟩)도 포함해야 하도록 요구하는 것이다.

하나의 작업 가정으로서, 필자는 이들 양태 표현이 판단과 결정 과정에 간여한다고 본다. 만일 그렇다면 인간의 판단결정 체계에 관한 논의를 끌어와야 하겠는데, 필자는 일련의 카느먼(Kahneman 1982, 2001)을 참고할 수 있었다. 그 핵심은 우리의 판단결정 체계가 둘로 나뉘어 작동한다는 것이나. 각각 식관적이고 원시적인 체계1과 신중하고 정교한 체계2이다. 필자는 이 중에서 확대된 양태 표현이 필시 '체계2'와 관련되어야 할 것으로 본다. 그렇지만 그 입증에는 필시 다방면의 지식이 필요하고 오랜 시간이 소요될 것으로 믿는다. 가장 손쉬운 일은 68쪽의 ⟨표 5⟩를 통해 귀납적으로 일반 진술을 확보하는 일이다. 이런 방향과는 거꾸로 연역적인 방식을 통해서도 공통의 접점을 찾는 일도 중요하다. 이는 다른 학문과의 협업을 통해서 이뤄져야 할 것이다.

만일 이 언어 내부에서 유사한 현상을 찾는다면, 필자는 세 개의 논항을 지닌 구문을

'은 : 을' (청자의 추체험 불가능 : 청자의 추체험 가능)

이 양태상의 대립(305쪽 참고)을 보여 주며, 명사형 어미 구성에서는

 '음 : 기' (한 사건의 결과 상태 : 한 사건의 진행 과정)

가 있지만 오직 '음'만이 융합 구성에 참여할 뿐이다. 명사형 어미 '음'
이 지닌 결과 상태의 속성 또한 양태 의미로 보면, 한 사건이 완결되었
음을 가리키므로(진리값이 닫혀 있는 사건), 해당 사건에 대하여 참값이
결과적으로 깃들게 되며, 전문 용어로 entailment(결과적으로 깃든 참값
의 관계)라고 부른다.

인허하지만, 두 개의 논항이 필수적 공범주로 나오고 사격 의미역을 받는 제3의 논항만
내포절의 형식으로 나오는 '추정, 짐작' 및 '희망, 기원' 등의 동사군이 가장 가능성
있는 후보라고 본다. 가령,
　"그가 올까 싶다, 그가 왔지 싶다, 그가 올 거 같다, 그가 오는가 보다" (추정, 짐작)
　"그가 왔으면 한다, 그가 오기 바란다, 그가 오면 좋겠다, 그가 왔으면 싶다" (희망, 기원)
등에서 모두 내포절(문장, 명사절, 조건절)에 언급된 사건 '그가 오다'에 대한 화자의
태도가 반영되고 있음을 확인할 수 있다(김지홍 1992). 이런 구성이 방언별로 구현 모
습이 조금씩 달라질 수 있는데 융합 또는 축약 구성도 가능하다. 이 방언에서는
　'카부다(올까 보다), 은가 싶으다(는가 싶다), 기 기룹다(기 그립다/바라다), 으민 좋쿠다(으
　면 좋겠습니다)'
등의 변이모습을 찾을 수 있다. 필자가 살고 있는 진주 방언에서는 추정이나 짐작을
나타내는
　'는갑다(는가 보다), 을 걷다(을 거 같다), 지 싶다'
등이 융합되어 있다.
　한편, 영어에서는 통사적으로 조동사라는 명확한 하위범주를 통해서 양태 모습들이
반영될 수 있다. 그렇지만 이 방언이나 한국어에서는 단순한 하나의 범주로 고정되어
있기보다, 오히려 다소 몇 가지 구현 방식으로 흩어져 있다. 따라서 이런 작업의 초기
단계에서는 이것들이 하나의 '가족끼리 닮은 점'(family resemblance, 미약한 유사성)임
을 확인해 주어야 할 것이다. 일단 이 작업을 거친 다음에, 이런 접근이 올바른 노선
위에 있다면, 귀납화 과정이 알타이 어에 속하는 언어들을 놓고서 이런 특성들을 비교
하는 일로 진행되어야 할 것이다.

<표 5> 관형형 및 명사형 구성을 띤 융합 종결어미

어투 / 서법		서법 고유의 형태('*마씀' 부착 불가능)	반말투('마씀' 부착 가능)
서술법 (내림세 억양)	형식 명사 있음	• -은/-을/-는/-던 생이어 • -을 이라(-으리라) • -을 리어(-으려) • -은/-을/-는 이(-으니/-으리/-느니) • -을 것+이+음+이어(-으커메)	• -은/-을/-는/-던 생이라[1] • -은/-을 거라[1] • -을 거라[1](-으커라[1]) • -은/-을 게라[1] • -으케라[1] • -은/-을/-는/-던 게 • -은/-는/-던 걸 • -을 걸(-으컬) • -을 테쥐, -을 테주
	관형형 어미	• -을+로다, -을+로고 • -을+노라	
	명사형 어미	• -음+이어(-으메)	
의문법 (올림세 억양)	형식 명사 있음	• -은/-을 것/거가? (의문사~-것/거고?) • -은/-을 거냐?(의문사~-거니?) • -은/-을 이아?(의문사~-이?) • -을리아?(의문사~-리?)	위의 어미들과 동일하며, 의문법 억양으로 나옴
	관형형 어미	• -은/-을/-는/-던+댜? (의문사~-디?) • -을+러냐?(의문사~-러니?) • -을+랴? • -을+래? 스스로 묻는 형태임(自問) • -은/-는/-던+가?(의문사~-고?) • ~-을+가?, -으카?(의문사~, -코?)	

〈표 5〉에서는 관형형 어미와 형식 명사 '것/거, 이/리, 생(相, 모양), 터'가 관찰된다('은디, 을디'도 추가될 수 있음). 이 형식 명사들이 모두 양태(사건 전개의 여러 측면)의 의미를 지닐 수 있는 후보들이 선택되었음을 알 수 있다. '터'(터전)는 사건이 일어날 공간이나 무대를 가리키고, '생'(相, 모양)은 추측하는 상상의 공간을 가리킨다. 무색투명한 형식 명사 '것'(입말에서는 '거'로 쓰임)이 중립적인 데 반하여, '이/리'는 추측이나 추정 쪽을 암시해 준다. 그런데 관형형 어미가 형식 명사가 없이 직접 종결어미와 이어져 있는 경우도 있다('관형형 어미'으로 표시됨).

국어사에서는 이른바 '의문 첨사'가 아무런 문법요소가 없이 직접 발화나 문장에 결합하는 것으로 서술한다. 그렇지만 이 방언에서는 의문법에서만 그런 현상이 있는 것이 아니라, 서술법에서도 동일한 종류의 결합을 관찰할 수 있다. 따라서 의문법과 서술법에 모두 적용될 만한 다른 가능성을 탐색해 보아야 한다.

이른바 의문 첨사를 설명하는 쪽에서는 첨사 앞에 있는 요소가 명사의 속성을 띠고 있다고 본다. 그렇다면 이는 명사로 문장이 끝난다는 점에서, 명사형 어미 '음'이 계사 구문으로 나오는 것(음이어)과 비교해 볼 수 있다. '으메'(음이어)에서는 마지막 음절의 '에'에서 눌어붙어 있는 계사의 흔적을 상정할 수 있다. 그렇지만 다른 후보들은 이런 변동을 찾아낼 수 없다. 그렇다면 기술의 방편으로 현재로서는 관형형 어미 뒤에 직접 종결어미가 붙는 부류들이 있다는 선에서 만족할 수밖에 없다. 관형형 어미와 형식 명사로 만들어진 부류와 명사형 어미 '음'과 계사로 만들어진 부류에 예외가 되는 것이다.

의문법에서 괄호 '( )' 속에 들어 있는 '의문사'(wh-word)는 '언제, 무엇, 어디' 따위의 의문사가 들어 있는 발화의 경우에, 종결어미들이 내림세 억양(하강 어조, ↘)을 지니고서 마지막 음절에서 '아'가 탈락되어 '이'로 발음되거나 또는 의문 첨사가 '가?'에서 '고?'로 바뀌어야 함을 드러내어 준다. 이는 〈표 3〉과 〈표 4〉에서도 찾아지는 동일한 현상이다. 이는 중세 국어에서 보여 주는 구분과 나란한 것이고, 현재 경상도 방언에서도 반사형을 찾을 수 있는 것으로 알려져 있다.

그런데 앞에서 본 〈표 4〉의 융합 구성에서는 서법의 종류가 명령 및 감탄의 경우도 포함하고 있었지만, 〈표 5〉에서는 오직 서술 및 의문 서법만 관찰된다는 사실도 흥미롭다. 행위나 행동은 현재 또는 미래의 실천(실행)되어야 하는 사건이다. 관형형 구성이 기본값으로 '은/을' 및 '은'에서 파생되어 나온 '는/던'을 지니고 있기 때문에, 명령이 실행되는 영역(늘 현재 동시 영역)과 서로 일치되지 않는다. 이런 점이 관형형 어미 및 명사형 어미 구성이 오직 서술 및 의문 서법에서만 허용되는 것으로 이해된다.

3.2.3. 다른 어미로부터 전성되어 쓰이는 종결어미

이제 고유한 종결어미가 아니라, 다른 어미들로부터 특정한 맥락에 따라 마치 종결어미처럼 전성되어 쓰이는 마지막 부류를 다룰 차례이다.

〈표 6〉 반말투로만 쓰이는 전성된 종결어미(일부 예시)

유래 / 서법	본디 내포문				본디 접속문	
	인용형식	의무형식	인용형식	의도형식	등위접속	종속접속
서술법 (내림세)	-나여, -다여, -라여	-라사주	-깬/-꿴/-뀐, -낸, -낸, -댄, -랜 -고랜, -푸댄 -으멘	-젠	-곡, -곡 말곡	-거든, -민, -은디, -는디, -던디
의문법 (올림세)			위와 같음	위와 같음		

세 번째 하위범주로, 접속문 및 내포문에 간여하는 형태소(본디 종결어미가 아니었음)가, 쉽게 복원될 수 있는 적정한 맥락 속에서 뒤에 나오는 후행 접속문이나 상위문이 생략되는 일이 잦게 일어남에 따라, 점차 종결어미처럼 쓰이는 경우가 있다. 이를 '전성된 종결어미'라고 부를 수 있다. 이 방언에서는 전성된 종결어미들이 모두 반말투에서만 관찰되고, 또한 서술법 및 의문법에서만 찾아진다. 특히 서술법에서는 접속문과 내포문으로부터 연유되는 전성 종결어미를 찾을 수 있지만, 의문법에서는 오직 내포문의 전성 종결어미만이 관찰되며, 서술법의 형태들을 공유하고 있지만, 올림세 억양(상승 어조)으로 발

화된다. 내포문은 특히 인용 형식과 의도 표현에 관련된 것들이다. 이들이 모두 반말투로만 쓰이기 때문에, 억양만 달리하여 서술 서법으로도 쓰이고(앞에서 언급되었듯이 서술 서법이 길게 억양을 내빼면서 감탄 서법으로도 겸용될 수 있음), 의문 서법으로도 쓰인다. 따라서 내포문의 경우 상위문 동사가 '말하다'로 재구성할 수 있다면 서술법으로 지정되고, '묻다'로 재구성할 수 있다면 의문법으로 지정된다.

〈표 6〉에서 중복됨이 없이 오직 서술법에만 들어 있는 전성 종결어미가 있다('나여, 다여, 라여, 라사주'). 이들은 본디 '여'가 인용동사 'ᄒ다'의 활용 모습인 'ᄒ여'에서 유래되었고, '주'가 본디 '라사주 된다'(라야지 된다)라는 당위성과 관련된 판단 구문(되다/안 되다)에서 나왔다. 기준을 통과한 판단 모습을 나타내어 주는 '되다'도 또한 대동사 'ᄒ다'의 활용 모습 'ᄒ다'처럼 교체될 수도 있다. '주'가 덧붙지 않은 '라사 ᄒ다'(라야 한다)도 쓰일 수 있는데, 굳이 기준점을 표시하기 위한 '라사 된다'(라야 된다)로부터 교체되었다고 볼 수 없을 만큼 아주 자연스럽다는 점에서, 교착어 질서에 따라 '라사'에다 다시 추가적인 자질이 '주'를 통하여 덧붙여진다고 볼 수 있다(412쪽의 (14가)를 보기 바람). 그렇지만 이것들에서 생략 또는 축약된 상위문을 결코 의문 동사 '묻다'로 복원될 수는 없다. 만일 이것들이 올림세 억양(상승 어조)으로 발화된다면, 내용을 재차 확인하려는 의문의 형식을 띤 '메아리 의문문'이 된다(331쪽의 '반향의문'). 다시 말하여, 상대방 청자의 발화 그 자체를 재확인하려고 하여,

"당신이 말한 바가, 내가 메아리처럼 복사한 내용과 과연 정확히 맞는지 여부"

를 묻는 것이다. 이는 통사 구조상에서 다뤄질 의문문이 아니라, 화용상의 의문일 뿐이다. 이런 메아리 의문 형식은 접속문에서 전성된 형

태들에서도 마찬가지이다.

보다 근원적인 물음은 비전형적(noncanonical)이고 유표적인 종결 형태소들의 존재론에 관한 것이다.29) 그렇다고 하여 이것들의 사용 빈도가 낮은 것은 결코 아니다. 입말 현장에서는 오히려 더 잦을 개연성이 있다. 매우 성글게 보면, 명사 구성을 이용하는 부류 및 생략이 굳어진 부류로 나눌 수 있다. 전자에서는 오직 명사형 어미 '음'만을 이용하고 있으며, 이를 제외하고서는 압도적으로 관형형 어미 '은, 을'을 기반으로 하여 특정한 형식 명사들이 간여하고 있다. 현재로서는 양태 관련 동기 말고는 달리 이런 구성들이 이 방언의 종결 형식에 참여해야 할 이유를 알 수 없다. 이런 양태 관련성의 추정에서도, 「왜 이 방언에서는 양태 관련 표현들이 다양하게 쓰이는지」를 설명해 주어야 한다. 그러기 위해서는 우리의 판단·결정 과정에서 간여하는 개념 체계들에 대한 여러 학문의 융합 연구가 요구된다.

생략이 의무 적용되어 전성된 후자 쪽에서는, 내포문 어미들 중에서 인용 형식이 억양을 달리하여 서술법에도 쓰이고, 의문법에도 쓰인다. 숫자상 인용 어미 '인, 은'을 지닌 형식이 상대적으로 더 많으므로, 다만 어간 'ㅎ'가 의무적으로 생략된 부류보다 더 기본적이라고 봐야 할 듯하다. 인용문에서 전성된 종결어미들은 '관례적 함의'를 지니는 데 비하여, 접속문에서 전성된 종결어미들은 '대화상의 함의'를 지닌다고 서로 대조적인 모습으로 제시할 수 있다. 왜냐하면 전자가 복원 가능성의 정도가 높고 뚜렷이 예측되므로, 이를 뒷받침하는 것이 바로 인용 구문 그 자체에서 나오는 것으로 본다. 그렇지만 후자는

---

29) 이런 주제를 놓고서 2015년 11월 8일 일본 경도대학 세미나에서 "Non-canonical Ending Systems in Jeju Korean"으로 발표한 바 있다(183쪽 참고). 참여자들 중에서 몇 사람이 여러 언어들에서 그리고 자신의 언어에서도 내포문과 접속문 형식이 종결 형식에 전용 되는 경우가 제주 방언과 같이 존재함을 지적해 주었다. 필자로서는 매우 고무적이었다. 그렇다면 다음 질문으로, 그런 전용 사례들이 어떤 범위로 어떻게 다뤄져야 하는지를 놓고서 이런 상위 질문이 공동의 모색 과제가 되어야 할 것이다.

변동 가능성이 허용되므로, 그런 변동을 포착하려면 반드시 대화에서 찾아지는 담화 상황이 고려되어야 하는 것이다. 이는 페어클럽(2003; 김지홍 뒤침 2012)에서 잘 지적되었듯이, 인용이 단지 남의 발언을 따 오는 일에 그치는 것이 아니라, 더 나아가 발화되지 않은 남의 생각이 나 마음을 추정하거나, 자신의 발언에 대한 합당성을 부여하는 방식 으로도 쓰이고 있음을 드러내는 것이다. 앞으로 이런 일에 대한 하위 범주를 확정해야 하고, 개별 형태들의 독자적인 의미자질도 부여해 주어야 할 것이다. 그렇지만 이런 측면이 통사 영역에서 다뤄져야 할 지, 아니면 담화나 화용 쪽으로 미뤄야 할지에 대해서도 후속 논의가 있어야 할 것이다.

4. 마무리

이 방언의 선어말어미와 종결어미들을 놓고서, 광범위한 기술에 근 거하여 체계가 수립되어야 한다. 필자는 이 방언의 내적 대립 체계를 포착하여 6개의 표로 제시하였다. 이 글의 마무리는 여기서 제시된 표들로 갈음할 수 있다. 그러나 첫술에 배부를 수 없듯, 이런 체계가 결코 필자 혼자만의 시도로 완벽해질 수는 없다. 그렇더라도 왜곡되 게 기술되어 온 이 방언의 실상을 누군가가 올바르게 회복해 주려면, 반드시 명시적으로 무엇이 잘못되었고, 어떤 원리로 기술·설명되어 야 하는지를 논의하면서, 토론의 마당을 마련할 필요가 있다. 그런 과 정에서 필자는 '후핵성'을 구현하는 교착어 질서에 따라 대립 요소들 의 이분 또는 유무 대립에 유의하면서 일정한 틀(계층성)을 확정해 놓 는 일이 중요하다고 본다. 이런 대립을 찾는 일은 결코 기계적으로 이뤄지지 않는다. 인접 언어들에 대한 논의들을 참고하면서, 여러 가 지 가능한 후보들을 마련한 다음에, 약한 가능성의 후보부터 지워 나가는 지루하고 반복적인 작업을 거쳐야 한다.

지금 이 방언은 여러 가지 요인으로 아주 급격히 변동하면서 차츰 표준어로 수렴되어 가고 있다. 그럼에도 불구하고, 여태 이 방언을 모어로 삼고 있는 화자들은, 심층의 문법 체계를 정확히 구사하고 구현하고 있음을 필자는 굳게 믿고 있다. 많이 부족하지만, 모어 방언에 대한 기술과 설명으로서 이는 김지홍(2014b)과 김지홍(2020)에서 시도되어 있다.

우리말의 기술과 설명은 광복 이후 많은 발전을 이룩해 왔지만, 더러 부족한 구석들도 여기저기 눈에 띈다. 특히 접속문과 내포문을 형태만을 따져서 구분을 흐려놓는 경우가 대표적이다(형태에 몰입한 오류임). 다행스럽게도 공통어와는 달리 이 방언의 복합 구문들은 그런 혼돈을 석연히 구분해 주는 뚜렷한 형태 대립을 보여 준다. 이 방언의 복합 구문들에 대한 연구는 장차 우리말의 혼란된 기술을 고쳐 줄 수 있는 토대를 마련해 줄 것이다. 한 걸음 더 나아가, 종결어미를 만들어 주는 범주들에 대한 논의는, 답보 상태에 머무는 듯한 '알타이 어족'의 논의에 새로운 접근 방식을 열어 줄 수 있다. 형태소들의 유사성에만 주목할 것이 아니라, 더 높은 층위의 범주들에 대하여 주목할 경우에 (어떤 범주들이 왜 종결 과정에 참여하는지에 대한 상위 연구가 됨) 또다른 측면이 드러날 것으로 기대하는 것이다.

만일 이 글에서 제시된 표들이 이 방언의 실상을 왜곡하지 않았다면, 다시 이 틀들은 가장 먼저 한국어의 다른 방언 및 옛 자료들에도 적용되어 강건성을 시험받아야 할 것이다. 한국어에 공통되게 관류하는 매개인자들이 무엇이고, 개별화에 간여하는 요소가 무엇인지를 놓고서 큰 그림을 그려야 할 단계가 될 것이다. 현시점에서는 밝은 눈을 지니고서 개별 방언에 대한 탐색과 논의가 더욱 절실히 필요하다고 판단된다.

제2장 제주 방언의 인용 구문과 매개인자[※]

1. 들머리

인용이란1) 형식은 그 동기가 어떠하든지 간에 전형적으로 '남의 말'을 끌어들이는 일을 가리킨다. 그렇지만 남의 말이 표현되는 형식과 관련하여 애매함이 생긴다. 인용에서 '보고'라는 개념으로 언급해야 할 뿐만 아니라, 간접적으로 남의 말을 요약하거나 이를 평가하는 일까지 동시에 겹쳐진다. 그리고 남의 마음가짐까지 여러 정황으로

※ 이 글은 『한글』 제80권 4호(한글학회, 2019)의 745~792쪽에 실린 글을 토대로 하여, 필요한 수정 및 내용에 대한 추가가 이뤄졌고, 매개변항도 매개인자로 바꿨음.
1) 모어 방언으로서 필자는 제주 방언(이하 '이 방언'으로 부름)의 기본 구문을 다룬 적이 있다(김지홍 2014b). 이 후속 작업으로서 『제주 방언의 복합 구문: 접속문과 내포문 1~2』을 다루려고 한다(이 작업은 2020년 경진출판에서 1342쪽의 분량으로 출간되었음). 이를 위해 『한국 구비문학 대계』로 출간된 이 방언의 입말 채록 자료들로부터 관련 형태소들을 모아오고 있다. 이 글에서는 인용 구문 중에서 논의가 제대로 이뤄지지 않은 내용을 다룬다. 이 방언에서 이뤄진 인용 구문의 연구사는 김지홍(2014a)으로 미룬다.

추정하는 일도 동일한 형식을 이용하게 된다. 그 결과로서, 하위 갈래로 적어도 네 가지 범주를 나눌 수 있다.

① 직접 인용 보고,
② 간접 인용 보고,
③ 자유로운 간접 보고,
④ 화행 범주만 언급하는 보고[2]

교착어의 질서를 지닌 우리말을 놓고 볼 때에, 직접 인용 보고와 간접 인용 보고 사이에 서로 명확한 구분이 있기보다, 외려 흐릿하게 겹쳐져 있는 경우를 쉽게 접할 수 있다.[3] 따라서 위 하위범주들을 명확히 유지하기 위해서는, 언제나 인용 보고의 '동기'(담화 전개 전략)를 살펴보는 일도 판단이나 결정 과정에 같이 투입되어야 한다.

이 글에서는 이 방언의 인용(또는 유사 인용) 구문과 관련된 자료들을 놓고서, 제대로 드러나지 않은 측면들을 담화 전개 흐름의 측면에

---

2) 이 구분은 페어클럽(2003; 김지홍 뒤침 2012)의 제3장에서 담화 전개 속에 다뤄지는 인용 구문의 형식에 대한 하위범주이다(93쪽의 각주 16을 보기 바람). 입말 말뭉치를 중심으로 하여 담화 전개 차원에서 인용의 형식을 처음으로 규명한 머카씨(1998; 김지홍 뒤침 2010)의 제8장에서도 최소한 인용 형식이 네 가지 중요한 기능을 떠맡고 있음을 밝힌 바 있다.
   첫째, 주제를 도입하거나 무대를 마련하는 기능이다.
   둘째, 초점을 부각시켜 주는 기능이다.
   셋째, 대화나 담화 연결체를 매듭짓는 기능이다.
   넷째, 신뢰성을 뒷받침하거나 정당성을 확보하는 기능이다.
   물론 이것으로 모든 기능들이 다 언급되었다고 말할 수 없겠지만, 남의 말을 단순히 인용한다는 좁은 개념으로 이용되기보다는, 오히려 인용의 기제를 밑바닥에 깔고서 다른 담화(입말 대화) 전개의 기능을 실행하고 있음을 새롭게 부가시켰다는 점에서 새로운 전환으로 평가된다.
3) 심지어 '-고 하다'도 명사절 형태로 표현되어 '-는 것을 말하다', '-았음을 말하다' 따위로 바뀔 수 있다(현영희 2019). 이런 분포까지 포함하여 인용 구문을 적절히 제약하는 방식으로 인용과 관련된 상위문 동사(상위문 핵어)들을 놓고서 새롭게 분류하는 선택지가 있겠지만(박재연 2012), 사유나 인지 또는 심리라는 표현이 드러내듯이 경계가 불분명해지기 일쑤이다. 105쪽 예문 (26)의 설명을 보기 바란다.

서 말투 변이의 측면과 더불어 밝히고자 한다. 특히 공통어 형식과 이 방언의 고유 형식이 교직되어 전개되는 측면이 그러하다. 이 방언의 고유 형식도 결국 공통어의 형태소를 이용한 것이 불과하다고 논의할 것이다. 그리고 개념상 전혀 인용이라고 판정할 수 없는 사례들에서도 인용 구문 형식이 그대로 관찰된다는 사실을 놓고서, 좀 더 큰 범주의 내포문 구현 동기를 고려한 설명을 시도한다.

2. 인용 구문에 대한 기술과 해석

2.1. 인용의 전형적 모습

이 방언에서도 공통어의 경우에서와 같이 모든 형식의 인용 구문을 찾을 수 있다. 남의 말에 대한 어조까지 다 흉내 내어 말하는 직접 인용 형식은, 쌍따옴표 " "를 써서 흔히 상위문으로서 '하다, 소리치다, 말하다' 등을 쓰게 되는데, (1)의 형식이다(단, 기호 약속으로서 이하에서 형태소의 음성 형식이 나오지 않은 채 비어 있는 경우는 'Ø'로 표시해 둠).

(1) "아야야!" Ø 소리쳤다.

여기서는 인용된 내용에서 '본디 어조'까지 흉내를 내기 때문에, 일상적인 어조와 구별되고, 따라서 이런 현장성의 출현(실현) 때문에 인용 구문을 매개하는 어미 형태소가 굳이 등장하지 않아도 된다고 여길 수 있다. 그렇지만 이것만이 유일한 형상이 아니다. 남 또는 상대방의 어조까지 그대로 흉내를 낸다는 '직접 인용'이라 하더라도, 다시 아래 (2)와 (3)처럼 인용 구문에서 요구되는 동사와 인용 어미 형태소를 그대로 수반할 수도 있다.

(2) "아야야!" 하고⁴⁾ 소리쳤다.

(3) "아야야!"라고 했다.

(2)의 형상을 서술할 경우, 의미역을 배당하지 못하는 가벼운 동사 '하
다'가 인용 구문의 어미 형태소 '-고'를 지니고서 상위문 동사 '소리치
다' 속에 들어가 있다고 말할 수 있다. (3)에서는 계사⁵⁾ '이다'의 활용
형식 '-라'와 인용 어미 '-고'를 결합한 뒤에, 다시 '소리치다'를 대신

---

4) 여기서 관찰되는 '하다'의 범주에 대하여 의문을 제기할 수 있다. 지금까지 대동사,
문법동사, 형식동사, 의미역이 없는 가벼운 동사, 허사 등의 범주가 인용에 대한 개념
규정과 더불어 부여되어 왔다. 인용 동사라는 범주가 설정될 수 있을지는 불분명하다.
왜냐하면 인용 구문에서 나타나는 '하다'는 오히려 형용사적 특성들이 더 많을 듯하기
때문이다. 김지홍(1986)에서는 '반짝하다, 썰렁하다, 꺼칠꺼칠하다' 등에서 보듯이 상
징어 어근에 붙은 '-하다'를 묘사동사(depict verb)의 범주로 상정한 바 있었다(제7장).
현재 필자의 판단으로는, 직접 인용 구문에서 찾아지는 '하다'도 "남의 말을 그대로
모방한다"는 점에서, 묘사 역할을 맡는다고 여긴다. 왜냐하면 남의 어조까지 그대로
모방하거나 흉내 내는 일이 일종의 묘사이기 때문이다(모방이나 흉내가 곧 묘사[그리기]
를 중심으로 개념화되는 것임).

5) 필자는 인용 구문의 하위 구분과 관련하여 상위문 핵어의 의미 자질에 따라 나눌 수
있을 것으로 본다. 즉, 전형적으로 대상의 속내를 가리켜주는 계사 '이다' 및 결과 상태
를 가리키는 묘사동사 '하다'(형용사적 특성을 띰)가 나란히 관찰되는 현상을 놓고서,
각각 내포문 내용을 언급하는 방식 및 내포문을 그대로 포장지로 싸서 보여 주는 방식
으로 파악한다. 이것들이 기계적인 분류가 아니라, 융통성 있게 상대적으로 작용한다
는 전제 위에서, 계사가 이용될수록 내포 의미를 지시하게 되고(따라서 본디 발화에서
변형이 쉽게 일어남), 묘사동사가 이용될수록 외연 의미를 지시하게 될 것이므로, 후자
에서는 본디 발화가 괄호 속에 싸이듯이 가공될 수 있는 토대가 덜한 것으로 가정한다.
  한 걸음 더 나아가, 계사 구문을 이용하는 전형적인 방식이 명명법(A는 B이다)이라는
점에 주목하여, 내포문으로서 인용의 내용을 언급할 수 있는 토대가 82쪽의 (5)와 같은
강조 구문의 형상과 겹쳐짐으로써, 자연스럽게 B 자리에 구현되었을 것으로 본다. 이런
특성은, 설령 입 밖으로 발화된 것이 아니더라도 상대방의 마음속을 들여다보는 것처
럼 추정 또는 짐작하는 내용이, 왜 군이 인용 구문의 형식을 띠게 되는지에 대해서도
설명해 줄 토대를 지닌다. 이것이 간접 인용 형식을 벗어나서 따로 자유로운 간접 인용
범주가 존재하는 까닭이 되는데, 다시 이런 이유와 정합적으로 맞물리면서 어떤 의사
소통 의도를 담화로 일관되게 구현하기 위하여 이런 몇 선택지를 구현한다고 볼 수
있다.
  그런데 왜 직접 인용과 간접 인용으로 나눠야 할까? 이 물음이 결코 한두 마디의
답변으로 끝날 것이 아니겠지만, 대체로 담화 전개 방식에서 인용과 관련한 네 가지
하위범주를 중심으로 하여 93쪽 각주 16의 「정당성 확보 전략」을 고려하면서 답변할
수 있을 듯하다.

하는 대동사 속에 들어가 있거나, 아니면 '말하다' 부류의 대동사 속에 들어가 있는 것으로 볼 수 있다. 이런 모습은 공통에서뿐만 아니라 이 방언에서도 그러함을 쉽게 확인할 수 있다. 다만, 계사 '이다'의 활용 형식 '이어'에6) 다시 관형형 어미 '-은'이 결합된 모습(이어+은)이 특이하다고 볼 만하다.7)

---

6) 이 방언에서는 비격식적 상황에서 쓰이는 반말투 종결어미가 '-어'가 있다. 여기서 비격식적이란 뜻은 어조만 바꿈으로써 서술·명령·감탄·의문 등의 모든 서법에 두루 쓰인다는 뜻이다. 또한 융합 형태소를 만들어 낼 경우에 반말투 종결어미 형태소 '-어'는 가장 핵심적이며 빈출도에 압도적인 요소로 쓰인다. 김지홍(2014b)에서는 이를 이 방언에서 반말투 어미의 전형적 형태로 봤다.

   그런데 계사 '이다'가 활용할 경우, 적어도 이 방언에서는 '이다, 이어, 이라'와 같이 세 가지 모습을 관찰할 수 있다(143쪽과 395쪽). 김지홍(2020: 661쪽)에서는 이들이 먼저 두 계열로 나뉜 뒤, 다시 하위로 둘로 나뉜다고 주장하였다. 전자는 [+격식적, +공식적]이란 의미자질을 지닌 서법에서 고유한 서술 형태소로서 실현된다. 후자는 모두 [-격식적]이라는 자질을 공유하면서, [+공식적]인 장면에서는 고유한 서술 서법의 '이어'가 나오지만, [-공식적]인 장면에서는 반말투의 어미 형태소로서 '이라'가 쓰인다.

   계사의 활용에서 고유한 서술 서법의 어미 '이어'와 반말투 어미 '이라'는 매우 특이하다. 왜냐하면 일반 동사의 반말투 어미 활용이 '어'이기 때문이다. 이런 점에서 '어'라는 어미 형태소가 계사에서는 서술 서법의 고유 형태소이지만, 일반 동사에서는 어조를 달리 하여 두루 여러 서법에 걸쳐 쓰이는 반말투 어미 형태소임에 유의할 필요가 있다. 이런 분포의 역전 현상(거울 역상 분포)은 매우 특이한 것으로, 다른 방언에서도 그러한지 살펴볼 필요가 있다.

7) 이례적인 통합 관계를 고영진(1984: 53쪽 이하)에서는 '-이라'에 관형형 어미가 결합된 방식으로 설명할 수 있음을 언급한 바 있다(관련 구문의 국어사적 발달에 대해서는 '이규호 2006'을 참고할 수 있음). 관형형 어미의 분포를 설명할 수 있는 자연스런 방식으로 판단된다. 여기서는 두 단계의 핵어 생략을 상정해야 하며, 이를 유도하는 기제가 상정되어야 할 것이다. 이 방식이 아니면, 내포문이 명사 속성의 어근으로 간주되어 명사 어간에 관형형 어미가 붙는다는 궁색한 설명도 융합 형식으로 검토될 수 있겠지만, 몇 가지 현상들이 공모하여 일어난 결과일 것이므로, 또한 간단히 일도양단으로 설명 가능한 방식이 이내 찾아질 것 같지 않다.

   이 글에서는 복잡한 논의들을 일단 젖혀 두고서('이라고 하는'과 같은 인용구문의 환경에서 '이어 ∅+은'이라는 결합 단계의 상정이 불가피하기 때문임), 편의상 일단 관형형 어미 '-은'이 계사의 반말투 어미 '이어'에 결합된 것으로만 간주하기로 한다. 그런데 공통어에서는 "~이라는 말이다"가 "~이란 말이다"로 줄어들 수 있다. 만일 관형형 어미 '-는'을 '느+은'이 융합된 모습으로 분석할 수 있다면, 각각이 양태적 의미 자질을 띠고 있다(일단, '-을 : -은'이 먼저 대립하고, 후자에서 다시 '-는 : -던'의 대립 형태소가 도출된다고 볼 경우에 그러함).

   최근 고영진(2019)에서는 '-읍네다, -나(느+아), -앖이느냐?' 등에서 형태소 '-느-'가 찾아질 수 있음을 밝혔다. 그리고 그 의미 자질로서 일시적이지 않고 '항상성'을 띤 형태소임(해당 사건이 늘 일어남)을 설득력 있게 논증하고 있다. 필자는 사건에 관한 '항상성'자질을, 대화 참여자들에 관한 양태 속성으로서 "청자가 언제든지 경험할 수

2.2. 인용 구문 형식의 두 갈래 존재(이 방언의 언어 사실)

이 방언에서는 관형형 어미를 이용한 인용 구문과 인용 어미를 이용한 두 갈래의 인용 구문이 관찰된다. 전자는 계사 '이다'를 이용하는데, 공통어의 인용 형식인 '-이라는 말을 하다'의 구성에 상응하는 '-이엔 말#ᄒ다'가 있다(단, 기호 '#'은 어절 경계를 표시함). 이 형식은 앞뒤 문맥이 인용임을 명시적으로 알 수 있기 때문에, 인용과 관련된 상위문 동사 '말#ᄒ다'(말을 하다)가, 단지 'ᄒ다'로만 줄어들고, 내포문의 '이어'[이+어]가 제1음절의 어간에 동화되어 전설음(중설 '어' → 전설 '에')으로 바뀌어 '이에'의 모습으로 되면서, 관형형 어미 '-은'이 융합된 모습 '-이엔 ᄒ다'로 된다. 또 다른 형상으로 관형형 어미 '-은'과 'ᄒ다'('말 하다'에서 관용적 명사가 생략됨)로 구성된 것도 쓰이는데 (86쪽의 예문 9), 이 형식은 강조 구문과도 공유된다. 만일 관형형 어미가 계사 어간 '이'와 통합된다면, '-인 ᄒ다'로 융합될 수 있는 것이다 (김지홍 2014b: 211쪽 이하).[8] 여기서 계사의 활용 모습 '이어, 이에' 뒤

있음"을 뜻하는 것으로 받아들인다. 이른바 현상학에서 다루는 개념으로서, 청자 쪽에서도 "추체험함으로써 확증할 수 있다"는 뜻으로 개념화할 수 있는 것이다. 이와 대립하는 '-더-는 화자 쪽에서 이미 겪었던 사건임을 가리켜 주지만, 청자 쪽에서 보면 그 사건을 추체험할 수 있는 기회가 원천적으로 차단되어 있음을 뜻한다. 즉, 해당 형태소들에는 양태와 관련된 다른 자질들도 있겠지만, 특히 [±추체험 가능성]에 의해서 둘로 나뉜다고 보는 것이다.

8) 이 부분은 이 책을 펴내는 과정에서 수정되었다. 원래 논문에서는 '이엔 ᄒ다'에서 '인 ᄒ다'로 줄어들었다고 여겼었다. 그렇지만 이제 곧 살펴볼 사례 (4)와 (5)에서와 같이 관형형 어미 '-은'이 직접 내포문의 종결어미에 통합되는 것으로 봐야 옳겠다고 판단된다. 그렇다면 '-은 말이다, -은 말을 하다'와 같은 기본 형상에서 문법화되었다고 볼 수 있다. 그렇지만 전설화는 어떻게 해서 일어날까? 필자로서는 두 가지 조건이 떠오른다. 하나는 시상 선어말어미에 녹아 있는 "있다" 어근에 의한 영향이다. "잡으민, 잡았이민"과 같은 활용에서 조건 접속어미 '-으민'이 전설화되는 경우와 동일한 것이다.
   다른 하나는 계사의 어간이 융합된 뒤에 마치 단일한 형태처럼 쓰이는 경우이다. 계사의 활용은 이 방언에서 적어도 '이다, 이어, 이라'로 나온다(김지홍 2020: 661쪽). 여기서 격식 갖추지 못한 말투로 쓰이는 '이어, 이라'가 모두 다 '-은 말이다, -은 말을 하다'와 통합될 수 있으며, 각각 '-이엔 말이다, -이랜 말이다'처럼 통합되는데, 이것이 더욱 문법화를 거치면서 '-인 말이다, -인 말을 하다'를 모두 표상하는 대용 동사로서 '-인 ᄒ다'가 쓰이는 것으로 추정한다. 뒤에 있는 (7)에서 이런 과정이 일어나는 방식을

에 융합된 요소가 과연 관형형 어미 '-은'인지 여부가 분명히 결정되어야 할 것인데, 이는 전형적으로 다음 예문을 고려하였기 때문이다.[9]

(4) 경허여 가 가지고, 이제는 주인 아들을 뿔로 "칵 : " 케우런 죽엿단 말이어. [구비9-1 안용인, 남 74세: 137쪽]
(그렇게 해서, 이제는 주인 아들을 뿔로 "칵 : " 치받아 내던지고서 죽여 버렸단 말이야)

언급해 두었다. 그렇지만 시상 선어말어미에 녹아 있는 "있다" 어근에 의한 영향일 가능성이 고려되지 못하였으나, 이 가능성도 이 방언의 다른 언어 사실들에 대한 설명력을 지니므로 적어도 두 가지 경로가 적용된다고 파악하는 것이 더 낫다.

처음 이 방언의 인용 구문을 포괄적으로 논의한 강정희(1981, 그리고 1988: 164쪽 이하)에서 '-인'을 인용 구문의 어미로 상정했고(엄연히 같이 쓰이고 있는 인용 어미 형태소 '-고'의 존재는 무시해 버렸음), 특이하게 인용 구문의 어미를 놓고서 '-인 : -잉'의 시상 대립을 논의하였다. 이와 대립하는 반대 주장이 김지홍(1982)와 고영진(1984)와 정승철(1997)이며, 모두 수의적 변이로 보았다. 문제의 핵심을 필자는 접속 구문의 경우('-아그네 → -앙' : '-아네 → -안')와 인용 구문의 경우('-이어+-은')를 분명히 나눠 놓을 필요가 있을 것으로 본다.

그런데 이 방언의 설화 채록 자료들에서는 언어 사실로서 '-고 말ㅎ다, -고 ㅎ다'도 동시에 쓰이고 있다(129쪽, 144쪽). 특이하게 이 '-고' 형태소와 관형형 어미 '-은'이 융합되어 있는 '-곤'까지 관찰된다(172쪽 이하). 매우 중요한 언어 사실이다. 그렇지만 여지껏 이러한 기본적인 언어 사실이 무시되어 왔음은 유감이다. 이런 현상은 김지홍(2020)에서 문법 형태소의 중층적인 쓰임으로 지적하였는데, 일부 접속 구문의 어미들과 종결어미에서도 중층적 쓰임을 보여 주는 것을 관찰할 수 있다.

기본 형상으로서 필자의 관형형 어미 상정을 놓고서, 제2 심사자와 제3 심사자는 기본 형상에서 '말'이라는 명사를 상정하는 데에 의문을 제기하였다. 이 방언의 설화 채록 자료에서는 분명히 예문 (4), (14), (31)과 같은 발화들이 있으며, 이런 언어 사용 사실에 근거했다.

제3 심사자의 1항에서는 '-옌 {경, 영} 곧다'(-이라고 {그렇게, 이렇게} 말하다)도 고려되어야 한다고 지적하였다. 이 또한 분명히 가능한 형상이다. 필자의 직관에는 이것이 부사어를 다시 집어넣어 강조하는 모습으로 느껴진다. 또한 이 분의 2항에서는 겉모습이 비슷한 접속어미 '-안 : -앙'과의 관련성을 반박해야 이 글의 주장이 성립될 수 있다고 지적해 주셨다. 이 점은 누차 언급되었는데(김지홍 2014a, 2014b, 2016, 2017), 접속 구문의 형태소는 기본 형상이 각각 시상이 대립되는 '-아네 : -아그네'로부터 줄어든 형태이다(본디 형태일수록 의고적 특성을 띰). 인용 구문에서는 이런 환원이 결코 일어나지 않는다. 비록 '-은'이라는 공통된 소리를 갖더라도, 이것들 사이에는 결코 혼동이 일어나지 않는다.

9) 이 방언의 자료는 1차적으로 1980년대 초반에 출간된 『한국 구비문학 대계』의 9-1(북제주군편), 9-2(제주시편), 9-3(서귀포시·남제주군편)에서 가져온 것이다. 여기서는 간략히 각각 '구비9-1, 구비9-2, 구비9-3'으로 쓴다. 인용 뒤에 자료의 출전을 [ ]로 제시하면서, 구술 화자의 정보를 같이 적어 두었다. 한국학중앙연구원 누리집(http://gubi.aks.ac.kr)에서 디지털로 전환된 녹음 내용도 같이 들을 수 있다.

여기서 '-단 말이어'(-단 말이야)를 관찰할 수 있는데, 이는 '죽엿다'(죽였다)를 강조하는 방식이다. 다시 말하여, 이 구문은 다음의 강조 구문의 형상으로 되어 있다.

(5) "(내가 강조해 주고 있는 것이) [ ]는 말이다."

(4)의 모든 내용이 꺾쇠 괄호에 들어 있고, 그 마무리로서 '-단 말이어'로 끝이 난다(관형형 어미 '-는'이 '-은'으로 줄어들고 마침내 재음절화를 거쳐 받침소리로 됨). 강조 구문에서는 분열문 구성에 계사 '이다'가 참여하고 있으며, 내포문 종결어미와 결합할 필요가 없다. 영어에서 한 문장에서 임의의 부분을 강조하기 위하여, "It~that~" 분열문을 만들어 놓는 것과 동일하기 때문이다(영어에서는 필수적인 상승 이동이 일어나지만, 우리말은 제자리 이동에 그침). 만일 (4)가 계사를 이용한 인용 구문으로 실현되었을 경우, '-이엔'이 충실히 반영되어 내포문의 종결어미 '-다'를 비개모음 '에'([ɛ], 애와 에가 하나로 통합된 소리)로 동화시켜 놓았을 것이다('다+이'를 문자상 유연성을 살려 주려면, 발음상 구분이 없더라도 '-댄'으로 표기할 수 있음). 즉, 다음처럼 도출되었을 것이다.

(6) '죽였댄 말이어' 또는 '죽였덴 말이여'

여기에서 '이엔'이 더 줄어든 형식인 '인'인데(각주 8에서 계사와 관형형 어미의 융합체로 봄), 다시 재음절화 과정을 거쳐서 반모음(y 또는 j)과 받침소리(ʔn)로 실현되어 있다. 즉, 다음과 같은 변화가 일어난 것이다.

(7) -이언 〉 -이연 〉 -이엔 〉 -인

각각 순행 동화(이연)와 이중 모음의 단모음화 및 전설모음화(이엔)가 일어난 뒤, 문법화되고 단일한 하나의 형태와 같이 음절 축약(인)을10) 거쳐서, 마치 한 가지 형태인 양 '-인'으로 되었다. 그렇지만 다시 내 포문의 종결어미 '-다'와 융합되면서 '-인'의 전설음이 반모음 'y'(또는 'j'로도 표기됨)으로 바뀌며, 종결어미를 동화시켜 놓은 것이 '-댄' 또는 '-덴'이다.

(4)의 강조 구문(-단 말이어)을 선택하든지, (6)의 계사가 깃든 인용 구문(-댄 말이어)을 선택하든지 간에, 두 가지 표면형은 필자의 모어 방언 직관으로서는 모두 다 허용될 수 있는 발화이다. 만일 (4)의 기본 형상이 (5)에서 도출되어 나옴이 틀림없다면, 기능상 분명히 강조 구문 이지만, 이를 위한 특별한 형식이 마련되어 있는 것이 아니라, 인용 구문의 형식을 빌려 쓰고 있는 것임을 알 수 있다. 인용 구문도 인용만을 위해 기능하는 것이 아니다. 76쪽의 각주 2에서 지적했듯이, 담화 전개 속에서 그 기능이 적어도 네 가지 이상으로 확대되며, 빈출도에 따라 확대된 기능이 외려 전형적 기능으로 발전할 수도 있는 것이다.

2.3. 두 가지 형식의 자유로운 교체 및 다양함의 추구

그런데 다음의 사례 (8)에서는 공통어에서 기본적인 형식과 이 방

---

10) 가장 중요한 물음은 "왜 줄어들어야 하는가?"이다. 제2 심사자의 5항에서는 '-이어'가 동화된 '-이여'를 거쳐 '-이에'로 된 과정이 불분명함을 지적하였다. 이는 '중설'에서 '전설'로 바뀐 것이므로, 이 방언의 잦은 '전설화 경향'과 관련될 듯하다. 음운 변동 사실에 대한 논증은 필자의 능력 밖이다. 장차 음운 전공자들에게 자문을 받을 수밖에 없음을 적어둔다.
　일반적으로 필자는 인용된 구문임을 청자도 알 수 있을 것이라는 점에서 표현상의 경제성 때문에 생략이 일어날 것으로 본다. 축약 동기에 대한 설명이 어떻게 상정되든 지 간에, 이런 환경에서 축약이 쉽게 관찰된다는 분명한 "언어 사용 사실"이 먼저 주목 될 필요가 있다.
　경상도 방언에서 '뭐라고 하노?'('뭐락 하노?'로 줄어듦)라는 표현이, 필자가 들어온 진주 방언에서는 '뭐라고 하네?'가 줄어든 '뭐락 하네?'로 나온다. 특이하게 산청 출신 의 화자들로부터는 '뭐라쿠네?'(쿠에 강세가 없음)로 더욱 융합되어 한 형태소마냥 말 해지는 것도 들을 수 있다(94쪽의 각주 18 참고).

언에서만 자주 쓰이는 형식이 같이 '메아리처럼 복사되고 있음'을 보여 준다. 비록 본디 억양을 모방하지 않는다는 점에서 직접 인용이 아니라 간접 인용이지만, 이 방언에서 모두 다 허용되는 인용의 형식을 잘 보여 준다.

(8) [도채비가] … 자주 생사름(生사람, 살아 있는 사람) 모냥으로 흐다고 흐네다. [옆에서 듣던 친구 현원봉씨가 추임새처럼 거들면서 동의하기를] 아이, 생사름 모냥으로 흐댄! [구비9-1 안용인, 남 74세: 173쪽] (도깨비가 … 자주 살아 있는 사람처럼 부부생활을 한다고 합니다. [옆의 현원봉씨가 거들면서 동의하기를] 아니 그렇잖겠나, 살아 있는 사람처럼 부부생활을 한다고!)

여기에서는 본디 화자가 인용 구문으로서 '-고 하다' 형태를 썼다. 그런데 옆에서 이야기 진행을 거들고 있는 친구 분은, 계사를 이용한 인용 구문으로서 '-댄'으로만 끝을 맺었다. 만일 생략된 요소를 복원한다면 '-댄 말이로구나!' 또는 "-댄 말을 흐는구나!" 정도를 상정할 수 있을 것이다.

영어 입말 말뭉치를 분석한 뒤 머카씨 교수가 찾아낸 기능들을 고려한다면, 본디 화자가 담화 전개에서 '신뢰성 입증'을 위해서, 인용 구문을 이용하여 듣는 사람에게 자신의 말을 마치

「확정된 사실을 통보해 주는 듯이 의심 없이 받아들이도록 요구한다」

는 속뜻이 깔린다. 즉, 본디 화자가 도깨비가 살아 있는 사람처럼 부부생활을 한다는 점을 추정하고 있지만, 이를 마치 사실인 양 간접 인용의 형태로 표현해 놓고 있는 것이다. 이어 옆의 청자는 그 말에 동의의 표시로서 "그렇지, 그런 일도 있겠구나!"라는 탄복과 함께, 본디 화자

가 바로 앞에서 했던 말을 그대로 복사하여 되풀이한다. 그런데 동일한 사태를 언급하면서 원래 화자는 공통어에서 쓰는 '-고 (말)하다'의 인용 구문을 쓰고 있지만, 옆에서 거드는 친구 분은 계사를 이용한 '-이라는 말을 하다' 구문을 쓰고 있다는 점이 흥미롭다.

본디 화자는 왜 굳이 공통어에서 쓰는 형식을 이용하는 것일까? 필자는 두 가지 해석이 가능하다고 본다. 하나는 대학 교수인 설화 조사자를 격식을 갖춰 대접해 준다는 속뜻이 깃들어 있다. 이른바 비격식적 말투에서11) 격식적인 말투를 씀으로써, 좀 더 공식적이며 객관적 사실을 말해준다(사회적 거리를 인정하고 여기에 걸맞는 말투를 쓴다)는 분위기가 깔리는 것이다. 그렇지만 본디 화자와 그 친구 사이에는, 허물없이 지내는 사이이기 때문에, 굳이 사적으로 자신들 사이에서 격식 갖춘 말투를 사용할 필요를 느끼지 못했을 것이다. 동의한다는 표현을 추임새처럼 말하면서, 이런 점이 자연스럽게 이 방언의 말투로 바꿔 놓은 것으로 해석할 수 있다.

다른 하나는 담화의 전개 과정에서 다양함을 보여 주기 위한 방편일 수 있다. 단조로운 담화 전개보다는 좀 더 입체적이고 다양한 전개 방식이 당연히 관련된 청자들의 이목을 끌고 주목을 받기 마련이다. 서구어에서는 실사인 낱말을 담화 전개에서 바꿔 써 놓도록 가르치며, 이를 위해 '관련 어휘 총괄집(thesaurus)'으로 불리는 사전을 줄곧 활용하게 된다. 선핵 언어에서는 실사가 그런 교체의 표적이 된다. 낱말을 교체하였지만 그런 낱말들이 다시 사슬을 이루게 되며, 흔히 낱말 사슬(lexical chain)로 불린다(103쪽 각주 21을 보기 바람). 그렇지만 후핵 언어인 우리말에서는 문법 형태소가 그 대상이 된다. 이런 측면에

---

11) 본디 핼러데이(Halliday 1978, 그리고 1989 제2판)에서 register(등록하다, 등록된 것)라는 용어를 써서, 격식투와 비격식투, 공식적 말투와 사적인 말투, 집단 내부 사람과 집단 외부 사람에게 쓰는 말투 따위가 동시에 한 사람의 머릿속에 "같이 다 들어 있음"을 가리켜 주었던 본디 의미이다. 사회적 거리 및 심리적 거리라는 자질들로써도 이런 말투의 구분을 해 줄 수도 있다. 또한 149쪽과 368쪽을 보기 바란다.

서 어미 형태소들의 교체가 「다양성을 추구하는 방편」으로 해석되는 것이다. 또한 고재환 외 5인(2014: 141~146쪽, 153~158쪽)과 김지홍 (2014b: 229, 455쪽 이하)에서는 인상적으로 부름말(호칭어)과 가리키는 말(지칭어)의 분화가 이 방언의 사회언어학적 변이에 속할 수 있음을 적어 놓았었다.

2.4. 인용 형식에서 관찰되는 관형형 어미 '-은'의 존재

그런데 다음 예문들을 고려할 경우에, (4)에서 관찰된 '-은'이 과연 관형형 어미일지에 대하여 의문을 던질 수 있다. 왜냐하면 '이엔' 또는 '인'이라는 인용 어미가 더 이상 꾸며줄 만한 명사핵어 '말'이 전혀 없는 경우도 허다하게 관찰되기 때문이다.

(9) 믄딱덜(모두들) 배남(배나무)에 올라갓단, 도독이엔 ᄒ연 심어간(붙잡 아가서) 옥(獄) 속에 넣어 불언. [구비9-2 양구협, 남 71세: 623쪽] (모두들 배나무에 올라갔다가, 올라간 사람들이 도둑이라고 여겨서, 나 졸들이 그들을 붙잡아 가고서 모두 다 감옥 속에 집어 넣어 버렸어)

(10) "이게 약소(略少)ᄒ 재천(祭饌)이지마는, 조꼼(조금) 응감(應感) ᄒ십센 허연, 짊어젼 왓습니다." Ø ᄒ난,… [구비9-1 안용인, 남 74세: 169쪽] (도깨비 귀신한테 "이것이 소략한 제수이지만, 「조금만이라도 응감하십 시오」 말을 하고 나서, 제수를 등짐으로 짊어져 갖고 여기 도깨비 신당까 지 왔습니다."고 말하니까, …)

(9)에서는 '도둑이어'(도둑이다)에 이어진 인용 구문 어미가 '이엔 말을 ᄒ다'가 아니라, 명사 핵어(말)가 없이 오직 '이엔 Ø ᄒ다'로만 나와 있다. (10)에서는 내포문에 이 방언의 대우 표현의 청유법 '-으시-+- 읍서'가 재음절화를 거쳐서 '-으십서'(-으십시오)로 실현되어 있다(88

쪽의 각주 13을 보기 바람). 이것이 다시 '이엔 말ᄒ다'가 아니라, 명사 '말'이 전혀 없이 오직 '이엔 ∅ ᄒ다'로만 실현되어 있다(바로 이어진 후행절에서는 인용 어미도 무표지 ∅로 나왔음). 먼저 '말'이라는 핵어 명사(또는 그 상당어)가 들어 있든지 그렇지 않든지 간에, 두 가지 모습이 모두 다 빈번히 사용되고 있는 인용 형식임을 지적해 둔다. 명사 핵어가 없는 형식은 이내 복원 가능한 조건에서 생략된 것으로 설명할 수 있다. 101쪽 이하 §.3.2에서 이 방언의 다양한 실현 모습을 다루면서 다시 다뤄질 것이다.

그렇지만 인용 구문에서 관형형 어미 '-은'을 확정했다면, 왜 이 어미가 디딤판처럼 얹힐 명사에 해당하는 요소가 없는 것일까? 이 의문에 대하여 두 가지 답변이 가능할 것으로 본다. 하나는 대용사로서 '하다'를 상정하는 것이다. 구를 이룬 동사(구적 낱말 단계)로서 '말#하다'라는 표현을 쓰지 않더라도, 가장 전형적인 인용 구성이기 때문에, 인용이라는 속뜻으로 그 의사소통 재료인 '말'이 쉽게 복원될 수 있다는 측면에서, '말#ᄒ다'에서 '말'이 공범주 형태(∅)로 들어 있다고 보는 것이다.

다른 한편으로, 이는 묘사동사(depict verb, '결과 상태'라는 형용사 속성을 띰)으로 기술될 수 있는 접미사 '-하다'와 동일한 방식으로 처리될 수 있다. 다시 말하여, 내포문으로 나온 인용 부분의 자질을 그대로 '하다'가 승계하는 것으로 볼 수 있는 것이다. 그런 점에서 설명력이 더 확대된다. 이는 94쪽의 예문(15)와 관련하여 다시 논의될 것이다.

이 두 가지 선택지 중에서 후자 쪽이 더 설명력이 높을 듯하다. 왜냐하면 상위문의 핵어 '말#하다' 또는 '하다'가 모두 송두리째 생략되는 발화들도 아주 잦게 관찰되기 때문이다. 아래 예문들에서 보듯이, 이른바 잘라버리기(truncation, 단절) 현상이 관찰된다.

(11) 알으키지 맙셴 ∅. 종하님에게도[12] 일절 발표ᄒ지 맙서고 ∅. [구비

9-1 안용인, 남 74세: 122쪽]
('알려주지 마시십오'라고 ∅. '하녀에게도 일체 발표치 마십시오'라고 ∅)

(11)에서는 내포문에 청자를 높여 주는 종결어미 '-읍서'를 관찰할 수 있다. 더러 선어말어미로서 대우 형태소 '-으시'가 더 들어가 '-으시+-읍서'로부터 재음절화가 일어난 '-으십서!'(공통어의 '-으십시오!')도 예문 (10)에서처럼 곧잘 나타난다. 그런데 자신의 발화를 거듭 반복하되, 한 번은 이 방언의 인용 어미를 썼고(-읍서+-이엔 → -읍센), 바로 이어 부연하는 메아리 표현에서는 공통어에서 쓰는 인용 어미 '-고'로 교체해 놓았다(-읍서+-고 → -읍서고). 여기서는 같은 화자가 동일한 청자를 놓고서「순식간에 말투를 교체」하는 것이다. 따라서 이런 언어 사실은 앞에서 두 번째로 해석했던 사회적 관계에 따라 의식적으로 격식성과 공식성을 높여 주는 변이 현상이라고 말할 수는 없다. 일관성이 결여되어 있고, 순식간에 두 가지 변이형태가 출현하는 것은, 이미 머릿속에서 그 두 형태소가 자유로운 교체 후보로서 나란히 들어 있다고 봐야 온당하기 때문이다. 또한 사회언어학적 변이가 강제적 의무 사항이 아니라, 화자 개인의 자유로운 선택에 의존하기 때문일 수도 있다.[13]

---

12) 이 방언에서 노비는 남자가 '장남'(구비9-1: 71쪽, 필자의 판단으로는 臧獲에서 나온 臧男일 듯하며, '종놈'도 같이 쓰임), 여자가 '하님'(또는 '종하님, 종년')으로 불린다(『계림유사』의 漢吟과 관련될 듯함). 송상조(2007: 703쪽)에는 '하님-질'이 표제로 올라 있다. 이는 노년층 화자들에게서 이 낱말이 자주 쓰였음을 전제한다고 볼 만하다.

13) 의무적 규칙 적용에 해당하지 않고, 상대방을 배려하려는 마음가짐 정도의 지위로 보는 것이다. 이는 임의의 언어 사용 상황에서 설령 '-요'(가벼운 말투)와 '-습니다'(무거운 말투)가 혼용되면서 나오더라도, 결과적으로는 해당 대화의 열기 및 마무리 단계에서 공식적 말투인 '-습니다'를 사용함으로써, 전체적 성격이 격식 갖춘 공식적 말투로 저울질되는 측면을 염두에 둔 것이다(51쪽의 육조 효과).

말투 변이는 엄격히 서로 일치시킨다는 '예외 없는' 문법 규칙의 개념보다는, 오히려 참여자들 사이에 있는 사회적 관계를 다양하게「변동시켜 줄 수 있는 허용 범위」를 포괄하는 좀 더 느슨한 방식으로 다뤄야 할 듯하다. 제2 심사자의 지적 2항에서는 '-으시-'라는 대우 형태소의 실현이 불가능하다고 보았다. 그렇지만 분명히 예문 (10)은 채록된 자료 그대로임을 밝힌다. 이런 언어 사실을 설명하는 논의는 고재환 외 5인

2.5. 인용 관련 핵어 동사가 실현되지 않는 경우

그렇다면 왜 화자가 동일한 표현을 반복하거나 또는 부연하는 것일까? 담화 전략에서 찾을 수 있는 여러 가지 이유가 있겠지만, 중요한 한 가지 기능으로, 발화의 흐름을 끊기지 않도록 하면서, 다음 발화를 준비할 말미를 얻는 측면도 있다(클락 1996; 김지홍 뒤침 2008). 청자쪽에서는 같은 정보가 반복되기 때문에, 본디 화자가 강조하는 느낌을 받을 수 있겠지만, 본디 화자로서는 다음 말을 인출하고 발화하기 위한 준비 시간을 얻는 것이다.

이와는 달리, 이야기 종결 지점에서도 또한 다음처럼 반복 발화가 관찰된다.

(12) 게난(그러니까) 그추록(그처럼) 흔 고슬(告祀를) 지낸댄 ∅. (이여도에 가서) 그런 고슬 지낸댄 ∅. [구비9-1 김순여, 여 57세: 205쪽]
(그러니까 그처럼 성대한 고사를 지낸다고. 이여도에 가서 그런 고사를 지낸다고)

(12)의 화자는 앞의 (6)에서와 같이 '-은다'로 끝나는 내포문에 이 방언의 인용 어미 '이엔'을 구현해 놓고 있다(-은다+-이엔 → -은대엔 → -은댄). 여기서도 반복 발화가 관찰되는데, 1980년대에 출간된 설화 채록본에서는 이런 반복이 자주 관찰된다. 이는 두 가지 방식으로 해석될 수 있다. 우선, 두 번째 발화에서 대용 표현 '그러하다'를 쓰고 있다는 점에서 강조 구문으로 해석될 수 있다. 그런데 두 번 반복되지만 인용을 하는 핵어 동사 '하다'나 또는 '말하다'가 나타나 있지 않다. 지속적으로 담화가 전개되면서 동일한 사건 유형이 반복됨을 청자가

(2014: 145~146쪽)에서의 사회언어학적 변이를 보기 바란다.

받아들이기 때문에, 줄곧 핵어 동사가 생략되었을 가능성이 높다. (12)의 발화 하나만을 놓고서 실현되지 않은 핵어 동사를 찾아내라고 요구한다면, 그 선택지는 무한대로 늘어날 수 있다. 하지만 이것이 담화 전개 속에서 끄집어 낸 발화라고 한다면, 그 담화의 유형인 설화의 특성을 상정할 수 있고, 뛰어난 이야기꾼이 자신의 생각을 마치 사실처럼 추정하여 말하는 큰 틀을 관련 모형으로 고정함으로써, 인용 형식과 동일한 추정 구문을 도출해 낼 수 있다. 비록 인용 형식과 동일하더라도, 정작 이것이 과연 다른 사람에게서 들은 말을 인용하는 것인지, 그리고 누구에게서 들은 것인지를 캐묻는다면, 그렇다고 자신 있게 답변하기가 주저된다. 인용 구문 및 추정 구문이 화용 상황에 따라 변동하고 있는 것이다. 여기서는 추정하여 말하는 형식으로 해석될 가능성이 높다. 다시 말하여, 비록 설화를 말해 주는 화자 자신의 생각일 뿐이겠지만, 입말로 표현하는 선택지는 추정하는 방식으로 쓰고 있는 것이다.

그런데 두 번째 해석은 이 발화의 위치를 고려하여 찾아낼 수 있다. 이 발화가 이야기의 끝 지점에 있다. 이런 점에서 화자 쪽에서 다음 발화를 준비하려는 시간 확보의 몫을 맡기보다는, 이 화자는 이런 반복 발화로써 설화 조사자인 청자에게 잘 알아들었는지를 확인하려는 기능을 상정할 수 있다. 즉, 청자에게 긍정적 또는 수긍하는 반응을 보여 달라고 요구하고 있는 것이다. 이런 설화가 듣는 사람들 쪽에서 적극적으로든(추임새) 소극적으로든(고개를 끄덕임) 반응을 요구하면서 전개될 수 있기 때문이다.

(13) 어디 강 남으(남의) 일 쥉(맡겨 줘서) 얻어먹고, 할으방은 기영(그렇게) 해 나고랭 ∅. [구비9-2 양구협, 남 71세 l 645쪽]
(어디 가서 남의 일을 주인공 할아버지에게 맡겨 주면 그 품삯으로 얻어먹고, 주인공 할아버지 생활이 그렇게 했었다고 ∅.)

(13)에서는 내포문에 과거 경험을 표현하는 '-아 나다' 구문에,[14] 그 경험을 회상하여 통보하는 어미 '-고라'가 실현된 경우로서, 일부러 띄어쓰기를 해 놓은 보조동사 구문 '해 나고라'(공통어에서 '했었노라' 또는 '했었도다'에 대응함)로 복원된다. 대립을 보이는 보조동사 구문

  '-아 나다 : -아 들다'

에서, 전자가 완전히 문법화한 모습이다. 여기에 다시 인용 구문의 어미 '이엔'이 결합되고 융합이 이뤄진 뒤에, 하나의 형태소처럼 음절 재구조화까지 진행됨으로써, '해 나고랜'이나 '해 나고렌'으로 나왔다. 여기서 마지막 받침이 '은'이 아니라 '응'으로 전사되어 있다. 80쪽의 각주 8에서 지적했듯이, 이는 수의적 변이에 불과한 것이다. 왜냐하면 기본 형상에서 이것이 관형형 어미 '-은'에 불과하고, 결코 이 방언의 접속어미

  '-아그네(-앙) : -아네(-안)'
  ('-아서'가 이 방언에서 시상 대립을 보이는 것이며, 보조사가 덧붙은 '-아 설랑으네'도 같이 쓰임)

와는 관련되는 것이 아니기 때문이다.

  (11)에서부터 (13)까지 살펴본 예문에서는, 한결같이 인용 구문의 어미가 발화의 맨 마지막 자리를 차지하고 있다. 이런 점에서 마치 종결어미처럼 쓰이고 있음을 알 수 있다. 그렇지만 화자나 청자는 인용과 관련된 상위문 동사를 언제나 이내 복원할 수 있다는 측면에서, 완벽히 종결어미로 되었다고 결론을 내리기보다는, 오히려 그롸이스

---

14) 문법화가 진행되기 이전에는 본디 보조동사 구문을 구비하고 있었을 것이며, '-아 나다 : -아 들다'의 방향성 동사의 짝이 관찰된다. 김지홍(2020: 835~841쪽)을 참고 바람.

(Grice 1989)의 '대화상의 속뜻'으로 말미암아 종결어미의 효력까지 얻고 있는 것으로 보는 편이 좀 더 융통성이 있을 것으로 판단한다. 만일 인용 구문 형식이 범주가 전환되어 종결어미처럼 쓰인다고 말한다면, 일부 사례들을 지정하기에는 편할 것이다. 그렇지만 왜 동일한 형태가 항상 그러한지를 되묻는다면, 다른 설명 방식을 채택해야 온당하다. 필자는 이것이 화용 맥락에 따라 속뜻(내포의미)이 달라지는 것으로 설명하는 쪽이 좀 더 유연성 있는 방식으로 본다.

이 방언의 설화 자료에서는 (14)와 같이 관형형 어미 '-은'이 바로 뒤에 있는 명사 '말'을 수식하는 사례가 있을 뿐만 아니라, 거꾸로 (15)~(17)에서와 같이 또한 인용을 매개해 주는 계사도 없고, 관형형 어미도 없이, 덜렁 상위문 핵어 동사 '하다'만 나온 사례들도 자주 관찰할 수 있다. 이런 현상을 두고서, 일단 인용 구문에 관련된 요소들이

"만일 인용이라는 사실을 파악할 수 있다면, 핵어의 생략이 자유롭다"

고 하는 화용상의 약정을 내세울 만한 것이다. 그렇지만 그런 생략이 일어나는 맥락을 명백하게 항목으로 등록하는 일은 쉽지 않을 것이다.

(14) 아닌 게 아니라, 그 옥방(獄房)을 간, 옥방 문을 열앗어. "아바지 이십니까?" 흔단 말이어. 하하, '이것 이상흔단' 말이어. 뒤론 (몰래 뒤따라온 자기 아내가 주인공 자신을) 엿보는디. [구비9-2 양구협, 남 71세: 624쪽]
(아닌 게 아니라, 주인공이 그 옥방에를 찾아 갔어. 옥방 문을 열었어. "아버지 계십니까?" 한단 말이야. 하하, '이것 이상하단' 말이야. 아들과 아버지가 만나는 상면을 뒤로는 주인공 아내가 몰래 엿보고 있었는데)

(14)에서는 '-은 말이어'(-은 말이야) 형식이 계속 두 번 쓰이고 있

다.15) 그런데 첫 번째 경우는 분명히 자기 아들(자신을 찾아온 원님)의 말을 인용하였다. 그렇지만 두 번째 경우는 전혀 발화와는 관계가 없이, 오직 아버지 마음속에 있는 생각을 언급해 주고 있다.16) 내포문 내용이 비단 발화에만 국한되지 않고, 간접 인용에서부터 시작하여 축자적으로 발화 인용과 무관한 적극적 추정이나 추측까지도 가리킬

---

15) 필자의 초고를 읽고서 일본 동지사 대학 고영진 교수는 인용된 내포문이 의문문이나 청유문으로 끝날 적에도 "어디 가콘 ᄒ여라"(어디 갈꼬+은 하더라)와 "ᄒ저 갑준 ᄒ난"(어서 갑주+은 하니까)의 사례도 있으며, 옛말 자료 "거즈말 잘ᄒ닷 마리사 니르려"(번역 박통사 35b)와 같이, 이것들이 모두 사이시옷이 음운론적 동화('말'의 초성에 의한 역행 동화)를 거친 결과일 수 있음을 알려 주었다. 고영진 교수의 혜안에 깊이 감사드린다.
국어사의 시각으로 안예리(2015)에서는 관련 선업들을 언급하고 풍부한 문증 사례들로써 같은 문제를 다룬 글이다. 이 글에서는 이 가능성을 미리 생각해 보지 못하였다(제3 심사자의 지적 3항에서도 같은 내용을 언급했음). 장차 "-닷 ᄒ는 말"처럼 사이시옷 현상이 상위문 동사와 결합되는지 여부도 면밀히 살펴볼 필요가 있을 듯하다. 1년 기간의 방문학자로 밖에 나와 있으면서 국어사 자료들을 쉽게 접속할 수 없으므로, 현재로서는 더 이상 이 가능성을 다룰 수 없음을 적어 둔다.

16) 페어클럽(2003; 김지홍 뒤침 2012, §.3-5)에서는 인용의 상위 개념으로 '서로 얽힌 텍스트 속성(intertextuality)'이라는 개념을 상정하면서, 담화 전개에서 찾아지는 인용의 형식을 크게 직접 인용 보고, 간접 인용 보고, 자유로운 간접 보고, 화행 범주에 대한 보고로 나눴다. 여기서 자유로운 간접 보고는 인용 형식으로부터 자유롭다는 뜻이며, 본디 발화에 얽매이지 않음(인용자의 관점에서 가공되어 있음)을 속뜻으로 깔고 있다. 따라서 간략하게 자신의 낱말로 요약하는 일에서부터 시작하여, 본디 화자의 마음속을 추정하는 일에 이르기까지, 아주 너른 범위에 걸쳐 쓰일 수 있다(우리 언론에서 쓰인 인용동사들의 기능 구분은 '한송화 2014'에서 다뤄졌음). 92쪽의 예문 (14)에서 두 번째 사례는 자유로운 간접 보고로 불릴 수 있다. 화자 자신의 생각을 표현하기도 하지만, 동일한 형식을 이용하여 남의 생각이나 마음속의 의도를 추정하거나 추측하는 일에도 쓰일 수 있다(여기서는 아버지가 마음속으로 의아해 하고 있음을 가리킴). 그런데 왜 인용 구문 형식이 이처럼 네 가지 범주로 변동되는 것일까? 앞의 번역본 252쪽에서는 이를 담화의 거시구조를 형성하는 '합당성 확보 전략'또는 '정당성 수립 전략'으로 부른다. 이 전략도 크게 둘로 나뉘며, 각각 하위에 다시 두 가지 갈래로 다음 도표처럼 나뉜다.

⟨표1⟩ 담화의 거시구조에서 정당성을 확보(합당성을 부여)하는 전략

텍스트 외적 정당성	신화로 만듦	사건 전개와 귀결이 본디 그렇게 예정된 듯이 제시함
	권위를 내세움	전문가의 권위나 사회적 관습을 설득 논거로 제시함
텍스트 내적 정당성	공감을 일으킴	이해 당사자의 의도·목표·동기를 밝혀 동의를 얻음
	양심에 호소	인간으로서 양심과 윤리에 호소함.

만일 이 도표에 기댄다면, 예문 (14)에서 간접 인용 구문을 이용하는 방식은, 외적 정당성을 추구하는 방식에서, 다시 권위를 내세우는 전략에 속한다. 이는 지금 말하는 것이 모두 자신이 아무렇게나 지어낸 것이 아님을 함의하며, 전해 들은 것을 있는 그대로 옮겨 주는 만큼 '진실성을 갖추었다'는 속뜻이 깔린 것이다.

수 있다. 담화 전개가 한낱 행동주의 과학에서 표명하듯이, 객관적인 '남의 발화들'만으로 일관되게 그리고 흥미롭게 이끌어 갈 수는 없다. 그보다는 거시적으로 남의 발화들이 담화의 목적을 위한 수단으로 다양하게 이용되며, 오히려 간접 증거들과 더불어 감정이입을 통해서 '하느님의 전지적 시각'으로 마치 모든 것이 사실인 양 서술해 놓음으로써, 청자로부터 계속 주의력을 끌고 흥미를 유발하는 것이다.

(15) 저 서 김녕(西金寧), 이제는 '서 김녕' ∅ 흐지마는 옛날은 '김녕이라'고만 흐지, 김녕 용두동(龍頭洞)이라고, 용머릿 동네![구비9-1 임정숙, 남 84세: 143쪽]
(저쪽 서 김녕, 이제는 '서 김녕'이라고 부르지마는, 옛날은 '김녕'이라고만 하지. 제주시 구좌읍 김녕리 용두동이라고, 용머릿 동네!)

(15)에서는 "A를 B라고 부른다."는 명명 구문이 인용 형식으로 두 번 쓰이고 있다. 그런데 첫 번째 구문에는 계사도 없고 인용 구문 어미도 없이, 오직 상위문 핵어로서 '흐다'(하다)만[17] 실현되어 있다. 그렇지만 곧 이어진 인용 구문에서는 계사도 활용어미를 지니고 있고, 인용 구문의 어미 '-고'도 나와 있으며, 상위문 핵어도 동일하게 '흐다'(하다)로 실현되어 있다.[18] 이는 같이 화자가 자연스럽게 말하는 인접 발화에서도 그 형식이 수의적으로 자주 변동하고 있음을 보여 준다.

---

17) 필자는 '사랑하다, 일하다'라는 행위 동사나 '쌀쌀하다, 까칠하다'라는 묘사동사(depict verb, '그림 그리다'로 대표 삼기 때문에 붙여진 이름이지만, 그 사실은 결과 상태를 가리켜 주는 형용사 특성을 지님)가 모두 동일한 '하다'이면서 오직 선행한 어간이나 내포문의 [+결과 상태]의 자질을 그대로 물려받고서, [행위 동사]아니면 [묘사 동사]처럼 행동하는 것으로 서술할 수 있을 것으로 본다. 인용 구문에서 관찰되는 '하다'도 묘사동사로 해석되는 부류와 크게 다른 것은 아니며, 내포문 그 자체로부터 인용이라는 자질(결과 상태에 해당함)을 그대로 물려받는다고 설명할 수 있다.

18) 127쪽 이하에서 보듯이, 물론 이 방언에서 '-고 흐다'(-고 하다)라는 인용 구문의 형식도 분명히 아주 빈도가 높게 쓰이고 있다(김지홍 2016). 한편, 융합된 모습은 다른 방언에서도 자주 관찰된다. 진주 방언에서는 「뭐라고 하냐?」가 '뭐라쿠네?'(단, 밑줄은 강세)로까지 줄어든다. 경북 방언의 풍부한 사례는 안귀남(2007)에서 읽을 수 있다.

(16) 목구녕(목구멍)에 술은 「들어오라, 들어오라」 ∅ ㅎ지, 걸인(乞人)이
되니까 술은 안 주지, 하도 들언 못 즌디게 ㅎ니…. [구비9-1 안용인,
남 74세: 138쪽]
(목구멍에서는 술은 「들어오라, 들어오라!」고 재촉을 하지, 걸인으로
보이니까 걸인에게는 술을 안 주지, 걸인에게 너무나 간섭을 하여서,
걸인을 못 견디게 해 놓으니…)

예문 (16)에서 관찰되는 내포문 "들어오라, 들어오라!"가 결코 누군가
가 입 밖으로 내 보낸 발화를 가리키는 것은 아니다. 그러므로 엄격히
따지면 인용될 수 없는 것이다. 술이 당긴다는 표현을, 마치 술한테
몸속으로 들어오도록 재촉하는 듯이 비유를 쓰고 있는 것이다. 즉, 감
정이입으로 해당 상황을 추정하여(또는 감정이입으로 같이 느끼어) 마치
실제인 듯이 말해 주고 있다. 여기에서도 상위문 핵어 동사가 'ㅎ다'
(하다)로만 되어 있음을 확인한다.

(17) 죽은 다음에 「워낙 잘 안다」고 ㅎ니 어디 먼 듸서(데에서) 월계 진좌
수(秦國泰라는 유향좌수, 1680~1745) 죽은 줄도 모르고 촛안 온디, 「흥
상(恒常) 백멜(白馬를) 탄 댕겨 낫다(다녔었다)」 ∅ ㅎ여, 그 월계 진좌
수가. [구비9-2 양구협, 남 71세: 615쪽]
(진국태 좌수가 죽은 이후에도 「그가 워낙 잘 알아서, 병 치료를 잘해
준다」고 소문이 나니, 어디 먼 곳으로부터 진좌수가 죽은지도 모른
채 찾아왔는데, 생전에는 「진 좌수가 항상 백마를 타고 다녔었다」고
해, 그 월계 진좌수가)

(17)에서는 일반 사람들이 말하는 바를, 출처로 언급된 「책임질 사람」
을 밝히지 않은 채, 단지 인용 형식으로 말하고 있을 뿐이다. 여기에서
도 두 개의 인용 구문이 있다. 한 번은 인용 어미를 갖추고 '-고 ㅎ
다'(-고 하다)를 썼지만, 다른 것은 인용 어미 형태소가 없이 오직 상위
문 핵어 동사 'ㅎ다'(하다)만 실현되고 있다. 이런 현상도 이 두 가지

형식이 전혀 다른 것이 아니라, 그보다는 수의적으로 임의의 요소가 나오지 않을 수도 있음을 잘 드러내 주는 것으로 해석된다.

2.6. 인용이나 유사 인용과 관련된 두 가지 형식의 존재

일단, 이상의 분포를 놓고서 다음처럼 정리해 볼 수 있다. 이 방언에서 찾아지는 인용 구문의 형식은 인용 어미와 관련하여 두 가지로 정리된다. 하나는 관형형 어미 '-은'이고, 다른 하나는 공통어에서와 같이 '-고'가 있는 것이다. 이는 이 방언에서만 관찰되는 매개인자로 설정된다. 전자는 상위문 동사를 구 형식의 「말#ᄒ다」(말을#하다)를 요구하며, 명사 핵어 '말'을 꾸며 주는 관형형 어미 '-은'을 구현하고 있는 것이다. 이 어미가 구현되어 있는 핵어 동사는 계사의 반말투 활용 형식 '이어'이다. 이 계사가 바로 내포문의 내용을 지시해 주고 있으며 (경우에 따라 이를 강조 구문이나 명명 구문으로 간주할 수도 있음), 간접 인용으로 불릴 수 있는 형상이 되는 것이다.

그렇지만 후자는 「ᄒ다」와 이어지거나, 아니면 구적 낱말 형식을 벗어나 단 하나의 낱말처럼 「말ᄒ다」(말하다)로 융합된 형식에 이어진다. 이는 계사와 대립되는 자질로서 묘사동사의 특성을 띰으로써, 그리고 선행 내포문으로부터 '인용'(직접 남의 말을 들은 상태임)이라는 결과 상태를 물려받음으로써, 직접 인용으로 불릴 수 있는 토대가 생기는 것이다. 그럴 뿐만 아니라, 이로써 내포문과 상위문 동사를 이어 주면서 공통어와 동일하게 '-고'라는 인용 어미를 구현하고 있는 것이다.

여태 이 방언이 특이하다는 생각에만 이끌려서, 엄연히 두 가지로 존재하는 인용 구문 형식과 분포를 지나쳐 버렸다. 적어도 1980년 대의 설화 채록 자료가 이 방언 화자들의 생생한 담화를 전해 준다면, 이전의 연구들은 이런 언어 사실을 애써 무시하면서, 이 방언의 진실을 왜곡해 버렸다는 혐의를 받는다. 인용이나 유사 인용과 관련된 두 가지 형식 중에서, 만일 내포문 속에 본디 발화의 억양까지 포함한다면 직접 인용을 가리키게 되며, 이로써 인용 어미 '-고'가 생략되더라도, 그리고 심지어 인용 구문의 핵어가 생략되더라도, 본디 억양을 그대로 흉내내기 때문에, 청자에게 곧장 직접 인용임을 표상해 줄 수 있다. 이를 잉여적인 중복 기능으로 보는 것이다. 이내 청자 쪽에서 이해할 수 있다는 가능성은, 인용 구문의 형태들이 생략될 수 있는 토대로 해석하려는 데에 핵심이 된다.

결과적으로 이 방언에 유표적으로 보이던 인용 어미 '-이엔'도, 명사 핵어인 '말'을 수식하기 위하여 한국어의 공통적인 관형형 어미 '-은'을 이용하는 것이라는 측면에서, 결코 유표적이라고 말할 수 없을 것이다. 관형형 어미 '-은'을 택하여 인용 어미를 쓸지(공통어에서는 대응 형식이 '-이란 말을 하다'임), 아니면 인용된 내포문 동사와 상위문 동사 사이를 매개해 주는 '-고' 어미를 쓸지(공통어와 동일한 '-고 하다'에 해당함)가 선택된다. 이전에 방언 사이 특성에 대한 논의들에서, 규칙 적용의 순서가 달라짐으로써 방언 사이의 차이가 유도되었듯이, 이 방언의 인용 구문에서는 다른 방언과는 달리 두 가지 선택지를 매개인자로 이용하고 있음이 이 방언의 차별성을 보여 준다. 그리고 이것이 이 방언의 고유한 선택에 말미암은 특징이 된다. 그렇다면 다만 앞의 매개인자를 선택함으로써, 그리고 이 방언에서 계사의 서술 서법 종결어미 '-어'(143쪽 〈표 1〉)로 활용됨으로써,19) 연결 어미가 '-이

---

19) 필자는 '-어'라는 종결어미가 여러 가지 서법에 두루 쓰인다는 점에서, 그리고 대우 화용첨사를 붙임으로써 대우 등급이 달라진다는 점에서, 한국어에서 무표적이며 전형적인 「반말투 어미」라고 본다. 더구나 김지홍(2014)에서는 이 방언에서 반말투 어미 '-어'가 종결어미 뒤에 다시 종결어미가 실현되는 융합 어미가 만들어지는 데에 핵심 형태소임을 처음으로 밝혔다. 그리고 202쪽의 〈표 6〉에서 우선 고유한 서법에만 쓰이는지 여부로써, 격식 갖춘 말투와 그렇지 않은 비격식 말투로 나눈 바 있다. 전자의 융합어미에서는 '-어'를 매개로 하여 융합한 것이 10개 중 7개이며, 후자의 융합어미들은 모두 다 '-어'를 매개로 한 것들밖에 없음을 논의하였다. 계사와 일반 동사의 활용은 거울 역상의 모습이다.

엔'으로 융합되어, 결국 이 방언 형식이 좀 더 이색적으로 느껴졌던 것임을 알 수 있다. 또한 이 두 가지 인용 형식이 하나의 담화 속에서 수의적으로 교체되는 경우를 놓고서 청자의 주의력 끌기 측면에서 설명될 수 있음을 지적하였다.

3. 유사 인용 구문의 다양한 실현 모습

3.1. 유사 인용 구문의 본질

여기에서는 두 가지 점을 논의한다. 첫째, 유사 인용 구문의 모습들을 놓고서, 왜 인용 구문의 형식을 지니는지에 대하여 해석한다. 둘째, 이 방언에서 공통어와 동일하게 '-고 하다' 구문이 전형적으로 인용 및 유사 인용의 형식을 그대로 보여 주고 있음을 채록된 설화 자료로써 제시한다. 그리고 이것이 사회언어학적 말투 변이로 설명될 수 있을지, 그리고 담화 전개 전략으로 볼 수 있을지를 논의한다. 만일 유사 인용 구문이 인용 구문보다 더 많이 쓰이고 있음이 관찰된다면, 흔히 기술되어 왔듯이 이것을 인용 구문에 바탕을 두고 서술하는 방식보다는, 오히려 다른 분류로 먼저 구분하는 것이 온당할 것이다. 여기서 다시 하위범주로서 '인용 관련' 부류 및 '인용 무관' 부류를 나눠 다룰 수 있기 때문이다. 일단 여기서는 비록 관례에 따라 유사 인용 구문으로 부르겠지만, 인용을 전제로 하지도 않고 인용을 상정할 수도 없으므로 '인용 무관' 부류로 불려야 할 경우가 많음만 적어 두기로 한다.

이 방언의 설화 채록 자료를 살펴보면, 남의 발화를 어조까지 모방하는 것이 절대 아님에도 불구하고, 직접 인용 형식 (1)에서와 같이 인용 구문의 어미가 전혀 없이(∅) 실현되는 경우도 관찰된다. 이른바

'화용첨사'로 지정함 직한 사례로서, 다음과 같은 경우가 잦은 빈도로 나타난다.

(18) 무쇠(鑄鐵) 설곽(石槨)에 놔 가지고서 띄와 불엇어. 띄우니, 그것이 어디 구좌면(舊左面) 서화리(細花里)로 올라온 모양이라 ∅ 마씀. [구비 9-1 안용인, 남 74세: 149쪽]
(무쇠 석곽에 놓아서 바다에 띄워 버렸어. 띄우니, 그 석곽이 어디 구좌면 세화리로 올라온 모양이라 ∅ 말씀입니다)

(19) 기영 ᄒ니, 혼 아이는 또 것도(그것도) 은혜를 끼치(끼쳐) 놓니, 슬짝 가서 물어 봣다 ∅ 말이어. [구비9-2 양구협, 남 71세: 619쪽]
(그렇게 하니, 한 아이는 또 그것도 여러 가지 선물을 주면서 은혜를 끼쳐 놓으니, 살짝 그 아이한테로 가서 물어 봤다 ∅ 말이야)

(18)과 (19)에서는 내포문과 뒤에 이어진 화행 첨사의 어구(마씀, 말씀, 말이야)를 관찰할 수 있다. 그런데 밑줄을 그어둔 빈칸(∅)이 수의적이므로, 그 속에 집어넣을 수 있는 후보를 생각해 볼 수 있다. 필자의 직관으로는 적어도 그 후보가 두 가지이다. 바로 뒤에 있는 명사를 꾸민다면 관형형 어미 '-은'이 선택될 수 있고, 바로 뒤 이어진 동사구 어절 자체를 꾸민다면 접속어미가 전성된 '-고'가 선택될 수 있다.
그런데 (19)의 밑줄 빈칸에는 두 후보(-은, -고)가 모두 다 부적절하게 느껴진다. 따라서 이런 특성으로 말미암아 '말이어'(말이야)를 대우를 표시해 주는 「화용첨사」로 기술해 왔던 것이다. (19)에서는 당연히 관형형 어미 '-은'이 자연스럽게 느껴진다. (18)에 있는 화용첨사 '마씀'(말씀)을 만일 그 기원상 '말씀입니다'에서 도출되어 나왔다고 가정한다면,20) (19)에서 '말이어'(말이야)의 모습과도 일치될 수 있다.

---

20) 이 방언에서 대우를 나타내는 화용첨사 '마씀'은 제2음절이 전설음으로 된 '마씸'으로도 발음된다(전자가 노년층에서 쓰이므로 의고적이며 보수적으로 느껴짐). 국어사전을 보

아무리 그러하더라도, (18)의 언어 환경에서는 아무런 인용 어미 형태소도 들어갈 수 없다. 이런 측면에서 완전히 문법 구조를 벗어나서 독자적인 낱말의 모습(첨사)으로 바뀌었음을 알 수 있다. 그렇다면 새롭게 이를 화용첨사의 범주로 규정해 주는 것이 올바르다(응당 '요'처럼 앞의 구나 절에 붙여 써야 하겠으나, 문법 형식을 드러내기 위하여 여기서는 일부러 띄어 써 놓았음). 화용첨사가 한국어의 통사 구성 속에 자리 잡기 위해서는, 82쪽에서 (5)로 보여 주었던 강조 구문 형식(영어의 it~that~분열문)을 선택할 수밖에 없다. 그것을 대우 형식으로 바꾸면 다음처럼 (20)과 (21)로 나타낼 수 있다(단, 음성 표면형이 없지만 들어가야 하는 요소는 공범주 'e'로 표시해 두는데, 아래에서는 'e'가 화자 자신을 가리킴).

(20) "e 말씀 드리고 있는 것이 [   ]이라는 말씀입니다."

(21) "(e 말씀 드리고 있는 게) [   ] 마씀!"

이것들은 기본적으로 동종의 구성을 잘 보여 준다. 계사 구문(A가 B이다)을 택하고 있기 때문이다. 이런 기본 형상에서, 오직 꺾쇠 괄호 속의 내포문과 상위문 동사구 속의 핵어 명사 '마씀'만이 표면형으로 실현되어 있는 (21)이, 바로 (18)의 기본 모습이라고 파악하는 방식이다. 그렇다면 여전히 활용을 하고 있는 상태의 (19)와 모습이 더욱 닮아 있음을 드러낼 수 있다. 그렇지만 문법 형상의 동일함만 고려한다면, 인용 어미를 허용하지 않는 '화용첨사'의 독자성을 보장해 줄 수

면 공통어의 '말씀'이 남의 말(가령, '선생님 말씀')을 높이기도 하고, 자신의 말(가령 '제 말씀')을 낮추기도 하는 것으로 설명된다. 그러나 이는 화용 맥락에 따라 결정된 것이며, 그롸이스(Grice) 용어로 대화상으로 깃든 속뜻이다. 필자는 이 방언의 '마씀'이 '말씀이우다'(말씀입니다)를 기본 형상으로 하여, 첨사로 쓰이면서 급격히 줄어들어 본디 모습을 잃어버렸을 것으로 본다.

없다. 그렇다면 (20)의 통사 형상을 지니되, 대우 형식이 아닌 무표적 형상으로 발화된 (19)는 여전히 인용 구문의 기제를 강조 구문으로 전용되고 있는 것이라고 말할 수 있다(독자적으로 강조 구문이 그 자체로 하나의 범주가 될 수 있음). 이와는 달리 (21)의 형상으로 환원될 수 있지만, 아무런 통사적 규칙성을 적용받지 못하는 (18)은 독자적인 화용첨사로 여기는 것이 온당할 것이다.

3.2. 인용이나 유사 인용 구문에서의 생략 모습

인용 구문의 어미가 무표지 ∅로 관찰되는 것과 관련하여, 인용되는 내포문의 서법이 오직 서술 단정만 있는 것이 아니라, 다음 예문들에서와 같이 다양한 서법으로도 나올 수 있다.

(22) ᄒ니 「뭣으로 환생(還生)을 시기는고?」∅ ᄒ니, 배염(뱀)으로 환생을 시켜 불엇어. [구비9-1 안용인, 남 74세: 135쪽]
(그러니 「무엇으로 환생을 시키는가?」∅ 하니, 뱀으로 환생을 시켜 버렸어)

(23) 신선 ᄒ나 놈이 야심(野心)을 가졋어. 「선녀가 모욕(沐浴)을 허여 간다」 고 ᄒ니, 「ᄒᆞᆫ 번 귀경(求景)이나 허여 보카?」∅ 허연. 이놈이 실짝(슬쩍) 중복(中伏) 날 (옥황 하늘로부터 제주시 오라동 방선문[訪仙門] 계곡으로) 떨어졋어. [구비9-1 안용인, 남 74세: 189쪽]
(신선 한 명이 야심(→사심)을 가졌어. 제주시 오라동 방선문 계곡에서 「선녀들이 목욕을 하고 간다」고 듣자, 「한 번 구경이나 해 볼까?」∅ 생각했어. 이 신선이 슬쩍 중복날에 옥황 하늘로부터 제주시 방선문으로 떨어졌어)

(22)에서는 의문사 '뭣'(무엇)과 호응하는 의문문 어미 '-고?'(-가?)가

내포문에 나와 있고, 아무 인용 구문의 어미도 없이 상위문의 동사 '호다'(하다)와 이어져 있다. (23)에서도 똑같이 의문문이지만, 행동 주체의 마음속 생각인 '의도'를 담고 있는 내포문(해볼까?)을 나타내며, 이 방언의 의문문 어미 '-으카?'(-을까?)가 실현되어 있다. 여기에서도 역시 아무런 인용 구문의 어미 형태소가 없이 상위문의 동사 '호다'(하다)에 이어져 있다.

(24) "혼 번 죽은 (아버지) 얼굴이라도 대면(對面)시겨 뒁, 탕, 떠납서!" ∅ 호여도, "훗날 만날 때 잇일 거라!"고 허연, 배는 '똑 : ' 떠나 불엇댄 말이우다. [구비9-1 안용인, 남 74세: 129쪽]
(이복 형제들이 설화 주인공에게 "한 번 죽은 아버지 얼굴이라도 볼 수 있게 대면시켜 두고 나서 배를 타고 떠나십시오!" ∅ 요구해도, 주인공의 배는 즉석에서 "훗날 만날 때 있을 거다!"고 하고서 '똑 : ' 떠나 버렸다는 말입니다)

(24)에서는 세 가지 종류의 인용 구문이 실현되어 있다.

① 인용 구문의 어미 형태소가 없는 것(∅)
② 인용 구문 어미 '-고'가 나와 있는 것
③ 인용 구문 어미 '-은'이 나와 있는 것

이것들이 모두 일관되게 ∅로만 실현될 수도 있다. 필자의 직관으로는 아래에서처럼 어떤 것이든 모두 다 수용 가능하다.

"-읍서 ∅ 호여도", 또는
"-이라 ∅ 허연", 또는
"-엇다 ∅ 말이우다"

그렇지만 이 화자는 이야기 흐름을 단조로움을 피하고자 다양하게 인용 구문 어미 모습들을 바꿔 쓰고 있다.21) 그렇게 다양하게 변화를 주는 만큼, 응당 훌륭한 이야기꾼의 자질을 갖추고 있는 것으로 평가 받음 직하다.

(25) "벗이 멧(몇)이나 되느냐?"고 ∅, "멧(몇) 된다!" ∅ ᄒ니, 아니, 벗덜 (벗들) 것도 주어, 여즈가. [구비9-2 양구협, 남 71세: 622쪽]
(여자로 변신한 여우가 "벗이 몇이나 되느냐?"고 ∅[=물었어]. "몇 명 된다!"∅ 대답하자, 아니, 벗들에게 줄 구슬까지도 모두 다 줘, 그 여자가)

(25)에서는 의문문으로 나온 내포문에 의문사 '몇'과 '냐?'가 있고 인

---

21) 담화 전개에서 미시구조를 형성하는 데에는 언어 형식을 이용하여 몇가지 전략이 일찍 서부터 지적되어 왔다(Halliday and Hasan 1976). 어린이들에서는 절이나 문장의 결속에 접속사가 빈번히 관찰된다. 그렇지만 어른의 경우에는 동종의 사건이 반복될 경우에 생략이나 대용사(그러하다, do so)가 쓰이지만, 만일 다른 사건들을 이어줄 경우에는 주로 두가지 언어 기제가 이용된다. 하나는 가리키는 표현(영어는 의무적으로 선행사를 대명사로 바꿔 줘야 함)이며, 다른 하나는 낱말들을 계속 바꿔 써 줘야 하는 '낱말 변이 사슬(lexical chain)' 또는 '어휘 사슬 형성(lexical chaining)'이다. 중등 교육과 관련하여, 특히 호이(M. Hoey 1991) 『덩잇글에서 관찰되는 어휘의 유형들(*Patterns of Lexis in Text*)』(Oxford University Press)이 압권이며, 가장 쉽게 씌어진 책자이다.
여기서 후자는 우리 문화의 담화 전개 방식에서 그대로 적용되지 않는다. 「'아' 해 다르고, '어' 해 다르다」는 우리말에서는 '실사를 바꿔 쓴다'는 것 자체가 다른 대상을 가리킨다고 생각하기 때문이다. 우리말에서는 실사를 바꾸는 것이 아니라, 허사의 하나인 어미들을 교체하는 선택을 한다. 가령, 접속문에서 '-고, -고, -고, …' 같은 형태를 나열하기보다, 오히려 변화를 주어 '-고, -며, -고, -다가, -면서, …' 등으로 바꿔 쓴다. 또한 하나의 사건을 서술할 경우에도 '-다, -는 것이다'처럼 강조 모습을 바꾸어 주는 일이 더 부드럽다. 짝을 맞추어 이를 어미들의 사슬 형성으로서 '허사 또는 문법 형태소 변이 사슬(grammatical ending chain)'로 부를 만하다. 이런 것들이 담화 전개에서 미시적 변동과 더불어 담화 이해의 다양성과 역동성에 기여하는 요소인 것이다.
최근에 입말 말뭉치가 본격적으로 이용되기 시작하자, 머카씨(McCarthy 1998; 김지홍 뒤침 2010)에서는 영어에서 시제 형태소들도 먼저 담화 무대를 마련한 뒤에 담화 속 사건들이 전개되는 방식에서 일정한 규칙이 준수됨을 밝혀냈고, 또한 인용 표현도 담화 전개에서 중요한 다른 기능들이 있음을 논의하였다. 필자가 보기에, 우리말에서는 하나의 주제가 정해져서 주어로 제시된다면, 이어지는 담화에서 사건 전개가 동일한 사람에 의해서 이뤄진다면, 언제나 의무적으로 공범주 대명사(e 또는 pro)로 주어져야 한다. 이것이 그 주어가 일으키는 일련의 사건 흐름이라는 점을 보여 주는 특징을 표현하기 위한 방식으로 판단한다.

용 구문의 어미 '-고?'가 실현되었다. 여기에 이어진 상위문의 동사는 쉽게 복원될 수 있기 때문에 생략되어 있다. 그런데 인용 구문의 어미가 마치 종결어미처럼 쓰이고 있는 것이다(전성된 종결어미들은 김지홍 2017을 보기 바람). 이어서 여자로 변한 여우를 상대하는 어린 주인공(진국태 좌수의 아동 시절)의 대답에서는, 다시 인용 구문의 어미 형태소가 없이(∅) 오직 상위문의 동사 'ᄒ다'(하다)만 나와 있다. 다양하게 변화를 주는 이런 담화 흐름의 특징 때문에, 인용 구문의 어미가 없는 것(∅)과 인용 구문의 어미가 '-은'으로 나온 것과 인용 구문의 어미가 '-고'로 나온 것들 사이에, 작은 문체상의 변이를 제외한다면('허사 변이 사슬'로 부를 만함), 기본 형상에서는 모두 다 동일하게 인용 구문의 몫을 떠맡고 있다고 말할 수 있다. 동일한 화자가 이런 다양한 형식을 구사하는 일은 「자동 처리(무의식적 처리)를 하고 있다는 증거」가 된다. 그렇다면 적어도 이 화자의 머릿속에서

　㉠ 이들 구문과 관련된 복수의 후보가 자유롭게 선택된다고 상정할 수 있거나,
　㉡ 기본 표상에서 생략 규칙이 수의적으로 적용되고 있다고 볼 수 있다.

㉠의 경우에는 관련 구문 형태소들이 늘어나는 일을 막을 수 없다는 점에서 선택이 유보된다. 오히려 ㉡과 같이 몇 가지 기본 표상이 미리 등록되어 있고, 언어 수행 과정에서 생략 규칙이 수시로 화자의 표현 동기에 따라 적용된다고 보는 쪽이 더 실재와 부합할 듯하다.

　특히 이 예문에서 주목해야 될 것은, 인용 구문의 어미가 내포문 종결어미와 융합되어, 마치 하나의 종결어미 '-냐고?'처럼 전용되고 있는 점이다. 상위문의 핵어 동사 'ᄒ다'(하다)도 내포문과 긴밀히 융합됨으로써 '-다ᄒ니'(-다하니)를 거쳐 '-다니'(-다니)처럼 하나의 어미 형태소로 관념될 수 있다. 이런 결합의 빈도가 높을수록, 인용과

무관한 사례에서 분석 불가능한 하나의 단일 어미로 여겨질 가능성이 높아질 것이다. 그렇다면 전형적인 발화 인용과 무관한 상황에서도, 이런 구문의 형식이 관찰될 수밖에 없다.

(26) 삼천 년 살앗다고 ᄒᆞ는 것이 아니고, 선도(仙桃) 복송개 세 방울 도독질 허여 먹어서 삼천 년을 살앗댄 말입니다. [구비9-1 안용인, 남 74세: 142쪽]
(삼천 년을 살았다고 하는 것이 아니고, 선도 복숭아 세 개를 도둑질하여 먹어서 그 결과로서 삼천 년을 살았단 말입니다)

(26)에서는 남의 발화를 인용하는 것이 아니라, 강조 구문이다. 그럼에도 불구하고 인용 구문과 동일한 형식을 쓰고 있다. 이는 등위 접속 구문으로서 '-고' 어미를 중심으로 하여, 두 가지 강조 구문 형식이 서로 자리를 바꿀 수도 있다. 그렇지 않고 대신 오직 동일한 하나의 형식만을 두 번 반복할 수도 있다. 비록 '-고 ᄒᆞ는 것이 아니다'(-고 하는 것이 아니다)와 '-은 말입니다'가 표면상 다른 형태들로 이뤄져 있지만, 이것들이 기능상 강조를 하기 때문에, 서로 교체되어 쓰일 수 있는 것이다. 여기에서도 이런 복수 형식들이 쓰임으로써, 청자들에게는 결과적으로 '다양함이 깃들어' 있는 듯이 느끼며, 지루함이 없이 이야기 흐름에 주의를 모을 수 있도록 해 주는 것이다.

이를 격식투와 비격식투로 해석하지 않는 것은, 사용 맥락이 다르기 때문이다. 이 방언에서는 격식투일수록, 그리고 공식적인 말투일수록, 공통어의 형식으로 접근할 만하다. 방언에서도 고유하게 격식적이고 공식적인 말투가 있었겠지만, 대중 매체의 접촉으로 9시 뉴스 말투가 이 방언에서도 격식적이고 공식적인 말투로 자리잡고 있음은, 다른 여느 방언에서도 동일할 것이다. 여기에서는 언어 사용 맥락이 처음 만나 서로를 소개하는 격식 갖춘 언어 상황이 아니라, 한참 이야기가 전개되어 나가는 도중이므로, 말투를 갑자기 전환하여 격식적이고 공식적인 말투로 바꿔써야 할 동기 내지 그런 의례적 상황이 전혀 찾아지지 않는다. 그렇기 때문에 (26)에서의 변이를, 청자에게 지루함을 느끼지 않도록 배려하면서, 이야기 흐름에 주의력을 모으도록 하는 무의식적 담화 전개 방식으로 해석하는 쪽이, 필자로서는 온당할 것으로 보인다.

이런 접근에서는, 이 방언의 연구가 앞으로 단절된 자료나 연구자 머릿속의 몇 가지 형태에만 국한되지 않고, 있는 그대로의 언어 사실을 대상으로 하여, 먼저 귀납적으로 일반화하는 일이 더욱 절실히 필요함을 잘 드러내어 주며, 이 시점에서 이 방언의 연구에 획기적 전환이 시급함을 보여 준다.

3.3. 생략이 이내 복원될 수 있는 구조적 특성

결코 남의 발화를 인용하는 것이 아니지만, 추정이나 간접 증거를 놓고 추측함으로써 사유나 사고로 확장될 수밖에 없는 특성 때문에, 다음과 같은 경우에도 인용 구문의 형식과 동일한 형태소들을 쓰고 있다. 소위 내포문에서 두 가지 선택지 나열을 제시한 뒤에(중국 백화에서는 두 가지 선택지를 드러내는 '정반[正反] 의문'으로 부름) 상위문 동사로 '알다, 모르다' 따위가 나오는 경우이다. 이런 정반 의문 형식에서 선택지가 하나만 제시되는 경우에도, 선택 나열 구문의 어미가 반복되는 특성으로 말미암아 곧장 다른 선택지를 복원할 수 있다. 이런 이유로 잉여성이 깃들 수 있으며, 이 경우 인용 구문의 어미 형태소가 없이 실현되기도 한다.

(27) 「거(그거) 기영(그렇게) 허엿는지 아니 허엿는지」 Ø 모르주마는, 거
들은 전설입주게! [구비9-1 안용인, 남 74세: 191쪽]

(「그것을 그렇게 했는지, 안 했는지」 ∅ 모르지만, 그것은 우리가 들은 전설입죠+게!22))

(28) 지옥문을 ᄂ려가는디, 「지옥인지, 천당인지」 ∅ 모르주마는, 우리 듣기는 말이우다양! 간 보니, 제싱(저승)이나 이성(이승)이나 여기도 이제는 그, 거시기에 강(가서) 살게 되면, 그 효사수[미상]가 있는 거 아니우꽈? 방마다 누게(누구가) 가두와(갇혀 두어) 잇다, 가두와 잇다 ∅ 형(하는) 거. [구비9-1 안용인, 남 74세: 180쪽]23)
(지옥문을 내려가는데, 「지옥인지, 천당인지」 ∅ 모르지마는, 우리가 듣기로는 말입니다예! 가서 보니까, 저승이나 이승이나 여기도 이제는 그, 거시기에 가서 살게 되면, 그 감옥에 호실 수가 있는 거 아닙니까? 감옥의 방마다 이승에서 죄 지은 이들 중에서 누구가 갇혀져 있다, 갇혀져 있다 ∅ 한 거, 응!)

(27)과 (28)에서는 같은 화자인데, 두 가지 선택지를 가진 내포문(꺾쇠 괄호로 묶인 '[ ]' 부분)이 상위문 동사 '모르다'가 투영하는 논항 속에 자리 잡고 있다. '알다, 모르다'라는 동사는 '~을 알다'라는 표현만 아니라, '~을~으로 알았다'(잘못 알았다)는 표현도 가능하며, '~다고 알

---

22) 이 방언에서는 적어도 세 가지 계층의 화용첨사가 구현될 수 있다. 이에 대한 논의는 김지홍(2014b: 제2부 §.1-5)를 읽어 보기 바란다. 필자의 시각과는 다르게 화용첨사를 다룬 문순덕(2003)과 문순덕(2005) 등도 있다.

23) https://gubi.aks.ac.kr에서 내려받은 녹음 파일로 미심쩍은 이 대목을 여러 차례 들었었지만 정확한 소리를 포착할 수 없었다. 제2 심사자도 이 부분을 고쳐 주시어 좀 더 개선될 수 있었다. 각별히 고마움을 적어 둔다.
　비록 1980년대의 녹음 자료가 현재로서는 가장 오래된 녹음물로서 이를 직접 들을 수 있지만, 필자 개인의 체험으로는, 당시 직접 설화를 채록한 분들이 적어 둔 범위를 크게 벗어날 수 없었다. 이는 정확히 채록하기 위해서는 설화를 말해 주던 당시 상황이 더 추가되어야 함을 의미한다. 전문 용어로 표현한다면, 미시구조를 작동시키는 앞뒤 문맥(co-text)를 넘어서서 거시구조를 수립시켜 주는 상황 맥락(con-text)가 더 필요한 것이다.
　(28)에서 '효사수'로 적힌 부분은 앞뒤 문맥으로만 보면 감옥의 호실마다 붙은 숫자인 '호실 수'를 추론할 수 있다. 필자는 이 점에 유의하면서 여러 차례 들어봤지만 그렇게 들리지 않아 낙망스러웠다. 필자의 능력상 현재로서는 이를 미상으로 처리해 둘 수밖에 없다.

다'(아무개가 상황을~라고 잘못 알다)라는 표현도 가능하다.[24] 이런 구문을 근거로 하면, 경험주 의미역이 배당되는 외부 논항을 제외하고서, 내부 논항이 두 개 더 나올 수 있음을 알 수 있다. 각각 하나는 '-을'이라는 격조사를 받고, 다른 하나는 '-으로' 또는 '-이라고'나 '-듯이'로 나온다. 그렇지만 대응 짝인 '모르다'의 경우에는 오직 대격 조사 '-을'만을 허용하거나 이 격조사 대신 '-에 대해서'라는 어구를 쓸 법하므로, 오직 대격을 받는 논항만 실현됨을 짐작할 수 있다.[25]

이런 선택지를 두 가지 나열하는 방식에서는, 꼭 인용 구문의 형식을 준수하는 쪽보다는, 상위문의 동사가 좀 더 자유롭게(수의적으로) 생략될 수 있다. 그 까닭은 두 가지 선택지가 제시되어 있다는 것 자체로 '요구한다, 묻는다'는 화용상의 속뜻이 깃들기 때문이다. 이 형식이 상위문의 동사가 잉여적으로 느껴지도록 만들 것으로 보인다. 경우에 따라서 두 가지 선택지가 제시되는 것이 아니라, 오직 하나의 선택지만 제시될 수도 있겠지만, 여전히 언어 표면에 제시되지 않은 선택지라도, 개별적인 어미 형태를 똑같이 복사해 놓은 모습으로 쉽게 복원할 수 있을 것으로 본다.

---

24) '알다'는 3항 동사이다. 경우에 따라 '잘못 알다'는 뜻으로도 쓰인다("~을~으로 [잘못] 알다"). 김지홍(2010: 제5장)을 보기 바란다. 언어마다 지각·앎·믿음과 관련하여 낱말 선택과 쓰임에서 크든 작든 서로서로 차이를 보인다는 사실이 이미 잘 알려져 있다. 귀납주의적 경험론에 쏠릴수록 감각기관의 지각에 강조점을 두지만, 연역주의적 합리론에 경도될수록 믿음 체계를 이루는 거점 개념을 먼저 상정한다. 최근 폰대익(van Dijk 2014; 허선익 뒤침 2020) 『담화와 지식: 사회 인지적인 접근』(경진출판)에서는 '지식'이란 개념을 중심으로 하여, 이를 정신 모형까지 확대함으로써, 담화 운용의 사회적 관습을 포섭하여 연역적인 접근을 다루고 있다.

25) 일찍부터 특히 중세 국어 자료를 중심으로 하여 의문문 어미가 나온 경우에 그대로 명시처럼 취급되는 현상이 주목을 받았었다. 필자는 의문 서법의 어미가 서술 서법의 어미와 서로 구별된다는 점 때문에, 그대로 언어 형식의 기본값인 명사로서 취급되는 것으로 본다. 그러한 기본값 해석의 결과로서 귀결되어 나온 것이지, 의문문 어미 그 자체가 명사 속성을 지닌 것은 아니라고 본다. 여기 '정반 선택 의문문' 또는 '두 가지 선택지' 의문문이 오직 대격만을 받는다는 사실도, 그 의문문 어미 '-는지'가 이음말(연어) 형식으로 서술문의 종결어미와 지각상 차이가 나기 때문에, 의문 서법의 어미와 같이 행동함 직하다.

그런데 이러한 사례를 보면서, 왜 인용 구문의 형식이 확장되어 널리 이용되는 것인지를 놓고서 의문이 제기될 수 있다. 전형적인 경우에만 국한한다면, 직접 남의 발화를 듣고 나서, 아주 자연스럽게 그 발화를 제3 자가 다시 인용할 수 있다. 본디 발화의 억양이 그대로 보존될수록, 귀책 속성은 본디 화자에게 다 돌려져 있겠지만('출처 표시'로도 불림), 그렇지 않을 경우에는 인용하는 당사자가 언표된 해당 사건에 관해서 모든 책임을 지게 된다. 그런데 우리는 오직 남의 발화에만 의존하여 의사소통을 하는 것이 아니다. 내 자신의 고유한 의도대로 말을 하고, 이를 통해서 역동적으로 또는 유동적으로 남들과 사회적 관계를 맺는 것이다.

그런데 인용과 무관한 발화가 인용 형식을 이용하는 '유사 인용 구문'이 굳이 왜 존재해야 하는 것일까? 이는 담화 전개를 위해 인용이 하나의 소재로 이용되고 있기 때문이다. 페어클럽 교수와 머카씨 교수가 담화를 분석하면서 새롭게 찾아낸 인용의 기능들이, 모두 담화 전개에서 합당성의 확보나 정당성의 부여를 뒷받침시켜 주는 측면으로 귀속된다. 따라서 의사소통이란 전체 그림 위에서, 임의의 담화가 내재적으로 졸가리를 짜얽고서 남들로 하여금 「그럴 듯하다고 느끼어 받아들이도록」 하려면, 담화 산출의 주체는 늘 남에게 쉽게 수용되도록, 스스로 가늠해 놓은 의사소통 모형에 따라 자신의 주장을 무색 투명하게 만들기도 하고, 반대로 더욱 도드라지게 만들 수도 있겠는데, 그러한 입증 과정에서 여러 가지 전략을 다양하게 쓰는 것이다. 여기서 부정적으로 느껴질 '유사 인용'(또는 '사이비 인용')도 청자의 주의력을 끌면서 설득력 있게 담화를 구성하기 위해서는 중요한 몫을 띠게 됨을 새롭게 인식할 수 있다.

이 방언의 화자들은 언어 그 자체나 담화 전개 방식 자체에 아무런 교육도 명시적으로 들은 바 없겠지만, 스스로 그런 여러 종류의 가닥들을 터득하고 느끼면서, 인용 구문의 확장 방식을 적절하게 이용하고 있는 것이다. 이런 측면에서 설화라는 갈래의 이야기를 일관되고 재미있게 표상하려는 담화 목적에 충분히 기여하고 있다고 여길 수 있다. 지루함을 없애고 여전히 청자의 주의력을 끌기 위해서는 담화 전개에서 다양함이 동원될 수밖에 없는 것이다.

이 방언의 설화 자료들에서는 담화 전개의 다양함이 어떻게 어떤 방식으로 구현되어 있는지를 잘 보여 준다. 다만, 이전 연구들에서는 생생하게 이런 담화의 실상을 파악할 시각이나 관점이 제대로 세워져 있지도 않았다. 언어학의 발전 과정에서도, 1990년대 이후에 와서야 담화 차원의 논의가 심도 있게 진행되기 시작하였다. 그렇기 때문에 공통어와 비슷한 모습이라면 무조건 '개신파'의 영향으로만 무리하게 치부하였다(김지홍 2020: 627쪽 참고). 결과적으로 이전 연구에서는 이 방언의 엄연한 언어 사실을 애써 백안시하는 잘못을 범하면서도, 「지엽적인 쪼가리의 언어 자료에만 집착함」으로써 스스로 잘못임을 조금도 깨닫지 못했던 것이다.

3.4. 인용과 무관한 선택지 제시 형식

이 방언의 설화 채록들에서는 다음 유형의 자료도 자주 높은 빈도로 관찰된다.

(29) 그 아으(아이) 곧 데리고 오자 말자, 아 그 호랭이가 '퍼짝!'(번쩍)∅ 왔어. '퍼짝!'∅ 왔는디, 도야지(돼지) 지르는(기르는) 디(데를) 손 フ르치니(손으로 가리키니), 그 도야질 물어간(물어갔어). 다음엔 「아을(아이를) 질롸 낫다(길렀었다)」∅ 흐는디, 그거 원, 「말이 되멍 말멍」∅ 흐는 말이주마는. [구비9-2 양구협, 남 71세: 644쪽]
(그 아이를 곧 집으로 데려 오자마자, 아, 그 호랑이가 '번쩍!'∅ 집으로 왔어. '번쩍!'∅ 왔는데, 돼지 기르는 돼지우리를 손으로 가리켜 주니, 그 돼지를 물어갔어. 다음에는 「아이를 길렀었다」∅ 하는데, 그것

이 워낙, 「말이 되면서 말면서」∅ 하는 말이지만)

(29)에서는 특이하게 호랑이의 신속한 동작을 나타내는 의태어 '퍼짝!'(번쩍!)이 나온다. 맨 처음 봤던 예문 (1)과 같이, 이 또한 상위문의 핵어가 생략된 모습으로 제시되어 있다. 그러나 언제든지 (2)처럼 '하고'(묘사동사)를 복원해 줄 수 있다. 의성어나 의태어 또는 억양까지 흉내내는 발화, 이것들이 모두 동일한 자연부류인데, 「현장의 묘사」라는 직접 인용의 형식을 공유하고 있는 것이다. 이어서 인용 어미가 생략된 채(∅), 전해 오는 말을 인용해 놓고 나서('-고 하다'로 복원될 수 있음), 두 가지 서로 다른 선택지(정반 선택지)를 담고 있는 내포문이 있다. 그리고 다시 상위문의 동사 'ᄒ다'(하다)가 인용 어미 '-이엔'(-이라고)의 매개 없이 나란히 실현되어 있다. '되멍 말멍'(되면서 말면서)은 어떤 선택을 하든지 관계 없다는 방임형의 뜻을 품는

'되든지 말든지', '되거나 말거나', '되는지 마는지'

등과 같이, 선택과 관련된 어미를 다른 어미 형태소로 바꿔 놓아도 큰 문제가 없다. 또한 방임형임을 보장할 수 있는 '되곡 말곡 상관웃이'(되고 말고 상관없이)로도 교체될 수 있다. 이 방언의 '~멍~멍' 반복 구절은 아마도 공통어의 관용구 '울며 불며'나 '오며 가며' 또는 고려 가요에 있는 '이 말이 나멍 들멍'과 같이 의고적 모습을 그대로 반영해 주는 듯하다.

(29)에서 보여 주는 인용 어미 형태소의 생략 빈도는, 좀 더 입말다움과 긴박감을 높여 주는 효과도 있을 것이다. 모든 형태를 다 갖추고서 말하는 쪽보다는, 상대 쪽에서 뜻이 이내 이해될 수 있다는 전제 아래, 자잘한 것들을 과감히 생략하는 전략으로 이해할 수 있는 측면도 있을 것이다.

(30) (쫓겨난 시어른과 남편을) 뜨란(따라서) 나가도 원성(怨聲)도 웃이(없
이) 예상(如常, 泰然自若)! 이젠 「어디 강 ᄌ기(自己) 집을 풀든지 말든
지」∅ ᄌ유롭게 나갓주. [구비9-2 양구협, 남 71세: 627쪽]
(며느리는 시부와 남편을 따라 나서도 그들에게 원망하는 소리도 전
혀 없이, 평상시 마음 씀씀이 그내로! 이제는 「어디 가서 자기 집을
팔든지 말든지」∅ 구애됨이 없이 자유롭게 나갔지)

(30)에서는 인용 구문과의 관련성이 더욱 멀어져 있다. 생략된 상위문
동사가

　　'상관치 않다, 거리끼지 않다, 구애됨이 없다, 괘념(掛念)치 않다'

는 정도의 뜻을 담고 있다면, 어느 낱말이나 모두 다 수용 가능하다.
바로 뒤에서 이를 '자유롭게'라는 부사로 부연해 주고 있다. 비록 두
가지 선택지가 들어 있지만, 전혀 인용과 관련 없이 선택 어구 형식으
로 실현되는 사례도 흔히 관찰된다.

(31) 그 칠월 열나흘날 ᄌ녁은 그 백 가짓 종ᄌ 곡식이나 풀이나 허여 놔
가지고, 밥이나 떡을 맹글아 가지고 공중에 뿌려 줫댄(줬다는) 말이우
다. [구비9-1 안용인, 남 74세: 182쪽]
(그 7월 14일 저녁에는 그 1백 가지 종자 곡식이나 풀이나 해 놓고서,
밥이나 떡을 만들어서 공중에 뿌렸단 말입니다)

여기서 '-이나'의 반복에 의한 두 가지 선택지를 관찰할 수 있는데,
대상 의미역(theme role)을 받는 논항이다.[26]

---

26) 우선 의미역을 부여하는 핵어가 무엇인지 결정해 주어야 한다. 세 가지 가능성이 있겠
지만, 일관되게 '하다'가 의미역 배당에 간여하지 않는다는 입론(최근 이른바 의미역을
배당하지 못하는 '가벼운 동사(light verb)'로 불리는데, 문법 형태소가 깃들 수 있도록 자리만
제공함)을 유지하려면, '해 놓다'가 함께 부여하는 것으로 가정할 수 있다.

'~-이나~-이나 ᄒᆞ다'

는 이 방언의 접속 구문에서 빈출하는

'~-곡~-곡 ᄒᆞ다'27)

의 구성체와 동일한 형상이다. 그렇다면 선택지를 두 가지 제시한 선택 형식이, 반드시 유일하게 인용 구문의 형식에서만 나와야 하는 것이 아님을 알 수 있다. 오히려 거꾸로 우연히 인용 구문의 형식을 빌려서 '알다, 모르다, 상관 없다' 따위의 상위문 동사의 내용을 표시해 주는 것이라고도 볼 수 있는 것이다. 너무 분명하게 두 가지 선택지(또는 조건에 따라 유일하게 하나의 선택지에 대한 수용 유무 형태도 가능함)가 주어지므로, 이 뒤에 덧붙는 인용 어미가 쉽게 생략되는 것으로 여기는 방식이다.

두 번째로 나와 있는 '-댄 말이우다'(-다이라는 말입니다) 구문은 인용 형식을 띠고 있지만, 남의 발화를 인용하는 일과는 상관 없다. 단지 강조 구문으로 쓰고 있을 뿐이다. 이미 (4)에서 확인했지만, 여기에서도 관형형 어미 '-은'이 핵어 명사 '말'을 수식함을 더욱 잘 보여 준다. 특히 핵어 명사가 계사의 활용으로 구현되고 있기 때문에 명사구임을 확인할 수 있다(-은 말이다).

---

27) 중세 국어와 현대 국어에서 이런 구성을 서형국(2006), 김정남(2007), 서희정(2008), 홍윤기(2009), 김유권(2012, 2018), Agnieszka(2013), 한명주(2015)에서 다뤘다. 이 방언을 놓고서 '-곡 ᄒᆞ다'는 김지홍(1982)에서 다뤄졌고, 우창현(2003)에서는 이를 반복상으로 논의하였다. 또한 김지홍(2020: 제4부 4장)을 보기 바란다.

3.5. 인용과 무관한 부류의 광범위한 분포

이하에서는 공통어의 인용 구문이 보여 주는 행태대로, 이 방언에서도 인용 구문의 어미 '-고'를 매개로 하여 상위문의 핵어 동사가 '하다, 말하다'로 나오며, 결코 발화 인용이 아닌 경우에도 그대로 동일한 구문 형식을 쓴다는 언어 사실을, 이 방언의 설화 채록 사례들로써 실증해 놓고자 한다. 후자의 경우는,

① 화자 자신의 결심이나 마음가짐의 표현
② 상대방에 대한 화자 자신의 평가뿐만 아니라,
③ 상대방의 마음이나 의도에 대한 추정

도 동일하게 '-고 하다' 구문을 이용한다는 사실을 보여 주려는 것이다. 이와 더불어 ④ 상위문 핵어 동사가 생각·인지·추정을 나타내면서 다소 변동될 수 있다. 이런 언어 사실은 이 방언에서 유표적인 듯이 여겨진 '-이엔 ᄒ다'만이 전형적인 인용 형식이라는 편견을 없애는 데에 실증적으로 기여할 수 있으며, 그런 만큼 기본적이고 중요한 자료들이라고 평가된다.

앞 절에서는 비록 선명하게 화자와 청자의 사회적 관계와 화용 상황에 대한 일관된 변화를 찾아내어 해석할 수 있었지만, 그에 따라 인용 구문의 형식도 걸맞게 변동해야 함을 입증할 수는 없었다. 단지, 사회언어학적 해석 가능성만 제시하는 정도로 그쳤던 것이다. 그렇지만 가장 이른 채록의 경우인 1979년 당시에도 「두 가지 형식이 나란히 쓰였다」는 언어 사실 하나만으로도 충분히 발견의 가치가 있다. 그런 언어 사실을 놓고서 일후에 더 나은 해석 방법이 필자의 제안 이외에도 얼마든지 나올 수 있기 때문이다. 현재로서는 필자가 이런 중층적 현상을 놓고 담화 전개에서 다양하게 발화해 줌으로써 지루함을 덜고

「지속적으로 청자의 주의를 끌 수 있다」는 동기를 주목하고 있다. 문법 형태소들의 중층적 용례들이 이 방언의 중요한 언어 사실이며, 본격적으로 김지홍(2020: 171·183·342·574·606·749쪽)에서 다뤄졌다.

다음의 예문들은 내포된 인용 구문이 각각 청유문과 '질문·대답'으로 이뤄진 인접쌍(adjacent pairs)과 명령의 기능을 지닌 발화임을 분명히 알 수 있게 해 준다.

(32) "남ᄌ로만 어떻게 문장(文章)으로 환생(還生)을 시겨(시켜) 주십서!" 고 ᄒ니… [구비9-1 안용인, 남 74세: 137쪽]
("남자로만, 어떻게 뛰어난 문장가로서 이름을 날릴 남자로서만 환생을 시켜 주십시오!"라고 청하니…)

(33) "아이(아니), 뉜(뉘서) 자고 잇다!"고 ᄒ니까, "일어나십서!"고 ∅. [구비9-1 안용인, 남 74세: 166쪽]
("아이, 지금 자리에 뉘서 자고 있다!"고 말하니까, "일어나십시오!"라고 요구했어)

(34) 아, 이제 혼 번은 비가 오라 가니까, (서당 훈장이 마당에 서 있는 주인공에게) "난간에 들어앚이라(앉으라)!"고 했어(했어). 난간에 앚게(앉게) 되엇인디(되었는데), 그 (서당 훈장) 자리에 가까이 앚안(앉았어). 책을 익어(읽어) 가니까, 흔두 ᄎ례(차례) 보문(보면) 다 알아 불어. [구비9-2 양구협, 남 71세: 619쪽]
(아, 이제 한 번은 비가 와 가니까, 이를 딱하게 여긴 서당 훈장이 주인공에게 서당 마당으로부터 서실로 와서 "난간에 들어앉으라!"고 말했어. 그래서 난간에 앉게 되었어. 그 서당 훈장 자리에 가까이 앉았어. 훈장이 책을 읽어 가니까, 한두 차례만 책을 보면 글 내용을 훤히 다 알아 버려)

여기에 있는 사례들에서는 모두 다 공통어에 있는 인용 구문의 어미 형태소 '-고 하다'가 쓰이고 있다. 그렇지만 상위문 동사에서 자잘하게 차이가 나며, 쉽게 복원될 수 있음을 전제로 하여 생략된 경우도 관찰된다. 특히, (33)에서 두 번째 나온 '-고 ∅'와 다음 다룰 사례인 (35)에 있는 '-고 ∅'가 주목된다. 모두 '-고'로만 종결되고 있음을 본다.28) 김지홍(2017)에서는 이를 종결어미로 전성되는 과정으로 파악하였다. 이런 용법의 배후에, 서로 주고받는 인용문 내용 그 자체에 대한 전달이 중요한 것이지, 그 인용 구문의 격식을 온전히 갖추는 일이 중요한 것이 아니라는 생각이 자리 잡고 있다. 다시 말하여, 담화 전개 전략으로서 인용 구문과 동일한 형식을 그대로 이용하고 있는 것이다.

(35) 「아바지가 흥상(恒常) 벵(病) 걱정을 ᄒ엿다」고 ∅. 그냥 주는 거라.
    [구비9-2 양구협, 남 71세: 616쪽]
    (「아버지 월계 진좌수가 항상 병이 든 환자들에 대한 걱정을 했었다」
    고 ∅[=말했다]. 처방약을 돈도 받지 않고 그냥 주는 거야)

전형적으로 남의 발화를 직접 인용하는 '-고 ᄒ다'(-고 하다) 구문이

---

28) 공통어의 발화에서도 "뭐라고?"라는 사례에서 단절 현상으로서 '-고'가 종결어미의 위치에서 관찰된다. 이 방언의 종결 위치에서도 같은 일이 일어나는 것이다. 그런데 이 방언에서 독자적으로 발달시킨 인용 형식으로서 내포문 종결어미와 관형형 어미의 융합 형식이 있다. 이 형식도 또한 당연히 종결 위치에서 관찰될 것으로 기대된다.
   김지홍(2020: 529·625쪽) 『제주 방언의 복합 구문: 접속문과 내포문 1~2』(경진출판)에서는 반말투 종결어미 '-아'(모음 조화가 적용되므로, '-어'도 있음)에 관형형 어미 '-은'이 융합되어 있는 '-안, -언'이 빈번히 쓰이고 있음을 지적한 바 있다. 이것이 시상을 표시해 주는 접속어미 형태소 짝 '-아그네 : -아네'의 축약 형태로서 '-앙 : -안'과 서로 구별할 필요가 있으므로, 일부러 숫자 '2'를 윗첨자로 질러 놓고서 '-안², -언²'으로 표시해 놓았다. 이 융합 형태소는 이 방언에 대한 이전의 연구에서 가장 허무하게 잘못 처리된 문법 형태소 중 대표적인 한 가지이다.
   인용 구문의 형상에서 단절 현상이 일어남으로써 종결어미처럼 범주가 전성되는 사례는 더 있다. 종결어미 '-다'에 융합된 '-다고'뿐만 아니라(앞의 책, 225·261쪽을 보기 바람) 종결어미 '-고라'에 인용 형태 '-이엔'(-이라는)이 융합된 '-고랜'이 그러하다(앞의 책, 619쪽을 보기 바람). 전반적으로 말하여, 이 방언의 문법 형태소에 대한 정밀한 분석은 이제서야 시작되고 있다고 해도 결코 지나치지 않다.

이끌고 있는 내포문은, 귀로 들었던 남의 말과는 조금도 관련 없는 내용을 담고 있는 경우도 흔하다. 비록 앞에서 이를 '유사 인용 구문' 으로 불렀지만, 만일 예외 부류처럼 서술된 내용이 압도적으로 많이 구현된다면, 이런 명명은 언어 사실을 제대로 드러내지 못하는 셈이다. 오히려 내포 구조를 중심으로 두 부류를 포괄하는 제3의 개념을 상정해야 올바르게 언어 사실을 포착해 줄 것이다(127쪽 이하).

(35)에서는 명의(名醫)로서 당시에 이름이 아주 높았던 자신의 부친이 평소 지녔던 생각과 가치를, 아들로서 설화 속의 주인공이 판단하고 있다. 그리고 이를 상위문의 핵어 동사가 생략된 인용 구문의 형식과 동일한 모습으로 제시해 놓았다. 이런 유사 인용 구문의 사례는 범위와 빈도 측면에서 결코 인용 범주에 못지 않고, 그 이용 범위도 또한 더 넓다. 다음 사례들에서는 ㉠ 한 사람의 결심이나 의도 또는 상대방에 대한 평가를 가리킬 뿐만 아니라, 또한 ㉡ 다른 사람이 생각함 직한 바를 추정하는 데에도, 동일한 종류의 구문 형식이 쓰임을 확인할 수 있다.

(36) 「아버지 은혜라도 갚아두고 내가 죽어야 되겠다」고 허여 가지고, 집의(집에) 촛아 오란 보니, … [구비9-1 안용인, 남 74세: 125쪽]
(「아버지 은혜라도 갚아두고 내가 죽어야 되겠다」고 결심해서, 집에 찾아와서 보니…)

(37) 게므로(그렇기로서니) (감옥에) 「심어 댕기게 흔 디(잡혀 다니는 곳과) (그 집안과) 사둔(査頓)을 ᄒᆞ여졋잉가?29)」 ∅ ᄒᆞ연, 원!, ᄆᆞ음이 이상케

---

29) 이 방언에서 '-아 지다' 구문은 공통어에서 보여 주는 분포와 차이가 날 뿐만 아니라, 또한 그 분포를 일반화해 줄 수 있는 의미 자질도 다르게 설정된다. 물론 피동 구문의 분포에도 쓰이지만, 피동 범위를 벗어나서 쓰이는 사례도 아주 잦게 관찰되고, 그 범위도 아주 넓다. 김지홍(1983), 정승철(2007), 강정희(2012), 김보향(2019) 등을 읽어보기 바란다. 특히 피동의 뜻이 없는 용례들을 설명하기 위하여, 김지홍(2014b: 110·124쪽)에서는 '-아 지다'가 사람의 의지나 의도와 무관하게 「한 사건이 자동적으로 진행하는

돌아 붙엇어, 원! [구비9-2 양구협, 남 71세: 649쪽]
(그러하기로서니, 「감옥에 잡혀 다니는 집안과 내가 사돈을 맺어졌는가?」∅ 생각이 들었어. 원!, 마음이 이상하게 바뀌어 버렸어, 원!)

과정」을 가리킨다고 상정하였고, 이런 기본 자질로부터 몇 가지 다른 의미가 도출될 수 있다고 보았다.

최근 학계에서는 변화가 무생물 사물의 내적 속성을 가리키는 중간태(middle voice)와 대상의 내재적 원인에 귀속시키는 속성(ergativity)이 논의되었는데, 위도슨(Widdowson 2004; 김지홍 뒤침 2018)『텍스트, 상황 맥락, 숨겨진 의도』(경진출판, 100쪽의 역주 93과 286쪽의 역주 198과 역자 해제 456쪽의 주석 27)을 보기 바란다. 전자는 무생물의 속성과 관련되지만, 후자는 스스로 움직일 수 있는 생명체에 적용되므로, 후자의 범주에 속할 가능성이 높다. 우리말에서 이런 속성을 잘 드러내어 주는 부사가 "저절로"이다. 그렇지만 '-아 지다'라는 구성이 변화가 끝난 결과 상태를 가리키기도 하므로, 오직 ergativity라고만 강하게 단정할 수는 없다. 가령,

  (ㄱ) "배 탕 배 가는 냥 가 지민 이것이 촛아가 진다" [구비 9-3: 115쪽, 73세 김승두]
    (배를 타고서 배가 가는 대로 가면 남편이 표도한 곳에 저절로 찾아가게 된다)
  (ㄴ) "이 강생이 가는 냥 가면 가 진다" [구비 9-3: 224쪽, 85세 김재현]
    (이 강아지가 가는 대로 따라가면 저절로 저승으로 가게 된다)

에서 쓰인 방식이 의도와 무관하게 일어나는 변화 과정을 가리킨다. 그렇지만 다음의 사례는 자동적 변화 과정이 끝나서 더 이상 변화가 일어나지 않는 결과 상태를 가리킬 수 있는데, 이 또한 빈출한다.

  (ㄷ) "아무라도 몬저 죽어지는 사름으로 그 따(땅)에 묻어지자!" [구비 9-3: 227쪽, 85세 김재현]
    (누구든지 간에 먼저 죽는 사람이 결과적으로 그 땅에 묻히도록 하자)
  (ㄹ) "그 의복이 어디서 났나?" "배나무에 걸어졋더라"고 ᄒᆞ였어. [구비 9-2: 622쪽, 71세 양구협]
    ("그 옷이 어디서 났나?"라고 묻자, "배나무에 결과적으로 걸려 있더라"고 대답했어)

117쪽 예문 (37)에서는 자동적 과정이 나의 의도와 무관하게 마치 운명처럼 일어난다는 쪽으로 해석되고 있다. 다시 말하여, 「운명적으로 저절로 원수와 서로 사돈 관계를 맺게 되었는가?」라고 의심하는 뜻을 담고 있는 것이다.

그런데 (37)에서 활용의 모습은 '-아 지다'의 어간에 시상 선어말어미 '-앗-'(-았-)이 나온 뒤 의문 종결어미 '-은가?'가 결합된 것이다. 이런 기본 형상에서 종결어미가 1음절에서 전설화되고 마지막 음절에 의한 역행 동화를 일으켜 '-잉가?'(기본 표상이 아닌 표면 음성형일 뿐이)로 채록되어 있는 것이다. 이 방언에서 [+시작점, +종결점]의 자질을 띤 '-앗-'은 공통어에서와 같이 '-아 있-'으로부터 문법화된 것이기 때문에 틀림없이 그 속에 '있-'의 전설모음 자질이 녹아 있을 것이다. 이것이 동화 주체로서 결국 '-은가?'를 '-인가?'로 바꾸어 놓은 것이다. 그렇다년 이 방언에서 관찰되는 표면형 '-잉가?'는 '-은가?'라는 기본 형상으로부터 유도되는 것이므로, 한국어의 형식을 그대로 따르고 있음을 잘 알 수 있다.

더구나 시상 자질에서 짝이 되는 선어말어미 '-앖-'과 결합된 종결어미에서도 "ᄒᆞ여졌인가?"(ᄒᆞ여지+없+은가)와 같이 동일하게 전설화됨을 보여 준다. 이런 특성이 '-앖-'이란 선어말어미 형태소가 구성 기반('-앗-'과 동일한 기반을 지닐 개연성)을 상정해 주는 중요한 토대가 된다. 좀 더 자세한 논의는 일후 다른 기회로 미룬다.

(36)과 (37)에서는 각각 이야기 속의 주인공이 스스로 자신의 결심이나 자신의 품은 마음 속 생각을 인용 구문의 형식을 빌려 표현하고 있다. (36)에서는 내포문이 '-고 허여 가지고'(-고 해서)와 결합되어 있고,[30] (37)에서는 'Ø ᄒᆞ연'(Ø 하였어)과 결합되어 있다. 이런 형식을 쓰는 일이, 비단 화자 스스로 자기점검을 할 수 있는 자기 자신의 마음에만 국한되는 것만이 아니다. 또한 입 밖으로 나오지 않은 '머릿속의 마음가짐'이라고 하더라도, 남의 마음에 대한 내용도 감정이입을 통하여 추정할 수도 있고, 또한 일련의 간접 증거들을 통하여 추측한 것까지도 그 내용으로 서술해 줄 수 있는 것이다. 이를 다음 예문에서도 확인할 수 있다.

(38) 「불효엣 ᄌᆞ식이니 이것 못쓰겠다」고 허여 가지고, 이젠 무쇠(鑄鐵)로 다가 곽(槨)을 맹글아 가지고, 그 아이를 거기 집어 놔 가지고, ᄌᆞ물쇠로 중가(잠가) 가지고, 이젠 바당에 띄와 불엇입주. [구비9-1 안용인, 남 74세: 147~148쪽]
(「불효하는 자식이니, 이놈은 안 되겠다」고 여겨서, 이제는 무쇠로 곽을 만들었고, 그 아이를 곽 속에 집어 놓고 자물쇠로 잠그고 나서, 이제는 큰 바다에 띄워 버렸읍지요)

---

30) '-어 갖고'란 형식은 설화 채록 자료 전반에서 자주 관찰된다. 유독 이 분에게서만 보이는 높은 빈도는 개인 언어적 특징이다. 이 화자가 젊은 시절에 체류했던 경상 방언 지역의 영향일 듯싶다. 접속 구문의 어미가 초점이 아니므로 본문에서 언급되지 않았지만, 예문 (4), (18), (31), (38)에서 모두 다 그러하다.
   그런데 이 어구의 방언 실현 모습은 '-어 앗언'이다. 「가지다」라는 동사는 특이하게 이 방언에서 '앚다'와 '앗다'로 쓰이기 때문이다(후자는 실현 범위가 훨씬 제약된 쌍형어간임). 만일 이것들이 접속어미와 결합할 경우에 또한 특이하게 다음처럼 달라진다. "앗앙 가라!"(갖고 가렴!)로도 쓰이지만, 반드시 "앗엉 가라!"라고 말하기 때문이다. 후자에서 관찰되는 음성 모음(엉)은 '가지다'의 어근에서 2음절 '이'의 흔적을 반영하는 듯하다. 만일 '앗앙'[표면형은 '아장']이라고 말한다면, 이는 '앉아서'를 가리키게 된다. '앉다'가 이 방언에서 '앉다, 앚다'로 존재하기 때문이다.
   비록 매우 작은 변동이지만, 이런 현상은 이 방언 화자들이 아무렇게나 말하는 것이 아니라, 그 사용의 밑바닥에 엄연한 질서가 깔려 있음을 깨달을 수 있다. 공통어에서는 '빼앗다'[빼다+앗다]라는 합성어에서 '갖다'의 흔적을 엿볼 수 있을 듯하다.

(38)에서는 상대방에 대한 화자 자신의 평가를 담고 있다. 이 또한 인용 구문과 동일한 형식을 그대로 쓰고 있다. 상대방(자식)에 대한 화자 자신(아버지)의 평가는, 고유하게 화자 내면의 영역에 속한다. 그렇지만 상대방의 마음과 생각과 의도는, 결코 객관적으로 가리켜 줄 수 없는 대상이며, 불투명한 영역 속에 들어 있다. 그럼에도 상대방의 마음가짐도 추정하고 있음을 빈번히 여러 사례들에서 확인할 수 있다. 이는 결코 이례적인 일이 아니라, 의사소통 과정에서 늘 일어나고, 일어나야 하는 자연스런 과정임을 뜻한다.

의사소통에서는 화자가 추정을 거쳐 단정을 한다고 그 내용이 곧장 사실임을 의미하지는 않는다. 일방적인 과정이 아니라, 전형적으로 너와 내가 조율하면서 조정해 나가는 과정이기 때문이다. 즉, 반드시 상대방 청자의 동의 또는 확인을 거치게 마련이다. 흔히 이런 과정이 청자와의 긴밀한 '협업 과정'으로 서술된다. 청자가 그대로 수용하거나 수정을 요구하거나 반박할 수 있으며, 이에 따라서 서로 간에 타협과 조정이 일어나면서, 서로 간에 합치되어 지속적으로 의사소통이 전개되는 것이다.

3.6. 화용 행위를 이끌어 가는 화자의 의도

옥스퍼드 대학의 오스틴(Austin, 1911~1960) 교수는 언어 행위가 언제나 다음처럼 세 단계가 동시에 작동하면서 만족스럽게 실행되어야 한다고 지적하면서, 처음 '일상언어 철학'을 열어 놓았다.

표면에 드러난 언어 행위 → 그 속에 깔린 속뜻 → 속뜻 실천 행위

그렇지만 안 보이는 밑바닥의 두 층위(점선 밑줄)가 자의적으로 설정되지 않고 엄격하게 일정한 제약에 따르도록 하는 조치가 필요했다.

이를 위해 그롸이스(H. P. Grice) 교수는 희랍 전통에서 다뤄겨온 '의도'라는 개념으로써 전반적인 언어 행위를 재구성해 놓았다.[31] 이 의도는 더 심층에서 한 개인이 성장하는 과정에서 주위로부터 물려받거나, 스스로 선택한 믿음 체계(고정된 신념)에 의해서 작동한다. 따라서 매번 의사소통을 할 경우마다, 우리는 언제나 임의의 언어 표현을 놓고서 그 사람의 의도를 추정하고 짐작하면서, 동시에 간접 증거들로써 추정된 그런 의도 확인하고 있는 것이다. 이런 큰 지도 위에서는 더 이상 발화나 또는 의성·의태어에 대한 직접 인용만, 순수하게 인용 구문으로서 남아 있어야 한다고 주장할 수 없다. 오히려 의사소통 의도를 잘 구현해 주기 위하여, 이런 형식들이 확장되고 더욱 잘 활용되어야 함을 알 수 있다. 내포문이라는 큰 범주 속에서 특정한 구문 형식을 공유함에도 불구하고, 인용과 관련되어 있는지, 그렇지 않고 인용과 무관한 것인지를 결정하는 데에는 상위 개념으로서 화자의 의도가 고려되어야 한다.

그렇지만 의사소통 의도가 결코 저절로 생겨나거나 하느님이 명령하는 것이 아니다. 의식하든 그렇지 못하든 간에, 화용 상황과 참여자들에 대하여 먼저 파악을 해야 하고, 그 상황을 어떤 목표를 지니고서 어떻게 전개해 나갈 것인지를 동시에 결정해 나가야 한다. 이는 전전두엽에 자리 잡은 작업기억에서 일어나는 '판단·결정·평가' 체계의 작동 결과이다. 그 입력물에는 대뇌 속 장기기억에 저장해 놓은 그물짜임에

---

31) 오스틴(J. L. Austin, 1911~1960) 교수는 자신의 모형을 타당하게 만들기 위하여 각 단계마다 작동해야 할 원동력으로 독특하게 전제 및 결과적으로 빚어져 나온 결과(entailment)란 개념을 상정했었다. 서로 다른 이름으로 불렸기 때문에, 마치 별개의 개념인 양 여겨질 법한 전제 및 귀결된 결과를 놓고서, 그롸이스(H. P. Grice, 1913~1988) 교수는 공통된 특성으로서 간단히 「속뜻 깔기」(implicature, 진행 과정과 결과 상태를 나타내므로 속뜻 깔림으로도 번역됨)로 포착한 바 있고, 이 개념을 다시 두 가지 하위 부류로 더 나눴다. 즉, 언어 형식에서 말미암는 속뜻을 「관례적 속뜻」으로 불렀고, 언어 사용 상황에 따라 깃드는 속뜻을 「대화상의 속뜻」으로 불렀다. 전제는 관습적으로 깃든 속뜻에 해당하고, 결과적으로 빚어지는 결과는 대화상으로 깃든 속뜻에 해당하는 것이다.

서 '정신 모형'이 인출되어, 5관으로 받아들이는 감각자료들과 종합적으로 판단하고 결정하며 평가한 결과로서 나오는 산물이다. 이 또한 수시로 화용의 진행 상황에 따라 역동적으로 바뀌어 나가게 된다.[32]

다음 예문들에서는 모두 다 상대방의 생각이나 마음가짐 또는 의도를 추정하고 있는데, 모두 다 인용 구문의 형식을 쓰고 있다.

(39) 아이(아니) 내여 놀 수가 잇어마씸? 허허허허! 거짓말도 멋들어지게 그렇게 ᄒ면, 허허허허! 「네 말이 옳다!」고 ᄒ면, 이제는 증서 내여 놓고 「돈 갚아라!」고 홀 판이라 ∅ 말이우다. [구비9-1 안용인, 남 74세: 155쪽]
(아니 내어 놓을 수가 있겠습니까요? 허허허허! 거짓말도 멋들어지게 그렇게 하면, 한 마디에 상대방을 이기거든요, 허허허허! 선대에 이미 빚을 졌다고 말하니, 「네 말이 옳다!」고 하면, 이제는 가짜 차용증서를 상대방 쪽에서 내어 놓고서 그 부자한테 「돈을 갚아라!」라고 요구할 판이란 말씀입니다)

(40) 그 전원(前에는) 「쌍놈의 ᄌ석이라」고 해서 눈알(눈 아래)로 보지도 아년디(않았는데), 그 다음부떠는(다음부터는) 「그것도 은혜라」고 ᄒ여서, 아주 아까와 뵈어서(보이어서), 「저놈으(의) 아일(아이를) 어떵 친굴(親舊를) ᄒ여야 홀 건디」 ∅ 흔 ᄆᆞ음을 다 ᄒ연. [구비9-2 양구협, 남 71세: 618쪽]

---

32) 자세한 논의는 김지홍(2015; 증보판 2021)『여러 학문에서의 언어 산출 접근』(경진출판)을 읽어 보기 바란다. 최근 번역되어 나온 폰대익(van Dijk 2014; 허선익 뒤침 2020)『담화와 지식: 사회 인지적인 접근』(경진출판)에서는 상위 개념으로서 '정신 모형'과 이것의 사회적 관습화를 중심으로 하여 담화 및 화용 전개 방식을 논의하고 있다. 이 책은 30대 초반에 언어학자(서종훈 뒤침 2017, 『거시구조』, 경진출판)로 출발하면서, 40년 넘게 여러 분야들을 섭렵한 토대 위에서, 70대 초반에 가장 포괄적으로 여러 학문 분야들을 종합해 놓은 압권이다. 우리가 늘 이용하는 기억에 대한 지금까지의 성취와 좀 더 긴밀히 관련이 이뤄진다면, 우리 정신 작용의 실체를 좀 더 실시간으로 바람직하게 설명해 줄 수 있을 것으로 본다. 좀 더 심도 있게 심리학자들이 언어 사용과 언어 이해를 다룬 책을 읽으려면 다음을 참고하기 바란다. 클락(Clark 1996; 김지홍 뒤침 2009)『언어 사용 밑바닥에 깔린 원리』(경진출판)과 킨취(Kintsch 1998; 김지홍·문선모 뒤침 2011)『이해: 인지 패러다임 1~2』(나남).

(선물을 받기 전에는, 서당 학동들이 '주인공은 상놈의 자식이라'고 얕잡아 봐서, 눈 아래로조차 보지도 않았었는데, 선물을 받은 다음부터는 그것도 자잘한 은혜라고 여겨서, 주인공이 아주 귀중해 보여서, 「저놈의 아이를 어떻게 친구를 삼아야 할 건데」∅ 하는 마음을 학동들이 모두 다 먹었어)

(39)과 (40)에서는 입 밖으로 나온 말과는 전혀 상관없이, 내포문에는 감정이입으로써 상대방 마음속을 추정하고 짐작하는 내용만 담고 있다. 각각 상대의 마음에 대한 추정과 상대의 마음가짐이나 의도에 대해 추정하여 표현하는 것이다. (39)에서는 '-고 하다'를 온전히 실현하고 있으나, (40)에서는 '-라고 ᄒ다'를 줄이거나 생략된 모습으로 'ᄒ'(하는)만을 쓰고 있다. 이런 변이는 매우 잦다. 모두 이내 복원될 수 있음을 전제로 일어나는 것이다. 이미 95쪽의 예문 (16)에서도 살펴보았듯이, 목구멍에서의 요구를 추정하여 '술이 들어오도록' 의인법을 써 놓음으로써, 재미와 극적 효과를 더해주는 경우였다.

이런 용례가 더 이상 특이한 것이 아니다. 공통어의 자료에서도, 중세 국어에서도, 이 방언의 자료에서도 모두 다 공통적으로 관찰되는 일반적인 언어 현상이다. 그럴 뿐만 아니라 한국어에서만 특이하게 일어나는 현상이 아니라, 모든 언어에서 관찰되는 매우 일반적이며 보편적인 현상이다.

최근 담화 연구에서는 인용을 빗대어 담화 속에서 찾아지는 기능들을 논의한 바 있다(76쪽의 각주 2와 93쪽의 각주 16). 이는 궁극적으로 담화가 일관되게 짜얽히고 흥미롭게 현장성을 더해 주면서, 합당성과 설득력을 동시에 확보하는 몫으로 인용 구문 형식이 널리 확장되어 쓰인다고 보는 것이다. 이런 관점에서는 인용 구문의 확장 방식이 의사소통 의도를 적합하게 표현해 주는 중요한 선택지들 중 한 가지라고 말할 수 있다. 이와는 달리, 좀 더 중립적으로 내포 구문이라는 상위 개념으로부터 출발하여 교착어로서의 특징을 고려하면서 내포문의 형식들을 구분하면서 새롭게 하위범주로서 인용 관련 부류와 인용 무관 부류를 나누어 주는 방식도 동시에 가능하다. 어떤 방식이 더 나은지는 전체 문법 모형과 더불어 판정되어야 할 사안으로 판단된다.

4. 마무리, 그리고 남은 문제

이상에서 1979년에서부터 채록되기 시작한『한국 구비문학 대계』의 제주도 편에 있는 자료들을 중심으로 하여, 이 방언의 인용 및 유사 인용 구문들을 놓고서 여러 가지 구현 모습을 살펴보았다. 이 자료들은 일차적으로 담화 전개 모습을 보여 주는 언어 사실로도 이용할 수 있고, 또한 사회 관계에 따라 다른 언어 표현을 선택하는 사회언어학의 재료로서도 이용될 수 있다. 후자의 경우에, 그 설화 속의 화자들이 산출한 자료는 주로 이야기 첫 머리와 끝 마무리 부분에서 찾아지는 변이들을 대상으로 설명할 수 있는데, 격식투와 비격식투, 그리고 공식적 말투와 사적인 말투들을 여과없이 반영하고 있음 직하다. 이런 경우의 변이를 제외한다면, 모두 일관되게 담화 전개를 위한 화자의 전략적 표현 방식으로 설명해 줄 수 있다.

이 글에서는 이 방언의 인용 구문이 공통어에서와 동일하게 「상위문 핵어가 계사 '이다'와 묘사동사 '하다'로 나뉠 수 있음」을 밝혔다. 계사는 내포 의미를 가리키므로 간접 인용의 형식을 맡을 수 있다. 반면에, 묘사동사는 억양까지 모방할 수 있다는 점에서, 직접 인용의 형식에 쓰일 수 있는 토대를 지녔다. 이 두 가지 핵어는 통합 관계도 이룰 수 있었다. 그 순서상 내포 의미와 외연 의미는 선조적 결합이 가능하였다('-이라고 하다'는 내용을 가리키면서도 동시에 묘사하듯 표현함). 그렇지만 역순은 불가능하였다(*-하고 이다). 여기서는 이 두 가지 부류의 선택을 놓고서 다양성을 추구하는 담화 전개 차원 및 청자에 따라 표현이 달라지는 사회언어학적 해석을 시도했다. 이것만이 유일한 해석 관점일 수는 없다. 앞으로도 풍부하게 자료들이 더 축적되면서, 그리고 새로운 관점들이 설득력 있게 학계에서 공유됨에 따라, 여러 측면에서 새로운 주장이 나올 것이며, 또한 그런 주장이 언어 사실들로써 탄탄하게 입증될 필요가 있다.

계사의 경우에 이 방언의 서술 서법 종결어미 '-어'로 활용하고 다시 관형형 어미 '-은'이 결합하여 바로 뒤에 있는 명사 '말'을 수식하는 형식을 갖추고 있음을 밝혔다. ① '-이엔 말#ᄒᆞ다'(-이라는 말을 하다) 구성이 가장 기본적인 표상이다. 그런데 ② 인용 그 자체가 다른 표지로도 나타날 수 있는 만큼 잉여적이기 때문에, ③ 핵어 명사 '말'이 생략됨으로써 '-이엔 Ø ᄒᆞ다'로도 쓰이고, ④ 좀 더 융합된 모습을 보여 '-인 Ø ᄒᆞ다'로도 쓰이며, 심지어 ⑤ 계사의 매개도 없이 '-은 Ø ᄒᆞ다'처럼 실현되기도 하였다. 이런 다양한 하위 갈래들은 담화 전개 속에서 일어날 수 있는 선택지이다. 어떤 선택을 하든지 기본 표상으로 복원되는 구성을 전제하기 때문에 변동될 수 있는 것이다.

이 방언에서 '-고 ᄒᆞ다'는 앞에서 언급한 형상과 평행하게 '-고 말ᄒᆞ다'로부터 유도된다. 그 기능은 직접 인용에서부터 시작하여 간접 인용뿐만 아니라, 인용과 무관한 내포문에까지도 두루 실현됨을 확인할 수 있었다. 이 형식에서 관찰되는 생략 현상도, 앞 단락의 '-이엔 Ø ᄒᆞ다'의 경우와 같이 나란히 일어남을 볼 수 있었다. 이는 더 큰 차원에서 동일한 규칙들이 무의식적으로 적용된 결과로 간주할 수 있으며, 이 글에서는 동일한 관점에서 담화 전개의 전략에서 접근하였다. 이러한 상위 차원은 동일한 인용 구문의 형식이 발화에 대한 인용 이외에 ⓐ 강조 구문으로도 쓰이고, ⓑ 아직 외부에서 관찰되지 않는 마음의 상태로서 화자 자신의 마음의 상태를 가리킬 수도 있고, ⓒ 이전의 사건들을 놓고서 추정을 함으로써 남이나 상대방의 마음가짐을 가리킬 수도 있었다. 이렇게 발화 인용과 무관한 분포가 빈출하고 광범위하다면, 대표성이나 전형성을 중심으로 예외성이나 이례성을 언급하는 일은 온당하지 않다. 아직 일어나지 않은 마음의 상태까지도 인용 구문과 같은 형식을 쓴다는 언어 사실은, 중요하게 새로운 설명 방식을 요구하는 것으로 볼 필요가 있다. 이런 경우는 담화의 일관성과 통일성과 긴박감 그리고 흥미를 위해 동일하게 공모하고 있을 개연성을 상정할 수 있었다. 담화 전개 전략의 한 가지인 것이다.

마지막으로 내포문의 범주 아래 같이 다뤄야 하겠지만, 이 글에서 논의되지 못한 주제를 몇 가지 적어 두기로 한다. 필자가 1980년대에 출간된 입말 문학(구비 문학) 자료들을 정리하면서 새롭게 파악하게 된 구문이 '-고' 어미를 지닌 내포문 구성이다. 여기에는 '-고 하다' 형식의 인용 구문뿐만 아니라 다음 구문들이 포함된다.

　㉠ '-을라고 하다'(-으려고 하다)로 대표되는 의도 표현의 구문
　㉡ '-고 싶으다, -고프다'(-고 싶다)로 대표되는 소원 표현의 구문
　㉢ '-이라고 불르다'(-고 부르다)로 대표되는 명명 구문
　㉣ '-이라고 보다'로 대표되는 판단이나 평가를 드러내는 구문
　㉤ '-고 말다'로 대표되는 기대 좌절의 구문

이들 구문에서 '-고' 어미는 결코 접속 구문에서처럼 '-곡'과 교체될 수 없다. 이는 접속 구문에서 언제나 자유롭게 '-곡'이 '-고'와 수의적으로 교체되는 것과는 아주 다른 현상이다. 그렇다면, 여기서 다룬 인용 구문까지 합쳐서, 모두 6개의 구문들이 하나의 자연 부류를 형성할 수 있는지를 따져 봐야 한다. 그리고 이들 어미가 서로 전혀 다른 계열의 어미인지, 아니면 어떤 공통성을 일부라고 지닌 것인지 여부도 탐구해야 나가야 할 중요한 과제이다.

제3장 '-고' 어미를 지닌 제주 방언의 내포 구문[※]

1. 들머리

　제주 방언(이하, '이 방언'으로 부름)에서 관찰되는 이른바 인용 구문은 그 관련 문법 형태소들의 구성상 두 가지 매개인자를 지닌다. 하나는 공통어와 공유되는 동일한 형식('-이라고 하다' 계열)이며, 다른 하나는 이 방언에서 독특하게 관찰되는 관형절을 이용한 형식('-이엔 말ᄒ다')[-이라는 말을 하다] 계열)이다.1) 그런데 김지홍(2019)에서는 인용

───────────────

　※ 이 글은 『한글』제82권 1호(통권 제331호, 한글학회, 2021), 43쪽~85쪽에 실린 글을 토대로 하여 제목을 조금 고치고 내용에도 필요한 수정과 추가가 이뤄졌음.

　1) 이는 김지홍(2019)에서 주장된 것으로서, 이 방언에서는 공통어의 것과는 달리 독특하게 매개인자로서의 선택지가 하나 더 있을 따름이다. 독특한 그 선택지조차 관형형 어미 '-은'를 이용하여 핵어 명사(말하다의 '말')를 꾸며 주는 구성(기본표상)을 하고 있을 뿐이므로, 그 역시 한국어의 문법 형태소를 쓴 것에 불과하다. 그렇다면 한국어와 이질적인 구성체가 아니며, 한국어의 하위방언일 수밖에 없다. 이런 구성을 그대로 이용하는 형식으로 또한 '-은 말이다, -은 말을 ᄒ다'가 있으므로, 강조 및 인용에 관련된 형상이 공통된 토대를 지니고 있을 것으로 본다.
　인용과 관련된 두 유형은 전형적으로 직접 인용과 간접 인용의 형식으로 구분될 수

과 무관한 다섯 갈래의 내포 구문 환경에서 공통어와 동일한 '-고' 어미 형태소가 찾아짐을 지적하였다. 여기서는 이 환경에서 찾아지는 내포 구문의 '-고'를 대상으로 하여 7가지 분포를 살펴볼 것이다(인용 구문을 포함하면, 모두 여덟 가지임).

이 글에서는 세 가지 논제를 다룬다. 첫째, 같은 구문 형식을 쓰지만 발화 인용과 무관한 범주가 다양한데, 이러한 '-고' 어미 형태소가 관찰되는 내포 구문의 환경을 논의한다. 만일 발화 인용과 무관한 환경들을 통합할 수 있는 상위 개념을 확정할 수 있다면, 발화 인용 구문의 형식이 그런 상위 개념으로부터 도출할 수 있는지를 따져 볼 수 있다.

있겠지만, 관형절 구성의 '~이라는 말'이란 표현 그 자체가, 특정 속성을 지정한다는 점에서, 이미 간접성을 반영해 주는 듯하다.

가령, "철수가 너한테 칭찬을 했다"라고 할 경우, 칭찬이란 낱말이 화행을 전체로 묶어 평가한 것이다. 그렇지만 "너한테 대단하다는 말을 했고"고 할 경우, 전달해 주는 화행 속내를 요약하여 평가해 놓는 만큼 간접성이 들어 있다. 그렇지 않고, "너한테 「진짜로 몇 백만에 한 번 날까 말까 하는 천재로구나!」 하고 말했다"에서는 홑낫표 「가 본디 어조까지 모방할 경우, 직접 발화를 그대로 인용하여 옮겨 주고 있는 것이다.

왜 이렇게 직접 인용·간접 인용·화행 갈래 인용 따위 하위 분류가 필요한 것일까? 우선 이런 하위 갈래에서는 신뢰성을 중심으로 서로 대립할 수 있다. 여기서 어조까지 품은 직접 인용일수록, 듣는 사람들에게 거짓 없이 확실한 증거를 제시하는 것으로 받아들여질 듯하다. 화자에 대한 전반적 신뢰도를 문제 삼지 않고, 직접 인용된 말 그 자체를 문제 삼는다는 점에서, 인용된 표현이 상대적으로 신뢰성이 높다. 반면에 화행 갈래를 언급하는 인용은, 해당 인용에 대한 인용자의 평가가 표시되어 있다. 따라서 그 평가의 근거를 하나도 제시하고 있지 않다는 측면에서, 곧이 곧대로 청자가 받아들이기보다는, 인용 주체의 긍정 또는 부정 평가의 의도를 쉽게 드러내므로, 그런 인용 화자의 의도나 동기를 문제삼게 된다. 이런 점에서 상대적으로 신뢰성이 낮다. 다시 말하여, 화자가 표현하는 그대로를 청자가 믿고 받아들이는 것이 아니라, 그런 말을 하는 상대방 화자의 신뢰성을 전반적으로 검토하면서 해당 표현까지 평가하는 것이다. 마지막으로 간접 인용은 다른 두 항목의 속성을 정도의 측면에서 일부분 물려받는다는 점에서, 화행 상황이나 맥락에 따라 그 특성이 조금씩 변동되며 지정될 수 있다.

그렇지만 화용 상황에서 인용이란 형식 그 자체가 오직 한 가지 기능만 품고 있지 않다. 인용 형식이 다른 사람의 말을 빌려 오는 형식이기 때문에, 화자 자신은 그 내용에 대하여 책임질 일이 없다. 이런 특성을 이용하여, 설령 자기 자신의 희망 사항이나 가상세계의 사건(조만간 일어날 일)이라고 하더라도, 마치 남의 말을 인용하듯이 표현할 수 있다. 이렇게 표현함으로써 자신이 져야 할 책임을 자연스럽게 회피하는 방식으로 쓰이기도 한다. 담화 분야에서는 이를 흔히 '책임 완화(또는 경감) 표현'(hedging)으로 불러왔고, 일부에서는 '울타리 표현'으로도 번역한다. 이런 일은 또한 직접 표현을 우회 표현으로 바꾸거나 조건문 형식으로 바꿈으로써 간접화 모습으로 된 것도 포함한다(360쪽 참고). 그렇다면, 동일한 인용 형식을 놓고서도, 서로 상반되는 특성들이 화용 상황에 따라 다양하게 이용될 수 있음을 유의해야 할 것이다.

이런 작업에 수반된 중요한 문제는, 이 방언에서 공통어와 공유되는 내포 구문의 어미 '-고' 및 이른바 발화 인용 구문의 어미에서 찾아지는 '-고'가 서로 동일한 것인지 여부이다. 이는 '-고'를 중심으로 앞의 환경(내포절)과 뒤의 환경(상위문 핵어 동사)을 놓고서 유기적 관련성을 찾을 수 있는지를 탐색하는 일이 될 것이다.

둘째, 만일 이 어미들이 서로 동일하다면, 내포 구문에서 쓰이는 어미 형태소라고 부를 수 있다(내포 구문의 전반적 모습은 김지홍 2020을 보기 바람). 인용 구문에서는 계사가 활용되는 '이엔 말 ᄒ다'뿐만 아니라, 또한 '-라고 ᄒ다'가 동시에 쓰이고 있다. 표면 현상만을 놓고서 이를 「문법 형태소의 중층성」 모습으로 부를 수 있다. 이 두 구문에서 찾아지는 형태소가 기능상 직접 지시 및 후행 핵어 명사를 매개로 한 간접 지시로 나뉠 수도 있다. 다시, 화행 상황을 놓고서 그 상황에 적합한 말투를 바꿔쓰는 사회언어학적 측면으로, 그리고 상대방에게서 지루함을 없애고 지속적으로 주목을 끌기 위해 다양성을 추구하는 담화 전개 측면으로도 설명될 수 있다. 내포 구문에서는 유독 인용 구문에서만이 유일하게 문법 형태소들의 중층성 모습(전형적으로 각각 직접 인용 및 간접 인용을 지향함)을 보여 준다. 이 방언의 다른 내포 구문들에서는 공통어와 형태소 및 구성이 모두 다 동일하다.

그렇지만 1백 년이나 되는 연구 역사라고 과대 포장하더라도, 이런 중요한 언어 사실은, 모두 싸잡아 '개신파'라고 왜곡해 버린 잘못된 주장으로 말미암아, 한 번도 제대로 드러난 바 없다. 더욱이 최근까지 이 방언을 아무 근거도 제시함이 없이, 의도적으로 왜곡하여 '제주어'로 부르는 관점이 '자치도'의 행정적 지위를 잘못 해석하면서 여전히 횡행하고 있다. '소멸 위기의 언어'로 지정하면서 특정 연구자는 이 방언이 한국어가 아니라 다른 언어라고까지 주장하였다. 그런 쪽에서는 이렇게 공통어와 동일한 언어 사실을 지우개처럼 말끔히 지워 버리고 싶어할 것이다. 이런 왜곡된 관점에서는 제주 방언 화자의 풍부한 문법 형태소 구사 능력을 있는 그대로 인정하지도 못한다. 그 대신 문법 형태소의 중층성을 억제하고 마치 오직 하나의 형태소만 로봇처럼 말하도록 '조작해야만' 비로소 만족할 것이다. 언어 연구는 언어 사실의 관찰과 기록에서부터 출발하여, 설명 및 예측의 단계로 진행한다. 그렇다면 이미 이 방언을 왜곡시키고자 하는 '제주어' 관점에서는, 이런 첫 단계에서부터 있는 그대로의 언어 사실을 가려 버리는 것이다.

가령, 접속 구문의 경우에 김지홍(2020)에서는 시상 대립을 보여 주는 '-아네 vs. -아그네'(각각 '-안 vs. -앙'으로 줄어듦)라는 어미 형태소도 여전히 '-아설랑, -아설라그네'('-아서+을+라그네')으로도 교체되면서 담화 전개의 풍부함을 더해 줌을 처음 밝혀 내었다. 여기서 공통어의 접속어미 형태소 '-아서'가 1980년 대 당시에 70대~80대 화자들에게서도 자연스럽게 다수의 교체 형식 중 하나로 쓰였을 뿐만 아니라, 이것에 강조 형식 '을라그네'(이 방언에서는 계사의 활용 모습이지만, 중세국어에서는 '을+은'이라고 함)를 덧붙여 놓음으로써 '-아설라그네'도 드물잖게 쓰임을 볼 수 있다. 공통어에서는 이 형태소와 나란히 '-아 가지고'라는 형식도 쓰인다. 이 방언에서도 또한 그러하다. 그렇지만 결코 이것이 '개신파'의 영향이 아니다. 왜냐하면 고유하게 오래 전에서부터 써 왔을 '-아 앚엉'(-아 가져서, -아 갖고, 119쪽 각주 30)의 결합체도 빈번히 관찰되기 때문이다. 이런 다양한 문법 형태소의 구현 모습은, 청자에게서 지루함을 덜고 지속적으로 화자의 이야기에 주의를 집중하도록 하는 담화 전개 전략을 품고 있는 것이다.

시상 대립을 보이는 이 접속어미는 일부 다른 접속어미들과도 융합함으로써, 이 방언이 특이해 보이도록 하는 인상을 만들어 준다. 공통어 형태소 '-다가'는 이 방언에서 '-다그네 vs. -다네'(각각 '-당 vs. -단'으로 줆)로도 쓰이며, 독특하게 양자가 융합된 '-다서'(-다가+-아서)뿐만 아니라 여기에다 '을라그네'(을+계사의 활용 형식)가 덧붙은 '-다설랑으네, -다설라그네'(-다가+는) 형식도 관찰된다. '-앙'이 융합된 복합 형태소로서 동시 진행 사건을 가리키는 '-으멍, -으멍으네'(-으면 서)가 있을 뿐만 아니라, 또한 같은 유형의 강조 형식으로 '-으멍서라, -으멍서라그네'(-으멍+서+을라그네)도 드물지만 여전히 관찰된다. 조건 형식을 이끄는 '-거든'도 1980년대 채록된 설화 자료에서는 동일한 유형으로서 더 줄어든 '-건' 및 더 늘어난 '-거드네, -거들랑으네'들도 관찰된다.

이런 어미 형태소들이 제멋대로 아무렇게나 만들어진 것이 아니다. 이 방언을 써 온 화자들은 규칙적으로 본디 형태소에다 시상적 대립 형태를 갖춘 뒤에, 다시 강조를 하거나 산출 전략상의 시간 벌기(복합 형태소일수록 약간이라도 산출 계획 시간을 확보해 줌)를 해 주는 방식으로, 대격 조사 '을'과 융합된 계사 활용 형식(라그네)을 적용하였음을 곧장 드러내 준다. 규칙성을 품고 있는 이런 중요한 언어 사실을 묻어 두고서, 어떻게 공통어의 개신파 영향(복사판 형태소)이라고 매도해 올 수 있었을까? 언어 현상 자체를 왜곡해 온 일이 가능했던 까닭은, 이 방언의 연구에서 아직 정상적으로 작동하는 학문 공동체가 출범하지도 않았고, 따라서 여태 '집단 지성의 힘'이 모아질 길도 없었기 때문이다. 일부 '제주어' 연구자들에게서 어떻게 한국어 연구를 참고하지 않은 채, 이 방언의 본질을 연구하고 발전을 꾀할 수 있을지 의아스럴 따름이다.

셋째, 만일 내포 구문으로서 발화 인용 구문 및 발화 인용 무관 구문이 모두 도출됨이 사실이라면, 새롭게 부각된 내포 구문의 융합된 복합 형식 '-곤'도 동일한 형상 및 생략 조건을 상정함으로써, 관형형 어미 '-은'으로 분석할 수 있다. 이런 융합 구성이 옳다면, 접속 구문에서 찾아지는 어미 '-곡'도 또한 융합된 복합 형식일지 여부를 검토할 필요가 있다. 전형적으로 등위 접속을 떠맡는 어미 형태소 '-곡'이 수의적으로 공통어의 형식 '-고'로도 교체될 수 있고, 무한히 반복되며, 선·후행절이 '-곡, -곡'으로 마감된 뒤에, 반드시 상위문 핵어 동사 '흐다'(하다)의 논항구조로 편입된다(김지홍 2020: 370쪽 이하). 이 글에서는 '-곡'을 놓고서 명사를 만들어 주는 접미사로서 내파음 기역(윽, 받침 기역)이 녹아 있을 가능성을 타진할 것이다.

2. 발화 인용과 무관한 사례들에서의 '-고' 어미

2.1. '-고' 어미가 관찰되는 여덟 가지 환경

발화 인용과 무관하지만 '-고' 어미를 쓰고 있는 경우로서, 김지홍(2019: 788쪽)에서 5가지 환경이 제시되었다. 이 이외에도 소위 부사형 어미 구문의 '-고'도 추가되며, 다시 범주화하여 아래의 절들에서 논의될 7가지 환경으로 정리할 수 있다. 이것들을 포괄하는 상위 범주의 가능성과 그 결정은, 연구자마다 시각이 다를 수 있다. 일단 일반화 과정에 대한 엄격한 논증이나 또는 여러 선택지 중에서 하나하나의 반증을 제시함이 없이(소거법을 적용한 논증이 없이), 그런 논쟁의 촉발점을 마련해 놓는다는 뜻에서, 김지홍(2020)에서 범주화해 놓은 결과를 제시해 둔다. 단, 여기서는 모든 가능 세계의 사건을 표상할 수 있는 '양태'의 개념을 상정하였는데, 시상은 그 하위범주로서 현실세계의 사건 전개 모습을 가리킨다(김지홍 2020: 381쪽의 〈표 7〉을 보기 바람).
내포문을 투영하는 핵어 동사도 동일하게 하나로 묶인다. 이는 양태 동사로서, 가능 세계에서의 사건 전개 모습 및 결과 상태에 대한 판단을 가리켜 준다('관습적으로 딸린 속뜻'도 도출될 수 있음). 이 글에서 인용된 예문이 일부 앞의 책과 겹침을 적어 둔다. 표기 방식도 필자의 판단대로 형태소를 잘 드러낼 수 있도록 수정해 놓았지만, 인용 출처가 밝혀져 있으므로, 원래 채록의 표기 방식과 서로 비교할 수 있다.
첫째, '-고' 어미 형태소 앞에 온전한 문장 형식이 확인되는지 여부

에서 「행위 의지」와 「사건의 추측」을 가리키는 내포 구문을 설정할
수 있다. 전자는 '-을랴고 ᄒ다'(-으려고 하다)로 대표된다. 후자는 '-
다고 보다'로 대표되며, '-다고 ᄒ다(하다)'로도 나타난다. 물론 종결어
미 모습이 명령 형식이나 의문 형식도 나올 수 있고, 142쪽 이하 §.2.3
에서 다뤄진 계사 활용 모습 '-이라고'를 쓰기도 한다. 어떤 기능을
쓰든 간에, 내포절이 온전한 문장 형식이 구현되며, 인용 구문의 형식
과 가까운 거리에 있음이 구문상의 특성이 된다(남기심 1973에서의 '완
형 보문'). 여기서는 내포절을 '완형절 : 비완형절'로 대분해 둔다. 즉,
온전한 문장 형식(자립할 수 있는 내포문)의 경우 및 동사 어간만 나오
는 경우를 대분해 놓는 것이다.

둘째, 계사의 어간이 활용 형식을 띠면서도 내포문 투영 핵어로서
그 동사에 따라 몇 가지 하위 부류를 찾을 수 있다.

「-이라고 여기다, -이라고 보다, -이라고 부르다」

앞의 분류와는 달리, 여기서는 화자 자신(또는 화자가 감정이입을 한 대
상)의 마음가짐을 가리킬 수 있다. 필자는 이 구문을 「행동 의지」와
대립하는 짝으로서, 대상이나 사건의 「실현 모습」이라는 개념으로 통
합해 놓을 것이다. 첫째와 둘째 부류는 '-고' 어미 앞에 있는 형식이
직·간접적으로 동사 어간이 활용하는 완형절의 모습을 보여준다. 설
령 '인용' 구문이 독자적인 범주가 된다고 하더라도, 여기에서 보듯이
인용과 무관한 구문들도 완형절에 '-고'라는 어미 형태소를 구현하고
있다. 그렇다면 이 어미가 동일한지 여부를 따져 봐야 한다.

162쪽 이하에서는 인용 구문이 단독으로 독자적인 범주가 될 수
없고, 상위문 핵어 동사들도 자연부류로 묶일 수 있는 만큼, 이것들의
친연성을 바탕으로 제3의 상위 개념을 논의할 것이다.

그렇다면 여기서 완형절에 통합된 어미 '-고'(인용문 어미) 및 비완형

절(즉, 동사 어간)에 통합된 어미 '-고'(비완형절 어미)가 서로 동일한 범주의 형태인지도 따져 봐야 할 것이다. 표면 구조상 내포절이 완형절과 비완형절로 나뉘고 있지만, 이 글에서는 이런 구분을 요구하는 핵심 요소가 「상위문 핵어의 속성에서 말미암는다」고 본다. 이런 시각에서 완형절의 여부는 부차적인 결과일 수밖에 없겠지만, 제한적으로 내포 구문의 하위범주들을 서로 구분해 주는 표지로 상정될 것이다.

셋째, 비완형절에 통합된 '-고' 어미를 인허하는(내포문을 투영하는) 상위문 동사가 자의적으로 아무렇게나 나오는 것이 아니다. 일정한 제약을 지니고 있다. 만일 다음의 넷째 부류를 제외할 경우에, '-고' 어미 형식을 요구하는 상위문 핵어 동사로서 기대감이나 희망을 품는 부류가 있다. 이를 「바람 드러내기」(희망 부각)와 「바람 허물기」(기대 붕괴) 표현으로 짝지울 수 있을 듯하다. 각각 이는

「-고 싶다 vs. -고 말다」

로 대표된다. 그렇다면 비완형절 부류는 가능세계에서 상정되는 사건을 놓고서 언급해 주는 기능을 품고 있다고 볼 수 있다.

넷째, 내포 구문의 어미(소위 '부사형 어미 구문'의 어미) 중의 일원으로서 '-고'가 있다(김지홍 2020: 제6부의 제5장을 보기 바람). 대체로 짝을 이루지만, 짝을 결여한 나머지 구문으로 '-고 ᄒᆞ다'(-고 하다)와 '-고 잇다'(-고 있다)가 관찰된다. 이것들은 2항 대립을 보이는 것이 아니라, 각각 유무 대립의 짝을 지니고 있다.

그런데 '-고 ᄒᆞ다'에서는 완형절 및 비완형절이 동시에 관찰된다. 이런 측면에서 다시 하위범주로 나눌 필요가 있다. 그렇다면 언제나 '-고' 어미 앞에 반드시 동사 어간(비완형절)만 요구한다는 측면으로만 볼 경우에, 셋째 부류와 비슷한 통사 환경에 속할 수 있다. 단, 이는 등위 접속 구문의 형식 '-곡, -곡 ᄒᆞ다'(-고, -고 하다)에서 줄어들 만한

형상에만 국한되어야 한다.

다섯째와 여섯째 부류로서, 비완형절을 띤 '-고 ᄒ다' 형식이 있다. 이는 전혀 발화 인용과는 관련되지 않은 경우이다. 하나는 접속어미 형식 '-곡 ᄒ다'로 교체될 수 있지만, 다른 하나는 불가능하다(표면 구조가 동일하더라도 기본 표상에서 상이한 구조를 지님).

일곱째 부류로서 완형절을 요구하는 '-고 ᄒ다'가 있다. 특히, '-곤 ᄒ다'(-고+-은 [말]하다)라는 복합 형식이 관찰된다. 이는 두 가지 기본 표상에서 도출될 듯한데, 각각 내포구문의 어미와 관형형 어미이다. 만일 '-곤'이 내포구문의 어미 '-고'와 관형형 어미 '-은'의 융합체임이 사실이라면, 마찬가지로 접속어미 '-곡'도 재구성 가능성을 탐색해 볼 만하다.

어미 '-고'와 관련해서 내포 구문으로서 만일 발화 인용 형식에서 찾아지는 경우까지 포함하면, 모두 8가지 환경이 관찰되는 셈이다. 이제 인용 구문 외에, 이 방언의 사례들로써 그 환경을 서술해 나기로 한다. 단, 종전의 연구에서는 이런 중요한 언어 사실이, 실수이든 아니면 고의적이든 간에, 백안시되었고 무시되었으며 철저히 간과되어 왔다. 김지홍(2020)에서는 설화 채록 자료들의 언어 사실을 근거로 하여 이전의 연구에서 이런 오류와 왜곡이 지적된 바 있다.

2.2. 행위 의지 또는 사건에 대한 추측 구문

먼저 「행위의 의지」를 가리키거나 「사건에 대한 추측」을 나타내는 구문의 사례를 제시하기로 한다. 겉보기에 두 가지 개념이 묶이는 방식이 의아스러울 수 있다. 그렇지만 만일 선어말어미 '-겠-'이 이런 두 가지 기능을 품고 있음을 떠올린다면, 두 개념이 상호작용할 것임을 받아들일 수 있다. 이들 구문의 통사적 특성이 소위 '인용 구문'과 닮음에도 주목할 만하다.2) 아래 사례에서는 「한 사람의 결심(마음먹기)이나 의도(마음가짐)」를 가리킬 수도 있고, 「상대방에 대한 화자의 평가」를 가리킬 수도 있으며, 감정이입이라는 방식을 통해서 「다른 사람이 생각할 법한 바를 추정」하는 일을 가리킬 수도 있다.

이하의 자료는 이 방언에서 관찰되는 중요한 「문법 형태소들의 중층성」 모습을 보여 준다. 40년 전에 출간된 자료에서 이미 당시 70대의 화자들이 「공통어와 공유되는 형식도 자연스럽게 쓰고 있다」는 사실을 분명히 관찰할 수 있다. 이런 언어 사실에 대한 설명은 또다른 차원의 문제이다. 그렇지만 오직 관찰의 타당성 및 서술(기술)의 타당성 단계가 충족된 이후에라야, 설명을 추구하는 단계로 나아갈 수 있다. 그렇다면 이 방언의 있는 그대로 원자료를 왜곡하고 치우치게 취급해 온 '제주어' 연구들은, 편한 대로 자료를 가공하는 것이므로, 심각한 문제가 아닐 수 없다. 여기서는 당시 채록된 자료를 중심으로 하여 앞에서 제시한 하위 갈래들을 차례로 다루어 나가기로 한다.[3]

　(1) -고 허여 가지고: '의붓아버지 은혜라도 갚아두고 내가 죽어야 되겟[4]

---

2) 영어의 입말 자료(말뭉치)를 전산 처리하면서부터, 인용 구문이 인용과 무관한 분포에 이르기까지 아주 다양하게 쓰이고 있음이 지적되어 왔다. 머카씨(McCarthy 1998; 김지홍 뒤침 2010: 제8장)와 페어클럽(Fairclough 2003; 김지홍 뒤침 2012: §.3-5)을 보기 바란다. 우리말의 인용 구문을 다루는 경우(한송화 2014, 2015)에도 「인용이 아닌 경우들이 다수 있음」이 지적되어 왔다. 남의 발화를 인용한다는 전형적인 사례로부터 마치 '인용 구문'이 기본적인 표상이라는 속뜻을 담고 있었다. 그렇지만 이 구문이 요구하는 언어 형식이 인용과 무관한 다른 기능들에서도 똑같이 쓰이고 있다는 사실이 주목되면서 새로운 차원의 논의가 시작되었다. 이런 구문의 형태소들로부터 상위 개념을 마련해 놓고 다시 하위 갈래로서 인용 기능을 도출해 줄 수 있는 것이다.

3) 단, 이하 번호를 붙인 인용 자료에서는 먼저 해당 문법 형태소를 표제로 내세웠고 어절마다 대응되는 공통어 형식을 작은 괄호 속에 같이 적어 놓았다. 만일 탈락이 일어난 경우에 'Ø'로 표시해 놓았으며, 꺾쇠괄호를 이용하여 필자의 설명 및 맥락을 보충해 놓았다.

4) 필자는 이 방언에서 문법 형태소들이 아직 쌍시옷 받침을 경험하지 않은 19세기 이전의 상태를 반영하고 있다고 판단하여, '-앗-, -겟-'과 같이 홑시옷만 적어 놓았다(김지홍 2014, 그리고 2020의 119쪽 각주 42 참고). 그리고 동일한 낱말이 (1)에서는 '아버지'로, (6)에서는 '아바지'로 적혀 있다. 필자의 개인적 느낌에는 후자가 좀 더 의고적으로 들린다. 당시 채록에서 들리는 바대로 받아 적었을 듯하다. 비록 작은 변이이겠지만,

다'고 허여 가지고, 집의(집에) 춫아(찾아) 오란(와서) 보니, 마침내 의 붓아버지가 죽언 "아이고, 아이고!" 우는 판이라. [구비9-1, 남 74세 안용인: 125쪽]

('계부의 은혜라도 갚아두고 내가 죽어야 되겠다'고 결심해 가지고서, 집에 찾아와 보니, 때마침 계부가 죽어서 "아이고, 아이고!" 곡을 하는 판이야)

(2) ∅ ᄒᆞ연: 게ᄆᆞ로(그러하기로서니) '심어(잡아) 댕기게(다니게) ᄒᆞᆫ(한) 디(곳) 사둔(사돈)을 ᄒᆞ여것인가(해졌는가, 하다+지다)?' ∅ ᄒᆞ연원(생각하여+화용첨사 '원'), ᄆᆞ음(마음)이 이상케 돌아(바뀌어) 불엇어원(버렸어+화용첨사 '원'). [구비9-2 양구협, 남 71세: 649쪽]

(그러하기로서니 '감옥에 붙잡혀 다니는 불량한 집안과 사돈을 맺어졌는가?' 생각하고서는 마음이 이상하게 혼사를 번복하는 쪽으로 바뀌어 버렸어)

(3) -고 허여 가지고: 불 난 거(것)∅ 보니, '네 귀(귀퉁이)로 불 진을(불 낼, 방화할) 필요가 없다. 이상스럽다!'고 허여 가지고, 이젠(이제는) 타는(평시 타고 다니는) ᄆᆞᆯ(말)을 타 가지고 둘런(달렸어). 이젠 ᄀᆞ으니 ᄆᆞᆯ를 넘언(넘어서) 동주원5) 조꼼 넘어오니, 큰각시(여우)가 베질베질(부지런히 빠른 걸음을 걷는 모습의 의태어) 왓거든. [구비9-1, 남 74세 안용인: 176쪽]

(집에 불이 난 것을 보니, '동시에 집 네 귀퉁이에서 불이 일어날 리 없다, 이상스럽다!'고 여겼어. 곧 여우가 한 짓임을 확신하고서, 여우를 잡으려고 이제는 평상시에 타는 말을 타고서 달렸어. 이제는 제주시 쌍동이 언덕 마루를 지나서 제주목 동쪽의 원[院]을 조금 넘어오니까,

---

여러 사람들에게서 관찰될 경우에, 이를 설명하기 위한 모형도 상정되어야 할 것이다.

5) 도시 개발로 사라져 버린 'ᄀᆞ으니ᄆᆞᆯ'은 옛날 제주시 사라봉 근처 오거리에 있었다. 옛 지도에는 '쌍동이 언덕 마루'라는 뜻으로 병원지(竝園旨)로 적혀 있다. 그곳에 사라봉 기념관으로 옮겨진 의녀 김만덕(金萬德, 1739~1812)의 무덤이 있었다. '동주원'은 제주시 화북리 근처로서, 제주목 동쪽 원이 있던 동제원(東濟院)이다. 일주도로를 통해 구좌읍에서 제주시로 갈 경우에는 'ᄀᆞ으니ᄆᆞᆯ'이 '동주원'보다 더 뒤에 있다. 그렇다면 아마도 그 제시 순서가 서로 뒤바뀌어 있는 듯하다.

큰마누라로 변한 여우가 부지런히 바질바질 걸어서 그곳까기 왔거든)

여기에서 작은 따옴표 ' '로 묶인 부분은 결코 발화되지 않았다. 그럼에도 불구하고, 인용 구문의 형상과 전혀 구별되지 않는다는 점에 유의할 필요가 있다. 전지적 시점으로 이야기한다는 전제 위에서, 화자가 스스로 자신의 마음속 생각을 언급하고 있는 것이다. 화자가 자신의 마음속 생각을, 마치 남의 발화를 듣고 나서 인용하는 형식으로 말한다는 일 자체가, 자기모순으로 보인다. 따라서 인용 구문이 아무리 독자적 지위를 지닌다고 주장하더라도, 결코 남의 발화와 무관한 화자 자신의 마음속 생각을 가리키는 데에도 똑같은 구문 형식을 이용한다는 사실은, 인용 구문이 다른 상위 개념으로부터 도출되어 나올 개연성이 높음을 시사해 준다.

(1)은 화자 자신의 결심을 가리키고, (2)는 화자 자신의 판단 내용을 가리킨다. (3)에서도 화자 자신의 판단과 의심 내용을 드러낸다. (1)에 드러난 화자의 결심이 만일 직접 실천이 이뤄질 경우, 비로소 '화자의 의지'라고 부를 수 있겠지만, 이 단계에서는 계부의 묏자리를 봐 주는 일이 아직 일어나지 않았다. 그러므로 단지 화자 결심 정도로 서술할 만하다. (2)에서는 인용 구문에서 빈번하게 관찰되는 '-고' 탈락(∅)을 보여 준다(의문문의 종결어미 뒤에서는 내포문이 특성이 더 뚜렷한 만큼 더욱 잦게 탈락이 일어남).

(4) -고 허엿단 말이어: 겨니(그러니) 저(남제주군) 사름(사람)들은 '걸엉만(걸어서만) 올랴'고 허엿단 말이어. 북군(북제주군)에서는 물(말) 타 앚언(타 갖고서) … 들리단(달리다가) 물(말)에서 ᄂ련(내려서) 걸언(걸어서) 가니, 지경(地境, 땅 면적)을 많이 먹어 불엇주(차지해 버렸지), 북군에서 남군보단. [구비9-1, 남 74세 안용인: 183쪽]
(그러니 제주섬의 행정 구역을 처음 삼분할 적에 저쪽 남제주군 사람들은 '걸어서만 구획 지점까지 오려'고 했단 말이야. 그렇지만 북제주

군에서는 말을 타 갖고서 한참 달리다가 말에서 내린 뒤에 걸어서 구획 지점에 닿았으니, 땅의 면적을 많이 차지해 버렸지, 북제주군에서 남제 주군보다는!)

(5) -고 해서 -지도 아년디, ∅ ᄒ ᄆ음: 그 전원(前에는) '쌍놈의 ᄌ석(자석)이라'고 해서 눈알(눈 아래)로 보지도 아년디(않았었는데), 그 다음부떠(부터)는 '그것(작은 선물을 준 일)도 은혜라'고 ᄒ여서(여기어서), 아주 아까와(귀해) 뵈어서(보이어서), '저놈으(저놈의) 아일(아이를) 어떵(어떻게) 친굴(친구를) ᄒ여야(만들어야) 홀(할) 건디(것인데) …' ∅ ᄒ(하는) ᄆ음(마음)을 다(모두다) ᄒ연(했어). [구비9-2 양구협, 남 71세: 618쪽]
(그 전에는 '상놈의 자식이라'고 해서 눈 아래로 내려다 보려고조차도 하지 않았었는데, 작은 선물을 받은 다음부터는 '그것도 은혜라'고 여기어서, 아주 귀해 보여서 '저놈의 아이를 어떻게 친구로 삼아야 할 것인데 …' 하고 바라는 마음을 서당 학동들이 모두 다 가졌어)

(6) -라고 허여 가지고 -고 ᄒ여 가지고 -고 허여 가지고: 그 시대는 아바지(아버지) 쉬염(수염) ∅ 훑은 것도 '큰 불효의 ᄌ석(자식)이라'고 허여 가지고, 죽여도 불고(버리고), … '못쓰겠다!'고 ᄒ여 가지고, '불효엣 ᄌ석(자식)이니 이건(이것은) 못쓰겟다!'고 허여 가지고, 이젠 무쇠(주철 鑄鐵)로다가 곽(槨)을 맹글아(만들어) 가지고 … 이젠 바당(바다)에 띄와(띄워) 불엇입주(버렸읍죠). [구비9-1, 남 74세 안용인: 147쪽~148쪽]
(옛날 시대에는 아버지 수염을 훑은 것조차 큰 불효로 여겨서 죽여 버렸었고, … 그런 일을 했으니 '불효자라서 못쓰겠다!'고 여겨서, '불효 자식이니 이놈은 못쓰겠다!'고 여겨서, 무쇠로 곽을 만든 뒤에 거기에다 가둬 놓고서 바다에 띄워 보내 버렸읍지요)

이 사례들에서도 앞의 경우와 동일한 형식을 쓰고 있다. 그렇지만 그 내용은 오직 상대방의 마음을 짚어 보는 일에 쓰이며, 대상 사건을 놓고서 추측하는 기능을 지니고 있다. 특히 사람이 일으키는 사건의 경우에, 이는 기본적으로 '감정이입'이라는 기제를 상대방에게 적용함으로써 얻어지는 것이다. 앞에서는 화자 자신의 마음속 생각을 가리켰지만, 여기서는 다른 사람의 마음속 생각을 내포절에서 언급하고 있는 것이다. 이 구분이 결코 언어 형식으로써 명백히 표시되는 것은 아니다. 다만, 전체적인 거시구조의 얼개를 상정해 놓고서, 어떤 선택지에서 서술된 것인지를 따진 다음에라야, 결과적으로 판정될 수 있는 것이다. 이런 점에서, 거꾸로 적용된 연역 방식(전체 주제가 확정된 뒤에라야, 이로부터 여러 가지 하위사건들을 도출하는 일)임을 알 수 있다.

모든 사건을 전지적인 관점(하느님 눈)에서 서술해 줄 수도 있겠지만, 그럴 경우에 너무나 뻔한 듯이 말하게 된다. 그런 만큼 이야기 전개상 '긴장 또는 반전' 따위가 끼어들 소지가 없다. 그 결과, 청자들로부터 흥미로움과 진지함을 이끌어낼 수 없는 것이다.

만일 유능한 화자라면, 두 가지 관점을 두루 잘 뒤섞어 놓는 선택을 할 법하다. 설령, 감정이입을 통하여 추정된 그런 기대가 항상 실제 세계에서 부합되는 것만은 아니겠지만, 기대된 사건(행동)들이 객관적으로 관찰됨으로써, 그리고 그런 사건이 언어 표현으로 제시됨으로써, 감정이입의 내용이 추후에(복선을 깔 듯이 이야기 후반부에 가서) 확정될 수 있는 것이다. 이런 일이 언제나 일상생활에서 반복되면서 경험할 수 있기 때문에, 상대방의 마음가짐에 대한 추정적 서술이, 단순히 모든 것을 다 아는 전지적 관점의 서술보다 좀 더 설득력을 지닐 수 있을 듯하다.

(4)에서는 관련 형식의 분석이 이론 모형에 따라 서로 달라질 수 있다. ⓐ 단순하게 종합적인 시각으로 '-으려고 하다'가 복합 형식이라고 볼 수도 있고, ⓑ 이를 내포 구문의 형상으로부터 도출되어 나온다고 여겨서 상대방에게 의지를 묻는 종결어미 '-을라'의 변이 모습으로 파악함으로써 어미들의 계층적 구현으로도 분석할 수 있다.6) 다시 예문 (32)~(34)와 관련하여 이 문제가 다뤄진다(또한 김지홍 2020의 809

쪽 이하와 900쪽 이하를 보기 바람). 일단, 화자가 남제주군 사람들의 마음을 추정하고 확정하는 일을 가리키고 있다. 즉, 광복 후에 제주시를 제외하고서 새롭게 행정구획을 확정하는 일을 말해 주고 있다. 남제

---

6) 필자는 이 복합 형태소를 일관되게 내포 구문의 형식으로 파악하고 있다(후자 ⓑ의 접근법). 그렇지만 '-을라?'를 분석하는 일은 단순치 않다. 아래 예문에서 보여 주듯이 '-을라?'가 의문 서법으로 쓰일 수도 있겠지만, 또한 특이하게 이 방언에서는 '혼잣말' 형식으로 발화함으로써 가까이에 있는 사람이 들을 수 있도록 할 경우에 '-으랴, -을 랴'라는 의문 형식을 띤 '자문자답의 말투'도 관찰된다. 단, 단모음으로 된 변이체는 아마 도출 형식일 것으로 판단하는데, 또한 동음이의 형태소로서 '-을라?'는

"느∅ 지금 그디 갈라?"(너 지금 거기에 가려고 하니?)

상대방을 마주하고서 상대방의 의도를 물을 경우에 관찰된다. 외견상 '갈라?'는 '갈래?' 라는 변이 모습도 관찰된다. 뒤에서 인용된 예문 (16)에 있는 '사렐'(사려고를)에서 알 수 있듯이, 이 방언에서는 '려'가 단모음 '레'로 나올 수 있기 때문에, 좀 더 많은 자료를 확보하고서 신중히 결론을 내려야 할 것이다. 그렇지만 여기서 필자는 이것이 수의적 교체가 아니라, '갈라?'에서 '갈래?'로 바꾸기 위해서는 추가적으로 '이'와 관련된 요소 가 상정되어야 할 것으로 본다. 아니면 '-을랴?'에서 '이'와 '아'가 적용 순서가 바뀌어 '-을래?'로 되었을 가능성도 배제할 수 없다. 분명한 사실은, '갈래?'에는 결코 '-고'가 융합될 수 없다(*'갈래고'). 이 점이 양자를 수의적 교체로 볼 수 없음을 증명해 주는 듯하다.

만일 '-을라'만을 놓고서, 이것이 환원 불가능한 단일 형태인지, 아니면 관형형 어미 '올'과 형식 명사 '이'와 의문법 어미 '아'가 찾아질 수 있는 복합 형태인지 여부를 물을 수 있다. 이는 성급한 추정보다는 좀 더 많은 자료를 확보한 뒤에 세밀하게 숙고해야 할 문제일 것이다. 뒤에서 다뤄진 예문 (32)~(34)도 같이 살펴보기 바라며, 또한 177쪽 의 각주 18도 함께 참고하기 바란다.

클락(Clark 1996; 김지홍 뒤침 2009)에서 잘 밝혔듯이, 이는 '의도된 청자'는 아니라고 하더라도, 방청자로서 우연히 듣는 모습을 취하는 것이다. 이를 만일 화자가 스스로 또다른 자기 자신과 대화를 나눈다고 볼 경우, 예외적인 의사소통이 아니라 전형적인 모형을 준수하는 것으로 볼 수 있다. 논의가 복잡해지지 않도록, 여기서는 혼잣말로 해석될 경우를 일단 괄호 속에 넣고 보류해 둔다. 그렇다면 명백히 이 종결어미에 '-고'가 통합된 형식은 '-으라고, -을라고'는 마음 속의 생각을 추정하여 가리키는 역할을 한다.

중요한 언어 사실로서, 여기에서는 결코 이 방언에서 독자적으로 발달시켜 놓은 전형 적인 인용 구문의 형식 '-이엔'이 통합될 수 없다. 오직 전형적인 직접 인용 형식 '-고 ᄒ다'만이 통합 가능하다. 이런 중요한 사실은 복합구문(김지홍 2020)을 다루면서, 필 자도 처음 접하고 그 까닭을 다각도로 모색해 보았었다.

왜 전형적인 간접 인용 형식으로 간주된 '-이엔'이 통합 불가능한 것일까? 아마 이것 이 「결코 발화되지 않은 내용」이기 때문으로 본다. 그렇지만 이는 내포 구문의 형상으 로 본다는 전제에서만 수용될 수 있다. 만일 다른 이론 모형(ⓐ 접근)에서는 '-을라고' 를 복합 어미 형태소로만 취급할 개연성도 있다. 따라서 모형 선택에 따라 이 언어 사실에 대한 설명도 서로 달라질 수 있음을 적어 둔다.

만일 이런 언어 사실만 과장하여 서술한다면, 내포 구문에서 공통어의 형식과 공유된 형상(-고 ᄒ-)이 기본적으로 더 분포가 넓다. 오직 내포문이 마음가짐이나 의도를 가 리키지 않는다는 조건이 만족될 경우에만, 이 방언에서는 핵어 명사 '말' 부류를 꾸며 주는 관형형 어미 '-은'이 녹아 있는 형식(-이엔)을 쓸 수 있음을 매듭지을 수 있다.

주군과 북제주군에서 한라산 쪽의 땅에 먼저 도착하여 서로 만나는 지점을 기준으로 삼아 군(郡)을 둘로 나눈다고 전제한다. 화자는 당시 북제주군 구좌읍 분이다. 따라서 '저 사람들'은 남제주군(지금은 서귀포시) 사람을 가리킨다. 물론 이는 설화로나 들을 법한 이야기일 뿐이다. 그런데 공정하게 똑같이 걸어서 경계 구획 가능 지점에 도착한 것이 아니다. 북제주군 사람들은 몰래 말을 타고 달리다가 중간에 말에서 내려 걸어갔기 때문에, 결과적으로 북제주군에서 땅을 더 많이 차지했다고 서술해 주고 있다.

(5)에서는 두 군데에서 서당 학동들의 마음을 추정하여 '-고 하다'로써 서술해 놓고 있다. 처음에 주인공이 서당 학동들에게 선물을 주기 이전에는, "쌍놈의 자식"이라고 천대했었기 때문에 거들떠보려고도 하지 않았었다. 그렇지만 선물을 거저 받은 뒤로부터는 부잣집 아들로 여겼기 때문에, 학동들끼리 서로 그를 친구 삼고자 하는 의지나 의도를 품었다. 이 대목은 이런 사정을 추측하여 이야기로 서술해 주는 것이다. 비록 접속어미 '-은데'로 끝났지만, 「어떤 방법으로 자연스럽게 친구를 만들 것일까?」 따위의 절을 보충해 줄 만하다. 이를 드러내기 위하여 일부러 말없음 표 '…'를 집어넣었다. (6)에서도 상대방의 행동에 대한 일이 주어져 있고, 이 일에 대한 화자의 평가 내용을 '-고 허여 가지고'(-고 해서)가 담아 내고 있다. 좀 더 정확하게 알려 주려고 같은 구문을 반복하였지만, 뒤에 있는 구절에서는 좀 더 많은 정보를 넣으면서 부연해 주고 있는 셈이다.

2.3. 계사를 이용한 '-이라고 ᄒ다'와 '-이엔 ᄒ다' 구문

둘째, '-고' 어미가 통합되는 구성에서 계사의 활용도 빈번히 이용된다. 모두 공통어와 동일한 형식이다. 이 방언의 계사 활용을 놓고서 대우 형식이 깃들지 않을 경우(무표적 형상), '이다, 이어, 이라'와 같은 세 가지 모습을 찾아낼 수 있다(395쪽도 같이 보기 바람). 물론 이 활용 모습이 제멋대로 아무렇게나 교체되는 것은 아니지만, 계사 어간의 생략까지 고려할 경우 그 가짓수가 당연히 더 많아질 것이다.

〈표 1〉 두 계층으로 나타낸 계사의 세 가지 전형적 활용 모습

종결어미 활용 〈
　[+ 격식적, + 공식적]: 서술 서법의 '이다'
　[- 격식적, ± 공식적] 〈
　　[+ 공식적]: 서술 서법의 '이어'
　　[-공식적]: 반말투의 '이라'

이 방언에서는 먼저 어조만 달리하여 여러 서법에 두루 쓰이는 반말투 종결어미로서, 종결어미들의 융합 형식에서 자주 등장하는 '-이라'가 구분되어야 한다.7) 사용 빈도가 특정한 언어 사용 상황이 충족될 경우

---

7) 의존 형식임을 보이기 위하여 일부러 짧은 줄표를 앞에다 붙여 놓았다. 다른 동사(형용사를 포함)에서는 '-아'(자동교체로서 모음조화 형식 '-아, -어' 중에서 양성모음으로 대표함)라는 형식이 반말투에 쓰이지만, 계사에서는 거울의 역상 형태로 '-라'가 반말투 형식으로 쓰인다. 이런 사실은 이미 김지홍(2014: 223쪽)과 김지홍(2016: 147쪽)에 지적되어 있다.
　161쪽 사례 (25)에서 구조적으로 왜 반말투 형식이 역상 형태를 띠어야 하는지를 시사받을 수 있다. 이 방언의 비전형적 복합 종결어미를 만들어 주는 형상이 서로 변별적으로 구현되기 위한 동기가 밑바닥에서 작용할 것으로 짐작한다. 그 재료는 일차적으로 반말투 종결어미 '-아'와 계사를 매개로 한 강조구문의 응용이기 때문이다. 비록 이 짐작이 확정적인 모습은 아니지만, 거울 역상이 초래된 근거를 구조적으로 찾기 위해서는 중요한 논거가 될 수 있을 것으로 판단한다.
　표면상 1백 년의 연구 역사라고 말하지만, 역설적이게도 비전형적 종결어미 체계를 놓고서 김지홍(2014, 2017)에서 본격적으로 논의하기 이전에는 그런 복합 형식이 존재하는지를 놓고 일언반구 언급조차 없었다. 아무리 선업들에서 이 방언이 독특한 면모들이 많다고 외쳤지만, 이 방언 연구가 「내실이 없이 낙후한 측면을 이런 현상이 있는 그대로 잘 보여 주는 것」이다. 광복 이후에 사전 항목처럼 등록하는 일을 언어 연구의 전부인 양 관념했던 방식이, 불행하게도 이 방언에서는 그대로 반복 답습되고 있음이 안타까울 따름이다. 왜 한국어 연구들을 깊이 있게 받아들여 이 방언의 실상을 제대로 드러내고자 하지 않는 것일까? 옛날 한 때의 유행이 중세 국어의 문헌어를 연구할 바탕이 없을 경우에 현대 국어를 다룬다고 여겼고, 현대 국어를 다룰 능력이 없을 경우에 도피처로서 방언 연구를 했던 방식을 그대로 재연하는 것이 아닐지 우려된다.
　흔히 계사의 어간이 본디 '*일-'(하야육랑)임을 반영하기 때문에 '-이라'처럼 나왔을 가능성을 검토해 볼 수 있겠지만, 이 방언에서는 또한 유독 '오다'라는 동사에서도 내포 어미 '-아' 또는 접속어미 '-아서'와 결합할 경우에 '오라, 와' 또는 '오라서, 와서'처럼

서로 수의적으로 변동한다는 점에서(단, 예문 1과 13과 17과 27 등에서 보이는 '오라, 오란, 오라네'가 좀 더 의고적으로 느껴짐) 유음 받침 소리를 상정하는 일이 단순치 않을 듯하다. 일단 이 방언의 언어 사실을 놓고서, 분명히 '-이어'가 접속어미 범주의 문법 형태소들이 융합된 복합 형식에서 관찰되고 있다(제4장의 비전형적 종결어미들을 보기 바람). 따라서 문제가 그리 간단치만은 않다. 생략 또는 탈락이 고려될 경우에, '-이어'에서는 어간 '이'가 남게 되고, '-이라'에서는 활용 형식 '라'만 남게 된다는('∅ 라') 점도 매우 중요한 특징이 된다.

계사 변이체들을 놓고서 일차적으로 관찰의 타당성과 서술(기술)의 타당성이 충족되었다고 한다면, 이제 설명 단계로 들어서야 한다. 그렇지만 필자는 아직 왜 '이'가 남거나 '라'가 남게 되는지 그 이유를 합리적으로 완벽히 설명할 수 없다. 만일 관형절에서 찾아지는 '-인'(학생인 철수)을 제외한다면, (ㄱ) 서술 종결에 참여하는 어미들의 분포가 항상 종결 위치에서만 나오기 때문에, 종결 활용에서는 계사 어간이 잉여성을 띨 가능성이 있음 직하다. 또한 (ㄴ) 전형적 어순으로 두 개의 명사구 또는 명사 상당 어구가 구현될 경우에 더욱 잉여성이 높아질 수 있을 듯하다. 이런 두 가지 분포상의 특징들이 공모하여 계사 어간의 탈락을 부추기고 있을지 모를 일이다.

인용 구문의 어미를 '-엔'으로 보지 않고(단, 필자는 계사 어간을 살린 '-이엔'으로 상정하는데, 이중모음 '-옌'으로 나올 경우도 있기 때문임), 강정희(1988)에서는 '-인'으로 주장한 바 있다. 80쪽의 각주 8에서는 이것이 관형형 어미 '-은'을 토대로 하여 전설화가 일어나는 동기를 두 가지로 적어둔 바 있다. 필자는 전설화되는 두 가지 동기 중에서 계사 어간이 문법화된 뒤 융합된 단일 형식처럼 쓰이는 경우를 상정할 수 있다고 본다. 만일 후자의 형상을 상정하려면 '-이어'를 매개로 하여 관형형 어미 '-은'이 결합되는 기본 형상에서, 우연히 계사의 어간만이 남은 채 관형형 어미와 융합된 모습으로 설명할 수 있다. 관련된 자세한 논의는 김지홍(2020: 제6장 제3절)을 보기 바란다.

물론 이 방언의 언어 사용에서 「문법 형태소들의 중층성」 현상이 중요한 언어 사실이기 때문에, 이 방언에서는 공통어와 같이 '-이라고'도 적잖이 쓰임을 확인하게 된다. 비록 필자의 모어이지만, 복합구문의 자료들을 본격적으로 다뤄 보기 이전에는, 「문법 형태소의 중층성」 모습이 있다는 언어 사실조차 전혀 깨닫지 못했었다. 부끄러울 뿐이다. 이 방언에서 관찰되는 문법 형태소들의 중층성은 일단 화용 상황에 적합하도록 사회언어학적으로 다른 말투를 써야 하는 경우를 제외한다면, 모두 다 「다양성을 추구하는 담화 전개 전략」으로 설명할 수 있다. 이런 변이는 일괄적으로 103쪽의 각주 21에서 언급한 "문법 형태소의 변이 사슬"로 개념화할 수 있을 것으로 본다.

이 방언에서 융합된 복합 형식의 문법 형태소들을 분석하면서 얻은 필자의 결론이 143쪽의 〈표 1〉이다. 이것들의 분포가 결코 자의적이거나 수의적 교체를 보이지 않는 사실도 중요하다. 융합된 복합 형식의 문법 형태소들 중에서, 전형적으로 종결어미 범주에서는 '-이라'가 관찰되고, 접속어미 범주에서는 '-이어'가 관찰된다. 이런 사실도 이 방언의 자료를 놓고서 깊이 관찰된 적이 없기 때문에, 공식적으로 이런 논제가 논의의 표적으로서 제기된 적도 없다. 일단 필자는 '-이라'와 '-이어'가 상당한 정도의 친연성을 지니고 있으며, 이것들이 다시 '-이다'와 대립하고 있다고 보았는데, 두 계층을 성징하여 대립 모습을 표상할 수 있을 듯하다.

계사와 결합된 종결어미 형태소 '-다'는 이 방언의 속담이나 경구 표현에서 제일 빈도가 높다. 다음으로 빈출하는 종결어미 '-나'는 '느+아'의 복합 형식에서 나왔을 개연성이 높다. 융합 형식으로서 '-나'에서 찾아지는 '-아'는, 당연히 계사 활용 외에서 관찰되는 반말투 종결어미의 활용으로 수렴될 것으로 본다(김지홍 2014: 468쪽을 보기 바람). 이런 '-나'는 계사와 결합이 저지되는데, 160쪽의 각주 12를 보기 바란다. 오직 필자의 직관에만 기댄다면, '-다'가 공식성과 격식성을 품고 단정하는 표현을 맡을 수에, 우선 '-이다'가 다른 변이체와 선명히 구분될 수 있다. 이 방언에서 문법 형태소들의 융합 형태를 살펴보면, 종결어미들의 범주에서는 '-이라' 형식이 관찰되고, 접속어미 범주의 복합 형식들(-이어마는, -이도, -이어사만)에서는 '-이어'의 모습이 관찰된다. 흔히 이 방언의 인용 어미로 지적된 '-엔'(고영진 1984; 정승철 1997)도 계사의 활용 '-이어'(단, 줄표는 의존형식임을 표시함)와 관형형 어미 '-은' 융합되면서 줄어든 복합 형식이다. 그렇지만 동시에 이 방언에서는 다음 예문에서 잘 알 수 있듯이, 공통어와 동일한 형식 '-이라고'도 관찰된다. '-고' 어미가 계사의 활용 '-이라'에 융합되어 있는 모습이다. 이런 점에서 '-이어'와 '-이라'는 가까운 거리에서 서로 짝을 이루고 있을 듯하다.

아래 예시에서는 계사의 활용 모습 '-이라'와 '-고'어미가 통합되어 있는 모습을 보여 준다. '-이라고' 형식이 개인적 용법이 아니라, 일반 적으로 쓰이고 있음을 실증해 주기 위하여, 일부러 4명의 다른 화자들로부터 채록된 것을 제시하였다. 내포절은 현실 세계에서 임의 대상이나 관련 사건을 이름 부르는 일이다. 이런 측면에서 필자는 「행동 의지」와 대립하는 짝으로서 「실현 모습」을[8] 가리킨다고 파악하였다.

(7) -이라고 ∅ 잇지: 요디(요기) 올라가면은 '돗지 폭낭'(豚祭 또는 이어진

있을 듯하다. 이것이 양자를 포함한 상위 항목으로 필자가 내세운 까닭이다.
　물론 필자의 제안에 반발하여 〈표 1〉과 다르게, '-이다, -이라, -이어'의 세 항목뿐만 아니라, 결여 형태(∅, 공범주 형태)나 395쪽에 제시한 다른 항목(㉠)을 추가할 수도 있고, 또한 이것들이 모두 같은 층위에서의 형제 자매 관계일 수도 있다. 그렇지만 수의 적 교체가 아닌 이 항목들을 놓고서, 어느 누구이든지 간에 항목간 대립 자질이 무엇인 지를 찾아내어야 한다. 이 방언의 논의에서이든 한국어 전반의 공통된 논의에서이든, 아직 이런 미세한 영역을 놓고서 구별 가능성이 진지하게 탐구되지 않은 것으로 안다. 상대적으로 다른 방언의 강한 영향권에서 벗어나 있었던 이 방언에서, 이런 분포상의 차이점들이 형태론 측면에서 계사들을 놓고서 보다 더 심층적인 면모를 드러내는 계기 가 될 수 있을 것이다.

8) 만일 클락 교수의 '층렬 모형'을 받아들일 경우에, 무대가 마련되어 있는 현실세계에서 의 대상 또는 사건을 가리킨다. 김지홍(2020: 488쪽의 각주 104 및 518쪽의 각주 117)을 보기 바란다.

발화에서는 돗제 神堂의 팽나무)이라고 [∅] 잇지 아니허여게(아니하
여＋화용첨사 게)! 폭남(팽나무)이 컷주. 돗제∅ 지내는 폭남이라고
[∅]. [구비9-1, 남 74세 안용인: 152쪽]
(요기 조금만 올라가면 돗제 신당 팽나무라고 [하는 게] 있잖아＋게!
팽나무가 컸지. 돼지 고기를 제수로 쓰는 신당의 팽나무라고 [부르는
것이 있지])

(8) -이라고 ∅: 이거(이것이) 우리 아덜(아들) 무덤이라고 ∅. 아, 이젠
그놈(=메밀떡)을 케우려(고수레를 하여, 告祀禮) 두고. [구비9-1, 남 71
세 양구협: 623쪽]
(이것이 우리 아들 무덤이라고 해. 아, 이제는 메밀떡으로 고수레를 해
두고)

(9) -이라고 ∅: 그 집 종이 막산이라고 ∅ 힘이 어떻게 세엇던지, 막산이
가 쉰 놈∅ 점심∅ 혼자 먹고, 쉰 놈∅ 허는 일을 혼자 허고 ∅. [구비
9-3, 남 85세 김택효: 380쪽]
(그 집의 하인이 막산이라고 불리는데, 힘이 어찌나 세었던지, 쉰 명의
점심을 혼자서 먹고, 쉰 명이 할 일을 혼자서 하고 그래. 구비9-)

(10) -라곤 해여도 ∅: 제사라곤(제사라고는) 해여도 ∅ 고파서 그냥 가는
구나! [구비9--3, 남 85세 김재현: 143쪽]
(자신의 제사라고는 해도, 젯상 앞에서 자기 자식들끼리 치고받고 싸
우기 때문에 흠향도 못한 채, 배가 고파도 그냥 저승길로 떠나는구나!)

내포 구문의 형식 '-이라고'를 인허(투영)해 주는 상위문 핵어 동사는

'하다, 부르다, 여기다, 보다'

따위가 선택될 수 있을 것이다. 여기서는 일단 '하다'로써 대표하기로
한다. 그렇지만 예문 (7)에서 보듯이, 앞뒤 문맥상으로 자명할 경우에

는, 편의상 상위문 핵어 동사가 생략될 수 있다(동사와 핵어 명사가 통합된 '하는 것이'→∅). 예문 (8)과 (9)에서는 완형절을 인허하는 상위문 핵어 동사(ᄒ다)가 생략되어 있다. 관형절을 구성하는 경우가 아니라면("신사인 철수 vs. *신산 철수"에서 보듯 계사 탈락이 불가능함), 선조적으로 일어나는 입말의 특성상, 예문 (10)에서는 전형적인 어순대로 명사가 이어져 있기 때문에 잉여적으로 느껴지므로, 계사 어간의 생략이 일어날 수 있다. 그렇지만 생략되지 않은 채 '제사이라곤 해여도'(제사이라고는 말을 하여도, 대조적 주제 표시 형태소 '는'이 융합됨)처럼 발화될 수도 있다. 아마 오늘날 이는 전형적으로 글말투에서 보수적으로 구현될 법하다. 그 결과, 더욱 완벽히 교과서답게(또는 예외를 허용하지 않는 로봇마냥) 말하고 있는 듯이 느껴질 듯하다.

잘 알려진 화용 원리에 따르면, 화자와 상대방이 서로 공유하고 있다고 믿는 부분을 과감히 생략하면서(잉여 정보), 오직 새로운 정보라고 믿는 부분들(정보 간격)만을 중심으로 말해 나가기 때문이다. 그렇다면 보수적이거나 또는 분석을 위하여 원칙적으로 재구성해 놓은 완벽한 형식은, 상당 부분이 「순식간에 쉼 없이 진행되어 나가야 하는 화용 원리」(입말 수행 원리)들과는 크든 작든 일정한 거리를 두고 있는 셈이다.

이들 언어 사실에서 확인할 수 있듯이, 이 방언에서도 '이라고 하다'의 구성이 일반적인 용법이다. 이를 받아들인다면, 계사 활용을 제외한 '-고 하다'의 형식이 현평효(1985)에서 자주 즐겨 썼던 "개신파의 영향"이라는 주장을 반증할 수 있다. 이는 김지홍(2020)에서 지적한 「문법 형태소의 중층성」 모습이다. 이 방언의 화자들이 규칙적으로 '-고 하다'를 이미 잘 쓰고 있어야만, 자연스럽게 이를 계사의 활용 모습으로서 '-이라고 ᄒ다'에도 적용할 수 있다(141쪽의 각주 6에서 적었듯, '-고 ᄒ다'의 분포가 더 넓음).

최소한 담화를 전개하는 과정은 「청자에게 지루함을 없애고 지속적으로 주의를 집중하도록 변화를 주어야」 한다. 선핵성 매개인자를 지닌 서구어에서는 낱말들의 변이를 꾀하여 일련의 낱말 사슬을 형성하지만, 후핵성의 한국어에서는 문법 형태소들이 변화를 통해서 마치 사슬처럼 이어져 가야 한다(103쪽의 각주 21에서 '문법 형태소 변이 사슬'로 언급한 대목을 보기 바람). 이런 목적을 위하여 이 방언에서는 '-라고 ㅎ다'와 '-엔 말을 ㅎ다' 계열이 담화상의 생략과 더불어 그런 다양성을 이끌어 가는 핵심 요소가 되는 것이다.

(10)에서는 '-이라고 ㅎ다'에 대조적 주제 형태소 '-는'이 융합되어 있다. 그렇지만 표면 음성형이 동일하지만, 관형형 어미 '-은'이 융합됨으로써 '-라곤 하다'로 쓰인 변이도 분명히 빈번하게 관찰된다. 그렇다면 이 방언에서 빈번히 두 계열이 한데 쓰일 뿐만 아니라, 양자가 융합된 모습으로도 생산성을 보여 주는 것이므로(자세한 논의는 김지홍 2020: 211~215쪽, 603~606쪽을 보기 바람), 이런 언어 사실을 왜곡하면서 개신파로 치부할 수는 없는 것이다. 그런데

「이 방언의 화자들은 왜 이런 중층의 형태소를 구현하고 있는 것일까?」

라는 아주 중요한 물음이 생긴다. 중층의 형태소들을 쓰고 있는 것이, 한낱 군더더기이거나 규칙 없이 무질서한 것은 결코 아니다. 이 방언의 이전 연구에서는 언어를 바라보는 시각이 고작 낱말이나 문장에만 국한되어 있었다. 그렇기 때문에 화용 상황에 맞추어 달라져야 하는 사회언어학적인 언어 변이를 포착할 수도 없었고, 더군다나 다양성을 풍부히 담아 놓아야 하는 담화 전개 방식을 이해할 수도 없었던 것이나. 이런 중요한 언어 사실을 설명해 줄 시각의 부재로 말미암아, 고작이 방언의 화자가 공통어 형태소를 모방하여 쓸 뿐이라고 주장을 하면서, 스스로 언어 사실을 그대로 귀납화하는 언어학적 절차에 대하여 조금도 반성할 필요성을 느끼지 못했던 것이다.

필자는 여기서 제시된 이 방언 화자의 언어 사용 방식이 왜곡되거나 잘못이라고 여기지 않는다. 오히려 「생생한 변이를 보여 주는 언어 사실」을, 이 방언을 연구하는 이들이 제대로 포착해 주기를 기다려왔을 뿐이다. 필자의 머릿속에는 두 가지 변이 방식을 염두에 두고있다. 하나는 핼러데이 교수가 주장한 사회언어학적 말투 변이이다(85쪽의 각주 11을 보기 바람). 어느 공동체 사회에서이든지 인간 관계가 크게 네 영역으로 나뉘는데, 격식성 자질 및 공식성 자질이 교직되어만들어진다. 맨 처음 낯선 사람을 만날 적에는 사적 관계를 내세울수 없기 때문에, 크든 작든 격식을 갖춘 말투를 쓸 수밖에 없다. 또한9시 텔레비전 뉴스와 같이 공식적인 말투는 자그마한 실수로도 당사자에게 큰 손상을 입히게 된다. 공동체 구성원들이 더 이상 신뢰하지않을 가능성이 높아지기 때문이다. 흔히 사회언어학적 말투 변이는공식적 회의 석상이 아니라, 중고교 수업 상황 정도라면, 시작 부분과매듭 부분이 격식 갖춘 말투(가령, '-습니다' 말투)를 공식적으로 씀으로써, 전반적으로 공식적 화행이 이뤄졌다는 인상을 심어줄 수 있다.이른바 '욕조 효과'(51쪽의 각주 20 참고)를 보여 주기 때문이다.

설화 채록 자료에서 찾아지는 문법 형태소들의 변이를 합당하게 설명해 줄 수 있는 시각은 담화 전개 방식 또는 전략이다. 필자는 새천 년 들어 본격적으로 새롭게 부각된 담화 영역을 꾸준히 공부해 왔다.[9] 비록 담화의 층위가 미시 영역과 거시 영역, 그리고 사회적 관계

---

9) 우연히 필자는 언어 산출 및 언어 이해의 심리학적 과정을 토대로 하여 저서를 냈었고,
또한 담화 영역의 중요 책자들을 다음과 같이 꾸준히 번역하면서 공부해 왔다.
   ① 김지홍(2015; 증보판 2021 지음) 『여러 학문에서의 언어 산출 접근』(경진출판)
   ② 르펠트(1989; 김지홍 뒤침 2008) 『말하기: 그 의도에서 조음까지 1~2』(나남, 한국연구재
   단 동서양 명저 번역 제213호~제214호)
   ③ 클락(2003; 김지홍 뒤침 2009) 『언어 사용 밑바닥에 깔린 원리』(경진출판)
   ④ 머카씨(1998; 김지홍 뒤침 2010) 『입말, 그리고 담화 중심의 언어 교육』(경진출판)
   ⑤ 킨취(1998; 김지홍·문선모 뒤침 2011) 『이해: 인지 패러다임 1~2』(나남, 한국연구재단
   동서양 명저 번역 제292호~제293호)
   ⑥ 페어클럽(2001; 김지홍 뒤침 2011) 『언어와 권력』(경진출판)

의 특성들이 얽혀 있지만, 담화(담화가 공동체 구성원들에게 받아들여지고 그런 방식대로 말을 하게 된다면 '담론'으로 달리 불림)가 정당성 확보나 합당성 부여 방식에 따라 청자에게 수용될 수도 있고, 거부될 수도 있으며, 수정될 수도 있고, 추가될 수도 있다.

그런데 설화를 말해 주는 상황에 담화의 질서를 적용하려면 다시 입말과 글말의 특성이 더 추가되어야 한다. 필자와 독자가 상황을 공유하지 않는 전형적인 글말 사용 상황과는 달리, 화자와 청자가 얼굴을 마주 보는 입말 상황에서는 빈번히 축약이나 생략이 일어난다. 의사소통 참여자들이 모두 다 알고 있을 것으로 판단되는 공유 정보는 굳이 언어로 표현할 필요가 없기 때문이다. 또한 일정한 정신 모형이 상정되어 지속적으로 적용되어 나가는 입말을 이용한 담화 전개에서는, '정보 간격'이라고 판단하는 요소만 외현하더라도, 상대방 쪽에서 이해에 방해가 되지 않는다. 만일 청자쪽에서 애매하게 느껴질 경우에는, 본디 화자에게 곧장 청자가 스스로 그 의도를 잘 이해하고 있는지 되묻는 일이 언제나 가능하기 때문이다. 여기서 유능한 화자라면 단순하게 표현하여 지루함을 느끼게 하기보다는, 풍부하고 다양하게 변이 형식들을 구사하면서 청자가 지속적으로 주목하도록 조치를 취할 것이다. 바로 이 점이 이 방언의 언어 사실에서「문법 형태소들의 중층성」현상을 가장 합리적으로 설명해 줄 수 있다. 만일 단순히 한 종류의 문법 형태소만 무한정 반복할 경우에는 단조로움과 지루함으로 인하여, 재미 그 자체가 사라져 버릴 것이며, 마치 로봇 말투를 듣는 듯이 짜증스러울 것이다. 청자의 주목을 끌어내고 붙들기 위한 다양성 추구가 문법 형태소들의 중층성 밑바닥에 작동하고 있는 것이다. 그런 만큼 다양한 변이들을 수시로 구사해 주는 이야깃꾼들은, 담

---

⑦ 페어클럽(2003; 김지홍 뒤침 2012) 『담화 분석 방법』(경진출판)
⑧ 페어클럽(1980; 김지홍 뒤침 2017) 『담화와 사회 변화』(경진출판)
⑨ 위도슨(2004; 김지홍 뒤침 2018) 『텍스트, 상황 맥락, 숨겨진 의도』(경진출판)

화 전개에 대한 강의를 들어본 바도 없겠지만, 탁월한 능력으로 긴장감을 더해 주면서 청자들을 압도하고 있는 것이다. 이전 연구의 개신파 주장은 이런 탁월한 능력을 제대로 보지도 못하였고, 고작 로봇의 단조로움이나 두 자리 지능지수의 화자로 고착시켜 놓는 어리석음을 저지르면서도, 스스로 잘못을 전혀 깨달을 수도 없었다.

이 방언에서 「공통어의 형식이 빈도 높게 그대로 쓰이고 있음」을 보고하는 일 자체가 우습고 쓸데없이 보일지 모른다. 더구나 아래 사례에서도 완형절에 '-고 하다' 구문이 통합되어 다른 기능을 표시해 주는 언어 사실(-다고 하다, -으랴고 하다)들을 명백히 보여 주기 때문에, 이전의 방언 연구자들이 언어 사실을 왜곡해 왔음을 거듭 확인할 수 있다. 그렇지만 이 방언의 종전 연구들뿐만 아니라 최근의 일부 연구에서도, 학문 연구의 첫 단계인 관찰의 타당성 및 다음 단계인 서술(기술)의 타당성을 위배하면서, 언어 사용 사실을 완전히 무시해 버리며, 그런 글들을 여태 무비판적으로 맹종하기 일쑤이다. 더 나아가 이 방언을 독립국가의 언어인 양 제주어로 분칠하면서도, 그 잘못을 느끼지 못한다. 그런 이들 중에서 아무도 '제주어'라고 불러야 할 타당한 근거를 학문적으로 제시한 바도 없다. 따라서 공허한 구호에 지나지 않음은 이미 조태린(2014)에서 잘 지적되어 있다. 그럼에도, 제주어를 떠받드는 이들에게는 오직 쇠귀에 경 읽기일 따름이다.

(11) -다고 햇어: 얌전한 처녀가 저 아랫녘(아랫녘)에 잇다고 햇어(있다고 햇어). 워낙 부재칩(부자집)이고, 뚤(딸)이 원간(워낙) 또 글을 많이 공부해서 글이 좋고, 또 얼굴∅ 좋고 ∅. [구비9-3, 남 85세 김택효: 386쪽] (얌전한 처녀가 저쪽 아랫녘에 살고 있다고 했어. 워낙 부자집이고, 딸이 워낙 또 글을 많이 공부해서 글 짓는 실력이 좋고, 얼굴도 또한 예쁘고 그래)

(12) -다고 들엇는디: 두럭산서(에서) 몰(말)이 나고 한라산서(에서) 장수(將

帥)∅ 낫다고 그 말 들엇는디(들었는데), 그 말∅ 우린 귀에 들어가도(들어가지도) 아니허여(않아). [구비9-1, 남 86세 임정숙: 194쪽]
(제주시 구좌읍 김녕리 앞바다에 있는 두럭산에서 뛰어난 말이 나고, 한라산에서 큰 장수가 태어났다고 하는 그런 말을 들었었는데, 그런 신화 같은 말이 우리에게는 납득이 잘 안 되어서 귀에 들어가지도 않아)

(13) -랴고 ᄒ면은 -다고 [해]: 그때꼬지(까지)도 비가 오랴고(오려고) ᄒ
면은 백사슴이 나오라(나와) 가지고, … 백록담의(에) 오라(와) 가지고
'끽끽끽끽~!' 울어낫다고(울었었다고)∅. [구비9-1, 남 74세 안용인:
190쪽]
(태고의 시절인 그때까지만 해도, 비가 오려고 하면 흰 사슴들이 백록
담에 나와서, … 백록담에 와 가지고 '끽끽끽끽~!' 울었었다고 해)

(14) -다고 [해]: 이 사름(사람)은 ᄆᆞᆯ(말)이 그렇게 만ᄒ니까(많으니까) 우선
이녁(자신)∅ 밧부떠(밭부터) 블리고(밟히고, 밟아 주고) 남으(남의) 밧
(밭)도 블려(밟혀, 밟아) 주고 ᄒᆞᆫ디(하는데), ᄆᆞᆯ(말)이 하나도 없이
도망가 불엿다(버렸다)고∅. [구비9-3, 남 85세 김재현: 258~259쪽]
(이 사람에게는 기르는 말의 숫자가 그렇게 많았으니까, 우선 자신의
밭부터 씨를 뿌리고 밭에 몰아넣어 밟아 주고 말 배설물로 거름도
하고 나서, 남의 밭도 그렇게 말들을 몰아넣어 밟아 주고 하였었는데,
어느 날 그러려고 하자 말들이 하나도 남아 있지 않고 다 도망가 버렸다
고 해)

일부러 여기서는 서로 다른 4명의 화자가 말한 자료들을 가져왔다.
내포어미 형태소 '-고'를 매개로 하여, 이를 인허하는 상위 핵어 동사
(화행 동사)가 (11)과 (12)에서 '하다, 듣다'가 관찰된다. (11)은 남의 발
화를 인용하여 전달해 주는 것일까? 결코 아니다. 적어도 세 가지 하
위 기능이 깃들어 있다.

① 듣는 사람에게 부드럽게 들리도록 해 주거나

② 자신이 책임질 일을 회피하는 방식으로 쓰이거나, 아니면

③ 출처가 명확히 밝혀져 있지 않지만 마치 인용되는 듯이 말해 줌으로써 자신이 우정 꾸며낸 것이 아님을 보장받는 방식

인 것이다(특히 예문 14에서 '버렸다고 해'가 그런 해석을 띰). (12)에서 온전한 기본표상을 복원할 경우에,

'-다고 하는 (그런) 말을 들었다'

정도로 수렴될 듯하다. 그렇지 않다면, 두 개의 절이 각각 내포절과 관형절로 얽혀 있다고 서술해 놓을 수 있겠지만, 서로 경합하는 절들이 치렁치렁 앞설 경우에, 청자의 이해에 장애를 초래할 소지도 있다. 따라서 앞의 간단한 표상 정도가 그 후보일 것이다.

(13)과 (14)에서는 상위문 동사가 쉽게 복원될 수 있다는 전제 아래 생략되어 있다. 일관된 분석을 위하여 표제에 꺾쇠괄호를 써서 화행 동사를 보충해 놓았다. (13)에서는 조건문 형식이 쓰이고 있다. 내포 절에 시상 표시가 어떻게 구현되는지에 따라, 중립적 조건뿐만 아니라, 또한 현실 세계와 정반대의 반사실적 가정도 표현된다. 만일 '-고 ᄒ다' 구문이 공통어에서 밀려든 개신파라고 주장한다면, 인용과 무관하게 다른 기능들을 띠고서 자주 쓰이는 언어 사실들을 설명할 길이 없어진다. 이런 측면에서 이 방언의 언어 사실을 철저히 왜곡해 놓았거나 그러려고 하는 일은, 비판의 표적이 되어야 마땅하며, 더 이상 수수방관해서는 안 될 것이다.

2.4. 바람 드러내기 및 허물기 '-고 싶다 vs. -고 말다' 구문

셋째, 가능세계의 사건을 표상해 주는 내포 구문으로서, 짝으로 상

정할 만한 '바람 드러내기'(희망 부각) 및 '바람 허물기'(기대 붕괴) 표현이 있다. 이 구문도 공통어와 동일한 형식 '-고 싶다'와[10] '-고 말다'를 그대로 쓰고 있다. 이 부류와 다음 절에서 제시할 넷째 부류는 모두 내포문 속에 동사가 어간(비완형절)으로만 나온다. 이 점은 앞에서 완형절을 요구하는 두 가지 부류 및 소위 '인용 구문'과는 서로 다른 특성이다.

(15) -고 싶어서: 아닌 게 아니라, 저승문∅ 당도ᄒ니 내(川)는 '창창창창~!' 울르면서(울면서, 외치면서) 흐르는디(흐르는데), 물을 먹고 싶어서 꼭 죽곘어. [구비9-1, 남 74세 안용인: 135쪽]
(아닌 게 아니라, 저승문에 당도하니, 이승과 저승을 갈라놓는 내는 '창창창창~!' 울림[외침] 소리를 내면서 흐르는데, 그 물을 먹고 싶은 마음이 간절해져서 죽겠어)

(16) -고 싶다곤 해서: 정훈디(鄭訓導)가 흔(한) 번은 벵(병)이 들어 가지고 몸이 곤(困)ᄒ니까, 괴길(고기를, 물고기를) 먹고 싶다곤 해서 괴길(고기를) 사렐(사러를) 갓다고(갔다고) ᄒ여(해). [구비9-3, 남 85세 김재현: 39쪽]
(한 번은 정훈도가 병이 들어서 온몸이 나른해지자, 원기를 회복하려고, 물고기를 먹고 싶다고 해서, 축항[부두, 築港]으로 물고기를 사러 갔다고 해)

---

10) 동일한 목적으로 쓰이는 표현으로서, 명사절을 요구하는 '바라다, 원하다'는 뜻의 '기릅다'(그립다, 사람뿐만 아니라, 물건이나 사건 사태까지도 대상으로 삼는다는 점에서 내포 의미가 공통어와는 다름)로 구성된 '-기 기릅다'(-기 그립다/그리워하다)도 쓰인다. 또한 화자에 따라서 명사형 어미 '-기'에 구개음화가 일어난 '-지 기릅다'도 종종 관찰된다. 구개음화가 이미 오래 전에 이 방언에서 일어나 굳어져 있다고 본다면(고동호 1991), 두 형식이 모두 기본 표상 속에 구현되어야 할 것으로 판단된다. 이 명사형 어미 '-기'는 진행 과정을 가리키게 되므로, 내포문이 반드시 행위성 동사를 포함해야 한다(김지홍 2020: 793쪽의 각주 156에 있는 〈표 13〉 참고). 이 또한 고유한 표현 방식이다. 그렇다면 '-고 싶다' 및 '-지 기릅다, -기 기릅다'라는 선택지가 모두 머릿속에 나란히 들어 있을 것이며, 여기서는 전자를 대표 형식으로 삼아 둔다.

(17) -고 싶어서 -고퍼서: "너∅ 왜 이디(여기) 오란(와서) 노느냐?" "나∅
글∅ 익는(읽는) 거∅ 듣고 싶어서 완(와서) 논다." 그러니 선생보고
[알리기를] "글∅ 익는(읽는) 거∅ 듣고퍼서 놉니다." [구비9-2 양구협,
남 71세: 619쪽]
(서당 학동이 주인공 아이에게 묻기를 "너는 왜 여기 서당 마당에 와서
놀고 있느냐?", 대답하기를 "나는 글을 읽는 소리를 듣고 싶어서 여기에
와서 놀고 있다!"고 하였다. 그러니 서당 훈장에게 보고하기를 "그 아이
는 글을 읽는 소리를 듣고파서 서당 마당에서 놀고 있습니다.")

(18) -고 싶엇자: 그젠 변인태ㅎ고(변인태와) 셋이 앉앙(앉아서) '들먹들
먹~' 먹으난(먹으니까), 조방장은 '바싹~'(바짝, 간절히) 먹고 싶엇자
(싶었었지만) 조방장 체면으로 아까 가져간 걸(것을) 도로 또 가져오
랭(가져오라고) ㅎ지도 못ㅎ고 ∅. [구비9-3, 남 72세 양원교: 409쪽]
(그 적에는 군관의 심부름꾼인 사령 변인태와 하졸 셋이서 함께 앉아
일부러 그을리게 구워서 올렸던 고기를 맛있게 먹으니까, 그 지역 군
대를 거느리는 상관인 조방장도 간절히 먹고 싶은 마음이 있었지만,
상관 체면에 아까 물려버린 음식을 도로 또 가져오라고 명령도 못하
고, 혼자서 마음만 상했지)

여기서는 서로 다른 화자마다 모두 '-고 싶다' 구문을 쓰고 있다. (17)
에서는 두 번 쓰이는데, 뒤의 경우는 마치 '-고프다'가 융합된 단일
형식인 양, 이유 또는 근거를 표시해 주는 접속어미 '-아서'(음성모음
'어'의 실현은 '싶어서'의 어간에 있었던 '이' 모음의 흔적을 그대로 유지하기
때문일 듯)가 결합되어 있다. 내포문의 핵어는 모두 '먹다, 듣다' 따위
행위 동사이다. 이런 융합 형식을 쓰는 일도 또한 공통어와 동일하다
(가령, 유명한 가곡 이름 '가고파'와 같이).
이 구문과 양태상의 짝으로서 대립시킬 만한 형식이, 필자의 판단
에는 '-고 말다'이다. 그렇지만 김지홍(2020: 973쪽 이하) 부록에 모아
둔 자료에서는 찾을 수 없다. 이것이 자료 분량의 부족으로 말미암은

우연한 결과인지, 아니면 아무리 많은 자료를 축적해 놓더라도 찾을 수 없는 구조적 결여 사항인지 여부는 당장 결론을 내릴 수 없다. 매우 유사한 모습을 띠지만, 접속 형식에 기댄 관용구 '-고 말고'(두 가지 제시항에 상관없이, '선택지 모두 다'를 뜻함)는 잦은 빈도로 마주칠 수 있다. 이런 측면에서 볼 경우, 일단 우연한 결여로 여길 만하다. 대신 필자의 직관에 따라 두 가지 사례만 인위적으로 제시해 둔다.

(19) 내가 더 머물도록 요구했지만, 그들은 기어이 떠나고 말았다.

(20) 만약 그 동기가 불순하다면, 내가 그 요구를 곧 거절하고 말 거야.

여기서는 과거 사건에 대한 언급 및 미래 사건에 대한 언급 내용을 제시하였다. (19)에서는 '머물다, 떠나다'는 절이 역접 관계로 이어져 있다. 후행절에서 그들이 떠난 사건이 내 바람을 허물어 놓았다는 속뜻을 품기 때문이다. 명백히 '떠났다, 떠나고 말았다'는 동일한 외연의 미를 지니더라도, 서로 다른 내포 의미를 지니고 있다. 미래 사건으로서 (20)에서는 조건절과 결과절이 이어져 있다. 결과절에서는 '거절할 거야'는 표현이 상대적으로 중립적인 표현으로 미래 사건만을 언급한다면, '-고 말다' 내포문 구성을 띤 '거절하고 말 거야'는 앞의 표현과는 다른 속뜻을 지니고 있다. 만일 불순한 동기가 그 사람의 기대치라면, 화자는 그 기대치를 허물어 버리겠다는 의지를 담고 있는 것이다. 소위 부사형 어미를 이용한 표현들이 한 사건의 양태에 관하여 특정 속성들을 언급하고 있다는 점에서, 비록 내포 구문으로 표상해야 함에도 불구하고 일직선 상으로 구적 구성을 이루는 점을 고려하면서 양태 표현 방식으로 취급할 수도 있을 것이다. 이 방언에서는 시상보다 더 상위 개념으로 「시상을 싸안은 양태 개념」을 상정하여 정의할 필요가 있다. 좀 더 자세한 논의는 김지홍(2020: 381쪽 이하)을 읽어 보기 바란다.

2.5. '-고 잇다'(-고 있다)와 '-고 ᄒᆞ다'(-고 하다) 구문

넷째, 이 방언에서 관찰되는 '-고 잇다'(-고 있다)와 '-고 ᄒᆞ다'(-고 하다) 구문이 있다. 여기에서도 내포 구문이 비완형절(동사 어간)만 쓰인다. 낱말 목록으로서 '있다'는, '없다'와 이항 대립을 보인다. 그렇지만 '하다'는 부정소 '아니, 못' 등을 매개로 하여 유무 대립만을 보인다. 이런 측면에서 이들 항목이 서로 대립 짝으로 될 수 없다. 다만, 여기서는 이 글에서 다룰 구문으로서 동사 어간(비완형절)과 통합되는 부류로서 최종적으로 남아 있기 때문에, 한데 모아서 다룰 뿐임을 적어둔다.

이런 구문도 또한 공통어의 형식과 동일한 부류이며, 명백히 이 방언에서 관찰되는 내포 구문의 형식임에 틀림없다. 결코 "개신파의 영향"일 수도 없고, "차용"에 의한 사용일 수도 없다. 왜냐하면 이 형식에 이 방언의 고유한 형태가 더 덧붙어 있는 융합 형식 '-곤'도 드물지 않게 관찰되기 때문이다.11) 매우 유표적인 이 형식은 인용 구문에서 '-이엔 말이어'(-이라는 말이야)에서 찾아지는 관형형 어미 '-은'이 융합된 결과이다(관형형 어미에 전설화가 일어나기 위하여 두 가지 조건이 상정되는데, 80쪽의 각주 8을 보기 바람). 이런 언어 사실을 근거로 하여, 더 이상 현평효(1985)에서와 같이 "개신파의 영향"이라고 왜곡되게 주장하는 일은 결코 수용될 수 없다.

---

11) 어느 심사위원이 "ᄀᆞᆯ으랜 시겨라"(말하라고 시키더라), "ᄀᆞ티 ᄒᆞᆸ준 ᄀᆞᆯ으난"(같이 하자고 말하니)과 같은 자료에서도 과연 관형형 어미 '-은'으로 지정할 수 있는지 의문을 제기하였다. '-으랜'이나 '-곤'이 이미 인용 용법에서 관용적 지위를 얻었겠으나, 필자는 여전히 핵어 동사(시기다, ᄀᆞᆮ다)에 모두 '화행'의 속성 자질이 깃들어 있다고 보며, 이런 측면에서 핵어 명사 '말'을 복원할 수 있을 듯하다. 다시 말하여, 그럴듯한 다른 대안이 없는 한, 「-은 말을 통해서」라는 어구를 덧붙여 이해하는 방식이다.

먼저 '-고 잇다'(-고 있다) 구문에서부터 다루어 나가기로 한다.

(21) -고 잇다: "아이(아니), 눤(누어서) 자고 잇다."고 ᄒ니까, "일어나십서
(일어나십시오)!"고 ∅. [구비9-1 안용인, 남 74세: 166쪽]
("아니, 누어서 자고 있다."고 대답하자, "일어나십시오!"라고 했어)

(22) -고 잇입주: 북쪽으로 담을 '쭉~' ᄒ게 법환리(서귀포시 법환동)ᄁ장
(까지) 미쳐(닿아) 가게(가도록) 다와(쌓아, 어형이 '답다, 다우다') 가
지고, 바당(바다) ᄀᆺ더레(가, 가장자리 쪽으로) '딱~' 에우고(빙 두르
고) 잇입주(있읍지요, '읍'은 어간의 '이' 모음에 동화된 수의적 전설화
결과로 '-입주'가 실현됨). [구비9-3, 남 85세 김재현: 152쪽]
(북쪽으로 돌담을 '쭉~' 멀리 뻗게, 여기서부터 서귀포시 법환동까지
닿도록, 해안에 돌담을 쌓아서, 지금도 바닷가 쪽으로 빙 두르고 있읍
지요)

(23) -고 잇어 -고 잇는디: 장방(벽장, 欌房)을 '싹~'(활짝) 올민(열면) 낚싯
대가 꽂이고 잇어(꽂혀 있어, 드리워 있어). 낚싯대가 꽂이고 잇는디,
마리(대청마루)쪽 ∅ ᄒ날(하나를) 들러서(들어서, 들고서) 낚싯멜(낚
시대를) 들르문(치올려 들으면), 고기가 아뭇 고기라도 물언(물어서,
물리어서) 올라와. [구비9-2 양구협, 남 71세: 628~629쪽]
(연못가에 지은 별총당이 있었는데, 그 별채의 벽장 문을 활짝 열면,
낚시대가 꽂혀 있어. 연못에 드리워 놓은 낚시대들을 항상 꽂고 있는
데, 대청마루쪽에서 그 중 낚시대를 어느 하나를 잡고서 치올려 들게
되면, 어떤 물고기이든지 간에 항상 낚시바늘에 물리어 올라와!)

(24) -어 봤더니 -고 잇어: 창월(벼슬아치 관복인 창의를, 氅衣를) ᄆ로(마
름질하여) ᄀᆺ안(자르고서) 맨들앗다(만들었다)∅ 말이어. 맨들아서
'쩍~'(쩍) ᄒ게 입어 봤더니, 남펜(남편)이 눔으(남의) 일(논밭일)∅ ᄒ
연 들어완 ᄇ레여 보니(바라다 보니), [자신의 아내가] 남복(男服)을
입고 잇어. 「돌아나젠(달아나자고) ᄒ는 건가?(것인가)」∅ 덥박(단박,
덥석) 생각이 난다∅ 말이어. [구비9-2 양구협, 남 71세: 640쪽]

(아내가 시아버지 관복을 마름질하고 가위로 잘라서 평상복을 만들었단 말이야. 만들고서 '쓱~' 입어 보고 있더니, 마침 남편이 남의 일을 끝내고 집에 들어와서 아내를 바라보았는데, 남자 옷을 입고 있어. 그러니 「몰래 달아나자고 하는 것인가?」 하는 생각이 단박 든단 말이야)

여기서 관찰되는 '-고 잇-'(-고 있-)은 공통어와 동일한 형태이다. (21)만을 제외한다면, 소위 '동작상'이라고 잘못 부른 시상 형태소 '-앖-'(-고 있-)과 교체될 경우에 의미가 달라진다. 공통어에서는 '-고 있다'가 중의적 해석을 띤다. 양인석(1977)에서 처음 밝힌 대로, '옷을 입고 있다'가 동작 진행 과정(아주 천천히 옷을 입고 있음) 및 결과 상태 지속(옷을 입은 상태로 있음)를 가리키므로 중의성이 들어 있다. 그렇지만 이 방언에서는 우연히 서로 다른 구문을 이용하여 각각 '-앖-'과 '-고 잇-'으로 구분하여 말하고 있음을 본다. (22)에서, 만일 '에앖입주'(두르고 있읍죠)를 썼다면, 현재 눈앞에서 돌담을 해안가에 쌓고 있는 현장의 사건을 가리킨다. 그렇지만 '에우고 잇입주'(두르고 있읍죠)은 바로 눈앞에서 벌어지고 있는 진행 중인 현장의 사건을 가리키는 것이 아니라, 그 사건이 다 종료된 다음에 결과적으로 지속되는 상태를 가리켜 준다. 이런 점에서 해당 시점의 현장뿐만 아니라 가능 세계에까지 걸쳐 있는 사건에도 성립한다고 말할 수 있다.

(23)과 (24)에서도 마찬가지이다. 만일 '꼿앖인디'(꽂고 있는 중인데)와 '입없어'(입고 있는 중이야)를 썼더라면, 눈앞에서 해당 사건이 종결점을 향하여 진행되고 있음을 가리켰을 것이다(진행 중인 사건을 지시함). 그렇지만 여기서는

'꼿고 잇어', '입고 잇어'

가 쓰였다. 이는 모두 다 결과 상태에 도달한 종결 사건이 있고, 그

상태가 그대로 유지되고 있음을 가리킨다. 특히 양태 동사로서 '잇다' (있다)는 종결된 사건의 결과 상태가 발화시점에서 주어져 있음을 가리켜 준다.12)

　(24)에서는 '입어 봤더니'(입어 보고 있더니, '-아 보다'는 시도의 뜻임)

---

12) 고영진(2007, 2008)에서는 형용사 구문을 통해서 이런 표현이 '항상성'을 가리킨다고 처음으로 밝힌 바 있다. 중요한 통찰이다. 가령, '아프다'는 형용사를 써서 일시적 결과 상태를 가리키는 표현과 대립하여 짝으로서 항상 그런 상태임을 가리키는 표현이 자연스럽게 쓰인다.
　　"아방(아범)∅ 머리∅ 아프다 vs. 아방∅ 머리∅ 아픈다"
에서는 각각 일시적 상태와 지속적 상태의 해석이 주어진다. 대상의 속성을 느끼는 감각 표현 '따듯하다'를 이 방언에서는 '돗다' 또는 '돗돗ᄒ다'로 말한다. 이 역시 일시적 상태를 가리키는 표현과 지속적인 상태를 가리키는 표현이 대립적으로 쓰인다.
　　"그 구들이 돗다 vs. 그 구들이 돗은다(전설화된 '돗인다'도 가능함)"
이 두 계열의 대립은 결국 형태소 '∅ vs. -은-'에서 비롯된 것이다. 전자는 현장의 대상 또는 사건과 관련된 상태를 가리킨다. 그렇지만 후자는 모든 가능세계에서 성립하는 사건을 가리킨다. 공통어로 번역할 경우에 '-는 법이다'로 대응시킬 수 있으며, 동사와 결합될 경우에는 '-는다'로 대응시킬 수 있다. 가령, 동사 '먹다, 잡다'가 활용할 경우에 이 방언에서는 '먹은다, 잡은다'와 같이 실현되지만, 공통어에서는 항상 '먹는다, 잡는다'로만 쓰일 수 있다.
　　고영진 교수의 통찰을 받아들이면서 김지홍(2014: 85쪽과 94쪽과 202쪽)에서도 속담이나 경구의 표현에서 영원한 진리들을 표상해 주어야 하기 때문에 자주 이런 구문들이 전형적으로 쓰임을 지적하였다. 고재환(2002; 증보판 2013) 『제주 속담 사전』(민속원)의 표제 항 1620개를 놓고서 종결어미를 분석해 보면, '-은다'(전설화된 '-인다'도 포함)가 단연 높으며, 다음으로 '-나'가 빈출한다. 그런데 계사의 활용에서는 '-인다'(-인 법이다)로만 나오며, '-나'(현장에서 체험할 수 있는 사건의 상태를 서술함)와는 결합할 수 없음이 특이하다(*이나). 필자는 아마 '-나'에 녹아 있는 '-느-'의 현장성 자질(지금 관찰 가능함)과 대상에 대한 내적 속성을 계사가 가리키는 자질(항상 그 속성이 들어 있음)이 서로 충돌하기 때문일 것으로 추측한다. 이 방언에서 관찰되는 '-은다'는 공통어에서는 '-는다'로 대응하는데, 필시 '-느-'가 더 융합되어 있는 형상을 반영해 줄 듯하며, 이 방언의 형식이 더 오래된 것일 개연성을 상정해 볼 만하다.
　　일단 계사와 형용사의 경우를 예외로 취급한다면, 존재사로서 있음과 없음을 가리키는 데에 각각 '싯나!'와 '읏나!'처럼 발화되므로, 일반적으로 존재사를 포함한 동사에 종결어미 '-나'가 구현된다(먹나!, 죽나!). 이는 현장에서 일어나는 일시적인 상태를 가리킬 뿐만 아니라, 중의성을 띠어 또한 가능한 세계 사건들까지도 가리킬 수 있으며, 가능세계의 사건을 표현할 경우에 감탄이나 새로운 정보를 통보해 준다는 속뜻도 깃들게 된다. 이런 측면에서 필자는 크랏저(Kratzer 1988; Carlson 외 1995 엮음에 재수록됨)에서 다룬
　　'현장 장면 층위의 술어 표현' vs. '개체 속성 층위의 술어 표현'
에서 언제나 해당 속성이 구현되는 부류와 동일한 것으로 파악한다. '-나'라는 종결어미 형태소가 1차적으로 현장에서 직접 접할 수 있는 사건을 가리킴과 동시에, 2차적으로 그 쓰임이 확장되고 개체 속성을 가리키게 됨으로써 더 넓은 가능세계에서의 사건까지도 속뜻으로 품을 수 있는 것이다.

가 쓰였다. 현실 세계에서 특정 사건이 눈앞에서 진행되고 있음을 가리켜 준다. 그렇지만 동일한 화자의 연속 발화에서는 '-앖-'(-고 있-)과 '-고 잇-'(-고 있-)이 구별되어 쓰이고 있다. 비록 공통어로 옮길 경우에 중의적 용법을 띤 '-고 있-'밖에 달리 대안이 없겠지만, 이 방언에서는 그런 중의성이 해소되는 방식으로서 두 형식이 서로 다른 용도로 쓰인 것이다. 또한 현평효(1985)의 주장대로 만일 '-더-'가 "개신파의 영향"에 따른 임시 차용일 뿐이라면, 그 분의 오분석에 기인하여 잘못 주장된 '-어-'라는 회상 선어말어미를 통합시켜 놓아야 할 것이다. 그렇지만 그렇게 예상될 수 있는 통합체로서 응당

  "*입어 밠어니"

와 같은 형식이 귀결되어 나올 것이지만, 이 방언에서는 결코 '*-앖어니'라는 통합 형식은 관찰되지 않는다. 오직 '-앖더니'(표면형은 '암떠니'임)만이 수용 가능한 통합체일 뿐이다.

  이 방언에는 '-어-'라는 회상 형태소가 있는 것이 아니다. 일련의 김지홍(2014, 2016, 2017)에서는 '-어'라는 반말투 종결어미가 다시 다른 종결어미와 융합된 복합 형식으로부터 결과적으로 유도되어 나온 것임을 밝혔다. 가령, '지들리다, 기달리다'(기다리다)를 활용한다면, 필자의 직관에만 의존할 경우에 다음처럼 말할 수 있다.

  (25가) "가이∅ 느만 지들렸어라"
       (그 아이가 너만 기다리고 있더구나!)
  (25나) [[가이∅ 느만 지들렸어]-라]

(25가)는 복합적 종결어미로서, (25나)처럼 반말투 종결어미 '-어'가 '-라'(계사의 활용형)와 융합되어 있는 모습을 보여 준다. 그렇지만 접

속어미의 활용에서는 오직 '-앖더니'와 같은 통합체 형식만 관찰된다. 과연 이런 엄연한 언어 사실을 놓고서도, 방언의 화자가 오직 공통어의 모습을 그대로 복사하여 쓰는 것이라고 주장할지 자못 궁금하다. 시상 선어말어미 '-앖-'(-고 있-)은 이 방언의 독자적 형식이다. 그렇지만 (24)의 언어 사실은, 엄연히 공통어와 동일한 양태 형태소 '-더-'가 고유한 시상 형태소 '-앖-'과 통합되어 있다. 이는 '-더-'가 고유한 형태소가 아니라 개신파라는 주장에 결정적 반례가 된다.

2.6. 나열 구문에서 관찰되는 '-고 ᄒᆞ다'

다섯째와 여섯째 부류로서, '-고 ᄒᆞ다' 구문이 완형절을 지녀야 하는 인용 구문만이 아니라, 인용과 무관한 영역(오직 동사의 어간만 요구하는 비완형절)에서도 관찰되는 경우를 보기로 한다. 그런 만큼 그 분포가 넓으며, 양태 구문으로서 이 형식의 짝을 어떻게 잡을지 아직 잘 알 수 없다. 임시로 부정소 '아니, 못'을 임시로 상정해 놓았을 뿐이다(-고 ᄒᆞ다 vs. -고 아니ᄒᆞ다). 필자의 생각이 충분히 익지 않았지만, 이 구문을 다루어 나갈수록 장차 논의 내용은 더욱 확대될 것으로 보인다. 여기서는 이 구문이 이 방언의 언어 사실로서 분명히 쓰이고 있다는 점을 지적하는 것만으로도 그 몫이 충분할 듯하다. 이하에서는 '-고 ᄒᆞ다'에 서로 다른 두 가지 계열(각각 다섯째와 여섯째 부류)이 있음을 실증적으로 보이고자 한다.

> (26) -고 -고 ᄒᆞ연: 돗(돼지) ᄒᆞᆫ 무리(한 마리)∅ 잡아 놓고, 술 ᄒᆞᆫ 바리(소
> 등짐을 헤아리는 단위)∅ 싣고 ᄒᆞ연(해서) 간(갔어). [구비9-3 김재현,
> 남 85세: 149쪽]
> (돼지 한 마리를 잡아 놓고 소에 술 한 바리를 실어 놓고서 그곳에
> 갔어)

(27) -고 ㅎ나네: 나만 오라네(와서) 일∅ ㅎ젠(하고자) ㅎ단(하다가), 기자
(그저) 나만이고 ㅎ나네(나 혼자뿐이니까), 일도 아니 ㅎ고(하고) 누엇
어(누었어)! [구비9-3, 남 85세 김재현: 29쪽]
(큰 밭에 와서 나만 혼자 일을 하려고 하다가, 그저 나 혼자뿐이므로,
일도 안 하고 밭 옆의 풀밭에다 누웠어)

(28) -고 -고 ㅎ니: 춤(참) 어렵게 사는 것도 곹으고(같고), 사름(사람)∅
도례(도리)도 ㅎ고 ㅎ니 그러는가(대접하려고 상에 내어 놓은 음식을
싸 가려고 옆에다 놔 두는가) 보다 ∅. [구비9-2 양구협, 남 71세: 641쪽]
(황희 정승의 남은 식구들이 참 어렵게 사는 것도 같고, 사람의 도리도
하려고 하니까, 대접하려고 상에 내온 음식들을 싸 가져 가려고 미리
밥상 옆에다 놔 두는가 보다라고 생각했어)

(29) -고 해서: [물고기들을] "어떻게 먹느냐?" ㅎ니, "끓영(끓여서) 장(간
장)∅ 놓고 해서, 맛 있게 ㅎ영(해서) 잡수와(잡수시어) 보시오!"∅ ㅎ
연(했어). [구비9-2 양구협, 남 71세: 618쪽]
(물고기들을 "어떻게 조리하여 먹느냐?"고 물으니, "물에 잘 끓여서
간장을 놓고 해서, 맛있게 조리해서 잡수시어 보시오!"라고 대답했어)

(30) -고 -고 ㅎ니: 밥을 허여다(지어다) 줘도 아이(아니) 먹고, 술도 소소
이(소소히, 앞뒤 문맥상 '조금조차도') 아이(아니) 먹고 ㅎ니, "어떠허
여 가지고(어떤 까닭으로) 아이(아니) 자십니까?(잡수십니까?)" [구비
9-1, 남 74세 안용인: 149쪽]
(밥을 지어다 주더라도 먹지 않고, 술도 아주 조금조차 먹지 아니하고
하니, "어떤 까닭으로 아니 잡수십니까?"라고 물었어)

(31) -고 ㅎ 부자: 지애입(기와집)이 대ㅇ숫 거리(대여섯 채)이고 ㅎ 큰 부
잰디(富者인데), 그딜(그곳에를) 들어가 가지고 "넘어가는 나그네∅,
주인∅ ㅎ로쳐녁(하룻저녁) 빌립서(빌려주십시오)!" 이렇게 ㅎ니, "저
ㅅ당칸(祠堂間)의(에) 들라!"고 ∅. [구비9-1, 남 74세 안용인: 164쪽]
(기와집이 대여섯 채나 되는 큰 부자인데, 그 집에 들어가서 "나는 길

을 지나는 나그네인데, 날이 어두워졌으므로 주인장은 오늘 저녁에 머물 곳을 나한테 빌려주십시오!" 이렇게 요구하자 "저쪽 사당 칸에 들어가라!"고 대답했어)

　소위 '완형절'로 된 인용 구문과는 이것들이 전혀 관련되지 않는다. 동사 어간(비완형절)과 통합되어 있기 때문이다. 여기에서는 일부러 화자마다 두 가지 발화씩 제시하여, 서로 비교할 수 있도록 하였다. 하나는 등위 접속 구문 「선행절-고, 후행절-고」가 상위문 동사 'ㅎ다'(하다)가 투영하는 구조 속으로 편입된 모습이다(「선행절-곡, 후행절-곡 ㅎ다」로 나오며, 절이 때로 더 작은 구로도 실현됨). 다른 하나는 반복된 형식이 전혀 없이 단독으로 '-고 ㅎ다'(-고 하다)로만 구현된 모습니다.

　홀로 '-고 ㅎ다'만이 관찰되는 구문으로서 (27), (29), (31)은 무엇과 비교되느냐에 따라 해석이 달라질 수 있다. 여기서 일부러 쌍으로 제시해 둔 것은, 필자가 그 기본 표상이 등위 접속 구문을 그대로 확장하여 응용한 사례라고 보기 때문이다. 만일 홀로 나온 경우만 다룬다면, 각각 (27)은 특정 행동으로 이어질 수 있는 남의 마음이나 동기를 추측하는 경우로, (29)는 배경 사건을 제시하는 경우로, (31)은 쓸데없이 늘인 표현(용어 冗語)으로 서술했을지도 모른다. 그렇지만 짝과의 대비에 근거하여, 이것들의 기본 표상이 등위 접속 구문의 개방된 나열항임을 추론할 수 있다. 그런 점에서 (31)은 그 구문의 형식을 그대로 준수하고 있다는 점에서, 결코 쓸데없이 늘여 놓은 것이 아니며, 규칙적인 언어 형식을 그대로 준수함을 확인할 수 있다. 필자의 직관으로는 (26)~(31)에 있는 어미 '-고'를 모두 '-곡'으로 교체하더라도 아무런 문법성도 위배하지 않을 듯하다. 그런 만큼 수의적 교체로 간주되는 것이다.

　만일 여기에 제시된 사례들이 모두 접속 구문의 형식을 기본표상으로 하여 도출된 것이라면, 일단 내포 구문의 범주에서는 제외되어야 온당할 것이다. 김지홍(2020: 제6부의 제7장)에서는 접속 구문과 내포 구문이 대등한 자매 관계의 항목이 아니라, 오히려 접속 구문이 내포 구문 속으로 편입되어야 함을 상정하여, 내포 구문의 '-고 ᄒ다' 형상에서 내포절이 명사구처럼 지속적으로 병렬되기 위하여 연구개 내파음(기역 받침)을 융합시켜 놓았을 가능성을 추구하였다. 아직 국어학계에서 아무도 이런 접근을 해 보지는 않았다. 그럼에도 불구하고 이 방언의 형태소들의 실현 모습을 해석하면서, 그리고 전반적으로 일관된 담화 얼거리를 확보하기 위한 전제로서, 좀 더 과감하게 작업 가정을 내세울 필요성을 느낀다. 이런 노선에서는 병렬 접속 구문에서 관찰되는 형상들도 내포 구문의 형식 속에 편입되어 지배를 받는 것이라고 매듭지을 수 있다.

2.7. 추정 기능을 떠맡는 '-고 ᄒ다'(-고 하다)

동사 어간(비완형절)을 요구하는 '-고 ᄒ다' 구문 형식이 이것만으로 그치는 것이 아니다. 일곱째, 단독으로 쓰이되, 아직 발화되지 않은 마음의 상태를 짐작하는 일에도 이 형식이 그대로 쓰이고 있다. 이런 환경에서는 이 방언의 접속어미 형태소 '-곡'과 서로 교체될 수도 없고, 어떤 나열 형식도 상정할 수 없다. 직관적으로, 「현실 세계에서 발화된 것이 아니므로, 완형절로서 인용을 할 수 없음」도 자명하다. 그런데 다음 사례들은 관찰 불가능한 상대방의 마음 상태(의도나 계획)를 추론하여 결정하거나, 또는 미미한 행동의 조짐(일련의 복합 사건 중 일부에 해당함)을 관찰하여 언급한다는 점에서 중의성을 띤다.

(32) -으랴고 ᄒ는디 … 을랴Ø ᄒ는 놈: 아들(아들)을 폴랴고 ᄒ는디(팔려고 하는데, 혼인시키려고 하는데), 동생 놈이 … 우시(결혼식 상객, 위요[圍繞]) 갈랴Ø ᄒ는 놈Ø ᄆ(말)을 빼앗아 가지고 탄(타서) 들렷어

(달렸어), 사돈칩의(에). [구비9-1, 남 74세 안용인: 197쪽]
(아들을 혼인시키려고 하는데, 말썽꾼 동생놈이 상객으로 가려는 사람
의 말을 **빼**앗아 타고는 혼자서 마구 달렸어, 사돈댁으로)

(33) -을랴고 ∅: [어린 아들의 겨드랑이에 날개가 있음을 알게 되자] 부모
∅ 되는 이는 점점 겁이 나서, 아방(아범)이 [아들을] 잡을랴고 ∅ 산방
산[서귀포시 안덕면 산방산]에 올라가니, [아들은] 남신(나막신)∅ 신
은 냥(樣, 신은 채 그대로) 아래로 뛰어. [구비9-3, 남 85세 김택효:
375쪽]
(아기 장수로서 태어난 아들이 겨드랑이에 날개를 달고 있다는 사실
을 뒤늦게 알게 되자 아기의 날개를 없애 버리려고 하였는데, 부모가
되는 이는 점점 겁이 나서, 아버지가 아들을 잡으려고 하여 산방산에
올라가자, 아들은 나막신을 신은 채 산 아래로 마구 달려 내려가 버려)

(34) -을랴곤 ᄒ니까: 원초(원체, 원래) 경(그렇게) 잘 될랴곤 ᄒ니까(되려
고 하니까), 운이 경(그렇게) 통햇는지 모르주마는. [구비9-3, 남 85세
김재현: 261쪽]
(원체 그렇게 잘 되려고 하니까 운이 그렇게 대통했는지 잘 모르겠지만)

이 사례들을 놓고서, 한편으로 비완형절로 구현된 (21)~(24)와 같은
구문 형식으로 볼 수도 있고, 다른 한편으로 완형절로 구현된 (7)~(10)
과 같은 구문 형식으로도 볼 수 있다. 필자는 완형절로 판정할 만한
후자를 현실 세계에서 「실현 모습」을 가리키는 것으로 파악한다. 대
신 비완형절로 파악한 전자를 「행위 의지」와 관련성이 있다고 보며,
상위문 핵어에 통합되어 있는 시상·양태 형태소들의 지배 관계에 의
해서 다시 현실 세계의 사건으로 된다고 여긴다.
(32)의 예문에서는 '-으랴고, -을랴고'를 같은 발화 속에서 관찰할
수 있다. '폴다'(팔다)라는 어간에 약모음 '으'가 탈락하여 나온 것이
'폴랴고'이며, '가다'라는 어간에 통합된 것이 '갈랴고'이다. 왜 굳이

'으랴고'를 설정해 놓아야 할까? 두 가지 이유가 있다. 첫째, 이 방언에서 특이하게 '혼잣말'로서 '-으랴' 형식의 발화를, 우연히 의도되지 않은 청자(방청자)가 들을 수 있다. 둘째, 동일한 자음이 반복되면서 첨가되는 일이 이 방언에서 잦은데, (32)에서는 이 형식이 '-으랴고, -을랴 ∅'로 쓰였다. 후자에서는 쉽게 복원할 수 있다는 특성 때문에 '-고'가 생략되어 있다. (33)에서는 '-고'가 탈락하지 않았지만, 목적절을 나타내는 절을 중심으로 대신 상위문의 핵어 동사 'ᄒᆞ다'(하다)가 생략되어 있다. 이것들이 모두 쉽게 복원될 수 있음을 전제로 하여 생략이 일어난 것이다.

그런데 이런 구문에서는 결코 '-고'를 '-곡'으로 바꿔쓸 수 없다. 이 점은 (34)에서 예외적으로 내파음 니은(약모음을 지닌 '은'이며, 이른바 '받침 니은'이 됨)이 들어 있다는 사실로써 다시 확인할 수 있다. (32)와 (33)에서 관찰되는 '-고'가 만일 '-곤'과 교체되더라도 문법성에 조금도 지장이 없다. 그런 만큼 수의적인 변이체이다. 그렇지만 이것들은 등위 접속어미인 '-곡'과 결코 교체될 수 없다. 그렇다면, 앞에서 살펴보았던 (26)~(31)과는 외양만 비슷할 뿐이며, 그 내적인 속성은 서로 다름을 알 수 있다. 이때 찾아지는 내파음 니은('은' 또는 받침 니은)은, 대조적 속뜻을 상정할 수 없으므로, 주제 보조사라고 지정할 수는 없다. 오히려 인용 구문에서 찾아지는 관형형 어미 '-은'과의 친연성이 더 높다.

이러한 개연성은 두 가지 형상을 상정케 해 준다. 첫째, 상대방의 마음을 추정하는 일이므로, '[-은 마음]을 먹다'라는 형상을 상정하며, '마음을 먹다'에 대한 대응 표현으로서[13] 'ᄒᆞ다'를 쓴다고 여길 만하

---

13) 이 방언에서는 문장 처음에 접속 부사의 형태로 'ᄒᆞ다'(하다)가 활용하는 경우가 잦다. "ᄒᆞ다가(그러다가), ᄒᆞ연(그래서), ᄒᆞ난(그러니까)" 등과 같다. 여기서 특히 대용 표현이라고 말한 것은, 이런 접속 부사들의 형식을 염두에 두는 것이다. 만일 이런 가능성이 차단될 경우에, 두 번째 형상에서 응축 가능성을 상정해 보는 것이다.

다. 아니면, 우원하지만 '-으려고 하는 것이니까'에서 생략된 뒤 '-은'만 남는 응축 가능성을 탐색해 볼 수도 있다. 어떤 방식이든 간에, 여기서 찾아지는 형식 '-곤'은, 다른 문법 형태소와 융합이 일어난 복합 형태소로서 172쪽에서 접속어미 '-곡'의 재구성 가능성을 뒷받침해 주는 토대로 이용될 것이다.

이상에서 이 방언에서 규칙적으로 쓰이는 내포 구문의 형식이 공통어와 동일함을 확인하였다. 일단 '-고 있다, -고 하다'로 대표 삼아 그 사례들을 언급하였다. 이런 형식이 공통어와 공유된 형식이기 때문에, 이 방언의 고유한 형식이 아니라고 주장하면서 이것들을 제외해야 할 것인가? 그렇지 않다. 소쉬르의 통찰에 따라, 언어는 항상 전체 체계로 파악해야 옳은 것이다. 그럴 뿐만 아니라, 1980년대에 간행된 이 방언의 채록 자료를 있는 그대로 받아들이면, 설령 공통어와 음성 형식을 공유하는 경우라도, 이 방언의 독특한 형태소가 융합됨으로써 고유한 특성을 그대로 드러낼 뿐만 아니라, 그런 결합이 가능하려면 미리 공통어와 공유된 형식도 엄연히 이 방언의 형태소의 목록으로 존재해 있어야 한다. 이런 중요한 사실을 없는 듯이 도외시하거나 무시한 것은 잘못이다. 아마도 그 동기가 자신의 업적을 드높이고자, 이 방언의 고유한 것만이 전부인 양 매도하였을 듯하다.

현재 담화 전개 방식의 연구에서는 「청자의 주의력을 지속적으로 붙들어 두기 위하여 다양성이 추구될 필요가 있음」이 잘 알려져 있다. 설령 공통어와 공유되는 형태소를 쓴다고 하더라도, 결코 이것이 고작 복사된 '개신파의 영향'이 아니다. 미리 화자의 머릿속 형태소 목록으로 들어 있었기 때문에, 하나의 발화 속에서도 다양한 교체가 수시로 쉽게 일어나고 있는 것이며, 그런 만큼 이 방언 채록 자료의 설화꾼들의 능력은 탁월한 면모를 보여 준다. 결단코 공통어와 공유되는 형식이 관찰된다고 하여, 열등감을 갖고서 모방한 결과라고 볼 수는 없다. 그렇다면 연구자의 시각이 부실함만을 드러낼 뿐이다. 거꾸로, 그런 언어 사실은 풍부함과 능대능소함을 보여 주는 매우 긍정적 동기가 밑바닥에서 작용하고 있음을 놓쳐 버려서는 안 될 것이다.

2.8. 인용 어미 '-고'와 내포어미 '-고' 동일함 여부

그렇다면 인용 구문의 어미 '-고'와 내포 구문의 어미 '-고'가 서로 다른 것일까? 인용 구문은 전형적으로 내포문이 완결된 형식인 '완형절'(완형 보문)을 지닌다. 이와는 반대로 내포 구문의 어미에는 비완형절(동사 어간)에만 통합되는 '-고' 어미도 있었다. 만일 동사가 그 자체로 문장으로도 나오고, 절로도 나오며, 구로도 줄어들 뿐만 아니라, 낱말로까지 줄어들 수 있다는 사실을 중심으로 보면,[14] 완형절과 비완형절 사이를 극한 대척점으로 표상하는 일은 우리의 개념 구조를 무시하는 결과일 수 있다. 만일 완형절과 비완형절의 구분이 아주 엄격히 취급되어야 한다는 전제 위에서, 마치 동음이의어와 같은 접근에서와 같이, 이것들을 '-고¹'과 '-고²'로 구분해야 할까? 만일 이런 노선에서 추구해 나간다면, 동음이의 형태소가 조금이라도 환경이 달라질 경우, 지속적으로 어깨에 숫자를 첨가해 구별해 나가야 한다. 이는 간단하고 쉽게 이용할 수 있는 언어 사용의 상식과는 서로 충돌하게 된다. 복잡다단해질수록 쉽게 사용할 길은 차단되고, 언어 사용이 비상식적으로만 일어났을 듯하다. 그렇지만 현실은 이런 방향과 정반대이다.

---

14) 분석철학을 열어 놓은 무어 교수가 이런 통찰을 보인 이후, 수학 기초론에서 추상화 연산을 도입하면서 이런 범주 간의 전환이 포착되었다. 후자는 참값을 지닌 상황들을 놓고서만 연산이 이뤄진다. 비록 이런 의미 차원에서의 범주 사이 전환을 다룬 것은 아니더라도, 생성문법에서는 임의 범주의 최대투영(XP)을 상정함으로써, 핵어에 따라 동일한 구조를 투영해 준다고 여겼었다. 그렇지만 기본적으로 문장으로 서술된 것 및 구 또는 낱말로만 표현된 것 사이에는 큰 차이가 있다. 전자는 참·거짓을 따지는 대상이 된다. 그렇지만 후자는 문장 속의 임의 자리를 차지함으로써, 직접 진리값의 대응 함수를 따지는 대상에서 제외된다는 차이가 있다. 김지홍(2020: 219쪽)의 각주 55 및 그곳 276쪽의 각주 64를 읽어 보기 바란다.

이 어미를 중심으로 한 앞뒤 언어 환경에서, 내포되는 형식의 완형절 여부 및 핵어 동사의 하위범주에 따른 속성들이, 주요 변인인 것이다. 완형절과 비완형절 사이의 구분이, 문장에서 구를 거쳐 단일한 낱말로 줄어들 수 있다는 언어 속성을 전제로 한다면, 완형절 여부에 대한 변인은 매우 부차적일 수 있다. 이 기준도 직접 인용과 간접 인용을 거쳐 발화 범주에 대한 언급이나 발화 내용의 요약만으로도 충분히 인용 구문의 기능을 한다는 사실을 고려한다면(김지홍 2020에서 제6부의 제2장), 내포되는 형식의 완형절이라는 잣대도 엄격한 것이 될 수도 없고, 자족적 기준이 될 수도 없음을 잘 알 수 없다. 그렇다면 뒤의 변인인 상위문 핵어 동사의 범주에다, 오히려 더 가중치가 부여될 수 있을 것이다. 다시 말하여, 상위문의 핵어 동사 속성을 구현해 주기 위하여 내포문의 완형절 여부가 도출되는 것이다.

그런데 상위문의 핵어 동사는 남의 발화에 대한 인용 그 자체로서 독자적인 범주가 될 수 있을까? 그렇지 않다. 첫째, 동일한 구문 형식을 전혀 바꾸지 않더라도, 남의 발화를 인용하는 일말고도, 더 많은 기능들이 쓰이고 있음을 이미 확인하였기 때문이다. 둘째, 동일한 형식도 상위 차원의 내포 구문을 구성하는 것으로 볼 수 있기 때문이다. 이는 상위 차원에서 오히려 모든 내포 구문들을 아우르는 포괄적 개념이 더 중요한 것이다. 그런 상위 개념으로부터 모종의 제약을 추구하면서 남의 발화에 대한 인용이라는 개념을 하위범주로 도출할 수 있음을 뜻한다.

여기서 만일 '-고' 어미들에 대한 동음이의적 접근이 포기되어야 한다면, 발화 인용 구문에서 찾아지는 어미 '-고'와 내포 구문에서 찾아지는 어미 '-고'는 동일한 어미 형태소라고 보는 것이 온당하다. 만일 두 개의 어미 형태가 동일한 것이라면, 당장 다음 의문이 생겨난다.

'왜 인용 구문에서는 내포 구문의 어미를 이용하는 것일까?'

이 질문은 선후가 뒤바뀌어 있다. 인용이라는 내포절이 항상 상위 개념으로서 내포 구문을 전제하고 있기 때문이다. 내포 구문 아래 다시 하위범주로서 인용 구문이 존재하는 것이다. 그렇다면 다시 내포 구문의 하위범주가 몇 개나 상정될 수 있는지로 물어야 할 것이다. 이는 여덟 가지 분포를 일반화하거나 통합하여 답변이 주어질 수 있다. 이제 내포 구문의 어미와 관련된 질문으로서, 그 짝이 되는 접속 구문을 놓고서도 새롭게 질문을 던질 수 있다.

  '접속 구문의 어미는 공통어와 동일한 것인가?'

김지홍(2020)에서는 시상을 담고 있는 일부 형태소들을 제외한다면, 전적으로 동일하다고 매듭지었다. 특히 역접 형태소들과 수의적인 양보절을 품는 형태소들이 그러하다. 그렇다면 <u>전반적으로 이 방언의 접속 구문에서도 공통어와 공유되는 형식이 기본값으로 쓰이며</u>, 오직 일부 영역에서 이 방언에서만 고유하게 발달시킨 '-앙 vs. -안' 어미와 이것들이 융합된 어미들을 활발히 써 오되, 여전히 공통어 형태소들과 나란히 쓰고 있다. 이것이 중층적인 사용 모습인데, 그 밑바닥에는 지루함을 없애고자 하는 담화 전개 전략이 작동하고 있다.
  이런 질서를 확장하여, 그렇다면 내포 구문에서도 공통어와 공유되는 형식이 기본값이며, 인용 구문에서만은 핵어 명사 '말'을 꾸며 주기 위하여 계사의 활용을 관형형 어미 '-은'과 융합시킨 형식을 중층적으로 쓰고 있다고 매듭지을 수 있는 것이다. 이는 당장 접속어미 형태소 '-곡'과도 관련되는 물음으로 확장될 수 있다. 이 방언에서는 접속어미로서 '-곡'만 나오는 것이 아니라, 명백히 '-고'와 수의적으로 교체될 수 있다. 또한 남의 발화를 인용하는 구문에서는 융합된 형식 '-곤'이 관찰된다. 만일 후자가 융합된 형식(-고+-은)이 확실하다면, 또한 접속어미 '-곡'도 내포어미 '-고'와 관련하여 융합된 형식일 가능성을 탐구해 보는 것이 아주 자연스런 방향인 것이다. 이런 노선에서 찾아 볼 경우에, 명사구나 명사절의 병렬을 보장해 주는 모종의 형태소로서 내파음 기역('윽' 또는 받침 기역)이 이 방언의 낱말 형성에서도 관찰된다. 반복 현상이나 반복 구문으로 불릴 법한 부류인데, 중세국어 자료에서도 이런 자료들을 놓고서 이미 여러 연구가 진행되어 있다.

3. 융합된 내포어미 '-곤'과 접속어미 '-곡'의 재구성 가능성

여기서는 내포 구문에서 관찰되는 어미 '-고'가 수의적으로 '-곤'과도 교체된다는 사실을 다시 한번 확인할 것이다. 만일 이것들이 수의적 교체 관계에 있다면 '-곤'에 덧붙어 있는 내파음 니은('은' 또는 '받침 니은')의 존재를 규명해 주어야 한다. 필자로서는 두 가지 가능성이 추구될 수 있을 것으로 본다.

첫째, '-이엔 말이어, -이엔 말을 ᄒ다'와 같은 형식에서, 지속적으로 관형형 어미 '-은'이 '-라고 ᄒ다'와 더불어 중층성 모습으로 쓰이고 있기 때문에, 자연스럽게 간섭을 보이면서 생겨난 것이다. 따라서 생각을 중심으로 마음먹는 일을 상위문의 핵어 동사로 본 뒤, '마음 먹다'가 대용 표현 '하다'로 나올 가능성을 상정하였다(167쪽의 각주 13을 보기 바람).

둘째, 만일 이 경우가 저지된다면, '-고 하는 말'을 기본 표상으로 놓고서 의무적으로 관형형 어미 '-은'만 남긴 채 핵어 명사가 탈락하고 응축이 일어나야 한다. 그렇지만 이는 무위 적용의 경우로 간주된다. 그렇다면 이런 쓸모 없는 규칙 설정을 피하여, 실질적인 가능성으로서 전자에 무게를 두고 추구할 만하다.

만일 '-곤'이 복합 형식으로 분석되어야 한다면, 등위 접속어미 '-곡'도 마찬가지로 복합 형식일 가능성을 타진해 볼 수 있다.15) 이 가능성이 실제일 경우에는 또다른 함의가 생겨난다. 등위 접속 구문에서도 공통어의 어미 '-고'가 기본값으로 주어져 있다고 봐야 한다. 여기에 내파음 기역('윽')의 존재(이 방언에서는 명사를 만들어 주는 접미사로도 쓰임)가 기본값 어미에 덧붙여져 쓰임으로써, 마치 굴러온 돌이 박힌 돌을 빼내듯이, 이것이 오히려 전형적인 것처럼 지위를 굳혀 놓았다고 상정함으로써, 「문법 형태소의 중층성」에 대한 동기도 좀 더 튼실한 바탕 위에서 추구해 나갈 수 있다.16) 비록 작고 미미해 보이지

---

15) 김지홍(2020: 제6장 제7절)에서는 이 방언의 자료들을 놓고서 접속 구문의 어미와 내포 구문의 어미가 모두 양태 범주에 귀속될 수밖에 없음을 논의하였다. 내포절의 완형절 여부도 모두 양태 범주의 문제로 모아진다. 앞의 책에서는 양태의 범주를 상위 범주 (모두 가능세계의 사건 표상)로 파악하여 현실 세계에서 사건을 표상하는 시상을 싸안은 것으로 파악하였다.

16) 만일 내포어미로부터 접속어미로 도출되는 길이 확보된다면, 응당 '-안 vs. -앙'이나 '-아서'도 내포어미 '-아'와 모종의 요소가 융합된 것으로 볼 가능성이 있다. 공통어의 논의에서 '-아서'는 이미 충분히 복합 형태의 가능성이 추구되었다. 시상·양태 측면에서 서로 짝이 되는 이 방언의 형태소 '-안 vs. -앙'을 놓고서, 김지홍(2020)에서는 기본 형식이 '-아네 vs. -아그네'라고 주장되었다. 만일 이것들에서 공통된 마지막 '-에'가 임시 제외된다면, 서로 구별 짓는 요소로서 「내파음 니은 vs. 외파음 기역」이 정체성 탐구의 표적이 되어야 할 것이다. 선어말어미로서 시상을 품은 짝 '-앗- vs. -앖-'과도 동시에 기원이 추구되어야 할 것이다.
  아직 여물지 않은 첫 단계 발상이지만, 필자에게 더 이상 다른 기회가 주어지지 않을 경우를 대비하여, 현재 품고 있는 생각의 일단을, 앞뒤 재지 않은 채 여과없이 그대로 적어 둔다. 만일 선어말어미의 경우에, '-아 있-'의 표상에서 문법화가 일어나서 '-앗-'이 먼저 확립되었다면, 마찬가지로 접속어미의 경우에도 '-아네'가 먼저 나란히 문법화의 길을 걸었을 법하다. 모두 [+시작점, −종결점]의 의미자질을 지니지만, 접속어미는 선어말어미에는 없는 속성으로서 양태성 자질을 더 지니고 있다. 그런데 여기서 이 형태소의 구현을 저지하는 방식으로서, 내파음 미음('음' 또는 받침 미음)이 삽입되고, 외파음 기역('그')이 삽입된 것이 각각 '-앖-'과 '-아그네'로 발달할 수 있을 듯하다.
  「내파음 미음 및 외파음 기역에 공통된 기반을 찾을 수 있을 것인가?」
  매우 어려운 물음이다. 필자로서는 잘 모르겠다고 고백하는 일이 먼저이다. 문법화 현상을 다루는 쪽에서는 실사로부터 허사가 발달하고, 낱말 형성 형태소가 문법 형태소로 전환될 가능성이 검토될 수 있다. 그렇지만 이 방언의 낱말 형성에 대한 연구가 축적되어 있지 않다. 현재로서는 문법 형태소의 전환 가능성만을 상정해야 하므로, 상대적으로 그 범위는 훨씬 더 좁다. 그렇다면 아마도 명사형 어미 및 관형형 어미들이 그 가능성 범위 속에 들어온다.
  방언 명사형 어미에서도 공통어에서와 같이 '-음 vs. -기'가 짝처럼 쓰인다. 그렇지만 이것들이 각각 결과 상태 및 진행 과정에 평행하게 의미자질이 대립하고 있다는 점을 고려한다면, 직접적인 차용은 불가능함을 알 수 있다. 대신 공통어와 동일한 형식인 관형형 어미 '-은 vs. -을'로부터의 전환 가능성을 생각해 볼 수 있다. 만일 이것들이 [±상태 불변성]의 자질로 대립된다고 본다면, [+상태 불변성]을 품은 '-은'이 대립

만, 그 파급 효과는 만만치 않다. 이 어미도 공통어의 형식 '-고'와 아무런 제약 없이 수의적으로 교체될 수 있기 때문이다. 김지홍(2020)을 토대로 하여, 먼저 접속 구문에서 '-곡'만을 쓴 경우를 제시하고 나서, 다시 '-고'만 쓴 경우를 제시한다. 그리고 마지막으로 두 어미가 서로 교체되는 경우를 제시해 놓기로 한다.

(35) -곡 -곡 ㅎ느니: "나∅ 그디(그곳, 대정현 관청)∅ 가그네(가서) 매∅ 맞곡 욕∅ 듣곡 ㅎ느니(하는 것보다, 하+는#이), 이디서(여기서) 죽어 불키어(버릴 거야). [청중 일동 웃음] 나만 죽을 게 아니고, 느네만(너희들만) 죽을 게 아니라, 우리 서이(셋이)∅ 홈치(함께, 모두 다) 죽어 불어사(버려야) 씨원(시원, 마음에 후련) ㅎ지 않느냐?" [구비9-3, 남 85세 김재현: 164쪽]
("나는 그곳 대정현 관청에 가서 매를 맞고 욕을 듣고 하는 것보다, 여기 천제연 폭포에서 떨어져 죽어 버릴 거야. [청중 일동 웃음] 나만 죽을 것이 아니라, 너희들만 죽을 것이 아니라, 우리 셋이서 모두 함께 천제연 폭포 아래로 떨어져서 죽어 버려야 후련하지 않겠느냐?")

형태소를 빚어낼 소지를 추구해 볼 수 있다. 이 방언의 낱말 형성 모습이 잘 밝혀져 있지 않은 상황에서, 지프라기라도 잡는 심정으로 이 가능성에 도박을 걸 수 있다. 즉, '-은' 형태와 맞설 수 있는 소리값으로서 순음 및 아음이 대립될 수 있으며, 각각 선어말어미의 차단 형태 및 접속어미의 차단 형태로서 '음'과 '그'를 생각해 보는 것이다. 어떤 것이든 간에 모두 다 우원하여 소경의 잠꼬대로 치부될 소지가 많겠지만, 그럼에도 불구하고 문법 형태의 내재적 발달이라는 작업가정을 세울 적에는, 일단 검토 범위에 포함될 수 있을 듯하다. 외적 영향을 검토할 경우에, 문제는 우리말이 여전히 친연성이 있는 어족을 명백히 상정하고 있지 못한 상태이다. 비록 알타이 어족일 가능성이 제일 많이 추구되어 있지만, 여전히 그 거리는 상당히 떨어져 있다. 알타이 어족에서 낱말 형성 방식 또는 문법 형태소들의 대립 모습을 이 방언의 고유한 형태소에 작용할 가능성도 있다. 그렇다고 하여 영어로 씌어진 몇 종류의 문헌을 훑어 보는 일도 동떨어져 있을 뿐 전혀 도움이 되지 않았다.
　요마적에 나온 인터넷 신문 보도를 보면(2021.11.11, 「네이처」를 인용한 「사이언스 카페」 이영완 기자) 요하 일대에서 농사를 짓던 집단으로부터 여러 군데로 언어가 전파되었다고 하는 주장도 접할 수 있었다. 우리나라 역사 문헌에서는 기원이 부여(또는 북부여)로부터 시작되어, 고구려와 백제와 신라와 가야로 이어진다. 또 부여의 시조인 동명왕도 지금 중국 흑룡강성 송눈 평원의 탁리국(槀離國)으로부터 나왔다고 기록하고 있으므로, 최근 신문 보도와 정합적으로 의견이 모아질 수 있을 듯하다. 그렇지만 현재 필자로서는 이 영역에 전혀 공부가 되어 있지 않다. 외적인 영향을 놓고서는 정직하게 침묵해야 할 영역일 따름임만 적어 둔다.

(36) -고 -고 ㅎ니까: 뭐 그날사(그날이 되어서야) 당(當)흔 일이 아니고, 그 전에도 그런 식이 잇고 ㅎ니까, 물론 식亽(식사)나 흔 끼니(한 끼) 해 놓고, 원(원래) 밥을 지어 왓든 말앗든 ㅎ는 건(것은) 문제가 아닌디, … 아마 꼭 이때(보릿고개를 겪을 때)쯤에 든 모양입니다. [구비 9-3, 남 85세 김재현: 125쪽]

(뭐 그 날이 되어서야 막 당한[부닥친] 일도 아니고, 그 전에도 그런 법식이 있었으니까, 물론 식사나 한끼 해 놓고, 원래 밥을 지어 왔든지 말았든지 하는 것은 전혀 문제가 되지 않는데 … 아마 꼭 보릿고개를 겪을 때쯤에 들었던 모양입니다)

(37) -곡 그렇게 ㅎ니까니 -고 -고 ㅎ우다: 술도 잘 먹곡 그렇게 ㅎ니까니, 말도 잘 ㅎ고, 체각(체격)도 경ㅎ고 ㅎ우다(그렇게 크고 합니다). [구비 9-3, 남 85세 김재현: 157쪽]

(술도 잘 먹고 그렇게 하니까, 말도 잘하고 체격도 그렇게 크고 합니다)

여기서는 수의적 변이 모습을 쉽게 알아볼 수 있도록 모두 다 같은 화자의 발화들을 모아 놓았다. (35)에서는 '-곡 -곡 ㅎ다'의 모습을 볼 수 있고, (36)에서는 '-고 -고 ㅎ다'의 모습을 본다. (37)에서는 '-곡'과 '-고'가 변동되고 있는 모습을 잘 보여 준다. 일관되게 어느 한 어미 형태소를 쓸 수도 있고, 서로 뒤섞여 쓰더라도 문법성에서 차이를 전혀 보이지 않는다. 이는 앞에서 내포어미 '-곤'과 내포어미 '-고' 사이의 수의적 교체와도 같은 모습인 것이다.

최근에 복합 구문을 전반적으로 다뤄 보기 전까지는, 필자가 등위 접속 구문에서 '-곡'이 더 오래된 것일 뿐만 아니라 기본적이었을 것으로 잘못 여겼었다. 그렇지만 채록된 설화 자료를 중심으로 하여 거시언어학 차원에서 복합 구문을 바라보면서, 생각이 정반대로 바뀌었다.

「기본값이 '-고'이고, 우연히 문법 형태소의 중층적 모습을 구현해 주는 일부 영역에서 독자적인 어미 형태들을 발전시켰다」

고 가정해야 옳은 것이다. 그렇지 않다면, 공통어와 공유된 어미를 쓰는 다른 형태소들을 일관되게 설명할 길이 없기 때문이다. 중층성 모습이 깃들든지 그렇지 않든지 간에, 「이 방언에서는 기본값으로 공통어의 어미들을 모두 다 쓰고 있다」고 보는 것이, 현재 필자로서는 가장 합리적인 설명이라고 본다. 그렇지 않다면, 중층성 모습을 보여 주는 일부 영역에서만 유독 독자적인 어미를 지닐 뿐이고, 다른 영역은 문법 형태소가 없이 비어 있다고 선언해야 할 것이다. 이는 전체 체계를 파악해야 하는 언어학의 기본 상식에 어긋난다. 전체 어미 체계에 공통된 것은 한국어의 어미 형태소들을 모두 다 그대로 쓰고 있는 것이며, 이 바탕 위에 독자적으로 발달시킨 일부 형태소를 사용함으로써, 담화 전개 전략에서 노리는 다양성이 더욱 증가하게 되는 것이다.

이 새로운 작업 가정에 따라, 필자는 (1) 어미들 사이에서 확장 가능성을 염두에 두면서 확장의 기반에 대한 의문이 생겨났고, (2) 접속어미와 내포어미가 문법 범주상으로 모두 양태 범주로 귀속되어야 함을 딸림-가정으로 품게 되었다(김지홍 2020: 381쪽의 〈표 7〉을 보기 바람). 앞으로 논란거리가 될 범주 귀속의 문제를 잠시 건너뛰어 보류해 두더라도, 접속어미 '-곡'이 복합 형식이라면, 무엇이 더 붙어 있는 것일까?

필자는 청소년 시절에 종종 축구 경기를 하면서 음식 내기를 했었는데, 이른바 '먹을락 축구'이다. 이 낱말은 아마 당시 새롭게 만들어졌을 가능성도 있겠지만, 이 방언사전에도 올라 있으므로, 적어도 한 세대 이전부터 쓰여 왔다고 여길 만하다. 그런데 초등학교 시절에 굴렁쇠를 돌리면서 겨루는 일도 '둥글릴락'을 써서 친구에게 「둥글릴락 ᄒ자!」고 요청할 수 있었다. 낱말 만들기 형식은 쉽게 결정되기 어렵겠지만, 아마 '뒹굴다'에서 사역 모습의 확장을 거친 다음, '-을라'(각주 18)라는 의지 또는 예정 관련 어미가 활용 형식으로 구현된 다음에, 마지막으로 내파음 기역 '윽'이 융합되어 있는 모습이다. 겨루기 또는 시합을 가리

키는 낱말은 대체로 '-을락'이라는 접미사로 끝난다. 이 접미 형식이
여전히 새로운 낱말을 만들어 낼 수 있다. 숨바꼭질에서 '숨다'는 이
방언에서 '곱다'로도 말하는데, 필자가 어렸을 때에 '곱을락'으로 불렀
었다. 서로 간에 달리기 시합을 한다면, '돌릴락'이라고 말하며, 서로
간에 옷을 붙잡는 놀이를 하면 '잡을락'이라고 부를 만하다.

　여기서 찾아지는 명사 부류의 접미 요소로서 필자는 내파음 기역('-
옥')을 주목한다. 물론 비슷한 소리를 띤 첩어 부사에서도 '-악, -억,
-옥, -욱'을 볼 수 있다.17) 그렇지만 이것들이 어간에 직접 접미된다
는 점에서 구분된다. 명사 부류의 접미사는 명백히 '-을라'라는 형태
가 먼저 앞서 나오고 있다.18)

　만일 접속어미 '-곡'이 융합 형식이며, 낱말 만들기에서 찾아지는
명사 부류 접미사와 통합되어 있는 것이라면, 등위 접속 구문은 명사
들의 나열과 비교될 수 있다. 가령,

　'배, 감, 귤, 밤, 사과, …'

---

17) 필자의 머릿속에 떠오르는 첩어 형식의 부사만 해도 아주 많다. 일단 음상 대립의 모습
　을 제외하고서, 몇 가지 사례를 적어 둔다. 첩어 부사가 이런 형식만 있는 것이 아니며,
　더욱 더 다양하고 많은 형식들이 있다. 이 글의 논의와 직접 관련되지 않으므로, 그
　구성 자체는 다루지 않는다.

　　㉠-악: '주왁주왁(기웃기웃), 발딱발딱, 폴짝폴짝, 부시락부시락, 졸락졸락, 물락물락, (겉
　　표면이) 사락사락, (음식 먹을 때, 부정평가) 게작게작, (남에게 대들며) 바락바락, 끄딱
　　끄딱, (어린이 콧물) 풀착풀착, 들싹들싹, 들락들락'

　　㉡-억: '펄럭펄럭, 홀쩍홀쩍, 질척질척, (습도가 높은 날 비가) 추적추적, 뚜벅뚜벅, (소리가
　　끊겨) 먹먹, (배가 고파서)헉헉'

　　㉢-옥: '콜록콜록, (배가 굶주릴 때) 꼬록꼬록, (바늘 따위를 찌를 때) 콕콕, (물방울이) 또록
　　또록, (옛일을 회상하면서) 소록소록'

　　㉣-욱: '(마실 때) 후룩후룩, 쩔룩쩔룩, (허락 없이 이런저런 음식 먹을 때) 축축, (손가락으
　　로 누를 때) 꾹꾹

18) 141쪽의 각주 6에서 '-으랴, -을랴'의 형태를 적어 두었는데(예문 32~34도 참고 바람),
　특정한 행동을 지향한다는 점에서 '-을라'와 공통 기반이 있을 듯하다. 그런데 명사를
　만들어 주는 데에 과연 '??-으랴'가 가능할지 여부는 잘 알 수 없다. 좀 더 미시적으로,
　반모음의 존재 여부가 서로 차이를 일으키는지도 또한 면밀하게 탐구될 필요가 있다.

따위는 아무런 문법 형태소의 도움이 없이 선조적으로 나열되는 일이 그 자체로 무한히 열려 있다. 또한 이해의 과정에서 과일이나 가을 열매 따위의 상위 개념을 연상하면서 묶을 수 있도록 만들어 준다. 이 방언에서는 접속어미 '-곡'이 서너 번 정도 반복되는 경우를 아주 흔하게 관찰할 수 있다는 점에서, 전형적인 담화 전개의 한 가지 형태라고 부를 만하다. 아래 (38)에서는 무려 다섯 차례나 반복되어 있으며, (39)에서는 '-곡 -곡 ᄒ다'(-고 -고 하다)가 자연스런 하나의 매듭인 양 이 어구가 반복되어 쓰임을 본다.

(38) -곡 -곡 -곡 -곡 -곡 ᄒ여: 다른 디(데, 곳의) 쇠(소)도 아니 잡아먹곡, 그디 주인네 쇠(소)만, 그때는 쇠덜(소들)이 많앗는데, 믄(모두 다) 잡아먹곡, 무슨 칼도 [쓰지] 아니ᄒ곡, 손으로 쇠(소)를 잡안(잡고서) ᄃᆞᆼ기엉(당기어서), 그자(그저) 소금도 아니ᄒ곡, 숢도(삶지도) 아니ᄒ곡, 그냥 씹어 먹더라∅ ᄒ여. [구비9-3, 남 85세 김택효: 380쪽]
(허우대도 크고 힘이 세었던 하인 '막산이'[막+ᄉᆞᆫ+이]는, 다른 곳에 있는 소도 잡아먹지 않고, 그때에는 소들이 많았었는데, 그곳 주인네 소만을 모두 다 잡아먹었어. 어떤 연장도 쓰지 않고, 손으로 소를 죽이고서 소가족을 손으로 잡아당겨서, 그저 소금도 아니 치고, 물에 삶지도 아니하고, 그냥 날고기를 씹어 먹더라고 해)

(39) -곡 -곡 ᄒ영 -곡 -곡 잇나? -곡 -곡 ᄒ는 건디: [제주에서 전주부에 진상하는] "쇠(소) 바찌레(바치러) 간 때에 모대(관원의 정식 복장인 사모관대의 줄임말, 帽帶)나 ᄒ곡(하고) 촛불이나 켜곡(켜고) ᄒ영 받아나?(받더냐?)" … "상감안티(임금한테 올리는) 진상(進上) 곡물∅ 받는 사름(사람)이 향화(香火)도 아니 ᄒ곡, 모대도 아니 ᄒ곡, 아니 저런 놈이 잇나?" … 상감안티 진상ᄒᆞᆯ 물건∅ 받을 때는 향화ᄒ곡 모대도 ᄒ곡(차려입고) ᄒ는 건디(것인데), [그런 차림새가] 원 법이구(법이고) 정ᄒᆞᆫ(올바른) 예인디(예법인데), 생각ᄒ여 보난(보니까) 즈기(자기)가 잘못해졋어. [구비9-3, 남 72세 양원교: 413쪽]
("소를 바치러 전주부에 간 때에 사모관대나 하고 촛불이나 켜고 해서

받더냐?"… "임금님께 올리는 진상 곡물을 받는 관리가 향불도 피지 아니하고 사모관대도 차려입지 않고, 아니 저런 놈이 있나?"… 임금님께 진상하는 물건을 받을 때는 향불을 피고 사모관대도 차려입고 하는 것인데, 그런 것이 원래 법이고 올바른 예법인데, 전주부 관원이 스스로 생각해 보니까 자기가 무심코 잘못을 범했어)

(38)의 경우가 과연 등위 접속 구문인지 반문할 수 있다. 절을 투영하는 핵어 동사로서

'잡아먹다, 잡아먹다, 도구를 쓰지 않다, 손으로 하다, 소금을 치지 않다, 삶지도 않다, 날고기를 먹다'

들이 서로 대등한 사건을 가리키는 것이 아니기 때문이다. 이 동사들은 두괄식으로 제시되어 있다. '잡아먹다'를 뒤의 동사들이 자세히 부연 설명해 주기 때문이다. 일단 등위 접속 형식을 이용함으로써, 마치 영화관에서 영화의 흐름을 눈으로 보듯이 점진적 사건 전개처럼 느낄 수도 있다. 해석 지침에 대한 결정은, 그렇다면 전적으로 해석하는 주체한테 달려 있음을 알 수 있다.

　물론 수행상의 제약도 있기 때문에, 비록 개방적 구조이더라도, 등위 접속이 실질적인 실행에서는 한계가 있게 마련이다. 화자가 그 실행에서 디딤판처럼 쉴 만한 구조는, 매우 단순하게 명사 항목들과 같이 나열해 나가는 방식일 것이다. 호흡 가락이 길기 때문에, 이 설화를 듣는 청자들도 또한 이야기의 전개를 처리하는 데에 어려움을 겪을 수 있다. 그렇지만 명사 부류가 나열되듯이 어미 '-곡'이 나란히 반복되면서 제시되어 있으므로, 시간 흐름의 축에 따라 등위절이 지속적으로 나열된다면, 듣는 이로서 처리 전략을 동원하는 일이 한결 간단해진다. 이런 측면에서 내포어미 '-고'에 명사 부류와 관련된 접미사

가 융합되어 있을 개연성이 높다고 본다.

이와는 달리 (39)에서는 병렬해 놓는 절들 사이에 마치 디딤돌을 놓듯이 '-고 ᄒ다'가 들어 있기 때문에, 계속 '-고'만 나열되어 있는 경우와 달리, 하위 구조와 상위 구조가 언어 형식을 달리 씀으로써 상위 차원의 매듭에서 일단 한 번씩 멈출 수 있어, 그만큼 숨통이 트인다. 이 또한 담화 전개의 전략으로 간주될 법하다. 다시 말하여, 듣는 사람으로 하여금 쉬엄쉬엄 담화를 처리해 나가도록 배려하는 것으로 간주할 수 있는 것이다.

4. 마무리

이상에서 이 방언의 설화 채록 자료를 놓고서 '-고' 어미를 구현하는 내포문을 중심으로 하여 몇 가지를 살펴보았다. 내포문을 투영해 주는 핵어는 특정 속성을 지니는 동사이다. 가능 세계에서 사건 전개 모습과 그 결과 상태를 판단하고 표상해 준다는 점에서, 양태 속성을 지녔다. §.2.1에서는 '-고' 어미가 관찰되는 7가지 환경을 제시하였는데(인용 구문까지 여덟 가지임), 내포절에 온전한 활용 형식이 있는지 여부 및 상위문 핵어의 하위부류에 따라 다시 더 구분된다. 이는 공통어의 언어 환경과 온전히 동일한 분포를 드러내 준다.

비록 인용 구문이 가장 전형적인 내포 구문으로 다뤄져 왔지만, 동일한 구성을 띠면서 발화와 무관한 부류들이 더 많다는 점에서, 인용 구문도 또한 상위 차원의 내포문으로부터 도출되어 나오는 모습이 온당할 것으로 본다. 인용 구문이 이 방언에서는 공통어의 모습 이외에도 추가적으로 관형형 어미 '-은'을 이용하여 핵어 명사를 꾸며주는

'-은 말이다, -은 말을 하다'

의 구성을 써 오고 있다(계사와 결합하면 '-이엔 말 하다'). 이는 '-고 ㅎ 다, -고 말ㅎ다'와 함께 내포 구문에서 유일하게 찾아지는 문법 형태소의 중층성 실현 모습이다.

내포 구문에서 관찰되는 어미로서 복합 형태인 '-곤'은, 접속어미 형태소 '-곡'의 재구성 가능성을 추구하도록 해 준다. 여기서는 내파음 기억('윽' 또는 받침 기억)이 개체를 반복하는 접미사와 동형성을 띠며, 이것이 명사적 구성으로 수렴될 가능성을 타진하였다. 앞으로 더 많은 논증이 필요하다.

이 방언의 내포어미 형태 '-고'를 실현하는 내포 구문은 공통어와 차이가 없다는 사실이 이 방언의 본질을 잘 보여 준다. 다만, 생생하게 다양한 변이를 보여 주는 모습이 곧바로 다른 방언에서처럼 방언다운 특성을 띠겠지만, 그런 변이가 결코 한국어와의 공통 기반을 부정하는 주장을 뒷받침하는 것은 아님을 알 수 있다. 다시 말하여, 독특한 매개인자의 숫자를 많이 품을수록 유다르다는 인상을 준다. 그렇지만 매개인자의 구성은 한국어 형태소를 그대로 이용하고 있을 뿐이다.

제4장 Non-canonical Ending Systems in Jeju Korean[※]

1. Introduction

Jeju Island has been described as a treasure island in the scientific fields partly because of the uniqueness of its culture (cultural treasure) and partly because of its distinctive landscape of geological volcanism, flora, and fauna (natural treasure). The geographical location of the island was regarded the most distant and remote place in Choseon (조선)1) dynasty and as a result it became the place to which convicts were exiled. The Jeju dialect or Jeju

---

※ 이 글은 『방언학』 제26호(한국방언학회, 2017), 229쪽~260쪽에 실렸던 글인데, 일부 필요한 수정과 수가되는 내용이 덧붙여서 있음.

1) I am not seriously concerned about the romanization style of Korean scripts but gives the Korean script along with its parallel rendering into English to help readers. Korean allows a cluster of consonants in the coda position of a syllable. In order to identify relevant morphemes explicitly, deep structure representation will be adopted throughout this paper. When the pronunciation of surface forms is relevant, it will be indicated with square brackets '[ ]'.

Korean (제주 방언)[2] has been spoken solely on the isalnd of Jeju from time immemorial. The remoteness of Jeju Island has sheltered the dialect from the effects of linguistic change and the dialect has been kept almost intact and separate from standard Korean, notwithstanding possible developments inside of the Jeju dialect itself.

Early studies of the Jeju dialect go back to the early 1910s. These phonological studies adopted a language diffusion perspective in attempts to determine the phonetic values of the letters that are assumed to have disappeared after 15th century Korean, just when the Korean Script was invented. Since then, some linguists have devoted themselves to describe the Jeju dialect, such as Lee (이숭녕 1957), Park (박용후 1960), and Hyun (현평효 1985). These are evaluated as the main references for anyone wanting to examine the Jeju dialect. However, and presumably because of the trends at that time, these studies are limited in their coverage of syntax. Some adopted the traditional perspective, while

---

2) Although UNESCO classified Jeju Korean, i.e., the Jeju dialect of Korean, as a critically endangered language in 2010, it is difficult to ascribe the status of language for two main reasons. First, virtually all of the syntactic endings and structures in Jeju Korean are exactly the same as Standard Korean morphemes (J. H. Kim, 2014 and 2020). Second, Jeju Island is not a nation but part of the Korean territory. Therefore it is not strictly accurate to use the term "Jeju Language" and to classify it as endangered "language." Rather, the terms "Jeju Korean" or "the Jeju dialect of Korean" are preferable. It was P.H. Hyun (현평효), a descriptive linguist, who began to use the term "Jeju Language" as if it were an independent language, when he was deeply involved to write a dictionary of this dialect with the title *Jeju Language Dictionary* (제주대학교 박물관 엮음, 제주어 사전), which was published in 1995 by the Jeju Provincial Government. An enlarged version was subsequently printed in 2009 with a similar title, *Enlarged and Corrected Jeju Language Dictionary* (제주문화예술재단 엮음, 개정증보 제주어 사전). It is possible that Hyun wanted to avoid the term 'dialect' due to its negative connotation compared to the prestigious standard language. I believe that "Jeju Korean" could be adopted, as a neutral term, to refer to the Jeju dialect which is apt to get stigmatized. But almost all the transcribed data collected and published in the early 1980's from elderly folks, basically, have shown the same morphems and structures of Korean in general, although small portions of morphemes, known as indigenous, have been used along with standard forms. J. H. Kim (2020) has called it dual aspects of grammatical morphemes.

others followed American descriptive linguists such as Sapir, Bloomfield, Harris, and Gleason.

It was Chomsky (1957) who started to place syntax at the core of linguistic description and explanation. However, the syntax of Jeju dialect has remained largely unexplored, with the notable exception of Kim (김지홍 2014, 2020), who used Chomsky's hierarchical X-bar theory to describe the syntactic part of the Jeju dialect ending systems. Kim (2014) captured a number of apparently complicated ending morphemes in the Jeju dialect and categorized them in three classes: one canonical and two non-canonical. The latter is further divided into the fused forms of endings and the derived form of endings.

In order to represent the ending systems in Korean, the honorific markers for addressee (or intended hearer) should be noted, so that they form at least two different classes of endings; addressee's honorific endings and honorific-resistant endings. In this paper, I will depict the Jeju dialect endings with a number of tables and focus in particular on non-canonical endings.[3] If the description of sentential final forms is restricted to canonical endings, then plenty of forms are left with no match to canonical markers. It is abnormal to have such exceptional ending systems in the sense that if the function of closing sentences or utterances was sufficient in its final position, no proliferation of endings would be necessary, and hardly any would be observed. The existence of non-canonical endings, however, explains why there may be a shortage of a few typical endings and more than that is required to close sentences or utterances. It is speculated that the final position represents implications of ascertaining or hoping a preceding proposition true. This will

---

3) Ramstedt (1952) noted so-called 'verbal nouns' and ascribed them to a sort of extended 'participles'. However, this does not capture any modal properties on speaker's beliefs and addressee's possible ways to confirm an utterance.

be treated as extended modality.

J. H. Kim (2020: 381f.) demonstrates a comprehensive picture for Jeju Korean modality in which at least three tires are involved with binary branching: the upper-most node are divided as realis and irrealis. Under this, as the intermediate node, two and two nodes are also realized as sisters: firstly, experience and/or witness of progressing (or in-action) event, secondly, related evidence of event occurred, thirdly, impossibility to give factual evidence, and lastly, possibility to present counter examples. The bottom tier shows the last sub-division of the upper node conceptions, each, in dichotomy such as (i) applicable to things and events, (ii) applicable to persons, (iii) direct perception, (iv) presumptive judgment, (v) dream and imagination, (vi) hoping and beliving, (vii) counter-factual, and (viii) transcendental (or super-natural) events.

2. Addressee Honorific Markers

Linguistic typology says Korean is a head-final language in which a more important core tends to reside in a rather late position. This holds true broadly in the Jeju dialect, especially when its endings are related to merged morphology. However, the application of head-finality is not as straightforward, because some endings have such a complicated form that it should be scrutinized with a delicate morphological re-analysis.

The Honorific Markers for Addressee is typically observed in the final position of sentences or utterances, while there is another honorific marker for the agent argument, mostly in Subject position, which directly follows a verb stem. In the Jeju dialect some argues that the latter notified by '-isi-' (-으시-)[4)]

is only introduced in a sociolinguistic register for the literati class in Jeju society, and vulgar speech does not show any of honorific agreements for the agent argument. This fact may reflect an earlier split from main stream Korean, because the transliterate system of Shilla (신라), around the 6th century, contained '賜' which is interpreted as the former form of '-isi-' (-으시-) still used in the same environment in Korean.

Non-honorific markers can also be found in the final position of a sentence or utterance. This is called 'Addressee Honorific Agreement' in Korean. Some non-honorific makers in Jeju Korean have the same endings, in a merged form, as in Standard Korean; others show different forms. Former studies, unfortunately, have failed to reach a consensus on how many registers the Jeju dialect keeps in action. Kim (2014 and 2020) assume that at least two dimensions of semantic features such as

[±publicness] and [±formality]

can explain all of the moods such as declarative, interrogative, imperative, exclamation, request, and promise. The feature of publicness, as opposed to privateness, does not allow any kind of cancelation on the prior pronouncement so far developed by a speaker himself/herself without serious loss of face or credence. Honoured forms have [±publicness] while plain forms have [−publicness]. Formality has a distance feature in psychology and social status between participants. If a speaker feels that there is more distance, as a thumb rule, between interlocutors in psychological dimension and social dimension as well, then the longer and polite form will be adopted.

---

4) The weak vowel [i]([으]) precedes in an ending representation which is sensitive to keep the CV tier syllable comfortably pronounced, unless it follows a vowel stem.

Table I shows the Jeju Korean addressee honorific morphemes, along with some examples of morphological combination in syntagmatic way.

〈Table 1〉 Addressee Honorific Morphemes of Jeju Korean with examples

Registers / Moods	Honoured Form		Plain Form	
	Formal	Informal	Formal	Informal
Declarative	–ipneta(–읍네다), –ipteta(–읍데다)	–suta(–수다), –suke(–수게)	–ta(–다), –iə(–이어) for copula	–ə(–어), –ira(–이라) for copula
Interrogative	–ipnekka(–읍네까), –ipteka(–읍데가)	–suka(–수가), –sukkoa(–수꽈)	–ka(–가), –ika(–이가) for copula	
Imperative	–ipsə(–읍서)	NA(Not Applicable)	–ira(–으라)	
Request	–ipcu(–읍주)	NA	–cu(–주), –ca(–자), –ke(–게)	

Standard Korean has Honorific Formal Registers as such

'-sɨpnita' (–습니다), '-sɨpnikka' (–습니까),5) '-ipsio' (–읍시오), 'ipsita' (–읍시다)

according to each Mood. We can identify '-ip-' (–읍–) as a common morpheme in these examples, including a variant '-sɨp-' (–습–). This also holds true in the Jeju dialect but only with the single morpheme '-ip-' (–읍–) among a number of phonologically conditioned variants. In the Plain Form, we can

---

5) As the Medieval materials show, '-sɒp-' (–숩–) had phonologically conditioned variants '-ɒp-' (–읍–), '-zɒp-' (–ᅀᆞᆸ–), and '-cɒp-' (–ᄌᆞᆸ–), while a single form '-ɒp-' (–ᄋᆞᆸ–) appears to have been kept in imperative and request moods. The Jeju dialect still keeps only single morpheme '-ip-' (–읍–) in any mood with no allomorph. The second syllable '-ni-' (–니–) of '-sɨpnita' (–습니다) and of '-sɨpnikka' (–습니까) is a result of truncation (or simplification) of '-nɒi-' (–ᄂᆡ–) which is reflected as the monophthong '-ne-' (–네–) in this dialect. The letter 'ᄋᆞ' representing for [ɒ] or [ʌ] is the same in transcription of Jeju Korean but the sound value is assumed differently: [ɒ] for Medieval Korean and [ʌ] for the nowaday Jeju dialect.

see exactly the same morphemes

'-ta' (-다), 'ïra' (-으라), '-ca' (-자), and '-ə' (-어)

as in Standard Korean. If the two formal forms '-ipneta' (-읍네다) and '-ta' (-다) are compared, one representing the honorific part and the other the plain part, it is obvious that the longer form has some other morphemes beside the common base ending '-ta' (-다). This means that the honorific form has been derived by adding relevant respect morphemes '-ip-' (-읍-) after which '-ne-' (-네) or '-te-' (-데) directly followed. This applies to other moods too. We may conclude temporarily, as a maxim, that the formal register in the Jeju dialect is formed by adding relevant respect morphemes with a few exceptions. The imperative and request moods ask for an action yet to be done towards the opposing party, so the slot after '-ip-' (-읍-) can be filled with 'zero' or the empty category morpheme. Later the slot will be called an extended modality for addressee experience as a type of evidential modality.

In the informal honorific forms, only two moods of declarative and interrogative have some examples but they are not applicable in the imperative and request moods.[6] The latter moods are related to act or action. We cannot command anybody informally but only in the formal and polite way. If we could command informally, there would be no distinction between informal

---

[6] Although P. H. Hyun's three register model is followed by careless researchers, it is wrong because his model solely relied on the imperative mood: 'hʌ-ra' (ᄒ라체), 'hʌ-yə' (ᄒ여체), and 'hʌ-ipsə' (ᄒᆢ서체) speech style. However, the facts that Table 1 has rooms of non-applicable in imperative mood and there in no imperative ending at all in Table 4 and Table 5 are explicit counter examples against P.H. Hyun (현평효 1985). This means that registers be sufficiently and necessarily determined by the declarative mood.

command and plain command. So there are only two ways of expressing command and request, whether formally or plainly.

Informal forms for respecting addressee in the table are declarative '-suta' (-수다) or interrogative '-suka' (-수가); note that both forms share a common morpheme '-su-' (-수-). Although it is a single syllable blending, '-su-' (-수-) has to be re-analysed into '-so' (-소) and '-ŋi-/-i-' (-이-/-이-). The ending '-so' (-소)[7] is commonly found in Standard Korean and '-ŋi-/-i-' (-이-/-이-) was a prevalent marker used for respecting addressee in the past. The transitional form, '-swe-' (-쉬-) blended with '-so' (-소) and '-ŋi-/-i-' (-이-/-이-), can still be found in the transcriptions of the Jeju Shaman Epics, which subsequently changed into a simple monophthong, '-su-' (-수-).

This dialect is so special to have some merged forms of two endings which is called a non-canonical ending (cf. section Ⅳ). The plain informal form is called the default or 'dis-respecting' variant (or pan-mal, 반말)[8] in Korean which is frequently used all over the peninsula. However, the systematic blending of the two endings in Jeju Korean is important and was not revealed until Kim's study (김지홍 2014). If the simple rule of adding a relevant morpheme to the plain formal form to produce honorific formal forms holds, we will be able rather to focus exclusively on plain forms to explore the variety of endings in the Jeju dialect.

---

7) If a stem ends with a consonant, '-so' (-소) is realized in its variant, '-o' (-오) which is not dealt here for the sake of simplicity. In Table 6, the fused ending of the imperative '-o-ipsə' (-웁서!) shows that '-so' (-소) or '-o' (-오) was an archaic form once used in the Jeju dialect, although no written heritage for the dialect had been given a bit except scanty impressions caught by a few of scholarly exiles in Chosoen Dynasty.

8) Although the etymology of 'pan-mal'(반말) is still vague(where 'mal' is speech or language in Korean with sure), I assume that 'pan' must come from Sino-Korean 'pan'(反) in which there were interchangeable candidates like '反'(contrary to), '叛'(to revolt), '悖'(to provoke), '返'(to go back)' and others (as in 反逆) in Confucian Scripts, thereby resulted in 'provoking speech' or 'dis-respecting register'(cf. Kim 2014: p. 437).

3. Canonical Sentential Endings of Plain Register

Table 2 shows the variety of plain ending forms of Jeju Korean, which we can further divide according to whether it allows the preceding honorific morpheme '-ip-' (-읍-) or not. The table presents it with the feature notation [±honorific], that is, one fits to 'honorific' morphemes while the other does not. If it resists the insertion of '-ip-' (-읍-), then the only possible way to change its register style to high is to put the particle 'please' in the last position (Remember Jeju Korean is a head-final language). The Jeju dialect has at least three tiers of pragmatic particles, and this paper will demonstrate only the case of '-massim' (-마씸)9) for simplicity's sake.

〈Table 2〉 Plain Form Endings and Examples

Registers / Moods	Formal with its mood		Informal
	Fit to [+honorific]	Fit to [- honorific]	
declarative	-ta(-다), -iə(-이어) for copula -ke¹(-게¹),10) -ike¹(-이게¹) for copula	-cə(-저), -y(-이), -e(-에)	-ə(-어), -ira(-이라) for copula, -cu²(-주²), -cwi(-쥐)
		-ne(-네), -te(-데), -nye(-녜), -ye(-예), -na(-나)	
exclamation	NA	the same as above with elongation	
		-kona(-고나), -nona(-노나)	
interrogative	-ka(-가), -kkwa(-꽈)	-na(-나), -ko(-고), -nya(-냐), -tya(-댜), -ya(-야)	
imperative	NA	-ira(-으라), -kəra(-거라)	
request	-cu¹(-주¹)	-ca(-자), -ke(-게²)	
promise	NA	-ma(-마)	

9) In Standard Korean, this particle structure can be syntactically represented by suchh wording; 'it is my saying that~' (~라는 말씀입니다). This syntax was grammaticalized in the Jeju dialect, presumably a long time ago, as a simple bound form 'massim' (마씸) with a deleted [ʃ]([ㄹ]) sound. Now the particle is exclusively for respectful use, so it is always bound to the preceding utterance. This is the reason why '-massim' (-마씸) is hyphenated.

The table shows a proliferation of endings especially in the non-honorific mood columns, and each ending has its own semantic features[11] when they are compared in minimally contrasted pair environments. If they each have their own functions, it is no wonder there are plenty of them, assuming each of them has its own unique properties (see Kim, 2014 for a detailed discussion). The morphemes in the exclamation mood can also be reduced into declarative(informative exclamation) and interrogative(self-exclamation) with elongation of vowels. If so, the exclamation must be a secondary mood in the Jeju dialect. The dissyllabic morphemes '-kona' (-고나) and '-nona' (-노나) can be further analysed from a morphemic agglutination standpoint, but no such study has yet been carried out.[12]

---

10) Superscript numbers are adopted merely to differentiate similarly pronounced morphemes. The declarative '-ke^1' (-게^1) is different from '-ke^2' (-게^2) in the request mood. If '-cwi' (-쥐) gets truncated and then results in '-cu' (-주), it is not the some ending as '-cu^1' (-주^1) in the request mood. That is why number 2 is a superscript in '-cu^2' (-주^2).

11) For instance, '-cə' (-저) in the declarative mood and '-cu^2' (-주^2) as an informal register ending are both found at the last slot of utterances in the environment of a minimal pair set with different features as in the syntagmatic relations below.

   'mək-əms-cə'(먹-없-저) vs. 'mək-əms-cu'(먹-없-주)

   where 'mək-' (먹-) is a stem 'to eat', '-əms-' (-없-) is a phonologically conditioned aspectual maker of progressive, '-ams-' (-앖-), and the final endings. This is shown in Table 3 with syntactic distribution and semantic characteristics.

⟨Table 3⟩ Feature Bundles between '-cə' (-저) and '-cu^2' (-주^2) Endings

Distribution & Semantic Features	Subdivision	Formal '-cə' (-저) only used in declarative mood	Informal '-cu^2' (-주^2) in any mood
Morphological combination with	Copula, Adjective	NA	always possible
	Aspect-tense	not with verb stem, but with '-ams-' (-앖-) vs. '-as-' (-앗-)	either directly with verb stem or with '-ams-' vs. '-as-'
	Modality	NA	possible as in '-il thecu'(-을 테주), '-il kəcu'(-을 거주), '-kescu'(-겠주)
Pragmatic	Presupposition	confirms information gap which the other party does not know	conjectures what the other party possibly knows
	Implication	relates to some factuality	expects some likelihood
	Request on hearer	to remove the presupposed information gap	to confirm whether the content of utterance is true

12) In exclamation some fully duplicated form is also observed such as '-kona-ŋ-a' (-고낭

In the interrogative mood, wh-questions and yes-or-no questions have their own morphemes accompanied with different intonations, similarly to the Medieval Korean data. Standard Korean only keeps intonations to distinguish each from the other, loosing morphological distinctions.

The informal endings, '-ə' (−어) and '-cu²' (−주²), can express any mood without any restriction once the accompanying intonation fits to the desired mood. Among them, '-ə' (−어) is more basic than '-cu²' (−주²), the latter representing a feature of conjecture, which is used when the speaker asks for the opposite party to confirm the utterance in action. In this sense, '-ə' (−어) is the same ending as found in Standard Korean, whereas '-cu²' (−주²) is almost parallel to the '-ci' (−지) ending in Standard Korean. As the default ending, '-ə' (−어) actively involves many environments to make up a new merged form of ending. Because it directly follows the aspect-tense morpheme '-ams-' (−앖−) or '-as-' (−앗−),[13] the syllable readjustment rule applies, resulting

---

아) in which two '−a's underlined must be the same. If it holds, it allows us to identify a possible archaic morpheme, firstly, analysing '−kona'(−고나) into 'koni'(−고ᄂ−) and '−a'(−아−), and further allowing us to reduce 'koni'(−고ᄂ−) into '−ko−'(−고−) and '−ni−'(−ᄂ−), under the ethos of agglutination. The latter '−ni−' is definitely related to modality '−nɒ−'(−ᄂ−) in Medieval Korean. Now '−ko−' has quite similar phonotactics, as in '−kwara'(−과라) and '−sukwe/−suke'(−수꿰/−수께), all of which may fall under family resemblance.

13) There is no agreement yet on the semantic values of these morphemes. In the meantime, I will assume that '−ams−' (−앖−) and '−as−' (−앗−) is a pair of aspectual markers with a reference point. This means that they are aspectual−tense markers. If aspect roles are concerned, only the two factors of observer and event are sufficient, because the addressee admits the view point or perspective from the speaker as if both participants are the same through empathy. In this simple two factor model, the observer is the speaker and the hearer at the same time. If an event is evolves progressively from the beginning to the end, two parts can be segregated such as commencement and completion. This paper assumes both features to be relevant so as to depict the pair contrast: [±completion]. Now '−ams−' (−앖−) has the feature of

[+commencement, −completion]

while the other pair '−as−' (−앗−) keeps

[+commencement, +completion]

in the surface form of [amsə]([암서]) or [asə]([아서]). Previus studies using morpheme analysis interpreted the '-sə' (-서) ending differently, with some researchers describing '-ə' (-어) as if it were an ending borrowed from Standard Korean. As soon as we scrutinize non-canonical endings in their merged form, however, it becomes obvious that the default ending '-ə' (-어) resides in blending or merged morphemes. This is a novel finding, which was made possible by adopting a theory-driven approach focused on the inner structure of intricate blending for new endings.

where the verb of existence in Jeju Korean, 'is-' (잇-), is deeply merged inside this morpheme, while the parallel morpheme of Standard Korean, the so-called 'past tense' '-ass-' (-앗-), has been affected by geminated consonant form of existence 'iss-' (있-) presumably around late 18th century.

Korean is very sensitive, in general, to distinguishing human beings from non-human beings, and animates from non-animates. If needed, we can add some other features to fit any requirement. But where the utterance itself is concerned, a new factor should be introduced, which is called time reference or reference time. The reference time is just the utterance time between interlocutors in any speech act.

This happens in a merged form of endings in the Jeju dialect. If an ending refers to the present time of utterance as the default reading, unless it has an aspectual-tense morpheme in the same tier, the preceding content of an utterance must be brought into a previous time point. This can be called 'time-point movement' or 'reference time change' in the sense that an event in action changes the deictic frame. If two endings are found in the utterance-closing position as a blended form, each ending projects its own layer and the preceding layer is embedded inside the final layer. The time frame change is immediately appreciated so that the inside layer refers to the previous time point than the utterance time point of the outside layer.

Examples of such endings include '-əra' (-어라), '-ənke' (-언게), and '-ən' (-언) in the declarative mood (see Table 6). All of them refer to 'retrospection' of an event that finished prior to the point of utterance. '-ə' (-어) is never a form of retrospection, contrary to Hyun(1985), but the default informal morpheme that triggers the fusion of two endings so as to change the reference time related to the event.

4. Two Kinds of Non-canonical Sentential Endings

In his comprehensive description of the Jeju Korean Endings, Kim(2014) noticed that many endings do not fall under the typical or canonical endings. These non-canonical endings were classified, for the first time, into two categories, one called 'Merged Construction of Endings'[14] and the other 'Derived Endings through Truncation'.

The former is divided into 'Fused Form of Two Endings' and 'Grammaticalization through Nominal Constructions'. The latter is further divided into 'Conjunction Truncated and Embedding Truncated endings'.

Why, then, does this dialect have so many categories expanding beyond the canonical endings? This ontological question delves into their discoursal dimension beyond the mere utterance level. Derived Endings through Truncation is rather simple to answer, if we recover any possible deleted parts which is assumed as shared knowledge between participants. On the other hand, the former categories open a controversial arena. I will tackle their analysis under the umbrella of modality.[15]

---

14) Instead of 'merged or fused endings', a duplication of endings can also be adopted, unless it implies the same morpheme. When two endings are observed consecutively in the Jeju dialect, the preceding ending in the first slot tends to be fixed, while the following ending in the second slot varies. Intuitively, the first slot seems to play a role of glue, while the second slot delivers some characteristic feature of closing phase.

15) Poppe(1960) analyzed the modal gerund in Buryat and lists the imperfective gerund, perfective gerund, conditional gerund, limitative gerund, precedent gerund, successive gerund, continuous gerund, concomitant gerund, and replacement gerund. By treating coordinate gerunds and subordinate gerunds as verbal adverbs, he seems to indicate inter-related events. I am not sure if there is any connection between Buryatian gerunds and Jeju-Korean nominally constructed endings.

I am more concerned about the speaker's attitude or belief under modality in the Jeju dialect. It was Kim(2020: Table 7 in p. 381) that a comprehensive definition on modality, including tense-aspect in a sublevel tier among the four levels, was introduced so as to cover an event in the actual world and in the hypothetical world as well.

Table 4 shows how the development in Jeju Korean of non-canonical endings truncated from conjunctive sentence and embedded sentences. Notice that there are only two moods, declarative and interrogative, admitted exclusively for this development and, moreover, interrogative mood overlaps its forms over declarative mood. This fact means that additional development of endings has begun only in declarative mood and then later transferred to interrogative mood. This conjecture is supported by conjunction part because it lacks, for the time being, interrogative mood at all.

⟨Table 4⟩ Derived Endings through Truncation and some of their Examples

Origin / Moods	Embedded Sentence				Conjunctive Sentence	
	Quotation form	Obligation form	Quotation form	Volition form	Coordinate form	Subordinate form
Declarative	-nayə (-나여), -tayə(-다여), -rayə(-라여)	-rasacu (-라사주)	-kkaen(-깬), -naen(-낸), -nyaen(-냰), -taen(-댄), -raen(-랜), -koraen (-고랜), -nonyaen (-노냰), -phutaen (-푸댄), -imen(-으멘)	-cen(-젠)	-kok(-곡), -kok malkok (-곡 말곡), -ta mata (-다 마다)	-kətin(-거든), -min(-민), -inti/ -ninti/ -tənti (-은디/-는디 / -던디)
Interrogative	NA		the same as above	the same as above	NA	

The first cell of the table contains quotation and obligation form but with deleted verb. Typically, the recovered form may introduce the proverb 'hʌta' (ᄒ다) of saying (quotation) or action (obligation). So each recovered form must be

'-na hʌyə'(-나 ᄒ여), '-ta hʌyə'(-다 ᄒ여), '-ra hʌyə'(-라 ᄒ여), and

'-rasa hʌcu'(-라사 ㅎ주)

This quotation form differs from the latter quotation form in the sense that it looses the complementizer or quoting ending, i.e, '-n' (-은) or '-in' (-인) in this dialect (similarly to English *that* as in "one says *that* …"). The former quotation form might be called a 'more direct quotation', in some sense, which also extends from time to time towards conjecture of the other person's mind, even though it has not been verbalized yet explicitly from the opposite party.

If the recovery takes place at any time, it must be a syntactic form which should abide by active rules in action. This sort of syntactic arrangement, then, should guarantee as many interpretations as the environment allows. But once the verb stem is obligatorily deleted, it is called *grammaticalization*, which results in closing all contingent interpretations except a single one, that is, a functional meaning. These endings with deleted 'hʌ-' (ㅎ-) are observed only in the declarative mood. If it is not derived as stated above, then a merged form of two endings would be a candidate to depict this phenomenon. Whichever way is adopted, the resulting function should be the same. It must explain why this type of endings are restricted only in the declarative mood. The biased distribution allows us to think of an affirmation or conclusion effect towards authenticity, as if it were true, which then blocks an extension to interrogative. This is pragmatic implication or *conventional implicature* according to Grice (1989).

By contrast, the shared forms between declarative and interrogative, especially those used in the interrogative mood, require addressee involvement in judging whether the preceding proposition holds. In short, an utterance of quotation or volition form in the Table 4 is informative when it is in declarative mode, but the speaker himself or herself is not responsible for providing any relevant evidence at hand. At the same time, the speaker asks for the hearer that he should be actively involved in judging whether the proposition is true: a sort of collaboration to work out the truth. This is why the latter form of quotation and volition retains a quote ending or complementizer, while the former form does not.

The truncated forms from conjunctions also demonstrate similar motivation when used as endings. Both coordinate and subordinate conjunctions may have a following clause or proposition in its usual sense to link to some linguistic form. Once the consecutive part is deleted, nobody knows what it was unless the other participant is fully aware fo the situation and can infer an event to come. This is what Grice(1989) calls *conversational implicature*. All the derived endins displayed in Table 4 allow a respect particle 'please' or '-massim' (-마씀; an arbitrary phonetic variant '-massim' is also found) and therefore belong originally to the informal register class.

It is now time to return to the first scheme of noncanonical endings. Table 5 represents a subcategory of nominal constructions,[16] in which formal forms resist attachment to the respect partidl '-massim' (-마씀) or 'please' in a pragmatic sense,[17] while informal forms do not. Note that a nominal expression fits

---

16) Ramstedt(1954) and Poppe(1960) used the term, 'verbal nouns', which has been read by most Korean linguists as referring to 'l, m, n' in Korean. 'l, n' can be rendered into Korean '-il' (-을) and '-in' (-은) each, and then they are called nominal adjective endings or '관형사' in grammar books. 'm' is parallel to '-im' (-음) which is then called nominal ending (in syntax) or nominal suffix (in word-formation). Jeju Korean has both forms of perfect nominal constructions and 'verbal nouns'. Formative nouns or '형식 명사' are rudimentary so as to get grounded solid in this construction. Nominal adjective endings ('nom-adj. ending', in short) such as '-in' (-은) and '-il' (-을) are also observable without noun head at all. So some other hypernym (superordinate) or meta-term is preferable to cover both cases. I am now considering 'nominal construction' as a candidate.

17) Korean syntax has its own Honorific Agreement ending '-isi-' (-으시-) and Addressee Respect ending '-sipnita' (-습니다), which is realized by way of syntactic derivation. If it does not apply but politeness is nevertheless required, Korean has recourse to a

to keep the copula '-ita' (-이다) as head, and that Jeju Korean shows different copula endings: one for formal form, '-iə' (-이어) or '-ita' (-이다),[18] while the other is informal form, '-ira' (-이라) which fits to unmarked form of the so called 'pan-mal'(cf. footnote 8).

The difference is set up with ease to check whether the respect particle '-massim' (-마씀) or 'please' is adopted in speech registers. Only informal forms allow those particles.

〈Table 5〉 Fused Endings by Way of Nominal Constructions and Examples

Mood / Construction / Register		Formal	Informal
Declarative	formative noun form	–in/il/nin/tən sæ ŋiə (-은/을/는/던 생이어), –in/il/nin i(-은/을/는 이), –i kəme(-으 커메),[19]	–in/il/nin/tən sæ ŋira (-은/을/는/던 생이라), –in/nin/tən kəra(-은/는/던 거라), –i khəra(-으 커라), –i khera(-으 케라), –in/nin/tən kəl(-은/는/던 걸), –i khəl(-으 켤), –il thecwi(-을 테쥐)
	nominal ending form	–ime(-으메)	
	nominal adjective ending form	–ilrota(-을로다), –ilroko(-을로고), –ilrokona(-을로고나), –ilnora(-을노라)	NA

---

pragmatic dimension too, adding 'please' or '–massim' (–마씀) in any final position. This can be called 'pragmatic sense of politeness'.

18) I suppose a style difference between them. Conjugation forms of coupula in Jeju Korean is exactly the same as in Standard Korean. At least Kim (2020: Tabel 10 in p.661) supposed dichotomy contrasts in the declarative mood with two sublevels as the following:

```
copula conjugation ┌ [+formality, +publicness] : –ita' (-이다)
                   └ [–formality] ┬ [+publicness] : '–iə' (-이어)
                                  └ [–publicness] : '–ira' (-이라)
```

But it does not mean that all of the conjugation forms in Korean be divided in the same way. Only in order to trigger a deeper discussion or debate, from now on, my Jeju Korean intuition depicts a contrastive way as such temporarily with possibly relevant semantic features.

Mood \ Construction \ Register		Formal	Informal
Interrogative	formative noun form	-in/il kəka(-은/을 거가), -in/il kənya(-은/을 거냐), -in/il iya(-은/을 이야), -ilraya(-을라)	the same endings above
	nominal adjective ending form	-in/il/nin/tən tya (-은/을/는/던다), -il rənya(-을러냐), -il ra(-을라), -ilræ(-을래)	NA
		self-question forms: -in/nin/tən ka(-은/는/던 가), -il kka(-을까), -ikha(-으카)	

The blank cells in the above table seem to reveal two facts: one is that formal endings, with its proper moods, prevail and the other is that informal endings favour only the formative nominal construction. Although informal endings have a rather simpler distribution than formal endings, a possible interpretation is that they are subject to grammaticalization at any time, because the latter keeps an expected structure syntactically driven. Note that there is only formative noun construction in informal ending column (and NA's in atypical structures). This idea then suggests that the solution may be related to modality for the ontology of noncanonical endings, because Korean grammar has classified a number of formative nominals into their modes or modality. This will be discussed in the last section.

The formal ending part has three subdivisions in the declarative mood, namely, formative noun construction, nominal ending construction and

---

19) Some are amalgamated or fused forms and still allow us to reconstruct a prior syntactic form: '-ikhəme' (-으커메) is from '-il kəsimiə'(-을 것임이어), '-iryə'(-으려) is from '-il iə'(-을 이어), and -ime'(-으메) is from '-imiə'(-음이어).

nominal-adjective ending construction. But the latter two are closed in its productivity and no more forms are expected. If it were, then some forms would be expected in informal ending part instead of NA's. If it is possible for us to trace back the function or the semantic feature of the nominal ending '-im' (−음) and the nominal-adjective ending '-il' (−을), we may make a breakthrough regarding their ontology. Plainly, Korean has a pair of nominal suffixes: '-ki' (−기) and '-im' (−음). The former refers to an action itself or an event in progress, while the latter points to a resultant state or an end product from the progression. According to Levin and Rapporport Hovav(1991, 1998, 1999, and 2005), English participles '-ing' and '-ed' are described as progression and resultant state respectively. Each of them is parallel to '-ki' (−기) and '-im' (−음) in Korean. If it is possible to assume some commonality between '-ime' (−으메) and nominal suffix '-im' (−음), then either a concept around completion (by the resultant state) may be revealed, or this sort of completion possibly entails trueness of an event in question. Either way, this sort of reading may fall under aspect or modality.

Korean has a productive pair of nominal-adjective endings such as '-in' (−은) and '-il' (−을), which are described as tense markers (albeit I believe them modality markers in pair). But if Korean word formation uses this pair very often, then it cannot be a tense at all, because no event is possible inside the words themselves or word-formation. I personally believe that they are experiential markers of evidence modality. With the suffix '-in' (−은), no experience is allowed to find evidence especially for addressee, while '-il' (−을) still allows for the hearer to experience an event to come as evidence. This idea requires modality to extend towards hearer's possibility to experience an event at issue. This will be continued in the last section again.

The most complicated and hardest morpheme to deal with, in Jeju Korean, must be the fused form of two endings, which were first introduced in Kim(2014). Kim(2014) followed Im(1984), who identified this fused form of endings in his discussion of the command endings '-ɨra' (-으라) and '-əra' (-어라) in Standard Korean in which the ending '-əra' (-어라) be represented a fusion of '-ə' (-어) and '-ɨra' (-으라). Note that the weak vowel 'ɨ', preceding some endings, be deleted automatically in the way of resyllabification as in CV cluster as much as in Standard Korean. As a result, '-əra' (-어라) represents emphasis, similarly to the English construction 'it~that~'. The Korean emphatic form of duplicated imperative endings is, then, paraphrased as

"*I am now commanding you* that certain order be done immediately" or
"*It is my commanding over you* that I order you do that immediately"

Table 6 shows plenty of such fused ending forms in the Jeju dialect.

⟨Table 6⟩ Fused Forms of Two Endings

Register Mood	Formal			Informal	
Declarative	-ə-ra(-어-라 → -어라¹)			-ə-inke(-어-은게 → -언게) -ə-n(-어-은 → -언)	
	-ə-nye(-어-네 → -어네) -ta-mun(-다-문 → -다문)	Exclam. Mood		-ə-kona (-어-고나 → -어고나)	Exclam. Mood
Interrogative	-ə-nya(-어-냐 → -어냐) -ə-intya(-어-은댜 → -언댜) -ə-imtya(-어-음댜 → -엄댜)			'-ə-n'(-언) as above	
	as self-interrogation form: -ə-inka(-어-은가 → -언가)				
Imperative	-ə-ira(-어-으라 → -어라²) -ira-mun(-으라-문 → -으라문) -o-ipsə(-오-읍서 → -읍서) honorific			NA	

It is interesting to note that the core seed to fuse two ending into one is

'-ə' (-어), for a moment if we ignore '-ta' (-다), '-ira' (-으라) and '-o' (-오) registers, which take part in the fusion of endings one time. This means that '-ə' (-어) should be the default ending without any content added.[20] This is the reason why this ending is classified as the dis-respecting informal morpheme or (pure) unmarked form in Korean grammar. But the second slot of merged two endings comes from a variety of subclasses. Canonical endings include formal declarative ('-nye' -네), formal interrogative ('-nya' -냐, '-tya' -댜), formal imperative ('-ira' -으라), and formal exclamation ('-kona' -고나), and non-canonical endings include nominal construction ('-inke' -은 게, '-inka' -은가, '-mun' -문) and derived ending from quotation ('-in' -은).

No apparent consistency is found among the candidates in the second slot of merged two endings. It is speculated in footnote (13) that one of the merged endings in the second slot refers to the utterance-time point and then the preceeding utterance gets time-shift so as to refer to a prior time zone. But this does not apply to the merged or fused endings in the imperative and exclamation moods where their time reference stays at the same time-point of utterance. They are immune to deictic frame change and show emphatic

---

20) Although Korean dictionary has a tradition to refer to a verb with '-ta' (-다) ending as root, it is hard to explain why there are differences between the paired environment as such.

　'ki-ka Soeul-e kass-ta-ne'(그가 서울에 갔다네 *They said that* he went to Seoul)
　'ki-ka Seoul-e kass-_-ne' (그가 서울에 갔_네 *I'm saying that* he has gone to Seoul)
By the presence of the ending '-ta' (-다) entails the speaker has been told some utterance, while the absence of it entails the speaker himself or herself directly experience an event that he has gone to Seoul. Note that '-ə' (-어) never be found in this environment. I personally believes that '-ta' (-다) ending is not that pure enough so that it entails verbalization in actual world, and then some verbalization related feature be added to '-ta' (-다). Instead, '-ə' (-어) is more plausible if we want to find the only one default ending as utterance closure. Some may argue that there should be orality and literacy in which both '-ə' (-어) and '-ta' (-다) represent each regime. And this must be a popular view, at present, albeit the pair contrast for reading with it or without it asks for proper reason why they differ each other.

urge exclusively. I suspect that the feature of ending in later position or in the second slot may explain the reason why the two moods, imperative and exclamation, are exceptional and persistent to be anchored solely in the present time zone or the time-point of utterance. We normally command an action now in the present time and exclaim, too, if a set of speaker and hearer, or a set of speaker and observer, is in the same speech situation.

5. Extended Modality as an Explanation of Non-canonical Endings

In the preceding section, non-canonical endings were divided into four categories:

(1) fused two endings as shown in Table 6,[21]
(2) nominally constructed endings as shown in Table 5,
(3) truncated conjunctive endings as shown in Table 4, and lastly
(4) truncated endings of embedded make-up as in the same Table 4.

---

21) It was P.Grice(1957, collected also in his book 1989), the pioneering ordinary language philosopher, who paid attention to the splitted emphatic construction, for the first time, with 'it~that~'. I suspect that the fused ending forms in Jeju Korean reflect quite a similar meaning of the emphatic construction. If the relevant table shown holds, then my working hypothesis to deal with them is that the second part of the fused endings be oriented for the communicative function part with relatively diverse endings, while the preceding part delivers neutral information of event so that the default ending of colloquial form, '-ə'(-어), is adopted for the purpose to segment to what it refers in the actual world. It can be rendered, for brevity's sake, that two merged morphemes represent referential function and communicative function each. This idea, however, requires supports in full lengthy form from various aspects so that I do not want to get involved further to prove the hypothesis yet in the present paper.

It is argued here that truncated forms have conventional or conversational implicature.

Syntactic nominal constructions with nominal-adjectival endings '-in' (-은) and '-il' (-을) have been adopted to produce an ending form in which such formative nouns as

'sæ ŋ' (생, 相, appearance), 'i' (이, stuff), 'ti' (디, site), and 'kə' (거, thing)

are required as in collocations. Consequently, any substitution in the formative noun slot changes the whole meaning. For instance, if a noun in the composite form of

'-il sæ ŋiə' (-을 생이어, it appears to be~or it seems to me to~)

can be replaced by a formative noun 'kə' (거/것, stuff or thing)22) because of the same syntactic form, then the outcome,

'-il kəiə' (-을 거이어, it is the case that~will~)

results in a quite different meaning. The former noun 'sæŋ' (생), or 'appearance', keeps some feature of conjecture, while the latter noun 'kə' (거) refers to a concrete entity, in general, which is parallel to 'thing' or 'stuff' in English, so that the construction implies a sure event to come with confidence. This can be called modality change.

---

22) 'kə' (거, stuff or thing) is more colloquial than 'kəs' (것, stuff or thing) of literal form and the former is more involved in grammaticalization in the Jeju dialect. This morpheme may be rendered English into English 'that which' as in the context of "it is~that which~".

But the problem is that any modal formative nouns can virtually be involved in ending formation. For instance, 'cul' (줄, way or line) and 'su' (수, method or manner) are called modality formative nouns and each has a fixed collocation form such as

'–il cul al–ta' (–을 줄 알다, 'to know way' in which either 'to know' or 'to be ignorant' is selected exclusively *only with mutation* of '–in' –은),

'–il su iss–ta' (–을 수 있다, 'it is possible to' in which either 'there is' or 'there is not' is exclusively picked *with no mutation* of '–in' –은).

They only behave that way syntactically, but never get involved to constitute a fused ending. There is no way to predict or decide which formative noun can participate in ending formation. Rather we can figure out some formatives only after doing a thorough morphological analysis in an inductive way. Once involved in ending formation, a formative noun changes phonologically as shown in

'–ikhyə' (–으켜)

from the original syntactic layout '–il kəyə' (–을 거여) in which aspiration is closely related to the deleted [l] ([ㄹ]) sound.

It is very encouraging to find that there is another modality, called 'evidentiality' (Chafe and Nichols, 1986), if we deal with some different code of language that is not part of the Indo-European group. There are two ways to expand modality to fit it to Jeju Korean. One is to find some relevant features in the non-canonical endings and the other is to look inside the so-called epistemic verbs. Table 5 shows that nominal constructions have a pair of '-in' (-은) and '-il' (-을), a nominal ending '-im' (-음), and addressee honorific endings

'-ipneta' (-읍네다) vs. '-ipteta' (-읍데다)

which keep a pair of '-ni-' (-느-) and '-tə-' (-더-) respectively. Kim (2014) has proposed that some hearer related modality would bring together the thread of all pending morphemes. Such modality would indicate whether the addressee can experience the content of utterance or simply proposition to admit it as true (to get relevant evidence in a weak sense) or not. This can be called 'potentiality of addressee experience' which may represent such a feature of admission of

[±addressee experience]

The nominal-adjective ending '-in' (-은) is closed for a hearer to experience a relevant event in issue, while '-il' (-을) is open to check whether the event will happen in order to confirm it. If it is proven that the nominal suffix and the nominal ending share commonality by way of sounds and syntactic environments, then '-im' (-음) may refer to a resultant state or a past event, and this connotes some kind of presence or authenticity in the discoursal world. By the same line, we can extract a similar feature in the pair of '-ni-' (-느-) and '-tə-' (-더-) in the sense that the former '-ni-' (-느-) opens the possibility for the addressee to track back in order to confirm a proposition in question, while the latter '-tə-' (-더-) closes any possible way of check up but merely refers to some experience already done by speaker either directly and/or by hear-say.

Another way to consider to expand modality is to investigate presumption and optative (including desirative) in order to look for more fitting modality features to Jeju Korean. Any presumption or optative meaning is delivered syntactically in an embedded construction with a head verb like

'sip-ta' (싶다, to hope or to be likely), 'po-ta' (보다, to presume), 'para-ta' (바라다, to wish), 'ha-ta' (하다, to do), 'kath-ta' (같다 to be equal to), and 'coh-ta' (좋다, to be good to me).

Embedded sentences vary in their realization of endings from the interrogative '-ɨlkka' (-을까), the indirectly confirmed ending '-ci' (-지), the nominal formative 'kə' (거 or thing), to the conditional ending '-myən' (-면 or if), each indicating a different degree of speaker's attitude or belief. For instance,

"kɨ-ka o-ɨlkka sip-ta" (그가 올까 싶다, It seems to me he might come only with low probability)

"kɨ-ka o-ass-ci sip-ta" (그가 왔지 싶다, I am certain that he has come with high probability)

"kɨ-ka o-ass-imyən sip-ta" (그가 왔으면 싶다, Counterfactually though, I hope he come)

Syntactic expressions are free to modulate the degree of hoping with syntactic mechanism. Due to restrictions of ending formation, however, a speaker's degree of belief can only be expressed in two or three ways. With Table 5 in mind, it is suspected that the nominal-adjectival ending '-ɨl' (-을, 관형형 어미) may connote some degree of conjecture or hope and then entails requesting help from addressee. If so, we can propose a sort of pair contrast in degree of conjecture between

'-il i' (-을 이) and '-il kə' (-을 거)

through the feature [±high degree] with indirect supports at hand; '-il i' (-을 이) is [− high degree] or less confidential conjecture with lower possibility so that it expresses the speaker's worry that the event in question will not happen, while '-il kə' (-을 거) is [+high degree] or fully confidential conjecture with higher probability so that the speaker is confident that a supposed or planned event will take place in some near future. If such an expansion of modality holds, it implies that each morpheme listed in the tables above has its own meaning (or semantic feature) although they are not yet identified precisely. Further investigations, needless to say, be followed to prove the idea from diverse realms in full lengthy form.

6. Closing Remarks

Jeju Korean, or the Jeju dialect, is a head-final agglutinative language, and its complicated endings prove those properties well enough. The main aim of this study was to examine the properties of endings in Jeju Korean by using a systematic theory-based classification approach. The results have shown that the many endings in the Jeju dialect can be categorized into two basic systems: typical or canonical, and atypical or non-canonical.

The former are further divided according to a minimum of four register styles with two-feature combination such as [±publicness, ±formality] whose subdivision also includes all other endings and some subsidiary features.

In this paper, I have demonstrated that honorific formal registers are produced by introducing relevant morphemes on a regular base so that plain styles are the focal point. Nevertheless, plain form in the canonical section has a variety of endings. Although each ending is not fully discussed, some relevant features extracted syntactically and pragmatically have been shown as examples. All other endings have their own features, and many are described in Kim(2014, 2016).

The non-canonical ending system has been divided into four categories. Two of them, from truncation of embedding and conjunction, have yielded implications from a pragmatics perspective. The fusion of two endings is related to deictic change in time interpretation and, lastly, nominally constructed endings keep modality features.

In order to provide a thread to study the proliferation of endings in the Jeju dialect, it is almost impossible not to abstract by way of categories, and this type of analysis is likely to apply to all the so-called agglutinative languages. At first glance, the perspective adopted in this study and its findings may appear at odds with previous literature concerned with describing the Jeju dialect, especially regarding endings, partly because no full explanation was yet supplied. However, any perspective is apt to distort things, resulting in prejudice (as some claim in quite bold mode that Jeju Korean is not Korean only with their superficial impressions, regardless of all the same morphemes adopted from Korean). Yet, at the same time, a new perspective can help to deal with previously ignored concerns.

By focusing on syntax, especially on morphosyntacic basis, this paper has advanced our understanding of the Jeju dialect endings. In addition, it may pave the way for further research in this vein, which might accumulate evidence confirming the existence of the so-called Altaic language group.

제5장 {-겠-}에 대응하는 {-으크-}에 대하여[※]

: 특히 분석 오류의 시정 및 분포 확립을 중심으로 하여

1. 서론

상대적으로 다른 지역 방언보다 그 특이성이 쉽게 관찰되는 제주 방언은[1] 일찍부터 많은 연구자들의 관심을 끌어왔다. 그러나 그 관심

※ 이 글은 『현용준 교수 회갑기념 제주도 언어·민속 논총』(제주문화, 1992), 33쪽~66쪽에 실린 글을 토대로 하여, 시상 형태소 '-앖- vs. -앗-'에 대한 수정뿐만 아니라, 최근 달라진 필자의 생각도 전반적으로 추가하여 151쪽으로 늘어났음.

1) 거의 삼십 년 전에 씌어졌지만, 이 글은 이 방언의 형태소 분석과 확정이 자의적으로 아무렇게나 이뤄졌음을 지적하고, 이를 극복하여 공통어와 유연성을 지니면서 관련된 제약들을 찾아내는 일이 심도 있게 진행되어야 함을 밝혔다. 불과 몇 편의 선업이라고 하더라도, 형태소 분석과 분포에 대한 결정적 오류들을 극복하지 못한다면, 이 방언의 본질을 왜곡시킬뿐더러, 이 방언을 외국어라고 호도하는 데까지 이르기 때문이다. 안타깝지만 이런 상황이 현재에도 그대로 답습되고 있음을 본다.

다시 이 글을 여기에 실으면서 시상 선어말어미 형태소의 오류 '-암시- vs. -아시-'도 올바르게 고쳐서 '-앖- vs. -앗-'으로 적어 놓았다. 첫 단추가 잘못 끼워져 있었기 때문에 필자도 이런 잘못을 자각하고 올바른 형태소 분석에 도달하기까지는 중간 단계를 거쳐야만 했었다.

(ㄱ) '-암시- vs. -아시-'(잘못된 형태소 분석임)
(ㄴ) '-앖이- vs. -앗이-'(완벽히 확립되기 이전의 중간 단계에서 임시 상정됐었던 모습)

(ㄷ) '-앖- vs. -앗-'(올바른 형태소 확정, 여기에 약모음 '으'를 지닌 어미가 통합됨)

필자가 (ㄷ) 단계에 한꺼번에 도달한 것은 아니다. (ㄱ) 단계의 형태소가 잘못되었음을 깨닫고 있었지만, '이'라는 형태를 올바르게 처리하지 못한 채 (ㄴ) 단계도 가정했던 것이다. 그렇지만 김지홍(2020)에서는 언제나 이 방언의 시상이 대립하는 형태소는 1 음절로 상정되어야 하고, 뒤따른 요소는 어미의 첫 요소로 취급해야 올바름을 자각하게 되었다. 이 시상 선어말어미에 접미되는 어미(종결어미 및 연결어미)들이 '으' 모음을 지닐 경우에 전설화되어 '이'처럼 실현된다. 이런 점도 이전에 필자는 명확히 「약모음의 전설화 모습임」을 파악하지 못했었다.

아무리 모어 화자라고 하더라고, 그리고 뛰어난 직관을 갖고 있다 하더라도, 엄격한 이론 체계와 면밀한 분석과 설명이 뒤따르지 않는다면, 맹탕 '도루묵'에 불과하다. 그렇지만 이제 이 글을 수정하면서 그런 내용도 함께 반영하여 예문들의 표기에도 담아 놓았다. 필자에게서 중요한 이런 전환과 자각은 이 방언에 대한 기본구문과 복합구문을 다루면서 비로소 터득하게 되었다. 김지홍(2014)『제주 방언의 통사 기술과 설명: 기본구문의 기능범주 분석』(경진출판)과 김지홍(2020)『제주 방언의 복합 구문: 접속문과 내포문 1~2』(경진출판)을 보기 바란다.

원래 글에서는 이 글의 제목에 있듯이 문법 형태소에 깃든 약모음 '으' 탈락 규칙의 자동적이고 전반적인 적용을 미처 고려하지 못하였었다. 따라서 해당 형태소의 표시를 "{-(으)크-}"와 같이 '( )' 표기를 덧붙여 놓았었다. 결과적으로 독자 분들에게 매우 번다할 뿐만 아니라 혼란스러움까지 끼칠 듯하다. 여기서는 문법 형태소의 맨 앞에서 관찰되는 약모음 '으'의 자동적인 탈락 규칙의 적용을 상정하게 되므로, 간단하게 "{-으크-}"로만 적어 놓았다. 이 글에서는 특히 예정된 미래 사건을 가리키는 "-을 것"이 이 방언에서는 '-을커, -을꺼, -을거, -으커'처럼 변동할 뿐만 아니라, 계사 어간이 융합되어 있는 모습으로서 '-으케'로도 수의적으로 바뀐다는 점에서, 아무런 변이도 허용하지 않는 양태 형태소 {-으크-}와 명확히 구분됨을 자각하고 있다.

이 글을 쓴 지 삼십 년이 흘렀는데, 현재 필자는 누구이든지 이 방언에서 양태 형태소 {-으크-}를 다루려면 크게 두 가지 문제와 맞서야 한다.

첫째, 이 형태소가 유일한 단독 형태소인지, 아니면 다른 조건에서 변동하는 변이형태를 지닌 것인지를 결정해야 한다.

둘째, 공통어에서도 지속적으로 '-겠'과 '-을 것'에 대한 차이를 놓고서 논란이 되고 있는데, 왜 그렇게 논란이 지속되는지를 설명해 주어야 한다.

첫 번째 문제에 대한 결정에서는 필자는 유일한 단독 형태소라고 본다. 필자의 생각과는 달리, 고영진(2021)은 조건적 변이형태들이 두 가지 상정되고 있다. 두 번째 문제에 대한 결정은 이 글의 끝(357쪽)에다 필자의 새로운 생각을 따로 적어 놓았다. '-으크-'가 문법화를 거쳐 단독 형태소처럼 굳어지기 이전의 형상이 '-읈 거 같으-'이며(공통어 '-겠-'은 시상 선어말어미가 더 붙은 '-을 거 같았-'임), 이것이 계사를 지닌 '-을 것이다'와 지속적으로 비교되고 있는 까닭으로 본다. 그렇다면 핵심은 '같다 vs. 이다'(개연성 vs. 확실성)에서 나오는데, 자세한 논의는 그곳으로 미룬다.

첫 번째 결정에서는 또한 반드시 마치 계열관계처럼 보이는 다음 세 가지 통합관계가 과연 동일한 것인지 여부를 결정해 주어야 한다.

(가) '-으크라'
(나) '-으키어'
(다) '-으커라'

필자는 (가)와 (나)가 이 글에서 다루는 양태 형태소 {-으크}(-겠-)가 들어 있는 것으로 보았다. 그렇지만 (다)는 미래 예정 사건에 대한 진술 구문인 '-읈 거라'(-을 거라)에서 도출되어 나온다고 보았다. 그런데 (가)와 (나)는 기본 표상이 동일하지 않은 것인데, 어떻게 상정되는 것일까? 먼저 청자에게 대우를 표시해 주는 화용첨사 '마씀'(말씀입니다)를 붙일 수 있는지 여부에서 이것들을 차이가 난다. (가)와 (다)가 '-으크라+마씀'과 '-으커라+마씀'을 허용한다는 점에서 동일하게 무표적인 종결어미이며, 계사의 반말투 종결어미이다. 이 방언에서 계사가 보여 주는 '이다, 이어, 이라'의 세 가지 활용 모습에 대한 구분은 143쪽과 395쪽을 보기 바란다. (나)는 '마씀'을 덧붙일 수 없다. 그 까닭은 고유한 서술 서법의 종결어미이기 때문이다. 이는 계사의 고유한 서술 서법의 종결어미이다.

그렇다면 (나)에서 관찰되는 '이'가 무엇인지 물음이 제기된다. 김지홍(2014: 127쪽)에서는 양태 속성을 띤 형식명사 '이'로 추정하였지만, 구체적인 입증을 하지 못했었다. 이 형식명사는 다른 문법 형태소에서도 관형형어미 '-은, -을'과의 통합된 형상의 문법화 결과로서 '-으녜, -으랴'처럼 나온다. 이 형식명사는 「상태의 지속과 관련된 양태 속성」을 띠는 것으로 본다(304쪽). 본디 대상이나 사물을 가리키는 일이 확장되어 추상적 사건까지도 가리킬 수 있는 확정적인 형식명사 '것'과 의미상 대립을 보인다. 현재로서는 (나)의 '-이어'가 마치 종결어미인 듯이 기술(서술)해 놓는다. 그렇지만 상태 지시 양태를 가리키는 형식명사 '이'가 고유한 서술서법의 계사 활용어미 '-어'를 통합시켜 놓고 문법화를 거쳐 융합됨으로써, 분석 불가능한 듯이 관념되기에 이른 것이다.

필자가 새롭게 '-으크-'를 문법화를 거쳐 융합되기 이전의 모습으로서 '-읋 거 같으-'(-을 거 같-)로 보고 있기 때문에(공통어 '-겠-'에서는 시상 선어말어미 '-았-'이 더 들어가야 한다는 점에서 서로 구별되는 매개인자가 됨), 여기에 상태 지속 양태를 가리키는 형식명사 '이'는 '-으크-'가 품고 있는 「같다」라는 핵어 동사와 서로 맞물리는 양태를 공유하고 있다. 그렇지만 이런 형상에는 두 가지 점이 일반적이지 않다. 첫째, 관형형어미 '-은'이 없이 "같으+이"처럼 표상되어야 함이 이례적이다. 둘째, 왜 이 형식명사가 고유한 서술 서법의 계사 활용어미를 지닐 경우에 어간이 의무적으로 탈락되어야 하는 것도 일반적이지 않다. 그렇다면 필자의 주장은 이 두 문제에 대한 해결책을 제시하는지 여부에 달려 있다. 첫째, 관형형어미의 매개가 없이 통합되어 있는 것은 「개연성」 양태를 {-으크-}와 형식명사 '이'가 공유하기 때문에 이례적이더라도 통합될 수 있을 듯하다. 둘째, 계사 어간의 의무적 탈락은 기본 형상에서 이미 필요한 명사구 요소가 이미 두 개가 들어 있다. 양태 형태소 {-으크-}에 녹아 있는 대상 지시의 형식명사 '거'(것)와 이를 인허해 주는 핵어 동사 '같다'와 통합된 양태성 형식 명사 '이'가 선조적으로 표상되어 있다. 즉, "-을 것 같은 가능함"처럼 표현할 수 있으며, 이 방언에서 문법화가 일어나기 전의 표상으로는 "-읋 거 같으+이"인 것이다. 이 형상이 계사 어간의 의무적 탈락을 일으키며, 오직 서술 서법의 계사 활용어미 '-어'가 구현됨으로써 "-으크-+이어"처럼 표상되고, 양태 형태소의 뒷음절에서 '으'가 재음절화 규칙에 따라 자동적으로 탈락된다고 설명할 수 있다.

이 설명은 다시 딸려나온 다음 질문에 대답을 해 주어야 한다. 왜 상태 지속을 가리키는 형식명사 '이'는 반말투 종결어미가 통합되지 않는 것인가? 왜 '*-으크-이-라'(*-으키라)는 저지되는 것일까? 두 가지 이유가 있을 듯하다. 하나는 관형형어미 '-을'과 형식 명사 '거'와의 통합체가 보여 주는 종결어미와 계열체로 혼동되는 일을 막는다. 다른 하나는 이미 '-으크-라'(-겠다)가 쓰이고 있는데, 이것과 매우 비슷한 소리값 '*-으키라'를 지님으로써, 청자에게 지각상의 두드러짐을 보여 주지 못한다. 따라서 지각상의 두드러짐을 보장해 주는 방편으로 고유한 서술 서법의 활용어미를 선택하였다.

마지막으로, 이 방언의 자료를 다루는 방법이 김지홍(2014)과 김지홍(2020) 사이에 크게 달라졌다. 전자는 필자의 직관에만 기대어 이 방언 자료를 제시했었다. 그렇지만 자료의 객관성을 높이기 위하여, 후자에서는 이를 벗어나 모두 1980년대에 이뤄진 이의 정도만큼 이 방언의 실상에 대한 연구는 활발히 이루어지지 못하였다. 그 이유의 하나로서 우리는 이 방언을 모어로 하지 않는 경우에 직관을 가지기 어렵다는 점을 들 수 있겠다. 설령 이 방언을 모어로 하는 경우라 하더라도, 일부 연구에서 견지된 소극적이고 폐쇄적인 타성으로 말미암아, 그리고 이 방언을 특수하다고 왜곡함으로써 자신의 업적을 스스로 높이려는 잘못된 의도로 말미암아, 공통어에서 축적된 많은 업적들을 성실히 파악하면서 이 방언과 관련성을 진지하게 헤아려 보는 자세가 결핍되어 있었음도 공모하고 있다.

방언을 연구하는 경향을 크게 나눈다면, 우리는 전통문법에 의한 연구, 기술문법에 의한 연구, 생성문법에 의한 연구로 나누어 볼 수 있다. 이를 제주 방언의 연구 업적에 국한시킬 때, 첫 경향의 업적으로 우리는 이숭녕(1957; 1978 재판)과 박용후(1960; 1988 재판)를 주목하지 않을 수 없다. 기술문법에 의한 연구로 간주해 볼 수 있는 것으로 현평효(1974; 1985 재수록)를 들 수 있다. 그렇지만 기술문법 정신에 따라 충실하게 연구되었다고 볼 수 없을뿐더러, 형태소의 분류와 분포기술에서도 많은 문제점을 안고 있음을 고영진(1991)에서는 명백히 보여주고 있다. 철저히 체계를 고려하며 논의된 경우로 이남덕(1982)이 참고가 된다. 마지막 경향의 연구는 최근 '원리와 매개인자 이론'이라고 불린다. 강정희(1984, 1988 재수록)의 업적으로부터 그 출발점을 삼을 수 있겠으며, 앞으로 이론 섭렵을 거친 이들에게서 좋은 업적들이 기대된다.

이 방언에 대한 연구는, 이론이 없으면 아무리 훌륭하고 풍부한 자

방언의 채록 자료를 중심으로 다루었다. 이로써 엄격히 자료의 왜곡이나 자의적 자료 제시를 극복할 수 있었다. 그렇지만 1992년에 씌어진 이 글의 방언 자료는 전자의 태도를 벗어나지 못했음을 적어 둔다.

앞으로 만일 다시 기회가 된다면 앞의 두 책자를 이어서 채록 자료를 중심으로 하여 이 방언에 대한 통사와 담화의 연속체를 다루고자 한다. 다시 말하여, 미시차원의 언어 재료와 거시차원의 언어 재료를 다루려는 것이다. 자연언어를 다루는 연구들에서는 후자일수록 언어 보편성을 따름은 이미 널리 잘 알려져 있다. 그렇다면 상위 개념들에 대한 온당한 설정 여부가 해당 연구의 수준과 지속성을 결정한 것으로 보인다.

료가 있다고 하더라도 그것을 최대한 이용하지 못하고 말 것임(강정희 1990)을 깊이 성찰하고 있어야 한다. 특히

"일부 방언 연구 논저들에서 그 연구 방법이나 연구 결과가, 거의 언어 이론과는 별개의 연구가 가능한 것으로 생각할 정도로까지 그 골을 깊게 파면서 진행되어 갔다."(서정목 1990: 13쪽)

는 경고는 이 방언의 연구에도 절실히 적용된다. 새로운 '패러다임'으로 옮아가지 않는 한, 이 방언을 연구하는 관점으로서 필자는 원리와 매개인자(매개변항) 이론도 충분히 기여할 몫이 있을 것으로 본다.

김지홍(1982)와 김지홍(2020)에서는 이 방언의 자료를 놓고서 동일한 영역으로서 접속 구문과 내포 구문을 다루고 있다. 그렇지만 이 방언의 언어 사실을 포착하고 대상으로 부각하는 방식 및 그 대상을 다른 개념과 관련지으면서 논의를 전개하는 얼개에서 서로 크게 차이가 난다. 양적으로 전자는 78쪽에 불과하지만 후자는 1,342쪽이나 된다. 그런 양적 확장이 가능하도록 하는 밑바닥 힘은, 아무래도 언어를 바라보는 관점의 확립에서 비롯되었다. 이런 측면에서 필자는 언어 사실을 바라보는 시각의 확립이, 대상을 전혀 다른 모습으로 부각시킨다고 믿고 있다.

보편문법이 다루는 범위를 오직 한국어에만 국한시켜 생각해 보기로 한다. 이 방언도 한국어인 한, 분명히 상위 차원의 조직 원리로서 한국어가 갖고 있는 원리를 따르고 있을 것임이 분명하다. 이 원리의 후보들에 대해서는 아직 활발하고 진지한 토론이 이루어지지 않았다. 그럼에도 불구하고 한국어가 갖는 형상성 및 한국어의 문법소 구현 원리 등이 일차적으로 검토되어야 하리라고 본다. 전자는 문의 구조 위에 다시 주제와 평언의 분지를 설정한 것을 후보로 제안할 수 있다 (226쪽의 각주 3 및 남기심 1986을 보기 바람). 후자는 교착어라는 성격을

고려하여 유무대립이나 양항대립의 절차를 상정해 볼 수 있을 것이다. 개별 운용원리로서 '성분통어' 또한 한 문장과 다른 문장 사이의 경계를 설정해 주는 개념으로서 매우 유용할 것이다. 이를 토대로 하여 정의되는 지배나 격-배당 또는 통제원리 등은 한국어의 통사행위 특성에 맞게 적절한 개념과 내용으로 바뀌어야 할 것으로 믿는다. 문장의 뼈대를 이루어 주는 '투영원리'는 보편적인 것으로 상정된다. 투영원리를 낳는 동사의 의미역 구조(이런 의미역의 전형적 구조 실현)들은 한국어 전반에 걸쳐 보다 더 철저하게 검토되어야 한다('생각-류'와 '사역-류'의 동사들을 대상으로 한 작업은 김지홍 1991을 보기 바람).

여기에서 다시 개개의 하위언어들에 적용되는 유표적인 매개인자들을 찾아내고 그 내용을 결정해 주어야 한다. 이런 과정은 반드시 방언들 사이의 비교를 통하여 이루어진다. 그런 만큼 한 지역 방언의 연구자는 다른 방언이나 공통어의 연구를 참고하려는 노력을 게을리할 수 없다. 매개인자를 설정하는 과정에서, 방언의 표면형 구현에만 쓰이는 특수 요소(idisosyncracy)까지 찾아져야 하는 것이다.

이런 구도 위에서 이전의 방언 연구 업적(특히 제주 방언)을 평가한다면, 이전의 업적들이 매개인자의 특수 요소만을 유일한 방언적 가치처럼 잘못 여겨 왔다고 본다. 곧, 유표적인 것일수록 그 가치가 높고, 또 그런 것들이 우리가 잘 모르는 고대의 언어에 적용될 것으로 안일하게 치부해 왔던 것이다. 그러나 이 생각은 철저히 왜곡된 것이고, 또한 극히 부분적인 참값만 부여받는 것일 뿐이다. 그것들은 매개인자의 위계 속에서도 매우 유표적인 것에만 관계하기 때문이다.

이런 생각에 유의하면서 한국어의 하위 방언으로서 이 방언의 연구에 들어서면, 우선 가장 초보적인 형태소 분석 작업이 제대로 이루어지지 못한 현실과 마주하게 된다. 이전의 연구에서 형태소 분석의 고식성 및 특수성의 편견 때문에 비롯된 결과이다. 본문에서 하나하나 지적되겠지만, 너무 안이하게 이 방언을 연구해 왔음을 확인한다.

아직 교착어적인 질서 위에서 형태소 분석의 허용범위에 대한 합의
가 이루어지지는 않았지만, 공통어를 대상으로 매우 혁신적인 일각에
서는, 분석할 수 있는 데까지 최소한의 형태소를 분석한 결과, 음소
차원을 넘어서 그 자질 차원까지도 분석될 수 있음을 보여 주고 있다.
이런 분석을 가능하게 만드는 적극적인 동기는, 한국어의 역사적 정보
를 갖고 있기 때문이다. 그 결과는 우리들에게 공시태와 통시태라는
단순한 도식을 벗어나서, 우리가 마주할 수 있는 최대한의 범위에로까
지 설명력을 확대시켜 준다. 일부에서는 이미 '범시태(panchronism)'라
는 용어를 이런 목적으로 쓴 바 있다.

이런 작업이 만일 성공적으로 수행된다면, 언어 표면의 정보를 바
탕으로 하여, 연구 시각을 좀 더 심층적으로 만들고 통찰력을 더 넓혀
줄 수 있다. 그럴뿐더러, 설명력이 미치는 범위를 보다 한국어적인 것
과 덜 한국어적인 것들의 경계 설정까지도 가능하게 만들 것이다. 이
런 터전 위에서라야, 비로소 우리말과 친연성이 있다는 언어들을 대
상으로 하여, 매개인자들을 고려하면서 그 실체와 변동 범위를 파악
할 수 있을 것이다.

한편으로 자연언어의 표면 구조들에 대한 변이나 변동을 잠시 접어
두면, 다른 한편으로 언어를 사용하는 상위 차원을 마주하게 된다. 이
는 언어 산출 및 언어 이해와 관련된 여러 심리학적 측면들을 포함한
다. 이 상위 영역에서는 개별 언어와 관련된 특수한 측면보다는, 모든
인간의 정신 작용과 관련된 일반적이고 보편적인 측면이 더욱 뚜렷이
부각된다. 특히 언어 산출과 언어 이해를 신경-생리학적 모형을 상정
하여 다룰 경우에는, 그 내용이 인간 개개인의 개별성이나 특수성보
다는 모든 인간의 두뇌 처리 방식에 토대를 둔 일반성 및 보편성에
귀속될 것임을 예상해 볼 수 있다. 언어 산출과 언어 이해를 놓고서
세계 학문의 정상급 논의는, 이미 필자에 의해 한국연구재단의 동서
양 명저 번역 총서로서 출간되었고(르펠트 1989; 김지홍 뒤침 2008 및

킨취 1998; 김지홍·문선모 뒤침 2011), 또한 개별 저서로도 나왔다(김지홍 2015; 증보판 2021). 이 방언 역시 인간의 보편적 언어 사용 경로를 그대로 따를 것이므로, 언어 사용의 신경생리학적 구현이라는 측면에서 항상 일반성 및 보편성을 띨 수밖에 없다.

2. 형태소 분석과 변이형태 지정에서의 문제점

2.1. {-으크-} 형태소에 대한 기존 논의

본고에서 다룰 양태 형태소 {-으크-}는 공통어의 {-겠-}에 대응한다. {-으크-} 대해서는 세 편의 논문이 나와 있다. 현평효(1974, 이하에서 재수록 1985으로만 표시함), 홍종림(1981), 이남덕(1982)이다. 뒤의 두 편의 논의에서는 전자의 불합리성과 잘못을 지적하고 수정하고 있다. 또한 공통어와의 대비뿐만 아니라 공통어의 연구에 기여할 의도로 쓰여졌다는 점에서 주목할 만하다. 현평효(1985)에서는 {-으크-}를 시제 범주로 다루지 않았다는 점에서 긍정적인데, 서법 범주가 종결어미와 결부되어 있으므로, 대신 양태 범주에 귀속시켜야 옳다. 또한 그곳에서는 네 가지 잘못을 저지르고 있다.

첫째, 동일한 분포를 갖는 형태소를 두 개 이상의 양태로 다루고 있다.
둘째, 이질적인 형태소를 놓고서 한 형태소의 변이형태로 잘못 설정했다.
셋째, 공통어의 연구 업적을 무시함으로써 형태소의 기본 표상의 설정이 고식적이며 자의적인 방식으로 이뤄졌다.
넷째, 소리값만 비슷하다면 앞뒤의 환경을 검토해 보지 않은 채 성급히 동일한 양태 형태소로 지정해 버렸다.

이 중 둘째와 넷째의 오류는 매우 심각한 것이다. 아래에서 이 방언의 언어 사실에 근거하여 비판하여 나가기로 하겠다. 이남덕(1982)의 논의에서는 {-으크-}에 대한 통찰력 있는 언급들을 볼 수 있는데, 그 결론에 대한 비판은 295쪽 이하에서 다루기로 한다.

첫번째 오류에 대해서는 홍종림(1981)에서 적절히 비판된 바 있다. 현평효(1985)에서는 아무런 조건도 없이 {-으크-} 형태소를 추측법과 의도법으로 실현된다고 파악하였다. 추측법 속에는 다시 '가능'이라는 하위 개념을 설치하고 있다. 그러나 가능이라는 개념은 하위개념으로 설정될 것이 아니다. 오히려 추측과 의도라는 개념을 포괄하는 상위 개념으로 됨 직한 것이다. 「P가 가능하다」라는 말은, 추측을 표현할 수 있고, 해당 사건을 일으키는 데에 화자가 주어로 실현되거나 관계되면 의도의 해석이 유도되기 때문이다.

(1가) 철순 가키어.[가-으크-이어]
        (철수는 가겠어.)
(1나) 난 가키어.[가-으크-이어]
        (나는 가겠어.)

현평효(1985)에서는 (1가)를 추측으로 지정하였고, (1나)를 의도로 지정하였다. 겉으로 보면, 예문 (1가)와 (1나) 사이에 외부논항으로서 주어가 '철수, 나'와 같이 서로 다르게 실현되어 있다. 그러므로 주어의 상이함이 그런 구분을 해 놓은 것처럼 착각할 수 있다. 그렇지만 다음 예문을 보면 동일한 문장에서 두 해석이 모두 다 유도된다.

(2) 그 시합에서 난 지키어.[지-으크-이어]
        (그 시합에서 나는 지겠어)

예문 (2)는 추측으로 읽힐 수도 있고, 의도로 읽힐 수도 있다. 중의성
이 깃들어 있는 것이다. 이런 언어 사실을 고려한다면, 추측과 의도로
해석될 수 있는 조건을 외부논항(주어)으로써 결정짓는 것이 잘못임을
알 수 있다. 이런 점에 유의하면서, 화용적으로 화자 스스로의 의지가
그 문장에 개입되어 해석될 수 있다면 의지의 해석이 나오고, 그렇지
않다면 추측의 해석이 나온다는 기술(홍종림 1981)은 예문 (2)를 적절
히 설명할 수 있는 이점이 있다(그곳의 '자의성' 자질은 임홍빈 1980의
'자기 통제성'과 비교될 수 있음).

그러나 {-으크-}가 쓰이는 화용적 상황은 대단히 광범위한 분포를
보이고 있다. 자기통제성이나 자의성의 개념은 그런 분포를 묶어서
적절히 모두를 설명해 낼 수 없다. 가령, "별꼬라지 다 보켜!"와 같은
관용표현도 관찰되는데, 이를 적절히 해석해 줄 수 없다는 점에서 이
수정 제안에도 한계가 있다(300쪽의 각주 13을 보기 바라며, 공통어 {-겠
-}의 의미자질 확립에 대해서는 임칠성 1991a,b를 보기 바람).

2.2. 이질적 형태소들을 하나로 묶어 놓은 오류

둘째 오류에 대하여서는 엄격히 비판할 필요가 있다. 현평효(1985)
에서 이런 오류가 너무 빈번히 저질러지기 때문이다(235쪽 이하 제3장
을 보기 바람). 제주 방언의 회상법 형태소 설정의 오류를 지적하여 비
판한 고영진(1991)에서도 필자와 똑같은 관찰 결과를 논리적으로 명
확하게 확인하고 있음을 본다. 일단 첫째 오류를 광정하여, 의도와 추
측을 하나의 범주(인식 양태)에서 도출되는 것으로 본다면, 현평효
(1985)에서 설정하고 있는 변이형태들은

{-ㅈ-, -리-, -ㄹ-}

등을 들 수 있겠다. 이것들이 과연 변이형태라면, 다음 예문에서는 응당 동일한 해석을 받아야만 한다.[2]

2) {-으크-}를 중심으로 관계되는 형태소 통합만을 예문 옆에 꺾쇠 괄호로 나타내겠다. 이와 같은 형태소 배열은 D-구조로 표시되어야 마땅하지만, 여기서는 편의상 범주표시 없이 줄표(하이픈)로 통합관계만을 표시한다. 이들 형태소들의 범주를 과연 어떻게 잡아주어야 할 것인지에 대하여서는 더 활발한 논의가 필요하다. 예문 밑에 괄호를 써서 공통어의 대응 번역을 써 둔다. 그렇지만 '1 : 1'로 대응하는 것이 아니라는 점을 밝혀두어야 하겠다. 어미나 선어말어미라는 용어가 불합리하다는 지적들이 있어 왔고, 가급적 중립적인 용어인 형태소를 쓰려고 하나, 대안이 확정되지 않은 상황에서 본고는 불가피하게 종전의 용어를 그대로 따를 것이다.

이 형태소의 기본형을 본고에서는 {-으크-}로 상정하였다. 그 동기에 대해서는 §.2.5의 말미에서 현평효(1985)의 셋째 오류를 다루면서 언급할 것이다. 앞에 있는 약모음 '으'는 탈락규칙의 적용을 받는다. 음절 재구성 과정에서 의무적이고 자동적인 규칙 적용이다. 또한 '크'에 있는 '으'도 탈락되는데, 모음으로 시작되는 종결형태소가 붙을 때에 그러하다고 기술할 수 있다(어간말 '으-탈락규칙', 정승철 1988: 19쪽).

어미들이 결합된 모습에서 형태소를 분석할 경우에 까다로운 문제는 '이'와 관련되어 있다. 필자는 아무런 설명이나 변호도 없이 '-으크-이어'처럼 적어 둠으로써, 마치 종결어미로서 '-이어'가 있는 듯이 표상해 두었다. 이 양태 형태소와 결합하는 다른 종결어미 '-어라'도 일차적으로 종결어미인 듯이 표상해 둘 것이다(342쪽 참고). 만일 '-이어'와 '-어라'가 융합된 복합 형태라면, 또다른 문제가 생겨난다. 그렇지만 이것이 더 분석될 수 있는 것인지에 대하여서 아직 아무도 심각하게 문제를 제기한 바도 없다. 다만, 일본 동지사대학 고영진 교수와 토론을 하는 과정에서 그 분도 비슷한 고민을 하고 있음을 확인하였으며, 형식명사 정도를 후보로 염두에 두고 있다는 인상을 받았다. 조속히 심도 있는 논의가 학계에서 펼쳐져서 집단 지성의 힘을 발휘해야 할 것이다. 잠정적으로 필자는 네 가지 길을 생각해 본다.

① '-이어'를 더 이상 분석할 수 없다고 보는 것이다. 그렇다면 왜 유표적으로 2음절의 그런 모습을 띠고 있는 것일까? 일단 '-으어'와 같이 약모음이 있는 형상에서 비롯되었다고 보자. 그렇다면 이를 전설모음으로 만드는 동화주도 같이 찾아져야 한다. 시상 선어말어미가 있을 경우에는 그 속에 녹아 있는 '있다'라는 어근이 동화 주체로 상정할 수 있다. 그렇지만 시상 선어말어미가 없이 "가키어"(가겠어)라고 말할 경우에, 양태 형태소 '-으크-'에 '-으어'가 통합되어 있다면, 전설화를 유도할 동화주가 찾아지지 않는다. 그렇다면 이런 점 때문에 '-으커'를 '을 것'으로부터 문법화되면서 융합된 모습으로 간주할 소지도 있다. 338쪽의 (47) 통합체 목록에서 관찰되는 융합된 모습의 '-으커라'는 '-을 거라'의 형상을 지닐 수 있고, 다수의 변이 모습을 수의적으로 구현해 놓는다. 이런 기본 표상에서는 '가키어'와 같은 표현형을 지닐 수 없을 것이다. 결국 '-으어'를 종결어미로 볼 경우에, 전설음으로 바꾸는 동화 주체를 찾을 수 없다는 점에서, 표면형을 있는 그대로 붙들기 위하여 '-이어'라는 종결어미를 상정해 둔다.

② 다른 가능성도 모색될 수 있다. 계사의 활용 모습 중 '이어'가 종결어미처럼 문법화되었을 가능성이다. 그렇지만 계사가 융합되어 있다면, 양태 형태소가 명사 속성을 지닌다고 하는 반직관적인 가정을 내세워야 한다. 이 방언에서 "-읍네다, -읍데다"에서 확인되는 양태 형태소 '-느-'와 '-더-'에 전설모음 '이'가 대우를 표시해 주는 꼭지달린 이응에서 비롯되므로 계사와는 관련되지 않는다. 명사형 어미 '-음' 뒤에 계사가 실현되어 "나, 이제 감이어"(나, 지금 가고 있어)라고 말을 한다는 유사 조건도 생각해 볼 수 있다. 그렇지만 공통어의 모습에서 '-겠-'은 결코 계사가 붙지 않는다. 이 점은 이런

(3가) 철수가 가켄 했저. [가-으크-이어-은]

　　　(철수가 가겠다고 하고 있다.)

(3나) 철수가 가젠 했저. [가-저-은]

가능성을 원천적으로 차단해 버린다. 이 방언이 한국어의 하위 방언이기 때문이다.

③ 다른 가능성은 '가키어'의 기본 형상을 '갈 것이어'로 상정하고, 이것이 융합되어 마치 하나의 형태소처럼 되었다고 보는 것이다. 이 경우에는 공통어에서 구분하는 '-겠-'과 '-을 것이-'가 이 방언에서 구분없이 쓰인다고 전제해야 한다. 이 또한 반직관적이므로 선뜻 따르기 어려운 노선이다.

④ 이 방언의 '-은#이어'나 '-을#이어'의 구성체에 기대어, 341쪽 이하에서는 양태 형식명사 '이'와 종결어미 '-어'의 통합으로 논의하였다. 양태 범주와 상태 지속의 통합이라는 점이, 문법 형식의 구현 조건을 완화시키거나 초월한다고 보았지만, 극히 예외적인 처리임을 자인한다. 완벽히 입증되기 전까지는, 일단 '-이어'가 하나의 종결어미인 듯이 처리해 둔다.

인용이나 유사 인용 구문에 관계하는 형태소에 대해서는 김지홍(2019, 2021)을 보기 바란다. 이 방언에서 남의 발화를 인용할 경우에 직접 본 어조까지 모방할 경우에는 '-고 ᄒ다, -고 말ᄒ다'가 쓰일 수 있다. 간접 인용을 비롯하여 인용과 무관한 것들까지 포함하여 그 이외에 경우에는 '-이라는 말을 하다, -이라는 말이다'의 형상을 띤 '-이엔 말 ᄒ다, -이엔 말이어'가 관찰된다. 김지홍(2020)에서는 이런 둘 이상의 문법 형태소들이 중층적으로 나란히 쓰이고 있는 현상을, 다양성을 추구하게 되는 담화 전개 원리에 기대어 설명한 바 있다. 필자는 줄곧 이 형상에서 깃든 '-은'이 관형형 어미임을 주장해 왔는데, 복합적인 융합 형태를 이루어 마치 단일한 하나의 형태처럼 쓰일 수 있으며, 전설화를 유도하는 조건이 두 가지가 있다(80쪽의 각주 8을 보기 바람). 또한 필자는 인용 및 강조 구문의 형상이 모두 공통된 기반을 지니고 있다고 본다. 그렇다면 인용 구문에서 관찰되는 '-이엔 말을 ᄒ다'는 계사의 활용 형식 '이어'에 관형형 어미 '-은'이 융합되면서, 계사 어근에 동화되어 전설화를 일으킴으로써 '이어+인'의 표상에서 줄어들어 '이엔'처럼 나온 것임을 알 수 있다. 계사가 활용하는 방식은 공통어에서와 동일하게 '이다, 이어, 이라'의 세 가지 모습을 중심으로 하여, 143쪽의 〈표 1〉과 395쪽에서는 이것들의 대립 모습을 두 층위의 이분지 모습으로 설명할 수 있음을 논의하였다.

{-저-}에 대해서도 논의의 본질에서 벗어나므로 다루지 않겠지만 내포문의 형태소가 {-자고}와 같은 계열로 묶인다는 정도만 언급해 둔다. 이와 동일한 음성실현을 보이는 것으로서 예문 (3)의 문장 종결위치에서 관찰되는 {-저}가 있다. '쩌'가 [ㅅ-저]로 분석됨은 이남덕(1982)에 의해 처음으로 지적되었다. 이런 통찰은 김지홍(2014)에서 이것이 시상 형태소 '-앖-'에서 나온 것임을 지적하였다.

종결어미 형태소 {-저}와 {-주}에 대해서는 현평효(1985)에서 대우의 등급차이로 보았지만 잘못이다. 한 예로 "느만 가주게?"(너만 가지, 응?)이란 예문에서 관찰되는 {-주}는 {-저}와 바꿔 쓸 수 없다. 시상 형태소가 실현된 "느만 값주게!"(너만 가고 있지, 응!)에서는 앞의 예와는 달리 "느만 값저게!"가 가능하다. 대우 등급의 차이라는 결론은 이들 분포를 결코 설명해 낼 수 없다. 김지홍(2014: 119쪽)에서는 '도표 2'로 두 형태소의 차이를 밝힌 바 있다. 또한 김지홍(2020: 516쪽)에서는 공통어 형태소 '-지'도 1980년대에 발간된 이 방언의 설화 채록 자료에서 그대로 관찰되고 있으며, 이 방언에 독특하게 발달시킨 '-저' 및 '-주'와 중층적 쓰임으로 논의하고 있다. 412쪽의 (14가)를 보기 바란다.

(철수가 가려고 하고 있다.)

이 예문은 각각 다른 상황을 지시해 준다. 대응 번역문이 암시해 주듯이, (3가)의 예문은 발화시점에서 (3나)보다 광역의 시간대에 있는 상황을 지시해 줄 수 있다. 반면에, (3나)의 경우는 바로 막 일어나고 있는 상황을 지시해 준다. 물론 이 두 상황은 앞으로 일어날 일이라는 공통점을 갖고 있다. '예정상'이라는 공통성이 두 형태소의 동일성을 보장해 주는 것이 아님에 주목할 필요가 있다. 대신, 이것들은 {하다}에 의해 내포된 문장이 단독으로 자립하여 쓰일 수 있는지의 여부에서 서로 차이가 나는 것이다.

(4가) 철수가 가켜. [가-으크-이어]
    (철수가 가겠어)
(4나) *철수가 가저-. [가-저]
    (*철수가 가려)

(4가)에서 보듯이 {-으크-}는 독립된 발화로서 상위문의 위치에서 실현될 수 있다. 그러나 {-저-}는 반드시 내포문의 자격으로만 실현되어야 하는 내포 구문의 어미이다. 만일 상위문의 문종결 위치에 나타나면 (4나)에서처럼 비문이 되고 만다. (4나)의 형태소 {-저-}는 이현희(1986)의 용어로 쓰면 '내적 화법'만을 나타내는 형태소이다. 좀 더 정확히 표현하면, 「어떤 사람의 마음가짐을 추정하여 가리키고 있는 것」이다. {-저-}에 수행 억양이 다양하게 걸릴 수 없다는 사실도(임홍빈 1984: 180쪽) 이것이 그러한 내적 화법의 형태소임을 드러내는 것이다. 그럴 뿐만 아니라, {-으크-} 형태소는 시상을 나타내는 형태소를 매우 자연스럽게 허용한다. 이에 반해, {-저-}는 그런 일이 전혀 불가능함도 지적되어야 한다(이 방언의 시상 분석과 해석 규칙은 김지홍 2014, 2020

을 보기 바라며, 특히 2020의 465쪽에서는 복합문과 관련된 시상 해석 규칙을 제시했음).

> (5가) 철수가 갓이켜. [가-앗-으크-이어]
> (철수가 가 있겠어)
> (5나) 철수가 값이켜. [가-앖-으크-이어]
> (철수가 가고 있겠어)
> (5다) *철수가 갓이저. [가-앗-으저]
> (*철수가 가 있으려)
> (5라) *철수가 값이저. [가-앖-으저]
> (*철수가 가고 있으려)

이렇게 앞뒤 환경이 다르게 실현되고 있는 별개의 두 형태소에 대하여, 현평효(1985)에서 형태론적 변이형태라고 묶고 있다. 이는 명백한 오류이다. 앞에서 본 예문 (3)의 경우는 동일한 앞뒤 환경에서 실현되었다. 만일 이 두 개의 형태소를 동일한 의미로 파악했다면, 응당 이것들을 '수의적 변이형태'라고 지정했어야 옳다. 그런데 예문 (4)와 (5)는 시상 선어말어미의 유무로 구분되므로 그 환경이 서로 다르다. 시상 형태소의 '-앖-, -앗-'이 {-저-}의 출현을 저지시키는 것은 결코 아니다. (5마)에서 보듯이 내포구문의 형상에서 시상 형태소 '-앗-'이 출현할 수 있기 때문이다. 만일 상위문 핵어 'ᄒ다'가 없다면, 내포문의 어미로서 {-저}가 나올 수 없음을 (5바)에서 확인하게 된다. 동일한 현상을 시상 선어말어미가 없는 (5사, 아)에서도 확인할 수 있다.

> (5마) 좀 잣이저 ᄒ는디 깨와불어라. [자-앗-으저 ᄒ다]
> (잠 자 있으려고 하는데 깨워버리더라.)
> (5바) *좀 잣이저. [자-앗-으저]
> (*잠 자 있으려.)

(5사) 좀 자저 ᄒ는디 깨와 불어라.[자-으저 ᄒ다]
  (잠 자고자 하는데 깨워 버리더라)
(5아) *좀 자저.[자-으저 ᄒ다]
  (*잠 자고자)

{-저-}의 실현이 앞이나 뒤에 통합되는 형태소가 아니므로, '형태론적 변이형태'라고 말하는 것은 이치에 맞지 않다. 이 형태소는 관찰 대상의 마음가짐을 가리키는 특성(내적 화법) 때문에, 반드시 '-으저 ᄒ다'라는 내포 구문으로만 실현되는 것이다. 그렇지만 지시 영역이 {-으크-}와 같지 않다. {-저-}는 막 행위를 하려는 의도나 의지를 지닌 상황에서 쓰인다. 반면에 {-으크-}는 현재 확보 가능한 추정 근거를 통해서 좀 더 넓은 영역을 가리키게 된다. 다시 말하여, 공간적으로 떨어져 있는 상황뿐만 아니라, 시간적으로도 떨어져 있는 상황을 가리킬 수 있다. 그러므로 다른 장소에서 일어나는 상황 및 과거에 일어났던 상황까지도 그 지시영역에 속하는 것이다. 그렇다면 두 형태소는 상이한 통사 분포와 상이한 지시영역을 갖는 별개의 형태소이다.
  형태론적 변이형태라는 개념도 현평효(1985)에서는 자의적으로 잘못 쓰이고 있음을 지적해 두어야 하겠다. 음운론적인 조건이 찾아지지 않는다면, 무조건 '형태론적 변이형태'로 지정하기 때문이다. '비음운론적' 변이형태라고 하거나, 제약조건을 찾을 수 없다고 했어야 옳다. 그렇지만 실제에 있어서 형태론적 변이형태로 지정된 것들 중 많은 것이 전혀 다른 별개의 형태소였음을 확인하게 된다.

2.3. 관형형 어미 '-을'의 처리에 대한 오류

{-을 것이다, -을 것을}의 형식으로부터 도출해 온 {-ㄹ-} 형태소의 지정도 역시 불합리하다(248쪽의 각주 8을 보기 바람). 이것이 관형형어

미 {-을}에 불과하기 때문이다. 더군다나 {-을 것을}을 어미로 보는 방식에서(현평효 1985: 110쪽, 470쪽 이하), 한국어에 대한 기본 속성을 무시한 채 형태소를 분석하는 일이 이례적이고 자의적임을 알 수 있다(최학규 1989: 13쪽과 17쪽도 보기 바람).

{-을 것이다}에 대한 처리방식은 '투영원리'에 의하여 「계사의 의미역 구조」를 고려하여야 한다. 계사는 내부논항과 외부논항을 각각 하나씩 갖고 있다. 문제의 형태소에서 {-을 것}은 계사의 내부논항을 나타내는 것에 지나지 않는다. 외부논항은 '상황공범주'로 주어진다. 상황공범주가 나타날 수 있는 동기는 한국어의 문장구조에서 찾을 수 있다. 앞에서 한국어의 형상성으로 일차 '주제-평언'의 계층이 주어지고, 다시 평언의 가지 아래에 '주어-술어'의 계층이 주어질 수 있다고 언급한 바 있다.3) 여기서 청자와 화자가 이미 알고 있는 정보가 주제 위치에 자리잡게 된다. 언어 행위에 참여하고 있는 이들이 그 내용을 이미 알고 있거나 쉽게 무엇이 주제로 논의되는지를 깨달을 수 있다는 점에서, 주제의 생략(상황공범주)이라는 통사 특성을 낳게 된다. 상황공범주의 형태를 만일 생략에 의해 동기화시킨다면, 그 생략된 형

---

3) 이 조처는 결코 유표적인 것이 아니다. 이를 일반적인 형상(보편문법)으로 나타내면 CP계층과 IP계층을 이용함으로써 해결된다. 곧, 임의의 XP는 지정어 SPEC을 하나 이상 갖는다. CP의 지정어는 주제어 위치가 되고, IP의 지정어는 외부논항(주어)의 위치가 된다. CP 지정어의 출현에 대하여 매개인자를 설치할 수 있는데, 한국어는 CP가 D-구조에서 [+SPEC]을 갖는 쪽으로 정해 줄 수 있다(따라서 이동의 착지점만이 아닌 것이다). 여기서 한국어의 주제어 지위는 D-구조에서부터 주어지는데, 만일 D-구조에서 주어져 있지 않을 경우(곧, '의사-논항'으로 채워지지 않고 비어 있을 경우)에는, IP에서 임의의 범주가 이동(move-alpha)하여 옮아올 수도 있다. 이것이 가능해지도록 보장하기 위하여, 우리는 의미역-기준을 완화하여 '의사-논항'의 범위를 확대해 주어야 하겠다.
　이제 계사구문의 형상을 가진 그림으로 나타내 보이면 다음 그림과 같다. 계사 {이다}는 제2공범주 e_2와 {-을 것}으로 실현된 내부논항(명사구)을 이어주는데, 제2공범주 e_2는 주제어 위치의 공범주인 제1 논항 e_1과 동지표를 받는다⟨e_1, e_2⟩. CP 가지에 있는 지정어는 주제어 위치이고, IP 가지에 있는 지정어는 주어 위치이다. 국어에서 상황공범주에 대한 논의는 임홍빈(1985)에서부터 시작되고, 이홍배(1987)와 이윤표(1990) 등이 참고된다. 김지홍(1991)에서도 상황공범주가 여러 문법적 사실에 관계하고 있음을 논의한 바 있다. 문장을 생성하는 핵심 요소와 그 투영에 대한 논의는 김지홍(1992)을 보기 바란다.

태는 다시 복원이 가능해야 한다. 이 과정에는 여러 차원의 매개인자들이 끼어 있을 것으로 보이며, 또한 이 주제어 위치의 공범주와 평언 가지 아래에 있는 주어 위치의 공범주 사이에 맺어지는 관계(의무적 통제관계)도 고려되어야 할 것이다.

공통어에서 줄곧 {-겠-}과 같이 논의되어 온 {-을 것}은(성기철 1979; 김차균 1990), 사실 계사가 꾸미는 구조형상 속에서 이해되어야 그 본질에 다다를 수 있다. 그것은 상황공범주로 실현된 외부논항과 {것}으로 표지된 내부논항과의 관계이다. 특히 내부논항에서 관형형어미 {-을}은 그 상황(사태와 사건을 포괄하는 뜻으로 씀)이 앞으로 일어날 것임을 언급하고 있는 것이다. 이를 수용할 때에, 나란히 계열관계처럼 다루어진 {-겠-}과 {-을 것}에 대한 논의는 이런 구조적 상이성을 무시하였다는 비판을 벗어날 수 없다.

{-을 것}은 먼저 계사 구문의 형상에 바탕을 두고서, 주제로 주어진 상황공범주가 있고, 다시 평언의 가지 아래 주어 위치에 동지표 공범주가 주어진다. 이들 공범주가 내부논항({S-을 것})과 같음을 계사에 의해 지정받는다. 내부논항은 {-을}이라는 관형형어미의 의미자질에 에 의해서 [-상황 불변성]에서 앞으로 일어날 '상황'임을 가리키게 된다. {-겠-}의 의미자질은 다음처럼 서술된다(300쪽의 각주 13 참고).

"해당 상황의 근접성 및 발화시점에서 단서를 통한 추정적 인식"

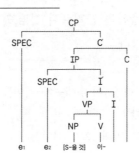

이는 현장에서 얻는 일부 직간접 단서를 통해서 시공간 상으로 떨어져 있는 해당 상황을 추정하는 양태(개연성)를 가리킨다. 현장 상황에서 얻어지는 일부 단서가 있다는 점이 {-겠-}에는 더 들어 있는 것이다. {-을 것} 구문은 현재 상황이 아닌 미래 상황이 우정 계획되거나 예정된 사건인데, 하느님의 전지적 시각으로 표현하는 셈이다. 가령,

"내일 비가 오겠다 vs. 비가 올 것이다"

는 내일 시점에서 날이 맑을 경우에 다른 결과가 일어난다. 현재의 단서로써 추정을 한 발언이 잘못일 수 있다. 이는 인간적 한계로서 크게 비난의 표적이 되지 않는다. 그렇지만 예정된 사건을 표현하는 구문은 당장 거짓말이 되어 버린다. 결국 화자의 신뢰성이 훼손되지 않고서는 그 책임을 벗을 길이 없는 것이다. 이런 측면에서 양자 사이에 차이(개연성 vs. 확실성)가 명백히 부각되는 것이다.

이 방언에서도 관형형어미와 형식명사로 이뤄진 구문으로서 {-읋거}(-을 것)가 빈출하지만, 양태 형태소 {-으크-}와 구분이 안 된다고 기술할 수는 없다(이남덕 1982: 42쪽). 이들 사이에서 교체가 일어난다 더라도 수의적이지 않고, 의미차이가 늘 수반되기 때문이다(§.3.2.2).

2.4. {-리-}와 {-을리-}와 {-으크-}의 분포상 차이점

{-리-} 형태소를 추출하는 근거로서 현평효(1985: 95쪽 이하)에서는 다음의 예문을 들고 있다.

(6가) 가다그네 털어지려![떨어지-을-이-이어]
　　　(가다가 떨어질라!)
(6나) 그거 보민 화 내랴?[내-으리-이아?]

(그것을 보면 화를 낼라?)

물건을 잘 싸 놓지 않고서 갖고 가다 보면, 길 중간에서 그 물건이 떨어질 수 있다. (6가)는 그런 상황에서 말해질 법한 발화이다. 건성으로 (6)만 놓고 보면, {-리-}라는 형태소가 추출될 법하다. 그러나 조금 주의를 기울인다면, (6가)와 (6나)는 서법상 감탄 및 의문이 대립하고 있다. 또 (6가)는 {-을이어}의 변이형태가 수의적으로 (7가)처럼 나오기 때문에, 형식명사 '이'를 매개로 한 짝 '-은이어'도 관찰된다(이는 '-으녜'로 융합되며, 334쪽과 339쪽을 보기 바람). (6나)는 (7나)에서 보듯이 이런 관계가 성립하지 않는다. (6나)의 경우를 좀 더 자연스럽게 만든다면, 수사적 의문의 형식을 갖추어 {아니}를 동사구 앞에 실현시킬 수 있다. 이럴 때 그 수용성 여부를 더욱 자연스럽게 검사할 수 있을 듯하다.

다음의 (7다, 라)를 서로 비교하여 보면, '-으리-'의 교체가 자연스러운지를 결정지을 수 있다. (7라)는 수용 가능한 발화이지만, (7다)는 어색하고 안 쓰일 것으로 느껴진다.

(7가) 가다그네 털어질려![털어지-을-이-이어]
    (가다가 떨어질라!)
(7나) *그거 보민 화 낼랴?[내-을리-이아?]
(7다) *그거 보민 화 안 낼랴?[위와 같음]
(7라) 그거 보민 화 안 내랴?[내-으리-이아?]
    (그것을 보면 화를 안 내랴?)

그렇다면 의문법의 경우에서는, 비의문법에서 추출될 만한 {-을리-} 형태소가 실현되지 못함(수의적 교체가 아님)을 확인하게 되는 셈이다. 이것만 놓고서 변이형태로 묶으려면 그 조건은 서법이 된다. 즉,

「서법 상으로 조건이 지워진 변이형태」

라고 말해야 한다. 그렇지만 이런 결론은 좀 더 신중히 자료를 검토해
봐야 할 것이다. 338쪽의 (47다)에서처럼 종결어미 '-어' 뒤에서는 '-
으냐?'가 허용되는데, 이는 관형형어미 '-은'과 형식명사 '이'와 의문
종결어미 '-아'의 융합 모습을 상정할 수 있기 때문이다. 일단 본고의
논의에서 벗어나므로, 이런 지적만 해 둔다.4)

  이 형태소와 관련하여 언급하여야 될 사항은 이 형태소가 {-으크-}
와 변이형태 관계에 있는 것이 아니라는 점에 있다. 이를 위해 우리는
먼저 동일하게 보이는 환경을 제시하고, 다음 동일하지 않은 통사 행
태가 관찰되는 환경을 제시하기로 한다.

---

4) 잠정적으로 서술법과 감탄법을 묶어 '비의문법'이라고 부르기로 한다. 비의문법에서는
관찰되는 {-리-}는 관형형어미 '-을'과 형식명사 '이'가 기본 표상일 수 있으며, {-올리
-}는 받침이 중복된 모습일 수 있다. 형식명사 '이'는 관형형어미 '-은'과도 융합하여
'-으네, -으냐?'와 같은 표면 모습을 보이기도 한다.
  국어사에서의 기술은 {-올리-}를 더 분석하지 않고, 이 형태소에서 {-겠-}으로 교체
가 일어났다고 한다(허웅1987 및 이기갑1987 논의를 참고하기 바람). 이는 제주 방언에
서 보여주는 {-으크-}와 {-올리-}의 자매관계도 그 가능성을 시사해준다. 아마도 교체
는 수의적으로 일어났던 것이 아니라 어떤 동기에 의해 진행되고 완성되었을 것이다.
홍미롭게도 청주 북일면 출토 편지(충북대 박물관 1981: 37쪽)에 '-리커-'가 보인다.
  "나도 닉일 나죄나 모릭나 가리커니와 그리 아라셔 츠리소."
  (나도 내일 낮이나 모래나 갈 것이거니와, 그렇게 알고서 차리십시오)
{가리커니와}는 {갈 것이거니와}로 바뀌어 쓰이더라도 전후 문맥에 지장이 없을 듯하
다. 그렇다면[가리라]와 [것이다]를 바탕으로 도출될 만하다(251쪽의 각주 9를 참고).
  이남덕(1982: 12·45쪽)에서는 이 방언에서 관찰되는 {-올리-}를 관형형어미와 형식
명사의 복합형[-을#이]로 보고 있다. 필자도 이 방식을 따르고 있다. 그렇지만 이 결론
은 몇 가지 분포상의 제약을 설명해 줄 수 없다. 곧, 관형형어미가 형식명사에 얹혀져
있다면, 예문 (7)과 (9)에서 비문들이 관찰되지 말아야 한다. 만일 (7라)가 적격하다고
할 때, (7나, 다)도 똑같이 적격성을 부여받아야 한다. 또 (9다)처럼 (9가)에서도 수용성
이 같아야 한다. 그러나 이런 예측은 언어 사실과 다르다. 이런 점에서 기술적 타당성을
만족시키지 못한다.
  이 현상 밑바닥에는 더 복잡한 요인들이 숨어 있을 듯하다. 아마 '으키어'에 융합된
형식명사 '이'와 관형형어미 '을' 받침의 복사 규칙 적용 따위가 될 법하지만, 아직 필자
는 그 본질을 잘 모른다. 의문법에서와 그 외의 서법에서 기저형을 다르게 쓴 것은
단지 이런 표면적 차이를 존중하여 반영하기 위한 조치일 뿐이다.

(8가) 가다그네 털어지려![털어지-을-이-이어]
　　　(가다가 떨어질라!)
(8나) 가다그네 털어지켜![털어지-으크-이어]
　　　(가다가 떨어지겠어!)

위의 예문에서는 {-을리-}와 {-으크-}의 앞뒤 환경이 완벽히 동일하
다. 이런 사실을 놓고서도 현평효(1985)에서는 이것들을 '형태론적 변
이형태'라고 말하고 있다. 그렇다면 그런 논의 자체가 용어 사용의
자의성을 담고 있다. 두 문장의 의미가 동일하다고 판단하였다면,
이것들을 당연히 「수의적 변이형태」라고 적었어야 옳았다. 그러나 아
주 모호하게 「형태론적 변이형태」로만 기술하고, 아무런 보충 설명도
하지 않은 채 넘어가 버렸던 것이다. 오직 주장만 하였지, 그 주장에
대한 타당한 입증을 해야 한다고 여기지 않은 것이다.

　예문 (8)은 앞뒤 환경이 동일하다. 이 환경에서 두 형태소의 외연의
미가 모두 다 내포문의 상황이 앞으로 일어날 수 있음을 보인다는 점
에서, 같은 형태소라고 말할지도 모른다. 그러나 (8)이 내포문으로 자
격을 바꿀 때에는 통사 특성이 달라짐을 관찰할 수 있다.

(9가) *가다그네 털어지롄 했저![털어지-을-이-이어-은]
　　　(??가다가 떨어질라고 한다!)
(9나) 가다그네 털어지켄 했저![털어지-으크-이어-은]
　　　(가다가 떨어지겠다고 한다!)

내포문으로 바뀐 예문 (9)를 보자. (9가)는 '-을리이어'(-을#이이어)가
내포될 수 없음을 잘 보여 주고 있다. 굳이 내포화시키려면 (9다)처럼
개별동사를 써야 한다. (9다)와 (9라)에서는 상위문 핵어가 포괄동사
'하다'로부터 '말하다'류의 개별동사(곤-, 골으-)로 바뀌어 있다.

(9다) 가다그네 털어지롄 굴앖저![털어지-을-이-이어-은]

(9라) 가다그네 털어지켄 굴앖저![털어지-으크-이어-은]

(9마) 가다그네 털어지려 굴앖저![털어지-으크-이어-∅]

이런 현상은 이 형태소의 특성으로부터 말미암는다. 그것이 '한 개인
의 내적인 생각'을 나타낸다든지, 발화된다고 하더라도 수행억양이
매우 특이한 '독백체' 형식으로만 나타나기 때문이다. 이런 유표성이
간접 인용을 불가능하게 만들어 버린다. 설혹 내포문으로 인용된다
면, 반드시 '수행 억양까지 모두 다 모방할 수 있는 직접 인용의 형식
만 가능하다. 이를 예문 (9마)에서 잘 보여 준다. 다시 말하면, 간접
인용을 떠맡은 포괄동사 '하다'에 내포될 수 없는 것이다.

공통어에서는 아마 수용성의 경계 지점에 있는 듯하다. 이런 점에
서 (9가)에 제시한 번역에서는 문법성 판정에 의문부호를 둘 붙여 놓
았다. 이는 좀 특이한데, 만일 공통어의 형태소 {-으라-}가 이 방언의
형태소에 비해 다소 덜 유표적이라고 볼 수 있는 근거를 찾아낸다면,
이런 미세한 차이를 설명해 낼 수 있을 것으로 본다. 그렇다면 공통어
{-으려(고)}와 {-으라(고)}를 기반으로, 직접 인용에 관련된 형태소의
통합체를 상정해 볼 만하다. 즉, 다음의 통합체가 허용되는지를 놓고
서 면밀히 검토해 봐야 할 것이다.

{*-으려라고} 및 {-으라라고}

{-을이-, -을리-}와 {-으크-}는 시상 형태소의 허용 여부에서는 차이
가 없는 듯하다. 이는 예문 (5)에서 관찰하였던 {-저}와는 근본적으로
다르다. 이런 측면에서 문제의 {-저}와 {-을이, -을리-}라는 형태소도
서로 구별된다.

(10가) 가다그네 털어젔이랴?[털어지-었-을-이-이아?]
　　　　(가다가 떨어지고 있을라?)

(10나) 가다그네 털어젔이켜![털어지-었-으크-이어]
　　　　(가다가 떨어지고 있겠다!)

(10다) 가다그네 털어젔이려![털어지-었-을-이-이어]
　　　　(가다가 떨어지고 있으려!/있으려니 싶구나!)

(10라) ^{??}가다그네 털어젔일려![털어지-었-을리-이어]

(11가) 가다그네 털어젓이랴?[털어지-엇-을-이-이아?]
　　　　(가다가 떨어져 있을라?)

(11나) 가다그네 털어젓이켜![털어지-엇-으크-이어]
　　　　(가다가 떨어져 있겠다!)

(11다) 가다그네 털어젓이려![털어지-엇-을-이-이어]
　　　　(가다가 떨어져 있으려!/있으려니 싶구나!)

(11라) ^{??}가다그네 털어젓일려![털어지-엇-을리-이어]

먼저 (10가, 11가)와 (10나, 11나)를 비교해 보자. 모두 시상을 나타내는 형태소 '-었- vs. -엇-'을 실현시키고 있다. 이 시상 선어말어미는 각각 시작점 유무와 종결점 유무라는 의미자질들에 의해 사건의 시상을 표시해 준다(자세한 논의는 김지홍 2014: 181쪽 이하, 그리고 김지홍 2020의 §3-2-1을 보기 바람).

　　'-었-'의 [±시작점, −종결점] vs. '-엇-'의 [+시작점, +종결점]

필자의 직관으로는 (10라)와 (11라)는 성립이 경계 지점에 있는 듯이 보인다. 일단 이들이 비문일 경우를 고려하여, 이 경우에 관형형어미 {-을}에서의 받침 유음의 탈락을 의무적 적용으로 간주한다면, (10가, 다)와 (11가, 다)의 표면구조를 얻는다. 이것들은 시상 선어말어미와 양태 형태소가 통합된 (10나, 11나)와 서로 환경이 동일하다.

　이런 언어 사실을 고려한다면, 다음처럼 매듭을 지을 수 있다. {-으크-}와 {-저}의 거리보다는, {-으크-}와 {-을이-, -을리-}의 거리가 더 가깝다. (9가, 나)에서 문법성의 차이는 이들 형태소가 차이가 있음을 보여준다. 이를 인정한다면, 종결어미 '-이어'와 통합되는 {-으크-} 및 {-을이-, -을리-}가 동일한 형태소라기보다, 모종의 자매관계에 있다고 볼 만하다. 그렇지만 시상 형태소와 통합된 {-으크-}와 {-저}는 양태상으로 각각 개연성과 확실성을 가리키고, 통사 행태도 다르므로, 서로 다른 형태소라고 봐야 한다.

2.5. 하위범주 지정의 오류와 양태 형태소 {-으크-}의 확정

　세 번째의 오류를 다루기로 한다. {-으크-}와 관계되는 형태소들의 기저형 설정문제는, 앞선 시기에 발표된 논문을 참조하고 있었더라면 손쉽게 극복되었을 법한 오류이다. 현평효(1985)에서 잘못 설정되고 있는

　　{-ㅋ-, -ㄹ-, -ㅈ-}

과 같은 형태소 상정은, 음운 규칙의 적용에도 문제를 일으킨다. 이는 약모음 '으'에 대한 처리가 관건이다. 소위 매개모음 또는 조음소라고 거론되던 존재가, 김완진(1972)에서 어미의 일부분임이 처음 밝혀졌다. 어미가 결합할 때에 앞의 어간이 모음으로 끝나는 경우, 자음과 모음이 결합한 모습으로 음절이 재구성되기 위하여 의무적 탈락규칙이 적용된다. 이는 한국어 전반에 적용되는 일반규칙이다(임홍빈 1982: 177쪽 이하와 임홍빈 1983: 14쪽 이하의 비판도 참고 바람). 따라서 이 방언의 형태소들도 이를 따르고 있을 것임을 짐작할 수 있다.

본고에서 다루고 있는 형태소를 놓고서 홍종림(1981)에서는 다만 {-크-}로 기저형을 삼았었지만, 홍종림(1991)에서는 {-으크-}로 상정하였다(이 방언의 '으' 탈락 규칙은 정승철 1988: 제3장을 보기 바람). {-으크-}는 양태성을 띠는데, 현평효(1985)에서는 서법의 범주로 처리하고 있다. 이는 당시 학계의 인식 수준을 그대로 보여 주는 듯하다.

고영근(1986)의 논의를 따르면, {-으크-}를 비롯하여 선어말어미 위치에 나타나는 형태소들은 양태범주에 귀속시키고, 종결위치에 나타나는 형태소들은 서법에 귀속시킬 수 있다. 이 방언의 {-으크-}를 양태 범주로 본 것은 홍종림(1991)에서이다.

3. 분포의 확립 및 분석 오류의 시정

3.1. 비문종결 위치의 경우

3.1.1. 음성 및 분포가 비슷해도 꼭 동일 형태소가 되는 것은 아니다

이 절에서는 {-으크-}와 유사한 음성실현을 보이는 형태소들에 대하여 살피기로 한다. 이들이 관찰되는 환경을 크게 문종결 위치와 '비문종결' 위치로 나눈다. 문종결 위치는 의문으로 끝나느냐, 아니면 의문으로 끝나지 않느냐(비의문 위치)로 나눌 수 있다. 후자는 서술 서법과 감탄 서법의 형태소가 이 방언의 자료에서 같이 행동한다는 측면을 포착하기 위한 임시 방편의 명명이다.

비문종결 위치는 상위문 동사의 의미역 구조상, 필수적으로 요구되는 내포절(보문)로 채워지느냐, 그렇지 않고 수의적으로 부가되는 부가절로 채워지느냐에 따라서 다시 구분된다.[5] 논의의 순서를 먼저 비문종결 위치(비종결 위치)에서부터 오류들을 지적하고 왜 오류인지를 밝힌 다음에, 필자의 제안을 적어 놓기로 한다. 이어서 문종결 위치(종결 위치)에서 관찰되는 오류도 함께 고쳐나가기로 한다.

이 방언의 연구에서 드러나는 치명적인 문제점 중 한 가지는 너무

---

5) 엄밀한 정의를 바탕으로 쓰여져야 하겠으나, 226쪽의 각주 3에서 보인 가지 그림에 따라 내포절(필수적인 보문)과 부가절(수의적인 부가문)을 보이면 아래와 같다. 상위문 동사의 의미역에 투영에 따라 D-구조의 하위범주화(또는 전형적 구조실현 CSR)가 이루어지고, 상위문 동사가 요구하는 내부논항은 VP의 교점 아래에 자리잡는다.

'생각하다'의 동사를 예로 들어보자. 이 동사의 내부논항은 두 개다. 생각하는 대상이 그 하나이고, 다른 하나는 그 대상을 어떻게 생각하는지에 대한 내용이다. 앞의 의미역(논항)은 명사구로, 뒤의 의미역은 명제(내포절)로 하위범주화된다. 이들이 보이는 가지 그림은 김지홍(1991: 51쪽의 각주 9)와 같이 된다. 다만, 여기서 내포절 CP는 [+N]의 자질을 가지므로 "CP→NP"로 재범주화된다는 약정이 추가적으로 필요하다. 내포절을 보문이라고 부르는 까닭은 이 내포절이 상위문의 구조를 보충해 주어야 비로소 문장으로 갖추어지기 때문이다. 이런 필수성 때문에 더러 '필수적 내포문'이라고 불리기도 한다. CP에서 IP로, IP에서 다시 VP로 가지 그림이 내려간다. 여기서는 관련되는 VP 부분만을 보인다. 삼각형은 내포문을 가리킨다.

이 가지 그림은 상위문 동사가 갖는 필수적인 내포 보문을 보여 준다.

이 경우와는 달리 상위문 동사의 의미역 구조로부터 도출되는 것이 아니라, 임의적으로 연결어미(접속어미)를 갖는 하나의 문장(접속문)이 주어질 수 있다. 이런 경우를 놓고 상위문 동사의 의미역과 상관없이 임의로 절이 부가되었다고 보고서, 이를 '부가절'로 부르기로 한다.

현재 이 지위의 문장(접속문)에 대하여서는 대립되는 두 가지 제안이 있고, 또 두 안을 병치하는 안도 있다. 하나는 모든 접속문이 병렬의 등위구조로부터 유도된다고 가정하는 입장이다. 다른 하나는 종속접속의 기저로부터 유도되는데 화용상의 조건으로 인하여 등위절의 해석을 받기도 한다는 입장이다. 종속접속과 등위접속을 모두 인정하여 그들의 통사특성을 다룬 김영희(1988, 1991)이 있다.

두 접속을 병치하는 이 입장에서는 길은 형태소의 어미가, 다르다고 주장해야 할 두 접속에서 모두 관찰되는 경우를 적절히 설명해 낼 수 없다는 한계를 지닌다. 본고는 종속접속의 기저로부터 모든 접속절이 유도된다는 이익섭·임홍빈(1983)의 가정을 수용한다. 이때 기저의 종속접속은 본고의 용어로는 부가절이 된다. 이 부가절은 CP의 지정어 자리에 놓이게 된다. 이때 지정어의 숫자는 둘 이상이라야 하겠다. 하나는 주제어를 위하여 배당되어야 하기 때문이다.

이 작업-가정이 더 지지를 받기 위해서는 부가어 자리를 위한 국어 나름대로의 동기와 그 설치 근거가 엄격하게 검증을 받고 매개인자로 주어져야 한다. 이 작업-가정을 일단 옳은 것으로서 받아들인다면, 다음과 같은 가지 그림 (i)이 주어질 수 있다. 삼각형은 부가절을 나타낸다.

느슨한 형태소 분석 및 지정에 있다. 유사한 음성실현 형식이 있으면, 그것이 어떤 점에서 같고 어떤 점에서 다른지를 철저히 따져본 뒤에 동이 여부를 결정해야 한다. 그렇지만 인상적이고 피상적인 관찰로써 조급하게 음성 실현 모습이 유사하다고 하여, 같은 형태소라고 결론을 내린다면 큰 잘못이다. 현평효(1985)에서 여러 가지 형태소들의 오류 분석을 확인할 수 있다. 어느 형태소와 어느 형태소가 서로 같다고 주장할 때, 인상적으로 오직 같다는 지적만 할 뿐이다. 합리적으로 왜 그것들이 같은지를 입증하지 못하는 한계를 본다. 형태소를 놓고 지정만 한다고 끝이 아니다. 그런 지정을 타당하게 입증해 주어야 한다. 이 방언의 연구에서는 이런 잘못된 첫 단추를 놓고서, 지금까지 아무런 비판도 없이 맹종하는 일들이 지속된다. 따라서 다른 형태소들의 분석 및 확정에도 거듭 오류와 잘못을 일으키고 있다.

필자가 본격적으로 이 방언의 자료들을 면밀히 따져 보기 이전에는 시상 선어말어미가 '-암시- vs. -아시-'라고 잘못 믿고 있었다(211쪽의 각주 1을 보기 바람). 그렇지만 이 방언의 기본구문과 복합구문을 다루면서 2음절의 형태소로 지정했을 경우에 여러 가지 모순과 문제가 계속 발생함을 깨닫게 되었다. 현재 필자는 김지홍(2014, 2020)에서

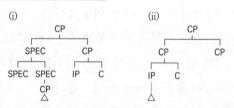

만일 이 작업-가정과 달리 등위구조를 전제한다면, 그것은 (ii)처럼 CP와 CP를 잇는 모양으로 주어져야 한다. 그 사이를 잇는 역할을 하는 형태소에 C범주가 주어질 수 있을 것이다. 그러나 (ii)에서 큰 문제의 하나는, 임의의 CP들이 모일 수 있는 형상이라는 점에 있다. 여기서는 독립된 별개의 문장들이 멋대로 (ii)의 형상속에 자리잡는 것을 배제할 수 없게 된다. 이럴 경우에 의미해석에 커다란 짐이 지워지며, 모순되거나 관련성이 없는 문장들마저도 하나의 교점(node) 아래에 모이는 경우가 생긴다. 따라서 필자의 판단으로는 (i)의 구조가 (ii)보다 더 낫다고 보는 것이다. 단, 이 방언 자료를 근거로 새로 제안한 구조는 김지홍(2020)을 보기 바람.

이 시상 형태소가 1음절의 짝이라고 본다.

'-앖- vs. -앗-'

이 형태소에 이어진 약모음(으)의 존재는, 시상 선어말어미와 통합된
어미의 첫 음절에 해당하는 것이다. 한국어 음절 구조의 특성을 보장
하기 위하여, 어간의 조건에 따라서 약모음은 자동적으로 탈락될 수
도 있고, 문법 형태소 결합 범위 속에서 자동적인 동화가 일어남으로
써 전설화되어 '이'로 바뀔 수도 있는 것이다. 일찍이 모음조화가 적용
되는 영역 및 범위와 관련해서 「어간과 어미가 결합하는 영역에서 일
어난다」는 점이 중요하다(김완진 1978, 1985). 이 방언에서는 시상 선어
말어미 '-앖- vs. -앗-'에 녹아 있는 실사 어근 "있다"는 통합되는 약
모음을 항상 전설화시켜 놓는 것이다.

해괴하게 일제 강점기에 일본 학자가 내선일체를 뒷받침하기 위해
썼던 '제주어'를 지금도 떠받드는 일부 연구자들이, 잘못된 태도로써
「한국어 공통 형태들이 이 방언을 오염시킨다」고 착각하기도 하며,
'개신파 영향'이란 개념을 전가의 보도처럼 휘두르기 일쑤이다. 단지
음성적 유사성에 의하여 내리는 결론은 비전문적 토박이들에게도 가
능하다. 학문적 엄밀성을 추구하는 입장에서는 이런 내용이 검토의
첫 출발일 뿐이지, 결코 결론으로 치부해서는 안 된다. 현평효(1985)에
서 변이형태(이형태)로 묶은 것들이 다수 왜곡되게 지정한 것임을 확
인할 때 그러하다. 특히 {-으크-}를 다루면서 §.3.1에서뿐만 아니라,
§.3.2에서 다루게 될 내용에서도 똑같은 오류를 계속 반복함을 본다.
이 방언의 초기 연구 또는 첫 연구라고 하여 맹신하고 떠받드는 것만
이 능사가 아니다. 이 방언의 형태소 분석에서 거듭된 오류들을 그대
로 방치한다면, 아무리 연구가 누적된다고 하더라도 한국어의 실상을
조명하거나 드러내는 데에 조금도 기여하지 못할 것이기 때문이다.

학문 분야에서 발전이나 진전이 일어나려면 이전의 연구들에서 장점과 단점을 제대로 평가하고, 잘못들을 극복해 나가야 한다. 현재로서는 '집단 지성'의 힘을 발휘할 수 있는 학술 모임이 없다는 점도 큰 걸림돌의 하나이다.

3.1.2. 소리가 비슷하지만 다른 기능의 형태소들을 구별해 내기

우선 문을 종결짓지 않는 비종결 환경에서는, 조건을 나타내는 경우에 {-으크-}와 유사한 음성형태가 통합됨을 관찰할 수 있다. 공통어 {-거든}에 대응하는 제주 방언의 {-으커건}과, 공통어 {-거들랑}에 대응하는 {-으커들랑}이 그것이다. 물론 이 방언에서는 더 줄어들어 {-으컨, -으건}으로도 쓰이고, 화용 보조사 '-을랑, -을랑으네, -을라그네'를 덧붙여서 더 늘어난 형식 {-으커들랑으네, -으거들랑으네}로도 쓰이는 것이 관찰된다.

이 방언의 형태소는 공통어와 달리 약모음 '으'가 더 들어가 있어야 한다. 그럴 경우에라야 비로소 시상 선어말어미와 통합된 '-앖이커든 vs. -앗이커든'의 모습을 도출할 수 있다. 그렇다면 약모음 '으'가 선행하는 어미들의 범위에 대한 결정도 한국어의 여러 하위방언들의 특성을 구분해 주는 데에 유용한 매개인자가 될 수 있음을 깨닫는다. 단, 여기서도 시상 선어말어미에 녹아 있는 어근 "있다" 때문에 약모음이 전설화되어 '이'로 바뀐다고 서술해 놓아야 한다.

이것 말고도 또한 공통어 {-더면}에 대응하는 {-드민}도 지적될 수 있다.[6] 이 글에서는 일단 {-드민}에 양태 형태소 {-으크-}가 통합되어

---

6) {-드민}이라는 형태소는 현평효(1985)의 부록에 실린 '어미 목록'에 올라 있지 않다. 송상조(2007)에도 없다. 그러나 이 형태소는 현용준(1980: 913쪽)에는 올라 있고, 이 방언에서 관찰되는 복합 형태로 판단된다. 필자의 직관으로 '-거든'과 '-으면'이 융합된 복합형태 '-거드민'으로 되었을 듯하고, 가상세계에서의 조건이란 의미를 좀 더 명확히 제시해 준다. 이는 결코 현평효(1985)에서 자주 썼던 소위 '개신파'의 형태가 아니

{-으커드민}으로 실현될 수 있음만을 지적하고, 논의를 주로 {-으커건}(-을 것이거든)과 {-으커들랑}(-겠거든)에 모으기로 하겠다.

현평효(1985: 629)에서는 예문 (12)에서 관찰되는 {-으커건}과 {-으케건}을 공통어의 {-겠거든}으로 파악했다. 그렇지만 이는 분명히 잘못이다(단, 부호 '#'는 어구의 경계를 표시함).

(12가) ᄒᆞ커건~ᄒᆞ케건[하-을#거-이-으거든]

(12나) 이시커건~이시케건[있-을#거-이-으거든]

(12다) 먹으커건~먹으케건[먹-을#거-이-으거든]

(12라) 질루커건~질루케건[기르-을#거-이-으거든]

(12마) 사름이커건~사름이케건[사람-이-을#거-이-으거든]

(12바) 고와지커건~고와지케건[곱-아-지-을#거-이-으거든]

예문 (12)에서 보이는 사례들은 모두 '커'와 '케'로 변동되며, 서로 의미 차이가 없이 수의적으로 교체된다. (12다)의 어간 "먹-"은 "먹커건, 먹케건"뿐만 아니라, "먹으커건, 먹으케건"으로도 나온다. 필자는 오직 단일한 어간 '먹-'만을 상정하며, 이런 변동에서 보이는 차이를 어미의 첫음절에 있는 약모음 '으'로 파악하고 있다. 이를 복수의 어간 '먹-,

---

다. 또한 현용준(1980)에서는 {-앗데민}도 올라 있다. 공통어에서 '-았더라면' 정도와 대응이 될 듯이 느껴진다. 그렇지만 이것이 과연 {-드민}과 수의적인 교체인지 여부는 잘 알 수 없다.

공통어에서 {-겠더라면}이 가능하듯이, 이 방언에서도 {-으커드민}이 가능할 듯이 느껴진다. {-으커드민}에서 관찰되는 '커'가 관형형어미와 형식명사에서 나올 법한데, 그렇다면 '-겠-'과는 다른 '-을 것'이므로 통합체 구성이 달라질 수 있다. 앞으로 진행될 논의는 {-커건}과 {-커들랑}에서 {-으크-}가 들어 있지 않음에 모아질 것이다. 따라서 {-드민}에 대한 논의는 제외하는 것이다. 공통어 {-더라면}에 대응하는 형식으로 {-드라민}이 가능할지는 잘 알 수 없다.

이하에서 이 방언의 자료에 익숙지 않은 독자들의 이해를 돕기 위하여, 가급적 공통어의 형태들로써 분석의 기저 형상을 써 나가기로 한다. 일례로, 형식명사 {것}은 제주 방언에서 {거}로써 기저형을 삼을 만하다. 이른바 글말의 역사를 제대로 경험치 않은 이 방언에서는 입말 형태의 것을 기본 형태로 여길 수 있는 것이다.

머그-'로 본다면, 어간들에 대한 제약을 수립할 수 없다. 더구나 이 방언에서 일부 어미들은 약모음이 없는 어미도 있다. 이것들에 약모음 '으'가 들어가 있으면 비문이 된다. 따라서 아래와 같이 특정 어미들이 어간에 직접 통합되는 사실로써, 어간 자체가 확립될 뿐만 아니라, 그렇지 않고 약모음 '으'를 지닌 어미들도 있음을 알 수 있다(33쪽).

종결어미: '먹<u>주</u>, 먹<u>게</u>, 먹<u>자</u>!, 먹<u>나</u>?'
접속문 어미: '먹<u>곡</u>, 먹<u>단</u>, 먹<u>거든</u>, 먹<u>든</u> 말든, 먹<u>자</u> 마<u>자</u>'
내포문 어미: '먹<u>기</u>를 잘 흔다, 먹<u>지</u> 말라, 먹<u>저</u> 흐엾<u>주</u>'

문법 형태소들 중에서 어미들에 약모음 '으'가 두드러지다. 앞의 통합 모습은 주요 범주로서 종결어미·접속어미·내포어미에서 모두 다 약모음이 없는 형태소들이 존재함을 보여 준다. 그렇다면 이 방언의 어미는 약모음 '으'의 유무로써 두 부류를 나눠야 할 것이며, '으'는 김완진 (1972)에서처럼 어미의 첫 음절로 봐야 옳다(고재환 외 2014: 82쪽 이하).
　(12바)는 {곱다}와 {지다}가 소위 부사형어미 {-아}에 의해 결합되어 '고와지다'라는 낱말로 된 경우이다. 사물의 성질이나 상태를 나타내는 어간이 {-아 지다}와 결합하게 되면, 외부의 방해나 장애가 없다면 「내적 속성이나 다른 인과율에 의해서 자동적으로 그런 상태에로 진행해 나간다」는 속뜻을 지니며, 의미자질로서 '자동적 진행 과정'을 획득하게 된다(117쪽의 각주 29 참고). 그런데 아래의 (12사)에서 보듯이, 이 어간(곱-, 고우-)은 단독으로 {-커건}과 통합할 수 없고, (12바)처럼 '고와지다'와 통합되어야 한다.

(12사) *고우커건~*고우케건[*고우-을#-거-이-거든]
(12아) 곱거든[곱-거든 vs. *고우-거든]
(12자) 곱건 [곱-건]

그렇지만 (12아)에서 보듯이, '커, 케'가 없이 조건 어미 {-건}에 직접 통합될 수 있다. 이는 공통어 '곱거든'과 대응된다. 자연음운론에서는 추상적인 어형을 설정하지 않고, '곱-, 고우-'처럼 복수의 어간을 상정하도록 장려한다. 여기서 자음으로 시작하는 어미 {-거든}은 '곱-' 과 통합되어 '곱거든'으로 나오지만, "*고우거든"은 선택되지 않는다. 그런데 {-거든}이 더욱 줄어들면서 1음절 {-건}으로 되면 "곱건"만 산출한다. 그런데 (12) 사례에서 허용되던 {-으커들랑}의 수의적 교체 형식 {*-으케들랑}은 비문으로 된다. (13)에서 이를 보이면,

(13가) ㅎ커들랑~*ㅎ케들랑[하-으크-어들랑][7]

(13나) 이시커들랑~*이시케들랑[있-으크-어들랑]

(13다) 먹으커들랑~*먹으케들랑[먹-으크-어들랑]

(13라) 질루커들랑~*질루케들랑[기르-으크-어들랑]

(13마) 사름이커들랑~*사름이케들랑[사람-이-으크-어들랑]

(13바) 고와지커들랑~*고와지케들랑[고우-아-지-으크-어들랑]

---

7) {-거들랑}은 '-거든'과 '-올랑, -올라그네'가 융합된 복합 형식이다. 이 형식은 선행한 문법 형태소가 모음으로 끝날 경우에 '-어든, -어들랑'으로 나올 수 있다. 중세 국어에서 기역 묵음화 또는 기역 탈락으로 언급된 경우이다. 이런 유형의 형태소 통합으로 'ㅎ커거들랑'도 있다. 이는 [하-올#거-거들랑]의 통합이며('할 거거들랑'에 대응됨), 'ㅎ케거들랑'으로도 교체될 수 있다('할 것이거들랑'에 대응됨). (13) 예문에서는 어간에 직접 통합되는 {-거들랑}의 경우만 거론하고 있으므로, 이런 사례는 제외하였다.
{-거들랑}은 조건 어미 형태소 {-거든}과 복합적인 화용 보조사 {-올랑}의 통합체로서 파악된다. 정연찬(1984)를 따르면, {-올랑}은 [올+은]처럼 분석되는 소위 '대격의 주제화' 형태소이다. 강정희(1984)에서는 이 방언에서 이것과 대응되는 복합형태가 계사의 활용 형식으로 구현됨을 밝혔다. 필자도 이런 논의를 받아들여, 이를 대격 조사 '올'에 계사가 반말투의 무표적 종결어미 '이라'로 활용을 하고, 다시 시상 및 양태를 담고 있는 접속어미 형태소 '-아그네'('-앙'으로 줄어듦)이 융합되어 있다고 본다.
{-거들랑} 앞 환경에 {-올-}을 설정하여 {-올거들랑}으로 상정해 볼 수도 있다. 이렇게 되면 {-거들랑}의 맨 첫음소가 격음(유기음)으로 되는 이유를 동일하게 설명할 수 있다. 그러나 여기에 대해 아직 필자가 확고한 결론을 갖고 있지 못하다. 특히 예문 (15)에서 보듯이 격음은 평음 '-거들랑'으로 실현되는 경우도 있기 때문에, 그리고 (17)에서 보듯이 {-올}을 표면형에 실현시켰을 경우에 뒤따르는 음소를 경음(긴장음)으로 만들지 못하기 때문에, {-올}을 기저에 두는 일에 어려움을 준다. 248쪽의 각주 8에서 언급한 '문법 형태소 히읗' 및 251쪽의 각주 9를 참고하기 바란다.

(12)에서 보았던 것과는 달리, (13)에서는 '커'와 '케'가 서로 수의적으로 교체되지 않는다. 이 사실은 형태소 분석에 매우 중요한 발판이 된다. 후자 '케'는 기본적으로 '-을 거이다'가 문법화됨으로써 하나의 단일 형태소처럼 융합된 것임을 추정할 수 있다. 이때 계사 어간 '이'가 탈락된다면 표면형이 '커'로 실현되는 것이다. 따라서 '커'와 '케'가 수의적으로 교체될 수 있는 환경은, 관형형어미와 형식명사 구성을 전제로 한다.

그렇지만 수의적 교체를 허용하지 않는 언어 환경에서는 이런 구성이 불가능하다. 따라서 서로 간에 반드시 구분될 필요가 있는 것이다. '커, 케'가 통합되어 있는 {-으커들랑, -으케들랑}이 관형형어미와 형식명사의 통합체라면, 단일한 양태 형태소 {-으크-}와 관련되지 않는다. 대신 (13가)에서 (13바)까지의 언어 사실은, {-거든}이 양태 형태소 {-으크-}와 결합하는 조건에서 변이형태 {-어든}이 통합된다고 추가 조건을 서술해 주어야 한다. 따라서 {-으커든}으로 구현된 경우에, 결코 {*-으거든}이나 {*-으케든}과 같은 변이 모습이 관찰될 수 없다. 비록 이것이 매우 미세한 차이지만, 기본 형상에서는 아주 다른 모습을 하고 있음을 유의한다면, 이 방언에서 형태소들의 통합 모습을 아무렇게나 소리값에 끌리어 다루어서는 안 된다는 교훈을 얻는다.

만일 (13)도 (12)처럼 모두 다 계사가 깃든 "-을 거이-"를 기본 표상으로 하여 도출된 것이었다면, 예문 (12)와 (13)에서 모두 다 똑같이 변동하는 모습들을 보여 주었어야 한다. 그러나 결정적으로 '케'를 허용하는지 여부에 따라, (12)와 (13)이 서로 나뉘고 있다. 표면형의 미세한 차이는 여기에만 그치지 않는다. 이들 예문에 시상 선어말어미를 집어넣어 보자.

(14가) ᄒ없이커건~*ᄒ없이거건[하여-없-으크-어건]
    (하고 있겠거든)

(14나) 잇없이커건~*잇없이거건[있-없-으크-어건]
(머물고 있겠거든)

(14다) 먹없이커건~*먹없이거건[먹-없-으크-어건]
(먹고 있겠거든)

(14라) 질랎이커건~*질랎이거건[기르-없-으크-어건]
(기르고 있겠거든)

(15가) ㅎ없이커들랑~ㅎ없이거들랑[하여-없-읈#거-어든-을랑]
(하고 있을 것이거든)

(15나) 잇없이커들랑~잇없이거들랑[있-없-읈#거-어든-을랑]
(머물고 있을 것이거든)

(15다) 먹없이커들랑~먹없이거들랑[먹-없-읈#거-어든-을랑]
(먹고 있을 것이거든)

(15라) 질랎이커들랑~질랎이거들랑[기르-앖-읈#거-어든-을랑]
(기르고 있을 것이거든)

{-으커건}은 (14)에서 보듯이 반드시 격음(유기음)으로만 나타나야 하고, 평음으로의 실현은 저지된다. 이는 (15)에서와 다른 모습이다. (15)에서는 평음과 격음(유기음)이 수의적으로 허용된다. (15라)의 동사 어간은 '기르다'라는 어근에 사역 접미사 '우'가 더 들어가 있는 경우로서 '기르+우+다'가 이 방언에서는 '질루다'로 쓰이며, '질루-'가 어간이다. 공통어의 '크다'에서 '키우다'와 같은 형상을 띠고 있는 것이다. 그렇지만 굳이 사역 접미사를 표시하지 않아도 '기르다'는 낱말이 그 자체로 '키우다'와 같은 의미를 띨 수 있을 듯하다.

(14)에서는 기본 형상이 양태 형태소 {-으크-}에 형태론적 변이형태로서 조건을 나타내는 {-어건}이 통합된 경우이다. 그렇지만 평음과 격음(유기음)이 수의적으로 교체가 이뤄지는 (15)의 경우는, 관형형 어미 '-을'이 바로 뒤에 있는 형식명사 '거'를 유기음으로 바꾸면서

탈락된 결과이다. 아래 (16)에서 보듯이 이는 격음(유기음)뿐만 아니라 경음(긴장음)으로도 동화될 수 있다.

(16가) ㅎ엾일꺼건~ㅎ엾이커건[하여-없-을#거-건]
　　　 (하고 있을 것이거든)
(16나) 이섰일꺼건~이섰이커건[있-없-을#거-건]
　　　 (머물고 있을 것이거든)
(16다) 먹엾일꺼건~먹엾이커건[먹-없-을#거-건]
　　　 (먹고 있을 것이거든)
(16라) 질랐일꺼건~질랐이커건[기르-없-을#거-건]
　　　 (기르고 있을 것이거든)

그런데 {-거들랑}의 '거'는 평음과 격음으로 실현되며 서로 수의적으로 교체되더라도, 경음(긴장음, 된소리)로 나오는 일은 저지된다. 그러나 (15)에서는 기저형으로 상정될 법한 {-을}이 표면에 나타나면 (17)처럼 비문으로 판정된다.

(17가) *ㅎ엾일꺼들랑~ㅎ엾이커들랑[하여-없-으크-어든-을랑]
　　　 (하고 있겠거든)
(17나) *잇엾일꺼들랑~잇엾이커들랑[잇-없-으크-어든-을랑]
　　　 (머물고 있겠거든)
(17다) *먹엾일꺼들랑~먹엾이커들랑[먹-없-으크-어든-을랑]
　　　 (먹고 있겠거든)
(17라) *질랐일꺼들랑~질랐이커들랑[기르-없-으크-어든-을랑]
　　　 (기르고 있겠거든)

이는 (17)에서 수용될 수 있는 통합체가 오직 양태 형태소 {-으크-}와 화용 보조사가 결합된 형태론적 변이형태 {-어들랑}(-거든+-을랑)으로 표상되어야 함을 보여 준다. 만일 이러한 분포상의 차이가 이 방언의 언어 사실이라면, 관형형어미 {-을}(이 방언에서는 '-읋')이 녹아 있는 환경 및 그렇지 않은 환경을 구분해 주는 일이 서로 다른 표상의 정체를 포착하는 데에 결정적인 잣대임을 알 수 있다.

이상과 같은 표면 구조의 실현상 차이를 고려하면서, 다음과 같은 결론에 도달할 수 있다. 양태 형태소 {-으크-}는 결코 {*-으끄-}나 {*-으그}의 변이형태를 갖지 않는다. 그렇다면 (15)에서 평음과 격음(유기음)으로 실현된 '-으커들랑, -으거들랑'의 사례는 양태 형태소 {-으크-}의 통합이 아님을 매듭지을 수 있다. (16)에서 경음(된소리, 긴장음)과 격음(유기음)으로 실현된 '-을꺼건, -을커건'도 또한 그러하다. 곧, 조건을 나타내는 {-건}이나 {-거들랑}에서 관찰되는 '-을꺼건, -을커건'의 경우와 '-으커들랑, -으거들랑'의 경우는, 양태 형태소 {-으크-}와는 상관이 없고, 관형형어미와 형식명사로 구성된 {-을 거}의 복합 형식이다. 또한 (16)의 종속접속의 조건어미 {-거건}에서도 똑같이 '커'도 '꺼'와 교체된다는 점에서, 관형형어미와 형식명사의 구성임을 알 수 있다.

일단 평음이 경음이나 격음으로 변동되고, '커'와 '케'가 수의적으로 교체되는 환경에 대한 기본 표상은 언제나 관형형어미 '-을'과 형식명사의 구성이다. 만일 두 개의 명사구 형태가 나열되어 있다면, 계사의 어간이 잉여적으로 생략될 수 있겠지만, 계사 어간이 탈락되지 않고 덧붙어 문법화된 경우에는 '케'로 변동된 것으로 본다. 이런 변동 사실이 관찰된다면, 양태 형태소 {-으크-}가 구현된 사례와 명백히 구분되어야 한다.

3.1.3. 평음의 문법 형태소가 경음과 격음으로 변동하는 까닭

이렇게 매듭을 짓고 나면, 이제 다음 질문을 던질 수 있다. 평음을

격음(유기음, 거센소리)이나 경음(긴장음, 된소리)으로 만드는 음운 조건
이 있을까? 그리고 그런 음운 조건에서 동화가 일어날 수 있다고 할
때에, 동화주의 정체는 무엇일까? 이런 질문을 놓고서 다음처럼 대답
할 수 있다. 이 방언에 관한 한 매우 일반적인데, 관형형어미 {-을}과
이에 뒤따르는 모종의 요소가 그 후보이다. 이 조건이 양태 형태소
{-으크-}와는 무관하다. 그렇다면, 격음(유기음, 거센소리)으로 동화되
는 음운현상을 제대로 파악하지 못하였기 때문에, 지금까지 분석의
오류 및 잘못된 결론이 양산되었다고 정리할 수 있다.

　이제 첫 번째의 질문부터 살펴나가기로 한다. 평음을 격음으로 바
꾸는 음운현상에 대한 관찰은, 270쪽 §.3.2.1에서 살펴볼 의문 서법의
환경에서도 형태소 분석의 오류를 바로잡는 데 매우 중요한 역할을
한다. 그러므로 이에 대한 올바른 이해는 이 방언에서 형태소 확정에
중요한 몫을 차지한다. 먼저 평음의 문법 형태소가 어휘 요소와 통합
관계를 이루는 경우를 명사구에서부터 살피기로 한다(단, 부호 ‘ː’은
보상적 장음화를 뜻함).

　(18가) 가ː이네딜도~가ː이네딜토~*가ː이네딜또[개-네-들-도]
　(18나) 늘ㄱ라~늘ㅋ라~*늘ㄲ라[너-를 굴아(말하여), 너에게]
　(18다) 느ㄱ라~*느ㅋ라~*느ㄲ라[너 굴아(말하여), 너에게]

복수 접미사 {들}과 대격 조사 {를} 뒤에서, 보조사 또는 후치사 {도}와
{ㄱ라}가 통합되어 있다. 이것들이 모두 다 수의적으로 평음으로도 격
음으로도 나올 수 있다. 그렇지만 경음으로의 실현은 저지된다. 이런
조건만 놓고 봐서는 어말에 있는 받침 리을이 동화주의 후보가 될 수
있다. 특히 (18다)에서 보듯이, 격 형태소 {를}이 탈락되면 격음으로의
동화가 저지되기 때문이다.

　다음에는 동사구에서 관련 현상이 어떻게 일어나는지를 살펴보기

로 한다.

(19가) *먹으걸~먹으켤~*먹으껄~먹을껄[먹-을#것-을]

(19나) *주걸~주켤~*주껄~줄껄[주-을#것-을]

명사구에서 관찰했던 것과는 달리, (19)에서는 평음으로의 실현이 저지된다(*먹으걸, *먹으껄, *주걸, *주껄). 대신, 관형형어미 {-을}이 탈락하면서 {걸}([것-을])을 격음(거센소리, 유기음)으로 만들 뿐만 아니라(먹으켤, 주켤), 또한 관형형어미가 그대로 있는 채 경음(된소리, 긴장음)으로 만드는 것(먹을껄, 줄껄)을 볼 수 있다.

이런 조건에서라면 어말에 있던 받침 리을이 항상 뒤의 평음을 격음으로 만든다고 일방적인 진술을 할 수 없다. 경음으로도 실현되고 있기 때문이다.8) 그런데 어말의 받침 리을이 먼저 탈락하게 되면, (18다)와 (20나, 다)와 (21나,다)에서 보듯이, 뒤따르는 음소를 변화시키거나 동화시키지 못한다.

(20가) 언제 올띠사?[오-을#디-야]

(언제 올지야?/언제 올지 잘 모르겠다.)

---

8) 현평효(1985)에서 예문 (19)의 {-을걸, -으켤}을 종결 형태소로 잘못 보았음은 226쪽에서 지적하였다. 이는 한국어 기본구조를 무시한 처사이다. 이 표면형들은 모두 기본 형상이 {-을#것-을}로부터 유도된다. 그런데 기본 표상을 상정할 경우에, 이 방언의 표면형들을 고려하면서 관형형어미와 형식명사 사이에 '문법소 허웅'을 설치하는 것이 더 나을 듯하다(251쪽의 분석 참고). 예문 (19)는 양태 형태소 {-으크-}를 실현시킬 수 있음을 아래 (19가', 나')에서 확인할 수 있다. 따라서 {-켤}로부터 양태 형태소를 추출하는 것은 잘못임을 알 수 있다. 현평효(1985: 629쪽)에서는 {-으켤}이 뉘우치는 뜻을 나타낸다고 기록하고 있다. 이는 형식명사 뒤에 통합된 격조사 {를}로부터 도출되는 화용적 의미이다. 격조사 {를}이 갖는 함의에 대해서는 김지홍(1991: 44쪽 이하)를 참고하기 바란다.

(19가') 난 그때 그거 먹으크켤![먹-으크-을#것-을]

(난 그때 그걸 먹겠을 걸!)

(19나') 가:인 그듸 가크켤![가-으크-을#것-을]

(그 아이는 그곳에 가겠을 걸!)

(20나) *언제 오티사?[기본 표상이 위와 같음]

(20다) *언제 오띠사?[기본 표상이 위와 같음]

(20라) 언제 올티사?[기본 표상이 위와 같음]

(21가) 먹없일꺼여.[먹-없-을#거-이어]

  (먹고 있을 것이어.)

(21나) *먹없이커여.[기본 표상이 위와 같음]

(21다) *먹없이꺼여.[기본 표상이 위와 같음]

(21라) 먹없일커여.[기본 표상이 위와 같음]

예문 (20나)와 (21나)에서는 앞의 (19)의 경우 {먹으킬, 주킬}이 가능하였던 것과는 다른 모습을 보여주고 있다. {-을}이 탈락하고 이 탈락이 뒤따르는 자음을 격음(유기음)으로 만드는 것이 아니다. 탈락이 불가능할 뿐 아니라, (20가, 라)와 (21가, 라)에서 보듯이, {-을} 뒤에 오는 형식명사 {것}과 {디}는 수의적으로 경음이나 격음으로 될 수 있다. (20나, 다)와 (21나, 다)에서는 관형형어미 {-을} 탈락이 불가능한 것이다. 이는 받침 리을을 동화주로 삼는 데에 대한 반례로 작용한다. 반면, (19)에서는 같은 관형형어미 {-을}이 탈락될 수 있다. 이로써 우선 받침 리을 탈락이 다층적인 기제에 의해 여러 가지 모습으로 일어나고 있음을 추론할 수 있다.

이 글에서는 받침 리을이 동화주라기보다는, 그 뒤에 숨겨져 있는 모종의 음운자질을 동화주의 후보로 상정하고자 한다. 한국어 전반에서 유음이 격음으로 되는 일은 매우 유표적이며 임의적이기 때문이다 ("ㄹ ↛ ㅎ"). 설령, 이 규칙이 성립한다고 하더라도, 이 방언에서 받침 리을 그 자체가 뒤따르는 음소에 항상 변화를 일으키는 것이 아님이 또한 고려되어야 하기 때문이다. (20나, 다)와 (21나, 다)의 비문법성이 이런 언어 사실을 잘 보여주고 있다. 만일 격음화 규칙이 언제나 적용된다면 결코 비문이 되지 말았어야 한다. 그렇지만 실제에서는 비문이다. 따라서 받침 리을 뒤에 모종의 요소가 있을 것으로 봐야 합리적이다. 그런데 이 요소는 문법적 이유 때문에 주어지는 것일 수밖에 없다.

  (22가) 즐게 썰단~*즐께 썰딴~*즐케 썰탄[자잘하-게 썰-다가]
  (22나) 갈기다~*갈끼다~*갈키다[갈기다/후려치다]

예문 (22가)에서 문법형태소로서 부사형 어미 {-게}(-게)와 접속어미 {-단}(-다가)이 어간의 말음인 받침 리을 뒤에 통합되어 있다. 그렇지만 경음이나 격음으로 동화되지 않는다. 이것들은 오직 유성음으로 실현될 뿐이다(t → d). (22나)에 제시된 낱말 내부 환경에서와 동일한 모습으로 유성음 동화가 실현되는 것이다. 받침 리을을 갖고 있는 낱말이 문법 형태소와 통합되어도, 문법 형태소의 음소를 경음이나 격음으로 바꾸어 주지 못한다. (20)과 (21)의 사례들이 결국 (22)와는 달리 행동하는 것이다. 그렇다면 이를 구분해 주기 위하여 비음운론적인 동화를 상정하는 것이다(비자동적 교체임).
  이 글에서는 관형형어미 받침 리을 뒤에 문법적으로 주어지는 모종의 동화주가, 한국어 전반의 논의에서처럼 이른바 사이시옷과 같은 계열의 것으로 본다. 그런데 사이시옷은 뒤의 음소를 경음으로 만들 수는 있겠으나, 격음으로 만들어 주지는 못한다. 이때 평음을 격음으로 만들어 주는 후보로서 히읗을 상정할 수 있다. 그렇지만 사이시옷과 관련지을 수 있도록 '여린 히읗' 정도로 비정하여 둔다. 이것이 표면형에서 두 가지 모습으로 나타나는 것이다. 이것이 평음과 결합하면 격음으로 되면서 받침 리을을 탈락시킨다. 만일 사이시옷처럼 내파음으로 되면 평음을 경음으로 바꿔 주지만, 받침 리을은 그대로 보존된다. 이런 특성의 형태소를 이 글에서는

'문법 형태소 히읗'(이하 '문법소 히읗'으로 줄임)

으로 부르고자 한다.9) 이런 성격의 형태소를 상정하면서 위에서 논의
해 온 문제들을 다시 정리하기로 한다.

   이상에서 {-으커들랑, -으거들랑}이라는 형태소를 다루면서, 이 복
합형태가 양태 형태소 {-으크-}와 관계가 없음을 확인하였다. '-어라'
는 종결어미와 이 양태 형태소가 통합할 때 관찰되는 '커'라는 머릿소

---

9) '문법소 히읗'이라는 용어는 잠정적임을 밝혀둔다. 이 방언에서는 문법형태소 시옷과
   히읗이 똑같이 관찰되지만, 문법소 히읗의 분포가 문법소 시옷에 일치하지 않는다. 오
   히려 양자가 마치 자매관계처럼 기술될 필요가 있다. 필자는 현재 이것들의 차이가
   무엇인지에 대해서 잘 알 수 없다. 사이시옷에 대한 임홍빈(1981)의 결론을 문법소 히
   읗에 일방적으로 적용시킬 수도 없는 형편이다. 여기서는 다음 연구의 재료를 위해서,
   단어형성을 중심으로 하여 관련된 사례들을 적어 두기로 한다. 가령, 바가지를 나타내
   는 말은 제주 방언에서 {박}이다. 이것이 복합어를 형성할 때에는
       "남팍(나무+ㅎ+박), 줌팍(줌[잘다+음]+ㅎ+박), 물팍(물+ㅎ+박)"
   처럼 히읗이 얹혀지기도 한다. 한편으로 "솔빡"(솔[솔나무]+ㅅ+박)처럼 사이시옷이
   얹혀지기도 한다. 집이라는 단어가 복합어를 형성할 때에는
       "우녁칩(윗녘+ㅎ+집), 처가칩(처가+ㅎ+집), 빵칩(빵+ㅎ+집), 불미칩(풀무+ㅎ+집), 술
       칩(술+ㅎ+집), 쌀칩(쌀+ㅎ+집)"
   처럼 히읗이 얹혀지거나, 또는 문법 형태소가 없이 그대로 합성되기도 한다.
       "새집(새로 지은 집), 지에집(기와+집), 두꺼비집, 초집(草+집)"
   밭이라는 어휘가 복합어를 형성할 때에는 두 가지 길로 나뉜다.
       "조팟(조+ㅎ+밭), 모밀팟(매밀+ㅎ+밭), 가름팟(갈림+ㅎ+밭), 우영팟(울담안+ㅎ+밭)"
   처럼 히읗이 얹혀지거나, 또는 다음처럼 어두의 순음이 탈락되기도 한다.
       "거리왓(거리+밭), 대왓(대+밭), 모살왓(모래알+밭), 새왓(억새+밭)"
   종종 문법소 히읗과 문법소 시옷이 수의적으로 교체되는 경우도 있으나, 다음의 예들
   에서는 전혀 교체되어 쓰일 수 없다. 먼저 사이시옷만이 가능한 경우는
       "상똘(향[香]+ㅅ+돌), 신똘(숫돌), 뜸똘(뜸+ㅅ+돌), 알뜨르(아래+ㅅ+들, 들판), 물꾸덕
       (물+ㅅ+구덕), 애기꾸덕(아기+ㅅ+구덕), 눌꿉(낟가리 눌+ㅅ+굽), 안빵(안+ㅅ+房), 엉
       또(엉, 절벽+ㅅ+도, 입구0, 술쭈시(술+ㅅ+주시, 지꺼기), 상삐(밥상[床]+ㅅ+비)"
   등이며, 격음으로의 실현이 불가능하다. 거꾸로 문법소 히읗만이 허용되기도 한다.
       "지들커(땔감, 짇을+ㅎ+것), ᄀ슬커(가을걷이+ㅎ+것), 조팝(조+ㅎ+밥), 돌킹이(돌+ㅎ
       +게), 늘킹이(늘+ㅎ+게), 니치름(이+ㅎ+기름)"
   등에서는 경음으로 실현될 수 없다. 이런 사례들을 보면서, 평음과 격음과 경음 등으로
   실현되는 것에는 서로 독자적인 질서가 있을 것으로 느껴진다. 조어론 영역에서 더
   정밀한 기술과 설명이 뒤따라야 할 것이다. 본고에서는 문법적인 구조만을 따지고 있
   다. 일단 한국어에서 설정되는 시옷이 있으므로 이것에 대응되는 것으로서 '문법소 히
   읗'을 가정해 두는 것이다(276쪽의 예문 32에 대한 설명을 보기 바람).

리는 결코 '꺼'로 실현되지 않는다. 이런 점에서 이 형태소의 앞에 관형형어미 {-을}을 설정할 수 없음을 확인하였다. 설사 이 방언에서 독특히 관찰되는 '문법소 히읗'을 설정하더라도, 여기서는 내파화 과정을 겪지 않는다는 딸림조건을 달 필요가 있다. 그런데 평음과 격음으로 수의적 실현을 보인다는 점을 놓고 생각해 보면, 이런 형태소의 설정도 다소 임의적일 수 있다. 공통어에서는 어간에 직접 {-거든}이 통합된다. 이로써 비교하여 보면 '커'를 음운상으로 주어지는 수의적 변이로 볼 수도 있겠다.

다음, {-으커건, -으케건}에서 보이는 '커' 또한 {-으크-}와는 상관이 없다. 이 형태는 형식명사 {거}('것'의 입말투)에서 유래되며, 계사어간이 융합된 중간 단계로서 '케'(-을 것이-)도 분명히 쓰이고 있지만, 필자의 직관으로는 '커'보다 빈도가 낮을 듯하다.

'-커' 또는 '-케'라는 형태소 앞에는 관형형 어미 {-을}이 구조적으로 주어진다. 이 어미 뒤에 다시 사이시옷에 상당하는 '문법소 히읗'이 주어진다. 이 히읗이 내파화된다면, 뒤따르는 평음을 경음으로 바꾼다. 아니면 뒤따르는 평음에 얹혀져서 격음으로 바꿈과 동시에 앞의 관형형어미를 탈락시킨다. 따라서 격음의 존재는 역으로 관형형 어미를 추적하는 단서가 된다.

이 형태소가 {-으크-}와 관계없음을 확연히 알 수 있는 것은, 다음 (23가)에서와 같이 따로 양태 형태소 {-으크-}가 실현되어 서로 통합될 수 있기 때문이다. '-으크커건'은 다시 시상 선어말어미 형태소 '-앖- vs. -앗-'과 통합될 경우에 시상 속에 녹아 있는 '있다'의 영향 때문에 전설화되어 '-이크커건'으로 나올 수 있는데, 의무적인 동화 규칙으로서 전설화를 거쳐야 한다.

(23가) 질루크커건[기르-으크-으커건]
　　　(기르겠을 것이거든),

먹으크커건[먹-으크-으커건]
(먹겠을 것이거든),
오랏이크커건[오라-앗-으크-으커건]
(와 있겠을 것이거든),
잇어낫이크커건[있어-나-앗-으크-으커건]
(있었겠을 것이거든)

그럴 뿐만 아니라, 양태 형태소 {-으크-}(-겠-)가 없이도 그대로 동사 어간에다 {-으커건}(-을 것이거든)이 통합될 수도 있다. (23가)는 공통 어에서는 통합되지 않는 모습을 보여 준다. 이런 점에서 이 방언의 특이한 통합체라고 말할 수 있다. (23나)는 양태 형태소가 없는 통합 체를 보여 준다.

(23나) 질루커건[기르-으우-으커건]
(기를 것이거든),
먹으커건[먹-으커건]
(먹을 것이거든),
오랏이커건[오르-앗-으커건]
(와 있을 것이거든),
이서낫이커건[있어-나-앗-으커건]
(있었을 것이거든)

아직 엄밀한 분석이 이뤄진 바 없지만, {-으커건}은 공통어의 기본 형상 '-을 것이거든'의 방언 모습 '-읋 거거든, -읋 거건'으로부터 문 법화되면서 융합이 일어나 복합형식으로 발달했을 것이다. 관형형어 미는 약모음 '으'의 전설화와 똑같은 과정을 거친다. 시상 선어말어미 에 녹아 있는 낱말의 어근 "잇다"(있다)의 영향을 받기 때문이다.

먼저 '-거든'이란 종속접속의 조건절 어미가 이 방언에서는 1음절 로 줄어들어 '-건'으로 쓰임을 자주 관찰할 수 있다. 아래 (23다)와

(23라)와 (23마)가 아주 자연스런 발화이다.

(23다) 오건 들어보라![오-건]
  (그 사람이 오거든 그 사람에게 들어보라!)
(23라) 오랏건(왓건) 잘 들어보라![오르-앗-건, 오-앗-건]
  (그 사람이 왔거든 그 사람에게 잘 들어보라!)
(23마) 돈 가진 거 싯건 빌리랜 ᄒ라![있-건]
  (그에게 돈 가진 것이 있거든 나에게 빌리라고 그래라!)

(23다)와 (23라)는 이 방언에서 조건을 나타내는 접속어미 '-거든'이
더 줄어들어 '-건'으로 쓰일 수 있음을 보여 준다. (23다)에서는 '오다'
의 어간이 '오-'인데, (23라)에서는 시상 선어말어미와 통합되자 갑자
기 '오르-'로 나왔다. (23라)에서 '오랏건'[10] 대신 '왓건'으로 말해도

---

10) 이 책을 내면서 새로 덧붙인다. 이 방언에서는 특이하게 '오다, 가다'라는 동사에 유음
이 깃들어 있다. 아직 아무도 이런 사실에 주목한 바 없다. 그렇지만 이 방언에 가까운
모종의 언어에서도 '오다, 가다'에 유음이 관찰되는지를 유의하면서 살펴볼 필요가 있
을 듯하다. 만일 명령 서법으로 '오다(to come)'를 활용시키면, "느(너) 이레(이리로)
오라!" 또는 "느 이레 와!"라고 말할 수 있다. 만일 이 두 가지 활용이 동일한 어미
형태소 '-아'를 쓰고 있다면, 반말투 종결어미가 명령의 어투(수행 억양)를 지니고서
쓰이는 것일 수 있다. 이런 시각에서는 '오다'의 어간인 '오르-'와 '오-'가 이 방언 화자
의 머릿속에 나란히 들어 있는 것이다. 최명옥(1985) "변칙 용언의 음운현상에 대하여",
『국어학』 제14집(태학사)에서는 자연음운론에 기대어 복수의 어간이 나란히 머릿속에
들어 있다고 상정하였다. 필자도 이런 처리 방식을 따른다.
  만일 높여야 할 상대방에게 청유 또는 명령을 할 경우에는 '-으시-'를 수반하거나
그렇지 않은 상태에서 '-읍서'를 써서 "이레(이리로) 옵서!, 오십서!"라고 한다. 하나의
어간 '오-'만 나오며, 다른 어간 '오르-'를 써서 "*오릅서!, *오르십서!"라고는 결코
말하지 않는다. 아마 이미 '오르다, 올르다(to climb up)'라는 어간이 쓰이고 있으며,
이것들의 표면형인 "오릅서!, 올릅서!, 오르십서!, 올르십서!"와 소리값이 같기 때문에,
'오르-' 어간을 회피하고 오직 '오-'만 선택했을 가능성이 있다.
  그런데 필자가 어렸을 적에 선친으로부터 자주 듣던 '집에 돌아가자'는 표현이 항상
"집의 글라!"였었다. '글라'라는 표면형도 특이하지만 이를 분석하는 일도 쉽지 않다.
제주문화예술재단 엮음(2009)『개정증보 제주어 사전』(제주특별자치도)에는 항목으로
올라 있지도 않다. 원형을 어떻게 잡을지 결정하지 못했기 때문으로 보인다. 송상조
엮음(2007)『제주말 큰사전』(한국문화사)에서는 '글다'를 이 동사의 원형으로 올려 놓
고 있으며, 존대해야 할 상대방에게는 "글읍서!"라고 말하고 말을 내려도 될 상대에게
는 "글어!"라고 말한다고 함께 적어 놓았다.
  그렇지만 주의할 점은 이 동사의 어간은 언제나 청유 또는 명령의 서법으로만 쓰이

수용된다. 수의적 교체이기 때문이다. {-으크-}(-겠-)나 {-으커}(-을 것이)가 없이도 어간에 직접 접속어미가 붙어 조건을 나타낼 수 있다. {-으커건}과 {-건}이 모두 이 방언에서 조건을 나타내고 있다. 후자는 '죽건, 잡건, 싯건'(죽거든, 잡거든, 있거든)과 같이 약모음 '으'가 없는 종속접속 구문의 조건 어미이다. 종속접속절에 나오는 조건 어미 {-거든}은 무표적인 다른 조건 어미 {-으민, -으문}(-으면)과 비교하여

며, 다른 서법에서는 오직 '가다'를 이용한다는 언어 사실이다. 이런 때문에 동사 원형을 결정하기가 쉽지 않다. 필자의 직관이 옳다면 '글라!' 그 자체가 사전의 낱말 항목으로 올라갈 만하다. 송상조(2007: 512쪽)에서는 '글라'는 원형으로 '글다'를 항목으로 상정하였다. 그렇지만 원형 '오다'는 낱말 항목으로 올라 있지 않고, 대신 청유 또는 명령 서법의 활용형 '오라!'를 낱말 항목으로 올려 놓았다. 이는 일관된 처리 방식을 적용하기 쉽지 않았음을 짐작케 한다. 문제는 '글라!'를 어떻게 분석해야 할지에 모아진다.

(1) '잡다(to grasp)'를 명령 서법으로 말하면, "잡으라!"로 말하기 때문에, 만일 '-으라'는 명령 또는 청유 서법의 종결어미로 보아, 통합시킬 경우에 문제가 생긴다. 어간 '글-'이 약모음과 통합되므로 '*글으라'가 기대되거나 또는 유음의 중복됨으로써 '*글르라'가 나올 만하다. 그렇지만 이것들이 모두 다 잘못된 표면형이다.

(2) 만일 '오다'의 다른 어간을 '오르-'로 상정했듯이, 이것도 역시 '그르-'로 상정할 만하다. 그렇다면 종결어미 '-으라'와 결합할 때에 약모음이 먼저 탈락하고, '그르라'를 거쳐서, 이 방언에서 유음이 복사되어 중복되는 일을 따라서(고재환 외 2014 『제주어 표기법 해설』 제주발전연구원, 131쪽의 이하와 241쪽을 보기 바람) '*글르라'가 표면형으로 도출될 것이다. 이것 또한 이 방언의 모습이 아니다.

(3) '오라'를 어간 '오르-'와 반말투 종결어미 '-아'의 통합으로 보았듯이, '글라!'에서도 어간 '그르-'가 있고, 반말투 종결어미 '-아'가 통합되면 음절 재조정에 따라서 '그라'가 나오겠는데, 이것에 다시 유음 복사가 일어나서 '글라'로 표면화된다고 볼 수도 있다. 앞에서 제시한 방식보다 표면 모습이 이 방언에서 관찰되는 것이기 때문에 가능성이 높다.

(4) 그렇지만 이 형식은 다시 왜 '글라, 글어, 글읍서'로 변동하는지를 설명해야 한다. 이 중에 '글어'라는 표면형을 설명할 수 없다는 점에서 문제가 생긴다. 하나는 양성 모음의 종결어미 '-아'가 통합되고, 다른 하나는 음성 모음의 종결어미 '-어'가 통합되기 때문이다. 예외적으로 어간 '글'에 있는 '으' 모음이 우연히 양성 모음이나 음성 모음을 통합시킨다고 치부하더라도, 여전히 문제가 남아 있다. '글어'는 절대로 '*글러!'가 될 수 없기 때문이다. 아마 '옳다, 그르다'의 활용형식이 이미 '글러먹엇다!, 글럿어!'와 같이 동일한 소리값이 주어져 있기 때문에, 이를 회피하기 위한 다른 선택지라고 지정하여 회피 방식을 제시할지도 모를 일이다.

현재 필자의 생각으로는 (3)이 가장 가능성이 높을 듯하다. '오다'의 경우에 두 가지 어간 '오르-, 오-'을 갖고 있듯이, '그르-, 글-'을 갖고 있을 법하다. '그르-'가 반말투 종결어미 '-아'와 통합되면 도출 과정에서 '그르+아'에서 음절 재조정을 거쳐 중간 단계의 '그라'가 나오며 이것이 다시 유음 반복이 일어나 '글라'로 표면화되는 것이다. 그렇지 않고 1음절 어간 '글-'은, 음성 모음과 통합되어 '-어'로 실현될 가능성이 있지 않을까 의심해 본다. '가다'의 경우는 청유 또는 명령으로 해석되는 경우를 제외한 다른 환경에서 쓰이며, 특별히 다른 조건이 없다.

좀 더 유표적이다. 김지홍(2020: 714쪽)에서는 선행하는 종속절이 발화 시점에서 상정되는 현장 또는 현실세계에서 청자가 직접적 또는 간접적으로 확인할 수 있어야 하고, 따라서 청자로서는 그 사건을 추체험할 수 있다는 딸림 속뜻이 깃들어 있다고 파악하였다. 자세한 논의는 김지홍(2020: 제6장 2절)을 보기 바란다.

{-으커건}의 첫 모음은 이 방언의 관형형 어미 '-읋'(-을)의 흔적으로 보이며, 이것이 '문법소 히읗'과 결합하여 뒤에 오는 평음을 격음으로 만들어 놓은 뒤에 받침 리을이 탈락된 결과로 보인다. {-으커건}도 음운론적 변이형태로서 {-이커건}이 관찰된다. 이 또한 시상 선어말 어미에 녹아 있는 '있다'의 어근에 이끌린 동화로 판단된다. 이것들이 비록 형태소의 통합 요소가 다르지만, 결과적으로는 「아직 일어나지 않은 일이나 사태를 조건으로 제시한다」는 점에서, 의미상 공통 기반을 갖고 있다. 다시 말하여, (23가)와 (23나)는 일부 외연의미를 공유하는 셈이다. 형태소의 통합이 다른 만큼 각자의 고유한 몫이 더해짐으로써 서로 다른 내포의미를 상정할 수 있을 듯하다.

이 방언의 양태 형태소 {-으크-}와 관련하여 가장 어려운 대목이 계열관계를 보이는 듯한 환경이 212쪽에서 언급한 대로 세 가지가 있다.

(가) '-으크라'
(나) '-으키어'
(다) '-으커라'

만일 (다) '-으커라'의 기본 표상을 '-읋 거#이라'에서 도출됨을 보여줌으로써, 이것이 관형형어미와 형식명사 '-을 것'에 계사의 반말투 활용어미가 통합된 것으로 상정하여, 이를 {-으크-}의 논의에서 일단 제외할 수 있다. 만일 이런 일이 불가능하다면, (다)를 놓고서 남은 가능성은 양태 형태소 '-으크-'에 종결어미 '-어라'가 통합되었다고 봐야 한다. 이때에 양태 형태소 {-으크-}의 두 번째 음절에 있는 '으'는 모음으로 시작되는 어미와 통합되면서 음절 재구성이 일어나서 탈락된다고 봐야 한다. 이런 후자의 접근에서는 적어도 이 방언에서 양태 형태소 {-으크-}와 관련하여 여기 통합될 수 있는 종결어미가 적어도 '-라, -이어, -어라'가 있다고 기술(서술)해 놓아야 한다. 그렇지만 이들 종결어미가 모두 다 똑같이 행동하는 것일까? 그렇지 않다. 먼저 '-어라'를 여느 종결어미로 보더라도, '-이어'와 차이점이 관찰되는 환경이 있다. 청자를 대우하지 않거나 대우하는 화용첨사가 모두 다 붙을 수 있다. 가령,

  '-으커라게'[평대 화용첨사]
  '-으커라마씀'[청자 대우 화용첨사]

이 그러하다. 마주한 청자를 대우하는 화용첨사 '마씀'이 통합되는 환경은, 전형적으로 반말투에서 가능한 것이다(김지홍 2014: 161쪽 이하, 381쪽 이하를 보기 바람). 이와는 달리, '이어'는 오직 대우 자질이 없이 청자에게 통보하는 내용을 받아들이도록 촉구하는 화용첨사 '게'만이 통합될 수 있을 뿐이다.

  '-으키어게'
  '*-으키어마씀'

청자를 대우하는 화용첨사가 이렇게 통합될 수 없음은 곧 '-이어'가 「고유한 서술 서법의 종결어미」임을 단정할 수 있도록 해 준다.
  그런데 일반적으로 종결어미 '-어라'는 시상 선어말어미와도 통합될 수 있으며, 더구나 두 개의 종결어미가 융합된 복합 형식이므로,

언제든지 선행한 종결어미 하나만으로도 발화 또는 문장이 종결될 수 있다. 이런 측면을 다음 사례들을 놓고서 살펴보기로 한다.

    (i) 가 : 이∅ 밥∅ 먹없어라 (그 아이가 밥을 먹고 있더라)
    (ii) 가 : 이∅ 학교∅ 갓어라 (그 아이가 학교에 갔더라)
    (iii) 가 : 이∅ 밥∅ 먹없어 (그 아이가 밥을 먹고 있어)
    (iv) 가 : 이∅ 학교∅ 갓어 (그 아이가 학교에 갔어)

예문 (i , ii)에서는 시상 선어말어미 '-없- vs. -앗-'에 어미 형태소 '-어라'가 통합되어 있다. 그렇지만 예문 (iii, iv)에서는 시상 선어말어미에 오직 종결어미 '-어'만이 통합되어 있다. 여기서 현평효(1985)에서는 '-어라'를 잘못 분석하여 회상의 선어말어미와 종결어미로 여긴 적이 있다. 필자는 앞의 예문들이 동일한 기반을 갖고 있다고 보는데, (iii, iv)의 형상에 다시 종결어미 '-라'가 융합되어 있는 것이다. 여기서 '-어라'는 융합된 복합형식의 종결어미이므로, 앞선 종결어미 하나만으로도 문장 또는 발화가 끝날 수 있는 것이다.

그렇지만 256쪽의 (다) '-으커라'는 앞의 사례들에서와 같이 결코 '*-으커'로 종결되지 못한다. 그렇다면 융합된 복합형식의 종결어미 '-어라'가 아닌 것이다.

그렇다면 이 통합체를 어떻게 분석할 수 있는 것일까? 형태론적 측면에서 '-어라'가 명령형 종결어미 '-거라'의 변이형태로 상정될 수 있다. 그렇지만 (다) '-으커라'는 명령 서법의 활용이 아니며, 서술 단정하는 서법이다. 명령형 종결어미는 이 통합체와 무관하다.

만일 '-어라'가 여느 종결어미가 아니라면, 형태소 분석도 '-어라'가 아니라, 다른 가능성을 탐색해 봐야 한다. 필자는 256쪽의 (다)가 기본 표상에서 '-읋#거-라'(-을 거야)에서 도출되어 나오는 것으로 파악하고 있다. 그렇다고 하여 '-으커-'라는 변이형태가 있는 것도 아닌

데, 이것이 예정 사건을 가리키는 확정적 표현이기 때문이다. 확정적 표현은 만일 미래 시점에서 그 사건이 일어나지 않을 경우에 책임을 져야 하며, 신뢰성이 추락할 위험이 있다. 그렇지만 현재 단서로써 추정하는 사건은, 설령 해당 사건이 일어나지 않더라도 책임질 일은 면제되며, 제대로 관련 단서를 해독하지 못한다고 하여 체면만 깎일 뿐이다.

이 방언에서 상정되는 관형형어미의 표상인 '-읋'은 두 가지 방식으로 표면화된다. 하나는 히읗이 뒤이어진 형식명사를 격음(거센소리, 유기음)으로 만들어 주거나, 다른 하나는 히읗이 내파음으로 됨으로써 마치 사이시옷처럼 작동하여 뒤이어진 형식명사를 경음(된소리, 긴장음)으로 만들어 준다. 평음이 격음으로 바뀐 전자의 환경에서는 다시 계기적으로 받침 유음(리을 받침)이 탈락되지만, 평음이 경음으로 바뀐 후자의 환경에서는 그런 탈락이 수의적이어서 받침 유음이 탈락할 수도 있고, 남아 있을 수도 있다.

한편 오직 단일한 형태로서 {-으크-} 상정함으로써 겪어야 하는 어려움들이 있다. 이를 피하기 위하여 고영진(2021)에서는 변이형태를 지정하는 해결책을 제안했다. 필자는 공통어에서 {-겠-}이 형태가 고정된 단일한 유일 형태소인 만큼, {-으크-}도 같은 위상을 지닐 것으로 파악한다. 따라서 변이 모습들을 모두 자동적인 음운 규칙의 적용으로 돌리려고 하였다. 이와는 달리, 고영진 교수는 관련된 몇 조건들을 서술하면서 {-으크-, -으ㅋ-, -으커-}의 변이형태를 상정하였다. 필자는 '-으커-'는 예정된 미래 사건을 가리키는 '-을 것'으로부터 나온다고 보기 때문에, 필자의 주장에서는 변이형태가 아니다.

계사가 일으키는 변화와 관련해서도 고영진 교수와 의견을 달리한다. 필자는 동화가 일차적으로 「어간과 어미가 결합하는 위치」에서 일어난다고 본다. 고영진(2021: 303·308쪽)에 제시된 '버스, 가스, 트렁크'라는 명사와 문법 형태소의 결합에서, 두 가지 사항이 구분되어야 한다. 첫째, 어떤 문법상의 변동도 낱말(명사) 내부에서는 일어나지 않는다. 명사의 경계를 넘어서서 변화를 초래할 수 없기 때문이다. 둘째, 자동적인 음절 재조정 규칙의 적용이나 모음조화의 동화 따위 변화는 원칙적으로 어간과 어미가 결합하는 지점에서 일어나며, 부차적으로 좀 더 떨어진 어미에까지도 영향을 줄 수 있다. 이런 통합 방식의 차이는 어간 내부에서 무조건적인 음운 규칙의 적용을 막게 된다. 그렇지만 선어말어미 '-으크-'가 종결어미 '-이어'와 통합할 경우에는, 선어말어미와 종결어미가 모두 변동을 보일 것으로 본다. 그 과정에서 음절 재조정이 일어나는데, 양태 형태소의 끝모음 '으'가 탈락하여 '키'가 되고 나서 다시 종결어미 내부에서 동화가 일어나 표면형 '키여'로 나올 법하다. 가령,

'버스우다, 가스우다, 트렁크우다'

에서 명사의 마지막 음절의 '으'가 그대로 보존되는 까닭이 있다. 이는 명사 내부에 있는 고유한 음소이다. 명사 단위 그 자체가 음운 변화에 방벽이 되기 때문이다. 만일 이 명사가 계사와 통합한다면, 비로소 어근으로부터 어간이 된다. 바로 이 어간과 통합되는 어미가 변동이 생겨나는 일차적 영역이다. 그렇지만 계사 구문이 두 가지 명사가 나열되는 일로 말미암아 잉여적으로 취급됨으로써, 이미 생략 또는 탈락이 일어났다. 그 결과 어미의 소리값에 아무런 변화가 일어나지 않는다. 동화주가 없어졌기 때문이다. '으'로 끝난 명사에 대우를 표시하는 선어말어미 {-으우-}가 통합되더라도

'*버수다, *가수다, *트렁쿠다'

로 나오지 않는다. 그 이유가 '으'가 명사 내부의 음소이며, 명사 그

자체가 음운 변동에 대한 방벽이 되기 때문이다. 또한 계사 어간이
선어말어미와 통합되는 위치에서 변동이 일어나서 다음처럼 재음절
화될 수 있겠지만,

'*버스유다, *가스유다, *트렁크유다'

도 관찰되지 않는다. 그 이유는 동화주인 계사 어간 '이-'이 두 개의
명사구가 나열됨으로써 계사 구문이 충족되므로, 동화주인 계사 어간
이 잉여적으로 바뀔 수 있는 환경에서 이미 탈락되어 버렸기 때문이다.

3.1.4. 양태 형태소 {-으크-}와는 무관한 {-으커매}와 {-으쿠대}

이밖에도 우리는 다른 부가절의 경우에서 {-으크-}와 음성실현이
유사한 내용을 관찰할 수 있다. 소위 구속형 접속어미(연결어미)라고
불리우는 {-으커매}(-을 것이매)와 소위 설명형 접속어미(연결어미)라
고 불리우는 {-으쿠대}(-기에, -길래)에서 그러하다. 이것들은 모두 약
모음 '으'를 지니고 있다. 가령, 공통어에서 '나를 붙잡기에'라는 발화
를 이 방언에서는 "날 붙잡으쿠대"라고 말한다. 약모음 '으'의 존재도
공통어에서 적용되는 범위와 이 방언에서 적용되는 범위가 다르다.
필자의 직관적 인상으로는, 이 방언의 형태소들 중 일부(241쪽)를 제
외하고서는 대부분이 약모음을 지니고 있는 듯이 느껴진다. 좀 더 신
중하게 각 형태소들의 분포에 대한 세부 분석이 필요할 것이다.
현평효(1985: 631쪽)에서는 {-크매}를 등재시켜 이를 {-겠으니}로 풀
이하고 있다. 이것은 오류이다. 또한 기본형으로 등재시켜야 할 것은
{-크매}라기보다 오히려 {-으커매}(-을 것이매)이다(같은 책 590쪽에 있
는 {-엄시크매}도 동일한 잘못이며 {-앖이커매}로 표상되어야 함).

(24가) 난 이거 먹으커매, 진 저거 먹어![먹-을#것-이-으매]
    (나는 이것을 먹을 것이매, 자기는 저것을 먹어!)
(24나) 난 이거 먹을꺼매, 진 저거 먹어![기본 표상은 위와 같음]
(24다) 난 이거 먹으케매, 진 저거 먹어![기본 표상은 위와 같음]

(25가) 난 그듸 가커매, 늘랑 이듸 이시라![가-을#것-이-으매]
    (나는 거기에 갈 것이매, 너는 여기에 있어라!)
(25나) 난 그듸 갈꺼매, 늘랑 이듸 이시라![기본 표상은 위와 같음]
(25다) 난 그듸 가케매, 늘랑 이듸 이시라![기본 표상은 위와 같음]

예문 (24)와 (25)는 앞에서 다루었던 예문들과 그 수의적 변이 모습이
나 환경이 완벽히 일치된다. 관형형어미 {-읋}(-을)이 있고, 이 뒤에
형식명사 {거}와 계사가 이어져 있는 것이다. 따라서 이들 형태소 결
합에서 {-으크-}(-겠-)의 요소를 추출할 수는 없다.

    그런데 이 환경에 {-으크-}를 집어넣어서 새로 문장을 구성할 수
있음도 앞의 예들과 동일하다. 이런 사실도 현평효(1985)의 분석이 오
류임을 드러낸다.

(26가) 난 이듸 잡으크커매, 늘랑 그듸 잡으라![잡-으크-을#것-이-으매]
    (나는 여기 잡겠을 것이매, 너는 그곳을 잡아라!)
(26나) 나가 그 밥 먹으크커매, 가만 놔 두라![먹-으크-을#것-이-으매]
    (내가 그 밥을 먹겠을 것이매, 치우지 말고 가만히 놔 두어라!)

{-으크-}(-겠-)가 관형형어미 앞 자리에 실현되어 쓰이고 있음을 위
예문들은 잘 보여주고 있다. 만일 {-커매}의 '커'에 양태 형태소 {-으
크-}가 녹아 있는 것으로 현평효(1985)처럼 잘못 분석한다면, (26)에서
보여주는 불가해한 {*-으크-으크-}(*-겠-겠)의 연속을 설명해 주어
야 한다. 다시 말하여, 공통어에서의 통합체였다면, {*-겠-겠-}의 연

속을 보여 주는 것이다. 이런 증가 모습은 한국어의 기본 질서에서 일탈된 통합체이다. 한국어의 하위 방언으로서 이 방언에서도 {*-으크-으크-}의 통합이 있을 수 없음은 말할 것도 없다.

그렇다고 무의미한 형태소 반복이라고 말할 수도 없다. 앞에서 다루었던 사례 {-으크-으커건}에서 우리는 [겠+을 것이거든]으로 분석되어야 함을 지적한 바 있다. 현평효(1985)에서의 분석은 이것들이 또한 동일한 통사행위를 보여 준다는 사실([으크-으커] 연속)에 대해서 전혀 설명할 방도가 없게 된다. 공통어에서 대응 형식이 {-겠을 것이거든}이다. 그렇기 때문에 이 방언에서는 오직 {-으크-읋#거거든}과 같은 형상을 중심으로 하여 기본 표상을 상정하는 것이 올바르다. 결국, {-크매}를 기본형태로 놓고서, 여기서 {-으크-}를 잘못 지정했던 관찰은, 오직 소리값의 유사성에만 바탕을 둔 매우 인상적인 수준의 분석에만 머물렀던 것임을 알 수 있다. 문법 형태소의 분석은 소리값의 유사성이 중요하기보다는, 오히려 형태소들의 결합과 통합체의 형상들을 먼저 고려해야 한다. 그렇다면 {-크매}에서 {-으크-}를 지정해 놓은 일은, 초보적인 기술적 타당성마저 포착하지 못한 결과일 뿐이다. 이 글에서는 일관되게 {-을 것이매}의 기본 표상에서 문법화 과정의 결과로서 융합되어, 마치 하나의 형태소인 양 {-으커매}로 쓰인다고 파악한다.

다음으로 이 방언에서만 관찰되는 접속어미 형태소 {-으쿠대}에 대하여 검토하기로 한다. 이 형태소는 공통어 {-기에, -길래}에 대응된다. 현평효(1985: 589쪽)에서는 {-엄시쿠대}로 등록되어 있는데, 시상 형태소는 제외되어야 한다. 시상 형태소 또한 '-앖- vs. -앗-'이라는 단일 음절밖에 없으므로, 당연히 이 통합체도 '-앖-이쿠대'로 표상되어야 옳다.

현평효(1985)에서 '동작상'이란 개념은 응당 '시상'이란 개념으로 고쳐져야 옳다. 가령, "동작 그만!"이란 군대 명령에서 시사받듯이, '동작'이 오직 자유의지를 지니고서 스스로 움직임을 일으키는 사람에게만 적용되기 때문이다.

"날이 붉았저"
(날이 밝고 있다)

에서 주어 '날'은 결과 상태로서, 그 상황이 무생물로 분류될 수 있다. 날을 밝게 해 주는 '해'는 결코 자유의지를 지니고서 동작하는 것이 아니다. 다만 인과율을 따를 뿐이며, 지구의 자전으로 인해 우리에게는 해가 뜨는 것처럼 보일 뿐이다. 만일 무생물이라고 하더라도, 인간이 만든 기계들은 '작동'을 한다. '해'는 생물도 아니고, 기계도 아니다. '날이 밝음'은 지구 자전의 결과로서 변화된 결과 상태일 뿐이다. 무생물의 사건 진행을 가리켜 주기 위하여, 국어학계에서 '시상'(시점뿐만 아니라 폭을 지닌 사건까지 가리킴)이란 용어를 일반적으로 쓴다. 이 방언에서도 '시상'이란 용어가 생물과 기계와 무생물로서 임의의 결과 상태에까지도 포괄하게 되므로 더욱더 핵심을 붙들어 놓는다.

더구나 현평효(1985)에서는 '존속상'이라는 용어를 모순되게 쓰고 있다. 그곳에서 논의된 "완료 존속상, 미완료 존속상"은 그 자체로 자가 당착이다. 점적인 존재로서 반드시 시점이 주어져야만, 다시 그 사건의 결과로서 임의의 상태가 지속되든지 존속될 수 있기 때문이다. 그렇지만 완료상이나 미완료상은 시점(time point)의 개념이 아니다. 이미 시폭(duration of time)을 지닌 개념이다. 그 속에 이미 지속이나 존속의 뜻이 들어가 있는 것이다.

이 방언에서 관찰되는 시상 형태소를 {-암시-, -아시-}로 잘못 분석하였는데, 제2음절에 있는 '시'를 "있다"에서 나온 것으로 착각하였던 것이다. "있다"가 존속을 가리키므로, 시폭을 지닌 상(相)의 개념을 고려하지 않은 채, 인상적으로 '존속상'이라고 시폭을 지닌 상의 개념에다 중언부언 덧붙여 놓았던 것이다. 필자는 시상 형태소가 엄격히 {-앖- vs. -앗-}이라고 본다. 뒤따르는 제2음절은 이 방언에서 많은 어미들이 지니고 있는 약모음 '으'가 전설화된 결과에 불과하다. 전설화를 시켜 주는 동화 주체는 시상 선어말어미 '-앖- vs. -앗-' 속에 녹아 있는 "있다"로 본다. '잡다'를 조건 접속어미로 말하면 "잡으민, 잡으문"(잡으면)이라고 쓴다. 그렇지만 이것이 시상 선어말어미와 통합될 경우에는 당연히 약모음에 전설화가 일어나서 "잡앖이민, 잡앗이민"으로 나오거나, "잡앖이문, 잡앗이문"으로 표면화된다. 이런 중요한 언어 사실은 필자는 김지홍(2014)를 거쳐 김지홍(2020)에서 분명하게 확정할 수 있었다. 첫 단추가 잘못 끼워져 있어서, 뒷사람의 연구에까지 미치는 왜곡이나 편견을 극복하는 일이 만만치 않았다.

각설하여, 시상 형태소는 문법 규칙으로 당연히 도입되는 것이므로, 문법 형태소를 다루려면 이 시상 형태소를 제외한 형태소 {-으쿠대}가 독립된 목록으로 올라 있어야 한다. 이 형태소가 복합적인지 아니면 단일한 것인지 여부에 대해서도 깊이 따져 보아야 할 것이지만, 필자로서는 비교 가능한 다른 통합체를 찾지 못하였기 때문에, 현재로서는 단일 형태소처럼 간주하고 있다.

> (27가) 지 혼차 먹으쿠대, 욕을 해 줫주.[먹-으쿠대]
> (자기 혼자 먹기에, 욕을 해 주었지.)
> (27나) 나가젠 ᄒ엾이쿠대, 기다리랜 굴앗저.[하여-없-으쿠대]
> (나가려고 하고 있기에, 기다리라고 말하였지.)
> (27다) 일 다 끝내엇이쿠대, 데령으네 오랏이네.[끝내-엇-으쿠대]
> (일을 다 끝내어 있기에, 데리고 와 있단다.)

{-으쿠대}에서 일차적으로 {-으크-}와 음성형식이 유사함을 발견한다. 그렇지만 이런 소리값이 비슷하다고 하더라도, 같은 형태소임을

보장해 주는 것은 아니다. 양태 형태소 {-으크-}가 다음에서처럼 {-으쿠대}와 통합될 수 있기 때문이다.

(27라) 소님이 가크쿠대, ᄒᆞ꼼 더 놀앖입센 햇수다.[가-으크-으쿠대]
(손님이 가겠기에, 조금 더 놀고 계시라고 말하였습니다.)

(27마) 강생이 ᄃᆞᆯ아나크쿠대, 꽁꽁 묶어놘마씀.[달아나-으크-으쿠대]
(강아지가 달아나겠기에, 미리 꽁꽁 묶어놓았어요.)

그렇다면 양태 형태소 {-으크-}가 반복되어 중가 형태소로 될 수 없다는 언어 사실에 근거하여, {-으쿠대}로부터도 양태 형태소 {-으크-}를 찾아낼 수 없음을 결론지을 수 있다. 현평효(1985)에서의 주장을 받아들인다면, (27라)와 (27마)는 양태 형태소 {*-으크-으크-}(*-겠-겠)의 중가 형태소라고 지정할 수밖에 없다. 그렇지만 이런 중가 형식은 한국어 질서에서 찾을 수 없다. 양태 형태소가 무의미하게 중첩될 리 없는 것이다. 따라서 잘못된 해석일 뿐이다. 이 방언이 한국어의 하위 방언임을 전제로 한다면, 공통어와의 대비를 통하여 이런 잘못된 해석은 처음에서부터 저지될 수 있었을 것이다.

{-으쿠대}(-기에, -길래)와 대비될 수 있는 형태소로 제주 방언에서는 또한 {-근테}가 쓰이고 있음만을 지적해 둔다. 가령 "가크근테"(가겠길래)와 같이 통합된다. 외견상 복합 형태소로 보이지만, 필자의 직관이 미치지 않는 형식이다. 송상조(2007: 745쪽 이하) 『제주말 큰사전』(한국문화사)에는 '-곤테, -관테, -권테, -권' 따위도 올라 있다. 모두 다 필자가 처음 접한다. 따라서 필자의 언어 직관이 적용되지 않는 변이형태들로서 따로 논의할 수 없음만 적어 둔다.

후행절이 담화상의 환경에 따라 생략이 될 때(서정목 1988), 인용을 나타내는 인용 구문에서 '으쿠대'와 유사한 음성실현을 관찰할 수 있다. 그러나 이는 {-으크-으우-다}(-겠-습니-다)라는 종결어미 형식이 내포 구문 속에 실현된 것으로서, 하등 {-으쿠대}와 비교될 근거는 찾을 수 없다. 복합 구문으로서 내포 구문의 통합체 및 단순 구문으로서의 형태소 배열에는 서로 차이가 있기 때문이다.

(28가) 먹으쿠다.[먹-으크-으우-다]
        (먹겠습니다.)
(28나) 먹으쿠댄마씀.[먹-으크-으우-다-이엔/-인 말씀입니다]
        (먹겠습니다고요.)

그리고 이 방언에서 시상 및 양태의 자질까지 품고 있는 접속어미 {-아네 vs. -아그네}가 있다. 이는 공통어에서 {-아서}와 대응될 수 있겠지만, 이 방언에서도 이 형태소가 그대로 담화 전개 과정에서 쓰이고 있음을 관찰할 수 있다. 왜냐하면 이 방언에서만 발달한 화용적인 보조사로서 '-을랑, -을라그네'(중세국어는 정연찬 1984에서는 대제격 '을+은'으로 봄) 따위와 복합 형식을 구성할 수 있기 때문이다. 가령, '-아설랑, -아설라그네, -아설랑으네'와 같은 변이 모습들도 1980년 초반에 채록되고 발간된 이 방언의 설화 자료에 들어 있는 것이다.

　그런데 이 계열의 형태소(공통어의 {-아서}로 대응됨)에는 {-으크-}가 통합될 수 없음을 지적해 두기로 한다. 공통어의 일부에서는, 그리고 접속어미의 변화 과정으로 추정되는 경우로서, {-어서} 앞에 시상을 나타내는 형태소와 양태 형태소가 통합된다(임홍빈 1984: 158쪽; 김지홍 1982: 24쪽의 각주 18을 보기 바람), 그런데 공통어에서 일부 관찰된다는 통합체

　{-았어서, -겠어서}

와 대응할 법한 이 방언에서의 통합체

{*-앗-안, *-으크-안}

은 필자의 직관으로도 비문이며, 채록 자료에서도 찾아지지 않는다. 제주 방언에서의 통합 불가능성이, 한국어 전반의 무표적 사실과 일치되는 듯하다. 아마도 시상과 통합된 모습은 매우 유표적으로 일부의 계층과 지역에서만 관찰되는 것으로 보이며, 의미자질도 사건의 순차적 연결이 아니라 '원인이나 이유'의 뜻으로 치우치는 듯하다.

또한 공통어에서 소위 강세보조사 {야} 뒤에 {-겠-}의 통합이 가능하듯이(안명철 1990), 제주 방언에서도 이런 통합이 가능하다. 가령,

"먹어사켜"[먹-어사-으크-이어](먹어야겠어)

와 같다. 이는 동일하게 개연성 양태를 지닌 종결어미 '-주'와 통합된 "먹어사주"(먹어야지)와 서로 비교·검토될 필요가 있음만 적어 둔다.

3.2. 문종결 위치의 경우

앞의 논의에서는 비종결 위치의 사례들을 놓고서 {-으크-}의 형태소가 실현되었다고 잘못 파악한 현평효(1985)의 주장을 검토하였다. 분석의 오류를 낳았던 밑바닥에는, 관형형 어미 '-을'의 존재(어말의 'ㄹ')를 파악하지 못했고, 이 방언에서 관형형 어미와 명사 요소 사이에서 관찰되는 '문법소 히읗'(사이시옷과 같은 기능을 함)에 대한 이해가 없었기 때문이었다. 유음의 탈락현상에 대한 포괄적이고 정밀한 기술, 그리고 그러한 탈락의 동기에 대하여 설명의 원리를 마련하는 작업은, 이 방언의 연구에서도 매우 중요한 과제이다. 공통어의 논의로서 「유음 탈락 규칙이 언제 적용되어야 하는지」도 함께 다룬 이병근(1981)에서 많은 내용을 배울 수 있다.

문종결 위치에서는 의문법의 경우와 비의문법의 경우로 나누어 살피기로 한다. 단, 후자는 이 글에서 이 방언의 자료를 묶기 위하여 서술 서법과 감탄 서법을 싸안은 상의어로 쓰고 있다. 의문법의 경우에, 이 방언에 대한 이전의 연구에서

{-옳가?, -옳것가?, -옳것인가?}

와 같은 형태소들의 통합관계를 제대로 파악하지 못하였다. 이것은 이 방언에서 자주 쓰이는 복합 형태소에 대한 분석을 제대로 진행하지 못하도록 막아 버리는 큰 걸림돌이다. 개인적으로 필자는 이것이 제일 큰 오류라고 본다. 이런 형태소들의 통합체는 이 방언에서

{-으카?, -으컷가?, -으컨가?}

와 같이 실현된다. 그렇지만 이것이 분석 불가능한 단일 형태소가 아니다. 심층에서 더 분석하여 낱낱이 문법화되기 이전의 기본 표상을 마련해 놓아야 한다.

그렇지만 이런 복합 형식의 구조를 제대로 이해하지 못하였기 때문에, 이것들의 표면적인 실현 모습에서 양태 형태소 {-으크-}를 분석하려고 하였던 것이다. 이런 오류는 현평효(1985: 94쪽 예문 59의 분석과 115쪽)를 보기 바란다. 단, 이남덕에서는 미리 통합체에 대한 구조를 고려하였기 때문에 복합 형식으로 파악할 수 있었고, 따라서 이런 오류나 실수를 피할 수 있었던 것으로 평가된다.

논의의 순서를 세 부분으로 나누겠다. 첫 번째로 의문법에서 형태소 분석을 잘못 시행한 경우를 다룬다. 다음에 의문법에서 양태 형태소가 통합되는 환경을 살핀다. 마지막으로 비의문법 종결 위치에서 관찰되는 양태 형태소에 대하여 살핀다.

3.2.1. 의문법에서 빈발하는 형태소 분석의 오류

3.2.1.1. 현평효(1985)에서의 주장은 의문법이 실현되는 위치에서, 특히 의문 종결어미 {-가?}로 끝나는 형상에서, 잘못 분석된 사례가 허다히 발견된다. 이는 한국어의 공통된 질서를 백안시함으로써 귀결되는 필연적 사태이다. 그렇지만 이 방언을 모어로 하지 않더라도, 공통어와의 관련성을 고려하면서 이 방언의 표면형들을 살핀 다른 연구에서는 이런 오류가 저질러지지 않았다. 이런 대조적 측면은 이 방언의 연구에 언제나 한국어의 기본 형상을 염두에 두고 살펴보아야 한다는 중요한 시사점을 담고 있다. 이 의문 종결어미 형태소 앞에는 반드시 '문법소 히읗'이 주어진다. 이 방언에서는 고유하게 관형형어미와 함께 '-읋'처럼 주어져 있어야 한다. 문법소 히읗은 국어사에서 거론되는 사이시옷에 대응됨([-을-ㅅ-가?])을 이미 248쪽 이하에서 살펴본 바 있다(248쪽의 각주 8을 보기 바람).

> (29가) 나도 가카?[가-읋-가?]
>   (나도 갈까?)
> (29나) 가 : 이 좀 잢이카?[자-앖-읋-가?]
>   (그 아이가 잠을 자고 있을까?)
> (29다) 그거 먹엇이카?[먹-엇-읋-가?]
>   (그것을 먹어 있을까/먹었을까?)

현평효(1985)에서는 예문 (29)에서 관찰되는 표면 음성형 '-카?'를 양태 형태소와 종결어미 형태소의 통합체로 보았다. 즉, [ㅋ-아?]로 보았지만, 이는 명백한 오류이다. (29) 예문에서 관찰되는 '-카?'는 공통어 형태소 '-까?'에 대응하는 요소에 지나지 않는다.

이 형태소에 대한 기저형의 모습은 이 방언이든지 한국어에서이든지 공통되게 {-가?}로 설정된다. 만일 일부러 부당하게 이 방언의 자료를 비틀어서 왜곡하려고 하지 않는다면, 이 방언의 단일한 기본 형상을 나타내든지, 아니면 둘 이상 형태소의 복합된 모습을 보이든지 간에, 공통어의 기본 형상을 늘 염두에 두면서 비교 검토하지 않을 수 없다. 만일 이 방언을 한국어가 아니라고 터무니 없는 주장을 하거나, 또는 한국어가 아닌 '제주어'라고 왜곡한다면, 아무렇게나 기본 형태소를 잡아도 할 말이 없다. 그런 주장을 하는 이들이 제멋대로 임의의 자연언어를 창작할 수도 있기 때문이다.

그렇지만, 한 언어의 체계에서 찾아지는 전반적인 유연성을 토대로 하여 해당 언어에 대한 문법 규칙을 세우려고 한다면, 어떻게 한국어의 하위방언으로서 공통어의 질서를 고려하지 않을 수 있을 것인가? 계량적 수치로만 제시하더라도, 이 방언의 자료는 90% 이상 공통어의 모습을 그대로 담고 있을 것이다. 아주 소수의 특색이 자주 빈출됨으로써, 인상적으로 다르다는 느낌의 강도를 좀 더 많이 받을 듯하지만, 이런 인상이 언어의 본질을 다르게 바꿔 버릴 수는 없는 것이다. 1980년대에 발간된 이 방언의 설화 채록 자료들을 중심으로 하여 김지홍 (2020)에서는 「복합 구문에서 관찰되는 접속어미 및 내포어미 형태소들이 모두 다 공통어의 것을 그대로 쓰지만, 여기에 더하여 이 방언에서 고유하게 발달시킨 요소도 중층적으로 같이 쓰고 있다」는 엄연한 언어 사실을 밝힌 바 있다. 문법 형태소의 이런 중층적 쓰임은 또한 다양성을 풍부하게 만들어 주는 담화 전개 전략의 일환으로 해석되어야 함을 주장하였다. 청자로 하여금 흥미를 잃고 지루하게 느끼지 않도록 하려면, 작은 영역의 담화 전개에서도 다양하게 언어 표현들이 달라져야 하는 것이다.

이 방언에서는 명백히 의문 종결을 나타내는 언어 환경에서 계사 구문으로도 이런 변동을 잘 관찰할 수 있다(395쪽 이하 참고).

(30가) 이거 느 책이가?[책-이-가?]
　　　(이것이 네 책이니?)
(30나) 이거 느 책가?[책-∅-가?]
　　　(이것이 니 책이니?)
(30다) 이거 가 : 이 책이카?[책-이-읋-가?]
　　　(이것이 그 아이의 책일까?)

(30가)와 (30다)에서는 계사의 어간 형태소가 표면에 실현되어 있다. 그렇지만 (30나)에서는 표면 음성형에 계사 형태소가 나타나 있지 않다. 기저에 계사가 있었으나 표면으로 도출되면서 탈락이 되었는지, 그렇지 않으면 의문종결 형태소가 직접 명사에 통합되는지에 대해서 결정이 이뤄져야 한다. 계사의 어간이 탈락된다고 보는 쪽에서는 마치 조사와 같은 행태를 보인다고 여겨, 이를 '서술격 조사'라고 불렀다. 그렇지만 계사 어간이 늘 탈락되는 것이 아님은 계사 구성이 관형형 어미와 통합될 경우를 통해 확인할 수 있다.

"학생인 철수, 신사인 동수"

는 기본 형상이

"[[e_i 학생-이-]-은] 철수_i"

처럼 표상된다. 아랫첨자로 표시된 같은 지표 'i'는 해석 과정에 관여하게 된다. 여기서는 계사 어간이 절대로 생략이든 탈락이든 일어날 수 없다. 왜 그러는 것일까? 단순히 일반적인 표상에서는 두 개의 명사가 병렬됨으로써 계사가 요구하는 통사적 형상이 만족되고, 이런 조건 아래 선어말어미와 문장 종결어미가 붙게 되면, 계사의 어간이 잉여적으로 파악될 수 있다. 그렇지만 관형절의 경우에는 관형형 어미 '-은'이나 '-을'이 통합되어야 하는데, 계사 어간이 없이 "학생은, 학생을"로 말한다면, 주격 조사 또는 주제 보조사로 파악하거나 대격 조사 또는 목적격 조사로 오해받게 된다. 그렇다면 약모음 '으'가 없이 받침 소리만 명사에 직접 붙는 길이 있겠는데, 명사 끝음절이 받침이 있는 경우는 불가능하고, 끝음절이 모음만 있더라도 이 역시 "신산, 신살"처럼 주제 보조사와 대격 조사로 오해받을 수 있다. 어떤 선택지에서도 계사 어간이 탈락되면 고유한 모습으로 자신의 가치를 구현해 낼 방법이 없다. 이런 조건에서는 계사 어간이 그대로 머물러 있어야 한다. 그 결과 "학생인, 신사인"과 같이 명백히 계사 어간의 탈락이 저지되고, 계사 어간에 관형형 어미가 통합됨을 확인할 수 있는 것이다. 계사 어간이 탈락한다는 일부 특성만 고려하여, 조사와 같은 행태로서 '서술격 조사'로 결정한 학교문법의 조치는 아주 잘못된 것이다. 이는 관찰 타당성도 충족시키지 못하였기 때문이다.

(30나)는 두 개의 명사구가 선조적으로 나란히 제시됨으로써, 두 가지 해석이 가능해진다. 첫째 명사구의 병렬 접속이고, 둘째 계사 구문이다. 만일 두 번째 명사구에 선어말어미와 문장 종결어미가 통합된다면, 첫 번째 가능성은 해석 조건에서 배제된다. 따라서 두 개의 명사구가 선조적으로 배열되고, 선어말어미와 문장 종결어미가 통합되어 있다면, 계사의 어간이 잉여적으로 될 수 있다. 이런 점 때문에 (30가)에서는 계사 어간이 표면에 나오더라도, 수의적으로 (30나)와 같이 탈락될 수도 있다.

모든 문법 형태소가 줄어들거나 융합되지 않은 채 그대로 원래 모습을 지닐 경우를 흔히 글말 투라고 한다. 격식을 그대로 다 준수하여 실현시키기 때문이다. 그렇지 않고 문법 형태소들이 생략되거나 탈락되는 경우를 대립적으로 입말 투라고 부른다. 입말 수행 상황이 전형적으로 청자와 화자가 마주 보고 있는 것이므로, 공유된 정보는 억제되거나 저지되고, 대신 정보 간격이 있는 것들을 중심으로 하여 언어로 표현되기 때문이다.

그런데 의문서법의 종결어미 {-가?}는 다음 (31나)의 예문과 (32)에서 다룰 사례인 {것가?}로 보건대, 직접 명사에 통합될 수 있는 성질을 본래부터 가지고 있었을 것으로 본다(338쪽 이하의 결합사례 47을 보기 바람). (30나)의 의문 종결어미 {-가?}는 결코 격음(거센 소리, 유기음) {*-카?}로 실현되지 않는다. 그러므로 관형형어미 {-을}과 사이시옷 기능의 히읗이 융합된 {-읋}이 얹힐 수 있는 계사 어간이 실현되어 있지 않은 것으로 보아야 합리적이다([-∅-가?]).

(31가) 거 : 느네 몰이가?[말-이-가?]
　　　　(그거 너(희)네 말이니?)

(31나) 거 : 느네 몰가?[말-가?]
　　　　(그거 너(희)네 말이니?)

(31다) *거 : 느네 몰카?[말-∅-읋-가?]
　　　　(*그거 너(희)네 말을까?)

(31라) 거 : 가 : 네 몰이카?[말-이-읋-가?]
　　　　(그거 그 아이네 말일까?, 걔네 말일까?)

(31가)와 (31나)는 의문 종결어미 {-가?}가 계사 뒤에 통합될 수도 있고, 직접 명사에 통합될 수도 있음을 잘 보여 준다. 국어사에서도 의문 종결어미가 명사문에 직접 통합된다고 보았다(이기문 1972: 169쪽 이하 및 안병희 1967: 257쪽 이하를 보기 바람). (31다)와 (31라)를 비교할 때에, (31다)가 비문법적인 까닭은 관형형어미 {-읋}(-을)이 직접 명사에 통합될 수 없는 데에서 말미암는다. 만일 (31라)처럼 반드시 명사를 동사로 바꿀 수 있는 계사 어간의 실현이 보장되어야 {-읋}이 실현될 수 있는 것이다(관형형 어미 실현의 선결 조건임).

그렇다면 (31가, 나, 라)에서 비교되는 것처럼, 계사 어간이 실현되어 있는 경우 및 그렇지 않은 경우가 서로 동일한 의미를 받을 수 있을 것인가? 그렇지 않다. 계사가 갖는 특성 때문에 두 경우는 차이가 생긴다. 계사가 없는 경우는 상대방에게 직접 묻는 경우에만 쓰이나, 계사가 실현된 경우는 '내적 화법'(이현희 1986)에까지도 쓰인다. 곧, 후자가 직접 의문과 간접 의문에 모두 다 쓰이는 셈이다.[11]

이상에서 예문 (30)과 (31)을 통하여 의문을 나타내는 종결 형태소 {-가?}를 확립할 수 있었다. 이 형태소는 앞에 실현된 {-읋-}(-을) 때문에 {-카?}로 동화됨을 확인할 수 있었다. 그렇다면 기본 형태소의 표상이 {-으카?}로 상정되어야 함을 알 수 있는데, 이런 변화를 일으키는 본디 형상은 '-읋가?'일 수밖에 없다. 이는 곧 이 방언에서 계열관계에 놓임 직한 '-은가?'를 연상시킨다. 만일 이것들이 계열관계에 놓인 대립 짝이라면, 관형형어미가 명사구에 얹힌다는 점에서, 일단 의문 종결어미도 명사적 요소와 종결어미가 융합되어 있을 가능성을 열어 줌만 적어 두기로 한다. (29) 예문에서 관찰되는 {-카?}도 문법소 히읗에 동화되어 있는 동일한 형태소에 지나지 않는다.

---

11) 본고의 주된 논지와 관련이 없으므로 더 깊이 들어가지는 않겠다. 공통어에서도 이런 예를 종종 찾을 수 있음만 지적해 두기로 한다. "불!"과 "불이야!"는 서로 다른 상황에서 쓰인다. 계사가 없이 명사만으로 쓴 것은 주제적인 표현이다.
   "내가 요구하는 것이 담배를 붙일 수 있는 불이니까, 그 불을 빌려 달라!" 또는
   "우리가 늘 주의해야 할 것은 화재이니까, 그 불을 조심하자!"
   라고 하는 경우를 상정할 수 있겠다. 221쪽의 각주 2에서 제시한 구조로 설명하면, 이 명사는 CP의 지정어 위치(SPEC)에 해당한다.
   그러나 계사와 감탄의 형태소가 실현된 후자의 예("불이야!")는, 상황공범주에 대한 지정적인 표현임을 유의해야 한다. 화용상 주어진 어떤 상황이 있는데, 그 상황의 내용을 지정하고 통보하여 주는 것이다. 후자는 문의 구조상 IP의 내부에 위치하게 되는데, VP 가지 아래에 명사구와 동사교점이 각각 자리잡으며, 뒤쪽 C의 위치에 서법 형태소까지 자리잡는다. 이런 구조적 차이가 간접의문에 쓰이는지 여부까지도 결정하게 된다.
   필자가 이해하기로는, '내적 화법'이란 화자의 머리 속에 있는 의식 세계에 대한 언급이다. 따라서 직접 눈앞에 생생하게 제시되지 않아도 되는 속성을 지닌다. 주제 위치에 실현된 외현 명사구("불!")는, 현장성과 직접성을 전제로 한다. 그렇지만, 후자("불이야!")의 경우, 주제 위치에 실현된 상황공범주 e_i은, 전자("불!")에 비해 간접적이고 사변적일 수 있기 때문에, 서로 차이가 나는 것으로 본다.

이 동화된 형태소에다 다시 양태 형태소 {-으크-}를 실현시킬 수 있음을 아래 예문을 통해서 보이기로 한다. 이런 통합관계는 다시 한 번 {-으카?}라는 종결 형태소로부터 양태 형태소 {-으크-}를 추출해서는 오류를 범하는 것임을 명백히 보여 주는 증거 자료가 된다.12)

(32가) 가 : 이 그 밥 먹으크커카?[먹-으크-읋-것-읋가(으카)?]
　　　 (걔가 그 밥을 먹겠을것일까?/먹겠을까?)

(32나) 가 : 이 그 밥 먹으크컷까?[기본 표상은 위와 같음]

(32다) 가 : 이 그 밥 먹으크커가?[기본 표상은 위와 같음]

(32라) 가 : 이 그 밥 먹으클껏까?[기본 표상은 위와 같음]

(32마) 가 : 이 그 밥 먹으클커가?[기본 표상은 위와 같음]

(32바) 가 : 이 그 밥 먹으클커카?[기본 표상은 위와 같음]

예문 (32)를 현평효(1985)대로만 분석한다면 {*-으크-으크-으크}({*-겠-겠-겠-})라는 결과가 나온다. 이런 분석은 양태 형태소의 세 겹 중가 모습이다. 하물며 {*-으크-으크-}처럼 두 번 중가도 불가능하다 (262쪽 이하를 보기 바람). 그러하거늘 세 번의 중가 모습이야말로 더 말할 필요가 있을까?

어떻게 한 가지 양태 형태소가 여러 번 반복되면서 통합될 수 있을 것인가? 무의미한 통합체이며, 개념상으로도 그런 통합은 불가능한

---

12) {-것가?}의 형태소는 (30나)와 (31나)의 [명사구+-가?]에서처럼 형식명사 {것}에 의문을 나타내는 종결형태소 {-가?}가 통합되어 있는 것으로 보인다. 그러나 이 문제는 주된 작업이 아니므로, 본고에서는 이를 분석하지 않고 그대로 통합 형태로만 표시해 둔다. 중세국어에서도 {-것가?} 형태소를 그대로 관찰할 수 있다. 이 통합 형태소 앞에는 관형형 어미를 지닌 관형절이 주어져 있음도 흥미롭다.

(32'가) 아니 그 얼구를 傳ᄒᆞᆯ 것가?(杜初16: 36a)
(32'나) 감히 공경티 아닐 것가?(小諺3: 1b)
(32'다) 그 가히 므던히 너길 것가?(小諺5: 33a)
(32'라) ᄒᆞᄆᆞᆯ며 싀엄의게 잇거든 가히 ᄇᆞ릴 것가?(小諺5: 60a)
(32'마) 採薇도 ᄒᆞᄂᆞᆫ 것가?(成三問 首陽山)
(32'바) 山林에 뭇쳐 이셔 至樂을 모를 것가?(丁克仁 賞春曲)

것이다. 이는 초보적인 한국어의 기본 질서마저 위배하는 것이다. 그렇다면, 국어사와 다양한 방언 모습을 포함하여 한국어 논의에 대한 전반적인 고려 없이, 오직 이 방언만을 따로 떼어 두고서, 차폐된 상자 속에서 그 대상을 연구하겠다는 태도가 얼마나 무모한지를 극명하게 보여 준다. '제주어'를 떠받드는 일이 작금에 고향에서 일고 있지만, 올바른 명명과 그 이름표가 얼마나 중요한지를 깊이 자각하지 못하고 있다. 한국어의 기본 질서가 허용하지 않는 형태소들의 통합체는 이 방언에서도 저지될 뿐이다.

물론 표지에 엮은이가 '제주대학 박물관' 또는 '제주문화예술재단' 따위로 표방되어 있지만, 실질적인 편찬을 주도한 현평효 교수는 방언 사전의 이름을 '제주어'라고 고정하였다. 일제 강점 시절에 일본 교수 소창진평이 내선일체를 뒷받침하려고 이 방언을 연구하면서 '제주어'를 처음 썼었다. 그 뒤에 나비 연구로 잘 알려진 어느 분은 아무런 학문적 비판이 없이 소창의 용어를 따라 쓴 적이 있다. 그렇지만 광복 이후에 국어학계에서는 어느 누구에게서나 이 방언을 하위 방언으로 바라보는 시각이 지속되어 왔고, 언제나 '제주 방언'으로 불러왔다. 필자도 그런 시각이 올바름을 이 방언의 자료를 구체적으로 분석하고 제시하면서, 김지홍(2014, 2020)에서 지속적으로 입증해 왔다.

그렇지만 불현듯 제주도에서 발간을 지원한 『제주어 사전』에서 잘못된 용어를, 학문적 토대가 전혀 없는 채로 1995년 처음 공식화하였다. 일전에 이 방언을 소멸 위기의 언어로 등록하는 일에 관여했던 외국 학자들이 고작 인상적인 수준에서 이 방언이 한국어가 아니라는 주장을 펴기도 했었다. 아마도 이런 왜곡된 분석과 주장으로 그런 터무니 없는 결론이 촉발되었을 듯하다. 필자는 이 방언의 모어 화자로서 잘못되고 왜곡된 연구들이 끼치는 폐해를 없는 듯이 여길 수 없었다. 더 이상 왜곡된 방언 연구를 「강 건너 불 구경하듯이」 손을 놓고 있을 수 없기 때문에, 이 방언에 힘을 쏟지 못했던 일을 반성하면서,

일종의 촉박감과 절망감을 동시에 느꼈다.

2014년 이 방언의 표기 방식을 논의하는 자리에 참여하면서, 그 이후 힘 닿는 대로 이 방언의 핵심과 본질을 글로 써 오고 있다. 지금도 '제주어'라고 맹종하는 이들이 고향에 있는 듯하다. 그렇지만 조태린 (2014)에서는 그런 이들 중에서

「별개의 언어로 불러야 하는 타당한 학문적 근거를 제시한 적이 한 번도 없다」

는 사실을 날카롭게 지적한 바 있다. 오직 감성적인 토대에 호소할 뿐이다. 학문이 감성만으로는 결코 본질이 드러날 수 없다. 필자가 계속 강조해 오고 있는 이 방언의 연구 결과는, 기본적으로 「한국어 질서를 그대로 따르고 있을 뿐」이다.

(32가)에서부터 (32바)까지의 통합체 실현들은 모두 수의적 교체에 해당한다. 이러한 수의적 교체가 가능함을 설명하기 위해서도, 통합된 형태소들은 예문 옆에 제시된 모습대로 분석되어야 할 것이다. 설령, {-으크-}의 삼중 중가 모습으로 분석하는 것이 맞는다고 거짓으로 인정하더라도, 현평효(1985)에서의 기저형 설정처럼 {-ㅋ-}로부터는 다양한 교체를 설명할 방법이 전혀 없다. 그런 방언 분석은 모순을 겹으로 갖고 있는 셈이다.

{것가?}의 첫 형태소(형식명사)는 그 앞에 통합된 {-읋-}의 영향으로 격음으로도 실현될 수 있고, 경음으로도 실현될 수 있다. 격음으로 실현될 경우에는 규칙 적용을 {-ㅎ-} 요소와의 통합부터 진행해야 하고, 조건에 따라 유음탈락의 규칙을 곧 이어 적용하게 된다. (32)의 경우는 탈락 규칙이 수의적으로 적용된 사례이다. 곧, (32가, 나, 다)는 유음탈락이 적용된 표면형이고, (32마, 바)는 유음탈락 규칙이 적용되지 않고 유보된 경우이다. 경음으로 실현될 경우에는 {-ㅎ-}이 내파화되

는 규칙이 먼저 적용되고, 이 내파된 요소가 사이시옷과 변별되지 않게 됨으로써, 뒤따르는 첫 음절을 (32라)에서처럼 경음으로 동화시키게 된다. 결국 {-ㅎ-}의 적용되는 방향과 규칙이 두 가지인 셈이다. 어느 쪽으로 운용되어도 적격한 문장을 보장받는다. 혹, 적용방향의 차이로써 보수적 표면구조와 신세대의 표면구조로 나눌 수 있을지도 모르겠다. 그렇다고 하더라도, 의미상의 차이는 유발하지 않으므로, 이 글에서 분석한 내용에 모순을 가져오는 것은 아니다. 만일 격음(유기음, 거센소리)으로 나오는 것이 공통어와 다른 모습을 지녀서 좀 더 의고적이며, 보수적인 느낌을 준다면, 달리 경음(된소리)으로 나오는 것은 공통어와 동일한 질서를 따르는 것이므로 젊은 세대들의 말투에 속할 가능성이 있다.

3.2.1.2. 의문을 나타내는 종결 형태소 {-가?}의 실현을 보이는 사례들은 앞에서 본 것 이외에도 더 있다. 이 방언의 의문 서법에서 관찰되는 종결어미들은 김지홍(2014: 제3장)을 보기 바란다. 여기서는 {-은가?, -을까?, -이은가?} 등을 다루겠다. 이런 모습은 '-은 vs. -읋'이 관형형어미로서 계열관계의 짝으로 있을 개연성이 있으며, 그렇다면 '-가?, -까?'도 명사적 요소 및 종결어미로 융합되었다고 볼 만하다. 이 음절에서 자음 요소가 명사성을 품고 있고, 모음 요소가 의문 종결어미의 기반일 개연성이 있다(283쪽에서 다시 언급됨).

이들 형태소가 형식명사 {것}과도 통합되고 있다(거-은가?, 거-을까?, 거-이은가?). 이 방언에서는 공통어에서 쓰이는 입말 투의 {거}와 글말 투의 {것}이 모두 다 관찰된다. 그런데 분포와 빈도를 고려하면서 이것들 중 {거}로써 대표를 삼을 만하다. 이런 환경을 고려하지 못하고, 여전히 현평효(1985: 630쪽, 632쪽의 {-켄가?, -큰가?})에서는 잘못된 분석을 진행하였다. 아래 예문을 보면서 살펴보기로 한다(단, 기호 ':'은 모음이 줄어들면서 남겨진 보상적 장음화를 나타냄).

(33가) 가 : 이 밥 먹으컨가?[먹-읋-거-은가?]
    (개가 밥을 먹을 것인가?/먹을컨가?)
(33나) 가 : 이 밥 먹을컨가?[기본 표상은 위와 같음]
(33다) 가 : 이 밥 먹을껀가?[기본 표상은 위와 같음]

(33)은 모두 다 형식명사 {거}에 에 의문 종결어미 {-은가?}가 통합되어 있고, 약모음 '으'가 탈락되면서 표면형으로 {건가?}가 실현되어 있다. 그런데 여기서 변이 모습을 관찰할 수 있다. (33나, 다)와 같은 수의적 교체를 확인할 수 있는 것이다.

만일 (33다)가 수의적 교체형태라는 점을 잘 깨달았다면, 유기음 'ㅋ'를 양태 형태소 {-으크-}로 잘못 파악하지 않았을 것이다. 만일 {-ㅋ-}가 양태 형태소의 줄어든 모습이라면, 모두 완벽히 동일한 언어 환경에서 이것이 (33다)에서와 같이 {-ㄲ-}로 동화되기란 전혀 불가능한 것이기 때문이다. (33다)도 또한 이 방언의 실현 모습이라면, 결코 양태 형태소의 변이 모습이라고 봐서는 안 되는 것이다.

이 방언에서는 특이하게 형식명사에 선행한 관형형어미 '-을'은 이 방언에서 특이하게 '문법소 히읗'을 대동하여, '-읋'처럼 행동한다. 그 기능은 낱말 형성 때 관찰되는 '사이시옷'과 닮아 있다. 이 글에서는 '-읋'(-을)로 표기하며, 딸림 조건으로 반드시 형식명사가 통합되는 환경이 주어져야 한다. 이 문법소 히읗은 두 가지 모습으로 표면화된다 (289쪽의 예문 37에서 제시한 규칙 ① 및 ②와 동일하고, 349쪽도 동일함).

　㉠ 뒤에 있는 형식명사 '거'의 평음을 격음(유기음, 거센소리)으로 만들고
　　나서 계기적으로 유음 받침(리을 받침)이 탈락되거나,
　㉡ 내파음으로 구현됨으로써 형식명사 '거'를 경음(긴장음, 된소리)으로 만
　　들며, 유음 받침의 탈락은 수의적으로 적용된다.

㉠의 경우에는 문법소 히읗이 뒤따르는 형식명사의 평음을 격음으로 바꾸면서 계기적으로 유음 받침(리을 받침)이 의무적으로 탈락됨으로써, '-으커-'처럼 표면화된다. 따라서 이 선택지는 아마 세대간의 선호도를 반영할 것으로 느껴진다. 왜냐하면 공통어와 달리 일어난 유음 받침 탈락이 고유하게 방언다운 듯이 받아들여질 가능성이 있기 때문이다. 다시 말하여, ㉠을 선택한 표면형일수록 보수적으로 느껴지고, ㉡을 선택한 표면형일수록 젊은 세대가 많이 쓸 듯하다.

이 방언에서 쓰는 독특한 낱말로서, 1년에 한 번 돌아오는 기제사(朞祭祀) 또는 기제(朞祭)에서, 제사가 끝나고 나눠 먹는 음식을 '식게'라고 부른다(뜻이 '기일'로 확장됨). 부모 제사를 흔히 기일(朞日)이라고 부른다. 부모가 돌아가신 바로 그(其) 달(月)의 해당 날짜를 가리키는 것이다. 사용 의미가 고정되어 있었기 때문에, 굳이 부모를 덧붙이지 않더라도 그냥 '기일'이라고만 하면 당사자의 부모 제사임을 알 수 있다. 기일은 또한 '기제사'로도 불렀다. 그런데 왕숙이 쓴『공자 가어』에서 애공이 기제를 끝내고 나눈 제사 음식을 공자도 나눠 먹은 일을 이미 식제(食祭)로 표현했다. 기제사가 끝난 뒤 음식을 먹을 경우에 식기제(食朞祭)라고 말할 수 있다. 김지홍(2020: 578쪽)에서 '식게'는「식기제」가 어원 의식이 희미해짐에 따라 2음절로 줄어들었을 것으로 보았다. 공자 때 썼던 식제(食祭, 제사 음식을 먹다)는 치음이 경구개음으로 바뀌는 경우가 이 방언에서는 관찰되지 않기 때문에, 앞의 후보보다 가능성이 훨씬 더 낮다. 그런데 민간어원에서처럼 집 가(家)라고 본다면, 식가(食家)는 지금 식당(食堂)과 동일한 뜻이기 때문에, 전혀 제사와 관련될 수 없다. 한문을 새기지 못하는 어떤 이는, 조선조 때에 법으로 정한 정식 휴가인 식가(式暇)가 '식게'의 어원이라고 우긴 적이 있다. 그렇지만 법식에서 정규적으로 주는 휴가를 뜻하는 '식가'는, 자잘하게 때묻은 관복을 세탁하는 일에서부터 시작하여(상한·하한의 '빨 한[澣]'도 같은 뜻으로 확대됨), 부모의 봉양뿐만 아니라, 또한 기제사 등과 같이 여러 가지 목적을 위해 주어졌던 정규적 휴가이다. 이것이 유일하게 제사와만 관련되는 것은 아니므로, 그 본질도 모른 채 어정쩡하게 소리값이 비슷하다고 하여 둘러대는 주장에 불과하다.

그런데 그런 기제사를 지내는 집을 말할 경우에, 이 방언에서 '식게칩'과 '식게찝'이 둘 모두 다 관찰된다(251쪽의 각주 9를 보기 바람). 전자는 '식게+ㅎ+집'에서 나왔을 것이고, 후자는 문법소 히읗이 내파음으로 되면서 사이시옷처럼 뒤따르는 평음을 경음(된소리, 긴장음)으로 만들었다고 설명해야 좀 더 합리적이다. '식게찝'이 따로 '식게+ㅅ+집'에서 나왔다고 본다면, 동시에 낱말 형성에 작용하는 별개의 두 가지 후보를 상정해야 하겠지만, 이보다는 하나의 기본 표상에서 음운론적 과정으로 두 표면형을 얻는 편이 더 나을 것으로 판단한다. 다만, 경음(된소리, 긴장음)으로 발음하는 경우가 더 젊은 세대에 속할 것이라는 생각이 든다.

3.2.1.3. 다음은 {-을까?}를 실현시키고 있는 경우를 살펴보기로 한다. 이 의문 종결어미가 통합체를 이루는 환경이 둘로 나뉜다. 하나는 시상 선어말어미 '-앖-'이 나오는 경우이고, 다른 하나는 직접 어간에 통합되는 경우이다.

(34가) 어둑도록 검질 매없일껄까?[매-없-읋-거-을까?]
    (어둡도록 밭의 김을 매고 있을 걸까?)
(34나) ??어둑도록 검질 매없이컬까?[매-없-읋-거-을까?]
(34다) 어둑도록 검질 매없이커카?[매-없-읋-거-을까?]

(35가) 안 오는 거카?[거-읋가?]
    (오지 않는 걸까?)
(35나) 안 오는 걸까?[거-읋가?]

(34)는 동사 {매다} 뒤에 시상 선어말어미 {-앖-}이 통합되고, 이 뒤에 관형형어미와 문법소 히읗이 있고(-읋), 다시 형식명사 {거}가 이어져 있다. 이 통합체 뒤에 의문 종결어미 형태소 {-을까?}가 이어져 있는데, 문법화를 거쳐 융합되기 이전의 표상은 '-읋가?'로 상정된다. 이 형상에 280쪽의 규칙 ㉠이 적용되면 표면형이 (34가)로 나오며, 규칙 ㉡이 적용되면 표면형이 (34다)로 나온다. 이 방언의 표면형은 분석 불가능한 듯이 쓰는 의문 종결어미 형태소 '-을까?'가, 계열관계의 대립 짝 '-은가?'와 더불어, 관형형어미와 명사적 요소와 종결어미가 통합된 형상에서 문법화를 거쳐 융합이 일어난 것임을 드러내어 준다.

일단 형식명사 {거} 또는 {것}이 계사 어간을 매개로 하여 종결어미와 통합되는지 여부도 문제가 될 수 있겠지만, 국어사에서 알려 주는 정보와 두 개의 명사구가 병렬될 경우에 계사 어간이 탈락될 수 있는 조건이 서로 공모하여, {거}에 계사가 표면화하지 않은 채 직접 {-을까?}가 통합하여 {걸까?}로 나올 수 있다고 여기기로 한다. 이 경우에도 수의적으로 {겔까?}로도 말할 수 있겠는데, 여기서는 분명히 계사 어간의 흔적이 녹아 있음을 알 수 있다. 일단 입말 투의 형식명사 {거}에 의문법 종결어미 {-을까?}가 직접 통합되어 {걸까?}로 실현된다고 여기고, 여기에 이 방언에서는 변이모습으로서 {거카?}도 관찰됨을 먼저 지적해 둔다.

의문 종결어미 {-카}는 전형적으로 '-읋가?'라는 형상이 주어져 있어야만 도출 가능한 표면형인 것이다. 그렇다면 표면형이 '-카?'라고 특정되더라도 기본 형상을 표시하는 데에는 최소한 '-으카?'로 쓰든지, 아니면 동화를 일으키는 실상을 드러내기 위하여 '-읋가?'로도 쓸 만하다. 이는 곧바로 '-은가?'와 계열관계를 이룰 수 있다. 만일 여기서 계열관계를 이뤄 놓는 핵심이 관형형어미 '-읋 vs. -은'이라면, 의문 종결어미도 재구성될 개연성이 있다. 즉, '-가?'가 명사적 요소와 종결어미가 융합되어 있는 모습(ㄱ+아)을 상정할 가능성이다.

그런데 이 방언에서 (34가, 다)는 수의적 교체를 보인다. 필자의 직관적 느낌에 (34나)는 문법성이 의심스럽다. 그 까닭은 248쪽에서 봤던 예문 (19)에서처럼

{-읋#거-읋가?}[관형형어미 '-읋'+형식명사 '거'+종결어미 '-읋가?']

의 기본 표상에서 문법소 히읗이 서로 다른 실현 모습을 보여 주기 때문으로 보인다. 모두 동일하게 인접한 후속 자음을 격음(거센소리, 유기음)으로 만들든지, 아니면 경음(된소리, 긴장음)으로 만들든지, 하나만의 선택이 주어져야 일관적이다. 그렇지만 자동적 음운규칙으로 적용되면서 바로 인접한 언어 환경에서 서로 다른 실현을 보인다는 것이 아주 이질적으로 보이는 것이다. 다시 말하여,

"매없이컬…"[매-없-읋-거-을]
(김을 매고 있을 것을…)

이란 표현도 들을 수 있다. 이는 동사 '매다'의 어간에 시상 선어말어미와 관형형 어미와 형식 명사와 화용적 기능을 떠맡은 대격 조사 '을'이 통합되어, 마치 하나의 형태처럼 융합된 것이다. 이런 형상에서 이 방언에서 상정되는 관형형어미 {-읋}에서 문법소 히읗이 후속 자음을 거센소리로 만들면서 계기적으로 유음 받침을 탈락시키는 의무적 규칙을 적용한 결과인 것이다. 화용 기능의 대격 조사 '을'을 인허해 주는 핵어 동사는, 뒤따를 법한 말 줄임표 속에 생략되어 있겠지만, '후회한다'는 뜻이나 '기대한다'는 뜻의 동사가 상정될 수 있다.

그렇지만 (34나)에서 동일하게 자동적 규칙 적용이 일어나는 것이 아니다. 하나는 격음(거센소리, 유기음)으로 다른 하나는 경음(된소리, 긴장음)으로 실현된 것은, 무의식적으로 작동하는 자동적 음운규칙이

란 개념과 맞지 않는다. 따라서 일관된 규칙 적용을 보이지 않기 때문에, 인위적으로 가능하겠지만, 자연스런 발화에서는 (34나)가 비문법적인 것으로 취급해야 온당할 듯하다. 단, 여기서 시상 선어말어미 '-앖- vs. -앗-'에는 "있다"라는 동사의 어간이 녹아 있기 때문에, 이 방언의 관형형어미 '-읋'(-을)이 영향을 받아서 전설모음으로 바뀜으로써, 표면형에 '-앖일 거'로 나와 있는 것이다.

약모음이 반드시 전설화되어야 하는 이런 통합체의 모습은, 시상 선어말어미 '-앖- vs. -앗-'의 문법화되기 이전 모습을 추정할 수 있다는 측면에서, 그 중요성을 더 이상 강조할 수 없을 만큼 결정적이다. 필자는 국어사의 정보에 기대어 이 방언에서 '-아 잇다'가 문법화되는 일이 문헌 기록에서보다 더 먼저 일어났을 것으로 본다. 그뿐만 아니라 '-앖-'에도 "있다" 어근이 녹아 있기 때문에 시상적 자질을 성취하는 것이다. 이 또한 '-앗-'과 같이 이 형태에도 부사형어미 형태소 '-아'와 "있다"를 제외한다면, 다른 문법 형태소에서도 찾아지는 내파 순음(받침 미음)의 존재는, 시상 대립짝인 '-앗-'으로 해석되는 길을 차단하기 위해서 도입되었을 것으로 본다. 그렇지만 아직 구체적 논증을 하기에는 필자의 역량이 제대로 갖춰져 있지 않다. 일단, 현재 이 시상 형태소의 발달에는 내재적인 동기 및 형태소 전용 가능성을 염두에 두고서 고민하고 있음만 적어 둔다.

문법소가 구현되는 통합체에 대한 상정 없이, 색다르게 대격 조사 {을}에 의문 종결어미 {-을까?}가 붙는 것으로 주장할 소지도 있다. '검질 매없이쿨'(김을 매고 있을 것을)에 직접 의문 종결어미가 통합되는 것으로 주장될 수 있는 것이다. 그렇지만 {을-을까?}의 통합은 격 조사가 상위 동사의 지배에 의해 배당되는 것이므로, 대격 조사는 반드시 상위 동사에 의해 지배되어야 한다. 만일 의문 종결어미가 융합되어 있다면, 상위 동사로부터 직접 대격 요소를 지배하여 '를'을 배당하기는 불가능하다. 중간에 종결어미가 그런 지배에 대한 방벽으로 작용할 것이기 때문이다.

만일 이런 잘못된 해석으로 읽힐 가능성만 배제된다면, (34나)의 예문은 매우 유표적으로나마 틀린 것이 아니라고 여길 수도 있겠지만, 자연스런 발화로서의 자격을 지니지는 못한다. 의문형태소 {-을까?}가 {-으카}로 수의 교체될 수 있음을 예문 (34)와 (35)에서 확인하였고, 동일하게 자동적인 음운규칙 적용이 자연스럽기 때문이다.

다음으로 형식명사 {것}에 계사가 통합되어 어간의 혼적이 깃들어 있는 경우를 살펴보기로 한다. 이 구조에서 계사가 {-은가?}의 의문 종결어미와 통합되고 난 뒤, 다시 문법화의 과정을 거쳐 줄어들게 되면 {-켄가?, -껜가?}의 모습으로 나타난다. 여기서 관찰되는 '케, 께'는 앞에서 살펴본 '커, 꺼'와 소리값이 다르다. 필자는 이것이 자의적으로 달라지는 것이 아니라, 중요하게 기본 표상이 서로 다르기 때문이라고 본다. 그 까닭은 계사 어간 '이'가 녹아 있기 때문이다. 다만 계사 어간을 외현시키는지 여부에 따라 '커'와 '케'로 구분되더라도, 이것들이 의미상의 차이를 유발하는 것은 아님에도 유의해야 할 것이다.

(36가) 먹으켄가?~먹으커인가?~먹을켄가?~먹을껜가?
　　　[밥을 먹다, 먹-읋-거-이-은가?]
(36나) 매없이켄가?~매없이커인가?~매없일켄가?~매없일껜가?
　　　[김을 매다, 매-엄시-을-ㅎ-것-이-은가]

(36)의 경우에도 양태 형태소 {-으크-}가 통합되면, 각각 {-으크켄가?, -없이크켄가?}로 나올 수 있다. 따라서 의문 종결어미 형태소{-켄가?}에서 결코 양태 형태소를 추출할 수 없는 것이다. 형식명사에 계사가 통합되는 경우는, 이런 구조말고도 {-케라, -케란가}를 들 수 있다. 이들은 각각 [-읋 거-이라]와 [-읋 거-이라-은가?]의 융합된 구성으로 분석된다.

그리고 수의적으로 {-으커라, -으커란가?}로 실현됨을 지적해 두기로 한다. 이 융합 형태소도 기본 표상에서는 각각

'-읋 거이라' 및 '-읋 거이라＋은가?'

에서 나오는 것이다. 이 방언에서 비전형적 종결어미들이 다수 쓰이는데(183쪽의 영어 논문을 보기 바람), 반말투 종결어미 '-어'를 매개로 하여 융합체를 이룬다. 단, 계사에서는 김지홍(2020: 661쪽)에 있는 〈표10〉에서 처음 밝혔듯이, 계사의 반말투 형식은 '이라'이며, 일반 동사의 반말투 모습과 거울에 비친 역상을 띠고 있다. 따라서 {-으커라}는 계사 흔적을 그대로 지니고 있으므로, 공통어에서 '-을 것이야'와 1 : 1로 대응된다. 좀 더 중요한 것은 이 형식이 다시 종결어미와 통합되어 마치 하나의 융합 형식처럼 쓰일 수 있다는 점이다. {-으커라}에 다시 의문 종결어미 {-은가?}가 융합되어 있는 것이다. 이런 융합의 결과 발화시점이 그 이전 시점으로 이동하는 특징이 수반된다. {-으커라}는 발화시점에서 예상되는 사건이 발생함을 가리키고 있지만, 종결어미들의 융합 구성체인 {-으커란가?}는 현재 발화시점 이전의 과거시점으로 시점 전환이 일어나며, 그 시점 당시에 미래에 일어날 사건을 지시하는 것이다. 이런 측면은 김지홍(2014)에서부터 논의된 중요한 이 방언의 언어 사실이다.

여하튼 이 방언의 관형형어미 {-읋}이 형식명사 {거}와 통합될 경우에는 현평효(1985)에서 늘 오류를 범하고 있다. 그 이면에는 아마 이 방언만의 특이성을 강조하려는 마음이 너무 앞서 있었기 때문이라고 본다. 따라서 이 방언의 언어 사실을 관찰하고 나서, 엄격히 현상을 기술해 주어야 하는 중요한 절차를 놓쳐 버린 것이다. 이와는 달리, 이 방언을 모어로 쓰지 않더라도, 관형형어미 '-을'의 존재를 기본 표상으로 보았던 이남덕(1982: 12쪽)에서는

"{-커라}는 {-를#거라}인 것이 분명하다"

고 지적한 바 있다(단, {-으커}는 {-으커라}로 고쳐져야 좀 더 일관적임).
이는 이 글에서 필자의 주장과 그 기본 형상이 일치한다. {-으커라,
-으커란가?}에서도 양태 형태소가 통합되면, 각각 {-으크커라, -으크
커란가?}로 실현됨은 276쪽에서 살펴보았던 사례들과 동일하며, '-겠
을 것인가?'와 같이 대응되는 기본 형상을 지니고 있다. 이로써 우리
는 현평효(1985: 629쪽)에 실린 {-으커라}(-을 것이야)에 대한 분석 또
한 잘못임을 알 수 있는데, 현장의 단서를 근거로 추정을 하는 양태
형태소 {-으크-}가 아니라, 미리 짜인 계획표 또는 하느님의 전지적
관점에 따라 확정적인 예정 사건을 가리키는 '-을 것이다' 구문에 불
과하다. 결국 형태소의 분석과 확정 과정에서 이 방언의 언어 사실을
자의적으로 해석하여 오류를 저질렀음을 매듭지을 수 있다.

  3.2.1.4. 마지막으로 {-고?} 계통의 의문법을 살피기로 한다. 이 형
태소도 예외없이 변이모습으로 격음(유기음, 거센소리) '-코?'로 나타
난다. 그렇다면 앞에서 이 방언에서 관찰되는 변이를 보이는 동화 주
체를 추적한 논의처럼, 관형형어미 '-읋'이 당연히 주어져 있어야 한
다. 이에 따라 '-읋고?'라는 표상에서 도출됨을 매듭지을 수 있으며,
여기에서도 계열관계의 대립 짝으로서 이 방언의 자료는 '-은고?'를
잘 보여 준다. 앞에서 '-읋가? vs. -은가?'의 대립 짝을 언급하였듯이,
'-읋고? vs. -은고?'의 대립 짝을 확인할 수 있다. 의문 종결어미 '-
고?'도 자음 요소에는 명사성이 깃들어 있고, 모음 요소에는 의문 종
결어미가 녹아 있는 듯이 느껴진다.
  여기서 시상 선어말어미 '-앖- vs. -앗-'과 통합체를 이루는 경우에
는 선어말어미 속에 녹아 있는 문법화 이전의 "있다" 어근에 영향을
받아, 자연스럽게 전설화가 일어나 '-읧고?'로 변한다. 그렇지 않은

경우는

"뭘 먹으코?"
(무엇을 먹을꼬?)

에서와 같이 전설화되지 않은 채 그대로 관형형어미의 모음 소리값을
보존하게 된다. 일관되게 격음화(거센소리로 발음되기) 조건을 고려하
는 융합형태에 대한 이 글의 기본 표상 설정은, 이 방언의 분석에서
한두 경우에 그치지 않고, 전반적이며 또한 일반적임을 확인할 수 있
는 것이다. 이런 기본적인 모습의 형상은 한국어에 공통적인 것이며,
이 방언에서도 그런 질서를 그대로 따르고 있는 것임을 알 수 있다.

　　(37가) 뭐 먹없이코?[먹-없-읇-고?]
　　　　　(뭘 먹고 있을꼬?)
　　(37나) 뭐 먹없일꼬?[기본 표상은 위와 같음]

(37)에서 이 방언의 '문법소 히읗'은 두 가지 길로 표면화된다. 이는
280쪽에서 예문 (33)을 설명하면서 제시한 규칙 ㉠과 ㉡과 동일하며,
오직 적용할 대상이 '-가?'이냐, '-고?'이냐 여부에만 차이가 있다.

　　① 종결어미 형태소 '-고?'에 먼저 얹히고 나서 계기적으로 의무적인 탈락
　　　규칙을 적용하여 받침 유음을 탈락시킬 수 있고,
　　② 내파음으로도 발음되어 마치 사이시옷과 같이 행동하면서 뒤이어진 종
　　　결어미 형태소 '-고?'를 경음(된소리, 긴장음)으로 만들어 줄 수도 있다.

후자 ②에서는 탈락 규칙이 의무적인 것이 아니라 수의적으로 적용되
어야 한다. 관형형어미 '-을'이 탈락되지 않고, 그대로 원래 자리에

머물러 있는 경우도 수용 가능하기 때문이다. (37가)의 예가 ①을 보여 준다. (37나)의 예가 ②로 표면화된 경우이다. 그런데 양태 형태소 {-으크-}를 실현시키면 다소 적격성에서 차이가 난다.

    (38가) 뭐 먹없이크코?[먹-없-으크-읋-고?]
         (뭘 먹고 있겠을꼬?)
    (38나) *뭐 먹없이클꼬?[먹-없-으크-읋-고?](공통어 대역은 위와 같음)
    (38다) ??뭐 먹없이클코? [먹-없-으크-읋-고?](공통어 대역은 위와 같음)

(38가)가 자연스럽게 쓰인다. 반면에 (38나)는 기묘하게 들리며 적격성이 의심된다. (38다)는 관형형어미의 유음 받침이 그대로 보존되어 있는 경우로서, (38나)보다는 수용성에서 한결 더 나을 듯하다. 이를 구분하여 윗첨자 부호로 각각 별표 '*'와 겹물음표 '??'를 앞에 붙여 두었다. 이런 세 가지 변이모습을 놓고서는, 문법소 히읗이 바로 뒤이어진 평음을 격음으로 바꾼 뒤에 완전히 관형형어미의 유음 받침이 탈락하거나 그대로 유지된 모습만이 자연스럽고 수용 가능한 표면형식이라고 지정해야 할 듯하다.

    아주 미세하고 예민하게 관찰해 봐야 할 통합체 구성이 (38라)와 (38마)의 사례이다. {-으크-}와 소리가 비슷하지만 전혀 다른 '-을 것'의 구성을 지닌 {-으커}도, 그리고 이 형식의 수의적 변이형태인 {-으케}(-을 것+계사 어간)도 분명히 이 방언에서 관찰되기 때문이다.

    (38라) 뭐 먹없이커코?[먹-없-읋-거-읋-고?]
         (뭘 먹고 있을 것고?/먹고 있을꼬?)
    (38마) 뭐 먹없일꺼고?[먹-없-읋-거-고](공통어 대역은 위와 같음)

만일 (38라, 마)에서처럼 실현되면, 관형형어미에 깃들어 있는 '문법소 히읗'이 뒤에 이어진 형식명사의 평음을 격음으로도 경음으로도 구현해 놓는 것이다. 이런 점에서 (38라)와 (38마)는 서로 수의적 교체라고 간주하게 된다. 공통어에서 {-겠을꼬?}가 가능한 결합임을 고려한다면, 형식명사가 '거-읋고?'로도 통합될 뿐만 아니라, 또한 '읋'이 없이 '거-고?'로도 통합되는 선택지가 있다고 인정해야 할 것으로 보인다. 만일 기본 표상으로서 '거-읋고?'라는 통합체에서는 유표적으로 문법소 히읗이 의문 종결어미에 통합되어 격음으로 만들고 나서, 앞의 유음을 반드시 탈락시킴으로써(의무적인 탈락) '거코?'로 표면화된다고 기술해 둔다. 이때 형식명사 '거'는 선행한 관형형어미 '-읋'에 의해서 다시 격음(거센소리, 유기음)으로 구현되겠는데, 이것이 {-으커코?}로 표면형의 모습을 귀결시켜 놓는다.

이제 이 방언에서 중요한 언어 사실을 깨닫게 된다. 비록 매우 작은 모음 소리값의 차이이지만, '으크'와 '으커'는 기본 형상이 서로 다름을 확인하기 때문이다. '으크'는 단일한 양태 형태소 {-으크-}에서 직접 표면 형식으로 나오게 된다. 그렇지만 '으커'는 반드시 이 방언의 관형형어미 '-읋'(-을)이 입말 투의 형식명사 '거'(것)와 융합됨으로써 도출될 수 있다. 이 형식명사는 계사를 동반하여 '-으케'처럼 융합된 뒤 종결어미와 결합할 수도 있고, 계사가 없는 채 '-으커' 그대로 종결어미를 구현할 수도 있다. 따라서 이 방언에서 '으커'는 양태 형태소 {-으크-}와 구분되어야 하고, 반드시 예정 사건을 가리키는 {-읋 거}라는 구문의 기본 형상으로부터 도출해야 옳은 것이다(361쪽 참고).

지금까지도 공통어에서 '-겠-'과 '-을 것'이 같다느니 다르다느니 의견이 하나로 모아지지 않는다. 그렇지만 분명한 것은 9시 뉴스에서 대통령의 외국 순방 일정을 말할 적에 모두 예정된 사건들을 가리키고 있으므로, 언제나 '-을 것' 구문을 반영해 주는 표현을 씀에 유의해야 한다. 물론 '것'을 '예정'이란 낱말로 바꿔서 '-을 예정'처럼 명시적으로 말할 것이다. 이렇게 분명히 예정된 사건을 언급하려면, 결코 '-

겠-'을 쓸 수 없다. 이러한 상황들이 드물지 않으므로, 이를 가리키기 위하여 외연의미가 같더라도, 내포의미가 서로 다르다고 매듭짓기도 한다. 내포의미의 구별을 위해서 두 가지 관련된 의미자질을 설정하여 두 값의 대립으로 표현해 줄 수 있다. 현장의 단서로 추정하는 일과 확정된 계획표에 따라 예정된 사건을 언급하는 일은

  [±확실함]

의 여부에 의해서 구분된다. 확실성이 없는 언급이 추정이고, 확실성이 담긴 언급이 미래의 예정 사건이 된다. 그런데 미래 시점에서 해당 사건이 일어나지 않았다고 상정해 보자. 그러면 곧장 발언 내용에 대한 책임질 일이 생겨난다. 추정적 언급에서는 현장에서 얻은 단서를 제대로 해석하지 못했다는 점에서 체면이 깎일 수 있겠지만, 미래 예정 사건을 확정적으로 언급하였다면, 거짓말로 판정을 받게 된다. 따라서 전자에서는 추론 능력이 미진하다는 정도로만 그칠 수 있으나, 후자에서는 거짓말을 진실처럼 말했다는 점에서 신뢰성이 추락하고 더 이상 주위에서 믿지 않게 된다. 이런 측면은 화자를 믿을 만함의 여부로써 의미자질로 부각할 수 있다.

  [-[±화자에 대한 미더움]]

여기서는 '-' 부호가 먼저 표시되어 있는데, 앞의 '±' 부호와 역방향으로 작동함(∓)을 나타낸다. 미래 예정 사건을 나타내는 [+확실함]은, 해당 사건이 일어나지 않았을 경우에 응당 화자에 대한 미더움이 실추된다. 그렇지만 현장의 단서로서 추정을 하는 사건은 [-확실함]으로 나타낼 수 있으며, 절반의 가능성에서부터 더 낮은 수준의 가능함까지 포괄할 수 있다. 만일 해당 사건이 미래 시점에 일어나지 않았

을 경우에도, 화자에 대한 미더움은 크게 손상받지 않는다. 대신 추정 능력이 낮추 평가됨으로써 체면이 손상될 정도로만 그친다.

여기에 중요한 사교적 상호작용의 특성이 다시 더 추가되어야 한다. 대우하고 높여 주어야 할 청자에게는, 확정적이거나 단정적인 표현을 쓰는 일이, 청자를 갑을 관계로 여겨 낮추는 효력을 지닌다. 이를 피하려면 확정적 표현을 쓰기보다, 오히려 추정적인 표현을 쓰는 쪽이 청자로 하여금 관여할 수 있게 보장해 준다. 이런 점과 관련하여 양태 형태소의 자질을 논의하면서 다시 언급할 것이다.

큰 범주에서 이런 대립 요소가 한 사건의 양태(양상)를 나타낸다는 점에서는 공통적이다. 그렇지만 개연성과 확실성을 대립 자질로 상정할 수 있는데, 궁극적으로 동사 구문 '-을 것 같다 vs. -을 것이다'의 표상으로부터 유도해 낼 수 있을 것으로 본다. 이런 대목이 또한 이 방언에서도 그대로 성립한다. 이를 308쪽에서 (43)으로 정리하여 제시하기로 한다.

3.2.1.4. 이상에서 의문을 나타내는 종결어미 형태소 {-가?}를 중심으로 하여, 이것과 선행 통합되는 '커'는 양태 형태소 {-으크-}와 전혀 관련이 없음을 보였다. 그것은 형식명사 {거}가 관형형어미와 융합되어 있는 모습에 지나지 않았다. 이 형식명사는 이 방언에서 상정되는 '문법소 히읗' 때문에 격음으로 실현된다. 이런 이유로 필자는 형식명사와 통합되는 관형형어미를 일부러 '-옳'로 표상해 놓았다.

그런데 이런 관형절과 형식명사가 통합된 언어환경에서 '문법소 히읗'이 두 가지 길로 실현됨을 예문 (34)와 (35)와 (37)에 제시한 이 방언의 자료로써 확인하였다.

① 문법소 히읗이 내파음으로 구현될 경우에는 마치 사이시옷이 그러하듯이 뒤이어진 형식명사가 평음에서 경음(된소리, 긴장음)으로 실현되거나

② 의문 종결어미 형태소 {-가?} 자체가 격음(거센소리, 유기음)으로 실현된다.

후자의 경우에 문법소 히읗이 먼저 뒤에 이어진 형식명사의 평음을 격음으로 만든 다음에, 반드시 의무적 규칙 적용으로서 유음 받침을 탈락시켜 놓는다.

이 두 가지 실현 방식이 비록 표면형의 소리값은 서로 다르더라도, 둘 모두 다 일관되게 관형형어미와 형식명사가 통합된 구성의 처리 방식을 적용할 수 있었다. 다시 말하여, 표면의 모습에서 평음과 경음과 격음의 변이(ㄱ~ㄲ~ㅋ)가 관찰된다면, 양상 형태소 {-으크-}(-겠-)의 논의에서 배제되어야 하며, 표면 모습이 오직 기본 형상으로 형식명사 '거'(것)로부터 유도되어야 하는 것이다. 이는 240쪽 이하에서 찾아낸 '커~케'의 변이 모습도 형식명사 '거'(것)와 계사의 어간이 녹아 있는 것을 전제로 성립하므로, 양상 형태소 {-으크-}와 무관한 형상임을 매듭지었다. 따라서 이 두 가지 종류의 변이 모습을 염두에 두고서 양상 형태소 {-으크-}를 확정해 나가야 하는 것임을 알 수 있다.

이러한 논의를 통하여 한국어의 기본질서를 애써 무시하려는 잘못된 태도가 이 방언의 연구에 치명적인 오류들을 양산해 놓았음을 깨달을 수 있었다. 이 방언은 결코 한국어와 동떨어진 제3의 언어가 아니다. 이 방언만이 유독 특별하게 한국어와는 다른 그 무엇을 가졌을 것이라는 기대 자체가, 초보적인 오류이고, 자연 언어의 분포에 대한 오해의 산물이다. 한국어 전반에 대하여 통시적으로 그리고 공시적 측면에서 구조적이고 체계적인 관점을 고려한 경우에는, 이 글에서 밝혀낸 치명적 오류들을 피할 수 있었음을, 이 방언의 모어 화자가 아님에도 불구하고 통찰력을 지니고서 정확히 지적한 이남덕(1982)에서 확인할 수 있었다. 그렇다면 이 방언의 연구가 반드시 한국어의 전반적인 연구를 부단히 참고하면서 서로 비교해 보아야 함을 절실히 느끼는 바이다.

3.2.2. 의문법에서 관찰되는 양태 형태소 {-으크-}의 통합체

3.2.2.1. 바로 앞절에서 우리는 의문법의 종결어미에 양태 형태소가 실현되어 있는 것처럼 잘못 파악된 사례들을 살폈다. 잘못 분석된 종결 형태소들은 늘 그 앞에 양태 형태소를 실현시킬 수 있었고, 이런 점에서 그 종결 형태소들은 양태(양상)와는 독립되어 있음을 확인할 수 있었다. 이제 이곳에서 다룰 의문 종결어미들은 다음과 같다.

{-과?, -어니아?, -어니?, -읍더이가?}

이것들도 양태 형태소 {-으크-}(-겠-)와 통합된다. 이 점을 고려하면, 의문을 나타내는 종결어미 형태소들은 늘 양태 형태소와 통합된다는 결론에 다다를 수 있다. 특히 이곳에서 다루게 될 양태 형태소의 통합은 또한 {-읋 거}(-을 것) 구문으로도 교체가 가능하다. 그러나 이런 교체가 의미의 동질성을 보장하는 것이 아님을 주의할 필요가 있다 (225쪽 이하의 논의를 보기 바람). 설령, 어느 정도 공통된 외연의미를 몇 가지 찾아낼 수 있더라고, 그것 말고도 서로 다른 내포의미들이 많이 깃들어 있기 때문에, 두 가지 계열이 서로 다른 기반으로부터 나온다고 봐야 옳을 것이다.

이런 측면으로 보면, 이남덕(1982: 12쪽, 40쪽)에서는 두 형태소 사이에서 늘 관찰되는 의미 차이 또는 상이한 내포의미를 적절히 지적해 내지 못한 듯하다. 또한 'ㅋ'이란 소리 자체에 체언의 기능 및 관형형어미 '-을'의 기능이 담긴 것으로 보았다. 필자는 이런 주장에 동의하지 않는다. 두 가지 측면의 반론이 제기되기 때문이다.

(ㄱ) 단일한 음소에 여러 가지 기능을 부여하는 일도 이례적이지만,

(ㄴ) 관형형어미의 기능과 형식명사로 대표되는 체언의 기능이 모두 다 한 데 모아질 수 없는 것이다. 만일 극히 예외적 조치로서 내세운다면, 반드시 두 가지 별개 영역의 기능이 단 하나의 형태소에 모아질 만한 타당한 이유를 동시에 제시하고 입증함으로써만, 그런 유표적인 대상 을 확정할 수 있다.

앞에서 살펴왔던 예문들을 보더라도 이런 주장이 성립되지 않음을 곧 알아차릴 수 있다. 왜냐하면 관형형어미에 형식명사가 통합된 형상에 서는 평음만 있는 것이 아니라, 또한 변이모습으로 경음(된소리, 긴장 음)과 격음(거센소리, 긴장음)이 수의적으로 교체하기 때문이다.

필자는 이것이 표면형을 그대로 기본 형태라고 설정하는 '평판 구 조의 접근 방식'이 지닌 구조적인 한계로 본다. 이 글에서는 표면형이 필요·충분조건 상 단일한 형태소라고 판단되지 않을 경우에는, 다른 통합체 구성으로부터 모종의 규칙이 적용되면서 줄어드는 것이라고 본다. 필자는 이것이 우리말 교착어의 질서를 보여 주는 특색이라고 가정하고 있다.

그뿐만 아니라, 두 계열의 구성체가 매우 유사한 언어 환경에서 관 찰되므로, 매우 신중하게 분석할 필요가 있다. 예를 들어 {-으크-커 카}(-겠을#걸까?)의 통합체가 이 방언에서 관찰된다. 여기서 먼저 나온 양태 형태소 {-으크-}를 관형형어미와 형식 명사로 이뤄진 {-을#것} 으로 바꾸어 보자. 그렇게 되면 {*-으커커카?}([*-을 것-것가?])라는 표면형이 나온다. 형식명사 '것'이 두 번 중첩되는 일(것+것)은 우리말 의 문법 구성에서는 결코 찾아질 수 없다. 이는 발음의 실수에 기인하 는 경우가 아니고서는, 온당한 의미기능을 갖는다고 말할 수도 없다. 불가능한 이 표면형과 수용 가능한 예문 (32)의 '-으크커카?'(-겠을# 걸까?)와 서로 비교해 보기 바란다. 비록 동일한 앞뒤 언어 환경에서

'으'와 '어'의 작은 소리값의 차이에 불과하지만, 현격히 다른 문법 구성을 담고 있는 것이다.

{-으크-케매}에서도 마찬가지이다. 양태 형태소 {-으크-}(-겠-)를 관형형어미와 형식명사로 이뤄진 {-을#것} 구성으로 바꾸면 ([*을 것-것이매, *을 것-을 것이매]), 음절 재조정 규칙을 거쳐서 {*-으커케매}라는 표면형을 얻는다. 이 경우도 수용 불가능한 표면형이다. 형식명사가 두 번씩 연속으로 중첩될 까닭이 전무하고, 그런 표면 음성형도 우리말이나 이 방언에서 찾아지지 않는다. 의미구조상 {-을#것+-을#것}의 중가 형태란 한국어의 기본구조에서 찾아질 수 없다. 모두 문법 구성을 이루는 형태소이므로, 만일 그런 중가 형태가 필요하였다면, 다른 소리값을 지닌 단일한 형태를 특정하여 만들어 내었을 것이다. 그러는 편이 오히려 경제적일 뿐만 아니라, 의사소통상 서로에게 지각상의 두드러짐을 보장해 주기 때문이다. 이와는 달리, 소리값이 비슷하면서 수용 가능한 통합체로서 예문 (26)의 '-으크커매'(-겠을#것이매)와 비교해 보기 바란다.

이상의 결론을 좀 더 확정하기 위해, 나란히 {-으크-}와 {-을 것}을 대비하며 서로의 의미차이들을 지적해 나가기로 한다. 이들 형태소 뒤에 통합되는 종결 형태소들에 대한 분석은, 이 글의 주된 초점이 아니므로 자세한 논의 없이 통합형태로만 쓰기로 한다.

(39가) 비 오쿠과?[오-으크-으우과?]
　　　(비가 오겠습니까?)
(39나) 비 올꺼우꽈?[오-옳#거-으우꽈?]
　　　(일기예보에 따르면, 비가 올 낏입니까?)

소리나는 대로 적어 놓은 (39나)의 쓰임이 어색하게 느껴질 수도 있겠다. 그러나 맥락을 기상청에 전화해서 알아보는 상황이나 또는 "오늘의 일기예보에 따르면" 정도의 화용 상황이 주어졌다고 보면, 수용성을 획득할 수 있다. 아니면 (40마)와 같이 의지를 지닌 사람을 주어로 놓고서 '가 : 이 오다'(걔가 오다)로 바꿔쓸 수도 있다. 이런 딸림 조건만큼 (39가, 나)는 서로 차이가 난다고 말할 수 있다. 이들 예문에서 대우를 표시하는 형태소를 없애면 (40)처럼 된다.

(40가) 비 오커냐?[오-옳#거-으냐?]
       (일기예보에 따르면, 비가 올 것이냐?)
(40나) *비 오꺼냐?[오-옳#거-으냐?]
(40다) *비 오케냐?[오-옳#거-이-으냐?]
(40라) 비 올꺼냐?[오-을#거-으냐?]
       (일기예보에 따르면, 비가 올 것이냐?)
(40마) 가 : 이 이디 올꺼냐?[오-옳#거-으냐?]
       (걔[그 아이]가 여기에 올 것이냐?)
(40바) 가 : 이 이디 오커냐?[기본 형상과 번역이 앞의 것과 동일함]

(40가)에 있는 '커'는 '꺼'나 '케'로 바뀔 수 없다. 그렇지만 주어가 '그 아이'로 바뀐 (40바)와는 표면형이 동일하다. (40가)는 기상 상황을 대상으로 하지만, (40바)에서는 자유의지를 지닌 사람이다. (40나, 라)는 관형형어미의 유음 받침 탈락 여부가 수용성을 결정한다. 공통어의 입말투에서는 "먹을까?, 먹으까?"나 "갈까?, 가까?"에서처럼 유음 받침이 수의적으로 탈락할 수 있겠지만, 형식명사 '것' 앞에서는 저지되는 듯하다. 그렇지만 (40바)와 같이 이 방언의 관형형어미 '-옳'은 문법소 히읗이 형식명사에 얹혀진 뒤에 계기적으로 의무적인 유음 탈락이 일어나면서, 다시 자동적인 음절 재조정 규칙이 적용되어야 한다. 그 표면형이 (40가, 라)에서 관찰되는 '-커, -꺼'이다. 단, 만일 (40마, 바)가 성립한다는 판단이 올바르다면, 관형형어미의 유음 받침이 수

의적으로 탈락되거나 그대로 (39나)와 (40라, 마)처럼 유지될 수 있다. 동일한 표면형이지만 (40가)는 특정한 화용 상황이 주어져야 하고, (40바)는 그런 제약이 없다. 이런 특이성은 앞에서 보아 왔던 상황공범주와 계사구문의 특성에서 말미암는다(226쪽의 각주 3 참고). 곧, 상황공범주가 주어져 있는데, 계사의 지정 속성에 의하여 그 상황공범주는 내포절의 논항과 동일한 것임을 알 수 있다. "A가 B이다"의 형상에서 A가 상황공범주 'e'로 주어지고, 내포절 「비 오다, 그 아이 오다」가 B로 실현되며, A와 B는 동일한 지표를 받는다. 내포절은 의미자질 [−상황 불변성]을 지닌 관형형어미 {-읋}(-을)의 실현으로 말미암아, 내포절의 사건이 아직 일어나지 않았지만, 장래에 확정적으로 일어날 것임을 의미한다. 그런데 그런 예정 사건이 자연계의 인과율에 의해서도 일어날 수 있고, 자유의지를 지닌 사람에 의해서도 일어날 수 있다. 여기서 후자가 더욱 발생 가능성이 높고 쉽다. 필자는 이런 차이가 (40가, 바) 사이에 차별을 만드는 것으로 이해한다. 그런데 (40가, 바)는 다음 (40'가, 바)와 (40"가, 바)처럼 말해질 수도 있다.

(40'가) 비 오크냐?[오-으크-으냐?]
　　　　(비가 오겠냐?)
(40'마) 가 : 이 이디 오크냐?[기본 형상이 위와 같음]
　　　　(걔[그 아이]가 여기에 오겠냐?)
(40"가) 비 오크커냐?[오-으크-읋#거-으냐?]
　　　　(비가 오겠을 것이냐?)
(40"마) 가 : 이 이디 오크커냐?[기본 형상이 위와 같음]
　　　　(걔[그 아이]가 여기에 오겠을 것이냐?)

(40'가, 마)에서는 표면형이 '커'에서 '크'로 바뀌었다. 이것들도 역시 수용 가능하다고 본다. 이것들은 발화 상황 현재에서 얻어지는 단서

를 통하여 관련 사건에 대한 「화자의 추정」이라고 부를 수 있다. (40"
가, 마)는 양태 형태소 {-으크-}(-겠-)와 예정 사건 구문의 형태소 {-
읋 거}(-을 거)가 통합된 구성을 보여 주고 있다. 표면형에서는 간단하
게 '-크커-'로 소리나지만, 기본 형상에서는 서로 다른 형태소들이 통
합되어 있는 것이다. 그렇다면 이 방언에서는 비단 {-으크-}(-겠-)가
{-으커-}(-읋#거-)와 계열관계를 이룰 뿐만 아니라, 또한 선조적으로
통합관계를 이룰 수 있음도 확인할 수 있다.

필자는 양태 형태소 {-으크-}가 나온 발화를 다음과 같이 해석한
다.[13)

---

13) 제주 방언의 {-으크-}나 공통어의 {-겠-}의 기저의미를 지정하기 위하여 화용상의 쓰
임을 분류하고 그 분류를 중심으로 귀납화하는 절차가 있어야 한다. 우선 제주 방언의
양태 형태소와 공통어의 그것과는 분포가 동일하다는 사실이 전제되어야 한다. 이 전
제 위에서 이 양태 형태소가 나타내는 분포를 두 가지로 크게 귀납시킬 수 있다.
  첫째, [-현재 사실성]의 자질을 부여받을 수 있는 경우가 있다.
이는 다시 ① 능력, ② 가능성, ③ 약속, ④ 예정, ⑤ 요청, ⑥ 단체 명령, ⑦ 완곡 명령,
⑧ 독백(獨白), ⑨ 마음의 상태 등의 갈래들로 부류화된다. 다음은 각각의 하위부류에
해당되는 예문들이다.
  ① 그는 쌀 한 가마니를 들겠다,
  ② 잘못하다간 떨어지겠다,
  ③ 일이 끝나면 곧 가겠다,
  ④ 곧 12시가 되겠습니다,
  ⑤ 좀 도와 주겠니?,
  ⑥ 우리 모두 밖으로 나가겠습니다,
  ⑦ 손님을 일어서셔야겠습니다!,
  ⑧ 빨리 가야겠구나!,
  ⑨ 다시 찾아주시면 고맙겠습니다!
이와는 달리 [+현재 사실성]의 자질을 부여받을 수 있는 경우도 있다. 이들은 ⓐ 인식,
ⓑ 느낌, ⓒ 의견, ⓓ 반어 확인, ⓔ 완곡한 표현, ⓕ 일상적인 어투 등으로 하위구분된다.
다음은 각각에 해당하는 예문들이다.
  ⓐ 자네 뜻은 잘 알겠네!,
  ⓑ 난 네가 좋아 죽겠다!,
  ⓒ 자네 쉬는 게 좋겠어!,
  ⓓ 시끄러운데 아주 잘 자겠어,
  ⓔ 이만 가겠습니다,
  ⓕ 실례하겠습니다!
이상의 다양한 의미들을 필자는 두 가지 개념으로 묶을 수 있다고 본다. [-현재 사실
성]의 경우를 '해당 사건이 근접함'으로 보고, [+현재 사실성]의 경우를 '발화 주체의
인식'으로 보는 것이다. 이 두 가지의 개념도 나란히 묶어 놓을 수 있다. 그것은 하나의

「발화 현장에서 얻은 단서로써 해당 사건이 근접해 있음을 추정하거나 장차 해당 사건을 직접 일어나게 함」

이때 근접한 사건은 발화 현장에 주어진 단서를 통해서 추정할 수도 있고, 그 사건을 직접 화자 자신이 일으킬 수도 있다. 근접함이란 공간적으로뿐만 아니라 시간적으로도 쓰일 수 있는 다소 폭넓은 개념이다. 시간상으로는 발화 현재 시점을 둘러싸고 있는 미래 시점뿐만 아니라, 과거 시점까지도 포괄하기 때문이다.

3.2.2.2. 비록 선조적으로 통합관계를 이룰 수 있지만, 계열관계로 대립할 수 있는 이들 두 가지 구성 사이의 차이를, 시상 선어말어미 및 의문 종결어미와의 통합체에서 관찰해 나가기로 한다. (41가, 나)는 (41다, 라)에서와 같이 격음(유기음, 거센소리)과 경음(긴장음, 된소리)

사건이 있고, 그 사건이 근접해 있으며, 그 근접한 사건을 관련 주체가 인식하는 일이 계기적으로 연결되어 일어난다. 이 형태소를 '양태(양상) 형태소'라고 보는 이유도 관련 사건을 「어떻게 인식하는지」에 대해 언급하고 있기 때문이다. 그 사건이 근접해 있고, 그런 근접 상황을 인식하는 것이다. 다시 말하여 발화시점 현재, 현장에서 해당 사건에 대한 단서를 얻으며, 그 사건이 근접해 있음을 인식하는 것이다. 그 사건은 크게 자연계 인과율에 의해서 일어날 수도 있고, 자유의지를 지닌 사람에 의해서 일어날 수도 있다. 흔히 각각 전자를 추정으로, 후자를 의지로 불러왔던 것이다.

홍종림(1991: 32쪽)에서 제주 방언은 두 개의 양태 형태소를 갖고 있는 것으로 기술하고 있다. 그 주장의 근거는 다음 예문에 있다.

"머리도 좋겠다, 돈도 있겠다, 무슨 걱정이 있겠니?"

공통어의 경우는 특히 {-것-}으로 표현되었던 것인데, 이 방언에서 {-겠-}과 {-으크-}로 번역된다고 하였다. 필자의 직관에 의지하여 이 방언으로 표현할 경우에, 이는 {-겠-}보다는 모두 다 {-으크-}로 바꾸어야 자연스럽다.

"가 : 인(그 아이는) 머리도 좋으켜, 돈도 이시켜, 무슨 걱정이 이시커니?"

이런 대응 번역이 다른 분들에게도 수용될지 여부는 더 검토되어야 할 것이다. 그렇지만 적어도 이런 예문을 근거로 하여 {-겠-}과 {-으크-}의 분포를 차등화하는 일에는 동의할 수 없다. 오히려 공통어의 {-것-}이 이 방언에서 모두 {-으크-}로 바뀐다는 점에서, 이를 바탕으로 하여 거꾸로 공통어에서 {-것-}과 {-겠-}이 수의적 교체로 쓰인다는 역-방증자료로 삼을 수도 있는 것이다. 395쪽 이하에서는 {-것-}이 문법화를 거치기 이전에 '것 같다'의 형상을 띠었을 것으로 보았는데, 경남 진주 방언에서 '-는 것 같다'를 언제나 '-는건다'로 줄여 말한다는 점도 한 가지 근거가 될 수 있다.

으로 표면화된다는 특징을 지닌다. 우리말 맞춤법에서는 이런 경우에 평음을 쓰도록 결정하였다. 자동적인 음운 변화로서 평음이 경음으로 바뀌기 때문이다.

> (41가) 가 : 이 뭐 먹없이커니?[먹-없-읋#거-으니?]
> (걔[그 아이]가 뭘 먹고 있을 거니?/있을꺼니?)
>
> (41나) 가 : 이 뭐 먹엇이커니?[먹-엇-읋#거-으니?]
> (걔가 뭘 먹어 있을 거니?/있을꺼니?)
>
> (41다) 가 : 이 뭐 먹없일꺼니?[먹-없-읋#거-으니?]
> (걔가 뭘 먹고 있을 거니?/있을꺼니?)
>
> (41라) 가 : 이 뭐 먹엇일꺼니?[먹-엇-읋#거-으니?]
> (걔가 뭘 먹어 있을 거니?/있을꺼니?)

예문 (41)에서는 의문사(wh-구)가 초점을 받고 있고, 이 의문사에 호응하는(성분-통어되는) 의문 종결어미 {-으니?}가 실현되어 있다. 물론 이 종결어미가 기본 표상에서는 '-은#이아?'(관형형어미＋형식명사＋의문 종결어미)로부터 문법화를 거치면서 융합됨으로써, 마치 단일 형태소마냥 느껴질 수 있다. 그런데 의문 종결어미가 의문사의 출현으로 인하여 잉여적으로 여겨지고, 수행 억양이 얹힘으로써 단절 또는 생략이 일어난 결과가 '-으니?'이다. 의문사를 지닌 구성에서는 결코 특이한 현상이 아니다. 또한 시상 선어말어미 {-없- vs. -앗-}(-고 있-)이 예정 사건을 가리키는 구문 {-읋 거}(-을 거)와 서로 통합되어 있다.

270쪽 이하에서 살펴보았듯이, (41다, 라)는 이 방언의 관형형어미 '-읋'에 들어 있는 '문법소 히읗'이 내파음(ㆆ)으로 실현되어, 마치 사이시옷이 뒤에 나온 자음을 경음(된소리, 긴장음)으로 바꾸듯이, 형식명사를 경음으로 동화시켜 '-을 꺼'로 나왔다. (41가, 나)에서는 문법소 히읗이 형식명사에 덧얹혀 격음(거센소리, 유기음)으로 바꾸고서 유음 받침이 탈락된 다음에 의무적으로 음절 재조정 규칙이 적용되어 표면형이 '커'로 나왔다. 그런데 이 구성에서 형식명사에는 계사의 어간이 깃들어 있지 않은 듯하다. 즉, (41가, 나)가 (42가, 나)로 교체될 수 없는 것이다.

(42가) *가 : 이 뭐 먹없이케니?~*가 : 이 뭐 먹엇이케니?
(42나) *가 : 이 뭐 먹없이커이니?~*가 : 이 뭐 먹엇이커이니?

만일 (41가)와 (41다)가 수의적 교체이고, 또한 (41나)와 (41라)가 수의적 교체일 뿐이라면, 관형형어미와 형식명사와 계사와 통합된 {-을#거-이-}는 표면형이 '-케-'나 '-커이-'로도 관찰될 수 있어야 하겠지만, (42)의 사례는 비문이거나 수용되지 않는다. 이는 중요한 언어 사실로서, 계사 어간의 의무적 탈락을 요구할 조건을 찾아야 한다. 그렇지 않다면 (41)과 (42)의 현상은 다른 기본 형상으로부터 나왔을 가능성이 있다.

필자는 계사 어간이 의무적으로 탈락되어야 할 근거를 의문 종결어미 '-으니?'의 기본 형상으로부터 찾는다. 표면형으로만 보면 단일한 하나의 형태소처럼 보이나, 이는 관형형어미에 형식명사와 의문 종결어미가 통합되어 있다. 이 방언에서 관형형어미 '-은 vs. -을'은 어미들의 구성에 깊숙이 관여하고 있다. 만일 '-으니?'가 기본 형상으로 '-은#이-아?'로부터 나왔다는 생각이 올바르다면, 관형형어미 '-은'이 계사의 어간을 의무적으로 탈락시킨다고 가정할 수 있다. 계사의 특성으로 두 개의 명사구가 나열됨을 확인할 경우에 이미 어간이 수의적으로 탈락할 수 있음을 보았다. 그런데 그런 조건이 만족되면서 또한 양태 범주의 문법소가 통합될 경우에는, 그런 수의적 조건이 의무적 적용으로 바뀐다고 가정할 수 있는 것이다. 이런 필자의 작업 가정이 사실로 입증되려면, 이와 유사한 언어 사실들이 일반적으로 관찰되어야 한다. 이 일은 일단 뒷날의 과제로 미뤄 두기로 한다.

국어학계에서는 관형형어미를 놓고서 문법상의 관계만 서술하는 것으로 그칠 뿐, 그 의미자질을 면밀히 따져 양태 범주로 소속시키는 일이 아직 일반화되지 않았다. 필자는 공통어나 이 방언에서 관형형어미가 양태 범주의 구성원이라고 본다. 그뿐만 아니라 관형형어미가 수반하는 형식명사 '이'도 양태성을 띤다는 점에서 양태성 형식명사로 간주한다. 이는 구체적 대상이나 사물을 가리키는 '것'과 대립시킬 경우에 잘 파악될 수 있다. 물론 '것'이 명사절을 이끌고 있다는 점에서 추상적인 기능도 갖고 있다. 그렇지만 처음부터 문법화 과정에 항상 참여하는 '이'와는 성격이 다를 듯하다. 우선 필자는 구체적 논증 과정이 없이, 다음처럼 작업 가정을 내세우기로 한다(335쪽 참고).

「양태성 형식명사 '이'가 행위의 종결 상태나 사건의 결과 상태를 가리키며, 이런 속성이 임의 사건의 상태를 가리키는 양태 속성이다.」

우리말에서나 이 방언에서 관형형어미는 일차적으로 '-은 vs. -을'이 대립 짝으로 존재하며, 전자는 다시 양태 속성을 띤 '-느- vs. -더-'와 통합되어 '-는 vs. -던'이 나온다고 본다. 관형형어미는 관련 사건이나 상황에 대한 양태 위상을 가리켜 준다. 우선 '-은 vs. -을'의 대립 짝으로부터 의미자질을 찾아낼 수 있다면, 이를 토대로 다시 '-는 vs. -던'의 양태로까지 확장할 수 있다.

김지홍(2020: 617쪽 이하)에서는 해당 사건이나 상황이 변화가 다 일어나서 더 이상 변화하지 않는 상태를 '-은'의 의미자질로 보았다. 이와 대립적으로 '-을'은 해당 상황에 곧 바뀔 수 있는데, 바뀐 상황에 대한 확인은 시간상으로 떨어져 있을 수도 있고, 공간상으로 떨어져 있을 수도 있다. 앞으로 곧 변화가 일어날 상태를 '-을'의 의미자질로 파악하였다. 그렇다면 이들 관형형어미가 모두 사건의 양태나 양상을 가리켜 준다. 필자는 '-은'의 의미자질을 잣대로 삼아, 다음과 같이 사건 양태에 대한 구분 방식을 나타낼 수 있을 것으로 본다.

[±상태 불변성]

관형형어미 '-은' 사건의 양태로서 [+상태 불변성]을 지니고, '-을'은 [−상태 불변성]을 지닌다. '-은'은 이미 모든 상태가 바뀌어 있으므로, 앞으로도 그 상태가 변하지 않음을 가리킨다. 반면에 '-을'은 조만간 관련 사건의 상태가 변화할 것임을 뜻한다. '-느- vs. -더-'가 어떤 양태 자질을 지니는지는 여러 논의들이 있지만, 필자는 [±직접 경험 가능함] 정도를 상정할 법하다고 본다. 이것들은 배타적으로 '-은'과 통합체를 이룰 뿐인데, 각각 '-는- vs. -던-'이다. 이들 자질을 배합한 다면, 각각 현재 발화시점에서 청자(화자가 의도하여 정한 청자이므로 「의도된 청자」로 불리며, 우연한 방청자와 서로 구분될 수 있음)가 "직접 경험할 수 있는 상태가 불변함"을 가리키고, "직접 경험할 수 없는 상태가 불변함"을 가리킨다(67쪽 참고). 이 또한 양태의 하위범주이다. 특히 김지홍(2020: 381쪽 이하)에서는 시상이란 개념도 상위차원의 양태 개념의 하위범주로 파악하였다. 우리말 형태소의 통합관계를 중심으로 하여 "먹었다"를 기본 구문으로 볼 경우에, 시상만이 주요한 범주이고, 양태는 부차적이거나 불필요한 범주로 인식될 법하다. 그렇지만 이 방언의 복잡하고 다양한 종결어미의 구성체들은 양태 개념이 더 상위차원에 있어야 함을 요구한다. 필자는 '-는 vs. -던'의 융합 구성체 가 하나의 형태소처럼 주어져 있다는 사실로부터, '-은 vs. -을'도 경험 가능한지 여부에 대한 해석도 깃들 수 있다고 본다. 그렇다면 '배 이야기'에 대한 자발적 담화를 분석하면서 시작된 윌리스 췌이프(W. Chafe, 1927~2019) 교수의 증거태 속성으로도 지정할 수 있는 것이다(1986,

『*Evidentiality: The Linguistic Coding of Epistemology*』, Ablex Pub 및 2018, 『*Thought-Based Linguistics: How Languages Turn Thought into Sounds*』, Cambridge University Press).

만일 이를 시상 선어말어미의 의미자질처럼 상정한다면, 관형형어미의 양태 속성에 자가당착을 일으킨다. 시상 선어말어미가 가리키는 한 사건의 시작점 유무와 종결점 유무는, 핵심이 변화의 초기 상태와 진행 과정에 모아져 있다. 그렇지만 관형형어미는 하나의 전체로서 주어진 사건의 상태에 모아져 있다. 만일 시상 선어말어미의 의미자질을 관형형어미가 공유하고 있었더라면, 굳이 따로 두 가지 형태소들을 체계적으로 만들어 놓을 필요가 없었을 것이다. 그렇지만 관형형어미와 시상 선어말어미가 서로 다른 소리값을 기준으로 대립 짝을 구현하고 있다는 존재론적 사실은, 양자가 서로 다른 기능과 의미자질을 품고 있을 것이라고 가정하게 해 준다.

다시 (41)의 사례로 돌아가기로 한다. 이 사례에서는 선조상으로 볼 경우에 시상 선어말어미가 먼저 관찰되고 바로 관형형어미가 있다. 이런 언어 사실은 두 범주가 다른 기능을 지니고 있음을 시사해 준다. 이 방언에서는 시상 선어말어미 '-앖- vs. -앗-'이 모두 다 관형형어미 '-은 vs. -읋(-을)'과 통합된 구성을 보여 준다. 단, 여기서 관형형어미의 약모음 '으'는, 시상 선어말어미가 문법화가 일어나는 기본 형상에서 핵심 역할을 맡은 "있다"의 어근이 융합되어 있는데, 여전히 동화주로서 영향력을 행사하므로 의무적(자동적) 규칙 적용으로 전설모음 '-인(-은) vs. -읧(-을)'로 바뀌어야 한다. 또한 이 방언에서 고유하게 문법소 히읗을 지닌 '-읧'(-을)도 격음 자질이 뒤의 자음에 얹힌 뒤 의무적 유음 탈락 규칙이 적용되어 표면형이 '카?'로 나온다. 가령

'-앖인가?, -앖이카?'(-고 있는가?, -고 있을까?)
'-앗인가?, -앗이카?'(-앗는가?, -앗을까?)

와 같다. 이뿐만 아니라 시상 선어말 및 양태 형태소 {-으크-}와도 통합되어,

'-앖이큰가?, -앖이크카?'(-고 있겠는가?, -고 있겠을까?)
'-앗이큰가?, -앗이크카?'(-았겠는가?, -았겠을까?)

로도 구현될 수 있다. 이와 같은 형태소들의 통합 모습은 각각의 형태소들의 범주와 의미자질을 명시하는 데에 크게 도움을 준다. 왜냐하면 양태 형태소 {-으크-}는 시상 선어말어미 뒤에 나오고, 비록 문법화되어 하나의 어미처럼 쓰이지만 기원상 관형형어미의 앞에 나오기 때문이다. 시상 선어말어미가 임의의 사건을 일으키는 주체와 그 사건의 전개 모습을 가리키는 기능을 한다면, 관형형어미는 「청자쪽에서 관련 사건을 어떻게 경험할지」를 가리켜 주기 때문이다. 양태 형태소 {-으크-}가 해당 사건이 근접함을 가리키지만, 그 사건은 화자와 청자를 포함한 의사소통 참여자들이 관여되는 것이다. 시상 선어말어미와 양태 형태소와 관형형어미의 통합체에서 각각

「사건 관련 주체 → 의사소통 참여자 → 청자」

와 같이 문법 형태소에서 초점 모으는 관련자가 바뀐다고 상정해 볼 수 있다.

양태 형태소 {-으크-}(-겠-)와 예정 사건을 가리키는 구문 {-읋#거}(-을 것)는 의미자질이 서로 다르다. 전자는 근접한 사건에 대하여 발화시점 현재의 단서를 증거로 이용함으로써 해당 사건을 인식하는 일이다. 그 사건이 인과율에 의해 일어나면 '추정'으로 부르고, 자유의지를 지닌 사람에 의해 일어나면 '의지'로 불러왔다. 그렇지만 예정 사건을 가리키는 후자는 반드시 미래 시점으로 가기 이전에는, 일단

참이라고 믿을 수밖에 없다. 이는 엄격히 계획된 일이거나 하느님 눈으로 본 예정 사건임을 가리키기 때문이다. 이런 차이를 다음처럼 대립적으로 표현하기로 한다(359쪽 이하에서는, 이것들이 새롭게 「-을 것 같다 vs. -을 것이다」의 대립 모습으로 표상함으로써, 각각 양태의 기본 개념인 「개연성 vs. 확실성」으로부터 여러 가지 하위개념을 도출할 수 있다고 적었음).

(43가) {-으크-}: 현재 발화 상황에서 얻어지는 단서를 통해서 해당 사건이 근접함을 인식한다. 그 사건이 자연계 인과율로 일어날 경우에는 추정의 의미를 띠고, 자유의지를 지닌 사람에 의해 일어날 경우에는 의지의 의미를 띤다. 이때 발화 현장에서 경험할 수 있는 단서가 대화 참여자들에게 초점이 되고 평가가 이뤄진다. 사람들과의 부드러운 상호작용 측면에서 이런 측면은 강한 단정이나 높은 확실성을 피하려는 선택으로서 이 형태소를 쓰도록 해 준다.

(43나) {-을#것}: 관련 사건이 사실인지 여부를 확인하기 위해서는 반드시 미래 시점으로 이동해야 한다. 그 시점 이전까지는 참이라고 믿을 수밖에 없다. 완벽한 계획에 따라 단계별로 일어나는 미래 사건이거나 하느님의 전지적 관점에서 바라보는 예정 사건이기 때문이다. 대화 참여자들은 미래 시점에서 그 발언이 사실인지를 확인함으로써, 사실이 아닐 경우에 본디 화자의 책임을 묻게 되고, 그 결과로서 화자의 신뢰성이 추락한다. 최악에는 거짓말쟁이로 따돌림을 받을 소지도 있다.

(43가, 나)는 모두 똑같이 추후에 또는 미래 어느 시점에서 해당 사건이 일어나는지 여부로써 현재 발화의 진실성 여부를 판정하게 된다는 공통점이 있다. 만일 해당 사건이 일어나지 않을 경우에, (43가) {-으크-}(-겠-) 구문은 잘못된 추정이나 나약한 의지로 말미암아 인간적인 탓으로 여겨지나, 비난이 쏟아지지는 않을 듯하다. 현재 단서를 놓고 내세운 미래 사건이었기 때문인데, 우연히 당시 단서를 해석하는

과정에 오류가 있었을 것으로 받아들일 수 있는 것이다.

혼히 인식을 나타내는 동사 '알다, 모르다'에 양태 형태소 {-으크-}(-겠-)가 높은 빈도로 통합된다. 현재 접속 가능한 일부 근거를 놓고서 해당 사건이나 사태를 추정하고 파악하는 일이 아주 자연스럽게 때문이다.

"잘 알쿠다!"[알-으크-으우-다]
(잘 알겠습니다, 청자를 대우하여 표현함),
"잘 알키어!"[알-으크-이-어]
(잘 알겠다, 청자 대우 표지가 없음)

이는 발화시점 현재 주어진 단서를 통해서 관련 사건을 깨달았음(인식하였음)을 의미한다. 이 낱말의 짝 '몰르다'(모르다)도 동일하다.

"잘 몰르쿠다!"[모르-으크-으우-다]
(잘 모르겠습니다, 청자를 대우하여 표현함),
"잘 몰르키어!"[모르-으크-이-어]
(잘 모르겠다, 청자 대우 표지가 없음)

이 방언에서는 '몰르다, 모르다'가 복수 어형으로 쓰이며, 현재 주어진 일부 단서를 통해서 관련 사건을 깨닫는 일을 터득하지 못했음을 가리킨다. 이를 만일 단순히 '추정, 의지' 따위로만 관련짓는다면,

「화자 자신이 자기 자신의 일을 추정하거나 의도한다. 그 일은 대상이나 사태를 파악하는 것이다. 그 결과 상위 인식으로서 대상의 인식 과정을 알 수 있다」

는 쪽으로 귀결되어, 아주 기묘해진다. 그렇지만 현장에서 주어진 일

부 단서로써 관련 사건을 추정하고 해석하는 방식에 초점을 모아서 '알다, 모르다'를 관련짓는다면, 그런 기묘한 결과는 생겨나지 않는다. (43나)의 진술은 하느님의 전지적 시각을 빌려 예정 사건을 표현해 놓은 것을 말한다. 만일 미래 시점에서 해당 사건이 일어나지 않을 경우에는 책임질 일이 크다. 만일 그 사건이 일어나지 않는다면, 거짓말로 판정받으며, 그런 만큼 화자의 신뢰성을 크게 실추시켜 버린다.

여기서의 해석 방법은 이남덕(1982: 42쪽)와 홍종림(1991: 30쪽 이하)의 서술 내용과도 어긋나지 않는다. 이남덕 교수는 추정의 확신도에서 {-으크-}가 {-을#것}보다 높다고 지적하였다. 이는 앞의 제시된 (43)을 바탕으로 하여 유도될 수 있다. {-으크-}를 쓸 경우에 발화 현장에 주어진 일부 단서가 확신의 근거가 되기 때문이다.

홍종림 교수는 {-으크-}가 실연성(實然性)에 대한 판단을 나타내는 것으로 보았고, {-을#것}이 개연성(蓋然性)에 대한 판단을 나타내는 것으로 여겼다. 여기서 두 개념이 좀 더 명확히 서술될 필요가 있다. 필자는 실연성을 현실 세계에서 참값이다(그러하다)는 뜻으로 이해하고, 개연성을 미래 세계에서 일어날 확률로서 50%를 넘을 경우로 이해한다(용법상 필자의 '확실성'에 해당함). 이런 해석에서는 실연성을

"발화 상황에서 주어진 단서를 놓고서 추정하여 참값으로 봄"

으로 해석할 수 있다. 그렇다면 개연성을 대립시키기 위하여 발화 상황에서 주어진 단서가 없지만 미리 계획된 사건임을 잘 알고 있거나 또는 하느님의 전지적 시각으로 예정된 사건임을 깨닫고

"미래 상황에서 일어날 사건으로 확신하며 미리 참값으로 여김"

정도로 받아들인다. 그렇다면 실연성이 발화시점 현재 주어진 일부

단서를 놓고서 해당 사건이 참값이 될지 여부를 확인하는 일이다. 개연성은 해당 사건이 미래에 50%가 넘는 확률로 일어남을 확신하므로 이를 참값으로 여기는 일(따라서 '확실성'이 됨)과 모순되지 않는다.

좀 더 쉽게 이런 차이를 표현하는 길이 있다. 현재 주어진 단서로 추정하는 {-으크-}(-겠-)의 사건 양태는 오류를 겪을 수밖에 없는 「인간적 시각」을 보여준다. 그렇지만 완벽히 계획한 대로 일어나거나 또는 틀림없이 예정 사건으로 일어나거나 간에, {-으커-, -으케-}(-을 것, -을 것이) 확실한 예정 사건의 구문은 「하느님의 전지적 시각」으로 사건을 표현하고 있는 것이다. 그렇다면 기존 연구에서 얻은 결과와 이 글에서의 결론이 서로 상충되지 않고, 협업의 방식으로 현재 단서로 해당 사건을 추정하는 양태 형태소 {-으크-} 및 확실한 예정 사건의 표현 구문 {-으커-, -으케-}에 대한 이해를 좀 더 넓혀갈 수 있을 것이다.

3.2.2.3. 다음으로 듣는 사람을 대접하여 말하는 {-읍-더이가?}와 통합된 모습을 살펴보기로 하겠다. 양태 형태소 {-으크-}(-겠-)와 확정적이거나 예정된 사건 표현 구문 {-으커-}(-을 것)가 통합된 경우를 다룬다. 청자를 대우하는 형태소 '-읍-, -이-'가 들어 있다. 후자는 옛 문헌에 꼭지 달린 이응(ㆁ)을 썼지만, 이 방언에서는 비음 자질이 깃들어 있지 않으므로 이응으로 써 둔다(화자 겸양→ 청자 대우).

'-읍데가?'에서 첫 음절의 '읍'은 기원상 '아뢰다, 사뢰다'를 의미하는 '숣다'(白)이다. '숣-, 술-'도 또한 이 방언의 '말하다'는 뜻을 지닌 '곧-, 굴-'과 같이 활용 범위가 매우 제약되어 있다는 점에서 주목된다. 그런데 청자를 대우하는 형태소가 예외적으로 왜 굳이 두 번씩 들어가 있어야 하는 것일까?

「-읍- … -이- …」

'-읍-'이 만일 문법화가 진행되기 이전에 동사 '숣-'으로 표상되어 있었다면, 청자를 대우하는 형식은 오직 '-이-' 하나일 뿐이다(374쪽 참고). 따라서 단절된 두 개의 형태소가 아니라, '숣-' 동사의 내포구문에 하나의 청자 대우 형태소만 있다고 새롭게 설명해 줄 수 있다. 어미 형태소들에 대한 재구성 접근 방식은 이런 측면에서 아주 중요하다.

이 방언에서 관찰되는 '-읍네다'(공통어에서는 '-습니다')는 더 이상 분석할 수 없는 하나의 형태소로 볼 수도 있고, 재구성을 통해서 계층적 표상을 반영하는 것으로 접근할 수도 있다. 학교문법에서는 전자를 선택하였다. 그렇지만 중요한 계열관계의 사례들이 같이 있다는 점에서, 그리고 우리말이 교착어의 질서를 따른다는 점에서, 분석적 접근 방식과 계층적인 표상 방식이 이전에 부각되지 않은 중요한 특성을 새롭게 제시할 수 있다.

필자는 청자 대우 형식이 두 번씩 반복되면서 단절 형태소로 존재한다는 사실이 이해하기 어려웠다. 개인적으로는 이들 음성 형식이 서로 달랐기 때문에, 서로 다른 측면으로 청자를 대우해 놓는 듯이 여겨었다. 그럼에도 불구하고 청자 대우 규칙을 두 번이나 적용한다는 일 자체가, 어느 하나의 대우 형식이 군더더기이거나 아니면 이론상의 잘못이 들어 있을 것으로 짐작한 적이 있다. 이제 이 방언의 비전형적 종결어미들의 실상을 마주하면서, 우리말에서는 「문법화를 거치기 이전에 요구되었던 기본 형상이 중요하다」는 사실을 깨쳤다. 평생 속으로만 품었던 이런 의문도 이제 해소될 근거를 개인적으로 찾아낸 듯하다. 만일 '-읍-'을 내포구문의 핵어(숣-)로 파악한다면, 오직 한 번만 청자 대우 형태소 '-이-'를 구현하는 일로 바꿔 놓을 수 있기 때문이다.

이 방언에서 화용첨사 '마씀, 예' 등을 동원하는 일을 제외한다면, 문법상으로 두 종류의 청자 대우 방식이 있다.

㉠ 종결어미 '-으오, -소'에 '-이-'가 융합된 '-으우-, -수-'가 있고

ⓛ 동사 '숣-' 또는 '옯-'에 통합된 양태 형태소 '-ᄂ-' vs. -더-'가 있고, 이것에 '-이-'가 융합된 뒤 종결어미가 나온 '-읍네다, -읍데다'가 있다.

그렇다면 이 방언에서 청자를 대우하는 형태소는 모두 다 비음성이 사라진 뒤에 융합되어 있는 '-이-'로부터 나온다고 말할 수 있다. 이런 모습은 또한 이 방언의 비전형적 종결어미들에서 확인되듯이, 종결어미가 두 번 통합되면서 융합된 다음에는 더 이상 분석이 불가능한 것처럼 여겨졌을 가능성이 있다. 다시 말하여,

'-라고 숣다'(-라고 말씀 드립니다)

는 내포문의 구성을 품고 있었을 법하다. '-읍네다 vs. -읍데다'는 "먹어 낫이크-"(먹었었겠-)와도 통합되므로, '-읍-'을 중심으로 본다면, 동사 어근이 문법화를 거치면서 이 어근의 앞과 뒤로 동시에 양태 형태소들과 융합됨으로써, 본디 내포문 형상을 더 이상 유지할 수 없었을 것이다.

이런 형상이 이용되는 기본적 동기가 있다. 단순 구문의 형식을 이용하면, 모든 것을 '기다, 아니다'나 '좋다, 나쁘다'처럼 오직 참과 거짓 또는 좋아함과 싫어함만을 단정적으로 표현하게 된다. 그렇지만 복합구문으로서 내포 구문의 형식을 이용하여

"기라고 보다, 아니라고 여기다"
"좋다고 말하고 싶다, 나쁘다고 말한다"

와 같이, 사실이나 사건이 초점으로 언급되지 않고, 대신 내 자신의 생각이나 감정을 초점으로서 표현할 수 있다. 이런 일 자체가 완화된 표현이자 간접 표현에 해당한다. 이는 내포 구문의 사건이 실제 일어

날 경우에 상대방쪽에 일으키게 될 체면 손상의 위험성을 낮춘다는 측면에서, 또한 정중한 표현에 속하게 된다. 특정한 낱말이 따로 없다면, 정중한 표현이 언제나 여느 표현보다 길이가 더 길다. 그런 길이만큼 간접적이고 우회적인 언어 표현을 쓰는 것이다.

만일 '-읍-'이 '숨-, 슬-, 옳-'과 같은 계열의 동사가 인허하는 구문을 표상한다면, 청자를 직접 대우해 주는 것이 아니라, 내포구문의 형식으로 말하는 것이기 때문에, 「간접적이고 우회적인 방식으로 대우해 주는 것」임을 알 수 있다. 필자의 이런 주장이 받아들여진다면, '-읍니다'에서 엄격하게 청자를 대우해 주는 형태소는 문법화를 거치기 이전에는 본디 '-이-' 하나일 뿐이다(화자 겸양이 청자 대우로 전환되었을 것으로 봄). 이런 질서에서는 청자 대우 형태소를 단절 형태소로서 두 번씩 적용한다는 이례적 현상을 없앨 수 있는 것이다.

'-더-이-가?'와 계열 관계에 있는 양태 형태소 '-ㄴ-' 또는 '-느-'에서는, 두드러지게 경음(된소리, 긴장음) '-읍네까?, -읍니까?'로 나오므로, 기본 형상에서 사이시옷이 들어간 '-ㄴ-이-ㅅ-가?'의 형상으로 주어져 있을 것이다. 앞뒤 환경이 모두 다 동일하지만, 양태 형태소가 '-더-'에서 '-ㄴ-' 또는 '-느-'로 바뀜에 따라 새롭게 사이시옷이 출현한다. 이런 변동은 종결어미의 구현에서 과연 의문 종결어미가 반드시 무표적일지 의문이 들게 만든다. {-읍-더-이-가?}의 형상은 (44)의 표면형 {-읍데가?, -읍디가?}로 나온다(평음 '-가?'). 326쪽 이하에 제시된 (45'다)와 (45'라)의 형태소 분석 사례를 보기 바란다.

(44가) 배 뜨컵데가?[뜨-옳#거-읍더이가?]
    (풍랑이 잦아들어 바다에 배가 뜰 것입더잇가?)
(44나) 배 뜰껍데가?[뜨-을#것-읍더이가]
    (풍랑이 잦아들어 바다에 배가 뜰 것입더잇가?)
(44다) 배가 뜨크컵데가?[뜨-으크-옳#거-읍더이가?]

(풍랑이 잦아들어 바다에 배가 뜨겠을 것입더잇가?)

(44)에서도 양태 형태소 {-으크-}(-겠-)와 예정 사건 구문의 형태소 {-으커}(-읋 거, -을 거)를 관찰할 수 있는데, 역시 의미차이가 깃들어 있다. 현장에서 주어진 단서 여부에 의해서 추정하거나 아니면 예정 된 계획대로 미래 사건이 실행될 것인지를 구별해 주는 것이다.

  (44)에서는 형식명사 '거'가 들어 있는 구문인지 여부를 드러내기 위하여, '-을 것' 사례의 변이 모습을 먼저 제시하였고, 마지막으로 이 변이체가 양태 형태소 {-으크-}와 통합된 사례를 제시하였다. (44 가)는 '배가 뜬다'(떠난다, '뜨다'의 확장 의미임)는 사건을 가리킨다. 이 사건의 배경 사건으로서 큰 폭풍이 불다가 거의 다 지나가고 있다. 여기서 배가 뜬다는 사건을 확인하는 경우에 (44가) 쓰일 수 있다. (44 가, 나)는 동일한 형상을 지닌다. 표면형이 서로 차이가 나는 것은 이 방언에서 쓰이는 관형형어미 '-읋'이 두 가지 방식으로 구현되기 때문 이다. 물론 보수적 느낌과 새로운 느낌을 구분해 줄 수 있겠지만, 외연 의미는 서로 동일하다. 관련된 사건이나 상황이 운항 예정이라는 방 송에 따른다든지, 해당 선박회사의 임시 공고에 의하여 확정적인 예 정 사건으로 간주되는 것이다.

  이런 구문은 또한 양태 형태소 '-으크-'(-겠-)와도 통합되어 '-으크 커'로 나올 수 있다. (44다)는 청자 대우 종결어미 '-읍데가?'와 통합 되어 있는 사례를 보여 준다. 공통어에서도 '-겠을 것'이라는 통합체 가 가능하다. 이때 {-으크-}에 의해서는 선박 출항 준비 작업을 화자 가 직접 목격하든지, 아니면 운항 관계자의 출항 의도 따위를 놓고서 추정하는 것이다.

  '-으크-'(-겠-)와 '-으커'(-을 것)가 계열관계의 대립뿐만 아니라, '- 으크커'(-겠을#거)와 같이 선조적으로 통합되는 일도 잦다. 그 순서는 양태 형태소가 선행되고 나서 예정 사건 구문이 이어진다. 거꾸로는 통합되지 않는다. 그 까닭은 예정 사건이라고 하면서, 그 사건을 추정하는 일은 자가당착이기 때문이다.

만일 (44다)와 같이 {-으크-}(-겠-)와 {-으커}(-을 것)가 선조적으로 '-으크커'(-겠을#거)와 같이 통합되어 있을 경우에는, 해당 사건이나 상황에 대한 해석은 어떻게 이뤄지는 것일까? 관련된 사건은 「배가 뜬다」(떠난다)이다. 당연히 먼저 현장에서 얻는 단서로 관련 사건을 추정하여 언급한다. 그러고 나서 이 추정 사건을 마치 예정된 사건처럼 확실성을 덧붙여 표현하는 것이다. 이는 화자 자신의 추정에 대한 강도를 더 높여 놓는 효과를 거두게 된다.

{-으크-}(-겠-)에 의해서는 현재 추정의 단서가 주어져 있고, 이를 경험함으로써 인간적 관점에서 해당 사건을 추정하는 것이다. 인간의 추정은 오류를 동반할 수 있다. 그렇지만 {-을 것} 구문에서는 전지적 하느님의 관점을 표현한다. 그러므로 엄격한 계획표에 따라 이미 확정된 사건이 일어나든지, 아니면 보이지 않는 손에 의해서 예정 사건이 일어난다는 뜻이다. 결과적으로 확실성과 확정성이 주어진다. 그렇다면 관련 사건을 발화시점 현재 주어진 단서를 통해 추정하고 있다. 그렇지만 양자가 통합됨으로써 다시 이 추정을 마치 예정된 확실한 사건처럼 강화하여 표현해 놓은 것이다.

우리말에서는 '-겠-'을 쓸 수 없는 상황이 있다. 흔히 방송 보도의 표현에서 찾을 수 있다. 요즈음 기상예보에서는 예정 사건을 확률적 진술로 표현하고 있다. 그런데 이전에는 {-겠습니다}를 써서 추정적임을 나타냈었다. 과거의 기상 예보에서는 결코 {-을#것입니다} 표현을 쓸 수 없었다. 왜냐하면 기상에 대한 예측이 실제 사실로 되는지 여부를 가까운 미래에 곧 확인되며, 해당 사건이 일어나지 않을 경우에 거짓말이 되어 버리기 때문이다. 방송보도가 하룻만에 틀렸다는 사실이 밝혀진다면, 중대하게 공적인 신뢰성을 다 상실해 버리는 것이다.

다른 사례로서 대통령의 해외순방에 대한 보도를 생각해 보자. 대통령이 어느 나라를 순방하는지에 대해서는 {-을#것이다} 구문만으로 진술해야 한다. 결코 {-겠다}의 추정 보도는 수용될 수 없다. 왜 그럴까? 그것은 현재 뉴스 보도자가 주어진 일부 단서를 놓고서 추정하는 것이 아니기 때문이다. 오직 엄격히 짜인 계획표대로 해당 사건이 일어날 것이며, 이런 상황에서는 {-을 것이다}는 표현만이 가능하다. 단, 여기서 형식명사 '것'은 하위 명사로서 '예정'이나 '계획'으로 바뀌어 구체적인 모습으로 쓰일 수 있다.

마지막으로 다른 의문법 형태소들 중 양태 형태소 {-으크-}가 통합될 수 있는 경우를 보기로 한다

「-은가?, -읍더이가?(-읍데가?), -은이아?(-으냐?)」

이들 형태소도 또한, 표면상으로 '-어라'라는 종결형태소에 융합되어, 「-어란가?-어랍데가?, -어라냐?」와 같은 모습을 관찰할 수 있다. 그렇지만 여기서 찾을 수 있는 '어'에 대한 분석과 판정이 간단치 않다. 반드시 '-으커'(-읋 거, -을 거)를 양태 형태소 '-으크-'로 잘못 분석하였는지 여부를 따져 본 뒤에라야 올바른 결론을 내릴 수 있는 것이다. 필자는 이를 검사하는 잣대로서 네 가지 방식을 쓰고 있다.

첫째, 오직 관형형어미와 형식명사와 계사를 이용한 예정 사건 표현 구문의 형태소 '-으커-'(-을 것이-)만이 '-을 꺼, -을 커, -으케'와 같은 변이모습을 보여 준다. 이런 변이를 보인다면 양태 형태소 {-으크-}가 아니다.

둘째, 종결어미 '-어라'가 두 가지 종결어미의 융합으로 이뤄진 복합 형식이므로, 당연히 선행한 종결어미만으로도 발화나 문장이 종결되어야 한다. 일단 이렇게 분립시켜 자립성 여부를 검토할 경우에, 선행한 종결어미 하나만으로 자립될 수 있다면, 양태 형태소 {-으크-}와

결합했음을 확인할 수 있다.

셋째, 계열관계로서 대립 짝처럼 작용하던 양태 형태소 {-으크-}(-겠-) 및 예정 사건의 구문 형태소 {-으커-, -으케}(-을 것이-)와 다시 선조 상으로 통합될 수 있다. {-으크커-, -으크케-}로 산출되는 것이다. 만일 이런 통합구성을 허용한다면, 양태 형태소 {-으크-}가 들어가 있다고 지정할 수 있다.

넷째, {-으커-}가 계사 어간이 융합된 {-으케-}를 허용하지 않는 환경에서 는 오직 단일한 형태로만 관찰된다. 이 형태소 뒤에 관형형어미와 의문 종결어미가 다시 통합되는 환경에서는 형식명사를 중심으로 하여 앞뒤에 모두 같은 문법 형태소가 통합되어 있으며, 이럴 경우에 계사 어간 '이'는 의무적 탈락 규칙이 적용되어 '-으커-'가 '-으케-'로 변동하지 않으며, 오직 표면형 '-으컨가?'와 '-으커카?'만이 나온다.

만일 이런 조건을 서로 교차하면서 적용한다면, 비록 매우 미세한 차 이일지언정 '-으커-'(-읈#거-, -을#거-)와 양태 형태소 '-으크-'(-겠-) 를 확정해 내는 일에 기여를 할 것으로 본다.

필자는 문법 의식이 「무의식적 절차지식」이란 점을 중시하며, 문법 형태소들의 의미자질이 단순하고 쉬워야 함을 잘 의식하고 있다. 한 문 문화권에서는 주역 시대에서부터 이를 「간·이(簡易)」 원칙으로 설 명하거나 「수약(守約)」(지키는 것이 증자의 충·서[忠恕]처럼 간단히 한두 개로 요약되어 있음)으로 부르기도 한다. 필자가 설명하고자 하는 내용 들도 복잡해진다면, 절차지식을 이용하는 이 방언 화자들의 머릿속 실재가 아닐 확률이 높아진다. 따라서 좀 더 간단 명료한 구분 방법을 동시에 모색하고 있다. 아마 이런 구분은 「개연성 vs. 확실성」을 중심 으로 하여, 딸림 의미자질로서

"현장의 단서, 경험 가능, 추정, 확실히 책임을 짐, 화자에 대한 미더움"

등을 도출할 수 있을 것이다.

또한 이런 하위개념들의 논의에서 아직 잘 다뤄져 있지 않은 중요한 개념이 있다. 화자가 화용상의 전략으로 일부러 확정하거나 단정적으로 표현하지 않음으로써, 결과적으로 상대방이 개입하여 판정할 수 있도록 만들어 주는 간접적인 「청자 배려 효력」이다. 내 자신의 일에 관한 확정적 사건을 다른 사람에게 표현할 적에 우리말 화자들은

"제 생각은 … -은 것 같아요!"

라고 말하기 일쑤이다. 거리의 사람들에게 텔레비전 보도자가 그들 자신의 의견을 말해 주도록 요구할 경우에 특히 마무리 발화로 자주 쓴다. 일부에서는 이런 표현이 잘못되었다고 한다. 그렇지만 이는 「인간 상호작용을 부드럽게 만들어 주는 중요한 전략의 표현 방식」이다. 고프먼(E. Goffman, 1922~1982)이 기여한 미시사회학에서 소위 '체면의 원리'로 표현된 바 있다(고프먼 1967; 진수미 뒤침 2013 『상호작용 의례: 대면 행동에 관한 에세이』 아카넷). 사회적 관계 속에서 누구나 체면(face)을 다 느끼지만 이를 규정하고자 하면 막막해진다.

클락(Clark 1999; 김지홍 뒤침 2009) 『언어사용 밑바닥에 깔린 원리』(경진출판)에서는 어림셈으로나마 이를 구체적으로 적용할 수 있도록 '체면'이란 개념을 다시 「자율성 및 자존심」과 관련된 두 가지 축으로 나눠놓았다. 확정적이고 단정적으로 말하지 않고, 에둘러서 개연적이고 불확실한 것처럼 표현하는 방식이, 그 자체로 청자인 상대방이 나의 발언 내용에 간섭할 수 있도록 만들어 준다. 이는 단정적으로 말을 함으로써 갑을 관계나 상명하복의 관계처럼 오해되는 일을 피하려는 것이다. 그리고 딸림 속뜻으로서

「마주하고 있는 상대방의 자율성을 억누르거나 제약하지 않음」

을 깔고 있다. 강한 단정적인 표현보다는 상당히 누그러뜨려 놓은 표현이 서로 간에 사회적 관계를 유지하는 데에 중요한 것이다. 마치 우리말에서 겸양 표현이 나를 낮춤으로써 상대적으로 저절로 듣는 청자가 높아지는 이치와 동일하다.

그런데 이 방언에서는 종결형태소가 다시 종결형태소와 융합되어 마치 하나의 형태소처럼 쓰인다. 김지홍(2014)에서는 비전형적 종결어미로 불렀다. 이 책의 제1장과 제4장을 보기 바란다. 임홍빈(1982)에서는 공통어를 대상으로 하여 이런 현상을 논의하였다. 사이시옷이 더 들어가 있거나 또는 그런 매개체가 없이 그대로 융합된다.

　ⓐ 사이시옷: 가자＋ㅅ＋다, 살으리라＋ㅅ＋다, 가자＋ㅅ＋구나, 했다＋
　　　ㅅ＋다
　ⓑ 직접 통합: 왔다＋은다

이 방언의 경우도 {-어라}와 뒤따르는 형태들도 그 구성이 나뉠 수 있다. 이 방언의 비전형적 종결어미들은 체계적으로 반말투 종결어미 '-어'를 매개로 하여 거듭 종결어미가 통합되고, 마치 하나의 형태소처럼 융합되어 있다. 이런 체계성을 기댄다면, {-어라}는 반말투 종결어미 '-어' 뒤에 다시 계사를 활용한 종결어미 '-라'가 융합되어 있음을 알 수 있다. 이런 두 번의 종결어미의 출현으로 말미암아 「시점 이동이 수반」된다. 맨 마지막에 있는 계사의 반말투 종결어미 '-라'는, 각별히 시상 선어말어미에 통합되어 있지 않는 한, 무표적인 값으로서 발화 현재의 시점과 관련되어 시상 해석이 일어난다. 계사의 세 가지 활용방식은 143쪽과 395쪽을 보기 바란다.

그렇지만 바로 앞에 있는 종결어미 '-어'도 해당 사건이 각별히 시상 선어말어미에 통합되어 있지 않는 한, 무표적인 값으로서 시상 해석을 받아야 한다. 그런데 '-라'에 의해서 이미 현재 발화시점은 점유되어 있다. 그렇다면 다른 시점을 찾아서 무표적인 시상 해석을 이룰 수 있도록 닻을 내려야 한다. 그 가능성은 현재 시점을 제외하면 두 가지 선택이 있다. 과거의 어느 시점이거나 미래의 어느 시점이다. 미래 사건을 가리킬 수 있는 형태소의 도움 없이는 '-어'는 미래의 시점을 선택할 수 없다. 그렇다면 과거의 어느 시점과 관련하여 사건에 대한 시상 해석이 일어나야 한다. 이런 측면이 융합된 복합 형태 '-어라'를 놓고서 이미 일어난 사건을 되돌아보면서 발화한다는 의미가 도출되도록 만든다. 이는 이 방언에서 찾아지는 매우 중요한 현상이며, 337쪽과 352쪽을 보기 바란다.

3.2.3. 서술 및 의문 서법에서의 양태 형태소 {-으크-}의 통합체

3.2.3.1. 이 글에서 낯선 용어로서 비의문법이란, 문장을 종결시키는 서법 중에서 의문법을 잣대로 내세워 이를 제외한 나머지 모든 서법을 의미했다. 이는 의문 서법의 형태가 상대적으로 단일한 모습을 띠고, 이와 짝으로 대응할 법한 서술 서법의 사례는 복수의 후보가 있다는 사실(하나 : 여럿)을 중심으로, 의문 서법의 형태소가 일차적 기준이 됨을 의미한다. 서법들 중에서 전형적으로 청유와 명령의 경우에는 발화 현장과 관련됨으로써, 굳이 양태 형태소와 통합된 모습을 요구하지 않는다는 점에서, 비의문법이란 용어로써 서술 서법과 감탄 서법을 묶을 수 있다. 이런 용어 사용이 복잡하다면, 예전처럼 서술 서법과 의문 서법을 대표 서법으로 내세울 수도 있다.

가령, 약속법을 나타내 주는 형태소 {-으마}는 양태 형태소와 통합될 수 없다. {*-으크-마}({*-겠-마}). 그러나 대신 평서법 종결어미로써 약속의 서법을 나타낼 수 있다. {-으크-이어}({-겠-어}). 또한 명령법의 형태소 {-으라}는 양태 형태소와 통합되지 않는다. {*-으크-으라}({*-겠-으라}). 이는 명령 서법이 청자와 화자가 대면하고 있는 현장을 중심으로 이뤄지기 때문이며, 이런 현장성 속성이 양태 형태소가 언급하는 근접 상황과 정합적으로 맞물릴 수 없기 때문이다.

서술 서법 또는 평서법의 경우에 대우의 형태소가 출현하는지 여부에 따라 종결어미의 모습이 달라진다. 청자를 대접해 주는 대우 형태소가 실현된

"-으우다, -으우게"

등이 있다. 이들 형태소 앞에 모두 다 양태 형태소 {-으크-}가 통합될 수 있으며, '-으쿠다, -으쿠게'로 나온다.

여기에 다시 종결어미들이 통합되어 융합된 모습을 보여 주는데, 이를 분석하면 관형형어미 '-은'을 매개로 한 것과 그렇지 않은 부류로 나눌 수 있다.

(ㄱ) 관형형어미를 매개로 한 구성은 형식명사를 수반하는 것이 한국어 내적 질서이다.

이를 염두에 둔다면 '-은게, -은디'에서도 '것'이나 'ᄃ'를 상정해 볼 만하다. '-네'를 놓고서 김지홍(2014: 364쪽 이하) 이외에는 아직 본격적인 형상에 대한 논의를 진행한 적은 없다. 그러나 만일 이런 계열체를 찾아낼 수 있는 형상에 기댄다면, '-은이어'라는 후보에서 양태 속성을 띤 형식명사 '이'를 상정해 볼 만하다. (6가, 7가)에서 언급된 종결어미 {-으려, -을려}는 짝이 되는 관형형어미 '-을'을 이용한 융합체이다(-을#이-이어). 이는 '-네'에서 '-느-'를 추출할 수 없다는 근거로도 이용될 수 있다. 이 방언에서 빈출하는 '-을#테주'(-을 터이지)에서 보이는 '터'도 같은 계열의 형식명사로 파악된다.

(ㄴ) 관형형어미가 없는 부류의 경우는 직접 '-라, -고'가 융합되어 있다.

각각 계사의 반말투 활용어미와 내포 구문의 인용·추정·의도 등을 표현해 주는 어미인데, 계사 어간과 관련하여 생략이 동시에 일어난 경우이다.

308쪽 이하에서 이미 발화 현장에서 주어진 단서를 통하여 사건이 근접함을 인식하는 양태 형태소 {-으크-}의 의미는 오류를 겪게 마련인 인간의 관점을 나타내지만, 이와 대립 짝이 되는 {-을#것} 구문은 하느님의 전지적 관점을 표현하거나 또는 미리 계획되었다는 점에서 예정 사건을 표현하는 몫을 맡는다고 보았다. 여기서는 양태 형태소 {-으크-} 뒤에 통합되는 문법 형태소들에 초점을 모으기로 한다.

양태 형태소 {-으크-}가 만일 표면상 종결어미 {-어라}와 통합될 경우 "커"라는 소리를 확인할 수 있다. 그렇지만 앞에서 '-으커-'는 예정 사건을 표현하는 구문 "-읋 거"(-을 것)에서 도출되어 나오는 것이며, 이를 구분해 줄 네 가지 잣대를 제시한 바 있다(317쪽). 그렇다면 응당 '-으커라'와 같은 통합체는 예정 사건을 언급하는 구문 '-으커-'(-을 거-)와 계사의 반말투 종결어미 '-라'의 통합으로 분석되어야 한다. 이 방언에서는 관형형어미와 형식명사가 통합되는 기본 형상이 "-읋 거"(-을 것)인데, 계사 어간이 녹아 있는 '-으케-'로도 변동할 뿐만 아니라, '-을거, -으커, -으꺼'(평음 격음 경음)로도 나온다. 계사 어간이 의무적으로 탈락해야 하는 경우도 있었는데, 형식명사를 중심으로 하여 관형형어미가 앞뒤로 감싸고 있는 모습을 보여 주었다. 그렇지만 양태 형태소 {-으크-}는 결코 이런 변동이 관찰되지 않고, 오직 유일하고 단일한 소리값만 관찰된다.

이하에서는 양태 형태소 {-으크-}가 통합될 수 있는 모습을 중심으로 하여 서술 서법의 경우 및 의문 서법의 경우를 나란히 함께 제시해 둔다. 통합 사례를 보여 주는 어간은 자음 받침으로 끝나는 동사 '먹다'와 모음으로만 끝나는 동사 '가다'를 선택하기로 한다.

양태 형태소	서술 서법 의문 서법	결합 사례(먹다, 가다)
(45가) –으크–	–으우–다 –으우–가?	먹으쿠다, 가쿠다 먹으쿠가?, 가쿠가?
(45나) –으크–	–으우–괴 –으우–과?	먹으쿠괴, 가쿠괴 먹으쿠과, 가쿠과

앞의 목록은 청자 대우 형태소를 실현시키고 있는 환경에서 관찰되는 양태 형태소와의 통합 모습을 제시한 것이다. 이 방언에서 청자 대우와 관련된 형태소는 비종결 위치에서 {–으우–}와 {–읍–}이 관찰된다. 이 두 형태소는 비록 '순음성'이라는 자질을 나누어 가지고 있으나, 이들의 앞뒤 환경이 다르므로 필자는 도출 관계로 볼 수 없다고 판단한다. 대신 필자는 '사뢰다, 아뢰다'의 어간 '슯–, 슬–, 욻–'(白)이 내포 구문을 이룸으로써, 간접적인 대우 효력을 발휘하는 것으로 본다. 이런 측면에서 {–으우–}와 {–읍–}은 전혀 별개의 형상을 전제로 하여 쓰인다.

{–으우–}는 음운론적 조건을 지닌 변이형태 {–수–}가 있다. 이것들은 문법화가 진행되기 이전에 종결어미 '–으오, –소'와 비음성을 띤 청자 대우 형태소 '–이–'가 융합되어 나온 것으로 파악하고 있다(374쪽, 403쪽). 이 방언에서는 비음성을 띤 청자 대우 형태소는 선어말어미로서의 '–으우–, –수–'와 '–읍네다, –읍네까?'나 '–읍데다, –읍데가?'의 '–네–, –데–' 속에 녹아 있는 정도로만 구현될 뿐이다.

대우 형태소 {–으우–}는 계사와 통합될 때에는 {이–으우꽈?, 이–으우꿰!}로 실현된다. 최소한 이 {–으우–}라는 대우 형태소와 성분–통어관계(공기관계)에 있는 의문 종결어미는 다음 네 가지 표면형을 갖는 것으로 보인다.[14]

{-과?, -ㅅ과?}와 {-가?, -ㅅ가?}

사이시옷의 유무가 있지만, 서로 기능이나 의미의 차이는 없을 것으로 보인다. 서술 서법에서는 이런 차이가 없지만, 굳이 왜 의문 서법에서만 사이사옷 유무로써 두 계열의 통합 방식처럼 나란히 관찰되는 것일까? 아직 그 까닭을 잘 알 수 없다. 그러나 계사가 관여된 (47)에서는 결코 사이시옷이 나올 수 없다는 사실로부터, 계사 자질 및 사이시옷 사이에 병렬적이거나 대등한 모종의 기능을 상정해 볼 만하다. 이제 이들 형태소가 계열관계를 이루면서 양항 대립을 보이는 사례들을 중심으로 살펴보기로 한다.

양태 형태소	서술 서법 의문 서법	결합 사례(먹다, 가다)
(45다) -으크-	*-어-읍-데다	먹으큽데다, 가큽데다
	*-어-읍-데가?	먹으큽데가? 가큽데가?
(45라) -으크-	*-어-라-읍-데다	먹으커랍데다, 가커랍데다
	*-어-라-읍-데가?	먹으커랍데가?, 가커랍데가?

---

14) 현평효(1985: 60쪽)에서는 {-가?}를 바탕으로 하여 대우 형태소의 원순성 자질이 얹히게 되면 {-과}가 도출된다고 보았다. 그러나 이는 임의적인(ad-hoc) 서술에 불과하다. 왜냐하면 의문서법 이외의 종결어미 형태소에서는 전혀 적용될 수 없기 때문이다. 그의 규칙을 비의문법 또는 서술서법에 적용시키면 {*-으우돠, *-으우꽤} 등이 나오게 된다. 이는 이 방언에서 관찰할 수 없는 형태들이다.
  일단 본고에서는 표면형의 소리값을 중심으로 네 가지의 형식이 있음만 지적해 둔다. 사이시옷이 선행하고 있는 형상에서 왜 사이시옷이 들어가야 하는지 필자로서는 아직 명확히 알 수 없다. 그렇지만 동일하게 의문 종결어미를 지니고서 '-읍데가?'(-읍디가?)와 계열관계에 있는 '-읍네까?'(-읍니까?)에서 사이시옷이 깃들어 있다는 점에서 모종의 기능이 상정될 만하고, 이것이 체계적인 모습을 띨 개연성을 배제할 수 없을 듯하다.
  이 방언의 대우체계 또한 엄격히 유무대립에 따라 재론되어야 마땅하다(서정목 1988a,b 참고). 필자는 두 가지 층위에서 이분 대립을 보이는 방식의 4분 대우 체계가 이 방언에서 설명력을 지닌다고 본다. 이 책의 제6장 및 김지홍(2014: 455쪽 이하)를 보기 바란다.

(45'다)	-으커-	-읍-데다	먹으컵데다, 가컵데다
	(-을 거)	-읍-데가?	먹으컵데가? 가컵데가?
(45'라)	-으커-	-라-읍-데다	먹으커랍데다, 가커랍데다
	(-을 거)	-라-읍-데가?	먹으커랍데가?, 가커랍데가?

형태소 통합체의 목록으로 제시된 (45다, 라)에서 "-으컵데다, -으커 랍데다"에서 '-으커-'를 관찰할 수 있다. 그렇지만 이것이 양태 형태 소 {-으크-}로 지정할 수는 없다. 비록 여기서 '*-으켑데다'는 불가능 하며, '??-으케랍데다'로 변동되지 않지만, 그럼에도 불구하고 (45다) 에서 '-읍데다'가 결합되지 않은 형식 '*-으커'는 결코 자립할 수 없 다. 이런 점에서 종결어미 '-어'가 아님을 알 수 있다. (45라)에서는 '-읍데다'가 결합되지 않은 형식 '-으커라'가 자립할 수 있다는 측면 에서 이를 양태 형태소 '-으크-'와 종결어미 '-어라'로 나눠볼 수 있 다. 그렇지만 종결어미 '-어라'는 반말투 종결어미 '-어'와 계사의 반 말투 종결어미 '-라'가 융합된 복합 형식이기 때문에, 시상 선어말어 미와 통합된 '-앖어 vs. -앗어'에서와 같이, 당연히 '-어'만으로도 자 립적으로 문장이나 발화를 종결할 수 있어야 한다. 이와는 달리, (45 다)에서는 독자적으로 '*-으커'처럼 쓰일 수 없는 것이다. 자립적 종 결어미로서의 쓰이지 않는다면, 결국 '-으커-'(-을 거-)를 놓고서 양 태 형태소로 잘못 분석한 것임을 매듭지을 수 있다.

그렇다면 (45다, 라)는 어떻게 분석해야 하는 것일까? 필자는 각각 (45'다)와 (45'라)와 같이 분석되어야 옳다고 본다. 예정 사건을 확정적 으로 가리켜 주는 '-을 것이야'의 구문인 것이다. 이 방언에서 음운 변화를 일으키는 요소들을 모두 반영하면 (45'라)는 '-읋#거-라'로 표 상되며, 마지막 종결어미는 계사의 반말투 종결어미이다.

(45'다)와 (45'라)에서 '-으커-'와 결합되어 있는 대우 형태소 뒤에 통합 형태소들이 정연히 대립을 이루고 있다. 회상의 형태소 {-더-}와

청자 대우 형태소 {-이-}가 융합되어 있고(이 방언에서 {-데-}와 {-디-}
는 수의적 교체임), 이 뒤에 다시 서술 서법의 종결어미 '-다'와 의문
서법의 종결어미 '-가?'가 짝으로 대립하고 있는 것이다. (45가)에서
도 이런 '-다 vs. -가?'의 대립이 관찰된다. '-읍데다 vs. -읍데가?'(공
통어에서는 '-읍디다 vs. -읍디까?')에서 {-더-}가 계열 관계에 있는 {-느
-}와 교체될 경우에 '-읍네다 vs. -읍네까?'(-읍니다 vs. -읍니까?)로 실
현된다. 이런 통합관계와 계열관계를 바탕으로 하여 문법 형태소들을
하나씩 확정할 수 있는 것이다.

(45나)는 다소 이례적이다. 만일 이 방언에서 빈출하는 종결어미 짝
'-은게 vs. -은가?'를 고려한다면, '-으우게 vs. -으우가?'를 짝지을 만
하다. 이때 {-으우-}는 음운 조건에 따른 변이형태 {-수-}를 지닌 대
우 형태소로서, 얼굴을 마주한 청자를 대우하므로, 이를 제외한 종결
어미로서 '-게 vs. -가?'를 분리해 낼 만하다. 계사 어간이 그대로 남
아 있는 경우에 '책이게 vs. 책이가?'처럼 쓰이며, 또한 '책인게 vs. 책
인가?'로 쓰이기 때문이다.

그런데 다소 민감하게 연구자의 판단이 엇갈릴 소지가 있는 것이지
만, 필자에게는 원순성이 깃들어 있는 듯이 느껴진다. '-으우괴' 또는
'-으웃괴'처럼 느껴지는 것이다. 이것이 만일 의문 종결어미 '-으우
과?, -으웃과?'와 계열 관계에 있다면, 짝을 이룬 종결어미 '-괴 vs.
-과?'에서 '고'가 분립될 소지가 있다. 그렇지만 "먹었고나"(먹고 있구
나)에서 관찰되는 '고'와 관련될지는 잘 알 수 없다. 감탄을 나타내는
종결어미 '-고나!'(-구나!)는, 청자에게 정보를 통보해 준다는 강한 느
낌을 주는 고유한 서술 서법의 종결어미 '-고라!'(아마 공통어에서 융합
된 종결어미 '-단다'와 비슷할 듯함)와 비교하여, 계열관계를 확정할 수
있다. 이런 측면에서 비록 공통어에서 감탄 종결어미를 더 나누지는
않더라도 '-고-, -구-'가 강력하게 발화시점 현재와 관련된 모종의
양태를 떠맡고 있을 개연성이 있다. 그렇지만 의문 종결어미에서는

그런 시상 선어말어미에 대한 제약이 없을 듯하므로, 양태적 의미를 추구하기가 힘들겠다는 필자의 직관만 덧붙여 둔다.

이 방언을 표기하는 방식에서 일부에서는 '괴'가 중모음임을 나타내기 위해 이를 일부러 '궤'로 적기 일쑤이다. 그렇지만 공통어의 단모음 '외, 위'가 모두 다 이 방언에서만은 오직 중모음으로 나오는 사실을 그런 표기 방식으로 완벽히 포착할 수 없는데, 고식적 편법 표기일 뿐이다. 필자는 '궤' 표기가 「어법에 맞도록」 적지 못하게 만든 잘못이라고 본다. 그 근거로서 다음 네 가지를 적어 둔다.

첫째, 공통어에서는 문법적 특성 때문에 '왜'와 '웬일인지'를 구분해서 적고 있다. '괴'를 '궤'로 표기한다면, 더 이상 이런 의미 차이를 보존할 길이 없어진다. 둘째, 이 방언에서는 '귀'도 역시 중모음이기 때문에, 그런 표기 방식을 따라 일부러 변형을 주었어야 일관적이다. 그렇지만 '위'와 관련된 표기는 아무런 변형도 시도하지 못했다. 발음이 공통어와 다름을 일관되게 보여 주기 위해서는, 그렇다면 '궤'로 쓸 것인가, 아니면 '귀'로 쓸 것인가? 이런 점에서 이전의 표기 방식은 전혀 일관성이 없다. 셋째, 공통어의 '되었다'를 줄인 '됐다'를 어떻게 구분할 것인가? 이전의 표기대로 '됐다'로 쓴다면 본디말과 준말을 전혀 구분해 줄 수 없으며, 잘못된 표기가 중요한 언어 실상을 가려 버린다. 넷째, '오, 우'는 각각 발음이 [o]와 [u]이지만 모두 다 음절 재구성 규칙의 적용을 받는 특정한 환경에서는 동일하게 반모음 [w]로 바뀔 수 있다. 우리말 표기에서는 '와, 워'처럼 소리값의 기원을 정확히 표기하고 있다. '옮기다, 쫓기다'는 낱말은 이 방언에서 '이' 모음 역행동화가 일어나는데, 이를 반드시 '욍기다, 쫓기다'로 써야만 체계적 대응을 보여 줄 수 있다. 이를 임시방편으로 '*욍기다, *쬧기다'로 쓰는 일은 한국어 「어법 표기 질서」를 어지럽힐 뿐이다.

또한 '말리다'(to dry up, 건조시키다)는 낱말이 이 방언에서는 '몰리우다'로 쓰인다. 만일 이 낱말이 순접 접속어미(연결어미) '-앙 vs. -안'(-

아서)과 통합되면 그 형상이 '물리우앙'(말리어서)으로 된다. 입말을 쓰는 환경에 따라 이것은 더 줄어든다. 그럴 경우에 '물류앙, 물량'과 같이 발음된다. 이 방언에서 '왕따'와 관련하여 '들루다, 딸루다, 똘루다'(따돌려 버리다)와 같은 낱말을 쓴다. 이 어간에 '-아 버리다'라는 구문을 통합시킬 경우에 '들루아 불라!, 들류 불라!'(따돌려 버려라!)라고 말한다. 또한 제주발전연구원(2013: 84쪽 이하 및 90쪽에 있는 각주 34)『제주어 표기법 해설』에서 필자의 집필 부분을 보면, '죽이다'가 이 방언에서 '쥑이다'로도 쓴다는 김광웅(2001: 193쪽)의 지적을 인용하였었다. 필자로서는 아마 양자가 수의적인 표면형일 듯하다. 이런 다수의 사례들은 중모음을 표기해 주는 길이 반드시 기본 형상에 있던 '오, 우'와 '요, 유'를 그대로 살려 주면서 '외, 위, 와, 워, 와, 유'와 같이 일관되게 이뤄져야 함을 보여 준다. 편향되게 오직 '외'만 단모음이 아니라는 사실을 반영하기 위해 '웨'로 써야 한다는 잘못된 주장은, 결국 임시방편의 억지 표기 방편이며, 당장 폐기되어야 할 1980년 대에 시작된 인습에 불과하다.

'제주어'를 추종하는 이들이 일부러 그렇게 글자 모습을 비틀고 쓰려는 발상은, 그 자체로 이 방언을 왜곡하려는 자가당착에 불과하다. 오직 간단히

「이 방언에서 '위, 외'는 언제나 이중모음으로 발음된다」

는 단서를 하나 제시하는 것만으로 모든 것이 다 끝난다. 결코 따로 글자를 변형하여 적을 필요가 없기 때문이다. 그렇다면 이 방언의 실체를 적는 글자 표기 원칙은 「어법에 맞도록」

첫째 가독성에 토대를 두고서 이뤄지되,
둘째 기본 형태들의 모습에 이내 소급될 수 있도록 선택해야 하며,

셋째, 그 방편으로 옛 문헌 자료 및 현재 표기법과의 관련성을 살려야 한다.

이를 각각 가독성·일관성·유연성(有緣性)이라고 부를 수 있다. 이 방언의 표기 방식에 대한 이런 세 가지 원칙은 어려운 것도 아니다. 보통교육을 받은 분이라면, 「어법에 맞춘」 공통어의 표기법을 익혀 다 알고 있을 것이며, 그 바탕 위에 그대로 그 표기 방식을 이 방언의 표면형에 적용하면 될 뿐이다. 그렇지만 이 방언에 대한 표기 방식은 '제주어'의 특수성과 편향성만 강조하기 위하여, 표기 방식도 일부러 비틀고 왜곡시켜 놓는 잘못된 선택을 했을 뿐이다.

이 글에서는 위의 (45가, 나)의 분포에 맞추어, '-으우다 vs. -으우가?'를 짝짓기로 한다. 일단 '-으우게, -으웃게'로 실현되는 것이 아니라, 오히려 '-으우괴, -으웃괴'로 실현된다고 보아, '-으우괴 vs. -으우괘?'를 서로 짝짓기로 한다(김지홍 2014: 96쪽 이하, 122쪽 이하를 보기 바람).

대우 형태소들 가운데 {-읍네다}는 양태 형태소 {-으크-}와 통합되지 못한다({*-으큽네다, *-으컵네다}). 이는 공통어에서 {먹-겠-습니다}가 가능하다는 사실과 비교해 보면, 조금 의아스럽게 생각될 수 있다. 이 방언에서 여기에 대응되는 형태가 (45가)의 '-으쿠다 vs. -으쿠가?'처럼 나온다. 그렇다면 이 사실을 중시하여, 제주 방언의 {-읍네다}는 공통어에서의 {-습니다}와 1 : 1로 대응하지 않으며, {-읍네다}의 형태소들 가운데 어느 요소가 양태 형태소 {-으크-}와 충돌하기 때문에 그 실현이 저지되는 것으로 상정해 볼 수 있다. 그 후보로서 본고에서는 {-네-}([느-어이])에서 도출될 수 있는 형태소 {-느-}에 주목하고자 한다(고영진 2021: 313쪽에서도 같은 발상인데 현실적 의미 및 추정 간의 상충으로 보았음). 이는 공통어에서 {*-겠-는-}이 통합되지 못하는 일과 서로 부합한다. 그 까닭은 현재 눈앞에서 벌어지고 있는 상황에 대해 언급하는 일과, 동일한 그 상황에 대하여 실현이 임박했거나 근접해 있다고 언급하는 일이 서로 상충되기 때문이다.

3.2.3.2. 다음에는 대우와 관계 없이 동사 어간에 직접 양태 형태소가 통합되고 나서 종결어미가 통합되어 있는 경우를 보기로 한다. 동사는 어간에 받침 있는 '먹다'와 받침 없는 '가다'를 이용하기로 한다.

	양태 형태소	서술 서법 의문 서법	결합 사례(먹다, 가다)
(46가)	-으크-	-라(내림세 억양)	먹으크라, 가크라
		-라?(오름세 억양)	먹으크라?, 가크라?
(46나)	-으크-	-이어	먹으키어, 가키어
		-으카?(-읋가?)	먹으크카?, 가크카?

(46가)에서는 서술 서법의 사례가 계사의 반말투 종결어미 '-라'가 통합되어 있다. '-으크라'에는 청자를 대우하는 화용첨사 '마씀'을 통합시킬 수 있다. '-으크라마씀'과 같은데, 그렇다면 반말투의 종결어미라고 판정할 수 있다. 이런 기대대로 '-으크라'는 수행 억양을 달리하면서 서술 서법으로도 쓰이고 의문 서법으로도 쓰인다. 내림세 억양이 얹히면 서술 서법으로, 오름세 억양이 얹히면 의문 서법으로, 그리고 끌어 늘이면 감탄 서법으로 해석되는 것이다. 또한 수행 억양의 변화에 따라 반향의문(echo question)으로 될 수 있다(71쪽 '메아리 의문', 임홍빈 1984). 다음에 제시한 예문 (46)의 통합체 목록에서도 동일하다. 반향의문은 공통어의 화용첨사 {-요}에 해당될 만한 화용첨사로서[15]

---

15) 이 방언에서 관찰되는 화용첨사가 화자 및 청자와의 관계에서 적어도 세 가지 층위로 실현되고 있다. 필자는 이런 세 계층이 있다는 사실 자체에 놀란 바 있다. 자세한 논의는 김지홍(2014: §.1-5 및 381쪽~386쪽)을 보기 바란다.
　　(1) 첫째 층위에서 쓰이는 화용첨사는 청자에게 현재 발화에 주목하도록 요구한다.
　　(2) 둘째 층위에서 쓰이는 것은 발화의 내용을 받아들이도록 재촉하거나 촉구한다.
　　(3) 셋째 층위에서는 청자에게서 지금 발화 내용에 대한 반응을 보여 주도록 요구하는데,

{-마씀, -양, -예}

등을 종결 형태소 뒤에 통합시킬 수 있다. 논의를 모으기 위하여, 여기서 이런 의문 형태소들의 개별 모습에 대해서는 논의에서 제외해 둔다.

(46나)에서는 독특한 종결어미 '-이어'가 양태 형태소와 통합되어 있다. 앞에서와 같이 청자를 대우하는 화용첨사가 붙지 않는다는 사실을 먼저 확인할 필요가 있다. '*-으키어마씀'이 불가능한 통합체이다. 이는 반말투의 형태소가 아니라 고유한 서술 서법의 종결어미 '-어'임을 말해 준다.

이제 같은 소리값을 지닌 '-이어'들의 분포를 두 가지 먼저 제시하고 나서, 소거법을 적용하면서 계사와의 관련성을 제외하는 작업을 함으로써 이 종결어미에 대한 정체를 밝혀 나가기로 한다. 이 방언에서는 동일한 소리값을 갖고 있는 '-이어'가 (46다, 라, 마)와 같이 나온다. 하나는 여기서 다루는 양태 형태소 {-으크-}와 통합된 '-으키어'다. 다른 두 개는 (46다, 라)와 같이 계사 구문 및 (46사)에서와 같이 명사절 '-음'과 통합되어 있다. 먼저 계사에도 이런 활용어미가 관찰된다.

특히 명시적 확인이나 동의를 보여 달라는 요구가 깔려 있다.

이런 측면에서 같은 화용첨사가 기능을 달리하면서 중첩되어 나올 수 있는 것이다. 매우 중요한 측면이다. 화용첨사가 이 방언에서 1980년대에 채록된 설화 자료에 쓰인 경우는 김지홍(2020: 288쪽 이하)를 읽어 보기 바란다.

이 방언의 연구는 현실적으로 연구 인력의 현저한 숫적 열세 및 집단 지성의 힘을 온축할 수 있는 「학문 공동체가 없음」으로 말미암아, 여러 문제들이 뒤따라 나온다. 아무리 새로운 발견의 결과가 제시된다손 치더라도 거의 공유되지 않을 것이기 때문이다. 마치 허공에다 외친 메아리처럼, 아무런 울림도 없다는 점이 또한 이 방언의 연구자들의 사기를 꺾어 버리는 부정적 모습이다. 아직 필자는 김지홍(2014)와 김지홍(2020)에 대한 비난이나 비판 또는 격식 갖춘 서평을 접해 보지 못하였다.

이 방언이 한국어의 질서를 그대로 따르고 있음을 실증적으로 보여 주는 작업이기 때문에, '제주어'를 떠받드는 이들은 자신이 왜 그리고 어떻게 잘못을 범하고 있는지를 반론을 펴기 위하여 당연히 살펴봐야 할 것이다. 그렇지만 여태 아무런 반응도 없다. 이런 업적을 읽어보려는 학문 분야의 구성원이 거의 없음을 실질적으로 시사해 주는 듯하다. 이런 이유로 모어 방언을 연구하는 일이 아무리 의무감이나 사명감에서 시작한다고 하더라도, 고단한 느낌이 줄곧 동반되므로, 의기소침해지는 나 자신과 끊임없이 싸워나가야 한다. 누구든 이 방언 연구자는 앞으로도 그러리라고 본다.

(46다) "그건 느 : ∅ 책이어"[책-이-어]

(그것은 네 책이다)

(46라) "이건 삼춘∅ 부채여"[부채-이-어]

(이것은 삼촌 부채이다)

(46마) "이건 가 : 이∅ 신가?"[신-∅-가?]

(이것은 그 아이의 신발인가?)

(46다, 라)에서는 두 개의 명사구를 계사 '이다'가 묶어 지정해 주고 있다. 그 활용이 하나는 '이어'이고, 다른 하나는 '여'이다. 만일 (46마)와 같이 의문 종결어미를 실현할 경우에는, 숫제 계사 어간의 존재가 관찰되지 않는다. 계사 어간은 그렇다면

ⓐ 그대로 머물러 있는 경우

ⓑ 종결어미에 반모음으로 얹혀 있는 경우

ⓒ 완전히 탈락된 경우

를 보여 준다. 이때 청자를 대우하는 화용첨사 '마씀'을 통합시킬 수 없기 때문에, 계사는 고유한 서술 서법의 활용임을 알 수 있다.

다른 하나는 동사를 명사절로 만들어 주는 어미 형태소 '-음'과 '-기'에도 통합된다. 가령, 동네 어른을 길에서 만났을 때에

(46바) "어드레 값수과?"

(어디 쪽으로 가고 있습니까?)

라고 인사말을 하면, 대답하는 인사말을 다음처럼 할 수 있다.

(46사) "오! 난 당카름에 장∅ 나네, 장밧듸(영장 밭에) 감이어."

(응, 나는 당동네에 영장[營葬]이 나서, 매장할 밭에 감이다)

(46아) "이번 대회는 죽기살기여."

  (이번 대회의 각오는 죽기살기로 마음 먹기이다)

이때 '-음'은 동사 구문을 명사절로 만들어 주는 명사형 어미이며, 여기에도 계사가 통합되어 있다. 그럴 뿐만 아니라 (46아)처럼 '죽다살다'를 명사절로 만들어 주는 명사형 어미 '-기'에 통합된 종결어미에 계사 어간이 반모음으로 들어가 있다. 두 환경이 모두 다 계사를 이용하고 있음을 알 수 있다. 계사는 ⓐ 그 어간이 그대로 보존되거나, ⓑ 종결어미에 반모음으로 덧얹히거나 ⓒ 두 개의 명사구가 나열되는 환경에서는 계사의 역할이 잉여적으로 될 수 있으므로 완전히 탈락하기도 한다.

  그렇다면 '-으크이어'에서 계사의 어간과 같이 종결어미에 반모음으로 덧얹히거나 탈락할 수 있을까? 그런 모습인 '*-으크여' 또는 '*-으크어'는 불가능한 통합체이다. 이런 언어 사실에 기반하면, 양태 형태소와 통합된 '이'는 계사 어간일 수 없다. 따라서 다른 후보를 찾아봐야 한다. 필자는 이 방언에서 관형형어미 '-읋 vs. -은'이 요구하는 양태성 형식명사 '이'에 주목하고자 한다. 이 형식명사는 이 방언의 종결어미들 중에서 '-을#이어, -을#이아?'뿐만 아니라, '-은#이어, -은#이아?'도 계열체로서 관찰된다. 종결어미는 고유한 서술서법의 형태소 '-어'로 나온다. 그런데 의문 종결어미 '-아?'로 나오며, 모음조화에 영향을 받지 않는다. 그런 까닭에 국어사를 다루는 경우 이것이 '의문 첨사'로 불리기도 했었다.

  일단 계열관계를 이루는 '-으크라'와 비교하면서 '-으키어'라는 통합체에서 양태 형태소 {-으크-}와 '-이어'를 분석할 수 있다. 여기서 남는 종결어미 '-이어'에는 청자를 대우하는 화용첨사 '마씀'이 붙을 수 없다. 따라서 고유한 서술 서법의 종결어미임을 알 수 있다. 비록 반말투의 종결어미 '-아, -어'도 있지만, 반말투 어미는 화용첨사에 아무런 제약도 없다. 그렇다면 '-어'는 계사가 보여 주는 세 가지 활용 범위(김지홍 2020: 661쪽)에서, 서술 서법의 고유한 종결어미임을 알 수 있다. 일단 '-어'의 정체가 결정되었다고 하더라도, 양태 형태소 '-으크-'와 계사의 고유한 서술 서법 종결어미 '-어' 사이에 있는 '-이-'의 범주가 자동적으로 결정되는 것은 아니다. 오직 이 형태가 수의적으로 탈락되거나 생략되는 일이 없다는 점에서, 계사의 어간과 무관함은 알 수 있다.

(46나)에서 양태 형태소 {-으크-}(-겠-)가 {-이어}가 통합된 것을 놓고서 이남덕(1982: 40쪽)에서는 계사로 파악하였다. 그 이유는 양태 형태소 {-으크-}(-겠-)가 형식명사와 동등한 자격을 지니다고 봤기 때문이었다. 그렇지만 만일 양태 형태소 {-으크-}(-겠-)를 형식명사로 보는 이런 관점이 타당하다면, 계사의 흔적을 일관되게 똑같이 찾아낼 수 있어야만 할 것이다. 그렇지만 (46가)에서도 '이'를 찾을 수 없고, (46나)의 의문 서법에서도 '이'를 찾을 수 없다. 김지홍(2014: 127쪽)에서는 양태성 형식명사 '이'의 가능성을 적어 놓았지만, 부주의하게 같은 책의 137쪽과 294쪽에서는 계사 어간일 가능성도 적었었다. 이런 자가당착을 뒤늦게 깨달았는데, 이제 계사 어간으로서의 가능성은 철회하는 바이다.

필자는 관형형어미와 형식명사 '이'가 통합된 사례가 다시 '-으녜'로 씌어진 '-은#이-어' 및 '-으려'로 씌어진 '-을#이-어'에서도 찾아질 수 있을 것으로 본다. 관형형어미의 양태적 특성상 요구되는 통합 조건이 양태성을 요구할 것으로 본다. 필자는 이를 전형적으로 대상이나 사물을 '것'과 대립 짝으로서, 행위 종결의 상태나 사건의 결과 상태를 가리킨다고 파악하였다. 따라서 '이'를 「상태 지시 형식명사」로 부를 수 있으며(304쪽 참고), 그 양태성을

「사건의 결과 상태나 다 끝이 난 행위를 가리키는 속성」

이라고 배당할 수 있다(342쪽 참고). 만일 '이'를 양태성 형식명사로 지정한다면, 당장 문법상의 문제가 생겨난다. 양태 형태소 '-으크-'가 결코 관형형어미의 몫을 하는 것이 아니기 때문이다. 즉, 매우 이례적이고 유표적인 환경인 것이다.

그렇다고 하더라도 마땅히 '-이-'를 배당할 다른 하위범주를 찾아 내기가 어렵다. 이런 상황에서 잠정적으로 양태성의 범주에 속하는 형태소들이 굳이 문법적 형식을 따로 빌리지 않더라도, 병렬되는 일 자체만으로 통합체를 이룬다고 가정을 세워 볼 수 있을 듯하다. 즉, '-으크-'와 '-이-'가 「아무런 문법소의 매개가 없이도 병렬되는 일만으로도 통합체를 이룬다」고 보는 것이며, 이 양태 범주는 곧장 종결어미를 통합할 수 있다고 보는 것이다. 이것이 매우 이례적이고 유표적인 환경인 만큼, 예외적으로 이런 특수 조건을 붙여 놓을 수밖에 없다. 그렇다면 (46가)의 '-라'와 (46나)의 서술 서법인 '-어'는 서로 계열관계의 종결어미인 셈인데, 오직 후자만이 양태성 형식명사 '이'에 수반되어야 한다. 만일 이것들이 모두 다 동일하게 계사의 활용형식임을 증명할 수 있다면, 이런 사실도 또한 이것들이 계열관계에 있다는 간접 증거가 될 수 있을 것이다.

이 방언의 종결어미가 나오는 위치에서 '-라'는 적어도 다음과 같이 세 가지 서로 다른 하위범주의 분포에서 관찰된다.

(가) 고유한 명령 서법의 종결어미가 '-거라, -어라, -으라, -라'로 쓰이는데, 여기서의 논의와는 무관하다. 두 가지 방식으로 양자를 구분할 수 있다. 첫째, 명령 서법의 종결어미는 청자를 대우하는 화용첨사 '마씀'을 통합시킬 수 없다. 둘째, 화용 맥락을 따져보면서 만일 수행 억양을 달리하면서 '-라'가 두루 여러 서법에 쓰인다면, 반말투 종결어미를 명령 서법의 종결어미 '-라'와 서로 구분해 낼 수 있다.

(나) 회상의 양태 형태소 {-더-}와 통합되어 '-더라'로 나온다. 이 뒤에 청자를 대우하는 화용첨사 '마씀'이 허용되지 않으므로(*-더라+마씀),

이 또한 고유한 서술 서법의 종결어미임을 확인할 수 있다. 그렇다면 '-라'를 양태 형태소 '-느-, -더-' 뒤에 나오는 종결어미 '-다'의 변이 형태로 지정할 수 있다. 비록 {-으크-}(-겠-)와 {-더-}가 모두 양태 범주의 형태소이지만, 청자 대우 화용첨사 '마씀'을 통합시킬 수 있는지 여부에서 서로 차이가 난다('-으크라마씀' vs. '*-더라마씀').

(다) 융합된 복합 형식의 종결어미 '-어라'에서 보이는 '-라'가 있다. 여기 서는 구조적으로 중요한 앞뒤 환경의 차이를 주목해야 한다. 다시 말하여, 융합된 복합 형식의 종결어미 '-어라'는 오직 시상 선어말어미 뒤에 붙을 경우(-앉어라 vs. -앗어라)에만 적격한 형식이며, 양태 형태소 '-으크-'와는 통합될 수 없다. 이런 사실이 이미 (45)의 형태 결합에 대한 목록을 다루면서 논의되었다(346쪽의 (47)도 참고 바람). 시상 선어말 어미 뒤에 통합되는 경우에는 종결어미 '-어'와 복합 형식을 만들기 위해 통합된 융합 형식의 또다른 종결어미 '-라'로 분석된다. 먼저 나온 종결어미는 홀로 자립하여 쓰일 수 있었고(-앉어 vs. -앗어), 또한 청자 대우 화용첨사도 허용한다(-앉어마씀 vs. -앗어마씀). 따라서 반말투 종결 어미 '-어'와 다시 계사의 반말투 종결어미 '-라'가 융합된 복합 형식 임을 확인할 수 있다(326쪽). 그렇지만 양태 형태소와 통합된 듯이 잘못 기술된 형상 '-으커라'는 관형형어미 '-읋'(-을)과 형식명사 '거'(것)와 계사의 반말투 활용어미 '-라'가 통합되어 있는 것으로서, 수의적으로 계사의 어간이 녹아 있는 '-으케라'(-을 것이야)로도 실현되었다. 물론 계사의 반말투 활용어미이므로 청자 대우 화용첨사가 실현될 수 있다 (-으커라마씀, -으케라마씀). 그렇다면 여기서 문제 삼고 있는 '-으크라'(-겠 어)는, 양태 형태소 '-으크-'가 계사의 활용어미 '-라'를 통합시켜 놓은 것임을 알 수 있다(-으크라마씀).

이제 (46가)는 계사의 반말투 종결어미라고 매듭지을 수 있다. 이는 또한 (46나)에서 관찰되는 통합체와 계열관계를 이룬다. 각각 '-으크-라'와 '-으크-이어'를 계열관계로 확정한다면, 당연히 종결어미 '-라'와 종결어미 '-이어'가 교체됨으로써 기능이나 의미가 달라질 것임을 기대할 수 있다. 더구나 '-이어'에서 관찰되는 '-어'는 계사가 고유한 서술 서법으로 쓰일 때 나오는 종결어미임을 고려하면, 이것들 사이의 차이는 다음과 같이 서술된다.

(i) 계사의 활용방식이 수행 억양을 달리함으로써 여러 서법에 두루 쓰이는 반말투 종결어미인지, 고유하게 서술 서법에만 쓰이는 종결어미인지로써 구분된다.

(ii) 만일 '-으크-라'와 '-으크-이어'가 계열관계에 있으며, 종결어미들이 서로 교체됨으로써 의미 차이가 난다면, '-라'는 2음절로 된 '-이어'와 나란히 비교될 수 있도록 '-이-'가 유무 대립을 보이는 형태라고 지정할 수 있다. 다시 말하여, 이것들은 각각 '-∅라'와 '-이어'로 표상될 수 있다. 종결어미의 첫째 음절은 유무 대립 형식이고, 둘째 음절은 반말투 형태인지, 고유하게 서술 서법의 형태인지로써 양항 대립을 보여 주는 형식이다.

그렇다면 이제 양태 형태소 {-으크-}와의 통합체가 '-∅라'와 '-이어'로 표상됨을 알 수 있다. 이때 양태성 형식명사 '이'의 유무에 의해서 양자가 나뉘며, 양태성 형식명사 '이'가 통합되면, 반드시 서술 서법의 고유한 종결어미가 통합된다고 매듭지을 수 있다.

다음 (47)의 통합체 목록에서는 '-으커-'라는 형태가 올라 있다. 필자는 일관되게 이 형식이 양태 형태소 {-으크-}와 종결어미 '-어'의 통합으로 분석되는 것은 잘못임을 주장해 오고 있다.

양태 형태소	서술 서법 의문 서법	결합 사례(먹다, 가다)
(47가) -으크-	*-어-은이어(-으네) *-어-은이아?(-으냐?)	먹으커네, 가커네 먹으커냐?, 가커냐?
(47나) -으크-	*-어라 *-어-카?(*-어-읋가?)	먹으커라, 가커라 먹으커카?, 가커카?
(47다) -으커- (-읋 거-)	-은이어(-으네) -은이아?(-으냐?)	먹으커네, 가커네 먹으커냐?, 가커냐?

(47라)	-으커-	-라	먹으커라, 가커라
	(-읋 거-)	-으카?(-읋가?)	먹으커카?, 가커카?

이 통합체 목록에서 (47가, 나)로 분석될 수 없는 이유가 있다. 일전에 필자도 또한 {-으크-}를 다루면서 {-으커-}와 엄격히 구분해 놓지 못하여, 횡설수설하면서 곤란을 겪었었다. 뒤늦게서야 이것들을 엄격히 서로 분간하기 위하여, 혼동을 일으킬 수 있는 법한 예문 (44)를 다루면서, 이미 네 가지 잣대(317쪽)를 서로 구별 짓는 기준으로서 내세운 바 있다. (47)의 통합체 목록에서 제시된 사례들이, 만일 두 개의 종결어미가 문법화를 거쳐서 융합됨으로써 복합 형식을 이루고 있다면, 오직 선행한 종결어미 하나만으로도 자립적으로 쓰일 수 있어야 할 것이다. 그렇지만 (47가, 나)에서는 결코 '*-으커'라는 종결어미 형식이 자립 형식으로 관찰되는 일이 없다. 이는 융합된 복합 형식으로서의 종결어미 '-어라'로 보려는 일에 결정적인 반례가 된다.

그렇다면 다른 분석 방법을 추구해야 한다. (47다, 라)는 대안이 되는 분석을 보여 준다. 관형형어미 '-을'은 이 방언에서 뒤에 통합되는 형식명사를 격음(유기음, 거센소리)로 바꿔주기 때문에 문법소 히읗이 더 들어가 있다. 필자는 이를 '-읋'로 표기하고 있다.

(47가, 다)의 경우에 서술 종결어미 '-으네'는 복합 형식의 종결어미라는 점에서, 몇 가지 방식으로 접근해 볼 수 있다. 김지홍(2014: 364쪽)에서는 세 가지 방식을 검토한 바 있다. 필자는 (6가) "가다그네 털어지려"(가다가 떨어질라)에서 '-을#이어'의 구성 및 (47가)에서 찾아지는 '-으네'라는 종결어미가 '-은#이어'로 구성된다는 사실을 고려하면서, 관형형어미 '-은'과 형식명사 '이'와 계사의 활용이 융합되어 있다고 본다.

이 방언에서 계사가 고유한 서술 서법의 종결어미를 지닐 경우에 '-어'로 나오고, 두루 여러 서법에 쓰이는 반말투 종결어미를 지닐 경우에 '-라'고 나옴은 김지홍(2020: 661쪽)을 보기 바란다. 그런데 계사 어간은 흔적도 없이 탈락함을, 종종 의문 종결어미 {-가?}의 사례를 들어 논의한다(272쪽 이하의 예문 30과 31도 보기 바람).

> (48가) 이거∅ 느 : ∅ 신이가?[신-이-가?]
>   (이것이 네 신발이냐?)
> (48나) 이거∅ 느 : ∅ 신가?[신-∅-가?]
>   (이것이 네 신발이냐?)

(48가, 나)는 서로 교체되어 쓰일 수 있다. 그러나 (48나)의 예문에서 계사가 안 보이는 것은, 의문 종결어미 {-가?}가 중세국어의 자료에서 보듯이, 특별히 계사가 없이도 체언에 통합될 수 있는 특징 때문이라고 볼 수 있다. 그렇지만 이 의문 종결어미는 또한 사이시옷과 함께 나오기도 한다. 이는 {-ㅅ가?}로서 항상 경음(된소리, 긴장음)으로 발음된다. 계사 어간이 없는 것은, 임의로 기본 형상에 있었던 계사를 탈락시키는 것이 아니다. 만일 계사 탈락이 일반적이라면 다음 예문 (48다, 라)에서 어느 하나라도 비문이 관찰되어서는 안 된다.

> (48다) 이거 느 : 책인가?[책-이-은가?]
>   (이게 네 책인가?)
> (48라) *이거 느 : 책은가?[책-∅-은가?]
>   (*이게 네 책은가?)

그렇지만 (48라)에서 보듯이, 계사가 멋대로 탈락된 형태는 비문일 뿐이다. 이런 실례들을 통해서 계사가 임의대로 탈락되는 것이 아님을 알수 있다. 이는 {-가?}라는 의문 종결어미의 특성 때문에 계사를 요구하지 않는 것이며, 또한 문법 기능을 지닌 사이시옷을 수반하여 {-ㅅ

가?}로도 실현된다. 후자는 표면형이 경음(된소리)으로 나온다. 따라서 이것이 계사가 탈락된 모습을 보이는 것이 아님을 결론지을 수 있다. 필자는 의문 종결어미 '-가?, -ㅅ가?' 사이에서 이것들이 구현되는 조건을 정확히 포착할 수 없다. 이런 변이는 이것만이 아니라, 의문 종결어미 '-과?, -ㅅ과?'에서도 관찰된다. 임시방편으로 이것들이 의미나 기능에 변화를 초래하지 않는 만큼, 일단 수의적 변이에 속한다고 서술해 둔다. 만일 이것들이 수의적인 변이형태가 확실하다면, 기본 형상은 문법 역할을 맡을 만한 사이시옷이 들어간 모습으로부터 다른 것을 도출해 내는 방식이 온당할 듯하다.

그런데 (46나)에서 관찰되는 {-이-}의 정체는 무엇일까? 계사와 관련되지 않는다고 결론을 내린다면(395쪽 이하에다 적어 놓았는데, {-으크-}가 '을 거 같으'의 형상에서 문법화되었을 가능성을 염두에 둠), 다른 대안이 있을까? 현재 필자로서는 (6가)의 '-으려'가 관형형어미 '-을'과 형식명사 '이'와 종결어미 '-어'로 분석되고, (47가, 다)의 '-으네'도 또한 관형형어미 '-은'과 형식명사 '이'와 종결어미 '-어'로 분석되듯이, 만일 양태 형태소 {-으크-}가 문법화되기 이전에 관형형어미처럼 형식명사 앞에서 실현될 수 있었다면, '-으크-+-이+-어'의 통합 모습과 '-은+-이+-어'의 통합 모습이 계열관계를 이룰 수 있었을 법하다.

여기서 종결어미 '-어'의 정체에 대해서도 신중히 결정을 내려야 한다. 더 앞에서 살펴본 '-으키어'에는 대우를 하지 않고 정보를 통보하는 데 가중치가 매겨진 화용첨사 '게'만 허용할 뿐이다(-으키어+게). 여기에 대우를 표시해 주는 화용첨사 '마씀'(말씀입니다)을 통합시킬 수 없다(*-으키어+마씀). 이런 측면에서, '-어'를 고유한 서술 서법의 종결어미라고 보아야 한다. 그렇다면 당연히 이 '-어'는 계사의 고유한 서술 서법 활용어미임을 결론지을 수 있다. 이 방언에서는 계사의 활용 모습과 그렇지 않는 일반 동사의 활용 모습이 서로 반대되는 모습을 띠고 있다. 자세한 논의는 김지홍(2014: 138쪽과 160쪽) 그리고 김지홍(2020: 661쪽)을 보기 바란다.

　그렇다면 '-으키어'의 기본 형상을 파악하는 필자의 대안은, 양상 형태소 {-으크-}에 형식명사 '이'와 계사의 고유한 서술 서법의 종결 어미 '-어'일 가능성이다. 이때 형식명사 '이'는 김지홍(2014: 127쪽)에서 가정하였듯이, 양태 범주의 속성을 띠고 있다고 볼 수 있을 듯하다. 왜냐하면 공기관계 또는 수반관계에 있는 일정 범위의 형태소들이 있기 때문이다. 필자는 관형형어미 '-을 vs. -은'과의 통합을 염두에 두면서, 그리고 전형적으로 대상이나 사물을 가리키는 '것'과 대립시키기 위하여,

　ⓐ 사건의 진행이 다 끝난 상태나
　ⓑ 그 결과로서 변함없이 지속되는 상태

를 가리키는 것으로 본다. 그렇다면 해당 사건과 관련된 상태들을 형식명사 '이'의 의미자질로 상정할 수 있다고 본다(304쪽과 335쪽 참고). 또한 가장 가까운 자매항목으로서 '-을#테주'(-을#터이지)에서 관찰되는 형식명사 '터'가 있다.

　이런 주장에서도 난점이 있는데, 양태 형태소가 과연 문법상으로 관형형어미와 같은 기능을 지니고 있는지에 모아진다. 공통어에서 대응되는 형태소 '-겠-'이 결코 형식명사와 통합되는 경우는 찾아지지 않기 때문이다. 필자는 공통어의 '-겠-'에는 이미 '-았-'이 녹아 있고, 이것이 문법화를 거치기 전에는 '-을 거 같았-'과 같은 형상을 지녀야 한다고 파악한다. 그렇다면 시상 선어말어미와 융합되어 있기 때문에, 다음 통합될 후보는 양태 범주의 것이거나 종결어미가 될 뿐임을 알 수 있다. 그렇지만 이 방언의 양태 형태소 '-으크-'은 '-을 거 같으-'와 같이 '같다'의 어간만 깃들어 있기 때문에, 공통어와는 동일하게 행동하지 않음을 알 수 있다. 비록 이 방언에서 양태 형태소 {-으크-}

의 행동 방식과 공통어에서 양태 형태소 {-겠-}의 행동 방식이 다른 부분이 있다고 하더라도('-았-'이 더 들어가 융합된 것인지 여부로써 구분됨), 이것들이 공통된 의미자질을 공유하고 있다는 사실을 허물어 버리는 것은 아니다.

이 방언에서 양태 형태소 {-으크-}가 양태성 형식명사 '이'와 통합될 수 있는 기반이, 공통되게 양자가 양태성 의미자질을 지니고 있기 때문이라고 가정하기로 한다. {-으크-}는 개연성이라는 상위개념으로부터 도출되는 여러 하위 개념들을 지니고 있는데, 발화시점 현재 현장에서 경험할 수 있는 단서를 중심으로 설명된다. 대상이나 사물을 직접 가리키는 형식명사 '것'도, 우리말에서 가장 너른 분포를 지니기 때문에 추상적인 개념까지 가리킬 수 있다. 그렇지만 전형적으로 지시 표현으로 '이것, 저것, 그것'을 가리키기 위해서는 구체적인 대상을 기반으로 하고 있어야 한다. 또한 '이것'이 줄어들어 '이'로도 쓰일 수 있는데, 지시 대명사 '이'와 여기서 다루는 형식명사 '이'와 동음이의 형태이다. 그럴 뿐만 아니라 사람을 가리키는 '이'도 있다. 이것도 또한 여기서 논의하는 상태 지시 양태성 형식명사 '이'와 동음이의 형태이다. 그렇지만 동일한 소리값 '이'가 나오는 앞뒤 언어 환경이 판연히 다르다는 점에서, 서로 명백히 구분될 수 있다.

이 방언에서 (46나)에서 보듯이 "먹으키어, 가키어"처럼 관찰되는 종결어미 '-이어'가, 상태를 가리키는 양태성 형식명사와 계사의 고유한 서술 서법의 종결어미가 융합되어 있다고 본다. 이런 주장이 성립하려면, 양태 형태소 {-으크-}와 양태성 형식명사 '이'가 통합될 수 있는 타당한 근거가 제시되어야 한다. 만일 이런 시도가 성공한다면, 더 이상 양태 형태소 {-으크-}에 변이형태로서 {-으키-}를 설정하지 않아도 된다. 만일 고영진(2021)에서처럼 변이형태로서 {-으키-}가 설정된다면, 이것이 또한 매우 제약된 종결어미만을 허용할 것이므로, 유표성이 거듭 증가할 것이다. 예외에 예외를 더 추가하는 접근 방식보다는, 오히려 단일한 양태 형태소 {-으크-}만을 상정하고, 종결어미로서 '-이어'를 상정하는 접근법이 좀 더 단순 명백하게 이 방언의 현상을 서술하고 설명하는 힘을 지닐 것으로 믿는다.

필자는 '-으크-이-어'의 통합 모습을, 이 방언에서 찾아지는 관형형어미 '-은 vs. -을'이 양태성 형식명사 '이'와 통합된 '-은#이-어 vs. -을#이-어'와 동일한 모습임을 입증하고자 한다. 관형형어미는 '-은'이 지닌 [+상태 불변성] 자질을 중심으로 하여 서로 '-을'과 짝으로 대립한다. '-을'은 해당 사건이 상태가 바뀔 것임을 의미하는 것이다. 필자는 양태성 형식 명사 '이'가 「사건이 종결된 상태와 그 결과가 지속되는 상태를 가리킨다」고 상정했다. 그렇다면 결과적으로 양태성 형식명사의 의미가 '-은'에 배당된 의미자질과 서로 공모할 수 있는 터전을 지닌 셈이다. 거꾸로, 필자는 형식명사 '이'가 지녔을 양태성 의미자질을 항상 통합관계를 이루는 관형형어미 '-은'을 기반으로 하여 세워 두었다고 말해야 옳다. 관형형어미 '-은 vs. -을'은 이 형식명사 이외에도 다른 형태소와도 통합관계를 이루지만, 양태성 형식명사는 이들 관형형어미 및 양태형태소 {-으크-}와의 통합체에서만 관찰된다. 그렇다면 통합될 만한 분포상, 관형형어미 '-은'보다 더 범위가 좁고 제한적인 셈이다. 관형형어미 '-은 vs. -을'은 다른 명사 부류의 형태와도 통합되기 위하여 엄격히 명사류의 통사 범주를 요구한다. 그렇지만 양태 형태소 {-으크-}와 통합된 양태성 형식명사 '이'는 유일한 분포로서 '-으크-이-어'로만 나타난다. 이 형식명사에 통합되는 종결어미는 개방적이지 않고, 오직 계사의 고유한 서술 서법 종결어미 '-어'만 요구하는 것이다. 이런 점을 더욱 명시적으로 표상한다면, 계사 어간이 의무적으로 탈락되어야 함을 포함하여, 다음과 같이 나타낼 수 있다.

[-으크-이-∅-어](양태 형태소+형식명사+계사 어간+서술법 종결어미)

단, 여기서 ∅는 의무적 규칙 적용으로 계사 어간의 탈락을 가리키므로, 무위적용 규칙이나 군더더기 규칙으로 전락한다. 그렇다면 문법화를 거치기 이전에 상정될 만한 표상이지만, 이것이 현재 마치 하나의 종결어미 형태소처럼 쓰인다고 하는 것만으로 충분하다.

다른 방식으로 기술(서술)하여, 종결어미 '-이어'가 다음처럼 제한된 환경에서만 관찰되므로, 이 종결어미가 관형형어미와 양태 형태소를 요구한다고 서술할 수도 있겠으나, 설명력은 전혀 늘지 않는다.

ⓐ 관형형어미 '-은 vs. -을'(그리고 여기서 도출되는 '-는 vs. -던')과 양태 형태소 {-으크-}에만 통합되며,
ⓑ 동시에 종결어미로서 계사가 서술 서법으로만 쓰이는 형태를 대동한다

종결어미를 중심으로 기술(서술)하지 않는 이유는, 이런 조건을 요구하는 동기가 전적으로 양태성 형식명사 '이'에 말미암는다고 보기 때문이다.

그렇다면 결론적으로 양태 형태소 {-으크-}가 변이형태로서 {-으키-}를 지닌다고 서술하기보다는, 오히려 하나의 양태 형태소 {-으크-}만 있다고 보는 쪽이 더 단순하고 명백할 듯하다. 그런 변이형태를 상정할 만한 조건은 양태 형태소에 있는 것만이 아니라, 또한 이것과 통합되는 어미쪽에도 귀속될 것이기 때문이다. 이런 바탕 위에서라야만 관형형어미도 동일한 질서의 종결어미가 요구된다는 언어 사실을 포착하게 된다. '-이어'라는 종결어미는 관형형어미와도 융합된 복합 형식으로서 '-은이어, -을이어'와 같이 관찰된다. 이것들이 모두 다 일관된 설명을 요구하며, 통일되게 설명하는 만큼 설명력이 증대된다.

고영진(2021)에서는 양태 형태소 {-으크-}의 변이형태로서 {-으키-}뿐만 아니라 또한 {-으커-}도 들어 있으며, 음절 재조정 규칙의 자동적 적용으로 포착할 수 있는 {-으ㅋ-}도 있다. 이 방언에서 전반적

으로 적용되는 음절 재조정 규칙은, 기본 형상이 도출되는 과정에서 의무적으로 적용되는 것이다. 그렇다면 음운론적 조건에 따른 변이형 태 {-으커-}는 따로 지정하지 않더라도 표면형을 곧장 얻을 수 있다. 그렇다면 이제 변이형태로 지정된 것들 중에서 {-으커-}가 남아 있다. 필자는 변이형태로 보지 않는데, 이를 논의하기 위하여 (47다, 라)를 다시 아래에 가져와서 필자의 주장을 입증해 나가기로 한다.

양태 형태소	서술 서법 의문 서법	결합 사례(먹다, 가다)
(47다) -으커-	-은이어(-으녜)	먹으커녜, 가커녜
(-읋 거-)	-은이아?(-으냐?)	먹으커냐?, 가커냐?
(47라) -으커-	-라	먹으커라, 가커라
(-읋 거-)	-으카?(-읋가?)	먹으커카?, 가커카?

필자는 이것이 언제나 기본 표상에서 이 방언의 관형형어미 '-읋'(-을)과 형식명사 '거'(것)가 융합된 결과로 나온 복합 형식이라고 본다. 이를 입증하기 위해서 '-으커녜, -으커라'가 관찰되는 (47다, 라)를 놓고서 '-어-'라는 음소가 모두 다 '-으-'로 교체할 수 있는지를 살펴보기로 한다. "먹으크녜, 먹으크라"도 수용 가능한 표면형이다. 만일 양자 사이에 의미 차이가 없다면, 이것들이 수의적 교체일 수밖에 없다. 그렇지만 이미 살펴보았듯이, '-으커라'의 통합체가 {-읋 거라}(-을 것이야)에서 문법화되어 융합된 형식으로 도출될 수 있었다. 331쪽에서 다뤄진 (46가, 나)에서의 통합체는

"먹으크카?, 가크카?" [-으크-읋-가?]
(먹겠을까?)

와 같은 기본 형상으로부터 몇 가지 음운 규칙이 적용된 결과로서 {-

으크-카?}로 나온 것이다. 그렇다면 이미 276쪽에서 다뤄진 사례 (32)에서 살펴봤고, 339쪽의 통합체 목록 (47라)에서 다뤄졌듯이

"먹으커카?, 가커카?" [-으크-옳#<u>거</u>-옳-가?]

를 도출해 내는 기본 형상과는 달랐다. 형식명사 '거'의 존재가 더 들어가 있기 때문이다. 여기에 수반된 관형형어미 '-옳'은 형식명사를 격음(유기음, 거센소리)으로 만든 뒤에 받침 유음이 탈락하자, 이 방언의 표면형을 도출하는 일반적이며 자동적인 규칙으로서 「음절 재구성 규칙」이 적용되어, 양태 형태소에 있던 '으'와 관형형어미의 약모음 '으'가 탈락하자 표면형 '커'가 나온 것이다.

더욱이 '-으커카?'는, 양태 형태소 {-으크-}와 통합체를 이루어 '-<u>으크</u>커카?'(-겠을 것일까?)도 허용된다. 314쪽의 사례 (44)에 대한 설명을 매듭지으면서 '-으크-'와 '-으커-'를 구분해 주는 네 가지 검사 잣대 중에서 세 번째를 보기 바란다(318쪽). 그렇다면, 미세하게 '으'와 '어'의 차이에 불과하지만, 명백히 서로 다른 형태소의 구현 방식을 반영해 주는 것이다. 이런 측면에서 필자는 339쪽의 (47라)에서 '-으커라'와 331쪽의 (46가) '-으크라'가 수의적 교체가 아니라고 판단한다.

그렇지만 '-으커라'와 '-으크라'에서 관찰되는 종결어미 '-라'가 동일한 것인지 여부도 면밀히 따져 보아야 할 것이다. 필자는 모두 다 계사의 반말투 활용으로서 동일한 것으로 본다(337쪽). 그렇다면 계열 관계에 있다고 간주할 경우에 이것들 사이에 있는 소리값의 차이는 '커'와 '크'를 구분해 주는 '으'와 '어'에 있다. 그런데 이런 소리값의 변동이 다른 환경에서는 찾아지지 않는다. 아마 양태 형태소 {-으크-}와 예정 사건 구문 {-으커-}가 나오는 환경에서만 유일할 것으로 생각된다. 만일 문법 형태소의 통합체 중에서 소리값 '으'와 '어'가 달라지는 유일한 사례이고, 이것이 수의적인 관계가 아니라고 판단될 경

우에, 응당 기본 형상이 서로 다른 구성에서 나왔을지 탐색해 보는 것이 다음 선택지이다. 필자는 소리값 '어'를 지닌 '커'의 구성이 이미 앞에서 논의하였듯이 '-읋#거'(-을 거)에서 문법화를 거쳐 융합된 복합 형식에서 나왔을 것으로 파악한다.

331쪽의 (46나)에서 제시된 의문 종결어미 {-으카?}와 대응할 만한 서술 종결어미의 후보는 '-이어'만이 아니다. 왜냐하면 양태 형태소 {-으크-}와 통합된 융합된 복합 형식의 의문 종결어미 '-으카?'는 다시 청자를 대우하는 화용첨사 '마씀'이 통합될 수 있다.

  '-으크카마씀?' [-으크-읋-가?-마씀] (단, 올림세 억양이 수반됨)
  (-겠을까+말씀입니다)

이는 (46나)에서 대응 짝으로 올려 놓은 고유한 서술 서법의 종결어미 '-이어'와는 다른 행태이다. 청자를 대우하는 화용첨사를 허용한다는 측면으로 본다면, 오히려 (46가)에 있는 계사의 반말투 종결어미 '-라'와 같이 행동한다. 그렇지만 반말투로 실현된 (46가)에서는 내림세 억양을 띠면 서술 서법으로 쓰이고, 반면에 오름세 억양을 띠면 의문 서법으로 쓰이는데, 서법에 무표적인 특성이 반말투의 핵심이기 때문이다. 그렇지만 (46나)의 의문 종결어미 '-으카?'(-읋가?, -을까?)는 서술 서법에 쓰일 수 없으며, 정상적으로 오름세의 억양을 수반하게 된다. 만일 내림세 억양이 얹혀진다면, 이는 반문하는 뜻을 품을 뿐이다 (71쪽 '메아리 의문'). 이는 정상적인 용법이라기보다는 예외적인 언어 사용에 해당한다. 이런 측면에서 의문 서법의 종결어미 '-으카?'에 대응 짝을 서술 서법의 종결어미 '-이어'로 적어 놓은 것이다.

이 방언의 의문 종결어미 {-으카?}는 직접 공통어 형태소 {-을까?}에 대응한다. 이 방언에서는 기본 형상 {-읋가?}로부터 관형형어미 '-읋'에 깃든 문법소 히읗이 두 가지 방식으로 작동한다(280쪽, 289쪽).

(ⅰ) 하나는 뒤에 이어진 자음을 격음(거센소리, 유기음)으로 바꾸고 나서 의무적 유음 받침을 탈락시킴으로써 표면형 '-으카?'가 나온다.

(ⅱ) 앞의 규칙이 적용되지 않을 경우에는 문법소 히읗이 내파음 'ㅎ'(또는 현행 맞춤법으로는 '받침 디귿')으로 바뀌면서 사이시옷과 같은 역할을 함으로써, 뒤에 이어진 자음을 경음(된소리, 긴장음)으로 바꿔 놓아 '-을까?'로 표면화된다. 여기에서는 수의적으로 유음 받침이 탈락할 수도 있고, 그대로 보존될 수 있다.

4. 마무리

4.1. 한국어 질서를 무시하는 왜곡된 형태소들의 상정

필자는 제주 방언에서 관찰되는 양태 형태소 {-으크-}가 공통어의 {-겠-}과 서로 그 분포와 기저의미가 다르지 아니함을 장황하게 논의해 왔다.16) 선업으로서 현평효(1985)에서 포함되었던 많은 수의 변이 형태들은 실제에 있어서 양태 형태소 {-으크-}가 아니었다. 이 방언에서 격음화 규칙 및 유음 탈락규칙의 계기적 적용을 깨닫지 못하였었기 때문에, 소리값이 비슷한 것들을 모두 다 {-으크-}로 잘못 보았던 것이다. 결과적으로 이 방언의 양태 형태소의 숫자가 언어학의 상식을 벗어나서 무려 12개가 설정되었고, 공통어와는 엄청나게 다른 환

---

16) 단, 몇 예외가 있음을 보았다. 공통어 {-겠-습니다}에 대하여, 제주 방언의 {*-으크-읍네다}가 기대되나, {-으크-우다}만이 가능한 통합형이었다. 공통어 {-겠-느-}에 대하여, 제주 방언의 {*-으크-느-}가 기대되나, 불가능하였다. 또한 공통어 {-겠-더-}에 대하여, {*-으크-더-}가 기대되나, {-으크-어라-라}의 형태로 대체되었다. 앞의 둘은 {-느-}의 정체와 관련하여 더 깊이 논의되어야 할 것으로 보이며(398쪽의 각주 24 참고), 뒤의 것은 {-더-}의 실현 영역과 더불어 논의가 진행되어야 한다. 본고에서는 이런 사례가 분포의 동일성과 형태소의 기저의미 확정에 결정적인 반례가 되지 않는 것으로 본다. 앞으로 또 다른 비대응 분포가 있는지 찾아보아야 하겠고, 그 부류들을 매개인자화시켜서 적절히 다룰 수 있도록 해결책을 명시적으로 보이어야 할 책임이 뒤따른다.

경에서 실현되는 것으로 주장하는 오류를 낳았던 것이다.

예를 들어, '-을#거'나 '-을#거-을#가?'와 같은 통합체에서 공통어에서는 경음화 규칙만 적용되어 '-을꺼'나 '-을껄까?'로 나올 뿐이다. 그러나 이 방언에서는 관형형어미 '-을'에 문법 형태소 히읗이 더 들어가 있고, 이를 '-읋'로 나타내었다. 기본 형상이 각각 {-읋#거}나 {-읋#거-읋-가?}로 나타내어야 하는 것이다. 여기서 문법 형태소 히읗은 두 가지 방식으로 구현되었다. 제주 방언에서는 경음화 규칙이 적용되지 않으면, 대신 격음화 규칙이 적용되고, 이 격음화 규칙은 조건에 따라 그 앞의 유음을 탈락시켰다. 이런 점에서 이 방언은 공통어에 비하여 또 다른 규칙적용을 하나 더 갖고 있는 셈이다. 이는 한국어의 공통된 기저형태에서 이 방언의 표면형을 만들어 낼 때에 매개인자로 작용하게 된다.

현평효(1985)에서는 양태 형태소를 분석하는 데에 체계적 대립을 찾는 엄격성을 결여하였고, 따라서 이 방언의 올바른 모습을 가려 버렸음을 확인할 수 있었다. 한국어 전반의 기본 구조도 고려하지 않았을뿐더러, 이 방언의 형태소들의 통합체를 놓고서 유기적으로 연관된 체계와 구조도 상정하지 못하였다. 이른바 '제주어'가 「공통어와 유사한 것은 무가치하므로 다 버려야 한다」고 느꼈을 수도 있다. 이런 한계는 앞으로의 이 방언 연구에 타산지석으로 삼아야 할 것이다. 이 방언의 연구에서 지금도 '제주어'를 떠받드는 일부 연구자들은, 유표적 내용만 가지고서 그것이 이 방언의 유일한 가치인 양 주장하고 있다. 관점이 다른 것은 학문의 입체적 접근을 가능케 하여 진리에 더 깊이 도달하는 데에 큰 도움이 된다. 그러나 왜곡된 관점을 갖는 것은 오히려 이 방언의 진면목을 드러내는 데에 해로움만 끼칠 뿐이다.

이 방언을 전문적으로 연구하는 분들이 불과 몇 사람 정도밖에 안 된다. 이런 열악한 상황에서 이 방언의 연구가 보다 더 바람직하게 한국어의 연구에 기여하려면, 한국어 전반의 논의들을 늘 읽고 깨우치고 있어야 할 것이다. 필자가 석사 논문으로 이 방언의 내포 구문과 접속 구문을 다뤄 본 이후, 십 년만에 다시 방언 논문을 쓰면서 새삼 깨달은 바는

「이 방언의 질서가 결코 한국어의 일반 질서를 벗어나지 않는다」

는 자명한 사실이다. 만일 서로 질서가 달랐더라면, 한국어를 학습하기 위해 따로 엄청난 노력을 들였어야만 했을 것이다. 그렇지만 필자를 비롯하여, 이 방언의 화자들도 한국어를 익히려고 따로 의도적인 노력을 기울인 바 없다. 이는 한국어 매개인자들이 이 방언에서의 것과 거의 비슷할 것임을 시사해 주는 것이다.

4.2. 이상의 논의에 대한 요약

이제 본론에서 논의된 내용을 순서대로 요약하기로 한다. 제2장에서 양태 형태소 {-으크-}의 연구와 관련하여, 현평효(1985)에 있는 근본적인 결함으로 네 가지를 지적하였다. 이 중에서 형태론적 변이형태라고 지정되었던 것은 모두 다 잘못이었음을 논증하였다.

이 작업에서 제일 초점이 되었던 사항은, 이 방언만의 유표적 매개인자로 설정할 만한 의무적 규칙인데, 관형형어미와 형식명사를 이용한 통합체에서 격음화 규칙 및 유음 탈락 규칙의 계기적 적용이었다. 이와는 달리 공통어에서는 동일한 형상에서 경음화 규칙이 적용된 뒤 수의적으로 유음 탈락 규칙이 적용되었다. 이런 규칙 적용의 사실도 이 방언이 한국어의 하위 언어임을 명증해 준다.

제3장에서는 비종결 위치에서 분석의 오류를 시정하였고, 다시 종결 위치에서 분석의 오류를 논의하였다. 특히 의문법의 경우에 오류가 두드러졌다. 양태 형태소 {-으크-}(-겠-)는 예정 사건 구문의 형태

소 {-읈#거}(-을 것)와도 계열관계로 대립할 뿐만 아니라, 또한 통합관계를 이루어 '-으크커-'(-겠을 거)로 나오기도 한다. 계열관계를 이룰 때에도 늘 의미차이가 관찰되었고, 통합관계를 이룰 때에서 각각의 의미자질들이 더해져 또다른 양태를 만들 수 있었다. 이를 308쪽에서 (43가, 나)로 요약하였다.

'-읈#거'는 관형형어미에 있는 문법 형태소 히읗이, 뒤이어진 평음 (예사소리)을 격음(거센소리)으로 만든 뒤 의무적인 유음 탈락이 일어나서 표면형이 {-으커-}로 되며, 또한 수의적으로 {-으케-}와 같이 계사 어간이 반모음으로 머물러 있기도 한다. 계열관계를 이룰 적에도 이것들이 단순히 의미차이만 보이는 것이 아니라, 양태상으로 통합체를 이루는 구조적 형상이 다름도 지적하였다.

이러한 통사·의미의 논의를 바탕으로, 서술 서법으로 나오는 종결어미들도 같이 다루었다. 양태 형태소에 뒤따르는 형태소들의 목록은 많은 부분 정연한 대립이 관찰된다. 그렇지만 남아 있는 불균형한 현상도 있는데, 다른 기회로 돌릴 수밖에 없다.

종결어미들을 다루면서 이 방언에서도 매우 중요한 사실을 관찰할 수 있었다. 그것은 한 문장이 종결된 뒤에 다시 종결을 담당하는 형태소가 통합되는 현상이었다. 이는 김지홍(2014)에서 비전형적 종결어미로 불렸으며, 체계적으로 만들어진다(이 책의 제1장과 제4장을 보기 바람). 필자는 이 현상을 교착어적 특징으로 본다.

그런데 이런 융합 형식이 특이한 행동을 보인다. 서술 서법에서 관찰되는 융합된 복합 형식의 종결어미 {-어-라}를 보면 「시점 이동」이 일어난다. 이는 계사의 반말투 종결어미인 '-라'가 발화시점 현재에서 사건이 해석되며, 선행한 종결어미 '-어'는 그 시점이 이미 다른 형태소에 의해 점유되어 있으므로, 다른 시점에서 해석이 일어나야 한다. 가능한 후보로는 미래 시점과 과거 시점이 있겠지만, 미래는 경험 영역의 밖에 있으므로, 과거 시점일 수밖에 없다. 이런 내재적 질서를 파악할 시각이 갖춰져 있지 않았기에, 이런 핵심을 명시적으로 드러내지 못하였고, 현평효(1985)에서는 비상식적인 12개의 회상 형태소들을 주장했고, 그중의 하나로서 '-어-'도 잘못 들어가 있었던 것이다.

아주 작은 소재로서, 필자는 이 방언의 양태 형태소 {-으크-}를 다루면서, 이 방언의 통사 영역에서 형태소 분석이 전혀 이뤄져 있지 않았음을 절감했다. 제대로운 분석을 위해서는 이론 및 시각의 구비가 절실하다. 이 글에서도 필자의 부족한 능력과 시각 결여로 말미암아, 문법 형태소의 분석에서 잘못과 오류를 계속 반복하고 있을 것이다. 용어도 또한 통합관계와 계열관계를 의식하면서 가급적 '통합'이란 용어를 썼지만, 문법화를 거치면서 형태소들이 녹아들어가는 일을 가리키기 위하여 '융합'이란 용어를 쓰기도 하였다. 융합의 결과로서 비록 복합 형식이지만 단일한 형태처럼 행동한다. 인상적으로 보면,

㉠ 완벽히 분석할 수 없을 만큼 하나의 형태소처럼 행동하는 것부터 시작하여,
㉡ 좀 더 느슨히 문법화가 일어나서 본디 구조를 쉽게 환원해 볼 수 있는 것과
㉢ 정연히 규칙적으로 언제나 문법 구조를 이용하는 것

까지 모두 다 보여 준다. 종결어미 목록이 다 갖추어지면, 이런 변동 범위들을 상위 차원에서 다시 탐색할 필요가 있을 것이다.

4.3. 이 글에서 다루지 못한 문제와 한계

필자가 본론에서 다루지 못하였던 문제 및 한계를 적어 두고자 한다. 첫째, 이 방언에서 유사한 형태소 구성들도 관찰된다. 가령, 관형형어미 '-읋'과 통합되는 '디'는 표면형이 '-을티'로만 되고, '*-으티'는 불

가능하다. 또한 결과적으로 비슷한 상황을 가리키는 데에 '-을#테주'(-을#터이지)도 빈출하는데, 개연성과 관련되며 심도 있는 비교 검토가 요구된다. 이런 것들과도 폭넓게 대비하면서 연구하지 못하였다.

둘째, 국어사에서는 {-리-}에서 {-겠-}으로 교체가 된다고 한다. 이를 확인하는 작업으로, 이 방언에서 관찰되는 {-리-}와 {-으크-}의 관계를 살펴봐야 할 것이다. 이 방언의 자료에만 국한지을 때, '-리-'는 관형형어미 '-읋'과 양태성 형식명사 '이'가 통합된 모습과도 비교해 볼 필요가 있다.

셋째, 양태 형태소 {-으크-}와 통합되는 종결어미 형태소들에 대한 분석이 정밀하지 못했다. 이는 필자 혼자의 능력만으로 감당할 수 없다. 집단 지성의 힘을 모아가는 일이, 믿음직스런 연구 논문들을 쓰는 분들을 중심으로 격의 없는 토론과 공동 작업을 통해 점차적으로 이뤄지기를 기대한다. 이 방언에서 시상을 포함한 상위차원의 양태 개념에 대해서는 김지홍(2020: 381쪽 이하)『제주 방언의 복합 구문』(경진출판)을 보기 바란다.

넷째, 공통어 연구에서는 역사적으로 양태 형태소 {-겠-}에 대한 발달을 추적하면서 다양하게 그 후보들을 제시한 바 있다.

「-게 있-, -게 ᄒ였-, -거 있-, -거-이 돼 있-, -게 생겼-, -게 ᄃ외얏-, -거-이 있-」

응당 이 방언의 양태 형태소도 어떻게 발달했을지 물음을 던져 봐야 한다. 필자는 357쪽 「덧붙이는 글」에서 '-을 것'과 '-겠-'이 지속적으로 비교되는 이유를 되돌아보면서, 양태 형태소 '-으크-'와 '-겠-'이 모두

'-을 것 같다'

의 형상에서 문법화를 거쳐 단일 형태소마냥 융합되었다고 제안하였다. 우리말 역사에 대한 이전의 연구에서 한 번도 제시된 적이 없는 형상이다. 이 방언의 형태소와 공통어의 형태소는 관형형어미와 형식명사의 통합체를 요구하는 핵어동사 '같다'는 모두 동일한다. 그렇지만 이 방언에서는 어간만 요구되나, 공통어에서는 시상 선어말어미 형태소 '-았-'이 더 통합되어 있어야 한다.

이 방언: '-읋 거 긑으-' ⇨ '-으크-'
공통어: '-을 거 같-았-' ⇨ '-겠-' (또는 일부에서는 '-건-, -것-')

그렇다면 공통어에서는 시상 선어말어미 '-았-'이 확립되면서 계기적으로 이런 형상이 주어지고, 문법화를 거쳐 융합된 복합 형식이 나왔을 듯하다. 이와 대립 짝으로 다뤄지는 '-을 것'은 '-을 것이다'로 표상된다. 그렇다면 밑바닥에서는 공유된 관형형어미와 형식명사를 인허하는 동사

'같다 vs. 이다'

가 품고 있는「개연성 vs. 확실성」의 개념으로 중심으로, 임의의 사건을 표현하면서 서로 대립하는 것이다. 더욱이 화용 차원에서 단정하는 일을 피함으로써, 얼굴을 마주하고 있는 청자가 체면을 손상받을 위험을 없애고, 동시에 화자에게 개입하거나 간섭할 수 있는 발판을 마련해 주는 몫을 '-것 같다' 구문이 떠맡고 있다는 점에서, 같은 기반에서 나온 형태소 '-겠-'도 또한 그런 기능을 띨 수 있다는 사실을 새롭게 통찰할 수 있다.

여전히 필자가 잘 모르는 문제를 적어 두기로 한다. '-으크-'와 양태 속성을 띤 종결어미 '-저 vs. -주'뿐만 아니라, 이것들을 포괄하는

'-지'도 통합되지 않는다. 공통어에서 '-겠지'가 관찰되듯이, 이 방언
에서 대응할 통합체가 관찰될 만하지만, '-으크-'와는 '-주'도 '-지'도
통합되지 않는다. 이는 이미 그런 환경에 '-을 테주'(-을 터이지)가 쓰
이고 있기 때문에, 실현이 저지되는 듯하다. 만일 그러하다면, 양태
속성을 띤 형식 명사 '이, 터, 바' 따위가 깊이 관여되는 것일 듯한데,
필자로서는 양태 속성을 띤 이런 형식 명사들에 대하여 아직 머릿속
에 정리가 잘 되어 있지 않다.

　또 서술 서법의 종결어미 '-다'에도 통합될 수 없는데, 공통어에서
'-겠다'가 관찰되는 것과 다른 점이다. 이 또한 이 양태 형태소가 고유
한 서술 서법으로서 '-으크이어'와 같이 이미 쓰이고 있기 때문에, 출
현될 수 없도록 만드는 '저지 현상'일 수 있다. 만일 청자 대우 선어말
어미를 구현할 경우에, '-으쿠다'와 같이 '-으우다'가 통합되거나 '-
으쿱데다'와 같이 '-으쿱네다'(-겠습니다)가 통합된다. 물론 둘 모두
시상 선어말어미가 먼저 나올 수 있다. '-앖이쿠다 vs. -앗이쿠다'와
'-앖입데다 vs. -앗입데다'와 같다. 그렇지만 '-으쿱네다, -앖이쿱네
다'는 친숙하게 들리지 않는다. 왜 이런 느낌을 주는지에 대해서도
필자는 적절히 설명을 할 수 없다.

【 삼십 년 뒤에 새로 덧붙임 】

오래 전에 이 글을 쓸 적에 필자는 {-으크-}가 분석될 수 없는 '단일한 양태 형태소'라고 굳게 믿었었다. 이제 다른 글들과 묶어 한 책자로 펴내면서, 그리고 관련된 새로운 논문들을 읽으면서, 당시 옳다고 믿었던 생각이 바뀌었다. 융합된 복합 형식으로서의 가능성을 생각해 보는 것이다. 공통어에서 '-겠-'의 기원 형태에 대해서도 아직 결론이 모아진 바 없다(354쪽). 이 방언에서 대응되는 형태에 대해서도 관형형어미와 형식명사로 상정된 정도 이외에는 역시 그러하다.

그런데 당시 필자에게는 명백해 보였던 내용이었는데, 왜 공통어의 논의에서도 지속적으로 '-겠- vs. -을 것' 사이를 돌고 돌면서 문제가 제기되는지를 곱씹어 보았다. 필자가 얻은 결론은, 이것이 결국

"-을 것 같다 vs. -을 것이다"

라는 대립적 형상을 토대로 맞서기 때문일 것으로 판단했다. 공통 기반이 관형형어미와 형식명사이지만, 양자의 차이가 결국 명사절을 인허해 주는 핵어 '같다 vs. 이다'로부터 나온다. 이른바

'개연성 vs. 확실성'

사이의 대립이다. 좀 더 상위의 차원에서는 모든 가능세계에서 「우연성 vs. 필연성」의 대립으로부터 도출되어 나올 것이다. 더 쉽게 이를 오류를 겪을지 여부로써 대립시켜 본다면,

'오류를 저지르는 인간의 시각 vs. 무오류의 전지적 하느님의 시각'

으로 말할 수 있다. 여기서 필연적이거나 확정적인 지정 통보의 몫을 계사 '이다'가 품고 있다. 반면에, '같다'는 「개연성·절반의 확률·추정 가능성」 따위를 가리킬 수 있다. 전자는 여전히 문법 층위의 구문을 유지하고 있지만, 후자는 완전히 융합됨으로써 하나의 형태소처럼 행동하고 있는 것이다.

필자는 우연히 강철웅(2016)『설득과 비판: 초기 희랍의 담론 전통』(후마니타스)를 읽으면서, 우리말 접미사의 대립으로서 '-이다, -답다, -스럽다'의 개념에 대하여 당시 사람들도 진지하게 고민했었던 사실에서 놀란 적이 있다. 내적 속성은 '-이다'에 의해서 드러나고, '-답다'는 핵심적 속성을 가리킨다. 그렇지만 앞의 접미사들과 계열 관계로 쓰일 적에 '-스럽다'는 겉모습의 서술과 관련된다. 무오류의 하느님의 시각 및 오류를 겪게 마련인 인간의 시각은, 다시 필연성(-이다)으로부터 개연성(-답다)을 거쳐 우연성(-스럽다)으로 된 일련의 띠 흐름을 형성할 수 있다. 우리말의 이런 접미사들에서도 그런 속성이 관찰됨을 통찰할 수 있었기 때문이다.

이론적 통합체를 추구하는 거시적 그림에서는 일반적이고 공통적인 측면만 더욱 크게 부각될 것이다. 반면에 낱낱의 형태와 그 형태들의 통합체 차원으로 미세하게 들어간다면, 접미사의 계열체이든, 문법 형태소들의 규칙적인 계열체이든, 아니면 통사 구문 형식의 계열체들이든 간에, 모두 공통의 기반을 공유하면서 각 층위마다 독특한 속성을 추가해 나갈 것으로 짐작된다.

버틀런드 뤄쓸(1919)『수리 철학 입문』의 서문을 보면, 맨눈으로 보는 일상세계와 현미경으로 보는 미시세계와 천체망원경으로 보는 거시세계를 구분했던 비유가 떠오르면서 겹쳐진다. 이 방언의 화자는 일상세계를 살아가면서 이 방언의 낱말 및 문법 요소를, 맨눈으로 개별 대상을 바라보듯이, 담화 속에서 그냥 잘 쓰고 있을 뿐이다. 그렇지만 미시세계로 들어간다면, 비슷하면서도 서로 다른 기능의 대상들을 구분해 줄 수 있다. 통사 구성과 융합체와 단일 형태 사이에도 차원의 구분에 따른 속뜻이 있을 것이고, 각 차원에서 짝을 이루는 계열 관계에 따라 더욱 세분화될 것이다. 반면에 개별적인 각각의 형태들을 뛰어 넘어 전체적으로 형상화할 적에 간여하는 일반성이나 보편성의 요소들도 분명히 필요하며, 다른 영역과 공모할 수 있도록 타당하게 모색되고 주어져야 한다.

앞에서 '필연성 vs. 우연성'은 전체망원경에서 필요한 속성일 것이다. 일상세계에서는 「확실성 vs. 개연성」을 중심으로 하여 오직 '-을 것이다'와 '-겠다'만 무의식적으로 쓰고 있을 것이다. 그렇지만 좀 더 촘촘하게 대상을 분석해 들어간다면, 통사 구문과 형태소 사이의 차이뿐만 아니라, '-겠-'이 도출되어 나오는 과정까지도 식별함으로써 더욱 미세하게 다른 측면들을 확실히 만들어 놓을 수 있을 듯하다.

이제, 이 방언에서 {-으크-}가 융합된 복합형식이라고 새롭게 가정을 할 경우에 무슨 대답이 가능할 것인가? 아마 '-을 거 같으다'에서 나올 만하다. 이런 전환에서도 '-읋 거 같으-'(-을 것 같-)으로부터 어떻게 '-으크-'가 도출될 수 있는지를 설명해야 할 것이다. 이 또한 간단한 일이 아니다. 이 글에서 주장했듯이 변동없이 유일하게 하나만 존재하는 {-으크-}에서의 격음(유기음)은, 이 글에서의 주장이 성립되기 위해서는 반드시 '같다'라는 어근의 격음(유기음)이 새로 만들어진 형태소 속에 깃들어 있어야 한다. 그런데 '설음 받침 티읕'이 아니라 '아음 받침 키윽'이라는 점에서 문제가 된다. 필자는 「문법 형태소 히읗」에 의해서 '커'가 주어진 뒤에,

여기에 덧얹혀진 유기음의 요소가 '긁으-'의 어근에 있는 유기적 요소와 공모하거나 또는 동화된 결과로 추정하고 있다. 서로 유기음을 일으키는 요소가 같은 역할을 맡았다고 치부하는 것이다. 이 가능성은 이 책을 수정하는 동안에 새롭게 얻은 것에 불과하다. 따라서 아직 다른 연구자들과 의논을 해 볼 여유가 없었지만, 차츰 이 가능성이 검토 대상으로 되기를 희망한다.

그런데 우리말에서는 확실한 내 자신의 예정된 일이라고 하더라도, 윗사람이나 공공 대중 앞에서 언급할 경우에, 강하게 단정하는 표현을 우정 피한다. 일차적으로 주종 관계나 갑을 관계의 표현으로 오해받지 않으려는 동기이다. 이것이 흔히 "-을 것 같다"라는 구문으로 표현된다. 이는 듣는 사람이 간여할 틈새를 마련하여 서로 타협할 소지를 담은 표현이며, 동시에 hedge(책임 줄이기, 울타리 두르기)처럼 화자 자신이 질 책임을 덜어주는 몫도 함께 한다. 128쪽 및 페어클럽(2003; 김지홍 뒤침 2012: 236쪽 이하, 384쪽 이하)『담화 분석 방법』(경진출판)을 보기 바란다.

우리말 역사에서 갑자기 튀어 나온 양태 형태소 '-겠-'이 어디에서 나왔는지 여전히 오리무중이다. 필자에게는 근대국어 시기에 '-았-'이라는 시상 형태소가 완성된 다음에, 다시 '-을 것 같았-'과 관련된 표상으로부터 문법화가 일어나면서 융합되었을 법하다. 이런 주장에 대한 증거가 있을까? 물론 방언에서 찾아지는 증거가 있다. 삼십 년 넘게 익숙히 듣고 있는 진주 방언에서는, 특이하게 양태 형태소 '-느-'와 통합된 다음 구문이 언제나 융합된 복합형태로만 쓰인다.

'-는가 보다' → '-는갑다'
'-는 것 같다' → '-는걸다'

이런 융합에서 두 번째 내파음 디귿(받침 디귿)은 연구자에 따라 받침 티읕을 쓰거나 받침 시옷을 쓸 만하다. 다만, 이 구성이 '-을 것 같다'와 같이 관형형어미 '-을'을 매개로 하지 않는 점이 문제가 될 수 있다. 그럼에도 불구하고, 언어 사실 그대로 '것 같다'가 '건 다'로 줄어들 수 있다는 충분한 방증으로 이용할 수 있다. 그리고 공통어에서 '-겠-'과 같이 다뤄져 온 '-것-'도 또한 '것 같-'의 융합 형식일 가능성이 있다. 이 방언의 {-으크-}도 정밀하게 증명된 뒤에는 '-을 거 같으-'의 기본 형상에 대한 증거가 될 수 있다. 이런 제안은 아직 국어학 쪽에서도 상정해 보지 않았던 형상이다. 그렇지만 여러 방언의 자료들이 모아진다면 이런 가능성을 더 높이지 않을까 의심해 본다.

이 글은 삼십 년이 지난 현재의 시각으로 본다면, 당시 필자가 옳다고 여겼던 가장 밑바닥의 전제가 수정되어야 함을 자각하고 있다. 만일 다른 기회가 주어진다면, 새로운 생각을 머금고 전반적으로 논의의 방향이 재구성될 필요가 있는 것이다. 그럼에도 이 글을 수정하여 싣는 까닭은, 너무 혼란스럽게 자의적으로 논의된 이 방언의 양태 형태소 {-으크-}가 보다 더 분명히 제 얼굴을 드러낼 수 있도록 했던 몫이, 이 방언을 왜곡해 버리는 흐름들을 비판하고 바로잡아 주기 위해서 여전히 중요하다고 느꼈기 때문이다.

필자로 하여금 삼십 년을 헤매게 만든 실체는 결국 한마디로, 「우연성 vs. 필연성」에서 도출되는 「개연성 vs. 확실성」의 하위개념으로부터 「-을 것 같다 vs. -을 것이다」가 대립하며, 이것이 이 방언에서는 「-으크- vs. -으커-」로 실현된다. 다시 여기에다 속뜻으로 사회관계를 부드럽게 만들고, 담화 전개의 다양함을 보장하려는 일들이 딸려 나오는 것이다.

앞으로도 이 방언의 연구는, 부실한 필자의 글과 책자를 포함하여, 모든 기존 연구들이 새로운 연구자들에 의해서 지속적으로 끊임없이 비판을 받으면서, 더욱 더 이 방언의 언어 실상과 진면목을 명백히 밝혀 주는 데에 이바지해야 할 것이다. 필자는 한참 뒤에서야 '-으크-'를 단일 형태소로 여겼던 이전의 생각이 잘못되었음을 깨달았다. 앞으로 새로운 논의를 더 넓게 그리고 정합적으로 시도할 필요가 있다. 스스로 이전 주장의 잘못을 깨닫고 수정할 수 있었던 만큼, 이는 필자의 정신적 성장에 대한 지표가 될 만하다. 이런 측면에서 기존 연구에 대한 비난이든 비판이든 관계없이, 동시에 그 학문적 근거를 제시함으로써, 동시에 이 방언의 연구에 반석이 더욱 더 넓어지기를 기대한다.

제6장 제주 방언 대우법 연구의 몇 가지 문제[※]

1. 들머리

역사적으로 방언에 대한 관심은 기원 전으로까지 올라간다. 특히 중국 문헌에 국한해서 살펴보면, 이아(爾雅: 가까이 두고서 표준어를 찾는 데 참고할 만한 책)가1) 있고, 양웅(기원전 53~기원후 18)의 방언(方言:

※ 『백록 어문』제17호(제주대학교 국어교육과, 2001), 7~35쪽에 실린 글을 토대로 하되, 필요한 수정과 내용 추가가 이뤄졌음.

1) 이미 전한 문제(文帝, 기원전 179~157년) 때에 이아 박사를 두었으므로, 이 책은 그 이전에서부터 상당한 정도록 읽혔음을 전제로 해야 한다. 아(雅)는 두 가지 뜻이 있는데, 아름답다는 가치뿐만 아니라, 또한 평소 일상적이라는 뜻도 있는 것이다. 노나라 공자가 '아음'으로 시경을 읽었다는 말은 주나라 서울의 말소리로 발음했다는 뜻이다.
　　필자가 이해하기로는 한자의 발음이 흔히 황하를 따라서 작은 변이를 보이면서 한 집단으로 묶인다. 그렇지만 중원 땅이 여러 차례 다른 민족들이 차지하였으므로, 여러 번 한자의 낱말과 발음이 변동이 불가피했을 것이다. 춘추 시대에는 초나라 지역의 말이 아주 달랐기 때문에 항상 초나라 벼슬이름 따위에 주석이 같이 딸려 있었다.
　　전국 시대를 살았던 맹자는 명백히 중국 서남쪽(초나라로 대표됨)의 말과 동북쪽의 말이 소통이 불가능하였기 때문에 처음부터 익혀야 함을 당연시했었다. 한나라 양웅은 다른 지역으로부터 온 병사들에게 일일이 물어서 다른 낱말 쓰임들을 기록해 뒀다가

지역 언어)이 이어지며, 이런 노력들이 사고전서에서 소학(小學)으로
포괄된다. 이런 전통을 배경으로 하여, 현재 중국말과 우리말의 차이
를 적어 놓은 계림유사(鷄林類事, 1103년 즈음 孫穆)라든지 조선관역어
(朝鮮館譯語, 1408년 추정)들이 전해지고 있다. 이것들은 인상적인 관찰
을 통하여 차이점들을 놓고서 낱말이나 어구의 대비형식으로 하여 씌
어져 있다.

본격적인 국어학이 일제 강점 시대에서부터 싹트기 시작했다고 할
때, 그 이전의 연구들에서는 두드러지게 어휘에 대한 관심을 쉽게 살
펴볼 수 있다. 어휘적인 차이에 대해 주목하고, 민간어원이나 다른 어
원 추구 방식으로 그 내력을 찾으려는 노력들이 해설 정도로 귀결되
었지만, 이른바 당시에는 '설명'으로 관념되었었다. 이론과 체계에 대
한 자각이 현대 언어학의 시작이지만, 이런 관점을 잠시 보류하면, 방
언 연구의 흐름은 본격적인 언어 연구가 시작되기 전에 어휘의 차이
에 대한 관심으로부터 나왔다고 말할 수 있다.

직관에 바탕을 둔 소박한 이 흐름은, 역사주의 언어학을 공부한 이
들에 의해 조금씩 달라지기 시작하였다. 방언이 역사적 문헌의 어느
부분을 반영할 수 있고, 더 나아가, 언어 사이의 친족 관계나 분열 시

『방언』을 완성한 것이다.
　수나라 때에 관리로 쓰기 위해서 추천제의 채용 방식에서 벗어나 과거 시험이 실시되
었는데, 경전에 대한 발음을 통일할 시대적 필요성도 있었다. 이에 부응하여 육법언이
『절운』을 편찬했는데, 낙양 발음을 중심으로 하였지만, 포괄적으로 남쪽 발음과 북쪽
발음을 절충했다고 그 서문에 밝힌 바 있다. 송나라 때에는 이를 『광운』과 『집운』으로
더 발전시켰는데, 과거 시험을 주관하던 예부에서 당락을 결정짓도록 펴낸 『예부 운략』
이 있다. 우리나라 한자음은 대체로 고려 시대에 수입된 『예부 운략』에 의해 고정되었
는데, 이를 세 가지 운을 동시에 볼 수 있도록 우리 쪽 편의에 맞춰서 『삼운 통고』를
마련하여 오랜 동안 써 왔다.
　몽골이 열었던 원나라 시대에는 공문서 형식으로 세 가지 언어를 병치해 뒀었는데,
파스파 문자와 한문과 현지 글자이다. 명나라가 들어서자 이전의 풍습들뿐만 아니라,
언어와 제도도 환골탈태하는 개혁을 시행하였고, 그 결과로서 원대 관화와 명대 관화
가 서로 다른 측면이 많다. 우리 쪽에서는 조선조의 걸출한 역관인 최세진(1468~1542)
이 직접 중국의 현지 관리들에게 물어서 알아낸 공문서 속의 특수한 표현들을 중심으
로 『이문 집람』을 펴낸 바 있다.

기들을 추정할 수 있는 것으로 기대되기도 하였다. 여기서는 방언 연구의 목적이 특정 시기의 언어를 다시 구성하기 위한 수단에 지나지 않았다. 이런 믿음 아래, 국어학에서도 7~8세기의 신라 시대의 언어 또는 15세기 시기의 언어에 대한 보조 수단으로 방언들을 파악하였던 것이다.

그러나 소쉬르의 『일반 언어학 강의』가 소개되면서, 방언을 다른 언어의 보조 도구나 수단으로서가 아니라, 오히려 자족적이고 독립적으로 체계로서 기술하려는 노력이 생겨났다. 특히 이 생각은 미국 인디언 언어를 연구하는 인류학자들의 연구에 의해서 개별 언어의 독자성을 강조하는 쪽에 초점을 두게 되었고, 미국에서는 '기술 언어학'이란 명칭을 쓰기도 했었다. 또한 이를 계승한 흐름을 '원자 방언학'이라고도 부른다. 여기서는 음소 결정으로부터 형태소와 구절과 문장을 결정해 나가는 연구 방향을 엄격히 상정하였다.

어떤 사람은 언어학이 비로소 '아마추어' 시대를 벗어나서 '프로' 시대로 들어갔다고 평하기도 한다. '제주 방언'을 굳이 '제주어'라고 낯설게 부르려는 시도는, 한 시대 전에 풍미했던 원자주의 입장에서 기술언어학의 생각을 추종한 결과이다. 이 정신을 일관되게 적용하면, 독립적으로 "제주시어"가 있고, "1도동어"가 있으며, "1도동 100번지어"가 있고, "홍길동어"가 있으며(이를 'idiolect' 개인 방언이라고 불렀다), "10살 적의 홍길동어"와 "40살 적의 홍길동어"들이 있다. 과연 그럴까?

상대주의는 항상 자기 모순을 지닐 수밖에 없다. 상대주의는 그 원리조차 상대화될 수밖에 없다. 모든 것이 상대적인데, 그 상대적이라는 원리조차 상대적이라면, 그 적용 대상이 자의적으로 줄어들거나 늘어날 수밖에 없다. 늘 상대적인 원리가 적용되지 않는 대상이 생긴다는 것은, 원리로서의 자격이 없음을 의미하는 것이다. 언어와 언어가 사뭇 다르다는 주장을 언어 상황에 적용한다면, 결코 의사소통이 일어날 수 없어야 한다. 이는 우리의 경험과 동떨어진 결론이다.[2] 언

2) 대표적으로 하버드 대학 철학과 교수 콰인(Quine)이 거론된다. 원주민과 함께 현지 조
사자가 수풀로 함께 갔는데, 토끼가 튀어 나오자 원주민이 'gavagai'라고 소리쳤다. 그
는 이 말이 "토끼의 귀가 길다"를 뜻하는지, "토끼 색깔이 하얗다"를 뜻하는지, "토끼
눈이 빨갛다"를 뜻하는지, "토끼가 빠르게 달린다"를 뜻하는지 객관적으로 결정할 수
있는 방법이 존재하지 않는다고 주장하였다(물리학의 불확정성을 언어 상황에 응용한
주장임). 그러나 어린이 언어 습득에 대한 30년 넘은 연구 결과로, 이 문제가 대한 잘못
제기되었음을 알게 되었다. 어린이들이 어휘 습득과정에는 전체성 가정과 배타성 가정
이 함께 작용하는 것으로 알려져 있다.

필자는 개별성과 일반성, 이례성과 보편성, 상대성과 절대성, 주관성과 객관성 따위
를 같은 차원에서의 갈등 내지 대립으로 파악하기 않고, 대신 상하관계의 위계로 본다.
이는 인류 지성사에서 서로 대립해 온 귀납적 접근 방법과 연역적 접근 방법은 과학철
학에서 서로 공모해야 하는 관계로 종합된 바 있다. 김지홍(2015; 증보판 2021) 『여러
학문에서의 언어 산출 접근』(경진출판) '부록 5'에서는 이런 통합을 최소한 다섯 단계
가 동시에 작동해야 하는 인간의 정신 작동 방식으로 제시한 바 있다. 여기서 낮은
층위일수록 귀납적 접근에 수렴하며, 높은 층위일수록 연역적 접근과 일치한다.

다섯 층위가 동시에 작동하는 인간의 의식적 사고 모형

	층위 이름	역할	작동 속성
1	무한수의 우연한 사실	감각기관＋관찰(우연성, 실험실, 도구)	구체적 대상과 사건
2	관련된 자료 흐름	관련 사실들 모아놓음(결여 부분 있음)	인과 또는 시계열
3	유용한 일련의 정보	모형을 갖추고 일관성을 부여함	일반화 및 간접성
4	잘 짜인 일관된 지식	여러 영역을 연결, 통합 세계관을 세움	확장된 가설과 입증
5	미리 내다보는 슬기	가능 세계에 대하여 예측과 검증	추상적이며 보편적

필자는 이런 다중 층위의 작동 방식을 「도구로서 언어를 이용하는 산출 및 이해 과정」
으로 간단히 다음과 같이 나타내고 있다. 단, 왼쪽으로 갈수록 구체적이고 개별적인
대상을 가리키고, 오른쪽으로 갈수록 추상적이고 일반적인 머릿속 개념을 가리킨다.

「언어 → 언어 사용 → 의사소통 의도 → 판단·결정·평가 체계 → 세계 모형과 가치관」

언어의 상위차원의 개념은 '언어 사용'이다. 이는 동일한 대상이나 사건을 놓고서도
직접 표현, 간접표현으로서 우회적 표현과 비유 표현 따위를 선택하는 몫을 지닌다.
언어 사용의 상위차원은 의사소통 의도인데, 이것이 행동으로 나타나기도 하며, 희랍
에서는 이를 구분하여 의지라는 용어를 따로 쓴 적도 있다. 동일한 의사소통 의도가
피카소에 의해서는 그림으로 나타낼 수 있고, 베토벤에 의해서는 가락으로도 나타낼
수 있는 것이다. 언어 표현과 동시에 작동하는 행위를 흔히 언어 중심 관점에서는 딸림
행위라고 부르지만, 이른바 무언극에서는 언어가 없이 분장·몸짓·손짓·얼굴 표정으로
의사소통 의도가 구현될 수 있다.

그렇지만 의사소통 의도가 저절로 생겨나는 것은 결코 아니다. 한 개인의 지닌 판단·
결정·평가 체계에서 무의식적이면서 신속하게 결정된 결과이다. 그런데 이 체계도 저
절로 작동하는 것이 아니라, 반드시 한 개인이 지닌 세계 모형이나 가치관에 의해서
현재 접하고 있는 의사소통 상황과 참여자들에 대한 입력물을 받아들이고, 화자 자신
이 어떻게 그 의사소통을 이끌어 갈 것인지를 결정한 결과로서 구현되는 것이다.

여기서 화살표들의 왼쪽 편에 자리잡을수록 개별적이고, 다양하며, 서로서로 다른
선택을 할 수 있을 것이다. 반면에 오른 편에 자리잡을수록 일반적이며, 추상적일 뿐만
아니라, 모든 사람이 의식을 작동하기 위해서 공통되게 이용해야 하므로 보편적인 측면
을 담게 된다. 이런 측면에서 인간만의 독특한 정신적 작동 방식의 공유된 모습을 가리키
기 위해서, 현대 지성사에서는 상호주관성(intersubjectivity)이란 개념을 쓰고 있다. 담화

어와 언어가 소통되는 것은 결코 언어 때문이 아니다. 언어를 매개로 한 우리의 경험 지식('정신 모형'으로도 불림)이 활성화되기 때문에 가능해지는 것이다.

필자가 보기에 소쉬르의 『일반 언어학 강의』 밑에 깔린 생각은, 전체를 찾기 위해 최소 단위의 계열체를 이루는 형식을 정의하려고 하였고, 이를 바탕으로 하여 통합체를 찾아내면 비로소 전체가 나오는 것으로 보았다. 그러나 이 희망은 최소 단위의 계열체가 엄격하게 제한되어 있지 않고(자의적 결정임), 더구나 최대 길이를 지닌 통합체도 구조상 무한으로 열려 있기 때문에, 결코 그 대상이 현실 세계에 존재할 수 없다. 이런 점에서 소쉬르의 착상은, 허구이거나 또는 오직 제한된 조건 아래에서만 이용될 수 있음을 알 수 있다.

'원자주의' 연구 절차는 음소와 형태소의 설정 단계까지는 새로운 기여를 하였다. 그렇지만 단어와 단어가 묶이어 있는 구절을 처리하는 데에서부터 한계를 드러낸다. 예를 들면, '순이'라는 명사와 '사진'이라는 명사가 묶이어 '순이 사진'이라는 명사 구절을 만들 수 있다. 그런데 이 명사 구절의 의미를 오직 더 작은 구성단위를 합성하여 만들어 낼 수 없다. 중의성이 들어 있기 때문이다. '순이 사진'은

① 피사체로서 '순이'가 찍힌 사진일 수도 있고,
② 소유자로서 '순이'가 갖고 있는 고향 사진일 수도 있으며,
③ '순이가 철수에게 준 사진'

일 수도 있다. ③과 같이 관형절이 얹혀 있는 형식까지 고려하면, 의미의 폭발적 증가를 막을 수 없게 된다.

를 연구하는 쪽에서는 하나하나 임의의 언어 표현이 독자적이기보다는 이전의 표현 방식들이 크든 작든 서로 겹쳐지면서 이용된다고 보며, 이를 서로 얽힌 텍스트 속성(intertextuality)라고 부른다.

이런 한계 때문에 연구 계획을 거꾸로 바꾸어 새로운 연구 방향이 시도되었다. 이를 '보편문법' 연구 기획이라고 부른다. 30년 넘게 여러 언어들을 대상으로 하여 이 흐름이 추구되어 오면서, 원리와 매개인 자라는 개념을 설정하기에 이르렀다. 극단적인 쪽에서는 통사 운영의 원리는 인간 언어에서 오직 하나만 존재하며, 언어들 사이의 차이는 다만 어휘들 속에 들어 있는 매개인자의 차이에 의해 설명된다.[3)]

아직 방언을 다루면서 어떤 것들이 매개인자로 설정되어야 하고, 그들 사이의 위계는 무엇인지에 대하여 활발히 논의가 전개되지는 않았다. 그 대신 언어가 '변이체'라는 사회 언어학의 전제를 수용하여, 1980년대 초부터 방언들 사이에 등어선 점수를 매기는 작업이 이어져 오고 있다. 그렇지만 사회 언어학의 전제를 존중할 적에, 한 개인의 언어 수행이 최소한 이중 삼중으로 이루어질 수 있다는 점에 대한 고려도 연구 속에 충분히 반영되어야 한다. 전문 용어로 이를 언어 기호 바꾸기(code switching)로 부르기도 하며, 언어 사용 상황에 맞춰서 복수의 표현 방식들 중에서 한 가지 방식을 선택한다는 뜻에서 언어 투식(registers, 영국 핼러데이 교수의 용어인데, 복수의 변이체가 머릿속에 등록되어 있음을 가리킴)이라고 부르기도 한다. 우리말에서는 흔히 말투가 달라지는 경우를 거론하는데, 말과 글을 한데 합쳐서 상의어로서 '언어'를 쓴다면, 말투보다는 언어 투식으로 부를 만하다(85쪽의 각주 11과 149쪽 참고).

제주 방언(이하 이 방언으로 부름)의 화자는 토박이 방언을 할 뿐만 아니라, 공적인 상황에서는 공통어를 따라 쓴다. 이는 충분히 두 방언 사이의 투식 바꾸기로 규정될 만하다. 이는 결코 예외적 현상이 아니

---

3) 이 생각을 개관하려면 참스키(2000) 『언어 및 정신 연구의 새 지평』(케임브뤼지 대학 출판부)와 김지홍(2000) "참스키 교수의 내재주의 언어관에 대하여"(『배달말』 제27호)를 보기 바란다. 하나의 보편 문법 아래 어휘들이 어떻게 달라지는지를 보려면 김지홍(1999) "어휘의 의미 표상에 대한 연구"(『배달말』 제25호)를 보기 바란다.

다. 방송에서도 뉴스 속의 말투와 오락 프로그램에서의 말투가 서로 다른 특성이 있기 때문이다. 공통어와 이 방언은 동일한 한국어의 하위방언이기 때문에, 결코 두 가지 다른 언어라고 부를 수는 없다.

등어선에 점수를 매기는 방식에도 문제가 있다. 이는 질적 차이가 아니라 오직 양적 차이를 전제로 하는 것이다. 최근 인지 과학과 언어 심리학의 연구에 따르면, 우리 두뇌 속에 음운·통사·의미 처리 부서들이 따로 자리잡고 있고, 어휘 창고 또한 말하고 듣고 쓰고 읽는 창고들이 개별화되어 있다고 가정한다. 그렇다면, 등어선의 구획에는 질적 차이를 전제로 하는 것이 더 온당할 것으로 판단된다. 이 방언에서 처음 녹음 자료와 함께 글자로 채록(전사)되기는 1980년 대에 발간된 『구비문학 대계』에서 시작된다. 제9권에 딸린 권수로서 새천년 이후로도 계속 증보되고 있다. 제9권 1호와 2호에는 1980년 채록 당시에 70대 전후의 화자들이 전해 주는 자연스런 발화가 문자화되어 있다. 필자의 직관으로는 어느 곳에서 채록되었든지 상관없이, 이 방언의 자료는 거의 동일하게 같은 모습을 지니고 있으며, 세대 간의 차이 정도를 넘는 이질성을 찾아볼 수 없다. 이런 측면에서 이 방언에 등어선을 설정하는 일이 과연 다른 영역에 무슨 통찰력을 전해 줄 것인지를 놓고서 따질 경우, 필자는 부정적으로 본다.

2. 대우법 연구에서의 모순과 극복 방법

우리 국어의 통사론 기술에서 여러 문제점들과 모순들이 있지만, 필자는 그 중에서도 대우법(여러 용어들이 있지만 편의상 '대우'라는 표현을 쓰기로 한다) 기술에 들어 있는 모순이 제일 쉽게 부각될 수 있을 것으로 본다.

필자는 이를 "층위 혼용의 모순"과 "원칙 적용의 모순"이라고 부르

겠다. 앞의 것은 화용론과 통사론의 층위를 구별하여 인식하지 못한
것을 가리킨다. 소위 어미 형태소들의 '융합' 현상 때문에 예리하게
이런 점에 초점을 모으기가 쉽지 않았다. 뒤의 것은 충실히 교착어
전통을 따른다면, 유무 또는 이항 대립으로 통사 형태들이 실현될 것
이 기대되지만, 그럼에도 불구하고, 특히 청자 대우 체계를 정도성의
대립으로만 본다. 그 동안의 논의들이 몇 등급(3등급에서부터 7등급까
지)을 설정하는지에 집착해 왔는데, 이 글은 그런 사정을 비판하려는
목적으로 쓴다.[4] 필자는 청자 대우 체계도 군건하게 그리고 충분하게
이항 대립으로 기술되고 설명될 수 있다고 본다.

논의의 초점을 단순히 만들기 위해, 여기서는 다른 논증 없이 필자
가 생각하고 있는 우리 국어 대우법의 얼개만 드러내기로 하겠다. 먼
저 대우법의 근간은 일반적으로 언어 표현에서 격식투와 비격식투를
나누는 수행 방식에 뿌리를 둔다. 우리말의 예에서 보면, 9시 뉴스의
말투는 격식투이다('했습니다' 말투). 반면에, 서세원이나 김국진의 말
투는 비격식투이다('했어요' 말투). 또는 학생이 선생님에게 말하는 말
투 및 자식이 부모에게 말하는 말투 사이의 대립이다.

어느 언어에서나 언어 수행의 이런 두 가지 방식이 상정되며, 이는
언어 보편적 현상이다. 흔히 미시사회학에서 나 자신(self)을 공적인
개인으로서의 나(me)와 사적인 개인으로서의 나(I)를 구분하는 일과도
통하는 것이다(H. Mead 1938). 격식투는 「공적인 나」가 쓰는 말투이고,
비격식투는 「사적인 나」가 쓰는 말투이다. 우리나라는 이전에 신분
사회를 이루어 왔기 때문에, 이 바탕 위에 신분으로 말미암는 언어적
인 구별을 도입함으로써, 다소 복잡해 보이는 대우 체계를 써 왔다.

---

4) 최근의 최적성(optimality) 이론에서는 가부 또는 적부의 문제를 '정도성의 문제'로 완
   화하는 방식이 추구되고 있다. 그렇지만, 이 논의의 밑바닥에는 여러 가부 또는 적부의
   결정 요소들이 위계에 따라 주어져 있어야 하며, 위계 결정의 문제가 중요하게 부각된
   다(예를 들면, 원리를 많이 어긴 것과 덜 어긴 것 사이의 선택). 이 경우는 자의적 판단이
   아니라, 철저히 계산 가능성을 추구하는 셈이다.

대우라는 것은 결국 이런 보편적 질서 위에, 문화 특성에 따른 추가적 요소들을 덧얹힌 결과에 지나지 않는다.

우리말에서 관찰되는 대우의 범위는 어휘적인 대우에서부터 통사적인 대우뿐만 아니라, 화용적인 대우에 이르기까지, 광범위하게 걸쳐져 있다. 이 방언에서는 주로 청자를 대우하는 방식이 대우 논의의 초점이 되어 왔다. 이런 내용들을 소략하게 그림으로 나타내 보이면 다음과 같다.

(1) 대우 표현의 실현 범위

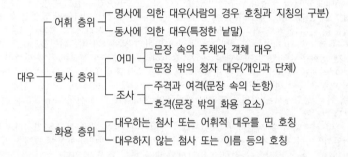

(2) 청자 대우 형태소의 대립 모습(명령 서법 중에서 대표 형태만 제시)

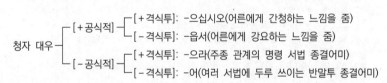

(1)에서는 우리말의 대우 관련 언어 형식들을 포괄하여 제시하였다. (2)에서는 여러 서법 중에서 전형적으로 청자와 화자가 얼굴을 마주볼 경우에, 명령을 통하여 청자에게 행위를 요구하면서 쓸 법한 종결어미들을 등급으로 나눠 본 것이다.[5] 상위 차원에서 [+공식성]의 언어 표현은 청자를 대우하는 속성을 지닌다. 사회관계를 형성할 적에

5) 명령 서법이 의사소통의 갈래 중 전형적으로 청자와 화자가 얼굴을 마주보고 있어야
   한다는 특징 때문에 대우 관계를 결정하는 데에 직접 도움을 줄 것으로 믿었을 것이다.
   명령은 청자에게 직접적인 행동을 요구하는 것이고, 따라서 청자와 관련하여 바뀌는
   말투가 쉽게 포착될 수 있는 것이다. 그런데 명령 서법이 개인과 개인 사이에서만 일어
   나지 않는다. 군대에서는 개인과 단체 사이에도 주종 관계로 일어나며, 계급의 차이에
   따라 선택해야 할 말투도 엄격히 고정되어 있다. 그런데 '해' 등급과 '해라' 등급이 나뉠
   수 있을까? '해'는 반말투 종결어미 '-어'를 담고 있지만, '해라'는 고유한 명령 서법의
   종결어미 '-으라'이기 때문이다. '-어'는 청자 대우 화용첨사 '요'가 덧붙을 수 있지만,
   '-으라'에는 불가능하다. 이런 점이 대우 등급의 결정에 결정적 변인은 되지 못한다.
   대우는 높이고 낮추는 일이므로, 이런저런 말투가 있다는 분류만으로는 성공할 수 없
   다. '해' 말투와 '해라' 말투 사이에 등급이 많은 부분 겹치기 때문이다. 그렇다면 활용
   어미로써 대우 등급을 분류하는 데에는 이처럼 서로 겹치는 종결어미를 처리할 수 없
   음을 알 수 있다.
       군대에서 단체 명령의 말투에 반말투 '-어'로 고정되어 있는 점도 흥미롭다(가령, '차
   려!, 열 중 쉬어!'). 왜 고유한 명령 서법의 어미 '-으라'가 채택되지 않았을까? 이런
   질문을 던지는 일도 거의 없겠지만, 필자는 '-으라'가 수직적 상하 관계에 있는 개인
   또는 몇 사람의 개인들을 대상으로 하여 쓰임이 고정되었기 때문이었을 것으로 본다.
   전쟁 영화에서 비행기 전투단원들에게 '출격하라!'는 상관의 명령은 아마 비행기 조종
   사 개인에게 개별적으로 향한 명령이라고 본다. 제식 훈련에서는 일사분란하게 단체에
   게 명령을 해야 한다. 애초에 단체를 대상으로 한 말투가 고유하게 있었을 리 만무하므
   로, 이런 상황에서는 아마 무표적인 반말투의 선택밖에 다른 선택지가 없었을 것으로
   본다.
       그렇다면 왜 서술 서법이나 의문 서법의 종결어미들로써 대우 등급을 결정하지 않는
   것일까? 아마 두 가지 이유가 있을 듯하다. 첫째, 숫자의 방대함 때문에 그랬을 가능성
   이 있다. 둘째, 청자를 특정하지 않고서도 말을 하는 경우가 있다. 소위 자문자답도
   그러하고, 가상의 청자를 미리 염두에 두면서 어떻게 말을 할지를 구상할 수도 있으며,
   또한 머릿속 생각들도 그러하다. 김지홍(2014: 223쪽과 349쪽)에서는 대우 표시가 없
   는 상태(평대 관계)에서 이 방언의 서술 서법 종결어미와 의문 서법의 종결어미에 대한
   목록을 제시했다. 큰 분류는 독자적인 종결어미 및 반말투 종결어미이다. 그런 분류에
   서는 청자 대우를 표시하기 위하여 대우 형태소 삽입 규칙을 상정해야 한다. '-읍네-'
   및 '-으우-, -수-'인데, 거기에 등록된 종결어미가 모두 다 이 규칙에 적용되는 것은
   아니다.
       감탄 서법이나 기원 서법은 군이 청자가 상정되지 않아도 되는 것이므로, 대우 등급
   의 결정에 크게 간여하지 않는다고 볼 수 있다. 그렇지만 청유 서법이나 약속 서법도
   분명히 청자를 대상으로 한다. 그렇지만 대우 등급의 결정에 고려되지 않는다. 왜 그러
   는 것일까? 두 가지 이유가 있을 듯하다. 첫째, 명령 서법의 종결어미처럼 등급이 나뉠
   만큼 다양하지 않다. 둘째, 청유 서법은 의문 서법의 종결어미를 이용하는 경우도 있고,
   약속 서법의 경우에는 서술 서법의 종결어미를 이용하기도 한다. 따라서 청유 서법과
   약속 서법을 중심으로 청자 대우 등급을 구분할 경우에는, 여러 서법을 넘나들게 마련
   이므로, 자연스럽게 서법 갈래가 서로 뒤섞여 버릴 소지가 많다.
       명령 서법과 청유 서법도 명확히 구분되지 않은 경우가 있다. 청유 서법이 간접 명령
   으로 쓰이기 때문이다. 특히 화자와 청자가 한데 묶이어 '우리'로 언급되면서, "우리
   일어샵주!"(우리 그만 일어나십시다, '일어사다'는 '일어서다'의 이 방언 낱말임)는 명백히
   청유 서법으로 분류되지만, 동시에 간접 명령으로도 간주된다. 이 경우에 자기보다 나
   이 많은 어른에게 "일어삽서!"로도 말할 수 있다. 이 표현이 박절하게 느껴진다면, 행위

특정한 거리를 유지해야 하거나, 청자 집단에 대해서 균등한 사회적 거리를 유지해야 함을 의미하며, 이는 공식 석상에서 누구에게든지 수용될 수 있는 언어 표현이다. 이 중에서 [+격식투]는 가장 많은 언어 형식을 써서 청자를 대우하는 경우이다. 반면에 [−격식투]라고 하여 청자를 홀대하는 것이 아님에 유의할 필요가 있다. 온갖 관련된 형태들을 다 갖추지 못했다는 뜻으로 쓴 것일 뿐이다. [−공식적]인 하위영역에서도 동일한 자질이 추가될 수 있다. [−공식적] 자질은 일정한 사회적 거리를 유지해야 하거나, 집단으로 된 청자들에게 모두 균등한 사회적 거리를 유지해야 하는 공적인 장면 또는 무대에서는 수용되기 어려운 언어 표현을 가리킨다. 단, 여기에도 특별한 사회 관계에서 관찰되는 예외가 있다. 가령, 군대 제식 훈련에서 교관과 집단으로서 훈련병들 사이, 그리고 사령관과 출격 태세를 완비한 공군 비행사들에게 적용되는 언어 표현이 제도적으로 미리 결정되어 있다. 이런 점 때문에 이런 자질을 기계적으로 적용할 수는 없다.

언어 표현에서 대우 표현을 시행하려면 먼저 「대우의 동기」가 있어야 한다. 대우의 동기는 여러 가지 복잡한 내용들이 지적되고 있지만, 여기서는 논의의 편의를 위해 매우 단순하게 '나이 차이'라고만 가정하겠다. 공통어에서는 나를 낮추는 표현도 아주 중요하다. 나를 낮춰 표현함으로써 결과적으로 청자보다 낮은 등급에 놓였다는 점에서 간

주체를 높이는 선어말어미 '-으시-'를 넣어서 "일어사십서!"라고 말할 수 있다.

청유 서법의 종결어미 '-읍주'는 '우리'가 행위의 주체일 경우에 화자도 또한 관련 동작을 하므로 '-으시-'를 집어 넣을 수 없다. 자기가 스스로 자기를 높여 말할 수 없기 때문이다. '-읍' 없이 종결어미만 쓰인 '-주'는 '우리'뿐만 아니라 청자인 너를 대상으로 "느 밭 갈주!"(너 밭을 갈지!)처럼 말할 수 있다. '개연성'의 양태를 띤 종결어미 '-주'로 인한 부드러운 명령의 말투이다. 이때 '-주'는 반말투 종결어미이다. 청유 서법에 고유한 종결어미는 '-자!'인데, "느 혼자 밭 갈자!"(너만 혼자서 밭을 갈게나!)라고 말할 수 있다.

명령 서법의 종결어미 '-읍서'는 청자를 대상으로 한 것이기 때문에, '-으십서'처럼 선어말어미와 통합될 수 있다. (2)의 도표에서는 '-으십시오'를 제일 높은 등급의 종결어미로 상정해 두었지만, 이 또한 간접적인 청원으로 받아들이면, 청유 서법에도 소속시킬 만하다.

접적으로 대우 효과를 거두게 된다. 이런 대우 표현은 이 방언에서 관습화되지 않았을 듯하다. 공통어에서는 남한테 자기 가족들은 모두 낮춰 표현하게 마련이다. 자기의 부모를 남 앞에서 말할 적에는 '집어른, 안어른'이고, 처가의 부모도 '장인, 장모'이다. 이런 문화가 일반화되지 않았기 때문에, 친가 처가 구분없이 부름말로서 '아버지, 아버님'이라고 한다. 이런 측면에서, 본디 화자 겸양으로 쓰였다는 '이'가 이 방언에서는 일찍이 청자 대우로 전환되었을 가능성이 높다. 필자가 듣는 진주 방언에서는 청자가 행위주가 되는 표현 '드<u>이</u>소'나 '하<u>이</u>소'에서도 청자 대우의 기능을 띠고 있다.

더욱이 신분 사회였던 조선조 시절에, 임금 앞에서는 대신들도 일반 백성처럼 높아질 수 없으므로, 만일 임금이 청자라면 아무리 높은 직위의 대신이라도 절대 높여서 말할 수 없었다. 이렇게 제3자의 존재가 개입함으로써 역동적으로 바뀌어야 하는 대우 방식을, 일부에서는 이른바 '압존법'(존대를 눌러 평대로 만드는 방법)이라고 불렀었다. 이는 대우 표현을 운용할 적에 새로운 변인으로서 '청자 중심'의 대우 관계 재설정에 해당한다. 단순히 '화자 중심'의 대우 관계 설정을 벗어나서 새롭게 다른 기준이나 중심이 고려되어야 하는 것이다. 이런 측면을 「역동적인 대우 판도의 뒤바뀜」으로 부른다.

복잡하게 기준이나 중심이 바뀌어야 하는 여러 경우의 언어 표현은 이 방언에서 잘 나타나지 않는 듯하다. 다만, 손자가 할아버지를 마주하여 말씀을 드릴 적에, 할아버지보다 항렬이 낮은 자신의 아버지와 관련된 행동을 말할 경우를 상정해 볼 수 있다. 손자는 자신의 아버지에 관련된 행위를, 할아버지와 관련 지어 낮추지 않는 것이 일반적일 듯하다. 이런 측면에서 이 방언의 대우 설정 기준은 언제나 단일하게 '화자 중심'이라고 말할 수 있다.

화자 중심의 대우 표현 방식에서 대우를 운용하는 계산 기준은, 일차적으로 화자가 평가하는 청자의 나이이다. 나이 차이에 의해서 청자 대우 표현이 들어가 있어야 한다. 부차적인 기준은 청자와의 사회적 관계인데, 흔히 이를 「사회적 거리」라고 부른다. 사회적 거리가 현격히 멀수록 당연히 청자를 대우하는 표현을 선택하기 때문이다. 언어 표현의 선택에는 「심리적 거리」도 중요하게 작용한다. 사적으로 가까운 사람 사이에서 선택하는 언어 표현 및 처음 보거나 대면대면 성근 관계에 있는 사람을 향해 말하는 방식이 서로 크게 달라지기 때문이다.

우리말의 대우는 「어휘·통사·화용 층위」에서 관찰된다. 일단, 어휘적 층위의 대우는 생략하고, 형태소 실현과 관련된 통사 층위의 대우와 화용 층위의 대우를 살피기로 한다. 통사적 층위의 대우에서 어미에 있는 구분과 조사에 있는 구분은 서로 평행하다.

동사가 거느리는 요소를 흔히 '논항'이라고 부르는데(수학기초론을 열어 놓은 프레게(Frege)의 용어임), 이것들은 격조사로 주격이나 사격으로 실현된다. 전자는 전문 용어로 '외부 논항'이라고 불린다. 이른바 '내부 논항'으로 불리는 대격은 대우 표시와는 무관하다. 한때 중세 국어에서 대격 일치소로 거론된 '-오-'([마야 ₑ₁ 나흘] 부처₁)가 있었는데, 이 또한 대우와 무관하다. 아직 국어학계에서는 이 현상에 대한 물음 제기 및 설명을 본격화한 적이 없지만, 필자는 잠정적으로 내부와 외부를 나누는 계층성 현상 또는 논항의 비대칭성과 맞물려 있는 것으로 이해하고 있다. 사격은 어휘 특성에 의해 도입되므로, 어휘격으로 불린다.

화용적 대우는 '요(이 방언의 '예, 양, 야), 말이에요, 말씀이죠(이 방언의 '마씀'), 선생님, 사장님'과 같은 요소들이 임의의 XP 통사층위에 인접하여 실현되는 것을 말한다. 이 요소가 전혀 실현되지 않거나 또는 반대로 여러 번 실현되더라도, 전혀 통사의 적격성을 위배하지 않는다(이 방언에서 빈도가 높은 군말 '이'는 화용적으로 청자에게 확인하는 기능을 하는 대우와 무관한 화용첨사이며,[6] 비슷하게 경남 방언에서는 분포

---

6) 화용첨사들은 그롸이스(P. Grice 1988) 『낱말들의 사용 방식 연구(*Studies in the Way*

상 문장 뒤에 나타나는 '아이가?, 그자?, 그치?' 등이 관찰됨). 이는 임의의
언어 표현에 추가되는지 여부로써 대우가 표현되기 때문에, 단순한
방식이며, 선조적으로 덧붙어 나오는 1차원적 운용 방식이라고 말할
수 있다.

이에 반해 통사적 대우는 반드시 특정한 어미에 일치되는 논항 요
소가 들어 있어야 한다. 이 때문에 화용적 대우에 비해 입체적 방식이
며, 2차원적 운용 방식이라고 말할 수 있다. 가장 유표적인 대우 방식
은 여기서 다루지 않는 어휘적 대우이다. 무표적인 낱말 '밥'에 '진지'
나 '수라'가 있고, 이와 호응하여 동사 '먹다'에 '잡수시다, 드시다'가
있다. 이 경우 하나의 어휘에 여러 가지 정보가 들어가 있기 때문에,
역설적으로 아주 제한적인 범위에서 특정한 대상을 상대로 하여 적용
될 수밖에 없는 운명을 지닌다.

통사 층위에 실현되는 청자 대우 형식의 기술은 엄격히 이항 대립
으로 이루어져야 한다. (2)에 제시한 도표가 이를 잘 드러내고 있다.
이것들은 두 가지 자질이 배합되어 네 개의 하위 항목으로 나뉜다.

---

*of Words)』(하버드 대학 출판부)에서 지적하듯이, 화용상 전제와 함의들이 깃들어 있는
것이므로, 그 전제의 내용과 함의들을 드러낼 수 있어야 한다. 예를 들면, 구조적으로
'이'는 임의의 XP에 붙는다는 점에서, XP 성분을 확인하는 도구로 쓰일 수 있지만,
'마씀'은 오직 주어 명사구와 동사구, 그리고 문장(발화)에만 붙는 특징이 있다.
'마씀'은 '양'(야) 또는 '예'와 통합되어 '마씀+양'(말씀이에요)과 '마씀+예'가 가능하
다는 점에서, 그 차이점을 드러내 주어야 한다. 이 작업 동시에 반드시 '그듸 가카+마
씀?'(그곳에 갈까요?)은 가능한데, '*그듸 가카+양?'은 수용되지 않는다. 이런 이유를
밝혀 줘야야 한다. '마씀'은 또한 '가게+마씀!'(가십다요)은 가능하지만 '*글라+마씀'이
불가능한데('갑주 뭐! : *글라 뭐! : *가게 뭐!'), 그 까닭도 언급되어야 한다.
첫 번째 현상은, 이 방언의 첨사들이 적어도 세 가지 계층에 분포되어 있다. 김지홍
(2014)에서는 발화 관련 층위와 청자 수용 재촉 층위와 청자로부터의 동의 반응 요구
층위로 구분한 바 있다(331쪽의 각주 15). 반말투 종결어미를 청자 대우 표현으로 바꿔
주는 역할은 첫 번째 층위와 관련되어 있다. '*그듸 가카+양?'이 수용되지 않는 것은
세 번째 층위의 첨사로서 '양'이 나온 것이므로, 대우 표현으로 바꾸지 않았기 때문에
비문으로 느껴질 듯하다.
두 번째 현상은, 필자가 청자 대우 화용첨사 '마씀'을 이용하여 반말투 종결어미인지
여부를 구별하는 잣대로 이용하고 있다. '*글라+마씀'이 수용되지 않는 이유는 이것이
고유한 명령 서법의 종결어미이기 때문에, 청자 대우 화용첨사 '마씀'이 통합되지 않는
것이다.

먼저 공식적인지 여부이다. 친밀한 사이에서 관찰되는 사적인 대화는, 대화 내용이 모순을 담고 있거나 앞의 단정된 내용을 다시 번복하여 부정하더라도, 화자로부터의 솔직한 사과와 더불어 모두 다 용납될 수 있다. 그렇지만 공적인 의사소통에서는 그런 자가당착 또는 스스로의 번복은, 화자의 신뢰성에 손상을 입히게 되며, 자칫 거짓말쟁이로 낙인이 찍힐 수 있다. 공식성의 전형적인 의사소통 방식은, 비록 일방적인 소통이지만, 텔레비전 9시 뉴스이다.

다음으로 중요한 것은 고유한 서법에서만 쓰이는 종결어미인지, 아니면 수행 억양을 달리하면서 두루 여러 서법들에 쓰이는 반말투 종결어미인지로 나눌 수 있다. 이를 격식을 갖추고 있는지 여부로 나타내기로 한다.

그렇다면 제일 무표적인 형식은 [−공식적, −격식적] 자질로 표시되는 형태이다. 우리말에서는 공통적으로 대표적인 종결어미 '-어'를 갖고 있다. 필자의 어감으로는 청자를 친근하게 '이녁'으로 부를 경우에,

"이녁, 이거 먹어!"

라고 말할 만하다. 이런 표현에서는 「청자와 화자 사이의 심리적 거리가 가까움」을 속뜻으로 지닐 수 있다.

이와 대립 짝인 [−공식적, +격식적] 자질로 표시되는 형태는 화용적 동기나 전제가 만족된다는 조건에서, 고유하게 명령 서법에서 쓰이는 종결어미 '-으라'를 들 수 있다.[7] 필자의 어감만에 기댄다면, 청

---

7) 이 종결어미는 이 방언에서 '-거라, -너라'도 쓰인다. 그런데 공통어에서는 반말투 종결어미 '먹어!'에 다시 명령 서법의 종결어미가 융합된 복합 형식으로 '먹어라!'도 쓰인다. 이 방언에서 동일한 소리값을 지닌 융합된 복합 형식의 종결어미 '-어-라'는 뒤의 덧붙은 종결어미가 계사의 반말투 활용 형식의 어미이기 때문에, 서로 구분을 해 주어야 하며, 그 기능도 현격히 다름만을 일단 적어 둔다(258쪽, 320쪽, 326쪽, 337쪽 참고). 필자는 이 방언에서 반말투 종결어미 뒤에만 청자를 대우하는 화용첨사 '마씀'이 통합될 수 있다는 점에 착안하여, 종결어미들을 구분해 오고 있다.

자를 '느'(너)라고 불러서('이녁'의 친근함이 배제됨),

  "느, 이레 오거라!"
  (너 이쪽으로 오너라!)

로 쓰여 주종 관계 또는 갑을 관계를 드러낼 듯하다. 만일 이쪽으로
오지 않는다면 다른 처벌이 있을 것처럼 느껴질 경우에는, 협박의 속
뜻을 품을 수 있다. 그런데 격식을 차리지 않고 반말투의 종결어미
'-어'를 쓸 경우에는 화용첨사 '마씀'(말씀입니다)이 덧붙을 수 있다.
이 첨사가 덧붙음으로써, 공식적이고 격식 갖춘 청자 대우 표현에는
미치지 못하겠지만, 그럼에도 「청자를 의식적으로 즉석에서 언어상
으로 대우하고 있음」을 보여 줄 수 있다.

  공식적인 언어 표현을 쓸 경우에도 언어 형식이 미리 갖춰져 있기
때문에, 특정한 언어 형식을 동원하여 청자를 대우할 수 있다. 필자는
이 방언에서 '-읍-'이란 형태를 지닌 어미 표현들을 이 자질의 특징으
로 배당해 둔다. 아주 충분히 대우를 갖춘 경우는 관련 사건의 주체를
'-으시-'로 높이며, 동시에 청자를 높이는 '-읍시오'를 쓰는 경우로서
'-으십시오'로 나온다.

  "우리 아이 좀 잘 챙겨 주십시오!"

그런데 이 방언에서 자주 관찰되는 '-읍서' 형식이 있는데, 자기보다
나이가 더 많은 청자에게 쓰게 마련이다. 앞의 '-으십시오' 또는 이
방언의 고유한 '-으십서' 형식은 간청하는 느낌을 주지만, '-읍서'의
형식은 어른을 향해 각박하게 강요하는 느낌을 준다.

  "가 : 이 뜨리지 맙서!" vs. "뜨리지 마십서!"

(개 때리지 마세요! 또는 마십시오!)

이런 측면에서 '-으십시오, -으십서'와 구별해 주기 위하여 다른 자질을 배당해 둔다(386쪽 참고). 이 글에서 제안한 두 계층의 이항 대립 모형에서는 최고 등급의 대우를 제외한 등급이 [+공식적, -격식투] 이기 때문에 이곳에 배당해 둔다. 이 하위영역은 장차 좀 더 자세하게 하위 구분이 이뤄져야 할 것으로 판단된다. 자세히 들어가지 않은 채, 우선 첫 시도로서 이런 문제 의식만을 적어둔다.

청자는 자신보다 손윗사람도 있을 수 있고, 손아랫사람도 있을 수 있다. 손아랫사람의 경우에 상대적으로 [-격식투] 자질로 표시된 표현을 찾아야 할 것이다. 아직 수행 억양만 달리하면서 두루 여러 서법에 쓰일 수 있는 후보를 명확히 확보하지 못하였다. 간접 명령으로 볼 수 있는 청유 서법의 '-읍주'가 있으나, 청자 대우 화용첨사 '마씀' 이 통합될 수 있다. 가상하여, 필자는 서원 산장(山長, 원장)이 청년이 된 서생에게 쓸 법한 말투를 생각해 본다. 아마

"자네 이레 오게"
(자네 이쪽으로 오게)

처럼 쓸 수 있을 듯하다. 여기서 '자네'는 자신이 가르치는 학생이지만 어른으로서 대접한다는 속뜻을 품을 수 있다. 청자를 어린이로 낮추 보는 것이 아니라, 「공동체의 대등한 구성원인 어른으로서 대접하여 부르는 것」이다. 따라서 초등 학생에게, 어른이라고 대접해 주는 표현 인 '자네'를 쓴다면 아주 기묘해지는 것이다(전라 방언에서는 손윗어른에 게도 쓸 수 있음을 보고하기도 하는데, 이는 매개인자로 설정해야 할 것임). 이 방언의 명령 서법에서는 관찰되지 않지만, 다른 서법에서 독특 하게 '-으우-, -수-'라는 음운론적 변이형태의 대우 형태소를 지닌다.

이 청자 대우 형태는 서술 서법의 종결어미로서 '-다' 또는 '-게'를 지닌다. '-으우다, -수다'와 '-으우게, -수게'이다. 그런데 전자는 청자 대우 화용첨사 '마씀'이 통합되지 않지만, 후자는 아주 자연스럽게 '마씀'이 덧붙는다. 또한 의문 서법에서는 '-으웃과? -수과?'로 나오는데, 여기에도 청자 대우의 화용첨사 '마씀'이 허용되지 않으므로, 고유한 의문 서법 종결어미임을 알 수 있다. 이런 종결어미들도 대우 등급에서 어디에 배당할 것인지를 결정해 주어야 한다. 필자의 모형에서는 [+공식적, −격식투]의 자리에 배당되는 것으로 상정해 둔다.

격식을 차리고서 손윗어른으로 대접하는 표현에 '-으오' 형태로 실현되고 있다.8) [+공식적, +격식투] 자질의 영역에서만은 특별하게 '-으시-'와 '-읍시-'9) 두 형태소가 통합체 '-으십시-'를 형성한 다음

---

8) 경남 방언은 크게 동부 지역과 서부 지역이 서로 다르다. 울산 방언을 쓰는 분이 진주에 와서 '술 좀 드소'라고 말하였을 때에, 상대방이 대단히 거부감을 보여 아주 당황스러웠다는 얘기를 들은 적이 있다. 진주 방언에서는 추가의 매개인자로서 '-으시-'의 대응 형태소가 들어가 있는 '술 좀 드시이소' 또는 '술 좀 드이소'(술 좀 드시오)라는 표현이 적합한 형식이었기 때문이다.
   '-오' 계열의 형태소는 임금께 아뢰는 상황에서 "아뢰오!"라고 굳어져 있는 말이 남아 있는 것으로 보아, 분명히 어말어미 형태소로서는 최고의 대우 형태소라고 말할 수 있다. 그렇지만 이 형태소가 너무 오랜 기간이 쓰여져 왔기 때문에, 언어 자체의 위상 변화가 일어났을 것이고, 이를 반영하여 "아뢰옵나이다!"가 대신 쓰이다가, 줄어들면서 "아뢰옵니다!"로 고정되었을 가능성이 있다.

9) '-읍시오'와 '-읍서'나 '-읍소서'에 공통된 요소를 어떻게 상정해야 할지도 예민하지만 결정하기가 쉽지 않다. 잠정적으로 2음절 '-읍시-'로 적어 둔다. 이 형태소는 특이하게 서법상의 제약을 보인다(읍시오, 읍시다). 의문 서법이나 감탄 서법에서는 '-읍시-'가 관찰되지 않는다. 아마 이런 서법 제약은 '읍시' 형태소가 '경험주(experiencer)' 의미역과 공기되어야 함을 드러내는 증거로 이용될 수 있을 것이다.
   필자는 '-읍-'이 문법화를 거치기 이전에 '솗다'(사뢰다, 아뢰다)라는 동사로부터 나왔고, "-라고 말씀드린다"라는 모습의 내포 구문을 형성하였을 것으로 본다. 그렇다면 간접적인 표현으로써 「청자의 체면 손상을 덜거나 막아 주는 방식」으로 이 구문이 대우 형식에 도입되었을 개연성이 있다. 필자는 오랜 동안 단절 형태소로서 '-읍-, -읍시-'와 비음성을 표시해 주는 꼭지 달린 이응의 '-이-'가 모두 청자 대우 형태소로 왜 두 번씩 나와야 하는지에 대해서 의문을 품고 있었다. 물론 '-이-'가 화자 겸양의 기능으로부터 상대방에게 청유하는 표현에서 '-이소'("잘 가이소, 그렇게 하이소" 등)가 쓰이듯이, '청자 대우'의 기능으로 위상이 바뀌었다는 전제하에서만 그러하다(421쪽 이하 참고). 교착어로서 우리말이 오직 한 번의 기능을 하나의 형태에 담아 표현하는 것이 정상적일 텐데, 유독 청자 대우 표현만은 두 번씩 그 기능이 지정되기 때문이다. 이는 무의미한 반복이나 남발이 아니라고 본다. 내포 구문 형식을 통한 간접 표현이 대우

에 종결어미 '-으오'와 통합되어 나올 수 있다. 일단 예외적으로 특정 어휘를 이용한 경우(임금과 관련하여 '수라, 매화' 따위)를 제외할 경우에, 대우라는 것이 언어 형식으로써만 이루어져야 한다면, 대우는 일반적인 표시 방식이 언어 형식들을 더 추가함으로써 수행될 것으로 본다. 명령 서법에만 국한시킬 경우에, 가장 긴 음절을 지닌 것이 '-으십시오'이다. 공식적이고 격식 갖춘 언어 형식이 더 길게 나오게 되는 까닭이 여기에 있다. 이는 몸이나 옷차림새에 아름다움을 과시하려고 이런저런 것들을 바르거나 붙이는 행위와 같은 이치이다.10)

3. 이 방언의 대우 연구들에서 찾아지는 오류

이 방언의 대우 표현들이 단편적인 기술을 벗어나서, 좀 더 광범위하게 체계적인 방식으로 다뤄지기 시작한 것은 이숭녕(1956), 박용후(1960,11) 1988), 김귀자(1973), 현평효(1974, 1977), 홍종림(1975)들에서부터이다.12) 여기서는 앞 장에서 개관한 한국어의 일반적인 비판에 기

형식에 참여하였기 때문에, 그 결과로서 두 번 청자 대우 형태가 중복되는 것처럼 보일 뿐이다.

10) 필자가 자주 접하고 있는 경남 진주 방언의 예를 들면, "오소, 오이소, 오시이소, 오시이소예"와 같은 예에서, 형태들이 늘어날수록 대우의 정도가 더 증가되고 있다. 물론 각 형태소들이 고유한 자질을 갖고 있기 때문에, 양적으로 대우 수치가 늘어나는 것으로 보면 다시 문제가 생겨난다. 왜냐하면 이것들 중 일부는 질적으로 다른 대우의 내용이 추가되고 있는 것이기 때문이다.

11) 이 방언 연구사에서 박용후(1960) 『제주 방언 연구』(동원사 간행, 유인본 총 492쪽)는 당시 수준으로는 단연 돋보인다. 그럼에도 연구사를 쓰는 이들이 이 책이 희귀하기 때문인지 제대로 챙기지 못한 아쉬움이 있다. 이 책을 개정하여 같은 저자는 1988년 고려대 민족문화 연구소 및 과학사에서 '제주 방언 연구' 자료편·고찰편으로 출판한 바 있다. 물론 오늘날의 시각으로 본다면, 최현배 『우리말본』의 틀에 맞춰 놓으면서 이 방언의 언어 사실을 있는 그대로 드러내지 못했다는 점에서 필자가 동의할 수 없는 대목들도 많다. 그렇지만 「토박이에 의한 이 방언 연구의 첫 시작을 알려 준다」는 측면으로 보면, 필자는 그 나름대로 중요한 의미가 있다고 평가한다. 주시경 선생이 지녔을 사명감을 공유하면서 토박이로서 이 방언을 처음 전반적으로 다뤘기 때문이다.

대어서, 이 방언의 자료들을 놓고 어떤 방식으로 다뤄왔는지를 살펴보려고 한다. 앞 장에서는 '모순'이란 말을 썼고, 여기서는 '오류'라는 말을 쓰는 이유는 다른 데 있지 않다. 모순된 가정에 바탕을 두고서 그 내용을 이 방언에 적용했기 때문에 자연히 오류가 발생할 수밖에 없었다는 뜻이다. 무의미하게 양산되는 한계를 벗어나, '질적으로 낙후'된 이 방언 연구가 본 궤도에 오르려면, 한국어의 일반 논의들을 비판적으로 검토하고, 이에 터전하여 이전의 연구들을 극복해 나갈 필요가 있을 것이다.[13]

청자를 대우하는 등급을 다루면서, 지금까지 4분 등급으로 서술하거나 3분 등급으로 서술해 왔다. 이숭녕(1956)에서는[14]

「평칭·중칭·존칭·극존칭」

---

12) 이어 연대순으로 현평효(1991) 홍종림(1994, 1995) 고창근(1993) 우창현(1993) 등이 있다. 최근에 필자는 고영진(2019) "제주도 방언의 상대높임과 「-느-」"(『방언학』 제29호)로부터도 미처 필자가 깨닫지 못한 이 방언의 중요한 언어 사실을 배운 바 있다.

13) 이런 전환의 첫 계기로서 필자는 고영진(1991) "제주도 방언의 회상법의 형태와 관련된 몇 가지 문제-회상법의 형태소 정립을 위하여"(『국어의 이해와 인식』, 갈음 김석득 교수 회갑기념 논문집, 한국문화사)를 꼽는 데 주저하지 않는다. 김지홍(1992)에서도 공통어의 '-겠-'에 대응하는 '-으크-'를 다루면서, 현평효(1985)의 오류들을 지적하고 올바르게 고치고자 하였다. 현평효(1985)가 극복 대상으로 간주된 것은, 결코 그 업적의 현격한 공로를 낮추려는 의도가 아니다. 새로운 생각의 틀에서 한 단계 더 높은 논의를 열어가기 위한 과정이기 때문이다. 다시 말하여, 그곳에서는 기술 언어학의 목표인 '기술'에만 초점이 들어 있고, 적절한 '설명'의 단계에는 채 이르지 못하였기 때문이다. 동작상이란 개념도 자연계의 대상이 인과율에 의해 변화가 일어나는 사건을 가리키기 위해서는 '시상'으로 고쳐 써야 하고, 해당 형태소들은 오직 '-앐- vs. -앗-'과 어미의 초두 약모음 '으'로 올바르게 분석되어야 한다. 지속상이란 개념도 시점을 전제로 하여야 하기 때문에 잘못이다. 이 방언에서 「암시, 아시」로 표면화되는 '시'를 잘못 분석하여 지정한 완료 지속상이나 미완료 지속상이란 개념 자체도 성립될 수 없는 것이다. 단, 그곳에서는 '존속'이란 낱말을 썼다.

14) 이 글은 1978년 탑출판사에서 '제주도 방언의 형태론적 연구'로 재간행되었다. 이숭녕 선생의 제주 방언 조사에 현평효 선생이 적극 도와 주었음을 적고 있다. 물론 이숭녕 선생이 미리 마련한 질문지 형식에다 구체적인 사례를 적었을 것으로 생각되지만, 아마 그런 답변 과정에서 현평효 선생의 직관이 어느 정도 간섭되어 있을 가능성도 있다.

의 4분 체계를 상정하였다. 박용후(1960, 1988)에서는

「아주 높임·예사 높임·예사 낮춤·아주 낮춤」

이라는 4분 체계를 상정하였다. 현평효(1974) 및 홍종림(1975)에서는

「ᄒᆞ라체·ᄒᆞ여체·ᄒᆞᆸ서체」

의 3분 체계를 상정하였다. 단, 여기서 'ᄒᆞ라'와 'ᄒᆞ여'는 고유한 명령 서법의 종결어미 및 수행 억양을 달리하면서 두루 여러 서법에 쓰이는 반말투 종결어미이다. 이런 측면에서, 사실상 등급 구분이 불가능한 종결어미이다. 그럴 뿐만 아니라,

"얘야, 정신 차려! 제발 정신 좀 차려라!"

에서처럼, 'ᄒᆞ여'의 반말투 종결어미와 고유한 명령 서법의 종결어미가 융합되어 복합 형식으로 나온다(-어+-으라). 이 방언에서는 이런 복합 형식이 빈출하며, 반말투 종결어미 '-어'가 종결어미를 융합시키는 데에 기본값으로 주어져야 한다. 그렇다면 이 방언의 언어 사실에 근거하여, 'ᄒᆞ여'와 'ᄒᆞ라'는 계열관계로서 관찰될 뿐만 아니라, 또한 통합관계로서도 관찰되는 것이다. 이런 융합된 복합 형식을 놓고 어떻게 대우 등급을 결정해야 하는 것일까? 필자는 활용 사례를 대표 삼았기 때문에 빚어진 잘못이라고 본다. 대신 청자를 대우하는 모습에서, 필자는 두 단계의 양항 대립 모습으로서 4분 체계를 올바른 모형으로 보고 있다.

현재 이 방언의 논의에서는 3분 체계가 수용되는 듯한데, 현평효(1977a, 1977b, 1977c)에서 3분 체계를 놓고서 거듭 똑같은 내용의 논의

가 반복되어 있다.15) 이 절에서는 3분 체계의 타당성 여부를 놓고 비판해 나가기로 한다.

3.1. 대우 등급 설정에서 서법의 혼효

양태(양상)가 사건과 화자의 관계를 나타내는 언어 표지라고 할 때에, 서법이란 이와 대립적으로 화자와 청자의 관계를 나타내는 언어 표지이다. 학교 문법에서는 서술·의문·명령·청유·감탄 서법 등으로 나열한다. 이것들은 기본적으로 화자가 청자에게 한 방향으로만 언어 정보가 흘러가느냐, 또는 청자로부터 화자 쪽으로도 전달되는 내용이 있느냐에 따라 둘로 나뉠 수 있다. 전자를 「한 방향 서법」이라고 하고, 후자를 「두 방향 서법」이라고 부르기로 한다.

미시사회학에서는 후자를 인접쌍(adjacent pairs)이라고 하는데, 의문이 질문으로 바뀔 경우에 청자로부터 답변을 듣는 일로 한 매듭이 지어진다. 명령이나 청유는 전형적으로 언어로 된 답변보다는 몸을 위시한 행동이나 행위가 인접쌍이 된다. 서술이나 감탄의 경우에는, 이런 인접쌍을 전제로 하지 않고 진행되므로 「한 방향의 서법」으로 부를 만하다. 반면에, 의문·명령·청유 서법은 두 방향의 서법 속에 들어가겠지만, 같은 형태소를 지닌 서법 항목들이 언어 사용 상황에 따라 쉽게 서법들을 넘나들면서 쓰이므로, 이런 측면이 교조적으로 엄격한 구분마냥 하나로 고정시킬 수 없다.

한 방향 서법에서는 다시 하위 항목을 구분하기 위해, 언술 내용이 화자가 이미 알고 있는 정보이냐, 아니면 비로소 알게 된 정보이냐를 나누게 된다. 두 방향 서법에서는 먼저 청자에게서 화자 쪽으로 전달되는 것이 언어 정보이냐, 아니면 그 이외의 것(특히 행동)이냐에 따라

---

15) 이 글들은 1985년 『제주도 방언 연구: 논고편』(이우출판사)에 모두 모아져 있다.

구분이 이루어진다. 언어로 전달되는 것이면 의문 서법이 되고, 행동으로 전달되는 것이면 명령 서법이나 청유 서법이 된다.

실제 언어 자료들은 이 층위보다 좀 더 자세한 구분을 보여 준다. 예를 들어, 의문에는 다시 자기 자신에게 묻는 경우(自問)와 다른 사람에게 묻는 경우(質問)가 있으며, 질문 형식에는 동의 여부에 대한 질문과 '무엇' 류에 대한 질문으로 나뉜다. 반문(反問)이나 설의(設疑)와 같은 형식은 화용적 전제를 담고 있으므로, 문법 층위와 화용 층위에 나란히 걸쳐 있는 형식이다.16)

만일 위와 같은 서법 범주의 구분에 충실하다면, 청자 대우의 체계를 설정하는 데에도 동일한 서법 범주의 항목들을 대비시켜야 할 것이다.17) 그러나 'ᄒ라체'와 'ᄒᆢ서체'는 청자와 화자가 주고받는 「두 방향 서법」 항목이다. 'ᄒᆢ여체'는 자문자답의 경우나 머릿속으로 생각할 경우처럼, 화자만 있어도 되는 「한 방향의 서법」 항목이다. 청자 대우이기 때문에, 만일 대우 체계의 구성에 화자와 청자가 관련을 맺는 두 방향의 서법만 써야 한다면, 일관되게 그 전제에 충실하는 것이 바람직하다.

그러나 이전 연구에서 이 방언의 청자 대우 구성체계는 이런 기본적인 전제를 지키지 않고 있다. 더 구체적으로 들어가면, 'ᄒᆢ여체' 항목에는 "먹크라"(현평효, 1985: 147쪽)의 'ᄒ라체'를 예시해 놓고 있다. 'ᄒ라체' 항목에는 "먹키여, 물이여"의 'ᄒᆢ여체'를 예시하였다. 결과적으로 전형적인 범례(paradigm) 구성에서조차 일관성을 놓치고 있다. 이는 오히려 이 방언에서 'ᄒᆢ여체'와 'ᄒ라체'로 구분하지 말아야 함을18)

---

16) 장영준(2000)에서 자문이 질문으로 되는 경우를 다루고 있어 참고가 된다.

17) 홍종림(1994)에서 하나의 서법에 국한하여 형태소들의 실현 환경을 논의하고 있어서 크게 도움이 되었다.

18) 이 방언의 종결어미들은 전형적으로 고유한 서법마다 단일한 형태소들을 지닌 것들이 있고, 그렇지 않고 이 형태소들을 거듭 이용하여 융합된 복합 형식을 지닌 것들이 있다. 필자는 각각 전형적 종결어미와 비전형적 종결어미로 부르고 있다. 숫자나 빈도의 측

반증하는 중요한 결정적 사례로 해석된다.

더욱이, 흡서체는 「ᄒ+읍ᄉ+어」로 재분석될 가능성을 배제할 수 없다. 단, '-읍ᄉ-'이 '-읍소-'(감탄 서법의 '-읍소서')와 관련될지, '-읍시-'와 관련될지, 아니면 제3의 분석 방식일지는 현재 필자의 능력으로서는 결론을 내리지 못하였다. 필자의 직관에는 '잡숩서'(잡수십시오, 자십시오)보다는 '잡수십서'라는 표현이 더 나아보인다. 마찬가지로 '흡서'보다는 'ᄒ십서'라는 표현이 더 대우를 드러낸다고 느껴진다.19) '-

---

면에서 어느 하나가 더 우세하다고 말할 수 없을 만큼 모두 다 숫자도 많고 출현 빈도 또한 높다. 그런데 왜 비전형적 종결어미가 필요하였던 것일까? 아마도 이 대답은 귀납적으로 이뤄져야 할 것이며, 비전형적 종결어미의 기능들을 일반화하면서 얻어질 것으로 판단된다(352쪽, 421쪽 참고).

'-어'와 '-라'는 어깨숫자를 붙여 놓을 만큼 환경과 분포가 여러 가지가 있다. 일단 'ᄒ여체'의 '-어'는 수행 억양을 달리하여 여러 서법에 두루 다 쓰이는 반말투 종결어미이다. 이는 공통어에서도 동일하다. 그런데 '-라'는 고유한 명령 서법의 종결어미 '-거라, -너라, -으라' 등으로도 나오므로(336쪽) 변이형태를 다수 지님을 알 수 있다. 또한 계사 어간이 활용되는 방식이 여러 가지이지만, 그 중에서 '이다, 이어, 이라'가 미세한 의미자질을 중심으로 대립될 수 있다(143쪽, 395쪽). 명령 종결어미의 본디 형태소를 '-으라'로 본다면, '-라'는 계사 어간이 없이 종결어미 위치에서 관찰되는 계사의 반말투 활용 형식이다. 따라서 어깨숫자를 붙여 구분해야 할 만큼 다수의 종결어미가 같은 소리값을 갖고 있다면, 'ᄒ라체'처럼 한 가지 종결어미 사례를 놓고서 대우 등급을 표현하는 것이 불편을 초래할 수도 있다. 대신 대우 등급을 정해 두고, 그 등급을 특징짓는 자질들을 찾는 것이 더 나은 선택으로 판단된다.

19) '자십서!'(잡수십시오!)라는 발화는 무가 채록에서 허다하게 발견된다. 이는 '잡수다'라는 대우 어휘에 '으시'와 '읍서'가 결합되어 있는 형식으로 판단한다. 「잡수+으시+읍서」라는 기본 형상에서 자동적이고 의무적인 음절 재구성 규칙이 적용되면 "잡수십서"가 나온다. 여기에서도 '읍서'에서 'ᄉ' 또는 '시'의 존재가 밝혀져야 하겠는데, 잠정적으로 '사뢰다, 아뢰다' 뜻의 동사를 중심으로 하여 'ᄉᆞᆲ+으시+어'가 문법화를 거치면서 융합된 것이 아닐까 의심한다. '잡수십서'로부터 '읍수'의 탈락을 거치면, '자십서'가 나오게 되는데, 이런 탈락은 매우 유표적이다.

필자는 1970년대에 제주시 옛 도심 지역에서 성장했기 때문인지, 주어나 행위 주체를 높이는 형태소 '-으시-'는 매우 자연스럽게 느껴지고, 가장 바람직한 실현 형식이다. 일상적인 인사말에서도

"혼저 들어오십서!"(어서 들어오십시오),
"게믄 잘 가십서!"(그러면 잘 가십시오),
"펜안히 주무십서!"(편안히 주무십시오)

는 아주 익은 인사 말투이다. 그러나 제주 방언의 대우 형태소들을 논의하는 글에서 더러 '-으시-'가 최근에 들어온 형태소라고 치부해 버리는 잘못된 경우가 있다. 필자는 그게 사실이 아니라고 생각하지만, 백걸음 양보하여 '-으시-'가 외래적 요소라는 주장이 옳다면, 그 주장은 최소한 제주시 중심의 '모관(牧管)' 지역을 빼고 나머지 일부 지역에서 적용될 것이 아닌가 싶다. 우연히 그런 주장을 편 글들이 모두 「모관에서 세거(世

으시-'의 유무가 그런 느낌을 만들어낸다. 만일 흡서체가 궁극적으로 ᄒ여체에서 '읍시'라는 형태소가 더 들어가 있는 것이라면, 흡서체와 ᄒ여체의 구분은 「추가 형태소 유무에 의해서 구분되는 것」이고, 계열체로서 범례(paradigm)를 구성할 수는 없다. 만일 3분 체계에서 형태소 유무로써 두 등급이 나뉘었다면, 응당 다른 등급에서도 동일한 질서를 적용하여 두 등급으로 나눠야 계열체로서 체계성이 확립된다. 만일 현평효(1985)에 따라 '흡서 vs. ᄒ여'가 「-읍시-」의 유무에 의해 대립하고 있음이 사실이라면, 또한 'ᄒ라'에서도 동일한 범례가 찾아질 수

居)한 적이 없다」는 점에도 유념할 필요가 있다.

1783년 홍중징 목사의 '새로 청금안을 닦는 서문(新修靑衿案序)'를 보면, 모관 지역에 신분 분화가 이루어지고 있음을 짐작할 수 있다. 제주유맥 육백년사 발간위원회(1998) 『제주 유맥 육백년사』에서 필자의 번역 '제주의 고문서' 부분을 참고하기 바란다. 신분 분화가 이루어져 있다고 할 적에, 그 차이를 나타내기 위해 최소한 모관 지역의 상류층에서는 '-으시-'가 쓰이고 있었을 듯싶다. 6세기 경에 기록된 신라의 옛노래에서도 자주 나오는 형태소(賜)가 이 방언에서 아무 까닭도 없이 비어 있었다고 주장하는 일은 여러 가지 난점들을 동반하기 때문에, 선뜻 납득할 수 없다.

1970년대 중반 필자가 20대였을 적에 어느 시골 마을에 조사를 나갔었는데, 가리킴 낱말이면서 비칭으로 쓰이는 '아방, 어멍'이라는 말이 또한 그대로 부름말(呼稱語)로 쓰이고 있음을 보고 충격을 받은 일이 있다. 필자에게는 지칭어(또는 최소한 부모가 눈앞에 없는 상황에서 쓰일 부모를 가리키는 말)이면서 비칭어임에 틀림없었지만, 그 당시 그곳 화자들에게는 전혀 거부감 없이 부름말과 가리킴말로 동시에 쓰이고 있었던 것이다. 당시 이질감을 많이 느꼈지만, 이런 현상은 언어 사용 상황에 따라 달라지지 않는다는 점에서 무표적인 낱말인 셈이다. 아마도 매우 작은 집단으로서 가족들만이 있을 경우에, 이 형태를 가리키는 말과 부르는 말로 동시에 쓰고 있었을 것으로 해석할 만하다.

그렇지만 엄연히 신분을 나눠 놓았던 옛날 시대에는, 사회적 구별의 요구에 따라 입 말도 변이를 갖고 있었을 것이고, 그런 다른 형식들이 고정됨으로써 신분 사회를 유지 하는 언어적 징표가 되었을 개연성이 있다. 필자는 이 방언에서 '-으시-'가 최근 들어 온 외래 형태소란 주장에 동의하지 않는다. 이는 사회언어학에서 확립된 변이체들의 전제와 언어 사용 상황에 따라 적의한 말투가 서로 구별된다는 일반 언어 현상을 반영 해 주지 못하기 때문이다. 이를 고려한다면, 제주시의 옛 도심인 '성안'(과거 제주성의 성내 지역)으로 불리는 구역이나 또는 제주목 관내를 줄여서 '모관'으로 불리는 도심 인근 지역에서 구성원들이 쓰고 있는 언어 현상들을 면밀하게 조사하면서, 있는 그대 로 기록해야 옳다고 믿는다. 필자가 성장하면서 부모로부터 자연스럽게 배웠기 때문에 필자의 모어 방언에서는 으당 '-으시-'를 구현해야 했던 경험이 생생하다. 일부 지역 출신 연구자의 내성적 보고로써, 엄연히 쓰는 언어 사실을 없는 듯이 치부할 수는 없기 때문이다.

때로 특이하게 이 방언에서는 "그러싈주!"라는 말도 종종 들을 수 있다. 이는 "그렇습 죠"를 잘못 분석하여, 마치 '-으시-'가 있는 듯이 재분석하여 쓰고 있는 경우다. 그런데 이런 재분석 방식도 머릿속에 이미 '-으시-'가 들어 있어야 비로소 가능한 것이다.

있어야 한다. 이는 곧 4분 체계로 귀결될 것이다. 이런 예측을 따르면, 응당 '*흡시라 vs. 흐라'를 구현해야 한다. 그렇지만 결코 '*흡시라'는 이 방언에서 관찰되지 않는다. 이는 형태소 「-읍시-」의 유무로써 구분하는 방식이 잘못임을 시사해 준다.

반면에 이 방언에서는 행위 주체를 대우해 주는 '-으시-'의 유무에 따라 '흐시라 vs. 흐라'와 같은 계열체가 관찰된다. 물론 '흐십서, 흐십시오'가 「공식적·격식적」인 등급을 차지하고 있다. 그렇기 때문에 상대적으로 '흐시라'는 선어말어미가 행위 주체를 높이지만 종결어미가 청자를 대우하지 않는 형태소이기 때문에, 이런 등급 불일치로 말미암아 새로운 속뜻이 깃든다. 청자를 대우하지 않으면서도 행위 주체를 높임으로써 그런 행위를 권유하는 측면이 더 들어가 있다. 그렇지만 '-으시-'라는 선어말어미는 현평효(1985)에서 이 방언의 고유한 형태소가 아니라, 외래적 요소로 치부하면서 오로지 '개신파'로 몰아부쳤다(필자의 직관과 아주 다름). 그런데 그곳에서 청자를 대우해 주는 '-읍시-'를 유무 대립 형태소로 상정해 놓으면서, 같이 행위 주체를 대우해 주는 '-으시-'를 놓고서 결코 이 방언의 형태소가 아니라고 주장하는 일은 자가 당착일 수 있다. 필자에게는 전별하는 인사말로서 나이 차이가 큰 청자에게 "잘 슬피멍(살피면서) 조심히 가십서!"라는 표현이 입에 아주 익다. 행위 주체도 그리고 청자도 필자에게 높여야 할 대상이기 때문에 '-으시-'와 '-읍서'가 통합되어 있는 것이다. 387쪽의 각주 19에서 잘못 과도하게 고쳐 놓은 "그러십주!"(그렇습죠)의 경우는 역설적으로 '-으시-'가 이 방언의 화자의 머릿속에 들어가 있음을 방증해 준다.

이 방언에서는 청자 대우 화용첨사 '마씀'을 허용하는지 여부로써 격식이 깃들어 있는 고유한 서법의 종결어미인지, 아니면 억양만 달리하면서 두루 여러 서법에 쓸 수 있는 반말투 종결어미인지를 구분할 수 있다. 현평효(1985)의 3분 등급 중에서 오직 '흐여마씀'만이 자주 쓰인다. 반말투의 무표적 종결어미이기 때문에 그러하다. 그렇지만 '흡서'에는 결코 '*흡서마씀'처럼 통합될 수 없고, '*ㅎ라마씀'도 불가능한 통합체이다. 왜 그러는 것일까? 이것들이 모두 다 나름의 격식을 갖춘 고유한 청유 서법이나 명령 서법의 종결어미이기 때문이다.

더군다나, 이 두 개의 종결어미가 비전형적 종결어미의 구성원으로서 '-어라'(-어+-으라)와 같이 통합체를 이룰 수 있다. 중고교 교실에서 시험 문제를 출제할 경우에,

"정답을 쓰라 vs. 정답을 써라"

를 제대로 구분하지 못하기 일쑤이다. 전자는 명령형 종결어미만 나와 있으나, 후자는 반말투 종결어미에 다시 명령형 종결어미가 통합되어 있는 것이다. 전자의 명령 말투가 제대로 전달되지 않았다고 판단할 경우에, 다시 강조하는 형식으로 후자의 표현을 쓸 수 있는 것이다. 그런 만큼 융합된 복합 형식의 명령형 종결어미는 강한 속뜻을 품고 있다. 한눈 팔린 어린 아들에게 "집에 가자!"고 말했지만, 제대로 듣지 못했다고 느꼈을 적에는 곧장

"집에 가자꾸나!"(가자+ㅅ+구나)

처럼, 종결어미가 융합된 표현을 써서 거듭 강조하여 말할 수 있는 것이다.

이런 제반 사실들로써, 명령 서법에서 관찰될 법한 두 가지 종결어미 '해라, 해'만으로 청자의 대우 등급을 명확히 분립할 수 없음을 잘 알 수 있는 것이다. 그렇다면 '해'란 말투와 '해라'라는 말투를 청자 대우를 나눠 놓는 등급의 대표 사례로 상정할 수 없으며, 이제 대안을 모색해 봐야 한다. 대신 서술 서법과 의문 서법까지 고려하면서, 연역

적인 접근 방식으로서 청자 대우를 나눌 수 있는 후보들을 상정한 뒤, 이 방언의 실제 언어 자료들과 견주면서 유관한 등급을 확정해 나가는 일이 검토될 필요가 있다. 그런 접근에서 필자는 371쪽의 (2)에서 제시한 대로, 두 계층에서 2항 대립의 모습을 보이는 4등급의 청자 대우를 상정하는 것이다.

3.2. 공식적 상황의 여부 및 격식적 말투의 여부

우리는 사회를 전제로 하여 인간다운 생활을 한다. 인간으로서의 의무와 권리, 또는 몫과 보람은 복잡 다단하게 얽혀 있는 인간 관계를 통해서 이뤄지면서 열매를 거두게 된다. 인간은 사춘기 이전에는 가족이란 작은 집단에서 집안 식구라는 관계를 시작으로 하여, 사춘기 시절에는 벗을 찾아 새로운 관계를 맺게 되고, 직장을 갖게 되면 다시 그 조직 속에서 주어지는 관계를 형성하게 된다. 이런 관계를 언어 표현과 관련지어 크게 사적인 관계와 공적인 관계로 나눌 수 있다. 의사소통을 크게 두 갈래로 나눌 경우에, 가중치가 어디에 있느냐에 따라서, 정보를 주고받는 의사소통 및 친분을 도탑게 하는 의사소통으로 나눈다. 공적인 관계를 맺어 나가는 언어 표현은 [+공식적]이란 자질을 지니게 된다. 이는 화자와 한 집단의 청자들 사이에

「사회적 거리가 특정 관계에 따라 일정하든지, 모든 청자에게 균등하다」

는 특징이 있다. 한 집단도 집단 내부 구성원들 사이에서 유지되어야 하는 관계가 있고(일정한 사회적 거리), 외부 구성원들과의 사이에 유지되어야 하는 균등한 사회적 거리가 있다. 어느 공동체에서든지 상관없이, 이런 측면을 반영하기 위하여 인간의 언어 표현에서는 「기준 또는 표준」처럼 이미 수립되어 있는 '공식적 말투'가 있게 마련이다.

이럴 경우에 적합한 의사소통 모형은 주로 정보를 전달해 주는 동기로 일어나는 쪽에 치우쳐져 있다.

우리말에서는 전형적으로 밤 9시 텔레비전 뉴스의 말투가 「공식적 말투」에 속하게 된다. 뉴스는 입을 통해서 귀로 전달되는 입말로 포장되어 있지만, 신중하게 기획되고 미리 글로 씌어져 있으며, 여러 번 첨삭을 거친 정제된 내용을 뉴스 진행자가 읽게 되는 것이다.

이런 상황에서 중요한 것은, 그런 언어 표현들이 항상 평가를 받게 된다는 점이다. 그 언어 표현들은 짤막한 인사말에서부터 더 긴 담화나 담론 범위에 이르기까지, 그리고 한 방향의 의사소통이든지, 두 방향의 의사소통이든지 관계없이, 공식적인 상황에서 쓰이는 언어 표현은 자의적으로 즉석에서 변통해 낼 수 없다. 기존에 공식적 관계를 유지하기 위해 자주 이용되는 언어 표현들을 중심으로 구성된다. 물론 이런 표현들이 무의미하게 반복되기보다는 그런 표현 방식들을 중심으로 하여 좀 더 확장도 이뤄질 수 있는 것이다.

공식적인 상황에서의 언어 표현은 중요하게 화자 각자의 신뢰성을 높이거나 낮춰 놓는다. 공식적인 상황에서 주로 참이라고 믿거나 참으로 알려진 내용을 말해야 한다. 또한 담화 내지 담론의 짜얽히는 방식은 화자의 능력을 드러내는 것으로 간주된다. 물론 집단 청자들 (또는 청중)과의 부드러운 교감을 위해 양념거리들이 더 들어갈 수도 있겠지만, 뼈대는 공식성을 위배해서는 안 된다. 만일 공식적 상황에서 임의의 언어 표현 중에 실수로 잘못 말했거나 치명적 오류를 포함하는 경우, 같은 범위의 청자들에게 공식적인 사과가 신속히 뒤이어져야 한다. 단 한 번만일지언정, 설사 청자들이 그런 사과를 받아들이더라도, 이는 화자 자신의 체면뿐만 아니라 신뢰성에도 크게 손상을 입히게 된다. 다음에 아무리 포장을 잘 하더라도, 그런 일을 겪은 청자는 더 이상 그 화자를 미덥게 여기지 않는다. 만일 실수나 오류를 숨긴 채 아무일도 없는 듯이 넘어갈 경우에는, 거짓말로 낙인 찍히게 되어,

본디 화자의 인격이 더 이상 회복 불가능한 상태로 전락하고 만다.

그렇지만 [-공식적]인 자질을 지닌 경우가 사적 상황 또는 개인적인 상황이다. 사적인 상황에서는 사회적 거리가 작동하기보다는 오히려 「심리적 거리」가 작동하게 된다. 심리적 거리는 언제나 가깝거나 멀다. 자주 만나거나 서로 주고받는 것이 많은 경우에는 좀 더 친근하게 대할 수도 있고, 감성적 교감이 밑바닥에 깔려 있다. 초면이거나 대면대면 아는 사이에는 일정한 거리만큼 서로 떨어져 있고, 그런 만큼 의례적인 표현들에 치중하기 마련이다. 필자는 심리적으로 거리가 가까운 관계를 풀이하여, 학생들이 쉽게 이해할 수 있도록

「소근소근 귓속말을 주고받는 사이」

라고 풀이해 준다. 대체로 친분을 도탑게 해 주는 의사소통이 대종이다. 그런 만큼 청자와 화자 사이에는 서로 도타운 미더움과 감성적 끈으로 묶이고 얽혀 있다. 설령, 말을 주고받는 과정에서 실수나 오류를 저지른다고 하더라도, 그리고 공식적인 사과가 없더라도, 여전히 예전의 관계가 탄탄한 믿음을 토대로 지속될 수 있다. 이런 관계에서 주고받는 말투도 둘 사이에서 굳이 상대방의 체면을 고려한 표현을 선택하지 않더라도, 그리고 반말투를 지속적으로 쓰더라도, 여전히 현재의 관계를 크게 해치지 않는다. 필자는 이런 사회적 관계의 특징들이 언어 표현으로도 그대로 반영된다고 믿고 있다. 이것이 이 방언의 청자 대우 방식을 구분하기 위하여 [±공식적] 자질을 첫 번째로 적어 놓은 까닭이다.

두 번째 자질도 상당히 일반적인 만큼 보편성이 어느 언어에서나 확인될 수 있다고 본다. 이는 격식적인 말투와 비격식인 말투 사이의 구분이다. 이를 이 방언에 적용시킬 경우에는 서법마다 고유한 종결어미가 있는 것과 그렇지 않고 수행 억양만을 달리함으로써 두루 여러

서법에 걸쳐 쓸 수 있는 것을 나눌 수 있다. 이 방언에서는 청자를 대우하는 화용첨사 '마씀'을 덧붙일 수 있는지 여부로써 반말투를 가려낼 수 있다. 오직 반말투에만 그런 화용첨사가 통합되기 때문이다.

특정한 낱말이나 어구가 따로 있는 어휘 대우를 제외할 경우에, 격식투는 일반적으로 비격식투에 비교해서 형태가 길어지는 경향이 있다. 만일 동일한 길이이면서 계열관계를 이룰 경우라면, 격식투 여부에서 대립할 개연성이 높다. 옛날 신분 사회에서는 신분 간에 각자의 신분을 변별해 주는 쪽으로 여러 언어 표지들도 바뀌었을 것이다. 소위 지배 신분의 구성원들은 자신을 다른 신분과 구분하기 위한 방편으로, 과거 시험 과목으로 정해져 있던 경전의 한문 어구들을 의도적으로 입말 속에다 녹여서 말했을 것이다. 그리고 이런 흐름이 오늘날 한자와 순수 우리말 사이의 대립을 낳은 배경이 되었을 듯하다.[20]

오늘날 우리 사회는 더 이상 신분 사회가 아니다. 신분을 표시해 주던 언어 표현들의 기능이 더 이상 유지될 수도 없는 것이다. 신분 사이에는 사회적 거리가 놓여 있었지만, 그런 외적 요인이 없어져 버렸기 때문에 과거에 떠맡던 언어 표현의 기능도 자연스럽게 바뀌거나 달라질 수밖에 없다. 이는 반말투가 최근 '친근함'이나 심리적 거리가 없음을 함의하는 쪽으로 달라지는 현상을 설명해 줄 수 있다.

이런 구분이 언어 보편적이라면, 이 방언의 언어 표현들도 격식적 말투와 비격식적 말투 사이에 구분을[21] 쉽게 찾아볼 수 있을 것이다.

---

20) 현대적 편견의 하나로서, 어린이들이 일찍 영어를 배움으로써 우리말의 대우 표현이 엉망으로 되어 간다는 기우(杞憂)가 있다. 이는 임진 왜란이나 육이오 동란이 언어 변화를 초래한 듯이 과장했던 일과 한가지인데, 너무 과장된 생각일 뿐이다. 결정적 습득 시기에 따라 다르겠으나 어린이는 다중 언어 환경에 노출되면 자연스럽게 다중 언어를 습득하는 것으로 알려져 있다. 대우 표현은 다른 나라 언어의 간섭 없이도, 국어의 역사 속에서 자율적으로 계속 변화가 이루어져 왔고, 앞으로도 계속 변화가 이루어져 나갈 것이다. 언어 변화는 내적 속성으로 인하여 차츰차츰 저절로 일어나는 것이 우선 순위이고, 외적 변화 요인은 부분적으로 그리고 간접적으로 작용한다고 봐야 할 듯하다.

21) 비록 본고에서 설정하는 의도와는 같지 않지만, 이 방언의 표현 방식에서 격식적 말투와 비격식적 말투에 대한 언급은 성낙수(1992)와 고창근(1993)에서도 다뤄졌다.

그런데 무엇을 격식적 말투로 보고, 무엇을 비격식적 말투로 볼 것인가? 이는 어느 한쪽만 결정하면, 저절로 모든 답이 딸려 나온다. 이 질문에 대한 답변이, 결코 이전 연구들이 암묵적으로 가정하였듯이, 명령 서법의 종결어미에만 있는 것은 아니다. 그 결정이 또한 모든 서법에 두루 적용될 수 있는 것이어야 할 것이다.

이미 (2)에서 살펴보았듯이, 이 방언에서 비격식적 말투는 청자 대우의 화용첨사 '마씀'을 통합시킬 수 있고, 그 결과 임시 청자 대우의 기능을 떠맡을 수 있다. 이 방언에서 그런 말투는 공통어에서와 동일한 형태소를 쓰고 있는데, 바로 종결어미 '-어'이다. 이 종결어미는 이 방언을 왜곡하고 굳이 유다르게 만들고 싶었던 '제주어' 신봉자들에게는 한낱 '개신파의 영향'으로 보고 싶었을 것이다.

그렇지만 이 종결어미는 두 번 종결어미를 통합시키고 있는 비전형적인 종결어미 부류를 만들어 주는 핵심적인 요소이다(김지홍 2014와 이 책의 제1장 및 제4장을 보기 바람). 그런 만큼 기본적으로 이 방언에서 오래 전에서부터 써 오고 있지 않았더라면, 이런 복합 형식의 융합 구성을 촉발하는 핵심 씨앗으로서의 몫을 맡을 수도 없었을 것이다. 이전의 연구가 현대언어학을 열어 놓은 소쉬르의 핵심 발상인

「전체를 대상으로 하여 횡적으로 그리고 동시에 종적으로 대립관계(계열관계와 통합관계)를 이루어 놓은 것들로 유기적인 체계를 구성해야 한다」

는 기본 이념조차 무시하면서, 오로지 이질적이고 유표적이며 유다른 데에서만 이 방언의 가치를 찾고자 갈망했던 것일까? 아마도 다른 언어에서 찾을 수 없는 것만 지니고 있어야, 이 방언의 가치가 더 높아지고, 그런 유표성을 담고 있는 만큼 자신의 연구도 덩달아서 높아진다고 착각했던 소치일 수 있다.

격식투는 서법마다 고유한 종결어미 형태소에 의해서 표시된다. 예

를 들어, 서술 서법의 종결 형식으로 자연스럽게 다음 표현이 나올 수 있다(단, 보상적 장음화는 부호 ' : '로 표시함).

(3가) 이건 가 : 이 책이어.[책-이-어]
(이것은 개 책이다)
(3나) 이건 가 : 이 책이라.[책-이-라]
(이것은 개 책이야)

여기에 얼굴을 마주보는 청자를 대우해 주기 위하여 화용첨사 '마씀'을 붙여 보면 이것들에서 차이가 나타난다.

(4가) *이건 가 : 이 책이어마씀.[책-이-어+마씀]
(*이것은 개 책이다요)
(4나) 이건 가 : 이 책이라마씀.[책-이-라+마씀]
(이것은 개 책이에요)

(4가)는 수용될 수 없지만, (4나)는 자연스럽게 받아들여진다. (3)에서는 문법성에 전혀 이상이 없었던 것인데, (4가, 나)에서 이런 수용성의 차이가 생겨난다. 이는 틀림없이 화용첨사의 통합에서 나온 것임을 알 수 있다. 필자는 (4가)는 계사의 활용에서 고유한 서술 서법의 종결어미라고 본다. 이 방언에서는 서술 서법을 중심으로 계사 '이다'가 청자 대우와 무관한 형상에서, 종결어미가 두 번 융합된 복합 형식의 비전형적 활용어미를 제외한다면, 크게 다음과 같이 단순 형식과 복합 형식으로 나올 수 있다.

㉠ 단순 형식:「책이다, 책이어, 책이라, 책이게, 책인게, 책이주」
㉡ 복합 형식:「책이줘, 책이네, 책이라문, 책이리, 책이느니, 책이과라, 책이노라, 책이고나, 책일노라, 책일로고, 책일로고나, 책이려, 책이리라,

책이멘, 책이컬, 책이거든, 책인디, 책이곡말곡, 책이다마다, 책이댄, 책
이다여, 책이라여, 책이라사주 등」

김지홍(2020: 661쪽)에서는 '이다, 이어, 이라'를 중심으로 계층적 대립
자질을 상정한 바 있다(143쪽 〈표 1〉 참고). 의문 서법을 비롯한 여러
서법들의 종결어미에 대한 간략한 목록은 김지홍(2014: 349·376·398쪽)
을 보기 바란다. 고유한 서술 서법의 종결어미를 청자를 대우하는 쪽
으로 표현하려면 두 가지 선택지가 있다. 하나는 '-읍네다'를 선택하
는 것이다. 다른 하나는 음운론적 조건으로 변동하는 청자 대우 선어
말어미 '-으우-, -수-'를 쓸 수 있다.[22] 이것과 통합되는 종결어미는
'-게, -괴, -다'처럼 바뀔 수 있다.[23]

이렇게 청자를 대우해 주는 [+공식적] 자질의 대응 표현들도 청자
대우 화용첨사 '마씀'이 통합될 수 없다. 이치상으로 보면, 이미 대우
표현을 했는데, 중언부언 대우를 남발하는 일은 '언어 경제성' 원칙을
위배할 것이다. 그렇지만 (3나)는 계사의 반말투 종결어미이다. 무표

---

22) '좋다, 즉다(작다)'는 필자에게 "좋수다, 즉수다"라고 말하는 편이 친숙하다. 그렇지만
같은 세대이더라도 구좌쪽 동료 교수는 "조으우다, 즉으우다"로 통합시켜 말한다. 필자
에게는 음운론적 변이형태로서 '-으우-, -수-'가 규칙화될 수 있겠지만, 구좌면(본디
옛 좌면이란 뜻임) 출신 분들에게서는 '-으우-'가 좀 더 우세한 적용 범위를 지닌 듯이
느껴진다(416쪽 각주 30). 필자는 이 형태소들이 현재 한참 변동이 진행되고 있는 중이
라고 느끼며, 음운론을 전공하는 분들이 밝혀 주어야 할 것이다. '-읍네다'의 경우는
통합되는 어간에 구별을 두지 않는다. 그렇지만 '-으우-, -수-'는 계사와 형용사 어간
에 통합된다. 동사에는 시상 선어말어미를 요구하여 '-앉수- vs. -앗수-'처럼 나온다.
송상조(2007: 815쪽)『제주말 큰사전』(한국문화사)에서는 이런 특성을 「동사와 형용사
를 구분하는 잣대로 이용할 수 있다」고 적어 있다.

23) 필자는 고영진(2019: 74·76쪽)에 지적된 대로 '-읍네다'와 '-수다'가 「-느-」가 깃들어
있는지 여부에서 차이가 크며, 서로 계열관계에 있지 않으므로, 하나를 허용하지만 다
른 하나를 허용하지 않는 언어 사실들을 받아들인다. 그렇지만 이것들이 서로 물과
기름처럼 별도의 영역을 점유하는 것이 아니다. 상당 부분이 서로 겹쳐 쓰일 수 있기
때문에, 고영진(2019: 83·84쪽)에서 "그 대립이 나타나지 않는 경우가 있다."면서 그
환경을 「명령 서법, 청유 서법, 회상 표현」이라고 적어 놓았다. 그렇다면 중화되는 언어
환경이 있다는 사실 자체가, 이것들이 서로 독자적인 별개의 영역을 점유한다고 가정
할 수 없게 만든다. 아마 서로 공유하는 영역과 서로 차이가 나는 영역이 있다는 사실이
더 높은 차원의 시각으로 풀어야 하는 문제일 수도 있다.

적인 만큼 청자 대우 화용첨사 '마씀'을 원하는 즉시 통합시킬 수 있는 것이다. 이런 차이는 비단 계사의 활용에서만 관찰되는 것이 아니다. 이 방언의 종결어미 전반에 걸쳐서 이내 관찰될 수 있는 것이다.

> (5가) 삼춘은 지금 오랎다.[오르-앖-다](254쪽 각주 10 참고)
>   (삼촌은 지금 오고 있다)
> (5나) 삼춘은 지금 오랎어.[오르-앖-어]
>   (삼촌은 지금 오고 있어)
>
> (6가) 삼춘은 닐 떠났저. [책-이-라+마씀]
>   (삼촌은 내일 떠난다)
> (6나) 삼춘은 닐 떠났주. [책-이-라+마씀]
>   (삼촌은 내일 떠나지)

(5가, 나)에서는 각각 서술 서법에 고유한 종결어미와 두루 여러 서법에 쓰이는 반말투 종결어미가 나와 있다. (6가, 나)에서는 이 방언에서 독자적으로 발달시킨 양태 속성을 품은 종결어미를 보여 준다. (6가)는 고유한 서술 서법의 종결어미이지만, (6나)는 수행 억양을 바꾸면서 두루 여러 서법에 쓰이는 반말투 종결어미이다.

> (7가) *삼춘은 언치냑 떠났다마씀.[떠나-앗-다+마씀]
>   (*삼촌은 엊저녁 떠났다요)
> (7나) 삼춘은 언치냑 떠났어마씀.[떠나-앗-어+마씀]
>   (삼촌은 엊저녁 떠났어요)
>
> (8가) *삼춘은 언치냑 떠났저마씀.[떠나-앗-저+마씀]
>   (*삼촌은 엊저녁 떠났다요)
> (8나) 삼춘은 언치냑 떠났주마씀.[떠나-앗-주+마씀]
>   (삼촌은 엊저녁 떠났지요)

(5)와 (6)에다 청자를 대우하는 화용첨사 '마씀'을 통합시켜 보면 수용성 여부에서 서로 차이를 보인다. (7가)와 (8가)는 수용되지 않는다. 필자는 이것이 고유한 서술 서법의 종결어미이기 때문으로 해석한다. 반면에 (7나)와 (8나)는 자연스럽게 받아들이게 되며, 필자는 이를 반말투 종결어미로 해석한다.

왜 고유한 서술 서법의 종결어미에는 청자를 대우하는 화용첨사 '마씀'이 통합될 수 없는 것일까? 고유한 서술 종결어미는 본디 청자를 대우하는 고유한 종결어미와 이미 서로 대립 짝을 이뤄 있었기 때문이다. 이 또한 격식투와 형태소와 비격식투의 형태소 대립으로 이해된다. 그렇다면, 청자를 대우하는 격식적 말투에서 청자 대우의 자질을 갖고 있는 형태소는 무엇일까?[24]

이 책을 펴 내는 2021년 현재, 필자는 '-읍네다'와 '-으우다, -수다'가 공통적으로 공유하는 형태가 문법화를 거치면서 완전히 융합되어 버린 '-이-'로 보고 있다(429쪽 이하 참고). 우선 자세한 논증 없이 필자

---

24) '-읍네다'와 '-으우다, -수다' 사이에서 분포상의 차이는 고영진(2019)의 결론을 뒷받침해 준다. 그곳에서는 격식성 여부로써 본 김지홍(2014)에서와는 달리, '-느-'가 녹아 있는 '-읍네다'는 언제나 관련 사건을 경험할 수 있다는 「항상성」 자질을 띠고 있으며, '-느-'가 전혀 없는 '-수다'는 발화 현장에서 즉각 경험하는 「일시성」의 자질만 띤다고 설명하였다(유무 대립을 보임).

필자는 격식적인 말투도 대우의 등급을 나눌 수 있는 자질로 상정한 것이다. 그럼에도 불구하고, 고영진 교수가 주장하는 양태 속성의 해석을 보장하는 제3의 길이 있다(김지홍 2014: 85·202·469·492쪽). 똑같은 구문이라도 중의성을 띠는 경우가 많다. 가령,
  "사과가 맛있다"
라는 단언도 「모든 사과가 늘 맛있다」는 해석과 「지금 내가 먹고 있는 대상인 사과가 맛있다」는 해석도 담고 있다. 이런 중의성은
  ⓐ 영구적인 개체 내부 속성 층위의 해석(individual level interpretation)
  ⓑ 일시적인 현장 장면 층위의 해석(stage level interpretation)
으로 나뉜다. 크롸저(Kratzer 1988)에서는 "ⓑ 소방관이 미남이다 vs. ⓐ 소방관이 이타적이다"로써 예증하였다. 그렇다면 일반적으로 우리가 쓰는 언어 표현이 이런 중의적 특성을 띠고 있지만, 우연히 일부 환경에서는 이 방언에서와 같이 특정 형태소가 선택된다고 보는 것이다. '-읍네다'는 개체의 내부 속성을 가리킨다는 점에서 모든 가능세계에서 성립할 수 있다(고영진 교수의 항상성 해석과 일치함). 반면에 '-수다'는 일시적인 현장 장면 층위의 해석만 받는다고(고영진 교수의 일시성 해석과 일치함) 부대 조건을 추가할 수 있다.

의 작업 가정을 적어 두기로 한다.

'-읍네다'는 문법화를 거치기 이전의 표상으로서 '아뢰다, 사뢰다'로 반영된 화행 범주의 동사 '솗-'이 상정되고, 여기에 '-ᄂ-' 또는 '-느-'가 청자 대우 선어말어미 '-이-'와 통합된 모습이 개연성 높은 후보이다. 418쪽 이하에서 논의되겠지만, '-으우다, -수다'는 종결어미 '-으오, -소'에 다시 청자 대우 선어말어미 '-이-'가 통합된 모습이 문법화를 거쳐 융합이 일어난 뒤에, 마치 단일 형태소인 양 '-으우-, -수-'로 되었을 가능성을 추구한다. 후자의 경우는 특히 종결어미가 '-다' 이외에도 '-게, -괴'도 통합되며, '-게마씀, -괴마씀'과 같이 청자를 대우하는 화용첨사가 덧붙는다. 이는 김지홍(2014)에서 상정한 화용첨사의 세 가지 층위 중에서, 청자로 하여금 「화자의 언술 내용을 받아들이도록 촉구」하는 제2 층위를 점유하고 있을 듯하다. 그렇다면, 비록 371쪽 (2)에서 세워둔 [-격식투]와 호응하는 측면이 있지만, 이는 다시 제1 층위에 실현되어 있는 '마씀'과는 화용상의 자질이 다소 거리가 있다는 점에서 새로운 문제가 될 소지도 있다.

3.3. 확실성의 '-저'와 개연성의 '-주'에 대한 구분

이 방언에서 관찰되는 '-저', '-주' 형태소들은 공통어에서 찾아지지 않는다는 특징이 있다. '-저'와 '-주'의 특성을 본격적으로 다룬 현평효(1977, 1985 재수록됨)에서는 「하대 및 평대 형태소」라고 잘못 파악하였다. 이것들이 만일 대우 등급의 차이에 불과하다면, '-저'와 '-주'의 분포가 청자를 대우하는 일 여부 이외에는 결코 서로 달라져서는 안 된다. 또다른 결정적인 반례는 '-저'는 오직 서술 단정의 서법에서만 관찰된다. 반면에 '-주'는 서술 서법뿐만이 아니라, 청유 서법에서도 아주 빈번히 쓰인다. 서법과 관련하여 서로 다른 서법으로 쓰이는 것이 어떻게 대우 여부로 볼 수 있을 것인가? 현평효(1977, 1985

재수록됨)에서 설정하는 3분 체계에서 최상위 등급을 제외하고서는, 등급이 서로 착종되어 있다. 왜냐하면 하나는 고유한 명령 서법의 종결어미이지만, 다른 하나는 수행 억양만을 달리하면서 두루 여러 서법으로 쓸 수 있는 반말투의 종결어미를 뒤섞었기 때문이다.

이 방언의 언어 사실은 '-저'와 '-주'의 분포 및 통합체를 이루는 방식뿐만 아니라, 또한 이 종결어미들이 품고 있는 속뜻도 서로 다르다(408쪽의 각주 28을 보기 바람). 필자는 이것들이 각각

「확실성 vs. 개연성」

의 양태 자질을 품고 있음을 논증할 것이다. 그뿐더러, 만일 반말투가 '무표적'인 형태소이며 하대를 가리킨다면, 청자를 대우하는 화용첨사가 덧붙을 수 있어야 한다. 그렇지만 '*-저마씀'도 결코 가능한 결합이 아니다. 그렇다면 서로 다른 하위범주에 속한 '-저'와 '-주'를 대우 등급의 차이로 잘못 파악한 것임을 알 수 있다(412쪽 참고).

필자가 다루는 사례들에서 공통어의 번역으로 대다수 '-지'로 대응시켜 놓았다. 이 방언에서는 공통어와 동일한 '-지'도 엄연히 이 방언의 종결어미 형태소로 쓰이고 있다. 이것이 1980년대 입말 문학 채록 발간물에서 이내 확인할 수 있는 엄연한 언어 사실이다. 필자는 '-지, -저, -주'가 양태 속성을 띤 종결어미라고 보며, 김지홍(2020)에서는 이것들이 「문법 형태소의 중층적 쓰임」을 보여 주는 사례들 중 한 가지로 논의하였다.

먼저 종결어미 '-저'와 '-주'가 대우 등급의 차이가 아니라면, 이것들의 정체는 무엇일까? 화자인 나보다 나이가 어린 어떤 사람이, 내가 전혀 정보를 갖고 있지 않은 얘기를 해 주었을 경우에, 제주 방언에서는 다음과 같이 대답한다.

(9가) 어, 알앗저![알-앗-저]
　　(응, 알았다!)
(9나) *어, 알앗주!

(10가) 어, 알앗어[알-앗-어]
　　(응, 알았어)
(10나) 어, 알앗다[알-앗-다]
　　(응, 알았다)

(9, 10)은 매우 간단한 발화들로서 종결어미들이 서로 대립 관계에 놓여 있음을 알 수 있다. 그렇지만 (9나)는 수용 불가능하다. 왜 그러는 것일까? 필자는 이 방언의 독자적 대립 형태소 '-저'와 '-주'가 양태를 포함하는데, 각각 확실성과 개연성으로 대립한다고 주장할 것이다. 그렇다면 자기 자신의 인식 상태를 재귀적으로 느낄 수 있는 것이며, 그 즉시 '확실성'이 수반된다. (9가)는 이런 측면에 정합적이다. 그렇지만 (9나)는 내 자신의 인식을 재귀적으로 느끼면서도, 그 일을 '개연성' 정도로 표현한다는 것, 다시 말하여, 자기 자신의 인식 내용을 추측하듯이 말한다는 것은 자기모순 또는 자가당착이다. 이런 점이 (9나)를 수용할 수 없게 만드는 요인이라고 본다.
　계속하여 같은 발화 상황의 경우를 상정하기로 한다. 이 경우 공통어에서 '-구나'와 '-지'를 쓸 만하다. 그렇다면 이것들을 놓고서 논의된 자질들을 응용해 볼 수 있다. 이 어미들은 각각

　　[비로소 앎] 및 [이미 어느 정도 알고 있는 상태]

자질을 지닐 듯하다.[25] (9가)는 같은 화용 상황에서 결여된 정보를
_____
25) 여기서 두 가지 대립 요소가 들어가 있다. 하나는 '비로소 : 미리'인데, 사전에 정보가

말로 전달받음으로써, 그 대답에서 화자가 알았음을 다시 청자에게 통보해 주는 것이다. 그런데 이를 (10가, 나)와 다시 비교해 볼 필요가 있다.

이 방언에서 빈출하는 화용첨사 '마씀'을 통합시킬 수 있는지를 검토하기 위해서, 조금 의사소통 상황의 참여자를 변경시키기로 한다. 만일 손자가 얼굴을 마주보고 있는 할아버지를 향하여 말을 하는 경우라면, 응답에서 모두 "예"가 선행되어야 한다. 그리고 뒤에 이어진 발화도 거기에 맞춰서 청자 대우 표현을 넣어야 한다. 청자를 대우해 주는 화용첨사 '마씀'은 반말투의 종결어미에 통합되는 특성이 있다. 그런데 (9가)와 (10나)에서는

'*알앗저마씀' '*알앗다마씀'

에서 보듯이 대우 화용첨사가 통합될 수 없다. 오직 (10가)만이

주어져 있는지 여부에 있는 것이다. '-구나'에는 사전 정보가 전혀 들어 있지 않다. 그렇지만 '-지'에는 관련 정보가 어렴풋이나마 깃들어 있는 상태와 관련된다. 다른 하나는 완벽히 알고 있고 확실성을 품은 것 및 어느 정도 개연성을 지니므로 추정을 해볼 수 있는 것이다. '-지'는 확실성 및 개연성의 사건에 대하여 모두 다 쓰일 수 있다. 어느 정도 짐작하고 있어서, 더 완벽히 알 필요가 있는 경우를 포함하여, 화자가 직접 목격했거나 겪은 일을 청자에게 통보하는 경우에도 쓰인다. 다시 말하여,

(가) 청자에게 화자가 짐작하는 바를 표현하여 확인해 주도록 요청하는 경우에 쓰일 수 있고,

(나) 이미 알고 있는 확실한 일을 청자에게 직접 알려 주거나 통보하는 경우에도 쓰인다.

412쪽 이하에서 종결어미 '-지'가 양태성을 띠며, 하위범주로서 확실성 및 개연성으로 나뉜다고 논의할 것이다. 이는 이 방언의 특성들을 고려하면서 상정한 것인데, (가)는 확실성 양태를 가리키고, (나)는 개연성 양태를 가리킨다. 더 쉬운 우리말로는 「확실히 앎 vs. 짐작하여 앎」처럼 대립시키거나 「사실성 vs. 그러리라 믿는 상태」처럼 대립시킬 수 있다. 필자는 공통어와 공유하는 이 방언의 종결어미 '-지'를 두 가지 양태를 모두 포함하기 위하여 일부러 정도성을 집어넣어 다음처럼 상정한다.

"화자가 이미 어느 정도 알고 있는 상태"

그렇다면 그 범위가 좀 넓은데, 간접적으로 확인하거나 경험을 통해 관련 사실을 추정할 수 있는 경우까지 포함하며, 또한 확실성의 속뜻인 '강한 믿음'으로 통합될 것이다.

"예, 알앗어마씀!"[알-앗-어-마씀]
(예, 알았어요!)

과 같이 대우 화용첨사의 통합을 허용해 준다. 그렇다면 (9가)와 (10나)는 고유한 서술 서법의 종결어미임을 알 수 있다.

그런데 왜 이런 일이 생기는 것일까? 고유한 서술 서법의 종결어미는 고유하게 대립 짝을 이룬 청자 대우 종결어미가 마련되어 있다. 그렇기 때문에 따로 화용첨사를 덧붙여 대우를 바꾸는 일이 없는 것이다. (9가)와 (10나)는 다음 (9'가)와 (10'나)에서와 같이 고유한 청자 대우 종결어미와 계열관계에 있는 것이다.

(9'가) "예, 알앗수다!"[알-앗-수다]
   (예, 알았어요)
(10'나) "예, 알앗읍네다!"[알-앗-습니다]
   (예, 알았습니다)

여기에서는 서술 서법에서 쓰는 고유한 청자 대우 종결어미로 바꿔 놓았지만, (9'가)에서는 공통어의 번역을 반말투의 종결어미에 화용첨사를 붙인 것으로 임시 적어 놓았을 뿐이다. 이는 1 : 1 번역이 가능하지 않았기 때문이다. 불가피하게 대우 등급의 차이를 반영하기 위하여 쓴 임시방편의 조치일 뿐이다.

이것들이 비록 문법화를 거쳐 융합되어 단일한 형태처럼 행동하는 복합 형식의 대우 표현 종결어미로 쓰이지만, 본디 청자 대우는 이것들 속에 똑같이 녹아 있는 '-이다'(422쪽)에서 말미암는 것이다.

'-소이다'(→ 수다) vs. '-읍ᄂ이다'(→ 읍네다)

그러므로 오직 대우 등급이 부각되도록 임시방편으로 번역을 서로 달리했을 뿐이다. 이것들 사이의 대우 등급 차이는 다른 데에서 찾아져야 하겠는데, 종결어미 뒤에 융합되는 형상 및 화행 동사 '숣-'(사뢰다, 아뢰다)을 이용한 간접 표현 형상 사이에서 찾을 수 있을 것으로 본다.26)

그런데 공통어에서는 다음과 같이 '-읍니-'의 유무에 따라 청자 대우가 달라진다. 김지홍(2014)에서는 술어의 어간을 형용사와 계사와 동사로 나눠 놓고 변동을 관찰하였지만, 여기서는 계사를 형용사의 하위범주로 간주한 채, 소략하게 동사와 형용사만 거론하기로 한다 (이는 간편함을 도모하는 편법에 지나지 않은데, 미세하게 더욱 엄격한 방식으로 접근한다면, 응당 '믿다, 알다, 싶다'와 같은 인식 관련 동사들까지 다 포함시켜서 변동을 함께 살펴봐야 할 것임).

---

26) 대우 등급간 차이로 보는 필자의 생각과는 달리, 고영진(2019)에서 이것들이 대우 등급이라고 말할 수 없는 반증 자료들을 제시하였다. 발화시점 현재 현장의 사건 전개 상황을 언급할 경우에는 '-읍네다'가 나올 수 없다. 반대로 항상성을 띤 보편적 사건을 말할 경우에는 현장 상황만을 일시적으로 가리키는 '-수다'가 나올 수 없다고 보았다. 후자는 이미 '-수다'는 동사 어간과 직접 통합되지 못하고 시상 선어말어미를 매개로 하여 통합되어야 함이 밝혀져 있기 때문에, 발화시점 현재 임의의 사건이 현장에서 관찰됨을 전제로 한다는 조건을 명시적으로 붙여 놓을 만하다. 그런데, 만일 동사 '먹다'에 시상 선어말어미 '-앖- vs. -앗-'이 나온 뒤 '-읍네다 vs. -읍데다'가 통합되면, 428쪽의 (23)에서처럼 "먹없입네다, 먹엇입네다"와 "먹없입데다, 먹엇입데다"로 실현된다. 이런 모습은 '-읍네다 vs. -읍데다'가 어간과 선어말어미에 모두 다 통합될 수 있음을 뜻하며, 그렇다면 분포상 '-수다, -으우다'와 계열관계로 대립짝이 될 수 없다.
  같은 논문의 83쪽에서 명령 서법 및 청유 서법에서 '-느-'의 유무에 따른 "-읍네다"만 나오고 "-수다"가 저지되는 경우, 그리고 반대의 경우를 찾을 수 없다고 하였다. 또한 84쪽에서 양태 표현 중 회상을 나타내는 경우에도 '-느-'가 '-더-'로 바뀌는데, 이것의 유무에 따른 '-읍데다'만 나와야 하고 '-앗수다'가 저지되는 일이 없다고 명기해 놓았다. 그렇다면 이것들이 '-느'에 출현에 따른 조건이 중화된 환경일 수 있으며, 이런 환경에서 등급으로 나뉜 대우 표현을 상정해 놓을 법하다.
  결론적으로 이 방언에서는 청자를 대우해 주는 표현이라도 '-읍네다'를 쓸수록 좀 더 높여 주는 느낌을 주고, '-수다'를 쓸수록 최상급의 형태소를 쓰지 않는다는 점에서, 그리고 처음 만나서 의례적 인사를 나누거나 또는 집단을 대상으로 하여 사회적으로 그리고 심리적으로 균등한 거리를 유지해야 하는 공적인 환경에서 쓰일 후보를 선택하지 않았다는 점에서, 이것들 사이에 등급 차이를 상정하는 것이 온당할 것으로 본다.

"갔다 vs. 갔습니다" (평대 vs. 청자 대우)

"크다 vs. 큽니다" (평대 vs. 청자 대우)

이 방언에서도 고유한 서술 서법 종결어미 '-다'의 경우에 그러하다. 공통어와 동일한 형상으로서 이 방언에서도 또한

"-다 vs. -읍네다"

처럼 대립한다. 이 방언의 종결어미를 다루는 연구에서는 앞으로도 그래야 하겠지만, 기본값으로 주어져 있는 이런 형상과 다른 종결어 미가 어떻게 왜 다른지를 구체적으로 설명해 주어야 할 것이다.

그렇지만 현평효(1977, 1985 재수록됨)에서 잘못 대우 관계로 파악된 '-저 vs. -주'에서는 좀 다른 모습을 관찰할 수 있다. 필자는 서술 서법 에 고유한 종결어미 '-저'를 「확실성 양태」를 띤 종결어미로 파악하 고, 수행 억양을 달리하면서 두루 여러 서법에 쓰일 수 있는 반말투 종결어미 '-주'를 「개연성 또는 짐작의 양태」를 띤 종결어미로 본다. 문제는 "-읍주"는 자주 관찰되는 통합체이지만, "*-읍저"는 이 방언 에서 찾을 수 없다는 언어 사실에 있다. 필자가 주장하듯이 '-저'가 확실성 양태를 품은 종결어미라면, '-습네다'가 있듯이 '*-읍저'도 확 실한 단정을 하는 데에 관찰될 법하기 때문이다. 그렇지만 결코 그런 통합체는 나오지 않는다.

(11가) [대우해야 할 청자에게] *가 : 인 지레 큽저

(11나) [대우해야 할 청자에게] 가 : 인 지레[27] 큽주

---

27) '길다'라는 형용사에 '에'라는 접미사가 붙어 있는 것이다. 공통어에서 '에'에 의해 만들 어진 낱말들은 어원상 '의'로 표시된다('두께'는 '둗긔'로 상정되고 '키' 또한 '크+의'로 상정됨). 이 방언 또한 동일한 접미사인지 여부는 잘 알 수 없다. 공통어의 '길이'에

(그 아이는 키가 크지요)

(11다) [대우해야 할 청자에게] *가 : 인 지레 큽저마씀?

(11라) 가 : 인 지레 큽주마씀양?

    (그 아이는 키가 크지요, 그렇잖나요?)

(11마) [평대나 하대의 청자에게] *가 : 인 지레 크Ø저

(11바) [평대나 하대의 청자에게] 가 : 인 지레 크Ø주

        (그 아이는 키가 크지)

(11)에서는 '-읍주'에 깃든 '-읍-'이 '-저'와는 결코 통합될 수 없음을 보여 준다. 이런 언어 사실도 '-저'와 '-주'가 결코 대우 등급인 '하대, 평대'로 나뉘는 것이 아님을 말해 준다. (11나)와 (11바)를 비교하면, '-읍-'이라는 형태소의 유무를 관찰할 수 있다. 이 형태소는 유무 대립으로 나오며 청자를 대우하는 기능을 갖고 있다. 이 형태소가 실현되지 않은 (11마, 바)의 사례를 비교한다면, (11바)만이 수용될 뿐이다. (11마, 바)에 시상 선어말어미 '-앖- vs. -앗-'을 구현시킨다면 모두 문법성이 다 회복된다.

  "컸저 vs. 컸주"[크-없-저 vs. 크-없-주]

  (크고 있지 vs. 크고 있겠지)

이는 '-으우- vs. -수-'와 유사한 통사 행태이지만, 서로 다른 점은 계사나 형용사의 허용 여부이다. 오직

대응하는 낱말은 '기럭지'(길-+-억지)인데, 아마 두 접미사 '-에, -억지'에서 전자가 복합 형식에서 줄어들었을 가능성이 있다면, 모종의 관련성이 있을 게 아닌가 의심된다. 송상조(2007: 610쪽) 『제주말 큰사전』(한국문화사)에 보면, "지러기, 지럭시, 지럭지"도 표제 항목으로 올라 있다. 필자에게는 구개음화되지 않은 '기럭지'가 제일 친숙하다. 그렇지만 이 사전에서는 구개음화된 경우뿐만 아니라, 변이 모습으로서 접미사가 '-이, -시, -지'로 분포하고 있음도 같이 알려 준다.

"책이우다, 크우다"
(책이예요, 커요)

에서처럼 계사와 형용사가 '-으우-'와 통합될 수 있다는 점에서 차이
가 난다. 그럼에도 불구하고, 양태 속성으로 확실성의 자질을 지니면
서도 '*크저, *큽저'가 관찰되지 않는 데에는 동일한 이런 기능을 지
니고서 이미

"크다, 큽네다"

라는 통합체가 주어져 있기 때문에, 「출현이 저지되고 있다」는 생각
이 든다. 필자는 계사와 형용사가 '-저'와 통합되지 않는 까닭도, 이미
서술 단정 서법의 고유한 종결어미 '-다'와 반말투 종결어미 '-어'가
존재하기 때문에 저지되는 현상으로 본다. 이 방언에서 독자적으로
발달한 '-저'의 의미자질을 무엇으로 상정하든 간에, 이것들을 다루는
연구에서는 반드시 ⓐ 경합 관계에 있는 서술 단정의 고유한 종결어
미 '-다, -습네다'와의 차이를 포착해 주어야 하고, ⓑ '*-저, *-읍저'
가 통합체를 이루지 못하는 현상도 설명해 줘야 할 것이다.
    그런데 종결어미 '-저'와 '-주' 중에서 '-주'는 서술 단정의 서법이
아닌 청유의 서법에도 자주 쓰인다. 이때 주어는 화자를 포함한 청자
를 가리키므로 '우리'가 기본값으로 구현되며, 비단 이 대명사의 음성
실현 모습이 없더라도, 이내 누구든 생략된 주어를 복원할 수 있다.

    (12가) *우리 밥 먹읍저!
    (12나) 우리 밥 먹읍주![먹-읍-주]
        (우리가 밥을 먹읍시다!)
    (12다) *우리 밥 먹∅저!

(12라) 우리 밥 먹Ø주![먹-주]

　　(우리가 밥을 먹자!)

(12)에서는 청유 형태의 문장으로 실현되어 있다. 이 종결어미가 앞의
(9)~(11)까지는 서술 단정의 서법으로 쓰였지만, (12)에서는 행동과
관련된 청유의 서법으로 나타나고 있다. 먼저 이것이 동일한 형태소
임을 입증해야 한다. 우선 앞뒤로 통합되는 언어 환경의 분포를 따져
보기로 한다. 이것이 동일하게 종결어미가 나와야 할 자리를 차지하
고 있다는 점에서 다른 분포를 상정할 수는 없다.

(13가) *우리 밥 먹저마씸!

(13나) 우리 밥 먹주마씸![먹-주-마씸]

　　(우리가 밥을 먹자는 말씀입니다; 밥을 먹읍시다)[28]

(13다) *우리 밥 먹저마씸!

(13라) 우리 밥 먹읍주마씸![먹-읍-주-마씸]

---

28) 청유 서법으로 쓰일 경우에 손아래 청자 '느'(너)를 대상으로 할 수도 있는데, 이는 개연
성에 토대를 두고서 권유하는 뜻으로 쓰이는 것이다. 명령 서법의 '-으라'를 쓰는 일과
비교하여 상당히 완화된 간접 명령의 형식인 셈이다. 청자 대우를 표현하는 화용첨사
뿐만 아니라, 다음처럼 대우 뜻이 들어 있지 않은 화용첨사가 실현되기도 한다.
　ⓐ 느네 흔저 먹주게![먹-주-게]
　　(너희들 먼저 빨리 먹지 그래!)
　ⓑ 느네 흔저 먹주기![먹-주-기]
　　(너희들 먼저 빨리 먹지 그래!)
　ⓑ에서 첨사 '기'는 '게'와 특별히 다른 것 같지는 않지만, 분포가 제약될 경우가 있다.
그런데 순전히 의도를 표현하는 종결어미 '-게'가 있다. 이 경우에 주어로는 반드시
'우리'가 실현되어야 한다. 이 형태소가 실현될 경우에는, 화용첨사 '기'가 실현될 수
없는 점이 특이하다.
　ⓒ 우리 흔저 먹게게![먹-게-게]
　　(우리 먼저 빨리 먹지 그래!)
　ⓓ ??? 우리 흔저 먹게기![먹-게-기]
　필자에게 ⓓ는 청자 '느'(너)에게 쓰일 때 수용될 만하다. 이런 분포는 화용첨사 '기'의
화용 의미가 '게'와 다소 다름을 시사하는 듯하다. 그렇지만 둘 모두 동일하게 청자에게
화자 자신의 제안을 받아들이도록 강조하는 층위에 나온 것이므로 '게'에서 단절되거
나 줄어들어 '기'가 나왔을 확률이 높다. 일단 단절된 형태로 보고서, 이를 조건으로
삼아, 손아래 청자에게 쓰인다고 서술해 놓기로 한다.

(우리가 밥을 먹<u>으</u>십시다, 번역에 '-으시-'를 더 추가해 놓았음)

(13)에서와 같이 청자를 대우하는 화용첨사의 허용 여부도 서술문의 경우와 동일하다. 다른 점이 있다면, 이 형태소가 수행하는 기능이 다르다는 점뿐이다. 여기에는 두 가지 선택이 있다. 첫째, 서술 서법과 청유 서법의 차이를 고려하여, 이들을 각각 다른 형태소로 지정하는 길이 있다. 그렇다면 아랫첨자를 덧붙여서 다른 형태소임을 표시해 줄 수 있다(-주$_1$, -주$_2$, ……). 둘째, 이와는 달리 동일한 형태소가 화용 맥락에 따라 여러 서법에 걸쳐 쓰이는 것으로 가정하는 길도 있다.

전자에서는 서법이 서술 및 청유로 다르다는 점 이외에는 앞뒤 통합 환경에 따른 차이가 없으므로, 다른 형태소라고 입증하기 힘들다. 그리고 반말투 종결어미가 두루 여러 서법에 걸쳐 쓰인다는 점에서 서법 독립적인 주장을 강하게 할 수 없다. 만일 (12라)를 "우리 밥 먹주~?"처럼 길게 어조를 늘어뜨리면서 오름세를 띠고 발화할 경우에는, 화용상의 속뜻이 「왜 안 먹고 가만히 기다리고 있느냐?」는 반문의 어감이 깃들 수 있다. 그렇다면 이 경우에 의문 서법이라고 말해야 할 것인가? 아니다. 만일 "우리 밥 먹주~!"처럼 길게 어조를 늘어뜨리면서 내림세로 발화할 경우에는, 「'밥을 먹게 된다'는 사실을 청자에게 확인하는 어감」이 깃들 수도 있다. 언어 사용 상황에 따라 이렇게 미세하게 달라질 수 있다. 만일 이것들도 모두 다 다른 종결어미 형태소라고 지정해야 한다면, 이는 우리 직관과 많이 어긋난다. 대신 모두 다 동일한 종결어미 형태소라고 간주하고서, 몇 가지 서법 사이에서 나올 수 있는 조건들을 서술해 주는 것만으로 충분할 것이다.

이를 통합적으로 봐야 할 중요한 다른 언어 사실들이 있다. 이 방언에서 중요하게 관찰되는 「문법 형태소들의 중층적 사용」 현상이기 때문이다. 김지홍(2014: 119쪽; 2016: 149쪽)에서는 이것들이 먼저 고유한 서술 서법의 종결어미인지, 수행 억양을 달리하여 두루 여러 서법에 걸쳐 쓰이는 반말투의 종결어미인지를 나눈 뒤, 여섯 가지 측면에서 대립하고 있음을 보였다.[29] 다시 1980년 대에 채록된 입말 문학(그중 설화) 자료를 놓고 분석을 하면서, 김지홍(2020: 342쪽 이하, 516쪽)에서는 이것들이 서로 대립하지만, 다시 공통어의 대응 형태소 '-지'도 명백히 토박이 화자들의 발화에서 빈출한다는 언어 사실을 근거로 하여,

「문법 형태소들의 중층적 사용」

의 사례임을 포착할 수 있었다. 이런 중층적 사용은 담화를 전개하는 화자가 자발적으로 표현의 다양성을 높임으로써, 청자로부터 지속적으로 귀를 기울이도록 하려는 담화 전략으로 파악된다.

그런데 이런 중층적인 문법 형태소들을 이용하는 일이 비단 이것만이 있는 것이 아니다. 접속어미에서도 그러한데, 공통어 형태소 '-아서'가 쓰일 뿐만 아니라, 화용적 강조 보조사로서 이 방언의 고유한 '-을랑으네'라는 통합된 '-아설랑으네'도 쓰이지만, 또한 시상과 양태상의 대립을 보여 주는 '-아그네 vs. -아네'(각각 '-앙 vs. -안'으로 줄어듦)도 동일하게 쓰인다. 이 형태소들은 김지홍(2020)에서 시상 선어말어미 '-앖- vs. -앗-'의 대립 자질인 [±시작점, ±종결점]뿐만 아니라,

---

29) 58쪽의 각주 23에서는 서술 서법의 고유한 종결어미 '-저'와 반말투 종결어미 '-주' 사이에서 관찰되는 차이점을 도표로 보였는데, 양태상 각각 확실성 및 개연성으로 대립하는 듯이 느껴진다. 제5장에서 다룬 양태 형태소가 결국 동사 '것 같다'와 계사 '것이다'에 의해서 각각 개연성과 확실성의 양태를 담고 있다고 주장하였는데, 이런 기반과 동일할 듯하다. 412쪽의 (14가)를 보기 바란다.

서술 서법의 고유한 종결어미 '-저' 및 반말투 종결어미 '-주' 차이점

양태 하위범주 결합 특성과 기능		'-저'(확실성)	'-주'(개연성)
형태 결합	계사, 형용사	계사와 형용사에 결합이 불가능함	계사와 형용사 어간에도 결합됨
	시상 형태소	동사 '-앖- vs. -앗-'만이 통합됨	동사 어간 및 '-앖- vs. -앗-'도 가능함
	양태 형태소	'-으크-'와 통합이 불가능함	'-을태주, -을 거주'처럼 통합됨
화용 관련	깔린 전제	청·화자 사이의 정보 간격 확신	청자가 알고 있을 법한 바를 짐작함
	깃든 속뜻	관련 단언에 대한 사실성이 깃듦	관련 단언에 대한 개연성이 깃듦
	청자 영역	청자를 일깨워서 정보 간격 없앰	사실 여부 확인을 청자에게 요구함

양태성 자질도 품고 있음을 반영해 주기 위하여, 각각 '-아그네, -앙'
에 [−시작점] 자질을, '-아네, -안'에 [+종결점] 자질을 상정해 놓았
다. 또한 중단이나 전환의 뜻을 지닌 '-다가'도 공통어에서 쓰이는 분
포를 더 넘어서, 격조사와 '-을다가'처럼 통합되거나, 보조사와도 '-
는다가'처럼 통합되는 경우도 관찰된다. 이 접속어미는 특이하게 공
통어에서 쓰이는 형태소 '-아서'와도 다시 융합되어 '-다서'(다가+아
서)로도, 그리고 보조사를 덧붙여 '-다설랑'(다가+아서+을랑)으로도
쓰일 뿐만 아니라, 또한 시상 자질이 깃든 이 방언의 고유한 접속어미
'-아그네 vs. -아네'(각각 '-앙 vs. -안'을 줄어듦)와도 통합되어 융합을
이룬 복합 형식 '-다그네 vs. -다네'(각각 '-당 vs. -단'으로 줄어듦)로도
쓰인다. 여기에서도 시상 및 양태 자질을 표상해 주기 위해서 각각
'-다그네, -당'에 [−시작점] 자질을, '-다네, -단'에 [+종결점] 자질
을 배당해 놓았다. 이런 현상들이 모두 다 문법 형태소들의「중층적
쓰임」을 보여 주는 중요한 측면이다. 한편으로 접속과 양태 자질만
품은 형태소

'-아서, -아설랑' 그리고
'-다가, -다서, -다설랑'

가 쓰이며, 동시에 다른 한편으로「접속·시상·양태 자질」을 모두 함께
품은

'-아그네, -앙' 및 대립 짝 '-아네, -안'
'-다그네, -당' 및 대립 짝 '-다네, -단'

이라는 형태소가 나란히 쓰이면서, 담화 전개에서 다양성을 더 높여
주는 것이다(412쪽의 (14나)를 보기 바람).

그렇다면, 이 방언에서는 왜 특정 문법 형태소들이 다양하게 여러 가지 모습으로 바뀌어 쓰이는 것일까? 이 현상에 대한 정당성이나 유연성을 찾아내는 데에 아주 중요한 물음이다. 필자는 청자에게 주의력을 지속적으로 유지시켜 놓기 위한 뛰어난 화자의 전략적 선택으로 파악하고 있다. 화자가 의식하든 그렇지 않든 간에 수시로 그런 변동을 꾀하는 만큼, 탁월한 언어 능력의 구사자로 평가받을 듯하다.

필자는 종결어미로서 공통어에서와 동일한 형태소 '-지'가 쓰일 뿐만 아니라, 또한 독자적으로 발달시킨 결과로서 분포와 통합관계의 형태소가 달라지는 '-저'와 '-주'도 동등한 얼개로 제시할 수 있다고 본다. 상위차원의 포괄 자질을 양태 속성으로 상정하고, 하위차원의 구분 자질을 (14가)처럼 나타낼 수 있다.

(14가) 양태성을 띤 종결어미의 중층적 사용 모습

양태 자질 종결어미 ─┬─ 미리 어느 정도 정보를 지님: '-지'
                  └─ 이 방언의 독자적 형태소 ─┬─ 확실성: -저
                                            └─ 개연성: -주

(14나) 접속어미의 중층적 사용 모습

순접 접속어미 ─┬─ 접속 자질: '-아서', '-아설랑'(보조사가 융합됨)
             └─ 시상 및 접속 자질 ─┬─ '-아그네' 또는 '-앙'(줄어듦)
                                 └─ '-아네' 또는 '-안'(줄어듦)

중단 및 전환 접속 ─┬─ 접속: '-다가', '-다서'(-다가+-아서), '-다설랑'
                 └─ 시상 및 접속 ─┬─ '-다그네' 또는 '-당'(줄어듦)
                               └─ '-다네' 또는 '-단'(줄어듦)

(14가)와 (14나)에서는 이 방언의 문법 형태소들 중에서 중층적으로 쓰이는 종결어미 사례와 접속어미 사례를 예시해 놓은 것이다. 이는 상위차원에서 통합적으로도 쓰일 수 있고, 하위차원에서 별개의 영역을 점유하여 따로 쓰일 수도 있음을 가리켜 준다. 여기서는 음소 결정

과정에서 상보적 또는 배타적 분포를 중심으로, 하나의 형태소라고 지정하는 방식을 적용할 수 없다. 오직 두 개의 형태소만이 동전의 앞면과 뒷면처럼 존재한다면, 하나의 형태소라고 묶을 수도 있다. 그렇지만 상위차원에서 통합적인 형태소가 있을 뿐만 아니라, 이것이 좀 더 분화된 모습으로 배타적 분포를 지닌 두 개의 형태소로 다시 나뉘고 있는 것이다. 이는 이 방언의 화자라면 (14나)의 순접 접속어미(연결어미)에서 '-앙 vs. -안'을 현격히 구분해 놓는 직관을 지닌다는 측면에서, 분립되어 있는 교점의 항목들도 각자 독자적인 역할을 맡고 있다고 봐야 옳다.

본고에서 상정한 양태 속성「확실성 vs. 개연성」은 가능세계 의미론에서 상위 개념을 다룰 경우에「필연성 vs. 우연성」에서 도출되겠지만, 다시 인간의 믿음 체계와 관련지을 경우에는「강한 믿음 vs. 약한 믿음」과도 관련될 수 있다. 한 개인의 머릿속에 있는 믿음 체계는 오직 '사밀성'을 전제로 하기 때문에, 스스로 오직 자기 자신만이 접속할 수 있다. 믿음의 문제는 무어(Moore 1953; 김지홍 뒤침 2019)『철학에서 중요한 몇 가지 문제』(경진출판)에 따르면, 객관적으로 검증할 방법이 없고, 단지 스스로 내성하면서 일관된 정도만을 가늠할 수 있을 따름이다. 그럼에도 불구하고, 우리 문화에서는 돈돈학 의지(篤志)가 강한 믿음과 관련되며, 자기 확신의 정도를 반영해 준다고 여겨 왔다.

만일 믿음의 굳기 정도를, 자기 확신의 변치 않는 굳은 믿음의 상태로부터 시작하여, 짐작을 통해서 추정하는 상태와 50% 미만의 가능성이나마 희망을 걸어보는 상태와 반신반의 믿지 못하는 회의적인 상태로 정도를 표상할 수 있다면, 또한 거울의 역상처럼 믿지 못하고 불신하는 정도 역시 같은 정도를 상정할 수 있다. 강한 불신과 미덥지 못한 상태와 믿을지 말지 의심스런 상태와 희망이나 기대대로 일어나길 바라는 상태이다. 이런 두 가지 띠를 강함과 약함의 두 축을 놓고 두 곳의 중간 지점을 표시하고서, 버금 강함과 버금 약함으로 표시해 줄 수 있다. 확실성은 관련 사건이 사실임을 믿어 의심치 않는 것이므로, 확신에 차서 청자에게 통보하여, 청자의 인식을 화자 자신의 것과 일치시키고자 하는 노력이다. 그런 만큼 '-저'가 쓰일 수 있는 환경이 너무 분명하기 때문에 그 실현이 아주 제약되어 있다.

이에 반하여, 개연성이란 확률 1을 50% 가능성으로 나눌 경우에, 버금 강함은 51% 이상의 영역 어디엔가 있는 것이고, 버금 약함은 49% 미만의 영역 어디쯤에 있는 것이다. 개연성은 버금 강함과 버금 약함을 모두 포함한다. 이런 측면에서 '-주'가 쓰일 수 있는 환경은 상대적으로 더 넓을 수밖에 없다. '-주'가 추측을 하는 서술 서법으로부터 벗어나서, 행동을 요구하는 청유의 서법으로 쓰이게 되면, 강한 단정을 피한다는 점에서, 청자에게 갑질하는 모습을 피할 수 있다. 이런 점이 간접 명령이나 완화된 명령처럼 해석될 수 있다. 이 방언에서는 의도나 의지를 나타내는 표현으로 '-으저 ᄒ다'(-고자 하다)는 내포 구문도 관찰된다. 이때 뒤에 있는 핵어 동사 'ᄒ다'가 생략 또는 단절될 수 있으며, 그럴 경우에 '-으저'만이 표면형으로 관찰된다.

나가 장밭듸 가 보저 ᄒ는디 … ⇨ 나가 장밭듸 가 보저 …
(내가 장지[葬地]에 가 보고자 하는데…)

특히 얼굴을 마주보고 있는 화자와 청자가 있고, 발화시점 현재 화자가 일으키는 사건이 수행되려는 상황에서 상위문 핵어 동사 'ᄒ다'가 생략될 수 있다. 그렇지만 이 경우에 비록 개연성을 가리키는 종결어미 '-저'와는 소리값이 같더라도 같은 형태소가 아니다. 언제나 내포 구문을 전제로 하여 발화되기 때문이다.

410쪽에 제시한 도표에서 종결어미 '-저'에 대한 형태 결합의 특징이 세 가지로 제시되었다. 이제 그 까닭을 설명할 수 있다. 계사와 형용사에 확실성 양태를 품은 '-저'는 통합될 수 없다. 이는 기본값으로서 이미 서술 단정 서법의 고유한 종결어미 '-다'와 반말투 종결어미 '-어'가 제몫을 다하고 있기 때문에, 당연히 출현이 저지되는 것이다. 대신 종결어미 '-저'는 반드시 시상 선어말어미 '-앖 vs. -앗-'과 통합되어야 한다. 이는 발화시점 현재, 참여자들이 있는 현장에서 (i) 어떤 사건이 일어나고 있거나 (ii) 진행 중이거나 (iii) 다 종결되어 끝이 난 상태를 하나의 사실로서 직접 경험할 수 있음을 의미한다. 이는 화자 자신에게 확실성 양태가 「해당 사건이 사실임을 보장해 준다」는 뜻이다. 그렇다면 이는

ⓐ 화자가 직접 겪은 사건이거나,
ⓑ 100% 발생함을 확신하거나,
ⓒ 해당 사건이 일어난 증거를 추체험할 수 있음

을 의미한다. 그럴 뿐만 아니라 이 방언에서 '-을 거 곹으-'(-을 거 같-)에서 문법화를 거쳐 융합된 「개연성」을 품은 양태 형태소 '-으크-'와는 양태의 지시 범위가 서로 엇갈리기 때문에, 결코 '*-으크-저'라는 통합체는 결코 관찰될 수 없는 것이다. 만일 필자의 이런 주장이 수용될 경우에, 다음 과제는 증거태로 다뤄지고 있는 선어말어미 '-느-'와 '-더-'가 종결어미 '-저'와 함께 양태 개념을 어떻게 표상하고 있는지를 탐구하는 일이 이어져야 할 것이다(355쪽 이하 참고).

3.4. '-수-'를 '시+우'(지속상+대우형태)로 주장하는 오류

현평효(1985)에서는 여러 곳에서 '-수-'가 소위 '완료 존속'을 나타내는 '시'와 '우'의 결합으로 분석되어야 함을 주장하였는데, 대략 다음의 세 단계로 이루어진다.

㉠ 미완료 동작상 형태소 '-암-'과 미완료 동작 존속상(지속상) 형태소 '-암시-'의 대립 짝을 세우고,

㉡ 다시 '-암시-'의 이형태로 '-암ㅅ-'을 세운다.

㉢ 그리고 '비 오쿠다'에서 '-쿠-'를 'ㅋ+우'의 결합임을 밝힌 다음에, 이를 토대로 하여 동일하게 '-수-'도 또한 존속(지속) 형태소와 대우 형태소의 결합 'ㅅ+우'로 분석한다.

일견 단계별로 진행되므로 정연한 듯이 느껴지지만, 만일 첫 번째 조건이 잘못되었을 경우에는 결론이 또한 오류일 수밖에 없다. 다시 말하여, 문제는 시상(그곳에서는 '동작상') 형태소가 전혀 붙지 않는 경우에는 이런 분석이 불가능하다는 데에 있다. 동작은 자유의지를 지닌 인간의 행동 변화와 관련되며, 인과율에 따른 자연계의 사물이 바뀌는 일은 동작이라고 말할 수 없다. 이 방언에서도 한국어의 시상 개념이 적용되어야 한다. 단, 김지홍(2020)에서는 상위 차원에서 양태 개념으로부터 시상이 하위개념으로 도출될 수 있음을 논의하였다.

그런데 '곱다, 좋다'라는[30] 형용사가 청자 대우 선어말어미를 통합

---

30) '곱다, 좋다'는 하위 방언에 따라 '고으우다, 조으우다'로 실현될 수도 있다. 필자가 근무하는 곳의 교수 8백 명 중에서 10명 남짓의 동향 교수가 있다. 그 중 한 분이 구좌읍 출신이다. 그 분의 경우에는 이런 형식의 실현이 전형적이다(396쪽 각주 22). 이는 앞의 환경에 있는 자음 받침들이 탈락된 '고우-, 조호-'가 그대로 어간으로 표상되어 있다고 볼 수 있는데, 모든 격식을 갖춘 '-읍네다, -읍데다'를 통합시킬 경우에, "고웁네다, 고웁데다"와 "좋읍네다, 좋읍데다"로 표면형이 나온다는 점에서 어간 조정이 일어났을 가능성이 있다. '-우-'가 음운론적 변이형태임은 이미 성낙수(1992: 50쪽)과 홍종림(1994: 151쪽)에서 지적된 바 있는데, 처음으로 정승철(1995, 1997)에서 청자 대우 선어말어미 '-으우-'가 지적되었다. 아마 지역 또는 세대 사이의 이런 변동을 포착하기 위하여, 필자의 생각으로는 [+신세대]라는 자질도 고려해야 하지 않을까 싶다.

이런 서술에서도 설명되어야 할 사실이 더 있다. '작다(小)'라는 말은 제주 방언에서 '족다'[족다]로 소리나는데, 이 형용사는 다음처럼 '-으우-' 및 '-수-'를 모두 실현시킬 수 있다. 필자에게는 ②가 더 자연스럽지만, 그렇다고 ①이 불가능한 것도 아니다.

①그 신 족으우꽈?[족-으우-ㅅ-과?]
　(그 신발이 작습니까?)
②그 신 족수꽈?[족-수-과?]
　(그 신발이 작습니까?)

만일 '-으우-'와 '-수-'가 수의적으로 교체될 수 있음이 사실이라면, 의문을 나타내는

시킬 경우에는 시상 선어말어미가 없이

"곱수다"[곱-수-다, "곱쑤다"처럼 발음됨]
(고와요)
"좋수다"[좋-수-다, "좋쑤다"처럼 발음됨]
(좋아요)

처럼 나온다. 여기서 내파음에 의해 동화된 표면형 '쑤'에 경음화가
일어나기 이전 형상 '수'에서, 'ㅅ'을 지속상 형태소로 볼 근거는 전혀
없다. '-수-, -으우-'는 공통어에서 종결어미 '-소, -으오'처럼 음운
론적으로 제약된 변이형태에 지나지 않는다. 다시 말하여, 어간 자음
받침 아래에서는 '-수-'가 나오고, 받침이 없을 적에는 '-으우-'가 실
현되는 것이다.

현평효(1974)에서 처음 '동작상'이란 용어가 쓰였다. 그렇지만 '동
작'은 군대 명령에서 "동작 그만!"이란 표현에서 잘 보여 주듯이, 자유
의지를 지닌 사람을 대상으로 하여 쓰일 수 있다. "동작이 굼뜨다"는
말을 필자의 직관으로만 본다면, 그 동작의 주체가 자유의지를 지니
고 있고, 그 동작이 느리다고 말함으로써 더 빨리 움직이도록 요구하
는 속뜻도 깃들 수 있다.

그런데 이 방언에서는 무생물이 주어로 나올 경우에도 '-앖- vs.
-앗-'이 자연스럽게 통합된다.

"돌이 굴러갊저!"

형태소가 왜 ①에서는 경음화되어 있고, ②에서는 그렇지 않은지를 설명해 주어야 한
다. 필자는 이 예문들의 의미가 차이가 없다고 본다. 경음화를 일으키는 사이시옷이
의문 종결어미에 속하는지, 선어말어미와 의문 종결어미를 통합시키는 문법 요소인지,
선어말어미에 소속시켜야 하는지도 명시적으로 따져 봐야 할 것이다. 아마 합성어에서
보이는 사이시옷처럼 문법 요소로 볼 개연성을 추구해 볼 만하다.

(돌이 굴러가고 있다!)

"날이 다 붉앗저!"

(날이 다 밝았다)

이 표현에서 주어는 의지를 지닌 생명체가 아니다. 목숨이 없는 대상이며, 자연계의 인과율에 의해서 변화를 보일 뿐이다. 그렇다면 무생물이나 광물에다 '동작을 한다'고 말하거나 "동작을 해라!" 하고 명령하는 일은 전혀 없을 것으로 본다. 무생물이 보여 주는 인과적 변화나 사건까지도 가리켜 주기 위해서는, 상의어나 중립적인 낱말로서 '움직임'이나 '변화'를 쓰든지, 아니면 '이동'이나 '추이' 따위를 중심으로 하여 해당 맥락에 적합한 낱말을 선택할 수 있을 것이다. 만일 인간이 만든 기계에다 적용할 경우에는, '작동'이란 말을 쓸 것으로 생각된다.

이런 사실을 염두에 둔다면, 이 방언에서 빈출하는 선어말어미 '-앖- vs. -앗-'과 관련하여 동작상이란 말을 붙일 수 없음을 알 수 있다. 대신 필자는 국어학계에서 관용해 오고 있는 '시상'(시점을 가리키는 시제 및 폭을 지닌 상을 싸안은 상의어)을 쓰는 것이 올바른 선택이라고 본다. 이 방언의 '-수-'는 변이형태 '-으우-'가 있으므로, 여기서 '시'라는 지속상 또는 존속상을 찾는 일은 연목구어와 한가지이다.

4. '-수-, -으우-': '-소, -으오'와 '-이-'로의 재분석 가능성

여기서는 제주 방언의 고유한 대우 형태소처럼 생각되어 온 '-수-, -으우-'가 결코 고유한 것이 아님을 논의하고자 한다.[31] 현용준(1980)

---

31) 이 방언과 함경 방언에서 '-으우-'라는 형태소를 보고한 것은 소창(小倉 1994)에서가 처음이라고 한다. 성낙수(1992: 49쪽)에서는 '-으우-'와 '-읍네다'를 비교하면서, 전자가 덜 형식적이고 더 고유한 형태로 생각하였다. 현평효(1985)에서는 '-읍네다'를 개신

『제주도 무속 자료 사전』(신구문화사)을 읽으면서 의아하게 생각되던 형태소 실현이 있었다. 대우 형태소 '-으우-'가 무가에서는 빈번하게 '-외-'로도[32] 나타난다.

    (15가) 문영감 똘이외다.[똘-이-우-다, 똘-이-오+이다]
        (문영감 딸입니다, 723쪽)
    (15나) 폴은 안테레 휘는 법이외다[법-이-우-다, 법-이-오+이다]
        (팔은 안으로 휘는 법입니다, 82쪽)
    (15다) 그도 마외다[말-오-우-다, 말-오+이다]
        (그것도 싫습니다, '말다'가 '싫다'는 뜻으로 확장됨, 643쪽)

이런 자료를 처음 접할 당시에는, 단순히 무당들이 자신의 말투를 특별하게 만들기 위한 '문체론적 변이'라고만 생각했었다. 그러나 20년이 흘러 대우 체계에 대하여 나름대로의 통찰력을 지니게 된 지금은, (15)와 같은 자료들이 그렇게 될 수밖에 없다는 생각을 갖게 되었다. 두 개의 형태소 '-으오+-이-'가 문법화를 거쳐서, 마치 하나의 형태소마냥 융합되어 있는 복합 형식으로 파악하기 때문이다.

    선어말어미 '-수-, -으우-' 형태소의 기원에 대해서는 세 가지 주장이 있다. 현평효(1977, 1985 재수록: 163쪽 이하)에서는 '-으우-'가 신라 노래에서 보이는 '-이-'(音)와 기능은 다르지만 분포가 같다고 보고 있으며,[33] 특별한 논증 없이 '-고다'(古如: 제주 방언의 '-쿠다'를 반영

파로 보았었다.

32) 이 방언에서는 '외'가 중모음 [we]로 실현된다. 필자는 이를 '웨'로 전사하기보다 '외'로 쓰고 그 발음이 중모음임을 언급하는 쪽이 「어법」에 맞추어 가독성(可讀性)을 높인다고 생각한다. 여기서 '-으오'와 '-이-'가 문법화를 거쳐 융합되었다고 보기 때문에 '외'로 적는다(329쪽을 보기 바람).

33) 헌화가에서 흰머리 노인이 수로 부인에게 꽃을 꺾어서 받치겠다는 대목이 있다.
   '獻乎理音如'
   를 "받오리오이다"에서 필자는 "받오리욀다" 정도로 실현되었을 것으로 추정하고 있

하는 형태로 봄)를 '-으우-'의 실현 모습으로 생각하고 있다. 정승철 (1995: 156쪽)에서는 '-슬-, -슬-'으로부터 변화되어 나왔을 것으로 보고 있다. 홍종림(1995)에서도 비슷하게 '-슬-, -슬-'+-ᄋ이-'으로부터 '-수-, -으우-'가 나왔을 것으로 보고 있다.[34] 여린비읍(ᄫ)이 과연 이 방언에 있었는지는 필자에게는 의문이다.

(16가) 슬 〉 수(zɐw) 〉 소 〉 오 〉 우
(16나) 슬 〉 수(sɐw) 〉 소 〉 수 〉 쑤

(17가) 슬+ᄋ이: ᄉ오이 〉 ᄋ오이 〉 외 〉 오 〉 우
(17나) 슬+ᄋ이: ᄉ오이 〉 ᄉ오이 〉 쇠 〉 소 〉 수

(16)은 정승철(1995)에서의 제안이고, (17)은 홍종림(1995)에서의 제안이다. (17)에서는 '-ᄋ이-'가 더 들어가 있는 것으로 가정하고 있다. 이 제안에서 특이한 점은 공통적으로 '오'에서 '우'로 모음이 바뀌는 추이를 상정하고 있다. 이런 추이는 '쑥'을 이 방언에서 '속'으로(또는 '큰들개'를 '건들개'로) 말하는 것으로 보아, 필자도 그런 가능성을 인정하지만, 좀 더 신중을 기해서 심도 있는 논의가 필요하다. 고영진

다. 종결어미와 선어말어미의 배열인 [-오#-이-]가 [욍]으로 되는 데에는 먼저 모음들 사이에서 이중모음 융합이 일어나야 하고, 남아 있는 콧소리 자음이 받침으로 통합되는 절차가 뒤따라야 할 것이다. 읍과 '욍'(중모음 we ŋ)은 1 : 1로 대응되는 것이다. 그 뜻은 "받-오리-오#이다"의 구성을 가지므로, "받들겠소-입니다"로 직역할 수 있다. 현대 표현으로는 "받들겠습니다"로 될 것이다. 필자는 '먹자+ᄉ구나, 가자+은다'처럼 종결어미 뒤에 다시 종결어미가 나타나는 구성을, 신라 노래에서도 찾을 수 있다고 믿고 있다. 17세기 전후로 여러 문헌에서 볼 수 있는 '-닝이다, -닝이다' 형식 또한 '-ᄂᆞ-이#-이-다'가 '니-이다' 또는 '닝이다, 닝이다' 표상된 것으로 이해한다.

34) 이들 논의에서는 '먹읍서, 갑주'에서 볼 수 있는 '-읍-'도 함께 '-슬-'으로부터 나왔을 것으로 보고 있다. 그렇지만 필자는 오직 '-읍네다, -읍데다'만이 '아뢰다, 사뢰다'는 동사 '숣-'과 관련될 수 있다고 본다. '-수-, -으우-'는 종결어미 '-소, -으오'와 화자 겸양에서 청자 대우로 바뀐 형태소 '-이-'가 문법화를 거친 뒤에 하나의 형태소인 양 융합된 것으로 보고 있다.

(2019: 84쪽의 각주 15)에서도 (17)과 비슷한 변화 과정을 제시하였었으나, '-으웨다'로 표기하면 'ㅔ' 탈락의 동기를 찾을 수 없어서, '-으외다'로 수정한다고 적어 놓았다.

(16)과 (17)은 (15)의 자료를 설명할 수 없다. '외'라는 표면형을 이끌어 내려면 원순모음 '오, 우'와 폐모음 '이'가 상정되어야 한다. 필자 또한 폐모음의 존재는 (17)의 제안대로, 화자의 겸양을 표시하는 '-이-'에서 왔을 것으로 본다. 그러나 객체(대상)를 높이는 '습'의 존재는 상정하지 않는다. 대신 청자를 대우하는 격식투의 종결어미 '-소, -으오'를 상정한다. 필자는 종결어미 뒤에 다시 종결어미가 붙는 융합 구성을 가정하고 있다.

이 구조는 결코 유표적인 형식이 아니다(61쪽, 352쪽 참고). 한국어 통사 구조를 논의하면서 이 구조를 주목하지 못한 것은, 실사(어휘범주)에만 초점을 맞추고, 허사(가능범주)의 실태에 주목해 보지 못한 언어학의 흐름과 무관하지 않다. 종결어미가 이미 실현되었지만, 왜 다시 종결어미가 붙는 것일까? 대답은 간단하다. 앞 부분의 종결어미는 청자에게 대상이나 객체에 대한 언급을 드러내는 것이다. 그렇지만 그 사건(사태)과 관련하여 화자의 믿음이나 희망 또는 태도를 드러내려면, 그 방법은 화용첨사를 이용하거나 또는 다시 한번 종결어미를 이용하는 것이다. 우리말에서는 두 방법이 모두 쓰이고 있다.

최근 방송에서 방영되는 사극들을 보면, 군신들 사이에 다음과 같은 말투를 쉽게 들을 수 있다.

(18가) 갔소이다, 했소이다
(18나) 잡으오이다, 먹으오이다

누구나 이것들이 분명히 "갔소, 했소, 먹으오, 잡으오"와는 다르다는 느낌을 갖게 된다. 국어 사전에서조차 제대로 등재되어 있지 않은 이 형태소 배열은, 대체 어디서 말미암는 것일까? 필자는 격식투의 청자 대우 형태소인 '-소, -으오'에 다시 화자 겸양 또는 공손을 표시하는 '-이-'가 종결어미와 함께 덧붙은 형식으로 본다. 비음성이 깃든 자음은 이 방언에서 완전히 탈락되어 있으므로, 이것 역시 조정될 필요가 있다. 앞에 있는 종결어미는 하나의 사건이나 사태를 언급함으로써 완결된다. 그렇지만 그 사건(사태)에 대한 화자의 마음 속 태도를 표시할 필요가 있으므로, 다시 종결어미의 형식을 빌어 화자의 겸양 또는 공손의 태도를 덧붙이는 형식이다. 필자는 이 배열이 정확히 이 방언의 선어말어미 '-수-, -으우-'의 본질이라고 본다.

(19가) -소+-이-다: 소이다 〉 소이다 〉 쇠다 〉 수다
(19나) -으오+-이-다: 으오이다 〉 으오이다 〉 으외다 〉 으우다

문법화가 일어나기 이전의 형상인 (19)의 구조에서, 먼저 ŋ자음이 ɦ로 약화된 뒤에 탈락되어 alif로 되는 일이 먼저 일어난다. 여기서 다시 융합 과정을 거쳐 중모음에서 단모음으로 바뀜으로써(쇠 → 수, 으외 → 으우), 이 방언의 '-수-, -으우-'가 나오는 것으로 보고 있다. 앞의 무가 채록에서 가져왔던 (15)의 예문은 융합되는 중간 단계를 반영하는 것으로 이해된다. 청자 대우 종결어미와 화자 겸양 선어말어미가 통합되면서, 후자의 기능은 좀 더 단순하게 청자 대우 모습으로만 합쳐졌을 듯하다(380쪽의 각주 9도 보기 바람).

그런데, 여기에서 제주 방언은 (18)과 달리 왜 (19)처럼 융합이 일어났는지에 대해 설명을 해 주어야 한다. 필자는 과거 제주 사회의 상대적으로 단순했을 듯한 신분 계층으로 말미암아, 명사 요소들이 분화가 엄격하지 않았거나 흐릿해졌을 것으로 본다. 이런 상황에서 동사가 명사와 균형을 맞추면서, 객체(대상) 대우·청자 대우·화자 겸양의 층위가 구조적으로 통합되는 압력을 받았을 것이다. 사회관계의 변동

이 언어 변화에 동기가 되었을 법하다. 그러나 만일 헌화가에서 발견되는 '홉'이 '욍'(중모음 we ŋ)의 직접적인 반영이라는 추정(419쪽 각주 33 참고)이 사실로서 입증된다면, 이 융합 과정이 이 사회의 특정한 위상에 의해서 일어난 것만도 아닐 수 있다.

5. '-읍네-, -읍데-'와 '-수-, -으우-'의 분포에 대한 해석

마지막으로 이 방언의 청유 또는 명령 서법에서 나타나는 형태소 '-읍네-, -읍데-'를 보기로 한다. 이 형태소에 대해서는 홍종림(1995)에서 분포와 성격들이 소상히 밝혀져 있다. '-읍-'은 불연속 형태소로서 반드시 '-네-, -데-'에 융합되어 있는 '-이-'와 공기하며, 객체(대상) 대우와는 관계가 없고, 오직 청자 대우만을 표시한다.

(20가) '-수, -으우-'와 '-읍-'의 교체는 평서·의문법 어미인가, 아니면 여타의 어미인가에 따라 실현된다고 "잠정적으로" 결론지을 수 있다 (홍종림 1995: 156쪽, 몇 부분을 이 글의 형태 표기에 맞춰 바꿔어 놓았는데, 이하 동일).

(20나) '-수-, -으우-'와 '-읍-'은 공시적인 입장에서 볼 때, 동일 형태소의 변이형태이다. 그 변이 조건은 앞의 것이 평서법 어미 '-다'와 의문법 어미 '-과?, ㅅ과?'에 전접되고, 뒤의 것은 기타의 어미(즉, 시상의 '-데-, -네-'와 청유 명령 서법의 '-주, -어')에 전접된다(홍종림 1995: 162쪽).

(20)은 그곳에서의 결론인데, 표기 방식을 이 글에 맞추어 조금 바꾸었다. (20가)를 (20나)에서 더 자세히 서술하고 있다. (20가)에서 굳이 '잠정적'이라는 단서를 덧붙인 이유는 다음과 같이 예외가 있기 때문이다.

(21가) 철수 학교 값수다, 갓수다[각각 가-앖-수-다, 가-앗-수-다]
    (철수가 학교에 가고 있다, 가 있다)

(21나) 철수 학교 갑네다, 갑데다[각각 가-읍네-다, 가-읍데-다]
    (철수가 학교에 갑니다, 갑디다)[35]

(21다) 철수가 학교 값입네다, 값입데다[각각 가-앖-읍네-다, 가-앗-읍데-다]
    (철수가 학교에 가고 있습니다, 갔읍디다)

(21)은 모두 서술 단정을 하는 문장으로, 동일한 서법 어미 '-다'가
실현되어 있다. (20)의 예측대로라면, (21)의 어느 예문 하나는 비문으
로 되어야 한다. 그러나 모두 적합한 사례들이다. 이 예문을 설명하려
면, 최소한 서법에 따른 "배타적인 분포"는 바람직하지 않다. 이들은
동일한 사건을 가리키는 데 쓰일 수 있겠지만, 또한 시상 형태소의
차별성으로 말미암아 내포 의미가 다르기 때문이다. (21다)는 시상 선
어말어미와 '-읍네다, -읍데다'가 통합된 사례이며, '-수다'와 서로 배
타적 관계에 있는 것이 아님을 잘 보여 준다.

(22가) 그 감제 정말 크다[크-다]
    (그 고구마[甘藷 감저] 정말 크다)

(22나) 그 감제 정말 큰다[크-은-다]
    (그 고구마는 수확시 알이 굵기가 정말 크는 법이다)

(22다) 그 감제 정말 컸다[커-없-다]
    (그 고구마 정말 자라고 있다)

---

35) 청자 대우를 표시 형태소가 나오지 않을 때에는 이 방언에서도 '가네, 가데'로 발화된
다. 이는 각각 '가+ㄴ+이'와 '가+더+이'로 분석된다. 맨 뒤에 있는 종결어미 '-이'는
공통어에서 찾아지는 '먹으이, 하이, 잘 가이'와 같은 계열로 생각된다. 이것이 동일하
게 종결어미 '-은게'에도 적용되어 「거(형식명사)+이(종결어미)」로 분석할 수 있을지
는 더 따져봐야 할 듯하다. 송상조(2007)『제주말 큰사전』(한국문화사) 755쪽에 종결어
미 '-네'가 어미 항목으로 올라 있고, 769쪽에 종결어미 '-데'가 올라 있다.

(22)는 고구마의 어떤 측면을 드러내는 사례이다. (22가)는 고구마의 외양의 크기를 가리키고 있다. 그러나 (22나)는 내부적 속성을 가리키는 것으로, 큰 규격으로 자라나는 속성을 언급해 주고 있다. (23다)는 실세계에서 화자가 고구마가 죽지 않고 자라나고 있는 것을 언급하고 있다. 자세한 논의는 김지홍(2014: 85쪽 이하)와 고영진(2007) "제주도 방언의 형용사에 나타나는 두 가지 현재 시제에 대하여"(『한글』 제275호)를 참고할 수 있다.

비록 '크다'라는 형용사를 공유하고 있지만, 예상과는 달리 시상 표현 형식을 여러 가지로 구현하고 있다. 이는 임의의 어휘가 다양한 모습으로 바뀌는 측면을 드러내는 것으로 '어휘 변동'이라고 부른다. 즉, (22나, 다)에서는 '자라다'(成長)는 뜻의 자동사로 확대된 것이다. 또한 이것들은 서로 다른 시상 형태소를 구현하고 있다.

시간 표현 요소에 대한 논의를 여기서 다룰 수는 없으므로, 필자의 생각만 간단히 언급하기로 한다. '-앖-'이란 형태소는 사건의 진행 과정을 표현하는 데 반하여, '-느-, -더-'(또는 '-ᄂ-, -더-')라는 형태소는 화자·청자의 경험 지속 여부를 언급한다. 한국어의 시간 표현 형태소는 동사와 인접한 층위를 중심으로 하여,

[[[[동사] 사건층위] 인식층위] 경험층위]

들이 있다.36) 전자는 사건 층위에 실현되는 형태소이고, 후자는 경험

---

36) 예를 들면, "먹었었더구나"과 같은 표현에서 김지홍(2000)에서는 다음처럼 계층을 지닌 모습으로 표상할 수 있다고 보았다.

　"[[[[먹]었]었]더]-구나"

단, 자연계의 사건을 총괄하는 상태 변화는 시작점과 종결점으로 표상되지만, 그 하위 범주에서 자유의지를 지닌 인간이 주도하는 사건을 특별히 독립시켜 놓기 위하여, 시작점과 종결점을 각각 착수와 완결로 불러 서로 구분해 놓을 수 있을 것으로 본다. [[[사건 층위(±종결)] 인식 층위(±종료)] 경험 층위(±종료) 또는 명제 시제 층위]

층위에 실현되는 형태소이다. 이에 기대어 "값수다" 또는 "값입네다, 갑네다"가 갖게 되는 내포 의미를 다음처럼 진술할 수 있다. [−종결점] 자질을 가진 '−앖−'의[37] 출현으로 화자는 'X가 가다'라는 사건이 진행되고 있음, 현장에서 사건이 진행되고 있음을 언급한다. 반면, 시상 선어말어미가 없이 [−경험 종료] 자질을 가진 '−ㄴ−'('−느−')의 출현은, 현장에서의 사건 진행과 관련 없이, 임의의 시간에 누구나 'X가 가다'라는 사건을 경험할 수 있음을 언급하고 있다.

  "갓수다" 또는 "갓입데다, 갑데다"의 내포 의미도 동일하게 진술된다. [+종결점]의 자질을 가진 '−앗−'의 출현은, 'X가 가다'라는 사건이 이미 종결되었음을 가리킨다. 그러나 시상 선어말어미가 없이 나온 [+경험 종료] 자질을 지닌 '−더−'의 출현은, 'X가 가다'라는 사건을 화자가 이전의 어느 시점에서 이미 경험하였음(그 말을 듣는 청자로

---

37) 이미 머릿글에서부터 언급해 놓았지만 이 방언의 시상 선어말어미는 1음절의 단일 형태소로서, '−앖− vs. −앗−'처럼 2항 대립을 보여 준다. 현평효(1974; 1985 재수록)에서는 잘못 '암시, 아시'처럼 분석되었고, 여기서 제2음절의 '시'를 '있다'가 녹아 있는 것으로 오판하여 '존속상'(국어 문법에서는 지속상으로 부름)이라고 불렀었다. 상은 시점을 전제로 한다. 그곳에서의 동작상은 결코 시점이 아니고, 폭을 지닌 시상의 개념이다. 시상의 개념에는 진행이든 완결이든 간에 모두다 지속(duration)이 전제되어 있는 것이다. 따라서 완료 존속이든 미완료 존속이든 그런 합성어는 처갓집처럼 중언부언의 반복일 뿐이다(264쪽 이하 및 211쪽 각주 1 참고).
      그렇다면 동작상의 개념도 자연세계의 무생물에 적용될 수도 없음이 지적되어야 하고, 다시 존속상을 내세울 경우 시점을 전제로 하여 성립되기 때문에 이 방언에 시점으로 표시되는 시제가 있어야 한다는 모순도 지적되어야 한다. 둘 모두 잘못된 시각을 반영할 뿐이다.
      2음절로 제시된 선어말어미는 모두 다 '−앖− vs. −앗−'으로 표상되어야 하고, 제2음절은 어미가 지닌 약모음이 이 시상 선어말어미들이 문법화되기 전에 지녔던 "있다"에 의해서 전설화된 것에 불과하다. 필자도 1992년에 이 방언의 양태 형태소 '−으크−'를 논의하면서 형태소 분석이 오류임을 깨달았으나, 시상 선어말어미와 약모음 '으'를 지닌 어미 형태로 나뉘어야 함을 확정한 것은 2014년 이 방언의 표기 방법을 논의하는 계기에서 이뤄졌으며, 그 해설서에서 잠정적 조치임을 밝히면서 '앖, 앖이'를 나란히 쓰기도 했었다. 그러나 이후의 논문과 김지홍(2020)에서는 이 방언의 많은 문법 현상을 설명하기 위하여, 반드시 '−앖− vs. −앗−'과 약모음 '으'를 지닌 어미 사이에 명확히 구분되어야 함을 강조하였다. 가령, '잡다'를 조건문으로 만들려면 "잡으민"(잡으면)이라고 말하지만, 이를 종결된 사건으로 표현할 경우 "잡앗이민"(잡았으면)이라고 말한다. 시상 선어말어미가 조건 접속어미 '−으민'을 전설화시켜 놓았기 때문이다.

서는 그 사건을 더 이상 경험할 수 없음)을 가리킨다.

여기서 미세한 차이이지만, 임의의 상태를 포함하여 그 상태가 바뀐 다른 상태까지를 가리키기 위하여 '사건'이란 용어를 쓰기로 한다. 임의의 사건은 자연계의 인과율에 의해서 일어날 수도 있고, 생명체의 본능에 의해서 일어날 수도 있으며, 스스로 자각하고 되돌아볼 수 있는 인간의 의식에 의해서도 일어날 수 있다([±종료]). 무생물과 관련된 사건은 변화의 시작점과 종결점이 관찰될 수 있다. 이 중에서 '자유의지'를 지닌 인간이 일으키는 사건을 독립시켜 따로 '동작'으로 부를 수 있다. 그럴 경우에 자유의지에 의해 일어나는 임의의 사건은 시작점을 착수로 부를 수 있고, 종결점을 완결이라고 특정하여 부를 수 있다. 우리말은 특별히 인간과 인간 아닌 것에 대하여, 인간의 경우에는 높일 대상이 관여된 사건인지에 따라서 낱말들을 구분해 놓는 일에 익숙하다. 밥을 높이는 경우에 '진지'(한자어로 지대[支待]를 올리다는 뜻임[進支])로, 제사상에는 '뫼'로 불러 구분하며, 집짐승에게 주는 경우에는 '먹이'와 '모이'로 구분하지만, 이 낱말들의 상의어로서 '밥' 또는 '먹을거리'로 대표할 수도 있다.

그런데 이 방언의 문법 형태소 중에 사건의 시상을 표시하는 '-앖- vs. -앗-'이란 선어말어미는 인간에게만 적용되는 것이 아니다. 생명체를 비롯하여 기계, 그리고 무생물이 관련되어 있는 사건에 모두 다 그대로 적용된다. 이런 측면에서 이 방언에서만 고유하게 발달시킨 시상 선어말어미는 하위범주로서 동작상과 관련이 없고, 오직 시상에 속할 따름이다.

그런데 앞에서 논의된 내포 의미의 차이는 다시 격식성의 차이를 함의할 수 있다. '-앖- vs. -앗-'과 같은 형태소를 갖는 표현은 사건(사태)에 대한 언급이므로, 객관적 사실을 지향하는 표현이다. 그러나 '-느-, -더-'와 같은 형태소를 갖는 표현은 화자의 경험에 대한 언급이므로, 주관적 사실을 지향하는 표현이다. 객관적 사실에 대한 언급일

수록 청자 자신이 판단이 함께 묶일 가능성이 높고, 그런 점에서 청자가 할 일이 별로 없다. 그러나 주관적 사실에 대한 언급일수록 청자 자신이 고유하게 판단하고 경험할 수 있게 되고, 그런 점에서 판단 또는 행위에 청자의 적극적인 참여가 보장된다. 청자가 상대적으로 자율성을 갖는 것은 주관적인 표현쪽이며, 청자의 몫을 보장한다는 점에서 청자를 더 대접해 주는 표현이라고 말할 만하다. 필자의 직관으로는 (21나)가 (21가)보다 더 정중한 표현, 다시 말하여 더 격식적인 표현으로 판단된다.

이상에서, (21)은 서법상으로 대립되는 것이 아니라, 동일한 서법 속에서 얘기의 초점이 어디에 놓이는지에 따라 달라지는 것으로 파악되어야 함을 논의하였다. 그런데 '-읍-'이라는 형태소가 '-ㄴ-, -더-' 형태소를 구현하면서, 동시에 동작상 형태소 '-앖- vs. -앗-'을 실현시키는 경우가 있다.

(23가) 먹없입네다[먹-없-읍네-다], 먹없입데다[먹-없-읍데-다]
    (먹고 있습니다, 먹고 있습디다.)
(23나) 먹엇입네다[먹-엇-읍네-다], 멋엇입데다[먹-엇-읍데-다]
    (먹어 있습니다, 먹었습디다)

(23)과 같이 둘 이상의 시간 표현 형태소들이 실현되어 있는 경우는 각 형태소가 맡는 기능이 서로 다름을 말해 준다. 핵어인 동사를 기준으로 하여, 동사와 인접한 시간 표현은 사건이나 사태에 관련된 내용을 언급한 것이고, 상대적으로 거리가 떨어져 있는 시간 표현은 화자의 경험에 대한 내용과 청자의 추체험 가능성 여부를 언급할 것이다.

다시 '-읍네다 vs. -읍데다' 형태소로 돌아가 살펴보기로 한다. 미진한 사실 두 가지가 더 지적되어야 한다. 첫째, 이 방언의 '-읍-'은 객체(대상) 대우와는 관련이 없고, 오직 청자 대우에만 관련된다. 둘째, '-

읍-'은 유표적으로 '-네-, -데-'하고만 공기되어야 한다('*-읍았다'는 불가능함). 이 두 가지 사실은 옛글 자료에서 발견되는 형태소들의 기능과는 다르다. 그러므로 이 방언에서 몇 단계의 변화 과정이 상정되어야 함을 의미한다.

옛글 자료에서 '-습-'은 객체(대상) 대우에 관련되고 '-이-'는 화자의 겸양(공손)과 관련된다고 한다. 필자로서 아직 그 과정을 명확히 알 수 없지만, 결과적으로 이 두 형태소가 서로 합쳐지면서 '-읍네다'(-습니다) 형태가 되고, 그 기능도 또한 듣는 사람을 높이는 청자 대우 표현으로 바뀌었다. 이 사실을 중심으로 하여, 변화 과정들을 거꾸로 상정해 보기로 한다.

객체 대우와 화자 겸양 가운데 어느 요소가 청자 대우로 되기 쉬울 것인가? 둘 모두 고유한 형태소를 갖고 있기 때문에, 선뜻 결정하기가 어렵지만, 개념상으로 객체와 청자가 교집합을 이룰 가능성이 있다는 점에서 우선 객체 대우가 더 확대되어 청자 대우로 바뀌는 것으로 가정하겠다. 객체(대상)라는 말은 화자인 '나' 이외의 사람(그 사람과 관련된 물건)들 가운데에서, 주어 요소가 되는 부분을 제외하고 난 나머지 부분을 가리킨다. [−화자, −주어]라는 다소 유표적인 개념이다. 여기서 추가되는 자질이 약해지거나 없어짐으로써, 오직 [−화자]의 자질만이 나게 되고, 이 자질이 [+청자]라는 자질로 재조정된다고 가정하겠다. 만일 객체 대우가 청자 대우로 바뀐다면, 화자 겸양의 결과와 겹치게 된다. 화자는 청자를 지향하며 겸양하고 있는 것이기 때문이다. 이런 과정이 '-읍-'과 '-이-'를 공기관계에 놓이게 하고, 하나의 형태소처럼 융합시키게 되는 것으로 생각해 본다.

뿐만 아니라. 시간 표현 형태소를 근거로 하여 살필 때, (21가)는 현장성을 지향하여 진술되는 표현이라면, (21나)는 청자의 경험 가능성 여부를 지향하며 진술되는 표현이다. 현장성을 지향하여 진술될수록, 그 표현 속에 화자와 사건 관계의 표현이 최적이다. 반면에, 청자의 경험을 지향하여 진술될수록, 청자를 대우하기 위해 임의의 형태소가 나타나야 한다면, 선조적으로 먼저 구현되는 것이 가장 대우의 효과를 거둘 수 있다.

필자는 '-읍-'이 사건의 종결점 유무를 언급하는 시상 선어말어미 형태소 '-앖- vs. -앗-'과 공기되지 않는 이유를, 이런 개념적 경합 관계에 따른 것으로 본다. 선어말어미 형태소는 사건의 종결점 유무를 언급하므로, 핵어인 동사 어간에 제일 가까이(또는 직접) 붙어 있어야 한다. 그런데, 청자를 대우하는 형태소 '-읍-'이 또한 듣는 이를 대접하기 위해서는 핵어인 동사 어간에 제일 인접하는 것이 최적이다. 결국 두 요소 모두 서로 핵어에 인접하려고 경합하고 있는 셈이다. '시상 선어말어미' 형태소가 선택되면, 청자 대우 요소는 뒤에 실현되어야 하고, '청자 대우' 형태소가 선택되면, 화자의 사건 경험 요소는 선조적으로 뒤에 실현되어야 하는 것이다. 이제 이런 생각을 다음 도표로 보인다.

(24가) [[동사어간＋청자대우＋경험여부＋종결어미] 화자겸양＋종결어미]
　　　[[가＋읍＋ᄂ＋이38)] 이＋다] → 갑ᄂ이다 → 갑네다
　　　[[죽＋읍＋더＋이] 이＋다] → 죽읍더이다 → 죽읍데다
(24나) [[동사어간＋시상＋대우 종결어미] 화자겸양＋종결어미]
　　　[[먹＋없＋소] 이＋다] → 먹엄소이다 → 먹엄쇠다 → 먹엄수다
　　　[[크＋엇＋소] 이＋다] → 크엇소이다 → 컷쇠다 → 컷수다

(24)에는 두 가지 표현 방식이 있다. 청자의 경험 가능성 여부를 지향하여 표현할 것인지, 외재적 사건 서술을 지향하여 표현할 것인지에 따라 표현이 나뉘어진다.39) 화자의 경험에 초점을 모으면 (24가)처럼

---

38) 잠정적으로 424쪽 각주 35에 언급된 종결어미 '-이'를 무표적인 듯이 상정해 둔다.
39) 제주 방언에서 '아프우다'와 '아팠수다'는 아픔을 경험하는 주체가 누구인지에 따라

청자를 대우하는 표현이 핵어에 인접할 수 있고, 경험 가능태 형태소 '느'와 무표적인 종결어미 '이'로 일단 문장이 완결되고 나서, 다시 공손 자질을 근거로 다시 청자 대우의 자질을 새롭게 가진 '이'와 종결어미 '다'가 통합된다(밑줄 그어진 부분). 이 과정은 다른 연구의 논의와 차이가 없다. 화자의 겸양이나 공손은 시이소처럼 청자를 대우하는 속뜻을 지니기 때문에, 청자 대우 형태소로 합류하였거나 바뀌었을 듯하다.

만일 사건 종결점 유무에 초점을 모아 표현한다면, (24나)의 표상을 갖게 된다. 여기서는 시상 선어말어미 형태소 '-없- vs. -앗-'과 청자 대우 형태소 '-소, -으오'가 실현된다. 다시 이 표상 위에 앞에서와 같은 새로운 종결어미가 덧얹혀지게 되고, 융합 과정에 의해 최종 표상이 도출된다.

이상은 필자 개인의 머릿속 생각대로 설명될 필요가 있다고 판단하는 부분을 상정하면서, 재구성해 놓은 바를 드러낼 뿐이다. 더 엄격히 말하여, 검증 단계를 거쳐야 할 필자의 작업 가정에 불과하다. 이런 통합 모습이 다른 언어 현상에서도 관찰된다는 증거 자료들이 누적되어야 할 것이다. 그렇지만 실제 이 방언을 쓰는 사람의 머릿속에서는 번다하게 분석을 하지 않은 채, 하나의 덩어리로서 '-읍네다 vs. -읍데

달리 쓰인다. '아프우다'는 화자인 내가 경험 주체이며 주어가 된다. 그러나 '아팠수다'는 화자가 아니라 다른 사람이 주어가 된다. 의미역으로 이를 표시하면 '아프우다'는 경험주(experiencer)가 주어이다. '아팠수다'는 대상역(theme)이 주어가 된다. 구조적으로 보면 '아프우다'는 「내부 감각 동사」로 하나의 논항(경험주)만을 필요로 하지만, '아팠수다'는 대상인 환자를 관찰하는 관찰자도 더 들어가 있어야 하는 「외부 대상 지각 동사」로서 두 개의 논항(공범주의 경험주 및 대상)이 들어가 있다.

그러나 '아픕네다'는 결코 내부 감각 동사로는 쓰일 수 없고, 경험주와 대상 의미역을 갖고 있는 외부 대상 지각 동사로만 쓰인다. 동일한 동사이지만, 어떤 형태소들이 실현되느냐에 따라서 어휘 의미 내용이 변동을 보이고 있다. 여기서 대립적으로 보인 사례는 외부 대상 지각 동사로서 '아팠수다, 아픕네다'의 경우에 해당한다. '아팠수다'는 대상의 상태에 초점을 맞추어 표현하는 것이고, '아픕네다'는 화자의 지각에 초점을 맞추어 표현하고 있다. 자세한 논의는 김지홍(2015; 증보판 2021: 제2장 3절)을 보기 바란다.

다' 형태가 개별 항목으로 기억되고 있고, '-수다, -으우다' 형태도
또한 단일하게 기억되고 있을 것으로 본다. 그렇지만 통합된 형식을
분석하고 각각의 범주들을 확인하려는 노력은 설명력과 예측력을 높
이려는 데 있다. 단번에 그런 힘이 늘어날 수는 없다. 논쟁과 반박과
토론을 거치면서 점차적으로 집단 지성의 힘이 누적되고 모아져 나갈
때에 더 나은 시각을 얻게 될 것이다.

6. 이 방언의 연구에서 직관 및 사실 사이 간격

이 방언의 시상에 대한 연구가 진척됨에 따라, 사건을 기술하는 시
간 체계(-앖- vs. -앗-)와 경험 가능 여부를 드러내는 시간 체계(-느-
vs. -더-)로 구분되어 있음이 드러났듯이, 이 방언 대우법에 대한 연구
도 대우 현상에 담겨 있는 사실들을 명확히 기술한 뒤에 설명 및 예측
의 단계로 진행하면서 더 많을 것들이 밝혀져야 할 것이다.

필자는 이 방언을 한국어의 다른 하위 방언과 차별하려는 잘못된
논의에 대해서 의심을 품어 왔고, 그런 의도가 잘못된 분석과 편견에
따른 것임을 밝혀 왔다. 피상적 직관에만 의존하여 이 방언을 과대
포장하려는 연구는 지양되어야 마땅하다. 이 방언은 어떤 언어가 기
원이고, 그 언어 위에 다른 언어가 덧씌워져 있는 양 호도하는 궤변은
너무나 무책임하다. 상상과 기대로만 조작된 낭만적 주장의 의미밖에
없다. 이 방언의 현상을 대상으로 이론을 세우고 그 이론에 맞추어
더 정밀한 설명을 베풀어 주어야 옳다.

필자는 청자 대우 형태소를 대상으로 하여 이 방언의 독특한 내용으
로 언급되는 '-수, -으우-'도 또한 공통어로서 한국어에 뿌리를 두고
있음을 논의하였다. 문법화가 일어나기 전에 쓰던 종결어미 '-소, -으
오'가 다시 청자 대우(화자 겸양이 바뀐 모습)의 형태소 '-이-'와 통합하

면서 융합 과정이 진행되어, 마치 청자를 대우하는 하나의 형태소처럼 되었을 뿐이다. 이는 이 방언의 매개인자로 상정된다. 이런 사실은 더 이상 이 방언을 외계인 ET의 언어마냥 유별나게 고립적으로 기술하고 설명할 수 없음을 드러낸다. 이 방언은 여러 가지 다른 종류의 매개인 자들을 갖고 있을 터인데, 이 방언의 연구들은 앞으로 그 내용을 자세하게 밝히는 데에 힘을 쏟아야 할 것이다. 이 방언이 비록 한국어에 속하더라도, 이 방언을 써 온 사람들의[40] 사회관계 형성 모습에 따라, 같은 형태소라도 다른 기능으로 바뀌었을 것으로 추정하였다. 특히 '-이-'가 그러하다. 국어사에서는 화자 겸양이나 공손으로 해석하지만, 이 방언의 대우 질서가 「나를 낮추는 쪽이 기본적 표상 속에 없었을 듯」하며, 이런 측면에서 상대적으로 청자를 대우하는 뜻으로 수용되고 비음 자질도 없어졌을 가능성이 높다. 이를 뒷받침해 줄 언어 자료를 찾아내기란 거의 현실적으로 없지만, 간접적으로 다른 하위 방언들의 행태로부터 도움을 얻을 가능성은 여전히 열려 있다.

대우법과 관련하여 아직 이 방언이 추가로 갖고 있을 만한 매개인 자들의 위계를 모두 다 밝힐 수 있는 능력이 필자에게는 없다. 그렇지만 한국어의 하위 방언으로서 앞에서 제시한 371쪽의 (1) 및 (2)와 같은 얼개에서 포착될 수 있을 것으로 믿는다. 필자의 논의가 정밀하지 못하며, 또한 '제주어'를 종교처럼 떠받드는 편견과 왜곡을 고쳐 놓는 과정에서 다시 한 번 왜곡만 더해 놓았을지도 모를 일이다. 필자의 잘못을 타산지석으로 삼아 이후 연구들이 한 단계 더 높은 성과를 이루기를 기대한다.

---

40) 김봉옥(2013)『제주통사』(제주발전연구원)을 보면, 인구가 대략 고려 때 원 치하에서 1만 명, 세종 때 1만 2천 명, 선조 때 2만 3천 명 정도였다(부역 가능한 숫자의 통계였을 듯함). 이런 크기의 인구에서 복잡한 사회구조나 제도가 자생적으로 생겨나기가 쉽지 않았을 듯하다. 대우 관계의 단순한 특성이, 아마 작은 인구로 이뤄져 있었기 때문일 수도 있다.

제7장 몇 가지 단어 형성 접미사에 대하여※

: 특히 '-이다, -대다, -거리다, -하다, ø'의 관련을 중심으로

1. 들머리

한 언어가 상징어와 접미사들의 결합을 구현할 경우에1) 이것들에

※ 이 글은 『백록 어문』 창간호(제주대학교 국어교육과, 1986)의 55쪽~81쪽에 실렸으며, 필요한 수정과 내용 추가가 이뤄졌다.

  필자가 석사학위를 받고 나서 쓴 초기 글인데, 나름대로 창의적 내용을 담고자 노력하였다. 35년 전 글을 이 책에 싣는 이유는, 여기서 다룬 상징어 자료들이 국어학자라면 누구에게나 설명을 해 주어야 할 중요한 언어 사실들이기 때문이다. 언어 사실로서 다뤄야 할 자료는 언제나 그대로이겠지만, 그것들을 바라보고 짜엮는 시각은 학문의 역량에 따라 달라질 것이다. 여기 있는 자료는 게뤼거스(Stephen L. Guarrigues) 교수가 모아 둔 한국어 상징어 파일을 이용할 수 있었다. 선뜻 이 연구를 위해 파일을 제공해 준 데 대해 깊이 감사드린다.

  이 글에서는 다뤄지지 않았지만, 중요한 접미사들의 대립으로서 명사 부류의 어간에 '-이다, -답다, -스럽다'도 결합된다. 이것들의 대립 자질을 어떻게 상정해야 할지 오랜 기간 동안 명확히 알 수 없었다. 그러다가 우연히 읽은 강철웅(2016) 『설득과 비판: 초기 희랍의 담론 전통』(후마니타스)로부터 희랍에서도 같은 문제로 고민했음을 알 수 있었다.

  동일함·비슷함·다름 사이의 구분
  불변의 성질·가변의 성질 사이의 구분
  내재적 속성·외현적 속성 사이의 구분

대한 연구의 방향은 최소한 다음 몇 가지를 생각해 볼 수 있다. 첫째, 상징어 부분만을 독자적으로 살피고 그 특질을 연구할 수 있다. 둘째, 접미사 부분만을 독자적으로 연구할 수 있다. 셋째, 상징어 부분과 접미사 부분의 결합 자체를 대상으로 하여 연구할 수 있다. 물론 이와 같은 연구의 방향들은 서로 제각기 분리되어 있는 것이 아니다. 그렇지만 어느 방향을 연구의 목표로 삼느냐에 따라서 제각기 다른 차원의 결론이 도출될 것임을 짐작할 수 있다.

상징어 부분이나 또는 접미사 부분을 각각 독자적으로 연구할 때에는, 그들의 내부 특질을 밝혀내는 작업을 직접 수행할 수 있다. 그러나 이것들이 서로 결합되어 있는 실상을 연구의 대상으로 삼을 때에는, 앞에서처럼 내부 특질을 밝히는 작업에 우선하여 수행되어야 할 작업이 있다. 상징어 부분과 접미사 부분의 결합체에서 이것들의 결합을 어느 부분에다 중점을 두고 그 모습을 밝혀 나갈 것인지 먼저 결정해야 한다. 즉, 이것들이 서로 결합 가능한 연결체라고 한다면, 곧 이런 결합 가능성이 어디에서부터 동기지워지는지 미리 점검해야 하는 것이다. 이러한 힘을 '동인'이라는 말로 표현한다면, 결합할 수 있는 동인이 상징어 부분에서 비롯되는가, 아니면 접미사 부분에서 비롯되는가, 그렇지 않고 서로 상보적 동인이 결합을 결정짓게 되는가 따위를 점검하는 일이 필요하다. 이러한 점검 작업은 모든 결합체를 검토하

전체와 부분, 필연성과 우연성 사이의 구분
따위이다. 이 글을 수정하는 과정에서 필자가 이런 접미사의 자질을 직접 다룰 수는 없다. 필자가 느끼는 대로 간략히 이것들의 대립 특성을 472쪽에 덧붙여 둔다.

1) 상징어에 대한 정의는 편의상 항진명제의 형식으로 처리하여 둔다. 곧, 본고에서 다룰 접미사들과 결합 가능한 단위, 또는 접미사 의미자질들의 제약을 준수하는 단위라고 규정하는 것이다. 단, '단위'라는 표현은 잠정적으로 사용하며, 준어휘 자격을 부여하기로 한다. 'Ø' 접미사류의 어휘들로써 내려진 정의는 그 어휘들의 숫적 범위가 개방되어 있으므로, 새 자료가 출현할 때마다 정의가 수정되어야 하거나, 조건이 첨기되어야 한다. 후자 쪽의 정의는 남풍현(1965)에 자세히 이뤄져 있다. 앞으로 혼란이 우려될 때에는 상징어 부분, 접미사 부분이라는 용어를 쓰기로 한다. "부분"이 붙어 있을 때에는 서로 결합되기 이전의 상태를 따로 언급하는 경우가 되겠다.

고 난 뒤에, 귀납적인 형식으로 동인을 유도할 수는 없다. 우리의 언어 자료가 무한히 열려 있으므로, 모든 자료를 검토하기란 무척 어려운 일일 뿐만 아니라, 광범위한 자료의 숲에 빠져 헛수고에 그칠지도 모를 일이다. 차라리 이 작업은 한정된 자료에서 그런 결합 동인이 어디에서부터 오는가를 검토하고 나서, 일단 연구자가 스스로 어떤 연역의 틀을 설정하게 되면, 다시 무작위 표본 자료들을 이 틀에다 집어넣으면서, 이 틀이 과연 정당하고 설명력이 있는지의 여부를 검증하는 편이 훨씬 합리적일 것이다.

상징어 부분과 접미사들의 결합 가능성을 본고에서는 접미사들의 의미자질을 설정하면서 살펴나간다. 이것들의 결합 가능성이 접미사들의 속성으로부터 동기지어진다고 가정하는 것이다.[2] 이러한 가정으로 유도하는 몇 가지 단순한 요인을 들어 보기로 한다. 만일 반대의 접근으로서 상징어 부분이 접미사들을 구속하고 있는 주체라고 가정해 보자. 곧, 상징어 부분 자체에 결합 가능성의 동인이 내재하고 있다고 본다면, 응당 상징어들을 모두 검토하면서 그 특질(본고에서는 '의미자질'만을 거론함)을 살펴야 한다. 우리는 무한한 상징어의 모든 자료를 다 검토할 수 없다. 그 자료가 '열려 있는 집합'의 속성을 갖고 있기 때문이다. 'Ø' 접미사류의 어휘(상징어 부분)를 놓고서, 상징어의 정의를 시도한 예들이 확정적일 수 없었던 현실도, 바로 이런 개방성을 잘 반영해 주고 있는 것이다. 상징어 부분에 내재할 것이라고 가정한 결합 동인도 역시 상징어 부분의 개방성으로 인하여 한정적인 언급을 할 수 없게

---

2) 이러한 가정이 부딪치는 첫째 문제는 형태가 없는 접미사 'Ø'에 대한 처리이다. 이 가정이 어려움 없이 유지되려면 모든 접미사는 모종의 의미자질을 갖고 있어야 한다. 여기서 음성 형식이 없는 'Ø' 접미사는 언어현실에서 제외되어야 하는 것이다. 본고에서는 접미사가 동인을 지닌다는 가정을 유지하기 위하여 'Ø' 접미사에다 의미자질을 배타적으로 부여한다. 음성 형식이 있는 접미사 부류와 유무 대립의 자질을 배당하는 것이다. 그렇다면 이제 'Ø' 접미사는 무의미한 것이 아니다. 'Ø' 접미사는 이 글에서 다룰 다른 접미사들이 갖고 있는 의미자질을 제외한 것으로서 의미자질을 부여받는다. 후술되겠지만, 'Ø'에 외연성, 다른 접미사에 내포성(내포의미)을 주는 것이다.

하며, 따라서 단언적이고 체계적 접근을 불가능하게 만든다.

또 반대의 접근을 뒷받침하는 가정을 성립되기 어렵게 만드는 반례 중 하나가, 상징어 부분이 접미사를 지배함에 따라, 개방된 상징어 부분의 숫자만큼 숫적으로도 유사한 개방성이 확인되어야 한다는 점이다. 그렇지만 이들 접미사가 숫적으로 제한되어 있음을 경험적으로 알고 있다. 이제 상징어 부분의 결합 동인에 대한 가정이 현실적으로 받아들여질 수 없는 가정임이 드러났다. 이 가정의 한계를 인정할 때, 즉시 대안이 되는 또 다른 가정, 즉 상징어 부분과 접미사 부분이 서로 결합 가능성을 상보적으로 제약하고 있을 것이라는 가정도 역시 검토해 볼 작업 가정의 범위에서 유보시켜 두어야 한다. 상징어 부분이 유한한 범위를 지니지 않는 한 체계적으로 다루어나갈 수 없으며, 이런 속성으로 인하여 접미사 부분과 맞비교할 수 없기 때문이다.

이상과 같은 배경에서, 이 글에서는 상징어 부분과 결합 가능한 접미사 부분만을 중심으로 가정을 세워 놓고 다룰 것이다. 특히 접미사

'-이다, -대다, -거리다, -하다, ∅'

를 중심으로 이것들이 어떤 관계를 맺고 있는지 밝히고자 한다. 이 관계는 접미사들의 의미자질을 도출함으로써 설명될 것이다. 이 글에서는 이들 접미사에다 적극적인 기능을 부여하고 있다(우리말 후핵성 매개인자와도 상부함). 이것들을 「단어 형성 접미사」로 부르는 이유도 이런 점을 반영한다. 이 글은 다음 순서로 전개된다.

첫째, 접미사의 의미자질을 어떻게 도출할 수 있을 것인지를 모색한다.
둘째, 접미사가 실현되는 한정된 자료를 가지고, 이들 접미사가 포함 관계를 이루고 있음을 보인다.
셋째, 필자가 다룰 수 있는 전체 자료를 제6군으로 나누어 제시한다.

넷째, 접미사들의 의미자질을 도출하고 배당하여 서로의 관계를 밝혀낸다. 다섯째, 이 글에서 지정한 의미자질의 타당성을 보이기 위하여, 몇몇 결합 가능한 사례를 놓고 설명할 뿐만 아니라, 결합 불가능한 사례도 왜 불가능한지를 설명해 낼 것이다.

아직 국어학계에서는 활발한 형태론적 논의가 부각되어 있지 않다. 한국어의 교착어적 특성상 형태론이 늘 통사론의 논의에 의해 가려져 있을 수만은 없다. 형태론은 기술언어학의 영향 아래 이루어진 선업 을 바탕으로 다시 더 발전해 나가야 한다. 그 방향은 여러 가지로 모색 될 수 있을 것이다. 필자가 다룰 수 있는 범위에서 의미자질에 대한 규명도 필요할 것으로 믿는다. 그 결과는 한국어의 단어 형성론 또는 조어론의 발전에도 영향을 줄 것임은 말할 것 없다. 이 글의 시론적 성격으로 인하여 저질러졌을 논리적 결함은, 깨닫는 대로 차후 보완 해 나가기로 한다.

2. 접미사의 의미자질을 어떻게 찾아낼 수 있을까?

접미사는 흔히 문법적 기능을 지닌 것으로 서술되지만, 각 접미사 의 의미자질이 서로 대립적으로 수립되는 일은 드물다. 접미사의 의 미자질을 과연 어떻게 도출할 수 있을까? 접미사를 형태론적 지위에 서 접미사로만 인정하는 한, 이들 접미사에 어떤 독자적 어휘의미를 부여할 수는 없다. 이 글에서 다룰 접미사 가운데, 특히 '-이다, -하다' 는 자립 형식의 어휘인 '이다, 하다'와 일단 소리값이 같기 때문에 그 의미마저도 같은 것으로 기대할 소지가 있다. 이 점은 자립적 어휘에 서만 운용이 가능한 통사적 변형관계를, 접미사에서 적용하여 보고 나서, 그 유추의 정당성 여부를 판가름할 수 있다.

(1) 그는 사람<u>이다</u> → 사람<u>으로서</u> 그는

(2) <u>그렇게</u> 일해 → 일 <u>그렇게</u> 해

(1)에서 계사 '이다'는 '으로서'로 변형될 수 있다(다만, 여기서는 변형의 가능성만 거론한다). 그러나 접미사는 아래의 예에서 보듯 변형이 불가능하다.

(1') 망설<u>이다</u> → *망설<u>으로서</u>

또한 (2)의 사례에서 부사어 '그렇게'는 명사 '일'을 수식하는 것이 아니고, 동사 '해'를 수식하고 있다. 그러므로 '일하다'는 복합어 사이를 쪼개고서 그 속에 삽입될 수 있는 것이다. 그렇지만 상징어와 접미사의 결합으로서 '뭉클하다'가 한 낱말로 취급되는 경우에, 그 사이에 부사가 끼어 들어가는지를 살펴보면, 비문이 됨을 알 수 있다.

(2') 진짜 뭉클하다 → *뭉클 진짜 하다

여기서 부사 '진짜'가 배타적으로 접미사 부분만 꾸미는 것이 아님을 확인할 수 있다. 내부 구성 요소를 꾸미기보다는 통합된 단일한 하나의 어휘를 꾸미고 있는 것이다. 이와 같은 단촐한 몇 시험만으로도 접미사를 자립적인 낱말과 동일한 차원에서 다룰 수 없음을 알 수 있다. 단순히 소리값이 비슷함과 종결어미를 통합할 수 있다는 서술적 속성 등을 근거로 해서는, 공시적 차원에서 이것들을 동일한 것으로 묶어 처리할 수 없는 것이다. 설사 어느 기저 차원에서는 이들 접미사 부분과 자립적 어휘가 어느 일부분을 공통 요소로 공유한다고 하더라도, 공시태의 표면 차원에서는 이것들이 서로 이질적 요소를 크든 작

든 담고 있다고 보는 것이 온당할 것이다.

이들 접미사가 적극적으로 자립 형태인 어휘 의미를 부여받을 수 없다면, 이것들의 의미 또는 의미자질을 어떻게 찾아낼 것이며, 그 의미자질은 어느 수준의 것일까? 만일 이것들의 의미나 의미자질을 밝혀내지 못한다면, 이것들이 단순히 문법성 일탈을 방지하기 위한 형식적 기제라고 결론지어야 할 것이다. 문법 형식만 있다는 이런 결론은, 이 글에서

「접미사가 낱말을 형성하는 동인을 지닌다」

는 작업 가정과 정면으로 충돌하는 셈이다. 여기서 검토할 자료들은 다행히 이들 접미사가 단순히 문법 형식만을 위한 것이 아님을 확실히 드러내어 준다. 왜냐하면 접미사가 서로 아무런 제약도 없이 아무렇게나 상징어에 결합하는 것은 아니기 때문이다. 접미사의 실현에는 각기 모종의 제약이 있는 것이다. 접미사의 의미자질은 이런 제약들을 발견함으로써 밝혀지는 것이다.

접미사의 의미자질을 결정하는 데에 두 가지 방법을 쓰려고 한다. 우선 유일하게 하나의 접미사와만 배타적으로 결합이 이루어지는 상징어들을 주목할 것이다. 일단 이것들을 하나의 부류로 묶고 거기에서 어떤 공통된 특질들을 찾아볼 것이다. 이 공통된 특질이란 손쉽게 외부적이고 객관적인 형태로 저절로 주어지는 것은 아니다. 해석이 요구되는 일군의 자료를 연구자가 면밀히 판독하고 나서, 스스로의 직관으로써 추정할 수 있는 공통된 여러 특질의 후보들 가운데에서 제일 합당하리라고 판단되는 것을 선택하고, 다시 이를 연구 대상의 접미사에 내재할 법한 고유 특질이나 의미자질에 대당시킬 것이다.

또 다른 방법은 유사한 환경 속에서 두 개의 접미사를 대비시키며 의미자질을 대당시킬 것이다. 이렇게 한정적인 자료로부터 채택된 자

질은 다시 무작위 표본 자료에 의하여 그 일반성이나 포괄성이 검증되어야 한다. 이 검증 과정에서 아무런 이상 없이 모든 자료를 선별하여 통과시키거나 걸러내며, 또한 왜 그것들이 어떤 것은 통과시키고 어떤 것은 걸러내게 되는지 그 이유를 채택된 자질로써 설명할 수 있어야 할 것이다. 이 작업이 만일 성공적으로 이루어진다면, 연구자의 주관과 판단에 의하여 설정되고 채택된 어떤 자질이 이제 연구 대상의 접미사가 갖고 있는 내포적 의미자질로 확정될 수 있다. 또한 여러 상징어 형성 결과들을 구별하고 설명해 줌으로써 비로소 그 자질에 객관성이 부여되는 것이다.

3. 일련의 접미사 분포를 고려한 의미자질의 수립

본고에서 다룰 접미사들은 다음 (4)에서와 같다. 단, 편의상 상징어 어근을 ×로 표시한다. ××는 상징어 부분에 중복이 있는 경우를 가리킨다. 단, 접미사가 붙지 않은 경우나 붙지 못하는 경우를 '∅'로 표시해 둔다. 이는 452쪽에서 제6군의 경우로 다뤄질 것이다. 상징어 어근과 접미사가 합쳐져서 상징어 어간을 이루고, 여기에 종결어미가 통합된다. 이런 형식적 구분은 크게 이 글에서 중요하지 않다. 여기서는 상징어 어근을 상징어로 부르고, 종결어미 '-다'가 붙은 형식을 그대로 접미사로 통칭하기로 한다. 이것들은 448쪽 이하에서 예시된다.

(4) ×이다, ×대다, ×거리다, ××하다, ×하다, ×∅

위의 접미사들은 바로 상징어 어근에 연결된다는 점에서, 잠정적으로 하나의 계열관계로 묶일 수 있을 것이다. 만일 이들의 관계가 일관성 있고, 체계적인 모종의 기준에 따라 대립하고 있음이 드러난다면, 편안하게 이것들이 하나의 계열관계에 있는 목록이라고 확언할 수 있을 것이다. 우선 한정된 자료로써 이들 접미사가 모종의 관계를 이루고 있음을 드러내기로 한다. 이 자료는 448쪽 이하에서 논의될 제6군의 자료들 가운데 대립 모습을 포착할 목적으로 편의상 선택한 것들이다.

　(5) 제1군 제1항: 반짝, 끄덕, 출렁

　(6) 제2군 제1항: 얼씬, 우물, 어슬렁

이들 상징어에다 (4)에서 제시되어 있는 접미사를 결합시켜 보기로 한다. (5)에서는 모든 접미사가 무리없이 연결된다. 그러나 (6)에서는, 'x이다'가 실현될 수 없다는 사실에 주목하기로 한다. 그 이유의 탐색 은 453쪽 이하에서 수행될 것이다. 여기서는 다만 그것들의 실현 여부 에 따른 범위의 대소만 고려하기로 한다.

　(5)와 (6)에 제시된 상징어의 자료만을 놓고서 접미사의 실현 범위 를 따진다면, 'x이다'가 제일 작다. 그렇다면 'x이다'는 다른 접미사 사들의 실현 범위에 대하여 진부분 집합으로 존재하는 셈이다.

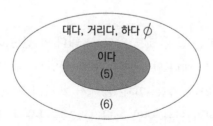

다음의 상징어 어간을 살펴보기로 한다. 여기서는 (5)와 (6)에서와는 달리 'x이다'만이 아니라, 'x거리다' 'x하다' 'ø'까지도 실현될 수 없음을 발견하게 된다.

(7) 제2군 제3항: 으시(으스), 어기, 으르

(7)에서는 유독 'x대다'만이 실현 가능하다. 지금까지 제시된 상징어 자료들만 놓고서 판단한다면, 'x대다'의 실현 범위가 제일 넓다. 그러나 (8)에 제시될 자료들에서 'x대다'의 실현이 불가능함을 발견하게 된다면, 이런 생각은 수정될 것이다. (7)에서 제시된 상징어들은 배타적으로 'x대다'의 형태로만 실현되는 의미 특성을 지녔다고 가정하기로 한다. 이것들의 포함관계를 다시 수정하여 보이면 아래와 같다.

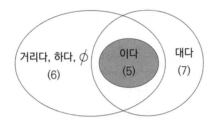

다음의 자료 (8)을 보기로 하자.

(8) 제3군 제1항, 제2항: 미끈, 어질, 흐늘

여기서는 'x이다'는 말할 것도 없고, 'x대다'의 실현도 부자연스럽다. 국어사전에서는 'x대다'와 'x거리다'가 동일한 의미를 지녔다고 처리하고 있다. 그러나 자료 (7)과 (8)에서 제시되고 있듯이, 그것들은 실현 범위가 차이가 있을 뿐만 아니라, 또한 다음의 예문에서 발견할 수 있듯이 의미상에서도 차이가 있다.

(9가) ^{??}수양버들이 바람에 흐늘댄다
(9나) 수양버들이 바람에 흐늘거린다

(10가) 기운이 없더라도 흐늘대지 말고 똑바로 서라

(10나) 기운이 없더라도 흐늘거리지 말고 똑바로 서라

(9)에서는 흐늘흐늘하는 주체가 자유의지가 없는 무정물이다. (9가)는 성립되지 않겠지만, (9나)의 경우는 수용 가능하다. 반면에, (10)에서는 흐늘흐늘하는 주체가 유정물이며, 특히 자유의지를 지닌 사람이다. 사람은 의도나 의지에 따라 행동을 한다. (10가)와 (10나)가 모두 다 수용된다. 위 문장들의 비문성 여부는 연구자의 언어 직관에 따라 다소 판정이 달라질 수도 있다. 필자에게는 (9가)는 어색하게 느껴지고, 받아들일 수 없는 비문으로 여겨진다. 만일 필자의 이런 직관이 옳다면, '×대다'는 그 실현상 자유의지가 없는 주체와는 어울릴 수 없다고 볼 수 있다. 즉, 자유의지를 지닌 주체가 통합되어야 한다는 통사적 제약을 갖는다. 이는 더 454쪽의 논의에서 상세히 언급하기로 한다. 여기서는 '×거리다' '×하다' '×∅'의 실현 범위가 '×대다'보다도 더 넓다는 사실만 염두에 두기로 한다.

(11) 제4군 제1항: 넓죽넓죽, 아슬아슬, 으리으리

(11)에서 제시된 상징어에는 오직 '×하다'와 '×∅'만이 실현될 수 있음을 발견하게 된다.[3] '×하다'의 실현 범위가 '×거리다'보다 더 넓다. 뒷장에서 제시될 도표들에서는 '×거리다'가 '××하다'의 진부분 집

---

3) 제4군 제1항은 마땅히 상징어 부분의 중복이 '××하다'로 표시되어야 옳겠으나, '×하다'만으로 표시한 이유는 다음과 같다. 첫째, '××하다'와 '×하다'의 실현은 포함 관계를 이루지 못한다. 이것들의 차이는 상징어 부분의 단일성이냐 중복성이냐의 여부에 있을 뿐, 이 중복적 요소가 접미사 부분에 어떤 영향을 끼치지 아니한다. 둘째, 본고의 가정인 접미사 부분의 동인 가정으로는 오히려 접미사의 의미자질은 동일하며 중복성의 여부는 상징어 부분의 자체문제, 즉 외연의미에 따른 차이로 파악되어야 한다. 뒷장에서 '××하다'와 '×하다'를 분립항목으로 설정하였으나, 이것은 다만 작업상의 편의를 고려한 때문이지, 그들 접미사의 차이를 암시하지 않음에 유의하자.

합으로 포함 관계를 형성함이 드러날 것이다. 포함관계를 나타내는
그림은 다시 수정되어 다음과 같이 보일 수 있다.

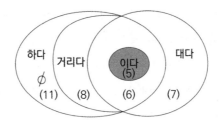

마지막으로 '×∅' 접미사의 실현을 보이기로 한다. (12)의 자료들은
'∅' 이외의 어떤 접미사와도 결합될 수 없는 배타적 실현의 경우이다.

  (12) 제6군: 척척, 대굴대굴, 와그르르

이들 '∅' 접미사가 실현된 자료들은 우선 통사적으로 한 문장 속에서
수식의 기능을 떠맡고 있음을 잣대로 하여, 이것이 배타적 실현을 보
일 수 있는지 여부를 확인할 수 있다.

  (13가) 척척 박사
  (13나) 와그르르 무너졌다.

(13가)에서는 상징어 어간이 명사를 꾸며 주고 있다. (13나)에서는 상
징어 어간이 동사를 수식하고 있다. 만일 이들 상징어가 다른 접미사
와 통합이 가능해 보이거나, 같은 소리값을 지닌 형식이 통합되는 듯
이 보인다면, 그 결과는 (14가)에서와 같이 상징어 의미가 전혀 다른
것이거나, 아니면 (14나)에서와 같이 이 글에서 논의하는 단어 형성
범위를 넘어서 버린다.

(14가) 척척하게 젖었다

(14나) 와그르르하고 무너졌디

(14가)에서 상징어는 '주저없이 선뜻'이라는 뜻이 아니라, '물기가 스
며들어 젖어 있다'는 뜻을 담고 있다. (14나)에서는 단어 형성의 영역
을 벗어나서 통사 구성체로서 역할을 맡고 있다. 그렇다면 이 글의
접미사와는 성격이 다른 것이다. 이것은 직접 인용할 때에나 직접 보
고할 때에 쓰이는 형식이며, 이런 측면에서 인용 범주에 속한다.[4] 이
상에서 살펴본 접미사들을 상징어 어근과 결합을 기준으로 하여 다시
포함 관계를 나타내 보이면 아래와 같다.

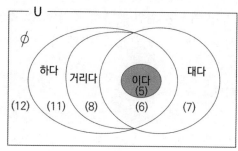

단, U는 전체
상징어 부분의 집합

---

4) 이 점을 Quine(1940: 76쪽)의 용어인 use와 mention으로 나타낼 수 있다. (14나)에서
   볼 수 있는 '하다'는 결국 사물을 지시하는 것이 아니라, 언급(mention)을 위해 사용되
   는 것이다. 사물에 귀속되기보다는, 사물을 표현할 수 있게 만드는 교량 역할을 하는
   셈이다. 이런 예를 선불교의 문답에서, 공(空)을 얘기하다가, 마지막에 가서 '없는 것도
   없다'는 말로 결론지었다고 하자. 이때 앞부분에 있는 '없음'은 도구로서의 언어 자체가
   없음(use)을 뜻한다. 이런 점에 유의한다면, 상징어가 주어로 실현될 때 혼란을 막을
   수 있다. 가령 다음 문장에서
   (a) "척척은 주저 없이 선뜻 해낸다는 뜻을 담고 있다."
   이를 피상적으로만 본다면 상징어가 독자적으로 또는 'Ø' 접미사를 대동하고, 명사의
   자질을 표시할 수 있는 주어 위치에 있으므로, 명사라고 말할지 모른다. 그러나 '척척'
   은 도구로서의 언어 자체만을 가리킨다. 혼란을 피해 달리 표현한다면 다음과 같다.
   (a') "척척이라고 하는 말은 주저 없이 선뜻 해낸다는 뜻을 담고 있다"

이 그림에서는 서로 간의 포함 관계가 드러나 있다. 이상의 관찰에 기대어 접미사들이 뿔뿔이 흩어져 있는 것이 아니라, 서로 모종의 관계를 맺을 수 있음을 알았다. 또한 이것이 계열관계로 확립될 수 있음도 어느 정도 드러났다. 다음 장에서 논의될 의미자질의 관계가 제대로 규명된다면, 접미사들이 어떤 방식을 얽혀 있을 것인지도 알아낼 수 있을 것이다.

4. 접미사들의 결합 모습을 근거로 한 하위 분류

이 장에서 이용할 자료를 제6군으로 나누었다. 그 구획의 기준은 '상징어와 통합할 때 실현 가능한 범위'를 잣대로 삼아, 그 범위가 작은 것으로부터 접미사의 서열을 매겼다. 그 결과, 접미사들이

「-이다, -대다, -거리다, -하다, Ø」

로 배열되었다. '×이다'가 실현될 수 있는 자료를 제1군으로 정하였다. 제1군에서도 다른 접미사가 실현될 수 있는 상징어 어근들을 제1항으로 분류하였고, 그렇지 못한 경우를 제2항으로 분류하였다. 이런 관계를 다음 도표로 나타낸다(단, 이하에서 집합의 원소 기호 '∋'은 실현될 수 있지만, 윗첨자 별표 '*'은 실현될 수 없음을 가리키기로 한다).

제1군 상징어 및 접미사의 결합 모습

세분항	×이다	×대다	×거리다	×하다	××하다	×Ø
제1항	∋	∋	∋	∋	∋	∋
제2항	∋	∋	∋	∋	*	*

제1군의 제1항과 제2항의 자료는 아래와 같다.5)

• 제1군 제1항: 반짝, 번득, 깜빡, 끄덕, 꿈벅, 꾸벅, 뒤척, 들썩, 으슥, 펄럭, 절뚝, 끈적, 출렁, 일렁, 글썽, 홍청, 휘청
• 제1군 제2항: 속닥, 속삭, 쑥덕, 노닥, 해적, 덜렁, 술렁, 덤벙, 서성, 망설, 지껄

제2군의 자료는 'ㄴ이다'의 실현이 불가능한 자료이다. 여기서는 모두 제3항으로 나누었다.

제2군 상징어 및 접미사의 결합 모습

세분항	×이다	×대다	×거리다	××하다	×하다	×∅
제1항	*	∋	∋	∋	∋	∋
제2항	*	∋	∋	∋	??	??
제3항	*	∋	*	*	*	*

제2군의 제1항, 제2항, 제3항의 자료는 아래와 같다.

• 제2군 제1항: 얼씬, 두근, 더듬, 우물, 움찔, 가물, 우쭐, 이글, 귀뚤, 투덜, 재잘, 방실, 홍얼, 넘실, 중얼, 낑낑, 으르렁, 사랑, 아롱, 대롱, 허둥, 어슬

---

5) 상징어와 접미사의 결합 가능성에 대한 판단은 전적으로 필자의 직관에 의지하였다. 필자는 제주 지역의 방언을 모어로 익혀 왔으므로 이 방언에 의한 간섭이 그 성립성에 대한 판단에 스며 있을 것임은 당연하다. 따라서 필자가 제시하는 자료들의 실현 가능성이 다른 연구자에 의하여 다소 달라질 수 있음을 부인하지 않는다. 그러나 그런 차이가 본고의 논지를 해칠 만큼 큰 힘을 갖고 있지 않을 것으로 본다.

가령, 이런 차이에 대한 단적인 경우가 제2군 제2항이 되겠다. 국어사전에서는 제2군 제2항을 모두 제2군 제1항으로 흡수하고 있다. 그러나 이 글에서는 상징어 어간이 'ㄴㄴ'처럼 중복되는 편이 타당할 것으로 보아, 분립시켜 놓았다. 이 글에서 제시되는 자료들은 모두 필자에게 익숙한 자료로써만 등재하였다. 사전에 올라 있으나 필자에게 낯설은 예들은 필자가 성립성 여부를 직관으로 시험할 수 없기 때문이다. 여기에 등재되어 있지 않은 상징어 부분들도, 물론 이 글에서 제시한 제6군의 항목 중 어느 한 부분에 속할 것임은 두말할 것도 없다.

렁, 굽실, 뭉기적, 찌근

- 제2군 제2항: 나불, 비비, 빈둥
- 제2군 제3항: 으시, 어기, 으르

제3군의 자료는 '×이다'와 '×대다'의 실현이 불가능한 경우이다.

제3군 상징어 및 접미사의 결합 모습

세분항	×이다	×대다	×거리다	××하다	×하다	×∅
제1항	*	*	⊒	⊒	⊒	⊒
제2항	*	*	⊒	⊒	*	*

제3군에 따른 자료는 아래와 같다.

- 제3군 제1항: 화끈, 미끈, 어질, 물렁, 기웃
- 제3군 제2항: 흐늘

제3군 제2항에 있는 자료는 앞의 (9)와 (10)에서 다루어진 바와 같이, 자유의지가 있을 경우는 '×대다'가 실현될 수 있다. 다음의 자료는 '×이다' '×대다' '×거리다'의 실현이 불가능한 경우이다.

제4군 상징어 및 접미사의 결합 모습

세분항	×이다	×대다	×거리다	××하다	×하다	×∅
제1항	*	*	*	⊒	⊒	⊒
제2항	*	*	*	⊒	*	*

제4군의 자료는 아래와 같은데, 중복 형식을 나타내기 위하여 상징어 어근을 '××'로 표시한다.

- 제4군 제1항: 어둑어둑, 시들시들, 우뚝우뚝, 차근차근, 짤막짤막, 넓죽
넓죽, 길죽길죽, 불룩불룩, 아슬아슬, 어마어마, 으리으리
- 제4군 제2항: 으시무시, 옹기종기, 아기자기, 엉키설키, 흐지부지, 부리
부리, 구질구질, 몽글몽글

제5군의 자료는 '×하다'와 '×∅'의 실현만 보이는 상징어이다. 여기
서는 제1항과 제2항으로 분류하였으나, 연구자에 따라서는 이 분류를
하나로 통합하여 다룰 수도 있겠다.

제5군 상징어 및 접미사의 결합 모습

세분항	×이다	×대다	×거리다	××하다	×하다	×∅
제1항	*	*	*	*	∋	∋
제2항	*	*	*	*	∋	*

제5군의 상징어 어근에서 '×∅'의 실현 여부는, 한 문장 속에서 그
형태가 단독으로 수식어 구실을 할 수 있는지 여부를 기준으로 하였
다. 제5군 제1항의 성립 여부는 특히 동작 동사를 수식하는 경우를
고려하였다(예: 안개가 자욱 끼었다, 비행기가 사뿐 내려앉았다, 얼굴도 얼
씬 내밀지 마).

- 제5군 제1항: 자국, 사뿐, 얼씬, 꼭
- 제5군 제2항: 웅큼, 썰렁, 얄팍, 얼근, 꺼벙, 말끔, 엉성, 시무룩, 수북,
다소곳(얼얼, 빳빳, 선선, 튼튼, 꼿꼿, 덥덥, 똑똑, 쓸쓸)

'××하다'와 '×하다'의 실현에서 유의할 점은[6] 이 글에서 '-하다'를

---

6) 제4군과 제5군 상징어 어근에서 주목할 대목은 중복성과 단일성의 존재이다. 이것들은
중복성으로부터 단일성이 도출된다든지, 거꾸로 단일성에서 중복성을 유도한다든지
하지 않는다. 즉, 서로 자립적이지만 여섯 가지의 하위 부류로 표현할 수 있다.

상태성과 동작성 따위로 구분하고 있지 않다는 점이다. 이런 상태성
이나 동작성을 본고에서는 상징어 어근으로 귀속시키고 있다. 따라서
'××하다'와 '×하다'에서 접미사는 동일한 것으로 인식하는 셈이다
(445쪽의 각주 3을 보기 바람).

마지막으로 제6군의 자료를 보자. 이 경우는 배타적으로 '×∅'만을
실현시키는 경우이다.

제6군 상징어 및 접미사의 결합을 허용치 않는 모습

접미사	×이다	×대다	×거리다	××하다	×하다	×∅
제1항	*	*	*	*	*	∃

제6군의 예들은 아래와 같다.

- 제6군 제1항: 줄줄, 차곡차곡, 대굴대굴, 와그르르, 우당탕, 꽉, 휘영청

---

① ×× ⇌ ×
② ×× ↛ ×
③ ×× ↚ ×
④ ×○ → × 또는 ○
⑤ ×○ → × 또는 ○ 중에서 하나를 선택함
⑥ ×× ↛ ×도 아니고, ↛ ○도 안 됨.
이 관계의 자료들은 다음과 같다.
  ① 어둑(어둑)·시들(시들)·휘청(휘청),
  ② 구질구질·얼얼·튼튼,
  ③ 다소곳·말끔·자옥,
  ④ 알뜰살뜰·울긋불긋·울퉁불퉁,
  ⑤ 알쏭달쏭·어슷비슷·올록볼록,
  ⑥ 으시무시·아기자기·얼기설기.
이러한 예들이 강하게 모종의 규칙성을 띠고 있을 것으로는 생각하지 않는다. 다만
이들은 우연히 실제 세계에서의 외연이 이러한 형식으로 되어 있는 것뿐이다. 이것들
이 여러 접미사와 결합될 때에는 어떠한 내포의미의 속성을 지니고 있어야 하는데,
이 점은 후술하겠다. 한편 이런 중복성의 경우를 이익섭(1983)에서는 '반복 복합어'로
서 인식하고 있다.

제6군의 예에서 상징어 어간이 중복되어 있는 것을 볼 수 있다. 이런 중복은 접미사와 관계없이 이루어진 것으로 보인다. 만일 이것들의 중복성 여부에 접미사가 간여하고 있다면, 제6군의 자료들은 모두 중복되게 구현되어야 할 것이다. 그러나 일부만 그렇게 되어 있음은, 중복을 허용하는 속성이 접미사와 관계 없음을 드러내는 것이다.

이상의 자료를 중심으로 하여 다시 접미사의 포함 관계를 확인하기로 한다. 'X이다'로 실현된 상징어는 반드시 'X대다'로도 실현되고 있다(제1군 자료). 그리고 'X거리다'로 실현된 상징어도 반드시 'XX하다'로 실현된다(제1군, 제2군, 제3군). 그렇다면 여기서 다시

「X이다 ⊂ X대다」,

「X거리다 ⊂ XX하다」

의 관계를 확인한 셈이다.

이제는 접미사의 의미자질을 찾아내어야 할 차례이다. 여기서 제시된 자료에서 'X이다'와 'X거리다'가 각각 'X대다'와 'XX하다'의 진부분 집합으로 존재하고 있음을 실제 사례로써 확인하였다. 이러한 포함관계는 탐색의 실마리를 제공하여 준다. 앞으로 돌아가서 (9)와 (10)의 예문을 다시 상기하며 시작하기로 한다. 거기에서 우리는 '자유의지'를 잣대로 하여 'X대다'는 접미사의 동작에 관여하는 주체가 자유의지를 지녀야 하고, 'X거리다'의 경우는 반대임을 언급하였다. 자유의지란 내적인 개념이며, 외양만으로 지시될 수 없다. 다만, 그 외양으로써 내적 동기를 유추하거나 판단하게 되는 요소이다. 이 글에서는 이 점을 주춧돌로 삼고자 한다. 여기서 두 개념을 추출하여 독립시키기로 한다. 말하는 사람의 입장에서 한 사태나 사건을 기술하는 방법을 「관찰 및 판단」으로 나누자. 여기서 관찰 속성이란 "나는 느낀다" 정도의 개념으로, 판단 속성은 "나는 판단한다" 정도로 이해

하기로 한다. '나는 판단한다'는 추상 자질 속에 우리는 '×대다'와 '×
이다'가 존재하는 것으로 파악한다.

그리고 다시 여기에다 '×대다'의 유정성(감정을 느끼는 생물)이란 자
질을 첨가하기로 한다. 그러나 이 유정성은 제1군의 자료를 모두 포괄
하지 못한다. 무정물(자연물 대상)이 있기 때문이다. 이를 위하여 우리
는 다시 '자유의지'와 관련될 수 있는 개념으로 '자체 동작'이란 개념
을 상정하기로 한다. 이 두 개념은 서로 모순을 빚거나 상충되는 개념
이 아니다. '자체 동작'이란 비록 의지는 없더라도 주어진 자체 내부의
속성으로써 동작하는 것이며, 동작의 자발성이란 측면에서 서로 공통
적이다. 동작의 자발성에다 유정물이 추가되면 자유의지라는 해석을
받게 되고, 무정물이 추가되면 자체 동작이라는 해석을 받게 된다. 거
꾸로 살펴서, 자유의지란 많은 수의 자체 동작을 잠재적으로 갖추고
있는 경우라고 하겠다. 유정물이 행할 수 있는 자체 동작이란 여러
갈래로 나타날 수 있고, 무정물의 경우는 어떤 한정된 동작만이 나타
난다.[7]

---

7) 이 글을 쓸 당시에 이런 개념이 필요함을 느꼈지만, 이것이 언어 일반적 속성임을 깨닫
지는 못하였다. 한참 뒤에 언어학에서는 이런 개념이 자유의지를 지닌 인간이 일으키
는 변화 및 사물의 내재적 속성에 의해서 일어나는 변화로 대분된다. 위도슨(2004; 김
지홍 뒤침 2018) 『텍스트, 상황 맥락, 숨겨진 의도』(경진출판)에 달아둔 세 곳의 각주를
보기 바란다. 101쪽 이하에 있는 번역자 주석 93은 4쪽에 걸쳐 있고, 286쪽 이하의
역주 198과 199, 그리고 456쪽의 각주 27을 보기 바란다. 사물의 내적 원인으로 변화가
발생할 경우에 ergative라고 부른다. 뜻을 살려 필자는 '저절로 일어나는 사건 동사'로
불렀다. 자연계 인과율에 따라 상태가 바뀌는 일이다. 여기에서도 저절로 손쉽게 변화
가 일어날 경우에 middle voice(중간태)라고 불러 구분한다. 이것들은 자유의지를 지닌
인간이 일으키는 변화와 관련이 없다. "빵이 잘 썰린다, 유리잔이 잘 바스라진다" 따위
를 구분해 주기 위해 영어 쪽에서 부르는 이름이다.
   반면에, 인간이 일부러 일으키는 사건 변화를 un-ergative라고 부르는데, 「자유의지에
의해 일어나는 의도적 사건」이라고 불러야 뜻을 정확히 붙들 수 있다. 조어 방식이
자연계 인과율을 기반으로 하여, 그런 인과율에 반해서 사건이 일부러 일어난다는 뜻
에서 만들어진 것이다.
   우리말을 다룰 적에 "차를 멈추었다 vs. 차가 멈추었다"는 구문에서 사건의 진행 과정
에 대한 표현인지 아니면 해당 사건의 결과 상태에 대한 표현인지에 따라 격 표지가
바뀌는 경우가 많이 있다. 이를 능격(能格)으로 부르는 이가 있지만, 문법 표지인 격
그 자체가 능력이 있다는 뜻일까?, 아니면 유능한 격이란 말일까? 국어를 다루면서

그러면 'X대다'의 진부분 집합으로 존재하는 'X이다'에는 어떤 자질이 배당될 것인가? 이를 'X하다'와 대비하면서 정립해 나가기로 한다.

(15가) 고개를 *끄덕이면서* 신호하였다
(15나) 고개를 *끄덕하면서* 신호하였다

위의 예문에는 신호하는 방법이 나타나 있다. 그 방법이 (15가)에서는 'X이다'로 나타났고, (15나)에서는 'X하다'로 표현되었다. 'X이다'에서는 그 신호가

「연속적으로 고개를 끄덕끄덕하고 있음」

을 알 수 있다. 'X하다'에서는 단지 일회적인 끄덕함을 보여 준다. 연속적이라는 사실을, 일단 의미자질의 후보로 등록하기로 한다. 여기에서 연속적이라는 자질을 제1군의 다른 상징어에도 도입하여 적용해 보기로 한다. '연속적인 끈적임'이라는 말은 어딘가 어색하게 느껴진다. '연속적으로 눈물을 글썽인다'라는 말도 한 사람에게만 적용될 때에는 적합한 표현이 아니다. 이러한 어색함을 벗어나기 위하여 이 개념을

「폭을 지닌 지속성」

으로 바꾸어 보자. 이 폭을 가진 지속성이란 표현은 중의성을 띤다.

우리말 질서를 교란시켜서는 곤란하다. 이것들은 각각 「사건 전개 또는 진행 표현」 및 「사건 결과 상태 표현」의 차이에 불과하다.

(ㄱ) 일정한 주기를 지니고서 반복되는 경우도 폭 자체가 반복적으로 지속
된다고 해석할 수 있고,

(ㄴ) 주기의 반복을 전제하지 않고서 한번의 주기 속에서 어떤 행위가 지
속되는 경우도 폭을 가진 지속성의 경우로 해석된다.

앞에서 연속성이란 말이 어색하게 느껴졌던 것은 그 해석이 오직 주
기가 반복되는 경우로 고정되어 있었기 때문이었다. 이제 우리는 「폭
을 가진 지속성」이란 개념을 'X이다'의 의미자질로 확립시켜 이를 두
가지의 뜻으로 사용하려고 한다. 이 두 가지의 해석 방향은 개별 상징
어 어근이 결정한다. 한 상징어 어근이 주기 내의 지속과 어울리면
그 해석을 받고, 주기 밖의 지속과 어울리면 또 다른 해석(순환 지속이
므로, '주기의 반복'이 됨)을 받는다.

그러면 'X이다'의 의미자질을 정리하여 보자. 우선 ⓐ 'X이다'의
실현에는 「나는 판단한다」라는 자질이 주어진다. 그리고 ⓑ '동작의
자발성'의 자질이 주어짐으로써 사건이나 변화가 일어나야 한다. 마
지막으로 ⓒ 'X이다'의 고유 자질인 「폭을 지닌 지속성」을 배당받게
된다. 이렇게 되면 'X이다'의 의미자질이 모두 주어지게 되는 셈이다.

그런데, 'X대다'는 제2군 제3항의 상징어 어근을 가지고 있다. 이러
한 배타적 실현을 보여 주는 자료를 설명해 낼 수 있도록, 'X대다'에
모종의 자질을 배당해야 할 차례이다. 이 자질의 성격은 'X대다'만을
실현 가능토록 만들고, 다른 접미사 부분의 실현은 저지 또는 거부해
야 하는 것이다. 이들의 상징어 어근 "으시-(으스-), 어기-, 으르-"에
앞에서 적용한 자질들을 투입하여 보자. 먼저 ⓐ 「나는 판단한다」의
자질이 도입된다. 이들 배타적인 사례들은, 구체적 행위를 하나하나
거론하지 않더라도, 내면 상태를 언급하고 있기 때문에 '나는 판단한
다'의 자질이 그런 내면 상태에 대한 해석을 도출하는 데 기여하고
있다. 때로 이들 자료가 비유까지 띠는 경우(가령, "로미오와 줄리엣 집

안은 서로 으르댄다")도, 내면적 상태를 따지는 데에서 비롯된다고 하겠다. ⓑ 두번째의 자질을 투입해 보자. '동작의 자발성'의 자질은 이들 자료가 유정물에 해당될 것이므로, 모두 '자유의지'를 가진 것으로 해석될 것이다. 이 자질의 시험도 무난히 통과되었다. 그렇다면 ⓒ 이것들에만 고유한 배타적 의미자질은 어떻게 설정될 수 있을 것인가? 이 자질은 'x이다'의 실현을 가로막는 장애물의 역할도 하여야 한다. 이를 결정하기 위하여 다음을 주목하자.

(16가) 사람들이 북적인다
(16나) 사람들이 북적북적댄다

'x이다' 상징어 어근의 중첩을 허락하지 않는다. 이는 폭을 가진 지속성을 의미자질로 갖고 있기 때문이다. 곧, 여러 폭(또는 주기)들이 연결되면서 지속성을 띤다면, 이는 반복성의 의미를 자연스럽게 낳는 것이기 때문이다. 상징어가 굳이 어근 중복을 경험하지 않고서라도 전체적인 결합으로써 반복의 의미를 제공하고 있다.

그러나 '-대다'는 상징어 어근의 중복이 들어 있다. 물론 단일한 상징어 부분도 실현시키기 때문에, 여기서 우리는 'x대다'의 실현이 반드시 상징어 어근의 중복 또는 중첩을 전제하는 것은 아니다라고 결론지을 수 있다. 여기서 바로 이 점에 착안하고자 한다. 'x이다'에서 반복성을 유도할 수 없도록 그 속성을 해체하여 볼 것이다. 그리고 이런 장애요소가 바로 'x대다'의 요소로 등록될 수 있음을 보이려고 한다.

'x이다'의 의미자질 중에서 폭(시간 지속)이라는 속성이 그 의미를 반복으로 유도하는 실체로 판단된다. 이 폭을 없애는 대신, 1회적이고 또 시작과 끝이 없는 전체성을 상정시키기로 한다. 즉,

의 대립을 확보하는 것이다. 주기성에는 시작과 끝이 분명하고 또 서
로 같은 크기의 단위를 가져야 한다. 이에 대립되는 전체성은 시작과
끝이 없고[8] 지속 또는 항상 속성만 관찰될 수 있다. 이를 수용하여
'×대다'의 의미자질을 배당하기로 한다.

　'×대다'가 실현되면 처음 ⓐ「나는 판단한다」라고 하는 해석이 내
려져야 한다. ⓑ 다음으로 '동작의 자발성'이 주어지면 유정물이냐 무
정물이냐를 따져서, 각각 '자유의지' 또는 '자체 동작'이라는 의미해석
을 받게 한다. ⓒ 마지막으로 '전체성'이라는 자질이 투입되어, 상징어
어근의 해석이 '지속성' 또는 '항상성'이라는 해석을 받게 된다. 그런
데 이 마지막 의미자질에서 '-대다'가 중복 또는 중첩된 상징어 어근
과 실현될 때에는 해석상의 착오가 생긴다고 염려할 수도 있다. 그러
나 이 글에서는 이를 다음과 같이 유도 조건을 만든다. '××'의 상징
어 부분이 '-대다'에서 실현되면, 전체성의 해석을 받고 나서, 상징어
어근의 병렬 해석을 받는다. 병렬의 양식으로 두 개가 나란히 전체성
의 해석을 받는 것이다. 이 해석의 방법은 선조적으로 잘렸다가 다시
이어지는 다른 접미사의 해석 방향과는 다른 특징을 얻게 하는 것이
다. 결국 상징어 어근의 단일함과 중첩됨은 그 외연 대당물이 하나냐
둘이냐 하는 차이를 표상해 주는 것이다.

　다음 '×거리다' '×하다'의 의미자질을 배당하여 보자. '×대다'를
둘러싸고 있는 기본 의미자질로서, 이 글에서는 「나는 판단하다」로
간주하였었다. 이와 대비되는 개념으로 「나는 느낀다」를 추출하였고,
전자의 내부 속성에 비하여 후자는 외부 특성에 초점지워졌음을 언급

---

8) 물론 하나의 단위라고 여긴다면, 두 끝은 있게 마련이다. 여기서는 반복의 의미를 제거
　하기 위하여 도입된 개념이므로, 그 목적을 위해 시작과 끝이 없는 것으로 가정하여
　두는 것이다.

하였다. 이 「나는 느낀다」라는 감각 특성의 자질을 우리는 'x거리다'와 'x하다'의 공통 의미자질로 설정하고자 한다. 흔히 직접 지각이라고 불리거나 감각 정보라고 불리는 영역이다. 이 설정은 어떤 필연적인 동기에서 객관적으로 유도된 것이 아니라, 필자의 주관에 의해 임의로 설정된 것이지만, 이것의 객관성을 확인할 수 있도록 여러 가지의 검사를 시행할 것이다. 여기서도 우선 'x거리다' 'x하다'의 포함 관계를 의미자질 추구의 출발점으로 삼는다.

   (17가) 꾸물거리다
   (17나) 꾸물꾸물하다

위의 사례에서 상징어 어근의 단일함과 중첩됨에 주목하기로 한다. 'x거리다'는 상징어 어근의 중첩됨을 허락하지 않는다. 이에 반하여 'x하다'는 중첩되어도 그만이고, 단일해도 그만이다. 중첩인지 단일함인지에 대한 제약이 전혀 없는 것이다. 그리고 제4군의 자료에서 'x거리다'의 실현이 저지된 이유는, 자료들이 모두 「사건 변화의 속성을 부여받을 수 없기 때문」이라는 점도 고려해 넣기로 한다. 이 두 가지 특성을 한데 모아서 의미자질을 배당한다면,

   「사건 발생의 반복성」

이라는 개념을 그 후보로 뽑아낼 수 있다.[9) 여기서 반복성이란 'x대

---

9) '털털거리다, 꿍꿍거리다'의 예를 주목하자. 이들은 표면상 'xx'의 중첩됨을 노출하는 듯이 보이기 때문이다. 그러나 이들은 다시 'x하다'의 형식으로 유도하여 보자. 이들은 모두 '털털털털하다, 꿍꿍꿍꿍하다' 등과 같이 된다. 이런 점을 고려하여 우리는 '털털'과 '꿍꿍'과 같은 사례를 단일성으로 취급한다. 이때 우리는 '털털' 등이 왜 이렇게 중첩됨과 비슷한 모양새를 띠는지 설명할 수 있어야 한다. 본고에서는 '털털, 꿍꿍' 등이 하나의 주기 속에서 시작과 끝을 표시해 주는 징표로 파악한다. '털털, 꿍꿍'에서 앞 요소는 한 주기의 시작을, 뒤의 요소는 끝을 나타낸다. 그러므로 '털털털털, 꿍꿍꿍꿍'

다'의 경우에서처럼 병렬적 의미로 사용되는 것이 아니라, 선조적으로 주기 사이에 서로 이어지고 있다는 의미로 사용된다. 이 자질을 제2군의 자료를 갖고 검사해 보기로 한다.

제2군에는 모두 움직임(상태 변화)의 자료로 되어 있다. 그중 특히 제2군 제3항의 사례는 사건 변화 속성에도 불구하고(으시[으스]대고 있다, 어기대고 있다, 으르대고 있다), 'Ｘ거리다'의 실현을 막고 있다. 이를 막고 있는 장애요소는 상징어 어근의 전체성 특질과 접미사 부분의 반복성 특질 사이의 갈등 내지 충돌임을 유도해 낼 수 있다. 곧, 전체성에서 우리는 시작과 끝의 요소를 없앤 의미로 사용하였었다. 반복성에서는 시작과 끝이 서로 연결되어야(여기서는 선조상의 반복을 뜻함) 비로소 의미를 갖는 것이다. 이런 충돌이 'Ｘ거리다'를 제2군 제3항의 자료로써 실현될 수 없게 만들고 있는 것이다. 이제 우리는 「사건 발생의 반복성」이란 의미자질이 언어 자료를 설명하는 데에 기여할 수 있음을 확인하였고, 이 자질을 'Ｘ거리다'의 자질로 배당할 수 있게 되었다.

'Ｘ하다'의 경우도 앞에서 'Ｘ대다'를 연역해 내었던 방식으로 의미자질을 찾기로 한다. 'Ｘ하다'의 경우는 상징어 어근의 중첩을 허락하므로, 이 자질을 1회적인 것으로 만들어야 되겠다. 앞에서 'Ｘ대다'의 경우 반복성을 제거하기 위하여, 전체성이라는 자질을 설정했었다. 이는 내부 속성과 관련지을 수 있는 의미였다. 그러나 'Ｘ하다'는 외부 특성(표면 특성)의 자질을 먼저 배당받고 있다. 이 외부 특성과 걸맞고, 전체성과 대비될 수 있는 개념으로 이 글에서는 '구획성'이란 개념을 선택하려고 한다. 구획성도 앞의 접미사들과는 달리 두 끝점이 보장되어야 한다. 그러므로 'Ｘ거리다'와의 관련을 나타내는 데에도 유익하다.

과 같은 것은 주기 사이의 중복성을 지시하게 되는 것이다.

이 '구획성' 자질은 상징어 어근의 중첩됨을 허용하는 일도 무리 없이 설명을 해낼 수 있다. 특히 제4군의 자료를 대상으로 살펴보자. '어둑어둑, 시들시들' 등의 상태성 상징어 어근에서 변화되기 이전 상태와 변화될 이후의 상태가 있음을 알 수 있다. 그러나 '어마어마, 아기자기, 흐지부지' 등의 상징어 부분에서는 어떻게 구획성이 적용될 것인가? 그리고 제5군의 자료에서 볼 수 있는 '자욱, 웅큼' 등의 경우는 어떻게 해석되어야 할 것인가? 이것들은 순수한 상태성의 요소들이다. 이것들이 어떤 상태에서 또 다른 상태로 변이되는 경우가 아니라, 오히려 하나의 상태를 놓고서 지정하여 언급하고 있는 것이다. 구획성의 개념을 적용하는 데에 문제점이 발생하였다.

이제 이를 해결하기 위하여 세 가지 방향으로 모색해 볼 수 있다. 그 중 둘은 구획성이란 자질의 유효성을 인정하는 방향의 모색이고, 다른 하나는 제안된 자질을 버리고서 새롭게 다른 자질을 모색하는 길이다. 구획성이란 자질이 유효하다고 인정하는 모색의 방향에는, 첫째 구획성의 속성을 더욱 심층적으로 분석함으로써, 이를 어떤 기저 차원의 자질로 재조정하고 보충하는 방법이 있고, 둘째 구획성이란 자질을 'X하다'의 주변적인 성격을 드러내는 것으로 인식하여, 이를 단서로 다시 중심 성격의 자질을 찾아내는 방법이 있겠다. 이 글에서는 구획성이란 자질을 주변적인 성격을 드러내는 것으로 받아들여, 이를 단서로 다시 중심 성격의 자질을 찾아내는 방법을 선택한다. 이 글에서는 구획성이란 자질을 주변 성격의 것으로 파악하려는 것이다.

그 중심 성격의 자질을 부각하기 위하여, 이를 '순간성'과 대비하여 보자. 순간성이란 동일한 시작점 a와 종결점(끝점) a'의 두 점이 한데 맞닿아 있거나 모아져 있는 개념이다. 이를 달리 표현한다면, 구획성이란 개념에서는 동일한 시작점 a와 종결점 a'의 두 점이 서로 한데 맞닿거나 모아져서는 안 된다. 그것들은 서로 간격을 두고 떨어져 있어야 한다. 이 점을 중시하고자 한다. 이를 「시작점과 종결점의 분립 조건」이라고 부르기로 한다. 구획성이란 다시 말하면 어떤 외연의 시작점과 또 다른 외연의 종결점이 만나는 것을 의미한다. 이 구획성을 단서로, 동일한 외연의 시작점과 종결점은 'x하다'의 의미를 나타내기 위하여서 분립되어 있어야 함을 도출한다. 이런 시작점과 종결점의 분립 조건은, 공간적으로 표현하면 면적으로 수용될 것이고, 시간적으로 표현하면 시폭으로 수용될 것이다.

이 개념을 우리의 자료에다 적용시켜 보기로 한다. '어마어마'와 '자욱'의 경우는 시각적으로 부피나 면적을 갖는 경우가 되겠으므로 시작점과 종결점은 서로 분립되어 있다고 할 수 있다. '아기자기'와 '흐지부지'의 경우도 시작점과 종결점이 서로 달라져 있어야 제 의미를 갖게 된다.

'응큼'의 경우는 설명을 요한다. 왜냐하면 'x하다'의 구성이 외부특성에 대한 관찰을 드러낸다고 언급해 왔기 때문이다. 이 글에서는 이를 외부 표면에 대한 관찰의 틀로써 이해하고자 한다. 곧, '응큼'이라는 요소가 언어 현실에서 쓰이게 되려면 우선 '응큼'이라고 지시될 만한 외양의 행동이 전제되어야 한다. 이렇게 전제된 외양의 행동이 관찰의 대상이 되는 것이다. 그리고 시작점과 종결점은 '응큼'의 의미를 이해하면 해결이 가능하다. '응큼'이란 앞 다르고 뒤 다른 행동 양식이다. 따라서 앞의 행동이 시작점이라고 한다면, 뒷 행동은 종결점이 될 것이다. 또 다른 상징어 어근인 '어둑어둑, 시들시들'도 역시 시작점과 종결점이 분립되어 있다. 이들이 진행의 의미를 띨 수 있기 때문이다.

그렇다면 이제 'x하다'의 의미자질로 「시작점과 종결점의 분립」을 배당할 수 있게 되었다. 'x하다'가 실현되면, 우선 ⓐ 「나는 느낀다」라고 하는 외부 표면에 대한 관찰이 해석에 주어져야 한다. 다시 ⓑ 「시작점과 종결점의 분립」이라는 의미자질이 의미 해석에 투입된다. 시작점과 종결점 사이의 분립 조건은 제2군 제3항('x대다'만의 배타적 실현')을 '×하다'로 실현될 수 없도록 막는 역할도 한다.

'×하다'의 실현을 논의하면서 함께 거론되어야 할 대목은, '××하다'와의 상관성 또는 차이점이다. 이 점은 앞에서도 언급하였지만, '-하다' 접미사의 문제는 아니다. 상징어 부분의 단일함과 중첩됨은 다만 실제 세계에서의 외연(상징어 부분의 실세계 대당물을 뜻함)과 관계가 있다. 제1군 제2항은 단일함을 거부하는 사례들이다. 이는 '속닥, 헐떡'과 같은 상징어 어근이 가리키는 외연 의미(외연값)이 연속적인 형태 "속닥속닥, 헐떡헐떡"처럼 현실세계에서 존재하고 있기 때문이다. 만일 1회적인 '속닥'과 '헐떡'을 실제 세계에서 인정할 수 있다면, 당연히 '속닥하다, 헐떡하다'의 성립이 가능하다. 그 실현이 '×하다'보다 '××하다'로 되는 이유는, 현실세계에서의 존재양식이 중첩적으로 파악되기 때문인 것이다.

제3군 제2항의 경우도 현실 세계에서 '흐늘흐늘'의 외연의미가 지시하는 대로 중첩적으로 존재하기 때문이다. 만일 하나의 상태만을 지시할 수 있는 '흐늘'의 경우가 현실 세계에 존재한다면, 당연히 '흐늘하다'의 실현이 이루어질 것이다. 제4군 제2항의 사례들도 모두 다 이런 상태, 저런 상태들이 존재함을 지시한다.

상징어 어근의 단일함과 중첩됨은 그것이 지시하는 외연의미(외연값)이 현실 세계에서 존재하는 방식과 일치한다. 외연이 하나로써만 존재할 수 있으면 '×하다'로 실현되고, 겹으로도 존재할 수 있다면 '××하다'와 '×하다'로 실현되며, 겹쳐야만 존재할 수 있다면 '××하다'로만 실현되는 것이다.

마지막으로 '×∅'의 의미자질을 배당할 순서가 되었다. '×∅'의 실현을 종래의 용어로 표현한다면, 상징적 용법 또는 모사적(模寫的) 용법이라고 할 수 있다. 이 용어는 자칫 이 글에서 주장하는 논리를 혼란 속으로 몰고갈 우려가 있다. 따라서 그런 용어를 채택하지 않는다. 이제까지 살핀 모든 경우가 모두 상징적 용법 또는 모사적 용법의 측면을 담고 있기 때문에, 지금 다룬 의미구분들을 모호하게 만들어 버릴 위험이 있는 것이다. 이 글에서는 대신 이를 새롭게 조명하는 뜻에서 '외연 의미'라는 개념을 채택하기로 한다. 이 개념은 형식의미론에서 사용되는 포괄적인 개념으로서, 실제 세계에 한 언어 형식과 대응할 수 있는 실체가 존재하여야 함을 의미한다. 이를 상징어와 관련되는 협의의 뜻으로 사용하기 위하여, 우리는 관형사를 얹기로 한다. 사진 찍듯이 모사성을 띤다는 점을 강조하여

「모사적 외연 의미」

라고 부르기로 한다. 그리고 이를 '×∅'의 의미자질로 배당하고자 한다. 불행하게도 이 의미자질은 어떠한 시험을 거쳐서 확립될 수가 없다. '×∅'의 실현이 주어지면, 다만 이 언어형식으로 지시되는 실세계의 대당물을 모사적으로 생각할 수 있을 따름이다. 이 의미자질을 확립시키는 데에 중요한 관건은 다른 접미사와의 관련성이 확보되느냐 하는 문제이다. 본고에서는 '×∅'의 의미자질을 「모사적 외연 속성」으로 지정하고, 다른 접미사들의 실현을 내포 속성으로 파악하고자 한다. 여기서 내포 속성이란 어떤 외연을 가진 실체의 내부 속성이나 내재적 특성을 구체적으로 언급한다는 뜻이다. 구체적 언급이란 이 글에서 거론한

'×이다, ×대다, ×거리다, ×하다'

의 의미자질들을 가리킨다. 이렇게 함으로써 외연 속성과 내포 속성은 긴밀히 연관을 맺게 되는 것이다.

이제 종합적으로 상징어 어근과 접미사가 서로 결합하여 나타낼 수 있는 정보를 요약해 보자. '×∅'가 실현되었다고 하면, 현실 세계에

모사될 수 있는 어떤 실체(외연의미)가 있음을 알려준다. 그리고 상징어 어근의 정보는 실체에 대한 모사의 방법을 나타낸다.

　'×하다, ×거리다, ×대다, ×이다'

가 실현되면, 실체의 외연 의미는 미리 전제되고, 대신 실체의 내포 속성이 부각된다. 이때 내포 속성은 각 접미사들의 의미자질과 등가 관계에 있다. '×하다'의 실현에서는 ⓐ 외연 의미가 주어지고, ⓑ 내포 속성으로서 첫째 '나는 느낀다'의 정보가 주어지며, ⓒ 둘째 '시작점과 종결점이 분립되어 있다'라는 정보가 주어진다.10)
　'×거리다'의 실현에는 ⓐ 외연 의미(대상을 모사하는 의미)가 주어지고, ⓑ 내포 속성으로서 첫째 '나는 느낀다'의 정보가 주어지며, ⓒ 둘째 '사건 변화가 반복적이다'라는 정보가 주어진다. 이때 사건 변화의 반복이란 시작점과 종결점이 따로 떨어져 있음을 전제한다. 그러므로 '×거리다'의 실현은 모두 다 '×하다'로도 실현될 수 있음을 알 수 있다.
　'×대다'의 실현이 주어지면 ⓐ 외연 의미가 주어지고, 이 외연 값과 관련하여 내포 속성을 갖는다. 내포 속성에로 정보가 열리면서 ⓑ'×하다'의 정보를 받을 수도 있고 ⓒ'×거리다'의 정보를 받을 수도 있으며, ⓓ 곧바로 '×대다'의 정보를 받을 수도 있다. 앞의 두 경우는 제2군 제1항의 상징어 어근들을 구현한 경우이다. 이 상징어 어근들은(얼씬, 얼씬하다, 얼신거리다, 얼씬대다) 내포 속성으로 분립성, 반복 동작성, 전체성의 성격을 모두 가진 경우가 되겠다. 제2군 제3항의

---

10) 우리말에서 '하다'는 아주 넓은 분포를 지니고 있고 아마 가장 많은 범주에 속할 듯하다. 필자는 직접 인용 구문에서 찾아지는 '-고 하다'가 이 접미사와 거리가 아주 가깝고, 묘사(depict) 동사에 속할 것으로 판단한다. 또한 부사 기능의 형식명사 '듯, 척, 양'에 붙는 '하다'도 동일할 듯하다. 김지홍(2010: 206쪽, 389쪽)을 보기 바란다.

경우는 모사함이라는 외연 의미가 주어지고, 곧바로 전체성이 해석을 유도하는 후자의 예가 된다.

'×이다'의 실현에는 ⓐ 외연 의미가 주어지고, ⓑ 내포 속성으로 '×하다, ×거리다, ×대다'의 정보가 수의적으로 주어진 다음에, ⓒ '×이다'의 정보(폭이 있는 지속성)가 주어진다. 이와 같은 양식을 간단하게 표시하면 점차적으로

「실세계의 관련 사건의 대응물 → 외연 의미 → 내포 의미」

로 분화되어 나온다. 이것이 이 글에서 다룬 접미사들의 상위 분류를 가능하게 만들어 주는 일차적 의미자질이다. 내포의미는 다시

「나는 느낀다 vs. 나는 판단한다」

로 구분된다. 외부 모습에 대한 관찰을 뜻하는 '나는 느낀다'에는 하위 구분으로서 다시

「시작점과 종결점이 서로 떨어져 있음 vs. 사건 변화의 반복」

의 과정을 거친다. 여기서 다시 내부 속성을 추론하고 판단하는 「나는 판단한다」의 영역으로 진입한다. 내부 속성의 판단에서는 하위 구분으로서 다시

「사건의 전체성 및 사건 변화의 자발성 vs. 폭이 있는 지속성」

과 같은 하위 분화의 과정을 거치게 된다. 여기서 외연 의미에서 내포 의미로 가는 과정은 필수적으로 통과해야 하는 과정이다. 그러나 내

포 속성에서의 진행과정은 수의적 선택을 수반하므로 개별 상징어 어근의 품은 성격에 따라 달라지는 과정이다. 여기서 상정된 자질로서 느낌 및 판단은 각각 현장에서 얻는 단면적 자극 및 전체 사건 흐름 전반에 대한 파악에 근거하는 일로 구분되는 것이다.

5. 제안된 의미자질들에 대한 검사와 입증

이상에서 설정된 접미사의 의미자질들 사이에서 상호 관련성을 구체적 사례로써 검증해 나가기로 한다. 구체적 사례를 가지고서 결합 가능성의 여부를 하나하나 예측하고 설명할 수 있어야 그 유효성이 입증되는 것이기 때문이다.

(18가) *그가 너무 어기∅
(18나) *그가 너무 어기한다
(18다) *그가 너무 어기거린다
(18라) 그가 너무 어기댄다
(18마) *그가 너무 어기인다

결합 가능 여부를 설명 또는 예측하려면, 이미 설정된 접미사의 의미 자질과 상징어 어근의 속성을 서로 비교해야 한다. "어기대다"에서 '어기-'라는 상징어 어근은 순종하지 않는 태도나 마음 속의 반항심을 가리킨다고 하겠다. '∅' 접미사는 실세계에서의 외연의미(지시의미)를 나타낸다. 우리는 어기대는 마음의 실체를 상정하여 볼 수 있겠으나, 그것은 내부적인 것으로 간주되므로, 일단 모사적인 외연의미의 후보에서는 제외된다. '-하다'는 '외부적 관찰'(나는 느낀다)과 '시작점과 끝점의 분립 조건'에 맞는 것만을 '결합 가능한 상징어 어근'으로 받아들인다. 그러나 '어기-'는 마음의 속성이므로, 외부 표면에서 관찰될 수 없고, 시작점이나 종결점도 없다. 때문에 '×하다'의 실현도 불가능하다. '-거린다'는 상징어 어근이 '사건 변화의 반복'을 준수할 수 있어야 결합할 수 있다. 그러나 논의 대상이 되는 상징어 어근은 주기를 가지고 반복될 수 있는 행동이 아니다. 또 주기가 전제되는 '×이다'로의 실현도 저지될 수밖에 없는 것이다. 다만 시작점과 끝점을 고려하지 않고 자발적 요소를 따지는 '×대다'의 실현만이 가능할 뿐이다.

(19가) 나무들이 길죽길죽∅
(19나) 나무들이 길죽길죽하다
(19다) *나무들이 길죽길죽거린다
(19라) *나무들이 길줄길줄댄다
(19마) *나무들이 길죽길죽인다

(19)의 사례는 나무들이 서 있는 모습을 가리킨다. '×∅'의 실현에는 모사적으로 대당될 수 있는 외연의미(실제 그런 사건)가 주어져야 한다. 여러 그루의 나무를 곧 상정할 수 있으므로, 외연의미의 성립은 확실하다. '×하다'의 조건은 외부적으로 관찰할 수 있고 시작점과 종결점이 서로 떨어져 있어야 한다. '길죽'은 길이를 가지므로, 당연히 두 끝점(공간상의 시작점과 종결점)이 분립되어 있는 셈이다.

(19가') *나무가 길죽길죽하다
(19가") 나무가 길죽하다

(19가')의 비문성은 '길죽길죽'에 대당하는 외연이 두 개 이상 되어야 한다. 그런데 그 주어가 오직 한 그루의 나무만 가리킨다. 그러므로 그 자질이 서로 어울릴 수 없다는 데에서 비문의 원인을 찾을 수 있다.

대신 단일함의 상징어 어근을 가진 (19가")은 주어와 술어의 외연의미가 서로 일치한다. 오직 한 그루의 나무에 대해서 성립이 가능한 것이다.

'×거린다'는 우선 행위성을 요구한다. 나무는 이를 만족시켜 줄 수 없다. '×대다'도 역시 행위나 사건 변화의 자발성이 충족되어야 한다. 나무의 키나 길이와 관련된 사건 변화는 결코 자발적인 원인이 존재하지 않는다. '×이다'는 주기성이 준수되어야 한다. 그렇지만 '길죽길죽'에는 아무런 주기성을 찾아볼 수 없다. '길죽길죽'이 실현될 수 있는 형태는 이 글에서 다루는 접미사 중에서 '×∅'와 '×하다'가 된다. 여기서도 상징어 어근의 중첩됨으로 말미암아, 외연의미의 대당물이 복수성을 지니지 못한다면 역시 비문으로 되어 버린다.

(20가) 귀뚜라미가 귀뚤∅
(20나) 귀뚜라미가 귀뚤한다
(20다) 귀뚜라미가 귀뚤거린다
(20라) 귀뚜라미가 귀뚤댄다
(20마) *귀뚜라미가 귀뚤인다

(20가)에서는 상징어 어근이 단일하게 표현되었다. 이에 따라 외연의미를 띤 사건 대당물도 단수성을 띤다. 만일 주어에 두 마리 이상의 귀뚜라미가 나와서 복수성이 실현되면 서로 호응될 수 없으며, 곧 바로 비문이 된다.

(20가') *귀뚜라미들이 귀뚤
(20가") 귀뚜라미들이 귀뚤귀뚤∅

(20가')에서는 주어에 복수의 귀뚜라미가 나왔지만, 술어에서는 단수 속성이 나왔다. 이렇게 서로 호응하는 일에서 어그러짐이 이를 비문

으로 판정내리는 근거가 된다. 그러나 (20가")에서처럼 술어의 외연의 미를 복수성으로 바꾼다면 비문성이 극복된다.

(20가‴) 귀뚜라미가 귀뚤귀뚤∅

한편 주어는 한 마리 귀뚜라미가 나왔고, 술어에 복수성이 실현된 경우를 생각해 보자. (20가‴)에서는 유정물인 귀뚜라미가 자발적으로 울음소리를 반복하며 낼 수 있으므로 그 성립이 가능하다. 한 마리의 귀뚜라미가 선조상으로 울음소리를 반복하므로, 자연세계에서 외연의미의 대당물도 복수성을 띤다. (20나)는 'x하다'의 실현조건인 외부표면의 관찰 조건 및 두 끝점 사이에 서로 떨어져 있어야 하는 조건을 충족시킨다. 여기서 울음소리는 1회적인 경우이며, 상징어 부분에 중복성이 나타나려면 외연의미의 대당물이 복수성을 띠어야 한다. (20다)도 동작의 반복성을 나타낼 수 있으므로 성립이 가능하다. 상징어 어근은 단일성만이 허락된다. (20라)는 자발성의 조건이 유정물에 적용되는 점을 고려하면, '본능의 발현' 조건으로 언급할 수 있고, 사람의 경우에는 '자유의지'의 구현이라는 조건으로 바뀐다. 여기서는 전체성의 자질을 적용하지 않는다. 그 이유가 상징어 어근이 오직 'x대다' 하나만 배타적으로 나오는 경우가 아니기 때문이다. 'xx대다'도 가능한 것이다. 그러므로 이 문장은 귀뚜라미의 본능, 곧 울음소리를 내려는 의도를 나타내는 것이다.

(20마)는 성립할 수 없다고 보아 별표를 붙였다. 그 이유는 'x이다'의 실현이 폭을 가진 지속을 뜻하며, 이 지속의 의미는 귀뚜라미가 속성적으로 계속 울어야 함을 지시하게 된다. 그러나 귀뚜라미는 어느 일정 시간이 지나면 더 울지 않을 것이므로, 지속성이 보장될 수 없는 것이다. 이런 배경에서 'x이다'의 실현이 저지되었다.

이상에서 이 글에서 설정된 의미자질이 접미사와 상징어 어근의 결합 가능성과 불가능성을 미리 예측해 주고, 더 나아가 한 문장의 비문성 여부를 구별할 뿐만 아니라, 그 이유도 적절히 설명할 수 있음을 보았다. 이 글에서 시범 삼아 수행된 작업만으로는 논의 대상의 접미사의 의미가 다 밝혀질 수 없다. 많은 연구들에서 좀 더 다른 시각으로 이것들을 논의해 나갈 때, 집단 지성의 힘에 의해 점차적으로 그 본질에 다가갈 수 있을 것이다.

이 글에서의 초점은 논의 대상의 접미사들이 서로 긴밀히 관계를 맺고 있음을 밝히려고 한 것이다. 이 관계를 의미자질의 설정을 통하여 포착하려고 시도하였다. 또 그 의미자질들이 자의적인 것들이 아님을 보이기 위하여, 문법적인 사례와 비문법적인 사례들을 골라내고 예측하며 설명해 낼 수 있음을 작은 자료를 놓고 제시하였다. 아직 이들 접미사의 궁극적인 기저의미가 무엇인지를 밝히는 일은 필자의 능력을 초월한 어려운 문제이다. 또한 이들 접미사와 관련하여 사실상 제기해야 할 문제의 범위가 얼마만큼인지에 대해서도 잘 알 수 없다. 다만 필자는 이 글을 이들 접미사의 다양한 측면을 이해하는 일에서 첫 디딤돌로 삼고자 한다(472쪽의 '뒤에 새로 덧붙임'도 읽어 보기 바람).

【 뒤에 새로 덧붙임 】

여기서는 명사에 접미되는 '-이다, -답다, -스럽다'를 놓고서 필자가 생각하는 직관만을 졸가리 없이 적어 놓는다. 필자는 인류 지성사에서 친숙하게 다뤄온 문제들이 언어 현상에 깊이 간여하고 있다는 사실을 뒤늦게 깨달았다. 가령, 필연성과 우연성의 문제, 확실성과 개연성의 문제, 외부와 내부의 문제, 전체와 부분의 문제, 같음과 비슷함과 다름의 문제, 본질과 주변의 문제들이다(435쪽 참고).

먼저 '-이다'는 대상이나 사물의 내적 속성을 가리킨다. 대상이 더 이상 쪼갤 수 없는 최소한의 것이라는 희랍 시대의 주장은 무의미하다. 대상 그 자체가 이미 많은 속성들이 모여 있는 실체이기 때문이다. 만일 '-이다'가 사회 문화적으로 공유되는 어떤 속성(들)을 지정해 준다고 보면, 문제는 '-답다 vs. -스럽다'의 차이를 어떻게 드러낼 수 있는지에 모아져야 한다. 필자는 '-답다'를 대상의 핵심적 속성을 지정하는 것으로 본다. 반면에 이 접미사와 계열관계로 쓰일 경우에, '-스럽다'는 외부 표면의 특성만 대립적으로 가리킬 수 있다. 이하에서는 이런 결론을 조금 자세히 풀어 두기로 한다.

먼저 '-이다'인데, 영어의 be 동사는 외연의미 '있다'와 내포의미 '이다'를 동시에 같은 낱말로 쓰고 있으므로 우리말에서보다 더욱 혼란스럽다. 뤄쓸(1903; 1938년 수정 서문이 실림)『수학의 원리』에서는 스스로 계사의 내포의미를 모두 다 명확히 집합 표상으로 나타낼 수 없음을 적어 놓은 바 있다. 일단 계사의 내포의미가 여럿 상정될 수 있겠지만 등호 관계 '='라고 치부해 두기로 한다. 등호 관계도 충분조건만 걸려 있는지 필요조건까지 따지는지 여부도 하위 구분될 필요가 있다.

여기서 또 하나의 전제가 있다. 희랍 시대에는 대상 또는 사물이 더 이상 나뉠 수 없는(individual이란 말의 어원임) 개체라고 보았었다. 그렇지만 뤄쑬 교수는 여러 속성들이 하나의 개체에 모아져 있는 것(a bundle of properties)이 본디 모습이라고 본다. 그렇다면 대상 그 자체가 결코 자명한 것이 아니다. 그 대상의 어떤 속성이 우선 우리 감각기관에 자극을 줌으로써, 그렇게 보이는 것일 뿐이다. 개체가 어떤 속성으로 지정되는지는 문화와 역사적으로 상당한 부분이 결정되어 있다. 그런 속성들을 대상의 고유한 속성으로 관념하는 것이다.

개체로서 '김지홍'은 무한히 많은 속성들을 동시에 모아 가지고 있다. 칸트의 기본 범주들의 속성뿐만 아니라, 사회생활을 해 나가는 데 관련된 여러 속성들이 부지기수로 여러 겹이 누적돼 있을 것이다. 우선 신체적 특징(모양, 재질)이 있고, 그 신체가 이리저리 고장이 나서 병들과 싸우는 상태가 있으며, 여러 측면에 다양한 몸뚱이가 특성들도 있다. 더욱 중요한 속성들은 사회적 관계로부터 나오며, 또한 내 머릿속에 있는 의식 내지 태도와 관련해서도 무궁무진 그 속성들을 다 나열할 수가 없다. 한 개인이 얽어 짜나가는 사회적 관계가 정태적인 것도 있고(집안 내의 관계, 직장에서의 관계, 친구들과의 관계 따위), 수시로 바뀔 수 있는 동적인 것도 있다. 내 머릿속에서는 여러 차례 바뀌고 있는 꿈도 있고, 내가 스스로 자긍심을 느끼는 속성 및 열등감을 느끼는 속성도 함께 있고, 최근 목표로 삼은 계획들도 있다. 그렇지만 개체 '김지홍'을 무엇으로 지정해야 할까? 이름표일까, 아니면 주민센터에 발급받는 호적초본일까? 너무 다양하고 복잡한 속성들의 개체 김지홍 속에 묶이어 있는 것이다.

그럼에도 사회학에서는 머릿속 의식을 크게 남들이 나를 규정하는 정체성과 내가 나를 파악하는 정체감으로 대분해 놓기도 한다. 미시사회학을 열어 놓은 시카고 대학 미이드(G. H. Mead, 1863~1931)는 self로 불리는 나 자신을 남과 관계를 맺는 me(사회적 자아)와 나 혼자서 재귀적으로 반성하는 I(사밀한 내적 자아)로 나누기도 한다. 무한한 속성들이 모아져 있는 개체 김지홍을 규정하는 큰 틀이 사회문화적으로 주어져 있는 것이다.

'-답다'는 앞의 계사가 포착하는 여러 가지 속성들 중에서 본질적이고 핵심적으로 평가되는 속성과 관련된다. 가령, "철수가 신사답다"라고 말할 경우에, 신사의 핵심 속성을 대화 참여자들이 공유하고 받아들인다는 전제하에 그런 핵심 속성을 부여하는 것이다. 그렇지만 "동수가 어른스럽다"라고 말할 경우에, 겉으로 드러나는 특성이 어른과 비슷하지만, 「동수는 어른이 아님」을 전제로 말하고 있다. 한자어로 '사이비(似而非)'라는 낱말이 부정적인 속뜻이 깃들어 있어서 '-스럽다'의 의미자질로 내세우는 것이 주저된다. 그렇지만 「일부는 닮지만 핵심적인 속성은 그렇지 않을 경우」에 '-스럽다'가 쓰이는 것이다.

그렇지만 "그 집이 예스럽다" 또는 "그 집이 고풍스럽다"는 '-답다'와 계열관계로 보여 주지 않는다. 소쉬르가 강조했듯이 계열관계로 자리 잡는 항목들이 가장 전형적인 모습이므로, 이런 조건이 먼저 고려되어야 마땅하다. 비록 이 경우에 '*옛답다, *예답다'가 없지만, 이는 그 집에 대한 일부 표면상의 특성이 옛날 또는 고풍의 감각을 준다는 뜻으로 받아들일 수 있다. 설령 그 집이 옛날 만들어진 것이 아니더라도 그렇게 표현될 수 있다. 또한 "사랑스럽다"도, 또한 '-답다'와 계열관계를 이루는 것이 아니다. 그렇지만 이 또한 일차 지각적 특성이 사랑하도록 이끌어 낸다는 뜻이며, 여기서는 결코 사랑하는 일과 배제되지 않는다. 오히려 '사랑스럽다'는 사랑하는 동기나 계기를 표현해 주고 있는 것이다. 이런 측면을 고려한다면, 시간축으로 진행되는 일로서 본격적으로 사랑하는 관계라기보다는 아직 사랑하는 단계의 초입부에 있는 것으로 여길 만하다. 이런 특성들은 일단 전형적 대립 자질을 바탕으로 하여 부차적인 추가 자질을 유도해 나가는 작업이 된다.

그렇다면 '-이다'는 같다와 관련하여 의미자질이 주어져야 하고, '-답다'와 '-스럽다'는 비슷하다와 관련하여 의미자질을 찾아내어야 할 것이다. 필자는 '-답다'가 내부 핵심 속성이나 본질적인 특성을 전제로 하여 쓰이고, '-스럽다'가 외부 표면상의 감각이나 지각을 표현하거나, 시간축에서 본격적으로 중앙 지점에 있다기보다는 변두리의 주변 지점을 가리키는 데에 쓰일 듯이 느껴진다. 우리말에 대한 전산 처리 자료들이 잘 구축되어 있으므로, 좀 더 광범위한 자료들을 놓고서 이론을 수립하면서, 이런 접미사들의 위계적 짜임과 대립 의미자질들도 하루 속히 명백히 밝혀지기를 기대한다. 이런 작업은 여러 관련 분야의 전문가들이 긴밀한 협업 과정을 통하여 성취될 수 있을 것으로 본다.

참고문헌

강정희(1981), "제주 방언의 인용문 연구: 피인용문의 문장 어미를 중심으로", 『이화 어문논집』 4, 이화어문학회, 5~33쪽.

강정희(1988), 『제주 방언 연구』, 한남대학교 출판부.

강정희(1990), "방언 문법론", 『방언학의 자료와 이론』, 지식산업사.

강정희(1994), "제주 방언 동명사 구문의 문법화 연구", 『어문연구』 57, 한국어문교육연구회, 5~31쪽.

강정희(2012), "문법화로 본 제주 방언의 가능 표현 연구: '-어지다' 구문을 중심으로", 『방언학』 16, 한국방언학회, 241~271쪽.

고광모(2004), "과거시제 어미 '-었-'의 형성에 대하여", 『형태론』 6(2), 형태론학회, 367~375쪽.

고동호(1991), "제주 방언의 구개음화와 이중모음의 변화", 『언어학』 13, 한국언어학회, 33~49쪽.

고동호·정승철·송상조·고영진·김지홍·오창명·문순덕(2014), 『제주 방언 연구의 어제와 내일』, 제주발전연구원.

고영근(1986), "서법과 양태의 상관 관계", 『국어학 신연구』, 탑출판사.

고영근(2007), 『(보정판) 한국어의 시제·서법·동작상』, 태학사.

고영진(1984), "제주 방언의 인용문 연구", 연세대 석사논문.

고영진(1991), "제주도 방언의 회상법의 형태와 관련된 몇가지 문제: 회상법의 형태소 정립을 위하여", 『국어의 이해와 인식』, 한국문화사.

고영진(2007), "제주도 방언의 형용사에 나타나는 두 가지 '현재 시제'에 대하여", 『한글』 275, 한글학회, 77~106쪽.

고영진(2008), "제주도 방언의 형태론적 상 범주의 체계화를 위하여", 『한글』 280, 한글학회, 101~128쪽.

고영진(2019), "제주도 방언의 상대높임과 '-느-'", 『방언학』 29, 한국방언학회, 69~91쪽.

고영진(2021), "제주도 방언의 양태표지 '-으크-'에 대하여", 『한글』 82(2), 한글학회, 295~333쪽.

고재환 외 5인(2014), 『제주어 표기법 해설』, 제주발전연구원.

고창근(1993), "제주도 방언의 청자 대우법 연구", 제주대 석사논문.

김귀자(1973), "제주도 방언의 존경접미사 연구", 이화여자대 석사논문.

김미경(1987), "제주도 방언의 의문법 연구", 제주대 석사논문.

김미진(2019), "제주 방언의 인용 표지 연구", 『영주 어문』 41, 제주대 국어국문학과, 29~55쪽.

김보향(2019), "제주 방언의 피동 연구", 『한국 언어문학』 108, 한국언어문학회, 7~30쪽.

김수태(2005), "'느'와 종결어미의 융합", 『우리말 연구』 16, 우리말학회, 27~51쪽.

김영희(1988), "등위 접속문의 통사 특성", 『한글』 201~202, 한글학회, 83~117쪽.

김영희(1991), "종속 접속문의 통사적 양상", 『서재극박사 환갑기념 논문집』, 계명대 국어국문학과, 165~188쪽.

김완진(2000), 『향가와 고려가요』, 서울대학교 출판부.

김지홍(1982), "제주 방언의 동사구 보문 연구", 한국학중앙연구원 한국학대학원 석사논문.

김지홍(1983), "A Study of Korean Implicative Verbs", 『탐라 문화』 3, 제주대 탐라문화연구소, 111~155쪽.

김지홍(1986), "몇 어형성 접미사에 대하여: 특히 '-이다, -대다, -거리다, -하다, ∅'의 관련을 중심으로", 『백록 어문』 창간호, 제주대 국어교육과,

55~81쪽.

김지홍(1991), "동사구 보문화에서 공범주로 실현되는 동지표 논항에 대하여: 특히 {NP를}과의 관련을 중심으로 하여", 『이승욱선생 회갑기념 논총』, 서강대 국어국문학과, 27~68쪽.

김지홍(1992a), "{겠}에 대응하는 {-으크-}에 대하여: 특히 분석 오류의 시정과 분포 확립을 중심으로 하여", 『현용준박사 회갑기념 제주도 언어민속 논총』, 도서출판 제주문화, 33~98쪽.

김지홍(1992b), "국어 부사형 어미 구문과 논항구조 연구", 서강대 박사논문.

김지홍(2000), "동사구와 명사구 기능범주들의 관련성에 대하여", 『백록 어문』 16, 제주대 국어교육과, 7~29쪽.

김지홍(2001), "제주 방언 대우법 연구의 몇 가지 문제", 『백록 어문』 17, 제주대 국어교육과, 7~35쪽.

김지홍(2010), 『국어 통사·의미론의 몇 측면: 논항구조 접근』, 경진출판.

김지홍(2014a), "제주 방언 통사 연구에서의 현황과 과제", 고동호 외 6인, 『제주 방언 연구의 어제와 내일』, 제주발전연구원, 178~314쪽.

김지홍(2014b), 『제주 방언의 통사 기술과 설명: 기본구문의 기능범주 분석』, 경진출판.

김지홍(2015, 증보판 2021), 『여러 학문에서의 언어 산출 접근』, 경진출판.

김지홍(2016), "제주 방언의 선어말어미와 종결어미 체계", 『한글』 313, 한글학회, 109~171쪽.

김지홍(2017), "Non-canonical Ending Systems in Jeju Korean", 『방언학』 26, 한국방언학회, 229~260쪽.

김지홍(2019), "제주 방언의 인용 구문과 매개변항(매개인자)", 『한글』 326, 한글학회, 745~792쪽.

김지홍(2020), 『제주 방언의 복합구문: 접속문과 내포문 1~2』, 경진출판.

김차균(1990), 『우리말 시제와 상의 연구』, 태학사.

김홍식(1977), "어간말 모음탈락에 대하여: 특히 제주도 방언과 관련해서",

『제주대 논문집』 8, 29~47쪽.

남기심(1973; 1996 재수록), "국어 완형 보문법 연구", 『국어 문법의 탐구Ⅰ: 국어 통사론의 문제』, 태학사.

남기심(1978), 『국어문법의 시제에 관한 연구』, 탑출판사.

남기심(1982), "국어의 공시적 기술과 형태소의 분석", 『배달말』 7, 배달말학회, 1~10쪽.

남기심(1986), "서술절의 설정은 타당한가?", 『국어학 신연구』, 탑출판사.

남풍현(1965), "15세기 국어의 음성상징 연구", 서울대 석사논문.

문숙영(1998), "제주도 방언의 시상 형태에 대한 연구", 서울대 석사논문.

문숙영(2006), "제주 방언의 '엄시'의 범주와 관련된 몇 문제", 『형태론』 8(2), 293~316쪽.

문순덕(1999), "제주 방언의 부정 표현 연구", 제주대 박사논문.

문순덕(2003), "제주 방언 반말체 첨사의 화용 기능", 『영주 어문』 5, 제주대 국어국문학과, 71~86쪽.

문순덕(2005), "제주 방언 높임말 첨사의 담화 기능: '마씀, 양, 예'를 중심으로", 『언어 연구』 20(3), 한국현대언어학회, 1~17쪽.

민현식(1984), "{-스럽다, -롭다} 접미사에 대하여", 『국어학』 13, 국어학회, 95~118쪽.

박용후(1960; 1988 재판), 『제주 방언 연구: 고찰편』, 과학사.

박재연(2006), 『한국어 양태 어미 연구』, 태학사.

박재연(2012), "인용 동사의 의미론적 분류 방법", 『한국어 의미학』 39, 한국어 의미학회, 205~229쪽.

서정목(1987), 『국어 의문문 연구』, 탑출판사.

서정목(1988a), "한국어 청자 대우 등급의 형태론적 해석 (1)", 『국어학』 17, 국어학회, 97~151쪽.

서정목(1988b), "반말체 형태 '-지'의 형태소 확인", 『이혜숙교수 정년기념 논문집』, 이화여대 영어영문학과.

서정목(1990), "방언학의 연구 동향과 과제", 『방언학의 자료와 이론』, 지식산
    업사.

서정목(1991), "한국어 동사구의 특성과 엑스-바 이론", 『국어학의 새로운 인
    식과 전개』, 민음사.

서태룡(1982), "국어의 의도·목적형에 대하여", 『관악 어문연구』 7, 서울대
    국어국문학과, 143~173쪽.

서태룡(1988), 『국어 활용어미의 형태와 의미』, 탑출판사.

성기철(1979), "경험과 추정", 『문법 연구』 4, 문법연구회.

성낙수(1984), 『제주도 방언의 풀이씨의 이음법 연구』, 정음사.

성낙수(1992), 『제주도 방언의 통사론적 연구』, 계명문화사.

손숙자(1990), "국어의 부가어 연구", 서울대 박사논문.

송상조(1990), "제주도 방언의 접미 파생어 연구", 동아대 박사논문.

송상조(2007), 『제주말 큰사전』, 한국문화사.

송상조(2011), 『제주말에서 때가림소 '-ㅇ, -ㄴ'과 씨끝들의 호응』, 한국문화사.

안귀남(2007), "경북 방언의 간접 인용문 연구", 『언어과학 연구』 42, 언어과학
    회, 45~80쪽.

안명철(1990), "국어의 융합 현상", 『국어국문학』 103, 국어국문학회, 12~137쪽.

안병희(1967), "문법사", 『한국 문화사 대계』 5, 고려대 민족문화연구소.

안예리(2015), "'-단'과 '-다는'의 관계에 대한 재고찰", 『한민족 어문학』 71,
    한민족어문학회, 45~75쪽.

양인석(1977), "Progressive and Perfective Aspect in Korean", 『언어』 2(1), 한국언
    어학회, 25~40쪽.

양창용·양세정(2013), "소멸 위기 언어 보존 사례 분석을 통한 제주어 보전
    방안", 『제주학 연구』 4, 제주발전연구원.

오창명(1998), 『제주도 오름과 마을 이름』, 제주대 출판부.

오학수(1986), "제주방언 시상에 관한 일고", 『백록 어문』 창간호, 제주대 국어
    교육과, 83~102쪽.

우창현(1993), "제주 방언의 경어법에 대한 연구", 서강대 석사논문.

우창현(1997), "제주 방언의 상 연구", 서강대 박사논문.

우창현(2003a), "제주 방언의 반복상", 『어문 연구』 31(2), 어문연구회, 117~135쪽.

우창현(2003b), 『상 해석의 이론과 실제: 제주 방언을 중심으로』, 한국문화사.

유재원(1985), 『우리말 역순사전』, 정음사.

이규호(2006), "복합조사 '-이라고'의 생성과 분화", 『국어학』 47, 국어학회, 145~177쪽.

이기갑(1987), "미정의 씨끝 '-으리-'와 '-겠-'의 역사적 교체", 『말』 12, 연세대 한국어학당, 161~197쪽.

이기갑(2008), "양상의 유형론", 김원필 외 18인, 『언어 유형론』, 월인.

이남덕(1982), "제주 방언의 동사 종결어미 변화에 나타나는 시상 체계에 대하여", 『논총』 40, 이화여대 한국문화연구원, 7~54쪽.

이병근(1988), "유음 탈락의 음운론과 형태론", 『한글』 173~174, 한글학회, 223~246쪽.

이숭녕(1957; 1978 재판), 『제주도 방언의 형태론적 연구』, 탑출판사.

이승욱(1973), 『국어 문법체계의 사적 연구』, 일조각.

이승욱(1997), 『국어 형태사 연구』, 태학사.

이영희(1977), "제주도 방언의 시상고", 『문맥』 5, 경북대 국어교육과.

이원직(1990), "대명사와 공범주", 『한국어학 신연구』, 한신문화사.

이윤표(1990), "공주제 공범주와 주제화의 관계", 『한국어학 신연구』, 한신문화사.

이익섭(1983), "현대국어의 반복 복합어의 구조", 『정병욱선생 환갑기념 논총』.

이지양(1998), 『국어의 융합 현상』, 태학사.

이현희(1996), "중세 국어 내적 화법의 성격", 『한신 논문집』 3, 한신대.

이홍배(1987), "On Empty Categories in Korean", 『언어』 12(2), 한국언어학회.

이효상(2006), "제주 방언의 '엄시'에 대하여: 상 표지인가, 시제 표지인가?", 『형태론』 8(1), 129~138쪽.

임칠성(1991a), "현대 국어의 시제어미 연구", 전남대 박사논문.

임칠성(1991b), "비확정 서술의 '겠'에 대하여", 『국어국문학』 105, 국어국문학회.

임홍빈(1980), "'겠'과 대상성", 『한글』 170, 한글학회, 587~630쪽.

임홍빈(1981), "사이시옷 문제의 해결을 위하여", 『국어학』 10, 국어학회, 1~35쪽.

임홍빈(1982), "기술보다는 설명을 중시하는 형태론의 기능 정립을 위하여", 『한국학보』 26, 168~192쪽.

임홍빈(1983), "서구의 일반언어학 이론과 국어학의 과제", 『정신문화 연구』 19, 한국정신문화연구원.

임홍빈(1984a), "문종결의 논리와 수행 억양", 『말』 9, 연세대 한국어학당, 147~182쪽.

임홍빈(1984b), "청자 대우법 상의 '해'체와 '해라'체", 『천시권박사 회갑기념 국어학 논총』, 경북대 국어교육과, 281~316쪽.

임홍빈(1985), "국어의 '통사적인' 공범주에 대하여", 『어학 연구』 21(3), 서울대 어학연구소, 331~384쪽.

임홍빈(1990), "용언의 어근 분리 현상에 대하여", 『언어』 4(2), 한국언어학회, 55~66쪽.

장경희(1985), 『현대 국어의 양태범주 연구』, 탑출판사.

장영준(2000), 『한국어 통사 구조 새로 보기』, 박이정.

정승철(1988), "제주 방언의 모음체계와 그에 관련된 음운현상", 서울대 석사논문.

정승철(1991), "음운연쇄와 비음운론적 경계: 제주도 방언을 중심으로", 『국어학의 새로운 인식과 전개』, 민음사.

정승철(1995), 『제주도 방언의 통시 음운론』, 태학사.

정승철(1997a), "제주 방언의 특징", 『한국 어문』 4, 한국정신문화연구원.

정승철(1997b), "제주도 방언 어미의 형태음소론: 인용어미를 중심으로", 『애산 학보』 20, 애산학회, 67~107쪽.

정승철(1998a), "제주 방언", 『문법 연구와 자료』, 태학사.

정승철(1998b), "제주 방언의 특징에 대하여", 『새 국어 생활』 8(4), 국립국어연구원, 133~152쪽.

정연찬(1984), "중세국어의 한 조사 '-으란'에 대하여: 대제격으로 세운다", 『국어학』 13, 국어학회, 1~31쪽.

정영진(1983), "제주도 방언의 종결어미 연구", 『동악 어문논집』 18, 동국대 국어국문학과, 307~342쪽.

제주대학교 박물관 엮음(1995), 『제주어 사전』, 제주도.

조태린(2014), "제주어와 제주방언, 이름의 정치언어학", 『어문학』 126, 한국어문학회, 117~135쪽.

최학규(1989), "제주 방언의 서법체계 연구", 제주대 석사논문.

최현배(1929; 1971 제4개정판), 『우리말본』, 정음사.

한송화(2013), "인용의 기능과 화자의 태도: 신문 텍스트에 나타난 인용 기능의 명사를 중심으로", 『학술발표 논문집』(한국 문법교육학회 제19차 전국 학술대회), 79~90쪽.

한송화(2014), "인용문과 인용동사의 기능과 사용 양상", 『Foreign Languages Education』 21(1), 한국외국어교육학회, 241~266쪽.

한영균(1984), "제주 방언 동명사 어미의 통사 기능", 『국어학』 13, 국어학회, 229~252쪽.

허경행(2010), 『한국어 복합 종결어미』, 박문사.

허웅(1987), 『국어 때매김법의 변천사』, 과학사.

허웅(1989), 『16세기 우리 옛말본』, 샘문화사.

현영희(2019), "인용 명사의 범위와 유형", 『텍스트 언어학』 46, 텍스트언어학회, 225~259쪽.

현용준(1980), 『제주도 무속자료 사전』, 신구문화사.

현평효(1974), "제주도 방언의 정동사 어미 연구", 동국대 박사논문.

현평효(1985), 『제주도 방언 연구: 논고편』, 이우출판사.

현평효·김홍식·강근보(1974), "제주도 방언 활용어미에 대한 연구", 『논문집』 6, 제주대, 15~34쪽.

홍윤표(1994), 『근대 국어 연구 1』, 태학사.

홍종림(1981), "제주도 방언의 선어말어미 '-크-'에 대하여", 『김형규박사 고희
기념 논총』.

홍종림(1991), "제주 방언의 양태와 상범주 연구", 성균관대 박사논문.

홍종림(1994), "제주 방언의 평서법 어미에 대한 고찰(1)", 『선청 어문』 22(1),
서울대 국어교육과, 705~727쪽.

홍종림(1995), "제주 방언의 상대존대 형태에 대하여", 『강신항박사 정년퇴임
기념논문집』.

홍종림(2001), "제주 방언 연결어미 'ㄴ', 'ㅇ'에 대하여", 『국어학』 38, 국어학회,
271~354쪽.

Abney, S.(1988), "The English Noun Phrase in its Sentential Asspect", MIT 박사논
문.

Aikhenvald, A. Y.(2004), *Evidentiality*, Oxford University Press.

Brown, P. and S. Levinson(1978; 증보판 1987), *Politeness: Some Universals in
Language Usage*, Cambridge University Press.

Chafe, W. and J. Nichols(eds.)(1986), *Evidentiality: The Linguistic Coding of
Epistemology*, Ablex Publishing Corporation.

Chomsky, N.(1986; 이선우 뒤침 1990), 『언어에 대한 지식』, 민음사.

Chomsky, N.(1988), *Language and Problems of Knowledge*, MIT Press.

Chomsky, N.(1989), "A Generalization of X-bar Theory", *Studia Linguistica
et Orientalia, Memoriae Haim Blanc Dedicata*, Verlag Otto Harrassowitz.

Clark, H.(1996; 김지홍 뒤침 2009), 『언어 사용 밑바닥에 깔린 원리』, 경진출판.

Davies, B., M. Haugh and A. Marrison(eds.)(2013), *Situated Politeness*, Continuum.

Dowty, D.(1991), "Thematic Proto-roles and Argument Selection", *Language*,
67(3).

Fairclough, N.(1980; 김지홍 뒤침 2017), 『담화와 사회 변화』, 경진출판.

Fairclough, N.(2001; 김지홍 뒤침 2011), 『언어와 권력』, 경진출판.

Fairclough, N.(2003; 김지홍 뒤침 2012), 『담화 분석 방법: 사회 조사연구를 위한 텍스트 분석』, 경진출판.

Garrigues, S.(1984), "The Structure and Phonology of Mimetic Words in Korean and Japanese", 『논문집』 19, 제주대.

Goffman, E.(1967; 진수미 뒤침 2013), 『상호작용 의례: 대면 행동에 관한 에세이』, 아카넷.

Grice, H. P.(1989), *Studies in the Way of Words*, Harvard University Press.

Halliday, M. A. K.(1978), *Language as Social Semiotics*, Edward Arnold.

Halliday, M. A. K.(1989, 제2판), *Spoken Language and Written Language*, Oxford University Press.

Halliday, M. A. K. and R. Hasan(1976), *Cohesion in English*, Longman.

Hardman, D. and L. Macchi eds.(2003), *Thinking: Psychological Perspectives on Reasoning, Judgment and Decision Making*, John Wiley and Sons.

Hogeweg, L., H. de Hoop, and A. Malchukov(eds.)(2009), *Cross-linguistic Semantics of Tense, Aspect, and Modality*, John Benjamins.

Jackendoff, R.(1990), "On Larson's Treatment of Double Object Construction", *Linguistic Inquiry*, 21(3).

Jackendoff, R.(1990), *Semantic Structures*, MIT Press.

Kahneman, D.(2011; 이진원 뒤침 2012), 『생각에 관한 생각: 우리의 행동을 지배하는 생각의 반란』, 김영사.

Kahneman, D., P. Slovic and A. Tversky(1982; 이영애 뒤침 2001), 『불확실한 상황에서의 판단: 추단법과 편향』, 아카넷.

Kayne, R.(1984), *Connectedness and Binary Branching*, Foris.

Kintsch, W.(1998; 김지홍·문선모 뒤침 2010), 『이해: 인지 패러다임 Ⅰ~Ⅱ』, 나남(한국연구재단 학술명저번역 총서 서양편 292~293).

Kratzer, A.(1988), "State-level and Individual-level", Carlson and Pelletier eds.(1995), *The Generic Book*, Chicago University Press(재수록됨).

Larson, R.(1988), "On the Double Object Construction", *Linguistic Inquiry*, 19(3).

Leiss, E. and W. Abraham(eds.)(2014), *Modes of Modality: Modality, Typology, and Universal Grammar*, John Benjamins.

Levelt, W.(1989; 김지홍 뒤침 2008), 『말하기: 그 의도에서 조음까지 Ⅰ~Ⅱ』, 나남(한국연구재단 학술명저번역 총서 서양편 213~214).

Levin, B. and M. Rapporport Hovav(1999), "Two Structures for Compositionally Derived Events," *SALT*, 9, Cornell Linguistics Circle Publications.

Levin, B. and M. Rapporport Hovav(2005), *Argument Realization*, Cambridge University Press.

Linguistic Politeness Research Group(ed.)(2011), *Discursive Approaches to Politeness*, De Gruyter Mouton.

McCarthy, M.(1998; 김지홍 뒤침 2010), 『입말, 그리고 담화 중심의 언어교육』, 경진출판.

Mead, G. H.(1932), *The Philosophy of the Act*, University of Chicago Press.

Mushin, I.(2001), *Evidentiality and Epistemological Stance: Narrative Retelling*, John Benjamins.

Nuckolls, J. and L. Michael(eds.)(2014), *Evidentiality in Interaction*, John Benjamins.

Poppe, N.(1954; 유원수 뒤침 1992), 『몽골 문어 문법』, 민음사.

Poppe, N.(1960), *Buriat Grammar*, Indiana University (Uralic & Altaic Series vol. 2).

Prior, A. N.(1957), *Time and Modality*, Clarendon Press.

Quine, W.(1940), *Mathematical Logic*, Havard University Press.

Ramstedt, G.(1952; 김동소 뒤침 1985), 『알타이어 형태론 개설』, 민음사.

Rapporport Hovav, M. and B. Levin(1998), "Building verb meanings", M. Butt and W. Geuder(eds.), *The Projections of Arguments: Lexical and Compositional Factors*, CSLI Publications at Stanford University.

Rapporport Hovav, M., E. Doron, and I. Sichel(eds.)(2010), *Lexical Semantics, Syntax, and Event Structure*, Oxford University Press.

Rothstein, S.(1983), "The Syntactic Forms of Predication", MIT 박사논문.

Skribnik, E.(2003), "Buryat", J. Jahhunen(ed.), *The Mongolic Languages*, Routledge.

Stowell, T.(1983, 이기용·나병모 편역 1988), 『구 구조의 생성』, 한신문화사.

Talmy, L.(2000), *Toward a Cognitive Semantics: Concept Structuring Systems*, MIT Press.

Watts, R.(2003), *Politeness*, Cambridge University Press.

Watts, R., S. Ide and K. Ehlich(eds.)(1992), *Polinteness in Language: Studies in its History, Theory and Practice*, Mouton de Gruyter.

Widdowson, H. G.(2004; 김지홍 뒤침 2018), 『텍스트, 상황 맥락, 숨겨진 의도』, 경진출판.

Williams, E.(1983), "Against Small Clauses", *Linguistic Inquiry*, 14(2).

지은이 김지홍

제주대학교 국어교육과를 졸업하고, 현재 경상국립대학교 국어교육과에 재직중임. 그간 40여 권의 저역서 중에서 10종의 책★이 대한민국학술원 및 문화체육관광부의 우수학술도서로 선정됨. 한국연구재단의 서양편 명저번역 2종☆을 출간했고, 한문 번역서로서 국사편찬위원회에서 간행된 것 이외에 몇 권이 있음. '언어와 현대사상'에 관심을 갖고서 뤄쓸, 무어, 카아냅, 그롸이스, 타아스키, 콰인, 참스키, 췌이프 등의 업적을 중심으로 하여 번역하려고 하며, 북경대 표점본 『13경주소』를 통독하는 일도 현안임.

[저서]

★김지홍(2010) 『국어 통사·의미론의 몇 측면: 논항구조 접근』(경진출판)

★김지홍(2010) 『언어의 심층과 언어교육』(경진출판)

★김지홍(2014) 『제주 방언의 통사 기술과 설명: 기본구문의 기능범주 분석』(경진출판)

★김지홍(2015, 증보판 2021) 『여러 학문에서의 언어 산출 접근』(경진출판)

★김지홍(2020) 『제주 방언의 복합 구문: 접속문과 내포문 1~2』(경진출판)

[언어와 현대사상]

★무어(1953; 김지홍 뒤침, 2019) 『철학에서 중요한 몇 가지 문제』(경진출판)

[심리학(언어의 산출 및 이해), 그리고 담화 분석]

☆르펠트(1989; 김지홍 뒤침, 2008)『말하기 그 의도에서 조음까지 1~2』(나남)

☆킨취(1998; 김지홍·문선모 뒤침, 2011)『이해: 인지 패러다임 1~2』(나남)

★클락(2003; 김지홍 뒤침, 2009)『언어 사용 밑바닥에 깔린 원리』(경진출판)

★머카씨(1998; 김지홍 뒤침, 2010)『입말, 그리고 담화 중심의 언어 교육』(경진출판)

★페어클럽(2001; 김지홍 뒤침, 2011)『언어와 권력』(경진출판)

페어클럽(2003; 김지홍 뒤침, 2012)『담화 분석 방법: 사회 조사연구를 위한 텍스트 분석』(경진출판)

페어클럽(1980; 김지홍 뒤침, 2017)『담화와 사회 변화』(경진출판)

★위도슨(2004; 김지홍 뒤침, 2018)『텍스트, 상황 맥락, 숨겨진 의도』(경진출판)

[언어교육 평가 및 현장조사 연구]

윌리스(1998; 김지홍 뒤침, 2000)『언어 교육현장 조사 연구 방법』(나라말)

루오마(2001; 김지홍 뒤침, 2011)『말하기 평가』(글로벌콘텐츠)

벅(2001; 김지홍 뒤침, 2013)『듣기 평가』(글로벌콘텐츠)

앤더슨·브롸운·쉴록·율(1984; 김지홍·서종훈 뒤침, 2014)『모국어 말하기 교육』(글로벌콘텐츠)

브롸운·율(1984; 김지홍·서종훈 뒤침, 2014)『영어 말하기 교육』(글로벌콘텐츠)

올더슨(2001; 김지홍 뒤침, 2015)『읽기 평가 1~2』(글로벌콘텐츠)

[한문 번역]

유희(1824; 김지홍 뒤침, 2008)『언문지』(지만지, 지식을만드는지식)

최부(1489; 김지홍 뒤침, 2009)『최부 표해록』(지만지)

장한철(1771; 김지홍 뒤침, 2009)『표해록』(지만지)

노상추(1746~1829; 김지홍 외 4인 뒤침, 2017)『국역 노상추 일기 1, 2, 3』(국사편찬위원회)

※ 옛날 새김 '뒤칠 번(飜)'을 살려 '뒤치다, 뒤침'을 썼음. 구체적인 물건을 옮기거나 집을 옮기는 일(이사, 옮김)은 추상적 언어들 사이의 번역에 걸맞는 낱말이 아님!

거주지 (06553) 서울특별시 서초구 방배로 45길 27, 삼호아파트 11동 802호

이메일 jhongkim@gnu.ac.kr

휴대전화 010-2201-6865

제주 방언 통사의 몇 측면

©김지홍, 2021

　1판 1쇄 인쇄_2021년 12월 05일
　1판 1쇄 발행_2021년 12월 15일

지은이_김지홍
펴낸이_양정섭

펴낸곳_경진출판
　　　등록_제2010-000004호
　　　이메일_mykyungjin@daum.net
　　　사업장주소_서울특별시 금천구 시흥대로 57길(시흥동) 영광빌딩 203호
　　　전화_070-7550-7776　팩스_02-806-7282

값 35,000원
ISBN 978-89-5996-839-8 93710